U0794126

普速铁路混凝土桥梁振动与响应

刘　楠　李定琴　孙军平◎编著

西南交通大学出版社

·成　都·

图书在版编目（CIP）数据

普速铁路混凝土桥梁振动与响应 / 刘楠，李定琴，孙军平编著. —成都：西南交通大学出版社，2022.8
ISBN 978-7-5643-8794-5

Ⅰ. ①普… Ⅱ. ①刘… ②李… ③孙… Ⅲ. ①列车振动－关系－铁路桥－钢筋混凝土桥－动态响应－研究 Ⅳ. ①U448.132.5

中国版本图书馆 CIP 数据核字（2022）第 132564 号

Pusu Tielu Hunningtu Qiaoliang Zhendong yu Xiangying
普速铁路混凝土桥梁振动与响应

刘 楠 李定琴 孙军平 / 编著

责任编辑 / 姜锡伟
封面设计 / GT 工作室

西南交通大学出版社出版发行
（四川省成都市金牛区二环路北一段 111 号西南交通大学创新大厦 21 楼 610031）
发行部电话：028-87600564 028-87600533
网址：http://www.xnjdcbs.com
印刷：四川煤田地质制图印刷厂

成品尺寸 185 mm × 240 mm
印张 32 字数 659 千
版次 2022 年 8 月第 1 版 印次 2022 年 8 月第 1 次

书号 ISBN 978-7-5643-8794-5
定价 160.00 元

前言 Foreword

桥，伴随着第一条路的出现，上溯远古、时至当下，悠悠数千年，无不应对着各类前所未有的挑战。它不仅充当着连通道路的角色，而且见证着人类不断发展的历程。桥的设计建造、运营维护、加固拆除等各个阶段，无不体现着人类的伟大智慧。劳动工具代表着生产力的发展水平，科技进步的程度决定了人类对事物认知的深度，人类的发展史本质就是一部对发现和解决各类问题的继承的历史。

与设计建造的历时较短相比，运营维护阶段基本贯穿于桥梁的整个生命周期中。在此时程内所遭受到的各类“责难”，诸如变化的荷载、突发的灾害、环境的侵蚀、材料的失效等，统统考验着桥梁的“体力”和人类的“脑力”。对于可能到来的危机，本着“预防为主、防治结合”的指导思想，是确保桥梁健康安全、人桥和谐共处的关键。

预防的首要工作是发现问题。历史的车轮滚滚向前，随着人们面临的挑战愈来愈多，认识亦不断深入，对结构的认识和问题的发现也从静向动逐渐延伸。动力学如何指导新的实践，如何解决动力安全性的问题，如何适应新的荷载工况要求，诸如此类，棘手而重要，业已成为摆在当下桥梁从业者面前的重大挑战。

以人们对“力”的认识为例，力是客观存在的，并且随着人类认识水平的不断提高而不断被重新认识，它的本质是物体间的相互作用，受力物体将产生位移、运动、变形和应变等。力学旨在研究力与物体之间的关系。桥梁科学的进步与力学的发展有着极为密切的关系。由此关系所诞生的桥梁力学则包括了非常广泛的内容，一般可分为理论力学、材料力学、结构力学、土力学、水力学等。理论力学的研究对象是刚体，研究力与刚体运动的关系，解释物体的运动规律；材料力学的研究对象是构件，研究力与构件应力-应变的关系，评判构件是否安全；结构力学（包括静力学和动力学）的研究对象是结构，研究力与结构变形、内力的关系，确定作用力引起的结构变形和构件的响应；土力学是研究土体在力作用下的应力-应变或应力-应变-时间关系和强度的学科，是反映桥梁结构与土体间相互作用关系的理论；水力学是研究以水为代表的液体的宏观机械运动规律，包括水静力学和水动力学，桥梁在有水环境下的各类工况特征都会涉及对水的力学研究和实践。以上前三类力学构成了研究桥梁结构的理论基础，后两类则是基础理论与外环境相互作用关系研究的典型延伸。

结构动力学是建立于应用力学之上的一门学科。在桥梁工程领域，它研究桥梁的形变和应变，包括桥梁对移动车辆的响应和桥梁对大量参数（指动力特性）所造成的影响的响应。影响桥梁动力特性的主要参数包括：桥梁结构固有的质量、频率和阻尼，活载的质量、变化的速度、加载的方式，以及活载与桥梁相互作用时所共同催生出的刚度、质量、频率及阻尼，等等。

在诸多实际工程中，许多从事试验研究的技术人员较少尝试使用数学工具来进行问题分析，对时常遇到的结构振动问题，多是利用既有分析软件进行处理，头脑中往往缺乏对振动过程机理的深入理解，进而感到手足无措。振动试验分析就是专门研究工程振动过程的学科，其主要包括振动的概念、信号处理、频谱分析、频响分析及模态分析等内容。利用数学工具解决上述问题对工程技术人员有很好的借鉴作用，有助于他们在遇到复杂振动问题时，从理论上对振动机理和作用获得深入的理解。

就桥梁结构振动而言，以普速铁路桥梁为例，当列车过桥时，机车车辆在上桥前就已具有的初始振动、轮轨间的蛇行运动、快速移动荷载对线桥结构所产生的动力作用及线桥结构自身的适应性变化（包括振动与变形）等，使整个车-线-桥结构体系在竖向、横向和纵向产生激励和振动。与其他影响因素相比，列车的质量在整个车-桥联合质量中占有较高的比例，大质量致使其动力效应作用显著，而这一特性在中小跨度桥梁中表现得更为明显，故对一般中小跨度梁的振动特性研究愈显迫切，加之其使用广泛、类型繁多，此项研究工作就更显得意义重大。

本书研究和讨论的重点就是墩梁振动特性，对象为普速铁路中小跨度混凝土简支梁（包括普通钢筋混凝土梁和预应力钢筋混凝土梁）和重力式桥墩，从体现振动特性的刚度及服役安全性的角度，统计和分析了在当前服役环境下，普速铁路中小跨度混凝土简支梁桥的振动与响应关系规律。

十多年来，作者与其研究团队以主持或参与检测过的普速铁路桥梁为样本，对中小跨度混凝土简支梁和重力式桥墩的振动特性进行了系统诠释，并总结归纳了其中的规律，以为维护和修建该类结构提供研判素材，为当下服役的桥梁和日后的新建桥梁提供维护和设计依据，同时为日后《铁路桥梁检定规范》（铁运函〔2004〕120 号）的修订和完善提供样本支持和参考借鉴。

书中部分章节吸收了行业内相关专家的经验，参考、借鉴及引述了有关图书和论文的内容，以希取长补短，并力求将国内研究普速铁路桥梁振动与响应方面的成果和经验更多地介绍给读者，在此向本书所引用资料的作者和单位表示衷心的感谢！本书在编写和出版过程中得到了中国铁路西安局集团有限公司张崇礼先生和西南交通大学出版社的大力支持，王娟玲、罗安、孔令辉等也为本书相关章节的编写提供了诸多技术帮助，在此表示衷心的感谢，同时也向所有为本书编写出版提供帮助的人士表示诚挚的谢意！

由于水平有限，加之时间仓促，书中难免存在不足和纰漏之处，敬请读者批评指正。

作　者

2021 年 11 月于西安

目 录 Contents

第 1 章

PART ONE

绪　论

1.1　桥梁振动的原因

桥梁结构产生的振动会增大结构内力，引起杆件的局部疲劳损伤或产生影响桥上行车舒适与安全的振动变形和加速度，甚至使桥梁完全破坏。而桥梁作为重要的生命线工程，其振动不仅关系到设备的正常安全运营，也关系到灾后救援工作的顺利开展。桥梁结构的振动是影响交通系统安全运营的重要因素之一，以至于近年来被逐步重视。

桥梁振动的种类很多，可分为两大类五种形式：

第一类是由于风荷载、地震作用以及船舶、车辆、漂流物等撞击荷载引起的桥梁振动，属于外部作用产生的振动；第二类是由于车辆在桥上运行或人在桥上活动引起的振动，属于荷载-桥梁系统自身产生的耦合振动，也是桥梁正常运营中不可避免的振动形式。

1.1.1　地震引起的桥梁振动

地震是一种突发式的自然灾害，它与洪水、飓风一起被认为是桥梁工程领域的三大天敌。全世界七级以上的地震每年都会发生十多次，一场强地震在瞬间就可以造成山崩地裂、河流改道、房屋倒塌、桥梁坍塌、堤坝溃决等，给人们的生命和财产带来无法估量的伤害和损失。据不完全统计，世界上 66 个国家的 502 起桥梁倒塌事故中，地震引起的桥梁倒塌有 119 起，占总数的 23.7%，其他导致桥梁倒塌的原因依次有撞击、设计、洪水、施工、飓风等。

减轻地震造成生命财产损失的主要途径是工程抗震。随着科技的进步和工程建设的快速发展，工程抗震的理论和实践得到了很大的发展，桥梁工程等的抗震计算已由简单的静力法逐步发展到按照动力学原理进行结构体系对地震波输入的振动响应分析，并综合考虑了地基与结构的相互作用。人们已经能够对高度复杂的结构体系运用计算机做出非线性弹塑性地震反应理论分析，并以大型模拟地震振动台的试验作为辅助和检验，从而建立起能够基本反映实际的工程抗震设计方法。

我国位于环太平洋地震带与欧亚地震带之间，受太平洋板块、印度板块和菲律宾海板块挤压，地震断裂带十分发育，地震频繁且强烈。建造于震区的桥梁，当地震发生时，地面起伏运动与水平运动都会引起桥梁振动，特别是水平运动对高墩台的桥梁影响较大，使得墩台顶部产生较大的位移，不仅影响桥上车辆的通行安全，甚至会使桥梁的上部结构坠入河床，危及整座桥梁安全。在诸多国家统计的地震震害调查中，桥梁震害的类型较多，主要表现形式有纵横向落梁、桥墩变位和墩体断裂、局部圬工材料压溃、支座螺栓剪断、桥台护锥下沉或开裂等。

1.1.2 风引起的桥梁振动

风是具有一定速度的空气流动。气流遇到结构受到阻挡，在结构表面形成高压气幕，风速越大，对结构产生的压力也越大，从而使结构产生变形和振动。如果抗风设计不当，就会使结构物产生过大的变形而不能工作，或者产生局部破坏，甚至整体破坏。

人们对风的认识经历了相当长的时间，起初对风的认识仅局限于其对结构物产生静力作用，直至 1940 年，美国塔科马大桥在八级左右风速作用下，发生强烈扭转振动，导致吊索疲劳断裂而倒塌，该事故也因此成为桥梁空气动力失稳的里程碑案例。而在事后的调查中，人们发现自 1818 年起，欧美等国竟有 10 座悬索桥毁于强风，这些事故亦都具有明显的风致振动特征，由于当时的科学技术无法回答该问题，故对问题的解决也多是凭借经验。在塔科马大桥风毁事件的推动下，桥梁工程与空气动力学两大学科密切融合，并在桥梁工程领域逐渐形成了一门新兴的边缘学科——桥梁风工程学。

风对结构的作用是复杂的空气动力学问题。以往对桥梁抗风不如对桥梁抗震研究那样被重视，其中一个重要原因是对中小跨度普通桥梁而言，风对桥梁设计并不起控制作用。随着经济的发展，建桥技术水平的提高，大跨度、多类型等复杂结构桥梁越建越多，尤以悬索桥和斜拉桥为主要形式的大跨度桥梁在工程实践中被广泛应用，结构特性表现为又大又柔，频率低、周期长，对风的影响非常敏感。对该类桥梁而言，风诱发的桥梁振动已成为设计的首要控制因素。如美国的金门大桥在一次测试中，在八至九级的风力作用下，测得主梁 1/4 跨处的抖振最大单幅达 1.7 m。如此剧烈的振动，对桥梁结构的疲劳寿命、桥上行人和车辆的安全等的危害是不言而喻的。

风振，又称空气动力作用，是阵风对结构所产生的脉动作用。风振是一种常遇的振动形式，有些风振一旦发生便会使桥梁结构发生破坏，而有些风振不会使桥梁立即破坏，但会使结构出现疲劳、无法安全使用等方面的问题。

桥梁的风振机理非常复杂，大体可分为两类：一类是在均匀风作用下，振动的桥梁从活动的风中吸收能量，产生一种自激振动，包括流线型桥面的古典颤振、非流线型桥面的分离流扭转颤振、矩形截面桥塔的驰振以及吊杆或拉索的涡激振动，它们都有可能造成桥梁结构的空气动力学失稳乃至风毁事故。设计阶段的努力可使桥梁的临界风速远大于在一定程度保证率下桥面上可能达到的最大风速，以保证桥梁结构的安全。另一类是脉动作用下的强迫振动，它是一种限幅振动，由于发生抖振响应的风速度低、频度大，会使杆件的接头或支座等构造细部发生局部疲劳，过大的振动还会直接影响桥上车辆的运行安全，设计时应将振幅控制在可以接受的范围内。

1.1.3　撞击引起的桥梁振动

对跨越河流、海湾以及铁路、公路等线路而言，桥梁是一种不可或缺的结构形式。而从另一个角度来看，桥梁也可以被看成一个人造的交通障碍。随着桥梁的发展和水运、铁路、公路交通的日益繁忙，在过去的几十年中，世界各地也相继发生了很多起桥梁因船舶和车辆撞击而倒塌的事故。

导致桥梁倒塌的原因很多，大致可以归为两类，即人为因素和自然因素。人为因素主要包括设计失误、施工缺陷、船舶撞击、车辆撞击、超限超载等。自然因素可分为地震、洪水、风、流冰等漂流物撞击、环境恶化以及其他意外因素等。据不完全统计，世界上 66 个国家的 502 起桥梁倒塌事故中，因船舶、火车、汽车、流水等撞击引起的桥梁倒塌事故合计近 90 起，约占总数的 17.5%。

通航河流上修建的桥梁可能会受到船舶或者大的漂流物的撞击而产生振动，尽管碰撞事故发生概率很低，但若发生，会对人们生命、财产及社会与环境造成极大的损失和破坏。随着桥梁建设步伐的加快以及船舶运输呈现的一些新变化，船撞桥问题也将会越来越突出，如在我国长江干线上，20 世纪 90 年代以前仅有 7 座桥梁，现在已经建成的有 600 多座，而且还有一批桥梁在建或拟建，使得长江水路上的船舶与桥梁发生碰撞的概率大大增加。伴随着船型尺寸的不断增大，吨位不断提高、船速不断加快及危险品运输不断增长的态势，船舶撞击桥梁的问题显得越来越突出。除此之外，行驶在跨线桥下的汽车、货车等其他交通工具，在某些情况下也会对跨线桥梁造成安全隐患。

桥梁受到撞击后，可能会引起支座与主梁的错位，使伸缩的变形不协调甚至断裂，给结构造成安全隐患，严重时会直接导致桥梁的坍塌，后果极其严重。即使不发生塌落，也将发生一定的振动和位移，对铁路桥梁而言，会影响到桥上线路的平顺性和稳定性，影响桥上行车安全。

1.1.4 人群引起的桥梁振动

由人群引起的桥梁振动是一个既古老而又日显突出的问题。19 世纪英国的一座桥梁因一队士兵排队过桥而引起振动致使桥梁倒塌，就是一个典型的例子。其主要原因是士兵过桥时，整齐的步伐对桥梁产生谐振荷载，引发共振使其破坏。

随着新型结构材料、结构体系和更为复杂的结构形式不断应用到人行桥中，人行桥这种结构已经向着轻柔、美观、大跨度的方向发展，这使它相对一般的公路桥而言更容易产生振动问题。人是人行天桥的激振源，又是受振体。它的振动问题包括两个方面：行人动荷载激励导致人行桥振动，人行桥的振动反过来又会影响行人的舒适性甚至正常行走。

人行桥一般多是由纤柔的焊接结构建成的，刚度和阻尼较小，振动频率低。跨度大的人行天桥经常被行人激励起一阶竖向振动，有时也会激励起横向晃动，给行人带来不舒适感和不安全感。当人行天桥的自振频率与行人的激励频率接近时，就会引起共振，振动过大时，还会引起行人恐慌，甚至危及结构安全。

1.1.5 运行车辆引起的桥梁振动

近年来，随着行车速度的不断提高、交通密度的日益增加、荷载的日益加重，车辆与桥梁的动力相互作用问题越来越受到人们的重视。一方面，高速运行的车辆会对桥梁结构产生动力冲击作用，使结构发生振动，直接影响桥梁的工作状态和使用寿命；另一方面，桥梁的振动又会对运行车辆的平稳性和安全性产生影响，这使得桥梁结构的振动状态成为评价结构动力设计参数合理与否的重要指标。

当桥上活载通过桥梁时，不可避免地会引起桥梁的振动，此时的桥梁结构不仅要承受静力作用，还要承受包括移动荷载以及由于桥梁和车辆振动产生的惯性力等各种动力作用。这些动力作用引起的桥梁振动可能使结构构件产生疲劳，降低其强度和稳定性，当桥梁振动过大时，还会对桥上车辆的运行安全性和稳定性产生影响。当列车的动力变化频率与墩梁结构的自振频率相接近时，引起的共振会使车桥动力响应加剧，甚至产生结构破坏。

早在 19 世纪 40 年代，国外就开始了铁路桥梁动力响应问题的研究工作。由于车辆荷载作用下的桥梁振动是一个复杂的课题，要得到符合实际的结果，必须考虑诸多因素，其中包括车体和转向架的质量，阻尼器和弹簧的作用，行车速度，桥跨和墩台的质量、刚度和阻尼，桥上轨道结构形式，轨道动力特性，车轮和轨道、轨道和梁之间的动力相互作用关系，等等，此外还有车轮的不平顺、轨道的几何不平顺和动力不平顺以及轮对的蛇行运动等很多随机因素。这使得体系的力学模型极为复杂，也使得车桥动力相互作用问题成为桥梁振动领域研究的重要课题。

1.2　桥梁的固有频率

桥梁最重要的动力特性就是桥梁的固有频率，它实际上表征了桥梁对动荷载的敏感程度。人们用单位时间内振动的次数来代表频率，频率的单位是赫兹（Hz），即每秒完成的循环数。具有连续质量分布的机械系统有无穷多个固有频率，而仅有最低的频率有实际应用意义。假如施加于系统的激振力具有宽频带，则结构仅选择接近于自己固有频率的频率并对这些频率作出响应，这就是固有频率比较重要的原因所在。

固有频率的符号是 f_j，其下标 $j=1, 2, 3, \cdots$ 表示它们的阶数，除了 f_j 外，还有固有圆频率 ω_j，其中

$$\omega_j = 2\pi f_j \tag{1.2.1}$$

圆频率的单位是弧度・秒$^{-1}$（rad・s^{-1}）。

圆频率与振动周期的关系是

$$T_j = \frac{1}{f_j} \tag{1.2.2}$$

T_j 以秒（s）为单位进行测量，表示一个循环周期。

1.2.1　固有频率的计算

无阻尼体系振动固有频率按下式计算：

$$[m][\ddot{q}]+[c]\{\dot{q}\}+[k][q]=\{F\} \tag{1.2.3}$$

将 $[c]=0$ 和 $[F]=0$ 代入式（1.2.3）得

$$[m][\ddot{q}]+[k][q]=0 \tag{1.2.4}$$

式中：$[m]$ 为质量矩阵；$[k]$ 为刚度矩阵。

若　$\{q\}=\{q_j\}e^{iw_j t}$

是圆频率为 ω_j 的简谐振动的第 j 阶固有模态，则将其代入式（1.2.4）可得

$$([k]-\omega_j^2[m])\{q_j\}=\{0\} \tag{1.2.5}$$

当式（1.2.5）的行列式为 0 时，此式的解为

$$\left|[k]-\omega_j^2[m]\right|=0 \tag{1.2.6}$$

由式（1.2.6）可求得圆频率 ω_j，也可根据式（1.2.1）和式（1.2.2）计算求得。

有质量梁模型的运动方程为

$$EI\frac{\partial^4 v(x,t)}{\partial x^4}+\mu\frac{\partial^2 v(x,t)}{\partial t^2}+2\mu\omega_b\frac{\partial v(x,t)}{\partial t}=f(x,t) \tag{1.2.7}$$

式中：$v(x,t)$——在 t 时刻 x 点处梁的竖向挠度；

E——梁的弹性模量；

I——梁横向截面的惯性矩；

μ——单位长度梁的质量；

ω_b——黏性阻尼的圆频率；

$f(x,t)$——在 t 时刻 x 点处单位长度梁上的荷载。

等截面无阻尼梁固有振动频率的计算亦按式（1.2.7）进行。其中荷载和阻尼项为零，故有

$$EI\frac{\partial^4 v(x,t)}{\partial x^4}+\mu\frac{\partial^2 v(x,t)}{\partial t^2}=0 \tag{1.2.8}$$

式（1.2.8）表示圆频率为 ω_j 的简谐振动，它的解如下列形式：

$$v(x,t)=\sum_{j=1}^{\infty}v_j(x)\sin\omega_j t \tag{1.2.9}$$

式中：$v_j(x)$是固有振动的模态。

将式（1.2.9）代入式（1.2.8）中，得到

$$EI\sum_{j=1}^{\infty}\frac{\mathrm{d}^4 v_j(x)}{\mathrm{d}x^4}\sin\omega_j t-\mu\sum_{j=1}^{\infty}\omega_j^2 v_j(x)\sin\omega_j t=0 \tag{1.2.10}$$

可以简化得到一套独立的常微分方程

$$\frac{\mathrm{d}^4 v_j(x)}{\mathrm{d}x^4}-\frac{\lambda_j^4}{l^4}v_j(x)=0\ (j=1, 2, 3, \cdots) \tag{1.2.11}$$

式中
$$\lambda_j^4 = l^4 \frac{\mu\omega_j^2}{EI} \tag{1.2.12}$$

由此得到式（1.2.11）的通解为

$$v_j(x) = A_1 \sin\frac{\lambda_j x}{l} + A_2 \cos\frac{\lambda_j x}{l} + A_3 \sinh\frac{\lambda_j x}{l} + A_4 \cosh\frac{\lambda_j x}{l} \tag{1.2.13}$$

其中：常数 A_i（$i = 1, 2, 3, 4$）是由梁的边界条件确定的积分常数。

对于简支梁，其边界条件为

$$\left.\begin{aligned} &\text{对}x=0\text{有}v_j(x)=0,\quad \frac{\mathrm{d}^2 v_j(x,t)}{\mathrm{d}x^2}=0 \\ &\text{对}x=l\text{有}v_j(x)=0,\quad \frac{\mathrm{d}^2 v_j(x,t)}{\mathrm{d}x^2}=0 \end{aligned}\right\} \tag{1.2.14}$$

将式（1.2.14）代入通解式（1.2.13）中，则可得到常数 A_i 的 4 个方程。对于简支梁有

$$\left.\begin{aligned} &v_j(0) = A_2 + A_4 = 0 \\ &\ddot{v}_j(0) = \frac{\lambda_j^2}{l^2}(-A_2 + A_4) = 0 \\ &v_j(l) = A_1 \sin\lambda_j + A_3 \sinh\lambda_j = 0 \\ &\ddot{v}_j(l) = \frac{\lambda_i^2}{l^2}(-A_1 \sin\lambda_j + A_3 \sinh\lambda_j) = 0 \end{aligned}\right\} \tag{1.2.15}$$

仅当
$$A_2 = A_3 = A_4 = 0 \tag{1.2.16}$$

和
$$\sin\lambda_j = 0 \tag{1.2.17}$$

时，式（1.2.15）方能满足。

根据式（1.2.12）可以得出梁的固有频率为

$$\omega_j^2 = \frac{\lambda_j^4}{l^4} \cdot \frac{EI}{\mu} \tag{1.2.18}$$

因此有
$$f_j = \frac{\lambda_j^2}{2\pi l^2} \cdot \left(\frac{EI}{\mu}\right)^{1/2} \tag{1.2.19}$$

因此，梁的固有频率主要取决于 l（跨度）、λ_j（边界条件）、E（材料的弹性模量）、I（截面惯性矩）、μ（单位长度梁或桥的质量）等因素。

根据式（1.2.9），每一根梁以简谐运动方式进行振动，可以有无穷多个模态。最简单的固有模态是正弦曲线

$$v_j(x) = q_j \sin\frac{\mathrm{j}\pi x}{l} \tag{1.2.20}$$

对于简支梁，可从式（1.2.13）及式（1.2.16）得到。

然而，不受外力的振动不必是简谐振动，但它们可以由简谐振动组合而成，每个简谐振动具有不同频率，它们的相位亦可互换，这也是固有振动与自由振动的一项显著区别。简支梁的自由振动如式（1.2.21）所示。

$$v(x,t) = \sum_{j=1}^{\infty} q_j \sin\frac{\mathrm{j}\pi x}{l}\sin(\omega_j t + \phi_j) \tag{1.2.21}$$

自由振动的时间历程取决于运动开始时梁体发生的弯曲模态以及它的速度。这类现象使得利用列车离开桥梁后所记录的挠度和应变曲线求解固有频率和对数衰减阻尼的工作复杂化。如果在那一时刻以前，桥梁的弯曲模态接近梁体某一固有模态，则其振动代表固有振动；否则，振动表示为无活载桥梁的自由振动。

假如无活载桥梁每单位长度质量从 μ 增加到 $\bar{\mu}$（如一整列车对桥梁加载），有活载桥梁的固有频率 $\overline{f_j}$ 可以从无活载桥梁固有频率 f_j 求得，写为

$$\overline{f_j} = f_j\left(\frac{\mu}{\bar{\mu}}\right)^{1/2} \tag{1.2.22}$$

1.2.2 梁的经验公式

捷克的 Ladislav Fryba 等通过对大量不同类型铁路桥梁的实测竖向固有频率的统计，估算出如下一阶固有频率的经验公式。

（1）对所有类型、材料和结构体系的铁路桥梁，固有频率可用下式表示

$$f_1 = 133 l^{-0.9} \tag{1.2.23a}$$

式中：f_1 的单位为赫兹（Hz），l 以米（m）计，下同。

（2）对钢桁梁桥，经验公式为

$$f_1 = 307 l^{-1.1} \tag{1.2.23b}$$

（3）对有砟钢板梁桥，经验公式为

$$f_1 = 59l^{-0.7} \tag{1.2.23c}$$

（4）对无砟钢板梁桥，经验公式为

$$f_1 = 208l^{-1} \tag{1.2.23d}$$

（5）对有砟混凝土梁，经验公式为

$$f_1 = 190l^{-1.1} \tag{1.2.23e}$$

（6）对无砟混凝土梁，经验公式为

$$f_1 = 225l^{-1.2} \tag{1.2.23f}$$

（7）国际铁路联盟给出了所有类型和材料的无活载铁路桥梁的一阶固有频率的推荐区域。区域的下限为

$$\left.\begin{aligned} f_1 &= 80/l \quad &(4\ \text{m} \leqslant l \leqslant 20\ \text{m}) \\ f_1 &= 23.58l^{-0.592} \quad &(20\ \text{m} < l \leqslant 100\ \text{m}) \end{aligned}\right\} \tag{1.2.24a}$$

其上限为

$$f_1 = 94.76l^{-0.592} \quad (4\ \text{m} \leqslant l \leqslant 100\ \text{m}) \tag{1.2.24b}$$

（8）钢筋混凝土梁桥的一阶固有频率的范围

$$1/0.007\,2l \leqslant f_1 \leqslant 1/(0.007\,2l - 0.05)\ (l \leqslant 33.5\ \text{m}) \tag{1.2.25}$$

（9）预应力混凝土梁的一阶固有频率一般低于钢筋混凝土梁，其经验公式为

$$f_1 = 1/0.007\,2l\ (l \leqslant 33.5\ \text{m}) \tag{1.2.26}$$

1.2.3　墩的计算公式

在计算桥墩所受横向力时，近似地采取墩顶作用有一个集中质量（包括梁部结构和活载的质量）而下端嵌固的悬臂杆作为计算图式。试验研究结果表明，墩身侧面坡度加大，会使其自振频率提高，但这种坡度的影响不太明显。相反，作用于墩顶的质量（梁部结构和活载）加大，则较明显地使桥墩的自振频率降低。墩身坡度和墩顶质量对自振频率的影响综合到一起，总的倾向是使桥墩的自振频率降低，也就是说作用于墩顶的质量对其自振频率的影响起主要作用。

对于等截面悬臂杆弯曲振动，其第一自振圆频率的解析解为

$$\omega_1=\frac{3.515}{H^2}\sqrt{\frac{EI}{\mu}} \tag{1.2.27}$$

式中：H ——悬臂杆高度；

E ——杆身材料弹性模量；

I ——杆身横截面的惯性矩；

μ ——沿杆身单位长度杆件的质量，即线密度，

$$\mu=\frac{\gamma}{g}A \tag{1.2.28}$$

这里的 γ 为杆的材料容重，g 为重力加速度，A 为杆的截面积。

桥墩与上述等截面杆相比，差别在于：

（1）墩顶有集中质量 M（梁部结构、活载质量等）。

（2）墩身有坡度 α。

（3）实际桥墩的下部并非嵌固住，地基土可能发生变形。

鉴于以上的差异，变截面桥墩自振圆频率计算公式的结构可以从等截面悬臂杆的解析解出发，考虑坡度影响和耦联于墩顶的集中质量的影响，变化为下列形式的桥墩自振频率计算公式

$$\omega_1=\frac{3.515}{H^2}\sqrt{\frac{EI_0}{\mu_0}}\cdot f(\alpha, M) \tag{1.2.29}$$

式中：I_0 ——墩身底部截面惯性矩；

μ_0 ——墩身底部截面的线密度；

E ——墩身材料的弹性模量；

α、M ——墩身坡度和墩顶质量变化参数。

由于用以上解析的方法确定适合不同截面类型的修正函数 $f(\alpha,\sqrt{\frac{H\mu_0}{M}})$ 较为困难，因此利用转移矩阵法数值解的成果，用回归分析的方法来确定修正函数 $f(\alpha,\sqrt{\frac{H\mu_0}{M}})$。比较 α 和 M 两者的影响后发现，α 的影响不如 M 影响大，为使公式更加简明，在回归分析的子样本中尽可能使坡度类型更多。经过不同方案比较后，采用两种无量纲变量 $\sqrt{\frac{H\mu_0}{M}}$ 和 $\dfrac{\omega_1}{\frac{3.515}{H^2}\sqrt{\frac{EI}{\mu_0}}}$

进行回归分析，得到回归方程为

$$\frac{\omega_1}{\frac{3.515}{H^2}\sqrt{\frac{EI}{\mu_0}}}=0.1661\sqrt{\frac{H\mu_0}{M}+0.3047} \tag{1.2.30}$$

由此，计算得到桥墩的第一圆频率公式为

$$\omega_1=\frac{3.515}{H^2}\sqrt{\frac{EI_0}{\mu_0}}\left(0.1661\sqrt{\frac{H\mu_0}{M}+0.3047}\right) \tag{1.2.31}$$

由结构动力学的知识可知，桥墩振动属有阻尼单自由度体系的自由振动，其自由振动的微分方程为

$$M\ddot{y}+C\dot{y}+Ky=0 \tag{1.2.32}$$

其自振频率表示为

$$f=\frac{1}{2\pi}\sqrt{\frac{K}{M}-\frac{C^2}{4M^2}} \tag{1.2.33}$$

以上式中计算参数，M、C、K 分别表示广义质量、阻尼和广义刚度。

1.3　桥梁的阻尼

阻尼是建筑材料和结构一种合乎要求的特性，在大多数情况下，它可以在车辆通过后或受到其他激励后，降低动力响应并促使桥梁很快地恢复到平衡状态。

阻尼的物理成因较为复杂，在振动过程中表现为一种形式能量转化为另一种形式能量，部分能量由于材料的塑性变形损失掉，或是转换成热能、声能等其他形式的能量。因此，车辆通过而产生的能量不可逆地消散到环境当中。

桥梁结构的阻尼源包括内部和外部两种。内阻尼源包括建筑材料发生变形过程中受到的黏性内摩擦、非均质性、裂纹等。桥梁外阻尼源包括支座摩擦、铁路桥梁道砟摩擦、结构连接处的摩擦、结构的空气阻力、墩台基础与土石的摩擦等黏弹性特性。

由此可见，阻尼值依赖于结构的材料（钢、钢筋混凝土、预应力混凝土）和结构的状态（裂缝、道砟等）。阻尼的幅值也依赖于振动的幅值，有研究表明，一般情况下，强迫振动的分量比车辆离开桥梁后所产生的自由振动幅值高，然而在 50Hz 以下的低频区段阻尼对频率的依赖作用很小，而这个区段则是铁路桥梁振动的主要频率范围。

1.3.1 力通过时梁的阻尼振动

如下讨论三种阻尼理论，并就图 1.3.1 所示简支梁振动的影响进行评价。其中的基本假定是，在时间 $0 \leqslant t \leqslant l/c$ 内梁产生最大静、动挠度。当力离开后，梁产生的自由振动很小，因此，这种次要现象在实际工程中意义不大（仅用来估计固有频率和阻尼特性以及作疲劳估算）。

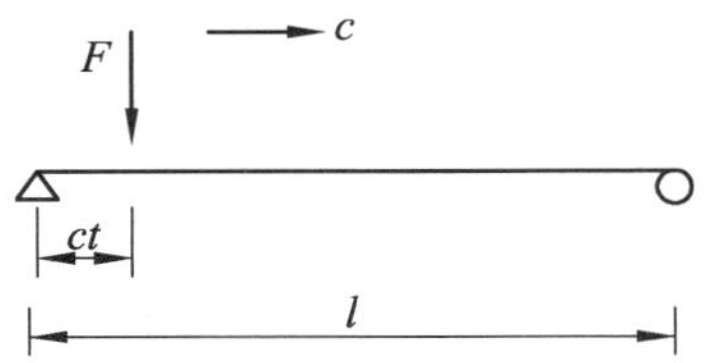

图 1.3.1 常力 F 沿着跨度 l 的简支梁以速度 c 运动

1. 与振动速度成正比的黏性阻尼

黏性阻尼的 Kelvin-Voigt 理论假设对梁的每一单元，其阻尼均与振动的速度成正比。该假定实践上表达了浸润在液体中的固体外阻尼，由于其数学表达式简单，故该假设迄今为止应用最为广泛，尤其是对于诸如铁路桥梁的大型复杂结构而言，理论与试验的一致性较好。

如图 1.3.2 所示，从梁单元在以速度 c 运动的常力 F 作用下的竖向力和弯矩平衡条件可以导出偏微分方程为

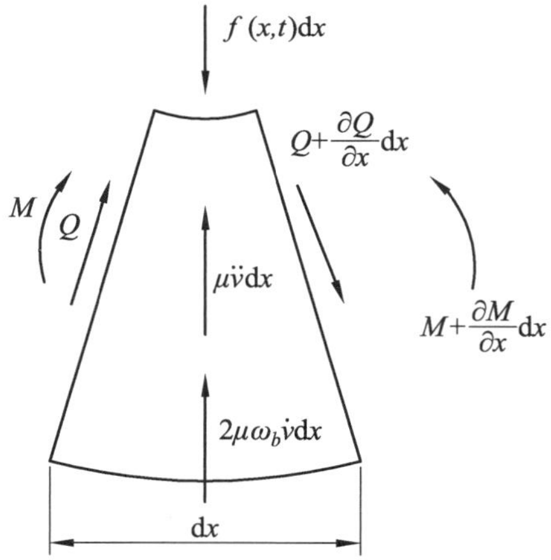

图 1.3.2 作用于阻尼与振动速度成正比的梁单元的力和弯矩

$$EI\frac{\partial^4 v(x,t)}{\partial x^4}+\mu\frac{\partial^2 v(x,t)}{\partial t^2}+2\mu\omega_b\frac{\partial v(x,t)}{\partial t}=\delta(x-ct)F \qquad (1.3.1)$$

继续推导得

$$v(x,t)=v_0\sum_{j=1}^{\infty}\frac{1}{j^2[j^2(j^2-\alpha^2)^2+4\alpha^2\beta^2]}\cdot$$

$$\left\{j^2(j^2-\alpha^2)\sin j\omega t-\frac{j\alpha[j^2(j^2-\alpha^2)-2\beta^2]}{(j^4-\beta^2)^{1/2}}\mathrm{e}^{-\omega_b t}\cdot\right.$$

$$\left.\sin\omega_j' t-2j\alpha\beta(\cos j\omega t-\mathrm{e}^{-\omega_b t}\cos\omega_j' t)\right\}\sin\frac{j\pi x}{l} \tag{1.3.2}$$

式（1.3.2）适用于力通过简支梁的周期为 $0\leqslant t\leqslant l/c$，欠阻尼 $\omega_b<\omega_j$ 和 $\alpha\neq j$ 时。

式中：v_0——力 F 作用于梁跨中在同一点处产生的静挠度，

$$v_0\approx\frac{2F}{\mu l\omega_1^2}=\frac{2Fl^3}{\pi^4 EI} \tag{1.3.3}$$

α——无量纲速度参数，

$$\alpha=\frac{\omega}{\omega_1}=\frac{c}{2f_1 l} \tag{1.3.4}$$

β——无量纲的圆频率，

$$\beta=\frac{\omega_0}{\omega_1}=\frac{\vartheta}{2\pi} \tag{1.3.5}$$

ω——力通过的圆频率，

$$\omega=\frac{\pi c}{l} \tag{1.3.6}$$

ω_j'——欠阻尼 $\omega_b<\omega_j$ 下梁的无载有阻尼振动圆频率，

$$\omega_j'^2=\omega_j^2-\omega_b^2 \tag{1.3.7}$$

ω_j——简支梁无载有阻尼振动圆频率，

$$\omega_j^2=\frac{j^4\pi^4}{l^4}\cdot\frac{EI}{\mu},\quad f_j=\frac{\omega_j}{2\pi} \tag{1.3.8}$$

由上述公式求算可得，对通常速度（$\alpha<<1$）和小阻尼（$\beta<<1$）时，跨中最大动挠度发生在力正好在跨中或稍滞后一些时。

对于工况 $\alpha<<1$、$\beta<<1$，式（1.3.2）的第一项 $j=1$ 会得到满意的结果，因此式（1.3.2）可以简化为

$$v(x,t)=\frac{v_0}{1-\alpha^2}\left(\sin\omega t-\alpha\mathrm{e}^{-\omega_b t}\sin\omega_1 t\right)\sin\frac{\pi x}{l} \tag{1.3.9}$$

式中：括号内的第二项表示固有阻尼振动，较第一项小很多；第一项表示强迫运动，即准静态的工况。

一般认为高阶振动模态具有较基本模态更大的阻尼，若将第 j 阶模态的阻尼圆频率记为 ω_{bj}，则式（1.3.1）将用 ω_{bj} 代替 ω_b，除阻尼项的表示发生如下变化外，

$$\left.\begin{aligned}\omega_j'^2&=\omega_j^2-\omega_{bj}^2\\ \beta_j&=\omega_{bj}/\omega_1=\vartheta_j/2\pi\end{aligned}\right\} \tag{1.3.10}$$

式（1.3.2）保持不变。

虽然在此并不产生任何新的量，但是在为获得相应的阻尼系数 ω_{bj} 或 ϑ_j 而求解挠度或应力时程记录时，确实会产生一定的困难，因为求解纯高阶振动模态十分困难。

对黏性阻尼的另一种假定是阻尼与应力的变化率成正比，这表示内阻尼是应力的函数。根据该理论，假设应力 σ 取决于应变 ε 的变化率

$$\sigma=bE\frac{\partial\varepsilon}{\partial t} \tag{1.3.11}$$

式中：b 是有量纲阻尼系数。当截面 A 在点 y（距中性轴的距离）处的应变是

$$\varepsilon=v''y \tag{1.3.12}$$

时，抑制梁振动的弯矩具有如下形式：

$$M=\int\sigma y\mathrm{d}A=\int bE\dot{v}''y^2\mathrm{d}A=bEI\dot{v}'' \tag{1.3.13}$$

假定应力沿截面线性分布，如图 1.3.3 所示。

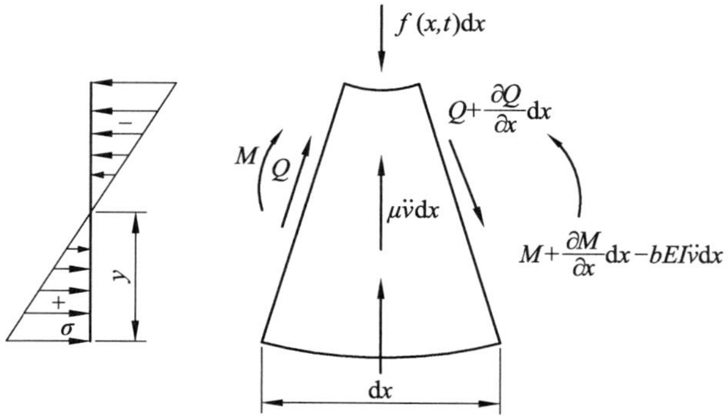

（a）应力沿截面分布　（b）作用于梁单元的力和弯矩

图 1.3.3　正比于应力变化率的阻尼

根据图 1.3.3（b）所示的梁单元中竖向和弯矩的平衡条件，可得到如下的梁变形微分方程

$$EI\frac{\partial^4 v(x,t)}{\partial x^4}+bEI\frac{\partial^5 v(x,t)}{\partial x^4\partial t}+\mu\frac{\partial^2 v(x,t)}{\partial t^2}=\delta(x-ct)F \tag{1.3.14}$$

式中
$$b=2\omega_b/\omega_j^2 \tag{1.3.15}$$

引入符号 $\omega_b=b\omega_j^2/2$，则式（1.3.14）的解可用式（1.3.2）表示。

因此，阻尼与应力变化率成正比的假定产生的结果和阻尼与振动速度成正比的假设相同，尽管两种理论基于不同的方法，如图 1.3.2 与图 1.3.3（b）所示。

2. 干摩擦

库仑干摩擦假设认为一个常力沿相反方向作用在每个梁单元上，根据图 1.3.4 中所示竖向力和弯矩的平衡条件，可得偏微分方程如下：

$$EI\frac{\partial^4 v(x,t)}{\partial x^4}+\mu\frac{\partial^2 v(x,t)}{\partial t^2}\pm b=\delta(x-ct)F \tag{1.3.16}$$

式中：$+b$ 对 $\dot{v}(x,t)>0$ 有效，$-b$ 对 $\dot{v}(x,t)<0$ 有效。

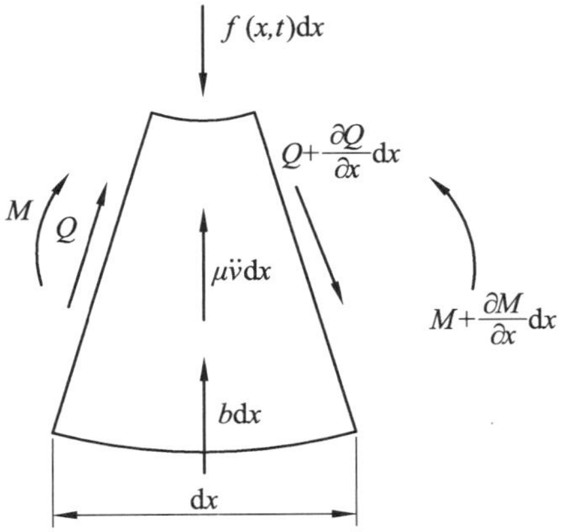

图 1.3.4　作用于梁单元的力和力矩

常量 b 的量纲为单位长度力，对铁路桥梁而言，一般为 1 ~ 3 kN·m^{-1}。

为简化起见，假定对于简支梁，式（1.3.16）的解有如下形式：

$$v(x,t)=v_0 q(t)\sin\pi x/l \tag{1.3.17}$$

通过整理得到

$$\frac{d^2q(t)}{dt^2}+\omega_1^2q(t)\pm\omega_1^2\Phi=\omega_1^2\sin\omega t[\dot{q}(t)\neq 0] \tag{1.3.18}$$

由式（1.3.8）可得简支梁一阶固有圆频率为

$$\omega_1^2=\frac{\pi EI}{l^4\mu} \tag{1.3.19}$$

由式（1.3.6）可求得 ω，而无量纲的摩擦力为

$$\Phi=\frac{2bl}{\pi F} \tag{1.3.20}$$

函数 $q(t)$ 表示初始条件为

$$q(t)=\dot{q}(t)=0\text{，}\quad t=0 \tag{1.3.21}$$

的桥梁的跨中无量纲挠度。作用于梁的力开始时间为 $t=0$。

受内部库仑摩擦抑制的沿着梁方向的力的运动可划分为 3 个阶段：

（1）第一阶段，挠度 $q(t)$ 为 0，直至摩擦力为梁的变形所克服，得到下式

$$\ddot{q}(t)+\omega_1^2q(t)=\omega_1^2(\sin\omega t-\Phi)=0 \tag{1.3.22}$$

假设式（1.3.21）成立，由式（1.3.22）可以推出

$$q(t)=0 \tag{1.3.23}$$

并且式（1.3.23）恒成立直至

$$\sin\omega t_1=\Phi \tag{1.3.24}$$

从式（1.3.24）可得出式（1.3.23）在 $0\leqslant t\leqslant t_1$ 区间内是正确的。

式中

$$t_1=\frac{1}{\omega}\arcsin\Phi\approx\frac{\Phi}{\omega}=\frac{2bl^2}{\pi^2cF} \tag{1.3.25}$$

是第一阶段的结束时间。

（2）第二阶段，在此引入一个新的独立变量

$$\tau=t-t_1 \tag{1.3.26}$$

其开始的绝对时间为 t_1，初始条件为 $q(\tau)=0$，因为它紧跟前一阶段。

根据式（1.3.18），只有当 $\dot{q}(\tau)>0$ 时，方程

$$\ddot{q}(\tau)+\omega_1^2 q(\tau)=\omega_1^2[\sin\omega(t_1+\tau)-\varPhi] \tag{1.3.27}$$

才恒成立。

其在零初始条件下的解为如下形式：

$$q(\tau)=\frac{\cos\omega t}{1-\alpha^2}(\sin\omega\tau-\alpha\sin\omega_1\tau)-\varPhi\left[1-\frac{1}{1-\alpha^2}(\cos\omega\tau-\alpha^2\cos\omega_1\tau)\right] \tag{1.3.28}$$

其对时间的导数为

$$\dot{q}(\tau)=\frac{\omega_1 t}{1-\alpha^2}[\cos\omega t_1(\cos\omega\tau-\cos\omega_1\tau)-\varPhi(\sin\omega\tau-\alpha^2\sin\omega_1\tau)] \tag{1.3.29}$$

上述两方程均当 $\dot{q}(\tau)>0$ 时有效。

对小参数 α 和 $\cos\omega t_1\approx 1$，由式（1.3.28）及式（1.3.29）可以推导出

$$q(\tau)=\frac{1}{1-\alpha^2}(\sin\omega\tau-\alpha\sin\omega_1\tau)-\varPhi\left(1-\frac{1}{1-\alpha^2}\cos\omega\tau\right) \tag{1.3.30a}$$

和

$$\dot{q}(\tau)=\frac{\omega_1\alpha}{1-\alpha^2}(\cos\omega\tau-\cos\omega_1\tau-\varPhi\sin\omega\tau) \tag{1.3.30b}$$

根据式（1.3.30b），条件 $\dot{q}(\tau_2)=0$ 约发生在力穿过跨中点的瞬时，即

$$\tau_2\approx t_2=\frac{l}{2c} \tag{1.3.31}$$

在此时，根据式（1.3.30a）和式（1.3.30b），无量纲的挠度及其对时间的导数大致为

$$\left.\begin{aligned}&q(t_2)\approx\frac{1}{1-\alpha^2}-\varPhi\\&\dot{q}(t_2)\approx 0\end{aligned}\right\} \tag{1.3.32}$$

第二阶段在 t_2 时刻结束，而式（1.3.32）描述了第三阶段的初始条件。

（3）在第三阶段，根据式（1.3.18），无量纲挠度可以用微分方程

$$\ddot{q}(\tau)+\omega_1^2 q(\tau)=\omega_1^2[\sin\omega(t_2+\tau)+\varPhi] \tag{1.3.33}$$

来描述。式（1.3.33）在 $\dot{q}(\tau)<0$ 时有效，式中引入了独立变量

$$\tau=t-t_2 \tag{1.3.34}$$

在 $\dot{q}(\tau)<0$ 时，初始条件为式（1.3.32）的式（1.3.33）的解为

$$\left.\begin{aligned}q(\tau)&=\frac{1}{1-\alpha^2}\cos\omega\tau+\varPhi(1-2\cos\omega_1\tau)\\ \dot{q}(\tau)&=\left(\frac{-\alpha}{1-\alpha^2}\sin\omega\tau+2\varPhi\sin\omega_1\tau\right)\omega_1\end{aligned}\right\}\tag{1.3.35}$$

力在 $t_3=l/c$ 时离开梁体，根据式（1.3.34）和式（1.3.31），即当 $\tau_3=t_3-t_2=l/(2c)$ 时，根据式（1.3.35）、式（1.3.4）及式（1.3.6），得到梁体跨中无量纲挠度约为

$$q(\tau_3)\approx\varPhi\left(1-2\cos\frac{\pi}{2\alpha}\right)\tag{1.3.36}$$

并且梁的挠曲通常由于干摩擦而终止。

导出的公式可用于求解干摩擦系数 b 的大小。根据所记录下来的跨中挠度时间历程可以求得车辆离开桥梁时刻的残余挠度 v_{r}。由式（1.3.17）和式（1.3.18）有

$$v(l/2,l/c)=v_{\mathrm{r}}=v_0\varPhi[1-2\cos\pi/(2\alpha)]\tag{1.3.37}$$

同时利用式（1.3.20），可以得到

$$b=\frac{\pi F}{2l[1-2\cos\pi/(2\alpha)]}\frac{v_{\mathrm{r}}}{v_0}\tag{1.3.38}$$

3. 内阻尼的复数理论

内阻尼理论是建立在应力和应变关系的复数形式之上的，

$$\sigma^*=(1+\mathrm{i}\gamma)E\varepsilon^*\tag{1.3.39}$$

式中：γ 是内阻尼系数，一般取决于瞬时振动位移；σ^* 和 ε^* 是复数；其他量是实数。式（1.3.39）表明不可逆的变形 $\gamma\varepsilon$ 滞后于弹性变形 ε 某个相位角，而阻尼并不依赖于振动频率。

由相关不同文献得到的内阻尼系数的平均值为

对钢桥　　$\gamma=0.027$ 或 $\gamma=0.031$

对预应力混凝土桥　　$\gamma=0.1$ 或 $\gamma=0.072$

1.3.2 阻尼系数的统计计算

1. 对数衰减阻尼试验统计结论

阻尼系数多不能从理论计算中得出，而是须从桥梁试验中得到。

相关学者及部分文献通过对对数衰减阻尼的统计分析得出的结论主要有：

（1）采用不同的仪器及测试方法，得到的结构差异较大。

（2）对数衰减阻尼 ϑ 与跨度 l 和桥梁固有频率 f 之间的相关性较差。

（3）对于跨度大于 20m 的桥梁，道砟的有无对阻尼的影响不大。

（4）对小跨度桥（$l<20\,\text{m}$），其跨度越小，其阻尼对支座摩擦力和连续碎石道床影响的依赖性越大。

（5）混凝土梁桥的对数衰减阻尼高于钢梁桥。

（6）阻尼与桥梁振幅具有非线性关系。

（7）阻尼与桥梁跨度、刚度、自重条件下产生的挠度、动刚度及一阶固有频率没有相关性。

（8）当支座条件不好时，对数衰减阻尼 ϑ 会增加到 0.4 ~ 0.8。

2. 经验公式

（1）对 $l>20\,\text{m}$ 的钢桥　　$\vartheta=0.08$

（2）对 $l<20\,\text{m}$ 的钢桥　　$\vartheta=0.08(20/l)^{1.5}$

（3）对 $l>20\,\text{m}$ 的混凝土桥　　$\vartheta=0.18$

（4）对 $l<20\,\text{m}$ 的混凝土桥　　$\vartheta=0.08(20/l)^{0.9}$

1.4　桥梁的变形方程

铁路桥梁最常用的模型是伯努利-欧拉梁，该梁受 N 个力作用，这 N 个力是时间的随机函数，并且按照确定的间距 d_n 作用于桥梁上，如图 1.4.1 所示。在该梁上分别研究其竖向、横向和扭转振动。

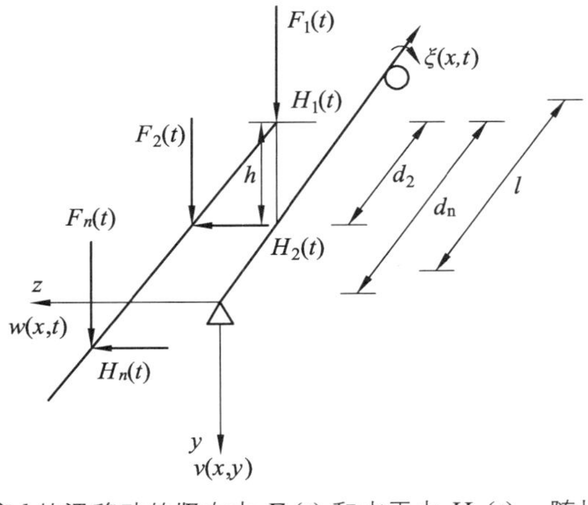

图 1.4.1　沿跨度 l 的梁移动的竖向力 $F_n(t)$ 和水平力 $H_n(t)$，随机力的间距为 d_n

1.4.1 竖向振动

梁的竖向振动受图 1.4.1 所示的轴力 $F_n(t)$，$n=1, 2, \cdots, N$ 的影响。用伯努利-欧拉微分方程来描述梁的变形

$$EIv^{(4)}(x,t)+\mu\ddot{v}(x,t)=\sum_{n=1}^{N}\varepsilon_n\delta(x+d_n-ct)F_n(t) \tag{1.4.1}$$

式中：$v(x,t)$——梁在点 x 处和 t 时刻的竖向挠度；

EI——梁的抗弯刚度系数；

μ——梁的单位长度的质量常数；

$\varepsilon_n=\begin{cases}1\,(d_n/c\leqslant t\leqslant l/c+d_n/c)\\0\,[t<d_n/c;t>(l+d_n/c)]\end{cases}$ 是表示力 $F_n(t)$ 是否作用于梁上的函数，

其中：l——梁的跨度；

c——运动速度常数；

d_n——第 n 个力与第一个力的距离，$d_1=0$。

轴力 $F_n(t)$ 的解分解为均值 F_n（静态轴力）与其随机分量 $F_n(t)$ 的和，即

$$F_n(t)=F_n+F_n(t) \tag{1.4.2}$$

式中：$F_n=E[F_n(t)]$，E 表示求均值。

1. 近似解

对于铁路桥梁而言，在低速和小阻尼情况下的近似解可由式（1.4.1）导出。在该工况条件下，近似解可以较好地表征沿梁运动的力系的特征。

忽略式（1.4.1）左边的第二项，我们得到其如下形式的解

$$v(x,t)=\sum_{j=1}^{\infty}\sum_{n=1}^{N}\varepsilon_N v_{0j}\overline{F}_n(t)\sin\frac{ct-d_n}{L_j}\sin\frac{x}{L_j} \tag{1.4.3}$$

式中：$v_{0j}=\dfrac{2Fl^3}{j^4\pi^4EI}$——作用于跨中平均轴力 F 作用下梁跨中的挠度；

$\overline{F}_n(t)=\dfrac{F_n(t)}{F}$——无量纲的轴力。

$$L_j=\frac{l}{j\pi},\quad L=\frac{l}{\pi} \tag{1.4.4}$$

根据上述假设，可认为上式是具有零初始条件和具有简支梁边界条件的式（1.4.1）的

近似解（准静态）。

与式（1.4.3）和式（1.4.4）相似，可得到随机分量

$$\mathring{v}(x,t)=\sum_{j=1}^{\infty}\sum_{n=1}^{N}v_{0j}\varepsilon_n\mathring{\bar{F}}_n(t)\sin\frac{ct-d_n}{L_j}\sin\frac{x}{L_j}\tag{1.4.5}$$

求得挠度的协方差

$$C_{vv}(x_1,x_2,t_1,t_2)=E[v(x_1,t_1)v(x_2,t_2)]=\sum_{j=1}^{\infty}\sum_{k=1}^{\infty}\sum_{n=1}^{N}\sum_{m=1}^{N}v_{0j}v_{0k}\varepsilon_n\varepsilon_m\cdot$$

$$\sin\frac{ct_1-d_n}{L_j}\sin\frac{ct_2-d_m}{L_k}\sin\frac{x_1}{L_j}\sin\frac{x_2}{L_k}C_{F_nF_m}(t_1,t_2)\tag{1.4.6}$$

式中：$C_{F_nF_m}(t_1,t_2)$ 是力 $F_n(t)$ 的互协方差。

挠度的协方差可由式（1.4.6）求得

$$\sigma_v^2(x,t)=C_{vv}(x,x,t,t)=\sum_{j=1}^{\infty}\sum_{k=1}^{\infty}\sum_{n=1}^{N}\sum_{m=1}^{N}v_{0j}v_{0k}\varepsilon_n\varepsilon_m\cdot$$

$$\sin\frac{ct_1-d_n}{L_j}\sin\frac{ct_2-d_m}{L_k}\sin\frac{x}{L_j}\sin\frac{x}{L_k}C_{F_nF_m}(t,t)\tag{1.4.7}$$

在式（1.4.7）中，求近似解时仅考虑第一项 $j=k=1$，$L=L_{01}$，$v_0=v_{01}$，因为挠度的级数收敛很快。

$$\sigma_v^2(x,t)=\sum_{n=1}^{N}\sum_{m=1}^{N}v_0^2\varepsilon_n\varepsilon_m\sin\frac{ct-d_n}{L}\sin\frac{ct-d_m}{L}\sin^2\frac{x}{L}C_{F_nF_m}(t,t)\tag{1.4.8}$$

假定两相邻轴力互协方差相等 $C_{F_nF_{n+1}}=C_{F_{n+1}F_n}$，而且更远的轴力之间协方差非常小，则式（1.4.8）中双重级数可以进一步简化成单重级数

$$\sigma_v^2(x,t)\approx\sum_{n=1}^{N}v_0^2\varepsilon_n\sin^2\frac{ct_1-d_n}{L}\sin^2\frac{x}{L}C_{F_nF_m}(t,t)+$$

$$\sum_{n=1}^{N-1}2v_0^2\sin\frac{ct-d_n}{L}\sin\frac{ct-d_{n+1}}{L}\sin^2\frac{x}{L}C_{F_nF_{n+1}}(t,t)\tag{1.4.9}$$

利用该种方法，可以得到承受随机移动荷载级数的桥梁所产生挠度的第一阶和第二阶所有重要的统计特征。

2. 动态解

未经简化的式（1.4.1）形式如下：

$$v(x,t)=\sum_{j=1}^{\infty}\sum_{n=1}^{N}\frac{2\varepsilon_n}{\mu l\omega_j}\sin\frac{x}{L_j}\int_0^t F_n(\tau)\sin\frac{c\tau-d_n}{L_j}\sin\omega_i(t-\tau)\mathrm{d}\tau \tag{1.4.10}$$

式中：简支梁的固有频率为

$$\omega_j^2=\frac{j^4\pi^4}{l_4}\frac{EI}{\mu}，\quad f_j=\frac{\omega_j}{2\pi} \tag{1.4.11}$$

用前述方法计算得到挠度的协方差为

$$\begin{aligned}C_{vv}(x_1,x_2,t_1,t_2)=&\sum_{j=1}^{\infty}\sum_{k=1}^{\infty}\sum_{n=1}^{N}\sum_{m=1}^{N}\frac{4\varepsilon_n\varepsilon_m}{\mu^2l^2\omega_j\omega_k}\sin\frac{x_1}{L_k}\sin\frac{x_2}{L_k}\cdot\\&\int_0^{t_1}\int_0^{t_2}\sin\frac{c\tau_1-d_n}{L_1}\sin\frac{c\tau_2-d_m}{L_k}\cdot\\&\sin\omega_j(t_1-\tau)\sin\omega_k(t_2-\tau_2)C_{F_nF_m}(\tau_1,\tau_2)\mathrm{d}\tau_1\mathrm{d}\tau_2\end{aligned} \tag{1.4.12}$$

式（1.4.12）的双积分可通过闭合形式的协方差（白噪声）求得

$$C_{F_nF_m}(t_1,t_2)=S_{F_{nm}}\delta(t_2-t_1) \tag{1.4.13}$$

令 $j=k=1$，将式（1.4.13）代入式（1.4.12）可求得挠度的协方差

$$\sigma_v^2(x,t)=\sum_{n=1}^{N}\sum_{n=1}^{N}\varepsilon_n\varepsilon_m\alpha^{-1}v_0^2\sin^2\frac{x}{L}Z_{nm}^2V_{F_{nm}}^2 \tag{1.4.14}$$

式中：$\alpha=c/(2f_1l)$ 是无量纲速度参数。

$$\begin{aligned}Z_{nm}^2=&\int_0^z\sin\alpha(z-x)\sin(x-D_n)\sin(x-D_m)\mathrm{d}x\\=&\frac{1}{4}\left[\left(z-\frac{1}{2a}\sin 2az\right)\cos(D_n-D_m)-\frac{a^2}{2(a^2-1)}\sin(2z-D_n-D_m)-\right.\\&\frac{1}{2}\sin(D_n+D_m)\frac{a}{2(a^2-1)}\sin 2az\cos(D_n+D_m)-\\&\left.\frac{1}{2(a^2-1)}\cos 2a\sin(D_n+D_m)\right]\end{aligned} \tag{1.4.15}$$

其中：$z = ct/L$；$x = cr/L$；$a = 1/\alpha$；$D_n = d_n/L$。

$V_{F_{nm}} = \dfrac{(S_{F_{nm}}\omega_1)^2}{F}$ 是力 $F_n(t)$ 的变差系数。而挠度的变差系数为

$$V_{v_{nm}}(x,t) = \frac{\sigma_v(x,t)}{v_0} = \left[\sum_{n=1}^{N}\sum_{m=1}^{N}\varepsilon_n\varepsilon_m\alpha^{-1}\sin^2\frac{x}{L}Z_{nm}^2V_{F_{nm}}^2\right]^{1/2} \tag{1.4.16}$$

1.4.2　横向振动

根据图 1.4.1 可知，梁在横向的水平振动 $\omega(x,t)$ 是轨道不平顺和车轮的正弦运动产生的随机水平横向力 $H_n(t)$ 引起的。梁变形的微分方程与式（1.4.1）类似，即

$$EI_y\omega^{(4)}(x,t) + \mu\ddot{\omega}(x,t) = \sum_{n=1}^{N}\varepsilon_n\delta(x + d_n - ct)H_n(t) \tag{1.4.17}$$

式中：I_y 是梁横截面相对于竖轴 y 的惯性矩。简支梁横向振动的固有频率是

$$\omega_{hj}^2 = \frac{j^4\pi^4}{l^4}\frac{EI_y}{\mu}\text{，}\quad f_{hj} = \frac{\omega_{hj}}{2\pi} \tag{1.4.18}$$

1. 近似解

忽略式(1.4.17)等号左边的第二项，就可以得到近似解。这样，可得到类似于式(1.4.18)的准静态解

$$\omega(x,t) = \sum_{j=1}^{\infty}\sum_{n=1}^{N}\varepsilon_n\frac{2}{\mu l\omega_{hj}^2}\sin\frac{x}{L}H_n(t)\sin\frac{ct - d_n}{L_j} \tag{1.4.19}$$

横向力 $H_n(t)$ 的均值为零，因此梁的横向变形的协方差是

$$C_{\omega\omega}(x_1,x_2,t_1,t_2) = \sum_{j=1}^{\infty}\sum_{k=1}^{\infty}\sum_{n=1}^{N}\sum_{m=1}^{N}\varepsilon_n\varepsilon_m\frac{4}{\mu^2l^2\omega_{hj}^2\omega_{hk}^2}\cdot \sin\frac{x_1}{L_j}\sin\frac{x_2}{L_k}\sin\frac{ct_1 - d_n}{L_j}\sin\frac{ct_2 - d_m}{L_k}C_{H_nH_m}(t_1,t_2) \tag{1.4.20}$$

式中：$C_{H_nH_m}(t_1,t_2)$ 是横向力 $H_n(t)$ 的互协方差。

方差是

$$\delta_{\omega}^{2}(x,t)=\sum_{j=1}^{\infty}\sum_{k=1}^{\infty}\sum_{n=1}^{N}\sum_{m=1}^{N}\varepsilon_{n}\varepsilon_{m}\frac{4}{\mu^{2}l^{2}\omega_{hj}^{2}\omega_{hk}^{2}}\cdot$$

$$\sin\frac{x}{L_{j}}\sin\frac{x}{L_{k}}\sin\frac{ct-d_{n}}{L_{j}}\sin\frac{ct-d_{m}}{L_{k}}C_{H_{n}H_{m}}(t,t) \tag{1.4.21}$$

若 $j=k=1$，则可简化为

$$\delta_{\omega}^{2}(x,t)=\sum_{n=1}^{N}\sum_{m=1}^{N}\varepsilon_{n}\varepsilon_{m}v_{0}^{2}\phi_{h}^{4}\sin^{2}\frac{x}{L}\sin\frac{ct-d_{n}}{L}\sin\frac{ct-d_{m}}{L}V_{H_{n}H_{m}}^{2}(t,t) \tag{1.4.22}$$

式中

$$\left.\begin{aligned}\phi_{h}&=\frac{\omega_{1}}{\omega_{2}}\\ V_{H_{n}H_{m}}^{2}(t,t)&=C_{H_{n}H_{m}}(t,t)/F^{2}\end{aligned}\right\} \tag{1.4.23}$$

而变差系数

$$\begin{aligned}V_{h}(x,t)&=\frac{\sigma_{\omega}(x,t)}{v_{0}}\\ &=\left[\sum_{n=1}^{N}\sum_{m=1}^{N}\varepsilon_{n}\varepsilon_{m}\phi_{h}^{4}\sin^{2}\frac{x}{L}\sin\frac{ct-d_{n}}{L}\sin\frac{ct-d_{m}}{L}V_{H_{n}H_{m}}^{2}(t,t)\right]^{1/2}\end{aligned} \tag{1.4.24}$$

2. *动态解*

式（1.4.17）的解表示如下：

$$\omega(x,t)=\sum_{j=1}^{\infty}\sum_{n=1}^{N}\varepsilon_{n}\frac{2}{\mu l\omega_{hj}}\sin\frac{x}{L_{j}}\int_{0}^{t}H_{n}(\tau)\sin\frac{c\tau-d_{n}}{L_{j}}\sin\omega_{hj}(t-\tau)\mathrm{d}\tau \tag{1.4.25}$$

而水平横向变形的协方差是

$$\begin{aligned}C_{\omega\omega}(x_{1},x_{2},t_{1},t_{2})=&\sum_{j=1}^{\infty}\sum_{k=1}^{\infty}\sum_{n=1}^{N}\sum_{m=1}^{N}\varepsilon_{n}\varepsilon_{m}\frac{4}{\mu^{2}l^{2}\omega_{hj}\omega_{hk}}\sin\frac{x_{1}}{L_{j}}\sin\frac{x_{2}}{L_{k}}\cdot\\ &\int_{0}^{t_{1}}\int_{0}^{t_{2}}\sin\frac{c\tau_{1}-d_{n}}{L_{j}}\sin\frac{c\tau_{2}-d_{m}}{L_{k}}\sin_{\omega j}(t_{1}-\tau_{1})\cdot\\ &\sin\omega_{hk}(t_{2}-\tau_{2})C_{H_{n}H_{m}}(\tau_{1},\tau_{2})\mathrm{d}\tau_{1}\mathrm{d}\tau_{2}\end{aligned} \tag{1.4.26}$$

令 $j=k=1$ 和 $C_{H_{n}H_{m}}(t_{1},t_{2})=S_{H_{n}H_{m}}\delta(t_{2}-t_{1})$，由式（1.4.26）可计算出方差为

$$\sigma_{\omega}^{2}(x,t)=\sum_{n=1}^{N}\sum_{m=1}^{N}\varepsilon_{n}\varepsilon_{m}v_{0}^{2}\phi_{h}^{2}\alpha^{-1}\sin^{2}\frac{x}{L}Z_{nm}^{2}V_{H_{n}H_{m}}^{2} \tag{1.4.27}$$

式中：Z_{mn}^2 由式（1.4.15）确定，取 $a=1/(\alpha\phi_h)$，则

$$V_{H_nH_m}=(S_{H_{mn}}\omega_1)^{1/2}/F \tag{1.4.28}$$

是力 $F_n(t)$ 的变差系数。

水平挠度的变差系数由下式给出：

$$V_{\omega_{nm}}(x,t)=\frac{\sigma_{\omega}(x,t)}{v_0}=\left[\sum_{n=1}^{N}\sum_{m=1}^{N}\varepsilon_{n}\varepsilon_{m}\phi_{h}^{2}\alpha^{-1}\sin^{2}\frac{x}{L}Z_{nm}^{2}V_{H_{nm}}^{2}\right]^{1/2} \tag{1.4.29}$$

1.4.3　扭转振动

在大多数情况下，铁路车辆的水平横向力作用于钢轨顶面上，即作用于桥梁截面中心之外。假定图 1.4.1 中高差为 h，则作用于桥梁的扭振为 $hH_n(t)$，在简单扭矩作用下梁的微分方程为

$$-GI_{\xi}\ddot{\xi}(x,t)+\mu_{\xi}\ddot{\xi}(x,t)=\sum_{n=1}^{N}\varepsilon_{n}\delta(x+d_{n}-ct)hH_{n}(t) \tag{1.4.30}$$

式中：$\xi(x,t)$——沿梁纵轴 x 的转动；

G——剪切弹性模量；

GI_{ξ}——单位长度扭转刚度矩；

μ_{ξ}——对 x 轴单位长度的质量极惯性矩。

简支梁的扭转圆频率为

$$\omega_{\xi j}^{2}=\frac{j^{2}\pi^{2}}{l^{2}}\frac{GI_{\xi}}{\mu_{\xi}},\quad f_{\xi j}=\frac{\omega_{\xi j}}{2\pi} \tag{1.4.31}$$

1. 近似解

忽略式（1.4.30）等号左侧的第二项，就可以得到准静态

$$\xi(x,t)=\sum_{j=1}^{\infty}\sum_{n=1}^{N}\varepsilon_{n}\frac{2h}{\mu_{\xi}l\omega_{\xi_{j}}^{2}}\sin\frac{x}{L_{j}}H_{n}(t)\sin\frac{ct-d_{n}}{L_{j}} \tag{1.4.32}$$

同法可得到扭转的协方差

$$C_{\xi\xi}(x_1,x_2,t_1,t_2)=\sum_{j=1}^{\infty}\sum_{k=1}^{\infty}\sum_{n=1}^{N}\sum_{m=1}^{N}\varepsilon_n\varepsilon_m\frac{4h^2}{\mu_\xi^2 l^2\omega_{\xi j}^2\omega_{\xi k}^2}\cdot$$

$$\sin\frac{x_1}{L_j}\sin\frac{x_2}{L_k}\sin\frac{ct_1-d_n}{L_j}\sin\frac{ct_2-d_m}{L_k}C_{H_nH_m}(t_1,t_2) \tag{1.4.33}$$

和方差

$$\sigma_\xi^2(x,t)=\sum_{j=1}^{\infty}\sum_{k=1}^{\infty}\sum_{n=1}^{N}\sum_{m=1}^{N}\varepsilon_n\varepsilon_m\frac{4h^2}{\mu_\xi{}^2 l^2\omega_{\xi j}^2\omega_{\xi k}^2}\cdot$$

$$\sin\frac{x}{L_j}\sin\frac{x}{L_k}\sin\frac{ct-d_n}{L_j}\sin\frac{ct-d_m}{L_k}C_{H_nH_m}(t,t) \tag{1.4.34}$$

令 $j=k=1$，式（1.4.34）简化为

$$\sigma_\xi^2(x,t)=\sum_{n=1}^{N}\sum_{m=1}^{N}\varepsilon_n\varepsilon_m\frac{v_0^2}{h^2}\gamma^2\phi_\xi^4\sin^2\frac{x}{L}\sin\frac{ct-d_n}{L}\sin\frac{ct-d_m}{L}V_{H_nH_m}^2(t,t) \tag{1.4.35}$$

式中：$V_{H_nH_m}^2(t,t)=C_{H_nH_m}(t,t)/F^2$ 是力 $F_n(t)$ 的变差系数。

由式（1.4.36）

$$\left.\begin{aligned}\phi_\xi&=\frac{\omega_1}{\omega_{\xi 1}}\\ \gamma&=\frac{\mu h^2}{\mu_\xi}\end{aligned}\right\} \tag{1.4.36}$$

可得到梁扭转的变差系数

$$V_\xi(x,t)=\frac{\sigma_\xi(x,t)}{v_0/h}=\left[\sum_{n=1}^{N}\sum_{m=1}^{N}\varepsilon_n\varepsilon_m\gamma^2\phi_\xi^4\sin^2\frac{x}{L}\sin\frac{ct-d_n}{L}\sin\frac{ct-d_m}{L}V_{H_nHm}^2(t,t)\right]^{1/2} \tag{1.4.37}$$

式（1.4.37）的双重级数可以按照式（1.4.9）同样的方法进一步简化成单重级数。

2. 动态解

式（1.4.30）描述的是梁受到一列移动随机力作用下的扭转，它的解是

$$\xi(x,t)=\sum_{j=1}^{\infty}\sum_{n=1}^{N}\varepsilon_n\frac{2h}{\mu_\xi l\omega_{\xi j}}\sin\frac{x}{L_j}\int_0^t\sin\omega_{\xi j}(t-\tau)\sin\frac{c\tau-d_n}{L_j}H_n(\tau)\mathrm{d}\tau \tag{1.4.38}$$

梁扭转的协方差根据其定义和式（1.4.38）求得

$$C_{\xi\xi}(x_1,x_2,t_1,t_2)=\sum_{j=1}^{\infty}\sum_{k=1}^{\infty}\sum_{n=1}^{N}\sum_{m=1}^{N}\varepsilon_n\varepsilon_m\frac{4h^2}{\mu_\xi^2 l^2\omega_{\xi j}\omega_{\xi k}}\sin\frac{x_1}{L_j}\cdot$$
$$\sin\frac{x_2}{L_k}\int_0^{t_1}\int_0^{t_2}\sin\omega_{\xi j}(t_1-\tau_1)\sin\omega_{\xi k}(t_2-\tau_2)\cdot$$
$$\sin\frac{c\tau_1-d_m}{L_k}\sin\frac{c\tau_2-d_m}{L_k}\cdot C_{H_nH_m}(\tau_1,\tau_2)\mathrm{d}\tau_1\mathrm{d}\tau_2 \qquad (1.4.39)$$

对白噪声 $C_{H_nH_m}(t_1,t_2)=S_{H_{nm}}\delta(t_2-t_1)$，可以计算出式（1.4.39）闭合形式的协方差。令 $j=k=1$，可求得扭振的方差为

$$\sigma_\xi^2(x,t)=\sum_{n=1}^{N}\sum_{m=1}^{N}\varepsilon_n\varepsilon_m\frac{4h^2 S_{H_{nm}}}{\mu_\xi^2 l^2\omega_{\xi 1}^2}\sin^2\frac{x}{L}\int_0^t\sin^2\omega_{\xi 1}(t-\tau)\sin\frac{c\tau-d_n}{L}\cdot$$
$$\sin\frac{c\tau-d_m}{L}\mathrm{d}\tau=\sum_{n=1}^{N}\sum_{j=1}^{N}\varepsilon_n\varepsilon_m\frac{v_0^2}{h^2}\tau^2\phi_\xi^2\alpha^{-1}\sin^2\frac{x}{L}Z_{nm}^2V_{H_{nm}}^2 \qquad (1.4.40)$$

式中：使用式（1.4.36）和式（1.4.15）中的符号，并令 $\alpha=1/(\alpha\phi_\xi)$,$V_{H_nH_n}=(S_{H_{nm}\omega_1})^{1/2}/F$ 作为水平力的变差系数。

于是可得梁扭转的变差系数为

$$V_\xi(x,t)=\frac{\sigma_\xi(x,t)}{v_0/h}=\left[\sum_{n=1}^{N}\sum_{m=1}^{N}\varepsilon_n\varepsilon_m\gamma^2\phi_\xi^2\alpha^{-1}\sin^2\frac{x}{L}Z_{nm}^2V_{H_{nm}}^2\right]^{1/2} \qquad (1.4.41)$$

1.5　铁路桥梁的振动研究

1.5.1　早期的研究

早期对铁路桥梁的活载振动研究表明，荷载的动力作用主要是由蒸汽机车驱动上的偏心块在移动时所产生的周期性锤击力所引起的。而轨面不平、轮周不圆以及钢轨接缝等因素则是次要的。

随着蒸汽机车被内燃及电力机车所替代，铁路桥梁的荷载动力作用也发生了本质变化。尤其是自 20 世纪 60 年代以来计算机的出现，试验手段的进步，对铁路桥梁移动荷载动力作用的理论分析和试验研究都取得了很大的进展，并主要表现在以下几个方面：

（1）对桥梁空间动力特性的有限元法计算以及对梁式桥的自振频率和阻尼值的实测取得了大量的数据。

（2）以车辆、轮轨和桥梁三者综合的动力系统为对象，研究当列车高速过桥时的车-桥耦合振动。

（3）与现场测试相配合，用随机振动理论研究列车高速通过桥梁时由于轨道不平顺和轮轨间蛇行运动等因素引起的横向振动。

1. 梁式桥的竖向自振频率和阻尼值

小跨度的简支钢筋混凝土梁或预应力混凝土铁路梁桥，其第一阶竖向基频可以利用如下简支梁的频率公式计算得到，且误差不大，

$$\omega=\left(\frac{\pi}{l}\right)^2\sqrt{\frac{EI}{m}} \tag{1.5.1}$$

式中：EI ——简支梁的抗弯刚度；

m ——单位长度的梁体质量（包括二期恒载）。

对于桁梁桥，由于节点刚性、桥道梁和联结系参与主桁的共同工作以及轨道和支座的约束作用等影响，通常要采用理论分析和实测资料相结合的方法来确定自振频率。近似的方法亦可按式（1.5.1）计算，但桁梁的竖向抗弯刚度 EI 应按下式计算：

$$EI = EAh^2\cdot\beta \tag{1.5.2}$$

式中：β ——考虑节点刚性、腹杆变形和桥道梁参与主桁工作等影响的修正系数；

h ——桁梁高度；

A ——跨中的弦杆面积。

根据实测数据资料统计，简支桁梁桥的竖向弯曲基频可按下列公式近似计算：

$$f=10^4/(47L-0.1L^2) \tag{1.5.3}$$

或

$$f=10^4/39L \tag{1.5.4}$$

阻尼是确定桥梁振动强弱的主要参数之一。铁路钢桁梁阻尼主要由下列两方面因素引起：

（1）结构内部的非弹性阻力和摩擦，即材料的内摩擦和反复荷载过程中的滞阻尼以及杆件连接处的局部非弹性变形和滑动。

（2）结构外部的非弹性阻力和摩擦，如桥梁支座的摩擦、轨道对桁架变形的约束以及空气阻力等。

许多国家的学者通过对阻尼的大量实测发现：

（1）钢桁梁的衰减振动可以很好地用指数曲线来描述，这就说明，钢桁梁中上述两种阻尼的综合效果接近与振动速度成正比的黏性阻尼规律。

（2）钢桁梁的阻尼值随跨度的增加呈现减小的趋势，这是因为支座和轨道的约束对于小跨度桥梁的影响较大。

为计算近似的钢桁梁的阻尼值，有下列两个由实测数据统计而得到的经验公式可供参考。

$$\lambda = 5\left(\frac{11}{T^2} - 1\right) \times 10^{-3} \tag{1.5.5}$$

或

$$\lambda = \frac{1}{0.3L - 1.2 \times 10^{-3} L^2} \tag{1.5.6}$$

式中：λ——无量纲的对数衰减率，$\lambda = k \cdot T = 2\pi\zeta$；

L——钢桁梁桥跨度（m）。

尤其应注意的是，上述两个公式是基于经验得出的，故在确定桥梁阻尼时对现场实测数据的参考也十分重要。

2. 桁梁桥的竖向振动

当列车通过铁路桁梁桥时，车辆和桥梁组成一个联合动力体系，用数值计算的方法可以得到桁梁各节点的挠度变化以及各根杆件中的轴力变化，并由此可以计算相应的冲击系数值。列车通过时的轨面不平顺包括轨道竖向标高不平顺、轨道中心线偏差、左右轨高差以及轨距偏差等四种因素。对于桥梁及车体的竖向振动，主要是轨面竖向不平顺的影响，如接头、所形成的周期性不平顺、道床和轨枕等刚度不均匀所形成的随机部分。在桥梁竖向振动分析中，如果要考虑轨面不平顺的因素，必须采用随机振动理论。分析表明：由于轨面不平顺，特别是当桥头线路的不平顺使得车辆带着初始振动状态上桥时，各杆件轴力的冲击系数普遍增大。原铁道部各桥检队曾对铁路桁梁桥作了大量实测工作，证实了理论分析所得的结论。早期有人曾用蒸汽机车和内燃机车对跨度为 48m 的某一定型图号钢桁梁进行过对比试验。试验结果表明：蒸汽机车过桥时弦杆轴力的最大冲击系数（$1+\mu=1.25$）发生在临界速度（v=55.7km/h）时；而内燃机车则无明显的临界速度，其冲击系数随车速的增加而增加，当达到 137km/h 的速度时，弦杆轴力的冲击系数为 1.23，接近蒸汽机车的数值。故在早期版本的《铁路桥梁检定规范》中规定：

（1）当蒸汽机车的运行速度小于该桥的临界速度时，冲击系数（$1+\mu$）值可乘以折减

系数α，即

$$\alpha = \frac{v}{2v_c - v} \tag{1.5.7}$$

式中：v_c——临界速度。

（2）内燃机车、电力机车及车辆的运行速度在 60 ~ 120 km/h 范围内时，冲击系数可按蒸汽机车（$1+\mu$）值的 75%计算。

（3）内燃机车、电力机车及车辆的运行速度低于 60 km/h 时，冲击系数可乘折减系数α，即

$$\alpha = \frac{v}{60} \tag{1.5.8}$$

国际铁路联盟根据大量实测数据，规定冲击系数公式如下：

$$1+\mu = 1+\phi' + \phi'' \tag{1.5.9}$$

式中：$\phi' = \dfrac{K}{1-K+K^4}$，$K = \dfrac{v}{2fL}$表示车速$v$的影响；

$\varphi'' = \dfrac{\alpha}{100}\left[56e^{-\frac{L^2}{100}} + 50\left(\dfrac{n_0 L}{80}-1\right)e^{-\frac{L^4}{400}}\right]$表示轨面不平顺影响，当$v<22\text{m/s}$时$\alpha = \dfrac{v}{22}$，当$v>22\text{m/s}$时$\alpha = 1$；

f——桥梁的竖向弯曲基频；

L——桥梁跨度。

3. 桁梁桥的横向振动

当列车通过桥梁时，除了竖向振动外，还会发生横向振动。一般中小跨度的桥梁，桥梁的横向跨度所提供的横向刚度能够保证车辆平稳通过；然而对于大跨度的单线铁路桁梁桥，常常因为横向刚度不足而在列车过桥时引起较大的横向振动，使司机和旅客感到不适。研究横向振动的主要目的在于确定为行车安全和舒适所必需的桥梁横向刚度。

引起桥梁横向振动的原因很多，主要的有以下几个方面：

（1）蒸汽机车驱动轮的左右偏心块有 90º 的相位角，左右不同步的锤击力将不仅引起桥梁的竖向振动，还会同时引起其横向振动。随着铁路发展的现代化，蒸汽机车已经退出历史舞台，该项影响也已消失。

（2）由于轨面不平顺，列车在直线线路上行驶时，车体会产生竖向和横向振动加速度，并由此引起桥梁的横向振动。

（3）由于车轮轮缘与钢轨的内侧面有间隙，使轮对中心与钢轨中心间有一定的偏差。车轮的锥形踏面将使左右轮的滚动直径不同，并有减小偏差的趋势，由此就引起轮轨间反复的蛇行运动。

（4）由线路中心线的竖向标高和横向位置偏差，以及左右轨的相对竖向标高和轨距偏差所造成的轨面不平顺是造成桥梁横向振动的随机因素。

根据实测结果，无论大跨度或中等跨度的桁梁桥，列车通过时由于货物车厢所引起的横向振动振幅为最大，蒸汽机车驱动轮的偏心块作用不是主要的，导致形成横向振动的基本因素是轨面不平顺和轮轨间的蛇行运动。

1.5.2　后期的研究

1. 引起车桥系统振动的原因

从车辆动力学的角度分析，铁路机车或车辆是由车厢、转向架、轮对以及弹簧悬挂装置组成的。列车在桥梁上运行时，会对桥梁结构产生动力冲击，使桥梁产生振动，而桥梁结构的振动又反过来对桥上运行车辆的安全性和平稳性产生很大的影响。因此，机车车辆的振动和桥梁结构的振动相互作用、相互影响，形成了一个复杂的多自由度振动系统。

引起车桥系统竖向振动的主要影响因素有：

（1）机车的动力作用：包括蒸汽机车动轮偏心块的周期冲击力和内燃机车动力机组的振动。

（2）行车速度的影响：列车以一定速度过桥时由移动重力加载所形成的竖向作用力，与车辆的编组、轴重及其排列和行车速度有关。

（3）列车以一定速度通过桥梁时，线路、车轮缺陷及轨道不平顺对系统产生的内部自激励作用引发行车系统的强迫振动。其中轨道不平顺的作用是随机的，而线路和车轮缺陷的作用是周期性的。

（4）车桥动力相互作用：包括桥梁及桥上轨道的挠度和振动对运行列车产生的动力影响，某种速度下车辆转向架与桥梁结构产生的共振等。车桥系统共振与列车速度、桥梁及车辆的竖向自振频率、转向架竖向弹簧和阻尼器的特性有关。

（5）地震与风的作用：地震和风等外部激励所诱发的车桥系统的竖向振动。

引起车桥系统横向振动的主要影响因素有：

（1）蒸汽机车动轮左右偏心块相差 90º 相位角的不平衡冲击力会引起桥梁的横向扭转振动。随着铁路装备现代化的进展，蒸汽机车已经退出历史舞台，该项影响也已消失。

（2）列车以一定的速度过桥时的动力作用，即车体、转向架和轮对质量的振动惯性力对桥梁的冲击作用。

（3）车轮踏面的锥度以及轮缘与钢轨内侧的间隙，导致车辆运行时产生蛇行运动，成为列车乃至车桥系统横向振动的激励源。

（4）轨道方向、水平以及轨距不平顺（包括几何不平顺和弹性不平顺）使车辆对结构产生附加的动力作用，也是车桥系统横向振动重要的激励源之一。

（5）车桥动力相互作用，即桥梁（包括上部结构和墩台）及桥上轨道结构振动对运行列车的动力响应。

（6）曲线上列车离心力通过轮对形成的横向力移动荷载引起的系统横向和扭转振动。

（7）地震的作用，包括地震激励所诱发的车桥系统的横向振动、地震动的空间变异性对大跨度桥梁的影响。

（8）风的作用：平均风荷载引起桥梁整体横向和竖向变形，导致轨道弯曲半径过小，影响行车安全；脉动横风引起的桥梁颤振；风荷载直接作用于运动着的车体本身，带有横向平均风压的移动车辆对桥梁产生动力作用。

（9）作用在车辆上的横向力通过轮对形成横向移动荷载列并通过桥梁，在一定列车速度下会引起车桥系统共振。

2. 车桥耦合振动的研究内容

（1）研究车桥耦合振动的基本理论，包括简支梁在移动力、移动集中质量、移动均布质量、移动车轮加簧上质量作用下的振动，简支梁在变速荷载作用下的振动，车桥耦合共振机理和共振及消振条件，等等。

（2）研究移动荷载、地震荷载、风荷载、撞击荷载等荷载的特性，系统自激励的特性，以及各种荷载的数值模拟方法，确定车桥耦合振动系统的外部激励和内部自激激励。

（3）利用车桥系统动力分析模型，可直接计算得到各类桥梁结构在不同速度运行列车作用下的动力响应，包括桥跨的动挠度、竖向和横向振幅、振动频率、动力冲击系数、杆件动应力、支座动反力、墩台的动位移和振幅、桥梁振动与桥上运行车辆动力响应的相关关系等。

（4）在受到风、地震及撞击等因素影响下，通过完成对相关激励参数的输入，得到在各类荷载作用下桥梁和桥上运行车辆的动力响应，并完成对车桥运营性能的安全评估。

（5）随着行车速度的提高、荷载的加大，桥梁结构的动力问题日益突出，列车过桥时由于桥梁振动和变形导致应力重分配的结构安全性、动力承载力和使用可靠性等正在成为人们关注的重要问题。车桥动力反应的分析结果可直接用于桥梁动力性能评估、动力加固方法的确定和加固效果的评估。

（6）通过理论分析和现场试验相结合，可以确定出保证列车运行安全的车辆动力指标（如车辆的加速度、脱轨系数、轮重减载率和运行舒适度指标等），进一步为桥梁设计提供必要的参数。通过研究，可将成果用于车辆运行振动指标、桥梁振动控制阀值的确定等。

（7）基于车桥耦合振动分析理论，研究基于车桥耦合振动分析的桥梁损伤诊断方法，探求动力响应与桥梁损伤的内在关联机理，提出基于少数测点响应的桥梁损伤定位和定量评估方法，研究直接利用车激桥梁响应和间接利用通行车辆响应识别桥梁模态参数的理论和信号分析方法。

3. 车桥耦合作用的分析方法

在我国，相关科研单位和高等院校从 20 世纪 80 年代初就开始从事车桥动力相互作用理论和应用方面的研究，先后建立和发展了各自的分析模型。这些模型经过了大量实测数据的检验，具有较好的适用性和合理性，在很多工程实际中得到了应用。

目前集中车桥耦合振动相互作用分析模型都是由列车与桥梁结构组成的多自由度振动系统。各种模型建模时在以下六个方面有不同的考虑：

1）平面模型和空间模型

仅研究系统的竖向振动时，采用平面的二维分析模型即可；而研究系统的横向振动或空间振动时，则必须采用空间分析模型。

2）车辆模型

转向架形式：一是独立式转向架，世界各国大部分普通铁路和高速铁路的车辆都装备独立式转向架，列车模型一般不考虑车辆之间车钩的耦联作用；二是铰接式转向架，法国的 TGV 及韩国的高速列车装备铰接式转向架，列车模型为各车辆通过转向架耦联的铰接车组，但机车仍为独立式转向架。

转向架悬挂体系：货车一般采用一系弹簧悬挂装置，机车和客车则采用二系弹簧悬挂装置。车辆阻尼：车辆减振器的阻尼有很多种，现在的模型多采用黏滞阻尼，以为理论上求解的方便。

3）桥梁结构模型

有限元模型由结构的几何模型直接建立，既可以进行桥梁整体结构的振动分析，又便于处理结构细部的振动问题，但计算的自由度较多。

振型模态模型可有效地进行各种桥梁整体结构的振动分析，减少计算自由度，但不能用于分析桥梁细部结构的振动。如果系统中要考虑桥梁支座、桥上轨道结构等的作用，则必须采用模态综合法，处理起来较为复杂。在车桥系统模型中，已开始考虑例如桥梁支座的建模、支座与梁和下部结构的动力耦合作用，以分析支座特性对系统动力响应的影响。

4）轨道模型

由于轨道结构的复杂性，多数车桥系统振动分析模型没有对桥上轨道结构建模以及对轨道与桥梁结构的动力耦合作用作详细的考虑。

5）系统的激励

车辆在桥上运行时的移动重力加载作用是系统竖向振动的主要激励，其加载频率是影响桥梁动力冲击系数的主要因素，而轨道的竖向不平顺则对桥上运行车辆的动力响应特别是对轮重减载率等具有较大的影响。

系统横向振动的激励机理有如下几种处理方法：采用轨道不平顺和车辆蛇行作为激励（计算简单，可反映系统振动的主要特征）；采用构架蛇行波作为激励（可使用处理后的实测构架蛇行波）；仅以轨道不平顺作为激励并采用较详细的轮轨接触关系模型，包括轮轨接触几何参数的确定和接触力（蠕滑力）的计算。

6）数值计算方法

车桥耦合振动的分析方法可分为时域法和频域法两种。

时域法根据所建立的车桥系统方程的不同，又大体分为两种：一是将车辆模型与桥梁模型的所有自由度通过轮轨关系耦联在一起，消除不独立的自由度，建立统一的系统运动方程组，进行同步求解；二是将车桥系统以轮轨接触处为界，分为车辆与桥梁两个子系统，分别建立车辆与桥梁的运动方程，两者之间通过轮轨接触处的协调条件与轮轨相互作用力的平衡关系相联系，采用迭代法求解系统响应。

时域法的缺点是随着桥梁的复杂化及车辆节数的增多，需联立求解的方程组规模增大，从而使计算工作量变得很大。针对时域法的这一缺点，目前通常采用分组迭代的方法进行处理，这样可以在一定程度上提高求解大跨度、多车辆车桥系统问题的计算效率。

采用频域法求解时，首先要求出车桥耦合系统的频率响应函数，然后用激励力的功率作为输入，求得系统在频率内的动力响应，其计算结果可以直接进行统计分析。该方法的优点在于对任何复杂结构可以只取一定数量的主要振动模态参与计算，从而大大减少了计算工作量。但由于车桥系统振动方程的系数矩阵具有时变性，应用频域法时需要假定其频率响应函数在瞬间不随时间变化，具有近似性，故在处理非线性问题时也存在困难。

4. 国内单位的研究情况

1）同济大学

同济大学李国豪院士是我国最早研究桥梁在移动荷载作用下的强迫振动问题的学者，其于 1941 年发表了悬索桥在列车作用下振动响应的研究成果，1956 年又研究了拱桥的车辆振动问题。20 世纪 80 年代初至 90 年代，原上海铁道大学曹雪琴等结合大量的现场实测与理论分析，对钢桁梁桥的车激横向振动问题进行了研究，取得了许多有价值的研究成果。它们除了对简支梁桥的竖向振动进行分析以外，还着重研究了单跨箱型钢桁梁桥在列车过桥时的空间振动问题，并推导了车桥体系动力相互作用的平衡方程，采用逐步推进法求解微分方程组，以轨道不平衡和车辆蛇行运动作为车桥体系横向振动的激励源。90 年代中后期，曹雪琴等继续对车桥动力相互作用问题进行了大量的研究工作，对钢塔架高墩、下承式钢板梁等进行了结构强度、振幅及脱轨安全度等问题及标准的试验研究工作，由其组织修订的《铁路桥梁检定规范》对我国铁路桥梁的提速改造及养护维修具有十分重要的指导意义。吴定俊研究了墩体设计对桥跨结构振动的影响以及提速铁路车桥耦合振动与桥梁横向动力性能，此外还对车桥耦合振动迭代求解的数值稳定性问题进行了分析研究。

2）中国铁道科学研究院

中国铁道科学研究院的程庆国、潘家英等于 20 世纪 80 年代初开始进行车桥系统耦合振动问题的研究。他们考虑轨道不平顺的影响，轮轨间横向力采用简化的轮轨接触理论，分别建立车辆车体、转向架、轮对的运动方程组及桥梁振动方程组，用假定的轮轨间的位移关系将两组振动方程联系起来求解，以计算车桥空间振动。后期还有许慰平、高芒芒等完善了不同工况条件下的各类算法。该院的分析模型将车体与桥梁看作一个联合动力体系，联立各部分的动力方程，用威尔逊θ（Wilson-θ）逐步积分法直接积分求解，得出各自由度的位移、速度、加速度及各种作用力的时间历程。在建立求解方法时，以轮轨接触面为界，将车桥系统分为两个子系统，并严格推导了它们之间的协调条件，给出了轮轨力计算公式。

桥梁采用多自由度有限元模型，以梁式受弯钢件为基本单元，考虑了梁的竖向、横向受弯以及梁的扭转变形，其单元采用等截面单元。

机车车辆按二系悬挂系统考虑。车体可以是具有质量偏心的六轴或四轴机车及无质量偏心的四轴客货车，假设车体前后左右对称，转向架左右对称。视轮对、转向架和车体为与弹性悬挂装置相连接的刚体，且车辆所有悬挂系统之间的阻尼均按黏性阻尼计算。计算中假定所有车辆均以同一速度匀速过桥，故不考虑机车、车辆纵向振动及其对桥梁振动与行车速度的影响。对磨耗型曲线踏面，计算中用等效锥度的锥形踏面代替。在轮对不跳轨的前提下，基于轮轨几何学理论及轮轨接触的蠕滑理论建立轮对运动方程。机车和车辆均具有计及全部刚体位移的 27 个自由度，即车体和前后转向架构架的横摆运动、沉浮运动、侧滚运动、点头运动、摇头运动及 6 个轮对的横摆和摇头运动。

对桥梁部分利用其对称性特点求解，对于车辆部分则按一般方法求解，二者之间再进行二次赛德尔迭代（Seidel 迭代）求解，以车辆轮对与桥面钢轨之间的相互力的两次迭代结果的相对误差小于允许误差作为收敛条件。

3）北京交通大学

早在 20 世纪 50 年代，北京交通大学的陈英俊教授就开始对车桥系统振动问题进行研究，分析了列车速度提高对桥梁动力系统的影响，夏禾随后带领课题组对车桥系统的动力相互作用及相关的问题做了一系列研究工作。该校的列车-桥梁系统动力分析模型是由车辆模型、桥梁模型按照一定假定的轮轨运动关系（力和位移关系）连续起来组成的系统。

车辆模型是由机车和多节车辆组成的列车。车辆可以是独立式的，也可以是铰接式的。每节车辆都是由车体、转向架、轮对、弹簧和阻尼器组成的多自由度空间振动系统。

桥梁模型有两种：一是直接采用有限元模型。首先利用通用结构分析软件进行结构自振特性的计算，从计算结果中导出结构的总体刚度矩阵和总体质量矩阵，并假设出各阶桥梁振型的阻尼比，将它们作为桥梁模型的全部信息与车辆模型耦合，形成车-桥系统动力相互模型进行分析计算。二是利用模态综合技术建模。首先求出结构自由振动的频率和振型，然后利用振型的正交性，把互相耦联的数百个节点运动方程解耦，使其转化成为互相独立的模态方程。由于结构的动力响应主要由前几阶的低阶振型起控制作用，该种方法的优点是在计算中仅考虑少数一些振型就可以获得满意的精度。

车辆与桥梁的连接是通过二者之间力与位移的平衡关系来实现的。在程序实现时，考虑所有轮对与桥梁之间的关系，当一个轮对在桥上时，通过它作用在桥梁上的力有轮对的轮重、轮对的惯性力以及由轮对与转向架之间的相对位移和速度而产生的弹性力和阻尼力。

轮轨关系的处理有两种方法：一种是采用轮对蛇行运动和轨道不平顺直接作为系统的输入，控制轮轨之间的相对位移，这些输入参数既可以是实测数据，也可以是用理论值或随机模拟方法产生的系统随机激励；另一种方法是以轨道不平顺作为激励但采用较详细的轮轨接触黏着关系模型，包括轮轨接触几何参数模型的确定和接触力的计算，轮对蛇行运动则是计算的结果。

根据上面的假设和说明，分别建立车辆动力平衡方程、桥梁动力平衡方程，并通过力与位移连续方程或接触关系模型，组成车桥系统动力平衡方程组，并通过采用纽马克 β 法（Newmark-β 法）逐步积分求解时变系统的二阶线性微分方程组。

4）西南交通大学

西南交通大学从 20 世纪 80 年代中期开始进行车桥系统振动问题研究工作，其中以强士中及其研究生所做的工作为代表；李小珍、宁晓骏等对车桥耦合振动研究进行了改进；同时沈锐利等还详细研究了钢桁梁桥的车桥耦合振动问题。

该校的列车-桥梁空间耦合振动分析模型是由车辆计算模型、桥梁计算模型按一定的轮轨关系连接起来而组成的系统。其车辆计算模型有如下假定：

（1）不考虑车体、转向架和轮轴的弹性变形，即认为车体、转向架和轮对均为刚体。

（2）轮对及车体沿线路方向作等速运动，不考虑纵向动力作用的影响。

（3）车轮始终保持与钢轨接触，即车轮不能悬空。

（4）一系与二系悬挂及轮对定位的弹簧特性是线性的。

（5）车辆所有悬挂系统之间的阻尼均按黏性阻尼计算。

（6）车体关于质心左右对称和前后对称。

（7）车体、转向架及轮对各刚体均围绕基本平衡位置作小位移振动。

按照上述假定，机车车辆视为由车体、前后转向架与轮对等刚体以及一系、二系悬挂装置等弹簧和阻尼器元件组成，其中，车体与前后转向架均考虑成具有沉浮、横摆、侧滚、点头及摇头 5 个自由度的刚体，而每个轮对则只考虑成具有横摆和摇头 2 个自由度的刚体，它们之间分别通过一系、二系弹簧和阻尼器连接。

桥梁模型采用有限元模型，对不同形式的桥梁可分别采用不同的单元进行分析。轮对在竖直方向的运动受钢轨约束，竖直方向的力为轮对轴重加上轮对惯性力及通过轮对的竖向弹簧和阻尼器传递的弹簧力和阻尼力；而在横向，则由于轮对在钢轨上存在蠕滑现象，轮轨作用力与蠕滑力有关。

按照轮轨接触几何学理论及 Kalker 滚动接触理论，可以给出蠕滑率与蠕滑力/力矩的关系，然后由达朗贝尔（d'Alembert）原理建立轮对的运动方程。由于轮轨方向力是轮对位移的函数，因此运用迭代法来求解轮轨力。采用分离的车辆和桥梁振动方程，两者之间通过迭代法求解，以车辆轮对与桥面钢轨之间的相互作用力迭代结果的相对误差小于允许误差作为收敛条件，在每一时间步长内运用纽马克 β 法积分方法。

5）中南大学

20 世纪 80 年代初期以来，原长沙铁道学院曾庆元院士及其研究生就对车桥系统振动理论进行了深入系统的研究。他们避开了轮轨衔接条件不确定的困难，将机车车辆抽象成 21 个自由度的车辆模型，对桁架桥及混凝土桥分别采用空间桁段单元与空间梁单元进行离散，考虑机车车辆二系弹簧、蠕滑力、重力刚度与重力角刚度及车辆阻尼的影响，建立列车在桥上任意位置时的时变系统总势能的计算式；然后，由势能驻值原理及形成矩阵的“对号入座”法则，将车桥视为一个振动特性随列车过桥时间变化的整体体系，导出了车桥时变系统振动的矩阵方程；再以机车车辆构架实测蛇行波为激励源，求解车桥时变系统的振动响应。

该校的模型基于能量随机分析的方法，把多种随机因素影响的系统随机振动转化为系统能量随机分析，参考人工地震波把车辆构架人工蛇行波作为激励源，计算出车桥系统具有要求概率水平的振动响应。该模型的基本思路要点是：对横向扭转振动而言，车桥系统具有“自振”的性质，系统之外没有激振力。如果将全部运动都作为振动自由度来描述，则可形成若干条齐次振动时程曲线，代入相应微分方程组，并将与这一部件运动有关的项作为已知部分移至方程组的右边，即成为系统中其他运动部件的激励，从而计算出系统的振动响应。

第 2 章

PART TWO

结构动力学基础

桥梁检定评估是一项专业性强、交叉学科多、经验要求丰富的工作。要想做好该项工作，不能将其简单地理解为按经验做好试验、按要求做好评判、按规范得出结论。试验检测人员对专业知识掌握的多少、对交叉学科了解的深浅、对试验经验积累的厚薄等诸多因素，都会对开展此项工作带来巨大的影响。对测点布置的合理与否，对数据识别的真实与否，对病害判识的正确与否，对结论判定的准确与否，都使检测人员受到这样或那样的挑战。而更进一步的实践和研究，亦应是广大从业者为之努力奋斗的方向。

没有理论指导的实践是荒芜的田野。本书首先从结构动力学基础谈起，目的是让桥梁检定评估工作从业者找到指导试验检测工作的根基，探究问题本源，让试验工作成为有源之水，让大家深知理论联系实际的重要性。

试验检测工作的本质是一种预防性养护的手段，保证列车安全过桥则是最终目的。保证车辆的安全通行，就是桥梁的固有使命，只要有移动荷载过桥，引发桥梁振动、变形等一系列问题，就必然不可逾越对动力学问题的熟悉与掌握，它是研究运营前后桥梁力学行为表现的关键环节。

2.1 结构动力学概述

2.1.1 基本特征

结构动力学问题不同于传统的静力学问题。第一个不同点是在动力问题中，力的大小和方向具有随时间变化而变化的特性，它不像静力问题仅具有单一的解，而是要求解出整个响应过程中所需要的随时间变化的解。另一个不同点是当结构仅承受静荷载时，其解的过程直接依赖于给定的荷载，而且可根据力的静力平衡原理求出；但当结构承受动荷载时，加速度会产生与其反向的惯性力，故结构内力不仅要平衡外加荷载，还要平衡由加速度引起的惯性力。图 2.1.1（a）所示的简支梁承受一静荷载 P，它的弯矩、剪力及挠曲线形状直接依赖于给定的荷载，而且可以根据力的平衡原理由 P 求得；而如图 2.1.1（b）所示的荷载 $P(t)$ 是动的，梁所产生的位移将与加速度有联系，而这些加速度又产生与其反向的惯性力，于是，图 2.1.1（b）所示梁的弯矩和剪力不仅要平衡外荷载，而且还要平衡由梁的加速度所引起的惯性力。

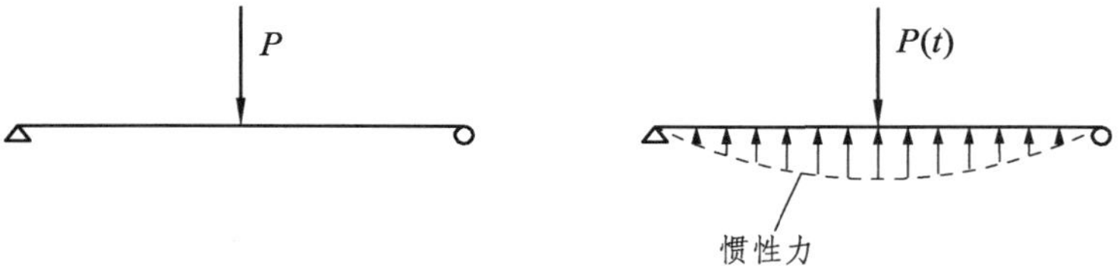

图 2.1.1　静荷载与动荷载的基本区别

以该种方式抵抗结构加速度的惯性力，是结构动力学问题与静力学问题区别的重要特征。一般而言，如果惯性力是结构内部弹性力所平衡的全部外荷载的一个重要部分，则在计算时应当考虑所涉及的动力特性；如果运动较慢，如以速度不大于 5 km/h 的准静态工况运行，以致惯性力小到可以忽略不计，即使荷载和反应可能随时间变化，但对任何所需瞬时的分析，仍可按结构静力分析方法来解决。

计算动荷载下的结构反应有两种基本方法：数定的和非数定的。在应对不同工况动荷载时，应该事先明确，如果荷载随时间的变化是完全已知的，尽管它可以是高度变化不定或其性质是不规则变化的，我们仍称之非随机动荷载，而任何特定的结构体系在非随机荷载下的反应分析通常定义为数定分析；如果荷载随时间的变化不是完全已知的，但可以从统计方面进行定义，这种荷载则称为随机动荷载，而非数定分析则定义为随机动荷载下的反应分析。

一般情况下，在任意动力荷载作用下，结构的反应主要是用结构的位移来表示的。因此，确定性分析能直接导出对应于非随机荷载历程的位移-时间历程，非确定性分析提供有关位移的统计资料，而这种位移是由统计定义的荷载所产生的。

2.1.2　分析方法

1. 集中质量法

在图 2.1.1（b）所示的动力体系中，因惯性力是由结构随时间变化的位移产生的，而位移又受惯性力大小的影响，因而分析显得较为复杂。这个循环过程的因果关系，只能直接把问题用微分方程表示来解决。此外，因为梁的质量是沿其长度连续分布的，如果要确定全部的惯性力，则必须确定梁轴上每一个点的位移和加速度。此时，因为沿跨度各点的位置及时间都必须看作独立变量，因此分析必须用偏微分方程来描述。

如果梁的质量被集中于一系列离散的点或块，如图 2.1.2 所示，则分析将会得到极大的简化。因为此时仅会在这些有限数量上的质量点上产生惯性力，故在这种情况下，只需要确定这些离散的质量点的位移和加速度即可。

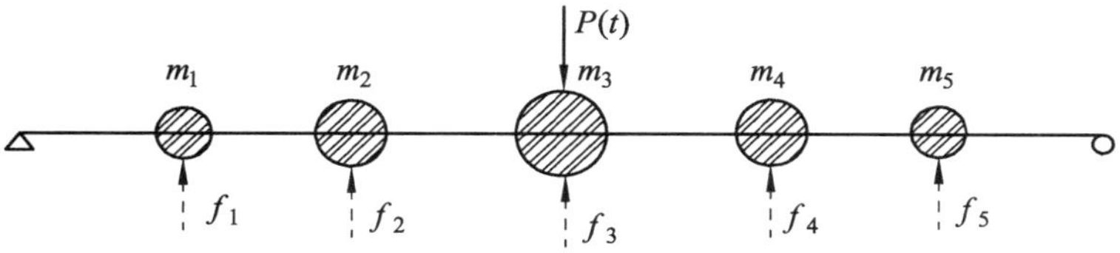

图 2.1.2　简支梁的集中质量理想化模型

为了表示结构全部有意义的惯性力的作用，所必须考虑的位移分量的数目称为结构的动力自由度数。如图 2.1.2 所示的体系受到约束，使得 5 个质量点只能在垂直方向运动，这个体系就称为 5 个自由度体系。如果这些质量不是完全集中在点上，而是具有有限的转动惯量，那么这些点的转动位移也需要考虑，这时体系将具有 10 个自由度。如果梁的轴向变形很大，则将产生与梁轴线平行的位移，这时体系就具有 15 个自由度。更一般的情况是，如果结构在三维空间内均能发生变形，则每一个质量将具有 6 个自由度，这时体系将具有 30 个自由度。

2. 广义位移法

对于体系的质量处处都是相当均匀地分布的情况，这时为了限制自由度，可假设结构的挠曲线形状可用图 2.1.3 所示的一系列规定的位移曲线之和来表示，或以数学形式表示为

$$v(x)=\sum_{n=1}^{\infty} b_n \sin\frac{n\pi x}{L} \tag{2.1.1}$$

一般来说，与所述支承条件相适应的任意形状位移曲线，都可以用正弦波分量的无穷级数来表示。正弦波形状的幅值可以视为体系的坐标，而实际的无限个自由度则用级数中无限个坐标来表示。此方法的优点是，梁的实际形状可用有限项正弦级数来近似表达，3 个自由度用 3 项的级数来表示，5 个自由度用 5 项的级数来表示，其余以此类推。

在上述例子中，作为假设位移曲线的正弦级数是任意选择的，故可以推而广之，即任

何满足所述几何支承条件而且保证位移连续性要求的 $A_n(x)$ 都可以使用。对于任何一维结构，位移的广义表达式可写为

$$v(x)=\sum_n Z_n A_n(x) \tag{2.1.2}$$

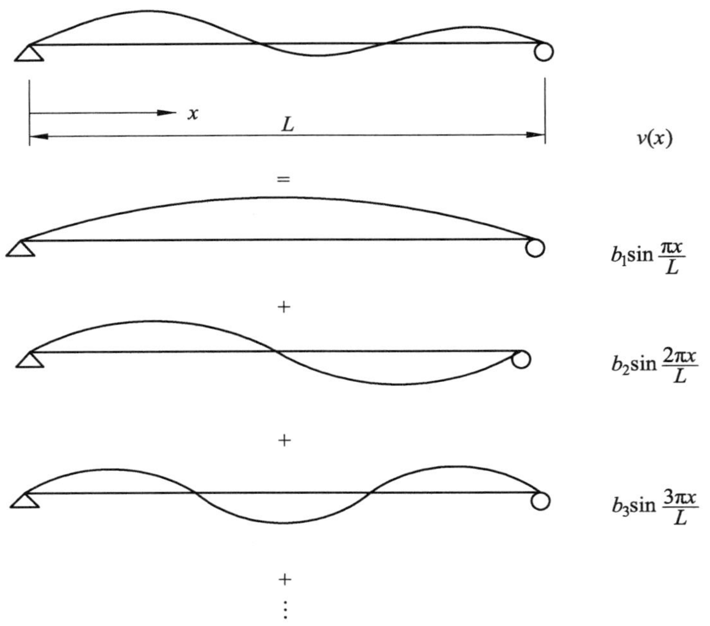

图 2.1.3　用一系列正弦级数表示简支梁的挠曲线

对于任何假定的一组位移函数 $A_n(x)$，所形成的结构形式依赖于幅值项 Z_n，它们被称为广义坐标。所假设的形状曲线数目代表的是在这个理想化形式中所考虑的自由度数。一般来说，对于一个给定自由度数目的动力分析，用理想的形状函数法比用集中质量法更为精确。但是，当用广义坐标法时，对于每个自由度则需要较多的计算工作量。

3. 有限单元法

用有限数量的离散位移坐标来表示给定结构位移是第三种分析方法，它综合了集中质量法和广义位移法两者的一些特点。该方法是分析连续结构的有限单元法的基础，它提供了既方便又可靠的体系理想化模型，并且通过计算机的分析使得结果更为有效。

有限单元法的理想化模型可应用于多种结构形式：由一维构件（梁、柱等）集合构成的框架结构，由二维构件构成的平面应力或板或壳结构，以及一般的三维固体结构。

对任何结构，如图 2.1.4 所示，有限单元理想化模型的第一步工作是把结构划分为适当的部分或单元，它的尺寸可以是任意的，可以完全是同一尺寸，也可以完全不相同。各部分之间相互连接的端点称为节点。

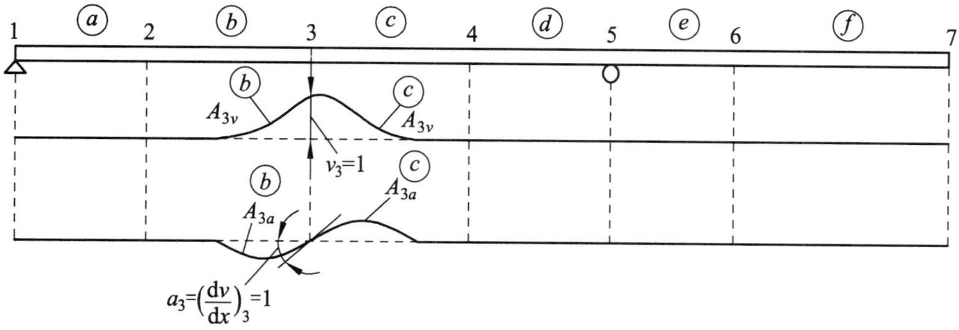

图 2.1.4　典型的有限元梁坐标

利用这些广义坐标，借助于一组适当假定的位移函数，用类似式（2.1.1）的表达式即可表示整个结构的挠曲线形状。在这种情况下，因为这些位移函数确定了指定节点位移引起的变形形式，故被称为差值函数。例如，图 2.1.4 画出了具有两个自由度的结点 3 所关联的差值函数，这个节点在图示平面内产生横向位移。原则上，每个插值函数可以是内部连续并满足节点位移所带来的几何位移条件的任意曲线。显然，对于一维单元，用某些节点位移所产生的等截面梁曲线形状作为插值函数是较为方便的。

有限单元法所用的坐标是广义坐标的一种特殊形式。该方法的优点主要有：一是只要把结构分成适当数量的单元，即可以引入所需任意数目的广义坐标；二是因为每一分段所选择的插值函数可以是相同的，故计算工作得以简化；三是因为每个节点位移仅仅影响其相邻的单元，所以该方法所导出的方程大部分是非耦合的，故求解方程的过程将得到很大简化。

2.1.3　振动类型

几乎任何类型的结构，在其使用周期内都可能承受这样或那样形式的动力荷载作用。按照不同的作用方式，涉及动力学问题的振动类型主要有以下几种：

1. 按振动是否具有重现性分类

若在相同的条件下，振动过程总是完全相同的，这种振动称为确定性振动。例如，机器的偏心质量所产生的周期荷载，如图 2.1.5 所示，如果偏心质量起始位置总是相同的，则该荷载是重现性荷载，也称为确定性荷载，在相同的工作条件下，在多次循环中这些荷载都相继地出现相同的时间变化过程，每次开机都将在结构上引起相同的振动过程，因而是确定性振动。但是犹如地震作用、风荷载之类，在不同时间，即使在同一地点完全相同的条件下，也不会重复同一波形，诸如此类非重现性荷载，称为随机荷载，结构在随机荷载作用下的振动称为随机振动。如果结构特性（如阻尼力、弹性模量等）是随机变化的，即使在确定性荷载作用下，也将产生随机振动。

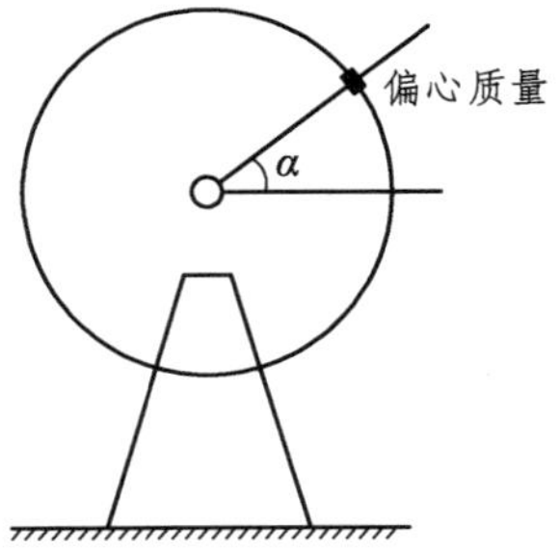

图 2.1.5　由偏心质量引起的周期振动

2. 按是否存在外部干扰分类

图 2.1.6（a）是一有质量的简支梁，如果给质量以初始扰动（例如初始位移、速度等），在扰动除去后，结构仍然发生上下振动。这种在振动过程中没有直接受到外部干扰的振动称为自由振动。图 2.1.6（b）所示为该梁受到干扰力 $P(t)$ 作用，只要在振动过程中该干扰力发挥作用，则此振动称为强迫振动，而一旦该干扰力（荷载）在某时刻终结，则该时刻以后所发生的振动仍是自由振动。

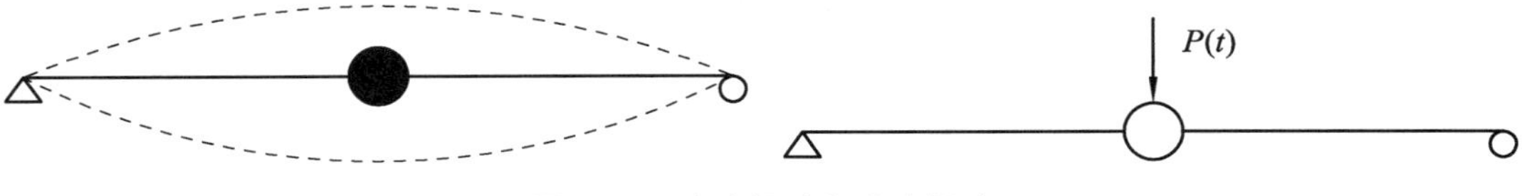

图 2.1.6　自由振动和强迫振动

3. 按是否存在振动阻尼力分类

在振动过程中，总是存在各种阻尼力，例如材料的内部阻尼力、支座及各种连接处的摩擦阻尼力等，它们促使自由振动逐渐衰减、强迫振动的幅度减弱，考虑阻尼的振动称为阻尼振动。如阻尼很小，可忽略其影响，则此时的振动称为无阻尼振动。

4. 按阻尼力、恢复力与结构位移速度的关系是否符合线性函数分类

如果阻尼力、恢复力是位移或速度的线性函数，则这种振动称为线性体系的振动；否则，称为非线性体系的振动。

5. 按振动与杆轴的相对方向分类

如果系统各点振动时的位移方向与杆轴垂直，则称为横向振动；如果位移方向与杆轴方向一致，则称为纵向振动或轴向振动。

2.2　运动方程

确定性结构动力分析的首要任务是，计算承受在给定随时间变化荷载的已知结构的位移-时间过程，在一般情况下，应用仅包含有限个自由度的近似分析方法，就可以满足结构计算精度的要求，问题也就进而转化为求出这些选定位移分量的时间历程。描述动力位移的数学方程称为结构的运动方程。运动方程的建立是动力学和结构振动的核心问题，也是整个分析过程中最重要（有时也是最困难的）的方面，只有当运动方程建立得正确，才能保证整个解算结果正确。如下引述几种建立运动方程的常用方法，它们对在研究不同特殊问题时，有着其各自的优点。

2.2.1　基于达朗贝尔原理的直接平衡法

该法引入了惯性力的概念，用静力学方法解决动力学问题，让牛顿第二定律继续在动力体系分析中发挥作用，即任何质量 m 的动量变化率等于作用在这个质量上的力，其关系在数学上可用微分方程进行表达：

$$P(t)=\frac{\mathrm{d}}{\mathrm{d}t}\left(m\frac{\mathrm{d}v}{\mathrm{d}t}\right) \tag{2.2.1}$$

其中：$P(t)$ 为作用力矢量；$v(t)$ 为质量 m 的位置矢量。对于大多数的结构动力学问题，可以假定质量是不随时间而发生变化的，则上述方程（2.2.1）可改写为

$$P(t)=m\frac{\mathrm{d}^2v}{\mathrm{d}t^2}=m\ddot{v}(t) \tag{2.2.2a}$$

亦可改写为

$$P(t)-m\ddot{v}(t)=0 \tag{2.2.2b}$$

由上式可知：作用在质量上的力 $P(t)$ 同与加速度方向相反的惯性力 $-m\ddot{v}(t)$ 平衡，由于它可以把运动方程表示为动力平衡方程，故可认为，力 $P(t)$ 包括了许多种作用于质量的力，如抵抗位移的弹性约束力或恢复力，抵抗速度的黏滞力或阻尼力，以及可以独立存在的可确

定外力。不难发现，此方法将 $-m\ddot{v}(t)$ 加到原来受力的质量上，动力问题就可作为静力问题来解决，易于理解，使用方便，因而获得了较为广泛的应用。

2.2.2 基于虚位移原理的拉格朗日（Lagrange）方程

对于结构体系相当复杂，而且包含许多彼此间联系的质量点或有限尺寸的质量块，要直接写出作用于体系上所有力的平衡方程是较为困难的。尽管实际中所包含的各式各样的力可以较为容易地用位移自由度来表示，但它们的平衡规律有可能是不清楚的，此时，引入虚位移原理就可以代替平衡规律来建立运动方程。虚位移原理可理解为：如果一个体系在一组外力作用下平衡，则当该体系产生一个约束所允许的虚位移时，这一组力所作的总虚功等于零。按照该原理，可知产生虚位移时外力总虚功为零，这与体系上作用的外力平衡条件是等价的。作用在体系上的力包括按照达朗贝尔原理所定义的惯性力，并引入相应于每个自由度的虚位移，并且使全部力的总虚功为零，最终得到体系的运动方程。

根据作用在任意质量 M_i 上的所有力（包括惯性力）对任意虚位移 δ_{y_i} 所作的功应该等于零，得到

$$\sum^{i} P_{M_i}\delta y_i - \sum_{i} M_i \ddot{y}_i \delta y_i = 0 \tag{2.2.3}$$

设任一质量处的 y_i 可用 n 个广义坐标 q_1， $q_2 \cdots q_n$ 来表示， j 为广义坐标序号，则

$$y_i(t) = y_i(q_1(t), q_2(t), \cdots q_j(t), \cdots, q_n(t)) \tag{2.2.4}$$

此时，由三种力组成的各点的力 P_{M_i} 在虚位移上所作的功为

$$\begin{aligned}
\sum_i P_{M_j}\delta y_i &= \sum_i P_{M_i}\left(\frac{\partial y_i}{\partial q_1}\delta q_1 + \frac{\partial y_i}{\partial q_2}\delta q_2 + \cdots + \frac{\partial y_i}{\partial q_i}\delta q_i + \cdots + \frac{\partial y_i}{\partial q_n}\delta q_n\right) \\
&= \sum_j \left(\sum_i P_{M_i}\frac{\partial y_i}{\partial q_j}\delta q_j\right)\delta q_j \\
&= \sum_j \left(-\frac{\partial U}{\partial q_j} + \frac{\partial W_D}{\partial q_j} + \frac{\partial W_P}{\partial q_j}\right)\delta q_j
\end{aligned} \tag{2.2.5a}$$

式中：U 为变形能；W_D 和 W_p 分别为阻尼力和外力所作的功。

惯性力在虚位移上所作的功为

$$-\sum_i M_i\ddot{y}_i\delta y_i=\sum_i\sum_j M_i\ddot{y}_i\frac{\partial y_i}{\partial q_j}\delta q_j$$
$$=-\sum_i\sum_j\left[\frac{\mathrm{d}}{\mathrm{d}t}\left(M_i\dot{y}_i\frac{\partial y_i}{\partial q_j}\right)\delta q_j-M_i\dot{y}_i\frac{\mathrm{d}}{\mathrm{d}t}\left(\frac{\partial y_i}{\partial q_i}\right)\delta q_j\right]$$
$$=-\sum_i\sum_j\left[\frac{\mathrm{d}}{\mathrm{d}t}\left(M_i\dot{y}_i\frac{\partial y_i}{\partial q_j}\right)\delta q_j-M_i\dot{y}_i\frac{\partial\dot{y}_i}{\partial q_j}\delta q_j\right] \tag{2.2.5b}$$

由
$$T=\frac{1}{2}\sum_i M_i\dot{y}_i^{\,2} \tag{2.2.6}$$

故
$$\frac{\partial T}{\partial\dot{q}_j}=\sum_i M_i\dot{y}_i\frac{\partial\dot{y}_i}{\partial\dot{q}_j}=\sum_i M_i\dot{y}_i\frac{\partial y_i}{\partial q_j} \tag{2.2.7}$$

得
$$-\sum_i M_i\ddot{y}_i\delta y_i=\sum_j\frac{\mathrm{d}}{\mathrm{d}t}\frac{\partial T}{\partial\dot{q}_j}\delta q_j+\sum_j\frac{\partial T}{\partial q_j}\delta q_j \tag{2.2.8}$$

将式（2.2.5a）和式（2.2.7）代入式（2.2.3），取第 j 项。因 δq_j 可以是任意的，可得

$$\frac{\mathrm{d}}{\mathrm{d}t}\frac{\partial T}{\partial\dot{q}_j}-\frac{\partial T}{\partial q_j}+\frac{\partial U}{\partial q_i}-\frac{\partial W_D}{\partial q_j}-\frac{\partial T}{\partial q_i}=0 \tag{2.2.9}$$

取拉格朗日函数 L 为

$$L=T-U \tag{2.2.10}$$

广义力 P_j 为

$$P_j=\frac{\partial W_D}{\partial q_j}+\frac{\partial W_P}{\partial q_j} \tag{2.2.11}$$

因变形能仅与位移 y 或广义坐标 q 有关，则式（2.2.11）可写为

$$\frac{\mathrm{d}}{\mathrm{d}t}\frac{\partial L}{\partial\dot{q}_j}-\frac{\partial L}{\partial q_j}=P_j \tag{2.2.12}$$

如上根据拉格朗日方程，即可直接导出运动方程，它亦可适用于复杂结构的运动方程建立。

2.2.3 基于哈密顿（Hamilton）原理的变分方法

避免建立平衡矢量方程的另一种方法是使用以变分形式表示的能量（标量），通常最广泛的是基于哈密顿原理。该原理中不显现含有的惯性力和弹性力，而是分别以动能与势能的变分来代替。它只和纯粹的标量——能量有关。在虚功分析中，尽管功本身是标量，但用来体现计算功的力和位移仍是矢量。

对于任意时段，例如从 $t_1 \sim t_2$ 这个时段，在一切可能的运动中，只有真实运动使某一物理量（或称为作用量，它的代表形式为 $\int_{t_1}^{t_2} f(\dot{q}_j,\ q_j,\ t)\mathrm{d}t$ ）取得极值。

$$H = \int_{t_1}^{t_2} (T - U + W_D + W_P)\mathrm{d}t \tag{2.2.13}$$

令
$$\overline{L} = T - U + W_D + W_P \tag{2.2.14}$$

则式（2.2.13）可表示为

$$H = \int_{t_1}^{t_2} \overline{L}\mathrm{d}t = 0 \tag{2.2.15}$$

利用变分方法，哈密顿原理可表示为

$$\delta H = \delta \int_{t_1}^{t_2} \overline{L}\mathrm{d}t = 0 \tag{2.2.16}$$

该原理说明，在任何时间区段 $t_1 \sim t_2$ 内，动能、变形能、阻尼力和外力作用的功的变分必须等于零，这时所得到的才是真实的运动。在数学上，它是固定边界条件下的泛函数极值问题，并且哈密顿原理和拉格朗日方程是可以相互转化的。

将式（2.2.16）进行变分运算，得到

$$\delta H = \int_{t_1}^{t_2} \delta\overline{L}\mathrm{d}t = \int_{t_1}^{t_2} \sum_j \left(\frac{\partial \overline{L}}{\partial q_j}\delta q_j + \frac{\partial \overline{L}}{\partial \dot{q}_j}\delta \dot{q}_j \right)\mathrm{d}t = \int_{t_1}^{t_2} \sum_j \left(\frac{\partial \overline{L}}{\partial q_j}\delta q_j + \frac{\partial \overline{L}}{\partial \dot{q}_j}\frac{\mathrm{d}}{\mathrm{d}t}\delta q_j \right)\mathrm{d}t \tag{2.2.17}$$

将式（2.2.12）重新写为

$$\frac{\mathrm{d}}{\mathrm{d}t}\frac{\partial \overline{L}}{\partial \dot{q}_j} - \frac{\partial \overline{L}}{\partial \dot{q}_j} = 0 \tag{2.2.18}$$

则式（2.2.17）可写为

$$\delta H = \int_{t_1}^{t_2} \sum_j \left[\left(\frac{\mathrm{d}}{\mathrm{d}t} \frac{\mathrm{d}\bar{L}}{\partial \dot{q}} \right) \delta q_j + \left(\frac{\partial \bar{L}}{\partial \dot{q}_j} \frac{\mathrm{d}}{\mathrm{d}t} \delta q_j \right) \mathrm{d}t \right]$$

$$= \int_{t_1}^{t_2} \sum_j \frac{\mathrm{d}}{\mathrm{d}t} \left(\frac{\partial \bar{L}}{\partial \dot{q}} \delta q_j \right) \mathrm{d}t = \int_{t_1}^{t_2} \frac{\mathrm{d}}{\mathrm{d}t} \sum_j \left(\frac{\partial \bar{L}}{\partial \dot{q}} \delta q_j \right) \mathrm{d}t$$

$$= \left[\sum_j \frac{\partial \bar{L}}{\partial \dot{q}} \delta q_j \right]_{t_2} \left[\sum_j \frac{\partial \bar{L}}{\partial \dot{q}} \delta q_j \right]_{t_1} \tag{2.2.19}$$

因为

$$\left[\delta q_j \right]_{t_2} = \left[\delta q_j \right]_{t_1} = 0 \tag{2.2.20}$$

从而得到

$$\delta H = 0 \tag{2.2.21}$$

综上所述，动力系统的运动方程可以用以上三种方法中的任意一种来建立。最简单明了的方法是直接建立作用在体系上全部力的动力平衡方程，这里就可应用达朗贝尔原理考虑惯性力的影响；对于更为复杂的体系，特别是对于那些质量和弹性在有限区域上分布的体系，直接的矢量平衡可能是困难的，而应用功或能量等标量来建立运动方程则较为便利，以虚位移原理为根据的方法，明确地计算出了作用在体系上的力，而运动方程则可根据其产生适当的虚位移时所作的功导出；基于哈密顿原理的能量法原则，它不直接利用作用在体系上的惯性力，而是使用体系的动能和势能的变分来代替这些力的作用。应当注意的是：这三种方法本质是完全等同的，并可导出相同的运动方程，选用哪种方法要依赖于所考虑的具体的动力系统的特征。

2.3　单自由度体系的振动

在动荷载作用下，结构上凡有质量处均会产生惯性力。为了确定结构的位移和内力，必须确定每一质量的独立位移参数。确定在振动过程中任一时刻全部质量的位置所需的独立几何参数的数目，亦称为结构的自由度。

在振动力学中，单自由度体系的自由振动是最为简单，也是最具代表性的振动形式，分析其能得到有关振动理论的最基本概念和分析方法，为更好理解较为复杂的振动提供前提。

2.3.1 运动方程的建立

1. 按达伦贝尔原理建立运动方程

按照达伦贝尔原理，把惯性力沿自由度方向加到质量上，则动力问题即可转化为静力平衡问题来处理，如图 2.3.1（a）所示的简支梁，跨内有一集中质量。对单自由度体系进行分析，质量上作用了四种力，分别是惯性力 $-M\ddot{y}$ 、阻尼力 $D(t)$ 、恢复力 $R(t)$ 以及外部干扰力 $P(t)$ ，如图 2.3.1（b）所示。在通常情况下，以阻尼力与速度成正比的黏滞阻尼理论来处理阻尼力，阻尼力表示为 $C\dot{y}$ ，方向与运动方向相反，C 为黏滞阻尼系数。在线弹性体系中，恢复力 $R(t)$ 为刚度系数 K 与位移 y 的乘积，即 Ky ，方向亦与运动方向相反，K 为引起单位位移所需的力，如图 2.3.1（c）所示。

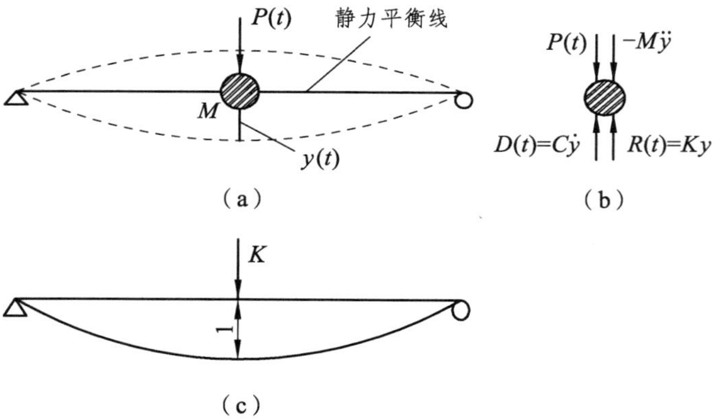

图 2.3.1 运动方程模型

由图 2.3.1（b）所示质量上的竖向平衡，得到

$$-M\ddot{y}-C\dot{y}-Ky+P(t)=0 \tag{2.3.1}$$

或

$$M\ddot{y}+C\dot{y}+Ky=P(t) \tag{2.3.2}$$

2. 按拉格朗日方程建立运动方程

体系的动能为

$$T=\frac{1}{2}M(\dot{y}^2-\dot{y}_0{}^2) \tag{2.3.3}$$

体系的变形能为

$$U = \int_{y_0}^{y} Ky\mathrm{d}y = \frac{1}{2}Ky^2 - \frac{1}{2}K{y_0}^2 \tag{2.3.4}$$

阻尼力作功为

$$W_D = -\int_{y_0}^{y} C\dot{y}\mathrm{d}y \tag{2.3.5}$$

外力作功为

$$W_P = \int_{y_0}^{y} P(t)\mathrm{d}y \tag{2.3.6}$$

将上述各式代入式（2.2.9），取 y 为广义坐标，得到

$$M\ddot{y} + C\dot{y} + Ky = P(t) \tag{2.3.7}$$

式（2.3.7）即为式（2.3.2），两者结果是相同的。

3. 按哈密顿原理建立运动方程

由式（2.2.16）可得

$$\begin{aligned}\delta H &= \delta\int_{t_1}^{t_2} \bar{L}\mathrm{d}t = \int_{t_1}^{t_2} \delta\bar{L}\mathrm{d}t \\ &= \int_{t_1}^{t_2} [M\dot{y}\delta\dot{y} - C\dot{y}\delta y - Ky\delta y + P(t)\delta y]\mathrm{d}t=0\end{aligned} \tag{2.3.8}$$

由分部积分并考虑到 δy 在积分上下限 t_1 和 t_2 时为零，得到

$$\int_{t_1}^{t_2} M\dot{y}\delta\dot{y}\mathrm{d}t = m\dot{y}\delta y\Big|_{t_1}^{t_2} - \int_{t_1}^{t_2} M\ddot{y}\delta y\mathrm{d}t = -\int_{t_1}^{t_2} M\ddot{y}\delta y\mathrm{d}t \tag{2.3.9}$$

代入式（2.3.8）得

$$\int_{t_1}^{t_2} \left[-M\ddot{y} - C\dot{y} - Ky + P(t)\right]\delta y\mathrm{d}t =0 \tag{2.3.10}$$

因为变分 δy 是任意的，故只有上式括号内的表达式等于零时才能始终得到满足，从而得到

$$M\ddot{y} + C\dot{y} + Ky = P(t) \tag{2.3.11}$$

4. 重力对运动方程的影响

以上建立的运动方程是以体系静力平衡位置为基线来建立的，单质量上的重力是客观存在的，现将重力考虑进去。如图 2.3.2（a）所示，简支梁由重力 Mg 本身引起的位移为 Δ_s，振动过程中的动力位移仍用 y 表示。Δ_s 是不随时间而变化的静位移，由图 2.3.2（b）所示

的脱离体，按照达伦贝尔原理可以列出

$$M\ddot{y} + C\dot{y} + K\Delta_s + Ky = Mg + P(t) \tag{2.3.12}$$

因为梁上重力引起的位移是静力问题，故

$$K\Delta_s = Mg \tag{2.3.13}$$

代入式（2.3.12）得到

$$M\ddot{y} + C\dot{y} + Ky = P(t) \tag{2.3.14}$$

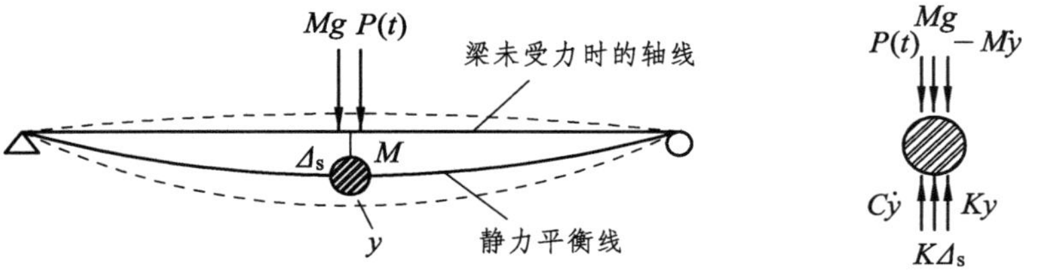

图 2.3.2　重力对运动方程的影响

由上所述，按静力平衡位置作为基线[图 2.3.1（a）或图 2.3.2（a）]列出的运动方程是不受重力影响的，故以静力平衡线作为基线求得的位移即为动力位移。计算总位移时，只要再加上静力位移 Δ_s 即可。

2.3.2　无阻尼体系的自由振动

模型为单自由度的悬臂体系，作弯曲振动，取出质量脱离体如图 2.3.3 所示。

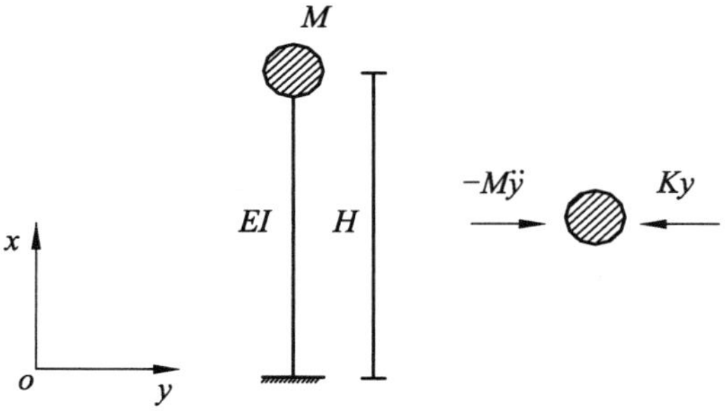

图 2.3.3　无阻尼自由振动

考虑在弯曲及扭转振动工况条件下，单自由度的悬臂梁体系，取出质量脱离体，由 $\sum y = 0$

得到
$$M\ddot{y} + Ky = 0 \tag{2.3.15}$$

去除干扰力和阻尼力项，由式（2.3.2）可得到

$$M\ddot{y} + \frac{1}{F}y = 0 \tag{2.3.16}$$

式中：K 为刚度；F 为柔度。

设
$$\omega = \sqrt{\frac{K}{M}} = \sqrt{\frac{1}{MF}} \tag{2.3.17}$$

得到运动微分方程为

$$\ddot{y} + \omega^2 y = 0 \tag{2.3.18}$$

方程（2.3.18）的通解为

$$y(t) = C_1 \cos \omega t + C_2 \sin \omega t \tag{2.3.19}$$

得到任意瞬时的速度为

$$v(t) = \dot{y}(t) = -C_1 \omega \sin \omega t + C_2 \omega \cos \omega t \tag{2.3.20}$$

式中：C_1、C_2 为两个任意常数，由初始条件决定，主要是指振动初始时的初位移 y_0 及初速度 v_0，它们也表明外界赋予结构体系初始能量的大小。正是这个新的能量，才促使结构发生振动。

设 $t = 0$ 时，

$$y(0) = y_0 \tag{2.3.21}$$

$$\dot{y}(0) = v_0 \tag{2.3.22}$$

代入 $y(t)$ 和 $v(t)$ 两式，可解得

$$C_1 = y_0 \tag{2.3.23}$$

$$C_2 = \frac{v_0}{\omega} \tag{2.3.24}$$

分别得到的解为

位移
$$y(t) = y_0 \cos \omega t + \frac{v_0}{\omega} \sin \omega t \tag{2.3.25}$$

速度 $$v(t) = -\omega y_0 \cos \omega t + v_0 \cos \omega t \tag{2.3.26}$$

通过变换，位移的另一种表达式可写为

$$y = A(\sin\phi\cos\omega t + \cos\phi\sin\omega t) \tag{2.3.27}$$

即 $$y(t) = A\sin(\omega t + \phi) \tag{2.3.28}$$

式中 $$A = \sqrt{{y_0}^2 + \left(\frac{v_0}{\omega}\right)^2} \tag{2.3.29a}$$

$$\phi = \arctan\frac{y_0\omega}{v_0} \tag{2.3.29b}$$

由式（2.3.27）可知，无阻尼体系的自由振动是典型的简谐振动，如图 2.3.4 所示。

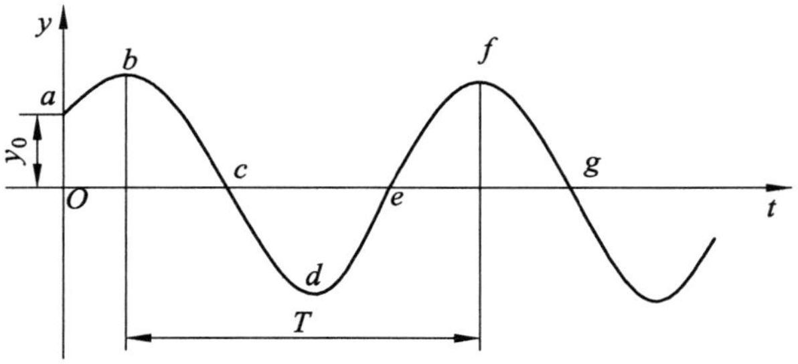

图 2.3.4 无阻尼自由振动的位移-时间曲线

由图 2.3.4 可知

$$y_0 = A\sin\varphi\text{，}\quad T = \frac{2\pi}{\omega}$$

又由 $$f = \frac{1}{T} \tag{2.3.30}$$

得到 $$f = \frac{\omega}{2\pi} \tag{2.3.31}$$

将式（2.3.17）代入式（2.3.31）得到

$$f = \frac{\omega}{2\pi} = \frac{1}{2\pi}\sqrt{\frac{K}{M}} = \frac{1}{2\pi}\sqrt{\frac{1}{MF}} \tag{2.3.32}$$

由式（2.3.32）可以看出，对结构体系的无阻尼自由振动而言，其振动频率有如下特点：结构的刚度 K 越大，频率 f 就越高，即振动得越快；反之，质量 M 越大，亦即运动的惯性越大，振动频率 f 就越低。这是一个十分重要的特征，它表明一个结构体系自由振动频率值的大小与该结构体系的外部条件无关，只与反映该结构内部固有属性的刚度、质量有关，故通常称为自振频率或固有频率。

由式（2.3.29）可知，A 即为振动质量离开平衡位置的最大动位移，称为振幅。振幅值与结构运动前外界向该结构提供的、促使它发生运动的初始条件有关，即振幅值与初位移 y_0 及初速度 v_0 有关，它反映了外界赋予结构的能量的大小。在无阻尼自由振动中，振幅 A 不随时间而变化。角速度 $(\omega t+\phi)$ 称为振动质量 M 的相位，相位也是决定结构运动状态的重要参数之一。一个确定的相位，总是对应着振动结构的一个确定的运动状态。φ 是 $t=0$ 时的相位，称为初相位，简称初相，它表示结构在开始振动时的运动状态。

2.3.3　有阻尼体系的自由振动

在实际工作中，无阻尼体系的自由振动是不存在的。试验表明，任一振动过程，随着时间的推移，振幅总是逐渐衰减，后消失为零，质量 M 最终静止在静力平衡位置上，像这种振幅随时间而减小的振动称为有阻尼振动。因为结构受到阻尼力的影响，阻尼力使结构能量损耗，最后结构将最初由外界供给的全部能量消耗殆尽时，振动也就停止了。

在振动过程中，总伴有不同类型的阻尼力，产生这种阻尼力的因素可归纳为两个方面：一是外部介质的摩擦阻力，二是结构内部变形时的内耗。阻尼力的性质很复杂，是目前振动力学中尚需进一步认识和解决的问题之一。

有阻尼力时，自由振动的质量 M 上将存有 3 个力，即惯性力 I 、阻尼力 D 和弹性恢复力 R ，如图 2.3.5 所示。

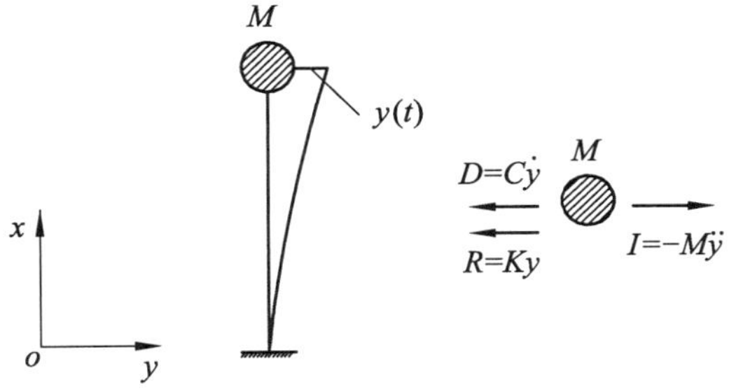

图 2.3.5　有阻尼自由振动

由质量 M 的平衡条件得到

$$M\ddot{y}+C\dot{y}+Ky=0 \tag{2.3.33}$$

设

$$\xi=\frac{C}{2M\omega} \tag{2.3.34}$$

得到运动微分方程为

$$\ddot{y}+2\xi\omega\dot{y}+\omega^2 y=0 \tag{2.3.35}$$

式中：ξ 为临界阻尼比或简称阻尼比，当 $\xi=1$ 时，是体系由衰减振动转为不发生振动的纯衰减运动的分界线。

设方程（2.3.35）的解为

$$y=\mathrm{e}^{rt} \tag{2.3.36}$$

代入式（2.3.35）得

$$r^2+2\xi\omega r+\omega^2=0 \tag{2.3.37}$$

以上式为特性方程，求得的两个根为

$$r=-\xi\omega\pm\sqrt{\xi^2-1}\omega \tag{2.3.38}$$

1. 当 $\xi<1$ 时，即小阻尼情况

$$r=-\xi\omega\pm\sqrt{1-\xi^2}\mathrm{i}\omega \tag{2.3.39}$$

令有阻尼的自振频率为

$$\omega'=\omega\sqrt{1-\xi^2} \tag{2.3.40}$$

综合上式，得到解为

$$y=\mathrm{e}^{-\xi\omega t}(C_1\cos\omega' t+C_2\sin\omega' t) \tag{2.3.41}$$

积分常数 C_1 和 C_2 由初始条件 y_0 和 v_0 确定，得到

$$y=\mathrm{e}^{-\xi\omega t}\left(y_0\cos\omega' t+\frac{v_0+\xi\omega y_0}{\omega'}\sin\omega' t\right) \tag{2.3.42}$$

或

$$y=A(t)\sin(\omega' t+\phi')=A\mathrm{e}^{-\xi\omega t}\sin(\omega' t+\phi') \tag{2.3.43a}$$

$$A=\sqrt{{C_1}^2+{C_2}^2}=\sqrt{{y_0}^2+\left(\frac{v_0+\xi\omega y_0}{\omega'}\right)^2} \tag{2.3.43b}$$

$$\phi'=\arctan\frac{C_1}{C_2}=\arctan\frac{\omega' y_0}{v_0+\xi\omega y_0} \tag{2.3.43c}$$

上述各式表达了位移 y 随时间 t 的变化规律，如图 2.3.6 所示。

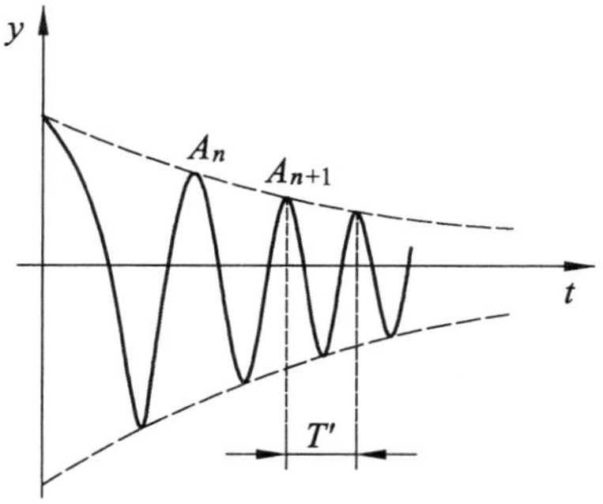

图 2.3.6　有阻尼自由振动的位移-时间曲线

因为阻尼的存在大大改变了振动过程的全貌，在此根据式（2.3.43）并结合图 2.3.6 来进一步分析阻尼是如何改变振动过程的，它与无阻尼自由振动相比较，又有哪些不同的特征。分析表现如下：

有阻尼的振幅

$$A(t)=A\mathrm{e}^{-\xi\omega t} \tag{2.3.44}$$

有阻尼的自振频率

$$\omega'=\omega\sqrt{1-\xi^2} \tag{2.3.45}$$

有阻尼的自振周期

$$T'=\frac{2\pi}{\omega'}=\frac{T}{\sqrt{1-\xi^2}} \tag{2.3.46}$$

1）振幅衰减

由式（2.3.44）可知，有阻尼自由振动的振幅为 $A\mathrm{e}^{-\xi\omega t}$，所以振幅按指数 $\mathrm{e}^{-\xi\omega t}$ 的规律迅

速衰减，如图 2.3.6 所示。对于每相隔一个周期的振幅的衰减情况，可用两相邻振幅之比的振幅衰减率η来表示。

设某时刻t_n的振幅$A_n = A\mathrm{e}^{-\xi\omega t_n}$，经过一个周期后的时刻为$t_{n+1}$，此时的振幅为

$$A_{n+1} = A\mathrm{e}^{-\xi\omega t_{n+1}} = A\mathrm{e}^{-\xi\omega(t_n+T')}$$

则

$$\eta = \frac{A_{n+1}}{A_n} = \frac{A\mathrm{e}^{-\xi\omega(t_n+T')}}{A\mathrm{e}^{-\xi\omega t_n}} = \mathrm{e}^{-\xi\omega T'} < 1 \tag{2.3.47}$$

故可得，振幅衰减率η是一个小于 1 的常数。

在工程实际中，常用阻尼的对数递减率δ来表示振幅的衰减情况，即

$$\delta = \ln\frac{A_n}{A_{n+1}} = \ln\frac{1}{\eta} = \xi\omega T' \tag{2.3.48}$$

由此可知，阻尼的存在造成结构振幅的不断衰减，结构在振动过程中为克服阻力而作功，使初始时刻外界赋予结构的能量逐渐消耗，这是阻尼力给振动现象带来的本质变化。

2）频率下降

从式（2.3.45）可知频率$\omega' = \omega\sqrt{1-\xi^2}$，因此，阻尼使得结构的自振频率变小，也使得振动的周期变长$\left(T' = \dfrac{2\pi}{\omega'}\right)$。其原因是阻尼始终阻碍振动的进行，从而使质量往返一次的时间变长。依旧如式（2.3.45）可知，当阻尼不太大时，它对结构的自振频率的影响甚微，在一般工程计算中，可忽略阻尼对自振频率的影响，即表明在结构的实际振动中，虽然都是有阻尼振动，但一般仍然使用无阻尼的自振频率。但阻尼对振幅的影响不能忽略，由于振幅迅速衰减，不久之后，振幅将趋近于零，使得振动停止，恢复平静。

2. $\xi>1$ 的情况

这属于大阻尼的范围，方程得到的通解为

$$y = C_1\mathrm{e}^{r_1 t} + C_2\mathrm{e}^{r_2 t} \tag{2.3.49}$$

其中

$$r_1 = -\xi\omega + \sqrt{\xi^2 - 1}\omega \tag{2.3.50a}$$

$$r_2 = -\xi\omega - \sqrt{\xi^2 - 1}\omega \tag{2.3.50b}$$

由于r_1、r_2均小于零，$\mathrm{e}^{r_1 t}$和$\mathrm{e}^{r_2 t}$均随着t的增大而单调下降，实际的运动已没有了振荡

性，只是一种单纯的衰减运动而已。工程中涉及的振动问题，一般都属于小阻尼的范畴，也多是讨论小阻尼（$\xi<1$）对振动的影响。

3. $\xi=1$ 的情况

根据上述分析，此时处于振动与单调衰减运动的分界状态。

2.3.4　无阻尼体系的强迫振动

1. 运动方程的建立

仍以悬臂杆为例，若杆上集中质量为 M，除受到惯性力作用外，还受到动力荷载 $P(t)$（又称干扰力）的作用，则此结构体系将产生无阻尼强迫振动，如图 2.3.7 所示。设 $P(t)$ 的方向与质点的振动方向一致，也即它与惯性力 I 的方向一致。

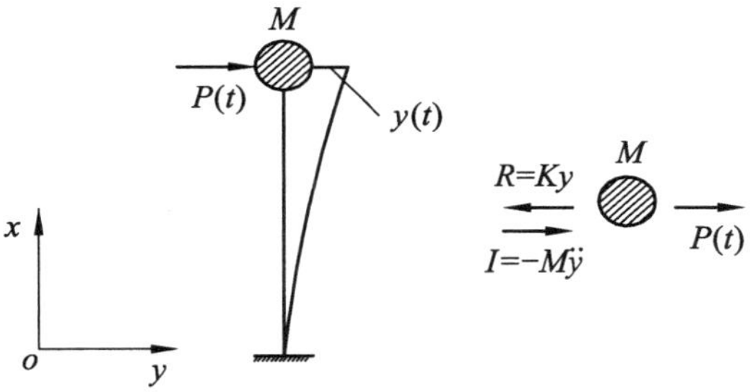

图 2.3.7　无阻尼体系强迫振动

由质量上力的平衡条件，得

$$M\ddot{y}+Ky=P(t) \tag{2.3.51}$$

设
$$F(t)=\frac{P(t)}{M} \tag{2.3.52}$$

则运动微分方程为

$$\ddot{y}+\omega^2 y=F(t) \tag{2.3.53}$$

式（2.3.53）是一个二阶常系数非齐次线性方程，当获知干扰力 $P(t)$ 的变化规律，代入式后，解该方程，就可得到无阻尼强迫振动的解。

其通解包括两个部分：

$$y = y_1 + y_2 \tag{2.3.54}$$

y_1是齐次方程

$$\ddot{y} + \omega^2 y = 0 \tag{2.3.55}$$

的通解，根据式（2.3.25）可知

$$y_1 = A\sin(\omega t + \phi) \tag{2.3.56}$$

y_2是式（2.3.53）的特解，可用求解微分方程的方法求出

$$y_2 = \frac{1}{\omega}\int_0^t F(t_1)\sin\omega(t - t_1)\mathrm{d}t_1 \tag{2.3.57}$$

故式（2.3.56）的通解为

$$y = A\sin(\omega t + \phi) + \frac{1}{\omega}\int_0^t F\left(t_1\right)\sin\omega(t - t_1)\mathrm{d}t_1 \tag{2.3.58}$$

式（2.3.58）表示，质量 M 的强迫振动由两部分组成。其右边第一项表示自由振动，它决定于初始扰动对结构的影响，即初始时刻的外界能量输入，该项按自振频率 ω 而振动；第二项表示结构体系的强迫振动，它表示振动过程中外界能量输入对结构体系振动的影响。正是由于第二项的存在，即使初始时刻结构体系处于静止状态，也可能会有自由振动分量的伴生出现。结构在振动过程中，阻尼的影响总是存在的，任何自由振动，在经历过一个时期之后，将衰减而消失，而剩下的只是一个稳定的纯强迫振动，它的规律将取决于外界干扰力的性质和变化规律。

2. 几种常见干扰力作用下的强迫振动

1）干扰力随时间而简谐变化

该干扰力可表示为

$$P(t) = P\sin\theta t \tag{2.3.59a}$$

或

$$F(t) = \frac{P}{M}\sin\theta t \tag{2.3.59b}$$

设某电动机的转子有偏心质量 M，在转动过程中产生不平衡的离心力 $M\theta^2 e$，其中 e 是偏心距、θ 为旋转的角速度。离心力在垂直方向上的投影为 $M\theta^2 e\sin\theta t$。设 $M\theta^2 e = P$，则在垂直方向上的干扰力就是 $P(t) = P\sin\theta t$。此称为周期荷载，或称简谐荷载。

将振动荷载（2.3.59）代入式（2.3.57），得到

$$y = y_2 = \frac{P}{M\omega}\left[\sin\theta t\left(\frac{-\omega}{\theta^2-\omega^2}\right)+\left(\frac{\theta}{\theta^2-\omega^2}\right)\sin\omega t\right] \tag{2.3.60}$$

即

$$y = \frac{P}{M\omega^2\left(1-\dfrac{\theta^2}{\omega^2}\right)}\left(\sin\theta t-\frac{\theta}{\omega}\sin\omega t\right) \tag{2.3.61}$$

式（2.3.61）中的第一项为纯强迫振动，而第二项为随强迫振动而同时产生的自由振动，但自由振动部分由于受到阻尼的影响，不久即会消失，因而只剩下纯强迫振动部分，这种振动亦被称为稳态振动。

此时，

$$y = \frac{P}{M\omega^2\left(1-\dfrac{\theta^2}{\omega^2}\right)}\sin\theta t \tag{2.3.62}$$

因为

$$\omega^2 = \frac{K}{M} = \frac{1}{MK} \tag{2.3.63}$$

所以

$$\frac{P}{M\omega^2} = PF = y_s \tag{2.3.64}$$

y_s 是将干扰力的力幅 P 作为静力荷载作用于质量上所产生的位移，是静力位移。将 y_s 代入式（2.3.62），得到

$$y = \frac{y_s}{1-\dfrac{\theta^2}{\omega^2}}\sin\theta t \tag{2.3.65}$$

以 y_{max} 表示 y 的最大值，即最大的动力位移，也即振幅，则

$$y_{max} = \frac{1}{1-\dfrac{\theta^2}{\omega^2}}y_s \tag{2.3.66}$$

令

$$\mu = \frac{1}{1-\dfrac{\theta^2}{\omega^2}} \tag{2.3.67}$$

则

$$y_{max} = \mu y_s \tag{2.3.68}$$

其中：μ 为最大动位移与位移之比，称为放大系数或动力系数。它与频率比 $\frac{\theta}{\omega}$ 有关，其大小反映了干扰力对结构的动力作用。

以式（2.3.67）中的放大系数 μ 作为纵坐标，频率比 $\frac{\theta}{\omega}$ 作为横坐标，画出 μ 随 $\frac{\theta}{\omega}$ 而变化的曲线，称之为振幅-频率特性曲线，如图 2.3.8 所示。

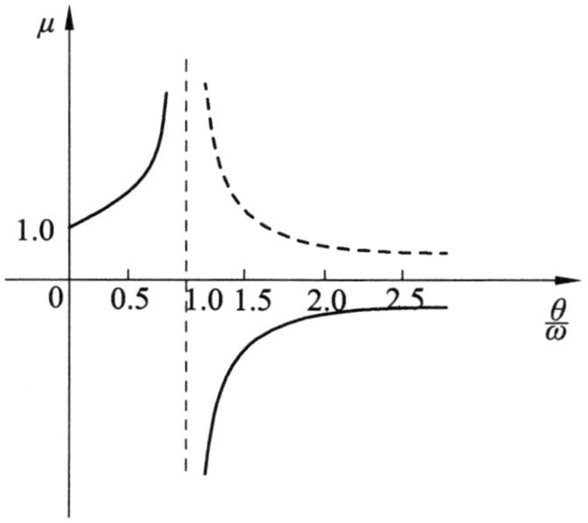

图 2.3.8　无阻尼强迫振动的振幅-频率曲线

从图 2.3.8 中可以概括简谐荷载条件下的无阻尼纯强迫振动规律：

（1）当 $\frac{\theta}{\omega}<1$，且越接近 1 时，放大系数 $\mu\approx1$。

这表示当干扰力的频率 θ 远远低于结构的自振频率 ω 时，干扰力所产生的动力作用并不明显，它接近于静力作用，此时纯强迫振动的振幅可按静力计算。

（2）当 $\frac{\theta}{\omega}>1$，且越远离 1 时，放大系数 $\mu\approx0$。

这表示当干扰力的频率很高时，最大动位移 $y_{max}\approx0$，即质量趋于保持静止状态。

（3）当 $\frac{\theta}{\omega}=1$ 时，理论上，放大系数 $\mu=\infty$。

这表示当干扰力的频率 θ 等于自振频率 ω 时，最大动力位移，也即振幅将趋于无穷大，这种情况称为共振。在实际工程中出现共振现象是十分危险的，因为在共振条件下，即使干扰力很小，但 μ 趋于无穷大，因此应尽量避免。即使比值 $\frac{\theta}{\omega}$ 接近于 1（略大或略小），μ 值也将非常大，实际中亦应避免这种接近共振的情况。规避的方法是改变干扰力的频率 θ，或者改变结构物的形式或尺寸，从而改变自振频率 ω 值。为了避免共振的影响，有的经验曾规定 θ 与 ω 之值，最小应相差 25%，或者应避开 $0.75 < \dfrac{\theta}{\omega} < 1.25$ 的区间，该区间被称为共振区。

对于放大系数 μ ，当为单自由度结构体系时，若材料处于弹性阶段，位移和各内力之间存在着不变的线性关系，所以位移与内力的放大系数（即动力系数）是一致的，故结构具有唯一的放大系数 μ 。当为多自由度结构体系时，位移和各内力之间，并不存在这样不变的线性关系，因此位移和内力各自的放大系数值也是不相等的。

而在具体工程实践中，并不一定要从结构的运动方程出发，而一般先将干扰力的最大值当作静力来计算结构的位移和内力，而后乘以动力系数，也就可便捷地求得在纯强迫振动时结构的最大位移和最大内力，并据此来进行结构构件设计。

2）常量力突然作用的情况

突然作用在结构上的干扰力工况表述为

当 $t \geqslant 0$ 时， $P(t) = P$ ；

当 $t < 0$ 时， $P(t) = 0$ 。

例如当结构受到意外冲击作用，且在冲击荷载作用时间内就达到了最大位移值，如图 2.3.9 所示。

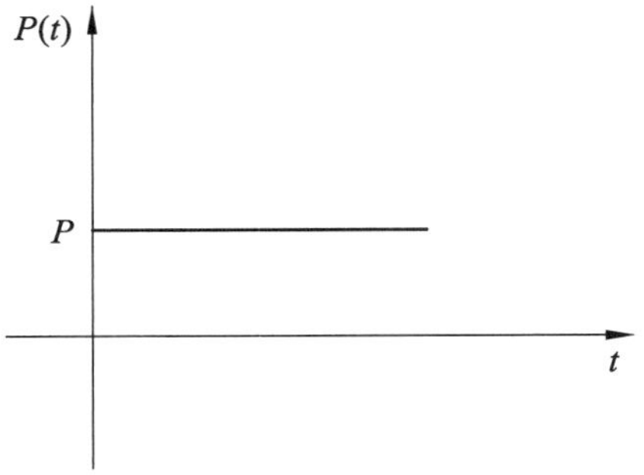

图 2.3.9　突然发生的冲击荷载

由式（2.3.58）得

$$y = y_2 = \frac{P}{M\omega}\int_0^t \sin\omega(t - t_1)\mathrm{d}t_1 = \frac{P}{M\omega^2}(1 - \cos\omega t) \tag{2.3.69}$$

即

$$y = y_s(1 - \cos\omega t) \tag{2.3.70}$$

所以 $$y_{max} = 2y_s \tag{2.3.71}$$

得到的动力系数 $\mu = 2$ 。

式（2.3.70）所代表的强迫振动如图 2.3.10 所示。

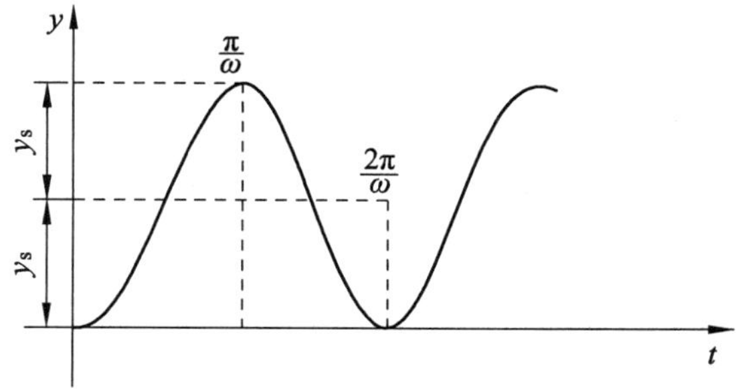

图 2.3.10　突加荷载作用下的位移-时间曲线

2.3.5　有阻尼体系的强迫振动

由式（2.3.14）及式（2.3.34）、（2.3.52），重写得到

$$\ddot{y} + 2\xi\omega\dot{y} + \omega^2 y = F(t) \tag{2.3.72}$$

式中：$F(t) = \dfrac{P(t)}{M}$，为单位质量的干扰力。

1. 利用脉冲加载法求通解

式（2.3.72）是一个二阶常系数非齐次线性方程，与无阻尼强迫振动的微分方程（2.3.53）相比，仅多了一项 $2\xi\omega\dot{y}$ 。如下利用脉冲加载法，推导式（2.3.72）的位移响应。

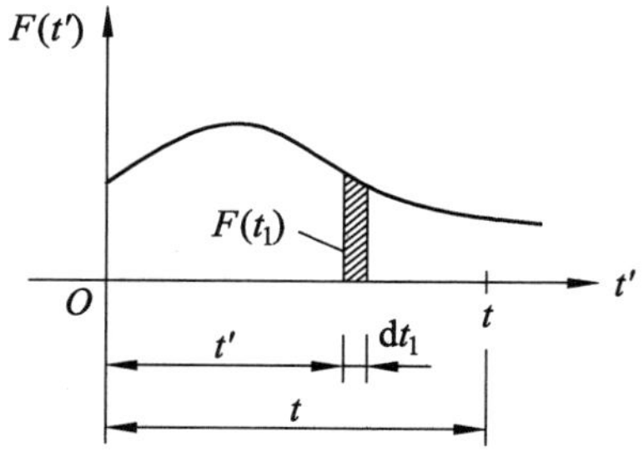

图 2.3.11　脉冲加载法示意图

如图 2.3.11 所示，$F(t')$ 代表随时间 t' 任意变化的荷载，$F(t_1)$ 代表假想时间变数 t_1 时的

干扰力函数。研究假设为微振，可应用线性叠加原理，即在任意荷载下产生的响应就是由所有冲量元引起响应的叠加。如下讨论任意一个冲量元作用在原来静止状态的系统上，求其响应，而后叠加就可以获得任意荷载下系统的动力响应。

当一静止质点受到冲量元 $P\Delta t$ 作用时，由动量定理，在时间间隔 Δt 内，质点动量的变化等于该时间间隔内作用力的冲量，即

$$P\Delta t = M\Delta v \tag{2.3.73a}$$

$$\Delta v = \frac{P}{M}\Delta t = F\Delta t \tag{2.3.73b}$$

式中：P 为干扰力；M 为质量；Δv 为增量速度。由以上两式可知，增量速度与时间间隔 Δt 成线性关系，进而可分析得到增量位移为时间间隔 Δt 的二阶关系；当 $\Delta t \to 0$ 时，在瞬间冲量下，质点获得的位移为高阶微量。

在 dt_1 内，冲量微元用 $F(t_1)dt_1$ 表示，如图 2.3.11 中的阴影部分。该增量冲量等于单位质量的动量变化 $1\cdot dv$，瞬时速度可写为

$$dv = d\dot{y} = F(t_1)dt_1 \tag{2.3.73c}$$

现在要求 t_1 时刻以后任意时刻 t 的响应。当考虑阻尼时，如式（2.3.42），于是由初始速度引起的 $t'(=t-t_1)$ 时刻的位移响应为

$$dy = e^{-\xi\omega t'}\left(\frac{v_0+0}{\omega'}\sin\omega' t'\right) \tag{2.3.73d}$$

$$dy = e^{-\xi\omega(t-t_1)'}\frac{F(t_1)dt}{\omega'}\sin\omega'(t-t_1) \tag{2.3.73e}$$

$$dy = \frac{1}{\omega'}e^{-\xi\omega(t-t_1)}F(t_1)\sin\omega'(t-t')dt_1 \tag{2.3.73f}$$

在 $t_1 = 0\sim t$ 时，每一冲量 $F(t_1)dt_1$ 都产生这一位移响应，于是干扰力连续作用的总位移为

$$y(t) = \frac{1}{\omega'}\int_0^t F(t_1)e^{-\xi\omega(t-t_1)}\sin\omega'(t-t_1)dt_1 \tag{2.3.73g}$$

当考虑初始条件时，位移响应为

$$y(t) = e^{-\xi\omega t}(A_1\cos\omega' t + A_2\sin\omega' t) + \frac{1}{\omega}\int_0^t F(t_1)e^{-\xi\omega(t-t_1)}\sin\omega'(t-t_1)dt_1 \tag{2.3.74a}$$

在 $t=0$ 时，$y(0)=y_0$，$\dot{y}(0)=\dot{y}_0$，其与有阻尼的振动一样，式（2.3.74a）可变为

$$y(t)=\mathrm{e}^{-\xi\omega t}\left(y_0\cos\omega' t+\frac{\dot{y}_0+\xi\omega y_0}{\omega'}\sin\omega' t\right)+\frac{1}{\omega'}\int_0^t F(t_1)\mathrm{e}^{-\xi\omega(t-t_1)}\sin\omega'(t-t_1)\mathrm{d}t_1 \tag{2.3.74b}$$

当初始条件 $y(0)=\dot{y}(0)=0$ 时，式（2.3.73g）可写为

$$y(t)=\frac{1}{\omega'}\int_0^t F(t_1)\mathrm{e}^{-\xi\omega(t-t_1)}\sin\omega'(t-t_1)\mathrm{d}t_1 \tag{2.3.74c}$$

式（2.3.74）适用于任意荷载。当干扰力 $P(t)$ 为简谐荷载 $P\sin\theta t$ 的特殊情况时，设

$$y=y_2=A_1\cos\theta t+A_2\sin\theta t \tag{2.3.75a}$$

它的一阶导数、二阶导数分别为

$$\dot{y}=-\theta A_1\sin\theta t+\theta A_2\cos\theta t \tag{2.3.75b}$$

$$\ddot{y}=-\theta^2 A_1\cos\theta t-\theta^2 A_2\sin\theta t \tag{2.3.75c}$$

将上式代入（2.3.72），整理后得

$$\begin{aligned}&[(\omega^2-\theta^2)A_1+2\xi\omega\theta A_2]\cos\theta t+[(\omega^2-\theta^2)A_2-2\xi\omega\theta A_1]\sin\theta t\\&=F\sin\theta t\end{aligned} \tag{2.3.76}$$

上述方程满足恒等的条件是两边相应系数相等

$$(\omega^2-\theta^2)A_1+2\xi\omega\theta A_2=0 \tag{2.3.77a}$$

$$-2\xi\omega\theta A_1+(\omega^2-\theta^2)A_2=F \tag{2.3.77b}$$

解以上代数方程组，得

$$A_1=\frac{-2\xi\omega\theta F}{(\omega^2-\theta^2)^2+4\xi^2\omega^2\theta^2} \tag{2.3.78}$$

$$A_2=-\frac{(\omega^2-\theta^2)F}{(\omega^2-\theta^2)^2+4\xi^2\omega^2\theta^2} \tag{2.3.79}$$

令 $A_1=A\sin\varphi$，$A_2=A\cos\varphi$，则稳态解 y 可写成

$$y=A\sin(\theta t+\phi) \tag{2.3.80}$$

式中
$$A=\sqrt{A_1^2+A_2^2}=\frac{P/M}{\sqrt{(\omega^2-\theta^2)^2+4\xi^2\omega^2\theta^2}} \tag{2.3.81a}$$

$$\tan\varphi=\frac{A_1}{A_2}=-\frac{2\xi\omega\theta}{\omega^2-\theta^2} \tag{2.3.81b}$$

从式（2.3.81）可知，当干扰力为简谐荷载，即 $P(t)=P\sin\theta t$ 时的纯强迫振动也是简谐振动，它的振幅为 A，它的频率与干扰力的频率相同。

如下考虑纯强迫振动的振幅 A。将式（2.3.81）的 A 值的分子和分母各除以 ω^2，得到

$$A=\frac{P/M\omega^2}{\sqrt{\left(1-\frac{\theta^2}{\omega^2}\right)^2+\frac{4\xi^2\theta^2}{\omega^2}}} \tag{2.3.82}$$

将 $\omega^2=\frac{1}{MF}$ 代入式（2.3.82），得

$$A=\frac{PF}{\sqrt{\left(1-\frac{\theta^2}{\omega^2}\right)^2+\frac{4\xi^2\theta^2}{\omega^2}}}=y_s\frac{1}{\sqrt{\left(1-\frac{\theta^2}{\omega^2}\right)^2+\left(2\xi\frac{\theta}{\omega}\right)^2}}=y_s\mu' \tag{2.3.83}$$

式中
$$\mu'=\frac{1}{\sqrt{\left(1-\frac{\theta^2}{\omega^2}\right)^2+\left(2\xi\frac{\theta}{\omega}\right)^2}} \tag{2.3.84}$$

μ' 称为有阻尼放大系数或有阻尼动力系数，它的物理意义与前述无阻尼放大系数的 μ 相同，是最大动力位移与静力位移之比，它的大小反映了干扰力对结构的动力作用。μ' 不仅与频率比 $\frac{\theta}{\omega}$ 有关，而且还与阻尼比 ξ 有关。

2. 对有阻尼体系放大系数 μ' 的特点讨论

将式（2.3.84c）中的 μ' 作为纵坐标、频率比 $\frac{\theta}{\omega}$ 作为横坐标作图，则图 2.3.12 所示为不同 ξ 值时的振幅-频率特性曲线。

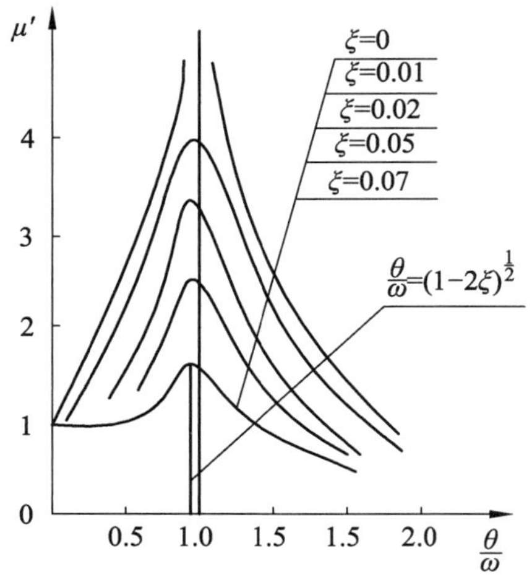

图 2.3.12　有阻尼强迫振动的振幅-频率特性曲线

1）当 $\dfrac{\theta}{\omega}<1$，且越接近 0 时，放大系数 $\mu'\approx1$

该工况表示，当干扰力的频率远远低于结构的自振频率时，干扰力所产生的动力作用不明显，它接近于静力作用，此时，纯强迫振动的振幅可按静力计算。由图 2.3.12 可以看出，此时不管 ξ 值如何，各曲线总是很接近，说明阻尼作用对于放大系数没有大的影响。所以，在 $\theta<\omega$ 某一范围后，计算振幅时，可忽略阻尼作用而不予考虑。

2）当 $\dfrac{\theta}{\omega}>1$，且越远离 1 时，放大系数 $\mu'\approx0$

此时 $y_2=0$，即质量保持静止状态，各曲线十分接近，阻尼作用对放大系数 μ' 的影响很小。所以在计算振幅时，当 θ 大于 ω 一定数值后，通常亦可忽略阻尼而不予考虑。

3）当 $\dfrac{\theta}{\omega}=1$ 或位于共振区间 $0.75<\dfrac{\theta}{\omega}<1.25$ 时，阻尼对放大系数 μ' 值的影响很大

当阻尼增加或减少时，将减小或增大共振点或共振区域内的振幅值。特别是在阻尼系数很小时，如果 ξ 值略有变化，放大系数将会改变很多。这表明阻尼在共振点或共振区域内的影响特别显著。值得注意的是有阻尼振动中式（2.3.84）中的 μ' 与无阻尼振动中式（2.3.67）中的 μ 有所不同，前者公式中的分母根号中多了一项反映阻尼作用的 $\dfrac{4\xi^2\theta^2}{\omega^2}$，因为有阻尼作用，即使 $\theta=\omega$，放大系数也不至于为无穷大。因此，无阻尼强迫振动在共振时振幅变为无穷大的结论只具有理论意义，在实际中是不会发生的。因此在实际工程中，即

使发生了共振，振幅出现峰值，但它将是有限值而不会是无穷大。在工程设计中，也普遍认为只要振幅不超过容许值，即使发生共振效应，结构仍可以满足安全工作要求。

还应注意的是，当考虑阻尼作用时，放大系数的最大值不是发生在$\theta=\omega$处，而是发生在θ略小于ω的位置，该位置可对式（2.3.84）中的μ'值求导获得，即

$$\frac{\mathrm{d}\mu'}{\mathrm{d}\left(\dfrac{\theta}{\omega}\right)}=0 \tag{2.3.85}$$

得到

$$\frac{\theta}{\omega}=\sqrt{1-2\xi^2}\leqslant 1 \tag{2.3.86}$$

由于极值位置与$\dfrac{\theta}{\omega}=1$的位置相差甚小，因而在实际工程应用中常取$\dfrac{\theta}{\omega}=1$的位置作为极值位置，即

$$(\mu')_{\max}=\frac{1}{\sqrt{(2\xi^2)^2+4\xi^2(1-2\xi^2)}}\approx\frac{1}{2\xi} \tag{2.3.87}$$

式（2.3.87）即为共振时的放大系数，它亦可用其他形式表达，如引用式（2.3.48）和式（2.3.46），可得

$$\xi=\frac{\delta}{\omega T'}=\frac{\delta\omega'}{2\pi\omega} \tag{2.3.88}$$

对于多数在非真空条件下振动的结构而言，可以认为$\dfrac{\omega'}{\omega}\approx 1$，再将式（2.3.88）代入式（2.3.87），又可得到

$$(\mu')_{\max}=\frac{\pi}{\delta} \tag{2.3.89}$$

如上再次说明，在共振点或共振区，阻尼的存在大大改变了强迫振动过程的面貌，这与自由振动中阻尼的存在大大改变无阻尼自由振动面貌的情况相一致。

2.4　多自由度体系的振动

通过上述对单自由度体系振动问题的讨论，获知了理论结构动力学的基本概念，其对认识和研究复杂动力问题提供了理论基础。在实际工程中，仅以单自由度形式存在的结构体系较少，而更多的是将实际结构简化为多自由度体系的存在形式，这是比较符合工程实际的。

一般而言，用一个单自由度模型不足以描绘一个结构的动力反应。反应包括位移形状随时间的变化以及它的幅值，这样的特性至少需要两个位移坐标来描述，此类状况必须由多自由度或无限自由度的模型来描述。

2.4.1 无阻尼自由振动

如前所述，实际工程中的阻尼均属小阻尼范畴，其对结构振动频率的影响小至可以忽略不计，对多自由度体系同样适用，故如下以无阻尼体系自由振动作为讨论对象。

1. 两自由度体系的自由振动

1）运动方程

有一两自由度体系（图 2.4.1a），两个集中质点的质量分别为 M_1、M_2，梁的自重略去不计。设质量 M_1、M_2 处梁的横向位移分别为 $y_1(t)$ 和 $y_2(t)$，竖向位移都是从静力平衡位置起算并以向下为正。

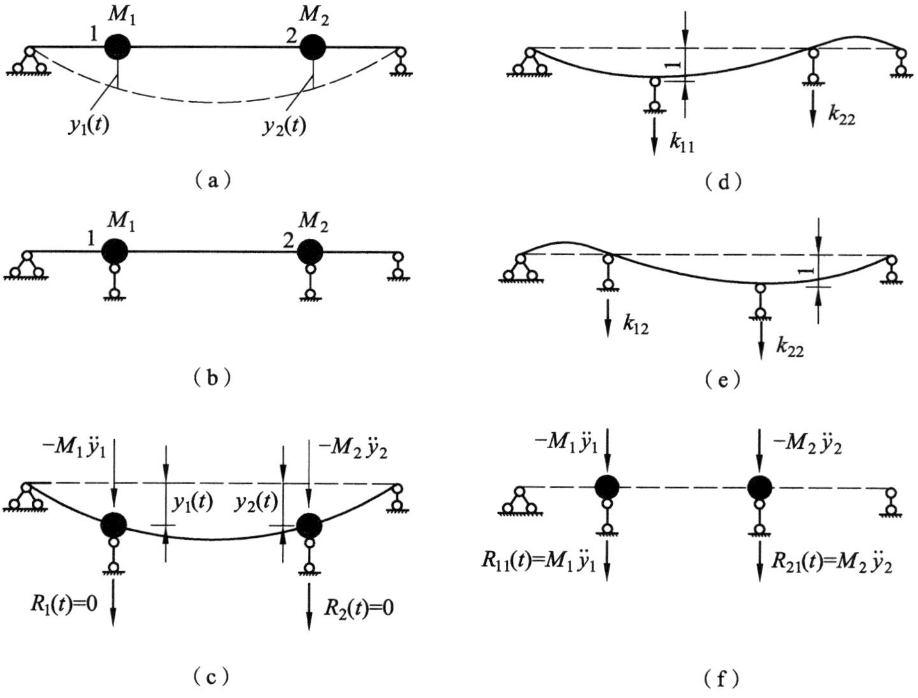

图 2.4.1 两自由度体系

按位移法的思路，在 M_1 、 M_2 处沿位移方向加入链杆（图 2.4.1b），然后移动链杆，使梁的 1、2 点连同质量 M_1 、 M_2 发生与实际情况相同的位移 $y_1(t)$ 和 $y_2(t)$ ，同时施加相应的惯性力（图 2.4.1c）。因为 $y_1(t)$ 、 $y_2(t)$ 是与质量和加速度相适应的真实位移，这时体系即应恢复到自然状态，因此，附加链杆的反力 $R_1(t)$ 及 $R_2(t)$ 也就等于零。根据这一条件，应用叠加原理，得到如下方程：

$$R_1(t)=k_{11}y_1(t)+k_{12}y_2(t)+R_{1I}(t)=0 \tag{2.4.1a}$$

$$R_2(t)=k_{21}y_1(t)+k_{22}y_2(t)+R_{2I}(t)=0 \tag{2.4.1b}$$

式中：系数 k_{ij} 为刚度影响系数。k_{ij} 定义为 j 坐标为单位位移（其他坐标位移为零）时所引起的 i 坐标的弹性力，在数值上等于维持这种特定的位移条件而施加在 i 坐标处的作用力（图 2.4.1d、e）。当作用力的指向与对应的位移正方向一致时，系数为正值，反之为负值。由反力互等定理可知 $k_{ij}=k_{ji}$ 。 R_{1I} 、 R_{2I} 为惯性力作用下各链杆反力（图 2.4.1f）。将 $R_{1I}(t)=M_1\ddot{y}_1(t)$ ， $R_{2I}(t)=M_2\ddot{y}_2(t)$ 代入式（2.4.1），得到

$$k_{11}y_1(t)+k_{12}y_2(t)+M_1\ddot{y}_1(t)=0 \tag{2.4.2a}$$

$$k_{21}y_1(t)+k_{22}y_2(t)+M_2\ddot{y}_2(t)=0 \tag{2.4.2b}$$

或写成矩阵形式

$$[M]\{\ddot{Y}\}+[K]\{Y\}=\{0\} \tag{2.4.3}$$

式中
$$[M]=\begin{bmatrix} M_1 & 0 \\ 0 & M_2 \end{bmatrix} \tag{2.4.4}$$

称为质量矩阵；

$$[K]=\begin{bmatrix} K_1 & 0 \\ 0 & K_2 \end{bmatrix} \tag{2.4.5}$$

称为刚度矩阵；

$$\{\ddot{Y}\}=\{y_1 \quad y_2\} \tag{2.4.6}$$

是 2×1 阶的位移矩阵，又称为位移向量；同样

$$\{\ddot{Y}\}=\{\ddot{y}_1 \quad \ddot{y}_2\} \tag{2.4.7}$$

是 2×1 阶的加速度矩阵，又称为加速度向量。

2）频率分析

由单自由度体系的自由振动分析结果可知，两自由度体系自由振动时为简谐振动。可设方程（2.4.3）的特解为

$$[Y]=\{\chi\}\sin(\omega t+\varphi) \tag{2.4.8}$$

式中 $$\{\chi\}^{\mathrm{T}}=\{\chi(1) \quad \chi(2)\} \tag{2.4.9}$$

称为振幅向量。它是体系按某一频率 ω 作自由振动时，两个质点的振幅依次排列的一个常值列矩阵，它描述了体系振动时的形状。将位移向量 $\{Y\}$ 对时间微分两次，得到

$$\{\ddot{Y}\}=-\omega^2\{\chi\}\sin(\omega t+\varphi)=-\omega^2\{Y\} \tag{2.4.10}$$

将式（2.4.10）和式（2.4.8）代入式（2.4.3），得

$$-\omega^2[M]\{\chi\}\sin(\omega t+\varphi)+[K]\{\chi\}\sin(\omega t+\varphi)=\{0\} \tag{2.4.11}$$

从上式中消去 $\sin(\omega t+\varphi)$，得

$$([K]-\omega^2[M])\{\chi\}=\{0\} \tag{2.4.12}$$

或用展开式表示为

$$\begin{bmatrix} k_1-\omega^2 M_1 & k_{12} \\ k_{21} & k_{22}-\omega^2 M_2 \end{bmatrix}\begin{Bmatrix} \chi(1) \\ \chi(2) \end{Bmatrix}=\{0\} \tag{2.4.13}$$

式（2.4.12）或式（2.4.13）是关于振幅 $\{\chi\}$ 的齐次方程，若体系发生振动，$\{\chi\}\neq\{0\}$，则必有其系数行列式等于零，即

$$\left|[K]-\omega^2[M]\right|=\begin{vmatrix} k_{11}-\omega^2 M_1 & k_{12} \\ k_{21} & k_{22}-\omega^2 M_2 \end{vmatrix}=0 \tag{2.4.14}$$

式（2.4.14）即为确定频率 ω 的方程，将其展开整理为

$$M_1 M_2\omega^4-(k_{11}M_2+k_{22}M_1)\omega^2+(k_{11}k_{22}-k_{12}{}^2)=0 \tag{2.4.15}$$

解方程得到 ω 的两个正实根为

$$\omega_{1,2}^2=\frac{(k_{11}M_2+k_{22}M_1)\pm\sqrt{(k_{11}M_2+k_{22}M_1)^2-4M_1M_2(k_{11}k_{22}-k_{12}{}^2)}}{2M_1M_2} \tag{2.4.16}$$

其中：较小的一个以 ω_1 表示，称为第一基频；另一个以 ω_2 表示，称为第二基频。

3）振型分析

将 ω_1 和 ω_2 分别代入式（2.4.13）中，则自然满足其系数行列式等于零，可以求得响应的两组振幅 $\chi(1)$ 与 $\chi(2)$ 的比值。

（1）对应于 ω_1

$$\frac{\chi_1(2)}{\chi_1(1)}=\frac{\omega_1^{\ 2}M_1-k_{11}}{k_{12}}=\rho_1 \tag{2.4.17}$$

此时第一振幅向量

$$\{\chi\}_1=\{\chi_1(1),\chi_1(2)\}=\{\chi_1(1),\chi_1(1)\rho_1\}=\chi_1(1)\{1,\rho_1\} \tag{2.4.18}$$

（2）对应于 ω_2

$$\frac{\chi_2(2)}{\chi_2(1)}=\frac{\omega_2^{\ 2}M_1-k_{11}}{k_{12}}=\rho_2 \tag{2.4.19}$$

此时第二振幅向量

$$\{\chi\}_2=\{\chi_2(1),\chi_2(2)\}=\{\chi_2(1),\chi_2(1)\rho_2\}=\chi_2(1)\{1,\rho_2\} \tag{2.4.20}$$

由式（2.4.18）和式（2.4.20）可知，两个质点 M_1、M_2 分别按照频率 ω_1 和 ω_2 作简谐振动时，与其相应的振幅向量 $\{\chi\}_1$ 和 $\{\chi\}_2$ 中各元素的值不能唯一确定，然而两个元素之间的比值 ρ_j 是唯一确定的。此种情况下振动时不变的形状 $(1,\rho_j)$ 称为第 j 振型，又有 $\{\chi\}_j=\chi_j(1)\{1,\rho_j\}$，有时直接把振幅向量 $\{\chi\}_j$ 称为第 j 振型。

4）任意初始条件下体系的自由振动

对应于第一频率 ω_1 和第一振型 $\{\chi\}_1$，运动方程（2.4.12）的又一个特解为

$$\{Y\}_1=\{\chi\}_1\sin(\omega_1 t+\varphi_1) \tag{2.4.21}$$

对应于第二频率 ω_2 和第二振型 $\{\chi\}_2$，运动方程（2.4.12）的另一个特解为

$$\{Y\}_2=\{\chi\}_2\sin(\omega_2 t+\varphi_2) \tag{2.4.22}$$

两个特解 $\{Y\}_1$、$\{Y\}_2$ 的线性组合就是运动方程（2.4.12）的通解

$$\{Y\}=\{Y\}_1+\{Y\}_2 \tag{2.4.23}$$

或

$$\{Y\}=\{\chi\}_1\sin(\omega_1 t+\varphi_1)+\{\chi\}_2\sin(\omega_2 t+\varphi_2) \tag{2.4.24}$$

因此，在一般情况下，对于两自由度体系而言，当其作自由振动时，各质点位移同时包含两个分量，即第一振型分量和第二振型分量。

在式（2.4.24）中共有 4 个待定常数，即 $\chi_1(1)$ 、 $\chi_2(1)$ 、 φ_1 和 φ_2 ，它们由初始条件，即由质点 M_1 和 M_2 处的初位移 $\{Y^0\}$ 和初速度 $\{\dot{Y}^0\}$ 确定。当给定 4 个初始条件后，可完全确定体系相应的自由振动。在一般情况下，质点的位移 $\{Y\}$ 是由两个不同的频率的简谐分量叠加而成的，它不再是简谐振动。不同质点的位移比值也不再是常数，而是随时间而变化。故在这种情况下的自由振动中，体系的变形也随时间而变化，不会再保持一定的形状了。在特定的初始条件下，当初位移向量和初速度向量在数值上与其振型 $\{\chi\}_j$ 成比例时，即

$$\{Y^0\}=a\{\chi\}_j \tag{2.4.25a}$$

$$\{\dot{Y}^0\}=b\{\chi\}_j \tag{2.4.25b}$$

式中 a 、 b 是任意常数，体系将按第 j 振型 $\{\chi\}_j$ 以 ω_j 为频率作简谐振动。需要特别指出的是，体系能否按某一振型作自由振动将由其初始条件决定，但振型的形状和频率一样，与初始条件无关，完全由体系的动力特性所决定。

2. 多自由度体系的自由振动

对多自由度体系自由振动的讨论与两自由度体系的情况相似。以矩阵形式建立有关方程时，两者的形式是相同的，只要把方程中矩阵的阶数由 2 拓展至 n 即可，如此便可建立起多自由度体系中各相应自由振动的方程了。

1）运动方程

有一简支梁如图 2.4.2 所示，其上 n 个点处的集中质量分别为 M_1 、 M_2 、…、 M_n ，梁的自重略去不计。图 2.4.1 为一个 n 自由度体系，以 y_1 、 y_2 、…、 y_n 分别代表这些质点自平衡位置量起的位移。

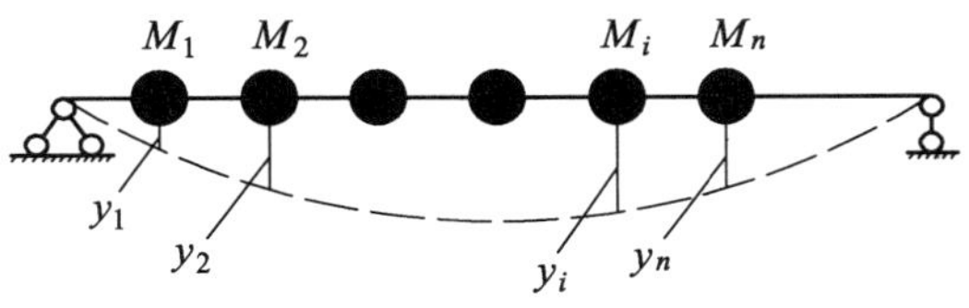

图 2.4.2 多自由度的简支梁模型

参照前述两自由度体系时的方法，得到多自由度体系的动力平衡方程为

$$\left.\begin{array}{c}M_1\ddot{y}_1+k_{11}y_1+k_{12}y_2+\cdots+k_{1j}y_j+\cdots+k_{1n}y_n=0\\M_2\ddot{y}_2+k_{21}y_1+k_{22}y_2+\cdots+k_{2j}y_j+\cdots+k_{2n}y_n=0\\\cdots\cdots\\M_i\ddot{y}_i+k_{i1}y_1+k_{i2}y_2+\cdots+k_{ij}y_j+\cdots+k_{in}y_n=0\\\cdots\cdots\\M_n\ddot{y}_n+k_{n1}y_1+k_{n2}y_2+\cdots+k_{ni}y_i+\cdots+k_{nn}y_n=0\end{array}\right\}\tag{2.4.26}$$

或写成矩阵形式

$$[M]\{\ddot{Y}\}+[K]\{Y\}=\{0\}\tag{2.4.27}$$

现将式（2.4.26）中的各矩阵分解。

（1）
$$[M]=\begin{bmatrix}M_1&0&\cdots&0&\cdots&0\\0&M_2&\cdots&\vdots&\cdots&0\\\vdots&\vdots&&\vdots&&\vdots\\0&0&\cdots&M_j&\cdots&0\\\vdots&\vdots&&\vdots&&\vdots\\0&0&\cdots&0&\cdots&M_n\end{bmatrix}\tag{2.4.28}$$

称为质量矩阵，对于如图 2.4.2 所示的多自由度体系，它只包含若干个质点，即集中质量体系。$[M]$ 为一对角矩阵，这是因为质点 i 沿其运动方向的加速度，只可能在 i 点沿该运动方向产生惯性力。若多自由度体系不符合上述条件，则一般情况下矩阵便不是对角矩阵。

（2）
$$[K]=\begin{bmatrix}k_{11}&k_{12}&\cdots&k_{1j}&\cdots&k_{1n}\\k_{21}&k_{22}&\cdots&k_{2j}&\cdots&k_{2n}\\\vdots&\vdots&&\vdots&&\vdots\\k_{i1}&k_{i2}&\cdots&k_{1j}&\cdots&k_{in}\\\vdots&\vdots&&\vdots&&\vdots\\k_{n1}&k_{n2}&\cdots&k_{nj}&\cdots&k_{nn}\end{bmatrix}\tag{2.4.29}$$

称为刚度矩阵，根据反力互等定理，有 $k_{ij}=k_{ji}$，因此它是 $n\times n$ 阶的对称方阵。

（3）
$$\{Y\}=\{y_1\quad y_2\quad\cdots\quad y_i\quad\cdots\quad y_n\}\tag{2.4.30}$$

是 $n\times1$ 阶的位移矩阵，将 $n\times1$ 阶列矩阵的 n 个元素比作 n 维坐标系的 n 个坐标，一个 $n\times1$ 阶的列矩阵可以看作一个 n 维列向量。因此，$\{Y\}$ 也常称为位移向量。同理

$$\{\ddot{Y}\}=\{\ddot{y}_1\quad\ddot{y}_2\quad\cdots\quad\ddot{y}_i\quad\cdots\quad\ddot{y}_n\}\tag{2.4.31}$$

是 n 维的加速度向量。

2）频率分析

参考两自由度体系的情况，设方程（2.4.27）有以下特解：

$$\{Y\}=\{\chi\}\sin(\omega t+\varphi) \tag{2.4.32}$$

式中
$$\{\chi\}^{\mathrm{T}}=\{\chi(1)\quad \chi(2)\quad \cdots\quad \chi(i)\quad \cdots\quad \chi(n)\} \tag{2.4.33}$$

称为振幅向量。它是体系按某一频率 ω 作简谐振动时，n 个质点的振幅依次排列的一个列向量，因此，$\{\chi\}$ 也表征了振型。将位移向量 $\{Y\}$ 对时间微分两次，得

$$\{\ddot{Y}\}=-\omega^2\{\chi\}\sin\{\omega t+\varphi\}=-\omega^2\{Y\} \tag{2.4.34}$$

将式（2.4.34）和式（2.4.32）代入式（2.4.27），得

$$-\omega^2[M]\{\chi\}\sin(\omega t+\varphi)+[K]\{\chi\}\sin(\omega t+\varphi)=\{0\} \tag{2.4.35}$$

消去式中的 $\sin(\omega t+\varphi)$，得到

$$([K]-\omega^2[M])(\chi)=\{0\} \tag{2.4.36}$$

若体系发生振动，则 $\{\chi\}\neq\{0\}$，故必有

$$\left|[K]-\omega^2[M]\right|=0 \tag{2.4.37}$$

式（2.4.37）就是 n 个自由度体系的频率方程，将其展开，即可得到关于 ω^2 的 n 次代数方程。稳定的结构体系具有实的、对称的、正定的质量矩阵和刚度矩阵，频率有 n 个正实根。它们就是体系的 n 个自振频率，其中，最小的 ω_1 为第一频率或基本频率，以下按数值由小到大为第二频率、第三频率等等。

3）振型分析

求出各个频率后，可根据式（2.4.36）求出与各频率 ω 响应的振幅向量 $\{\chi\}$，故式（2.4.36）为振幅方程。因为 $\chi(i)$ 的系数与 ω 有关，所以对不同的频率，将得到不同的振幅向量。式（2.4.36）所表示的 n 个代数方程只能有 $n-1$ 个独立的，因而只能得到 $\chi(i)$ 的相对值。设取第一个质点的振幅即振幅向量 $\{\chi\}$ 中第一个元素作为标准，并设其值为 1，则以第 j 振型为例，得

$$\begin{aligned}&\frac{1}{\chi_j(1)}\{\chi_j(1)\quad \chi_j(2)\quad \cdots\quad \chi_j(i)\quad \cdots\quad \chi_j(n)\}\\&=\{\phi_j(1)\quad \phi_j(2)\quad \cdots\quad \phi_j(i)\quad \cdots\quad \phi_j(n)\}=\{\phi\}_j\end{aligned} \tag{2.4.38}$$

其中令

$$\{\phi_j(1)\}=1$$

$\{\phi\}_j$ 称为规准化振型向量。在保证振型不变的条件下，对振型的幅值引进不同的限制条件，即可得到不同的规则化振型向量。以式（2.4.36）为例求规准化振型 $\{\phi\}_j$，对一 n 自由度的体系来说，与 n 个自振频率相应，总共有 n 个规准化振型向量，得到 n 个规准化振型向量组成一个 $n\times n$ 阶的方阵：

$$[\phi]=[(\phi)_1\quad\{\phi\}_2\quad\cdots\quad\{\phi\}_j\quad\cdots\quad\{\phi\}_n]$$

$$=\begin{Bmatrix}\phi_1(1) & \phi_2(1) & \cdots & \varphi_j(1) & \cdots & \varphi_n(1)\\ \phi_1(2) & \phi_2(2) & \cdots & \phi_j(2) & \cdots & \phi_n(2)\\ \vdots & \vdots & & \vdots & & \vdots\\ \phi_1(i) & \phi_2(i) & \cdots & \phi_j(i) & \cdots & \phi_n(i)\\ \vdots & \vdots & & \vdots & & \vdots\\ \phi_1(n) & \phi_2(n) & \cdots & \phi_j(n) & \cdots & \phi_n(n)\end{Bmatrix}\qquad(2.4.39)$$

以上方阵称为振型矩阵。

3. 对称性的应用

在自振分析中频率方程（2.4.37）中的刚度矩阵 $[K]$、质量矩阵 $[M]$ 以及 n 次代数方程的求解工作量，会随着基本未知数 n 的增大而迅速增加。为了有效提高计算精度和缩短计算时间，可尽量利用结构体系的对称性特点进行简化计算。在此，先明确动力体系对称性的含义：当运动体系的几何形状、截面刚度、支座条件以及质量分布都对体系中某几何轴对称时，方可称为对称体系。可以证明，对于对称的运动体系，选取对称及反对称两组的组合未知位移后，振型也分成对称及反对称振型。

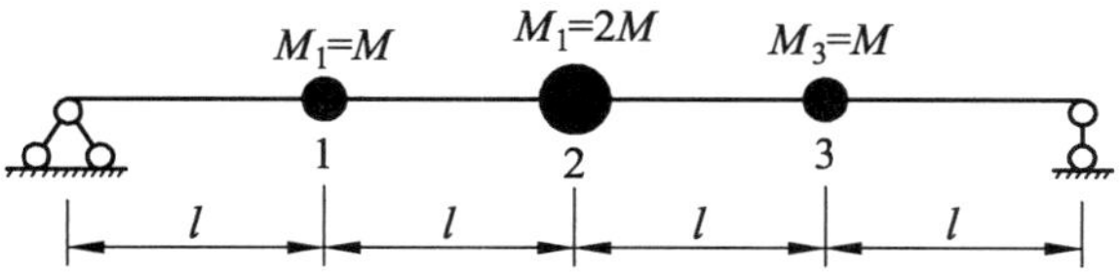

（a）

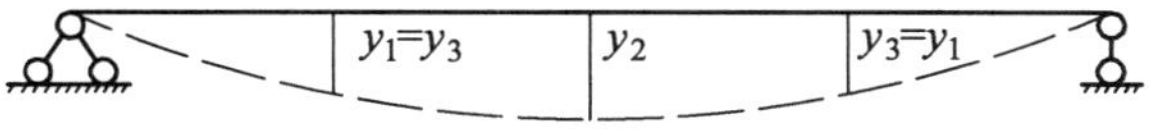

（b）

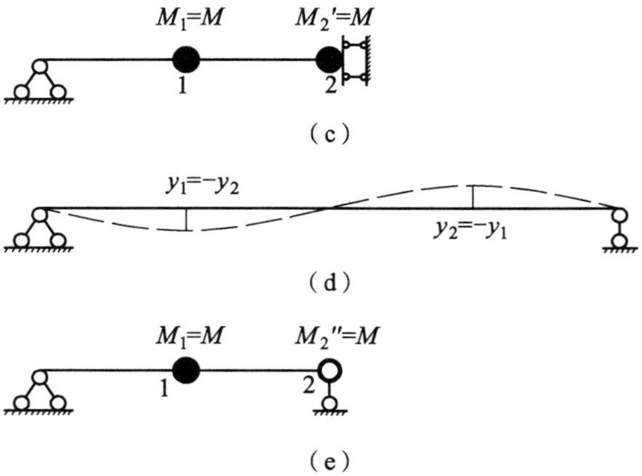

图 2.4.3　对称性奇数跨的半边体系

1）具有奇数跨的体系

此处以如图 2.4.3（a）所示的单跨简支梁为例，来说明针对正对称振型及反对称振型的半边体系计算简图中支座条件的确定方法（忽略梁的质量）。

（1）正对称形式的自由振动。

在该种情况下，体系的形变和位移都呈现正对称的特点，如图 2.4.3（b）所示。此时，在对称轴截面 2 处只有竖向位移而无转角，因此，可取图 2.4.3（c）所示半边体系作为计算简图，其中，节点 2 设置定向支座，只允许有竖向位移，而不允许发生转角。2 处的质量 M_2' 应为原体系在该处质量的一半。

（2）反对称形式的自由振动。

在该种情况下，运动体系的形变和位移都呈现反对称特性，如图 2.4.3（d）所示。此时，在对称轴截面 2 处只有转角而无竖向位移，故可取如图 2.4.3（e）所示半边体系作为计算简图，其中，节点 2 处的链支座边界条件与上述反对称变形相吻合。2 处的质量 M_2'' 也等于原体系在该处质量 M_2 的一半，但因无竖向位移，所以 M_2'' 对振动没有影响。

2）具有偶数跨的体系

（1）正对称形式的自由振动。

图 2.4.4（a）所示的两跨对称刚架，在按正对称振型作自由振动时，形变和位移都呈正对称特点。此时，中柱 AB 无形变，节点 A 既无转角也无侧移，故可取图 2.4.4（b）所示部分体系作为正对称振型的计算简图，其中，节点 A 处是固定端，它的位移边界条件与原体系在该处的形变和位移一致。

（2）反对称形式的自由振动。

当图 2.4.4（a）所示对称体系，按反对称形式自由振动时，形变和位移呈反对称特点。此时，中柱 AB 只有弯曲变形，横梁有位移，故节点 A 既有转角又有侧移。可取图 2.4.4（c）所示半边体系作为计算简图，此时，中柱 AB 的弯曲刚度是原体系的一半，支座条件与原体系相同。

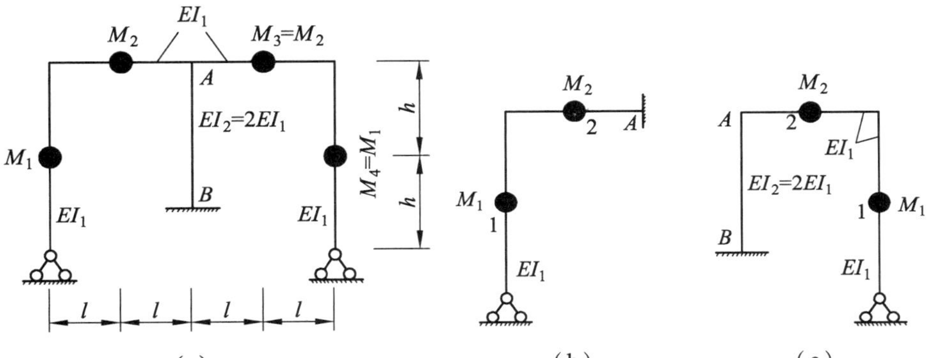

图 2.4.4　对称性偶数跨的半边体系

4. 振型的正交性

在同一体系的两个不同的固有振型之间，存在着一个重要的固有特性，即振型的正交性。在分析体系的动力反应时，需经常要利用该特性。

设 ω_i 和 ω_j 分别为如图 2.4.2 所示 n 个自由度体系的自振频率。与两个频率相应的振型分别表示于图 2.4.5（a）、（b）。在图中标出了两个振幅向量 $\{\chi\}_i$ 和 $\{\chi\}_j$ 的各个元素。

如前所述，当体系按某一频率作简谐振动时，该频率与相应的振幅向量应满足振幅方程式（2.4.37），其可改写为

$$[K]\{\chi\} = \omega^2[M]\{\chi\} \tag{2.4.40}$$

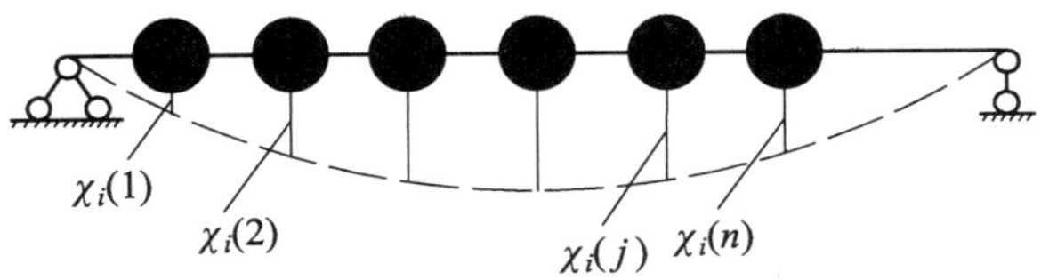

（a）对应 ω_i 的振幅向量 $\{\chi\}_i$

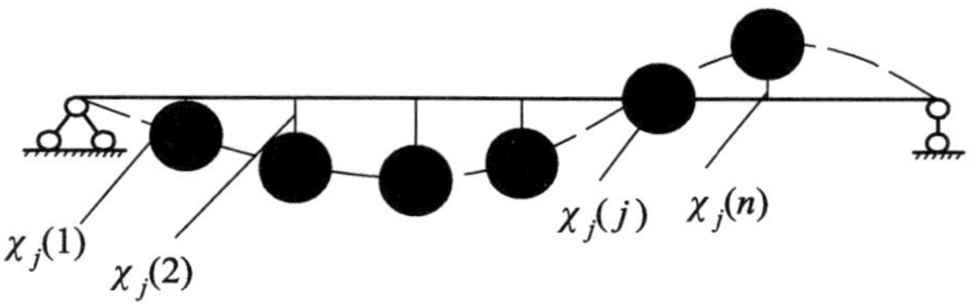

（b）对应 ω_j 的振幅向量 $\{\chi\}_j$

图 2.4.5　多自由度简支梁的任意两个振型示意图

对于如图 2.4.5（a）、（b）所示的两种状态，可得

$$[K]\{\chi\}_i = \omega_i^2[M]\{\chi\}_i \tag{2.4.41}$$

$$[K]\{\chi\}_j = \omega_j^2[M]\{\chi\}_j \tag{2.4.42}$$

以 $\{\chi\}_j$ 的转置矩阵 $\{\chi\}_j^{\mathrm{T}}$ 和 $\{\chi\}_i$ 的转置矩阵 $\{\chi\}_i^{\mathrm{T}}$ 分别乘以式（2.4.41）和式（2.4.42），可得

$$\{\chi\}_j^{\mathrm{T}}[K]\{\chi\}_i = \omega_i^2\{\chi\}_j^{\mathrm{T}}[M]\{\chi\}_i \tag{2.4.43a}$$

$$\{\chi\}_i^{\mathrm{T}}[K]\{\chi\}_j = \omega_j^2\{\chi\}_i^{\mathrm{T}}[M]\{\chi\}_j \tag{2.4.43b}$$

因为 3 个矩阵的乘积是一个标量，因而将其转置后结果不变。此外，根据矩阵乘积转置运算性质可得

$$\{\chi\}_j^{\mathrm{T}}[K]\{\chi\}_i = (\{\chi\}_j^{\mathrm{T}}[K]\{\chi\}_i)^{\mathrm{T}} = \{\chi\}_i^{\mathrm{T}}[K]\{\chi\}_j \tag{2.4.44}$$

根据反力互等定理（$k_{ij}=k_{ji}$）可知，刚度矩阵 $[K]$ 为对称矩阵，即 $[K]=[K]^{\mathrm{T}}$，如此式（2.4.44）可改写为

$$\{\chi\}_j^{\mathrm{T}}[K]\{\chi\}_i = \{\chi\}_i^{\mathrm{T}}[K]^{\mathrm{T}}\{\chi\}_j \tag{2.4.45}$$

因为质量矩阵 $[K]$ 也是对称矩阵，即 $[M]=[M]^{\mathrm{T}}$，同样亦可证明

$$\{\chi\}_j^{\mathrm{T}}[M]\{\chi\}_i = \{\chi\}_i^{\mathrm{T}}[M]\{\chi\}_j \tag{2.4.46a}$$

将以上各式进行整理，可得

$$(\omega_i^2 - \omega_j^2)\{\chi\}_i[M]\{\chi\} = 0 \tag{2.4.46b}$$

若 $\omega_i \neq \omega_j$，必有

$$\{\chi\}_j^{\mathrm{T}}[M]\{\chi\}_i = 0 \quad (i \neq j) \tag{2.4.47}$$

将式（2.4.47）代入式（2.4.43），得到

$$\{\chi\}_j^{\mathrm{T}}[K]\{\chi\}_i = 0 \quad (i \neq j) \tag{2.4.48}$$

式（2.4.47）、式（2.4.48）分别表征不同振型对质量矩阵和刚度矩阵的正交特性，常称为第一正交性条件和第二正交性条件。振型正交性是体系本身所固有而与外荷载无关的一种特性，通过利用该特性，多自由度体系的动力计算可以得到很大简化。

2.4.2　在简谐力作用下的稳态强迫振动

以下主要讨论多自由度体系在简谐干扰力作用下的强迫振动问题。用直接法，即直接以各质点的位移为对象进行计算的方法进行讨论分析，且不考虑阻尼的作用。

如图 2.4.6 所示，一个具有 n 个集中质量 M_1、M_2、…、M_i、…、M_n 的体系，承受动荷载 $p_1(t)$、$p_2(t)$、…、$p_i(t)$、…、$p_n(t)$。在时刻 t 时，各集中质量的位移为 $y_1(t)$、$y_2(t)$、…、$y_i(t)$、…、$y_n(t)$。

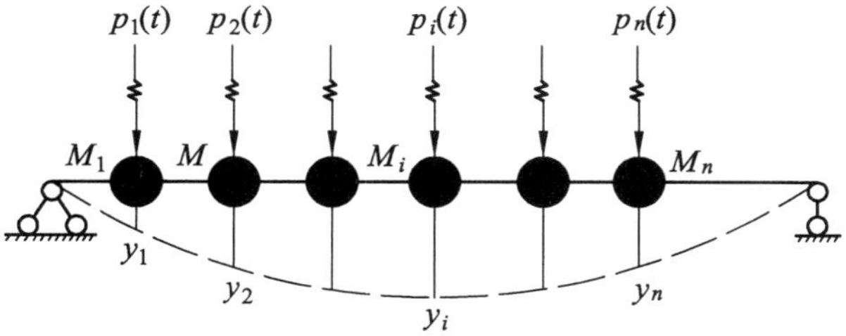

图 2.4.6　简谐干扰力作用下的多自由度体系

矩阵形式表示的运动方程为

$$[M]\{\ddot{Y}\} + [K]\{Y\} = \{P(t)\} \tag{2.4.49}$$

式中　$\{P(t)\} = \{p_1(t) \quad p_2(t) \quad \cdots \quad p_i(t) \quad \cdots \quad p_n(t)\}$

为 $n \times 1$ 阶荷载矩阵，也称荷载向量。

设各干扰力为同频率 θ 和同相位的简谐力，则在稳态阶段，各质点也按频率 θ 作简谐振动，于是得到

$$p_i(t) = \bar{p}_i \sin\theta t \tag{2.4.50a}$$

$$y_i(t) = A_i \sin\theta t \tag{2.4.50b}$$

式中 $\{\bar{p}\} = \{\bar{p}_1 \quad \bar{p}_2 \quad \cdots \quad \bar{p}_i \quad \cdots \quad \bar{p}_n\}$

$\{A\} = \{A_1 \quad A_2 \quad \cdots \quad A_i \quad \cdots \quad A_n\}$

分别为 $n\times1$ 阶的荷载幅值向量和强迫振幅向量。

将式（2.4.50）代入式（2.4.49），消去 $\sin\theta t$ 后得

$$([K]-\theta^2[M])\{A\}=\{P\} \tag{2.4.51}$$

或 $$[\bar{L}]\{A\}=\{P\} \tag{2.4.52}$$

式中 $$[\bar{L}]=[K]-\theta^2[M] \tag{2.4.53}$$

此处的 $[\bar{L}]$ 为有别于自由振动条件下的 $[L]=[K]-\omega^2[M]$。

根据上述分析，得到如下讨论意见：

（1）在简谐干扰力作用下，体系达到稳态振动以后，各质点也都做简谐振动，其频率与干扰力的频率相同。

（2）对比式（2.4.53）与式（2.4.37），可以看出，当 $\theta=\omega$ 时，$|[\bar{L}]|=0$，则式（2.4.53）的系数行列式等于零，由于该式等号右边的荷载幅值向量 $\{P\}\neq\{0\}$，则强迫振幅向量 $\{A\}\to\infty$，故 n 自由度体系有 n 个自振频率，将有 n 个共振点。

（3）当干扰频率 $\theta\to0$ 时，$[\bar{L}]\to[K]$，式（2.4.52）变为

$$[K]\{A\}=\{\bar{P}\}$$

上式表明，当干扰力变化很慢时，其动力效应很小。强迫振动的位移幅值等于干扰力幅值作为静力荷载作用下的结果。

（4）当 $\theta\to\infty$ 时，$[\bar{L}]\to\theta^2[M]\to\infty$，则由式（2.4.52）可知，$\{A\}\to0$。所以，当干扰力变化很快时，强迫振动的位移幅值很小，接近于零。

（5）动内力幅值的计算。

动内力在振幅位置到达最大值，与此同时，干扰力与惯性力也达到最大值。因此，在一般情况下，当求出惯性力幅值后，将其和干扰力幅值同时加到体系上，用静力方法计算，就可得到动内力幅值；对于干扰力直接作用在质点处的情况，也可用等效静力荷载的方法计算动内力幅值，而与振幅位置相应的作用在体系上的等效静荷载可用如下公式计算：

$$\{P\}_{eq}=[K][A]$$

此后，可按静力方法算得的内力就是动内力幅值。

2.4.3　用振型分解法计算强迫振动

1. 正则坐标

在前述讨论中，采用了质点的位移作为坐标，这样，对于多自由度体系来说，所得到的每个方程都将包含所有未知的质点位移，这种方程称为坐标耦合方程。故必须联立求解方程组。当干扰力是简谐荷载又不考虑阻尼时，微分方程组转化为代数方程组，可用线性代数方法求解。但如果是有别于上述条件的其他情况，该求解方法就会比较麻烦。

如下通过坐标变化和正则法对其他工况的强迫振动进行举例计算。如图 2.4.7（a）为两个自由度体系，图 2.4.7（b）所示为质点位移 $y_1(t)$ 和 $y_2(t)$ 两个几何坐标，由它们组成向量 $\{Y\}=\{y_1 \quad y_2\}$，再选定两个正则坐标 $q_1(t)$ 和 $q_2(t)$，组成正则坐标向量 $\{q\}=\{q_1 \quad q_2\}$。

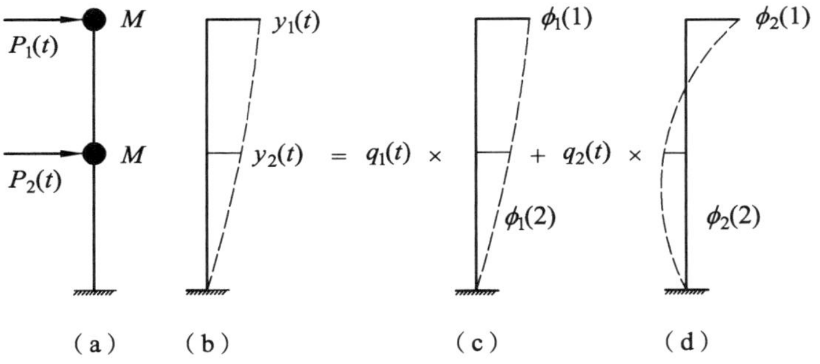

图 2.4.7　两个自由度体系的坐标变换

设几何坐标与正则坐标之间有如下变换关系：

$$y_1(t)=\phi_1(1)q_1(t)+\phi_2(1)q_2(t)$$

$$y_2(t)=\phi_1(2)q_1(t)+\phi_2(2)q_2(t)$$

或写成矩阵形式

$$\{Y\}=[\phi]\{q\} \tag{2.4.54a}$$

式中：矩阵

$$[\phi]=\begin{bmatrix}\phi_1(1) & \phi_2(1)\\ \phi_1(2) & \phi_2(2)\end{bmatrix} \tag{2.4.54b}$$

就是把正则坐标变换为几何坐标的变换矩阵。

把式（2.4.54）展开成如下形式：

$$\{Y\}=\sum_{j=1}^{2}\{y\}_j=\sum_{j=1}^{2}\{\phi\}_j q_j=\{\phi\}_1 q_1+\{\phi\}_2 q_2 \tag{2.4.55}$$

由式（2.4.55）可知，每一个振型位移向量$\{y\}_j$由振型向量$\{\phi\}_j$乘以正则坐标$q_j(t)$给出（图 2.4.7c、d）。以上关于坐标变换的讨论，对于多自由度体系同样适用，只需将各矩阵的阶数作相应扩大即可，即

$$\{Y\}=\{\phi\}_1 q_1+\{\phi\}_2 q_2+\ldots+\{\phi\}_j q_j+\ldots+\{\phi\}_n q_n \tag{2.4.56}$$

写成矩阵形式为

$$[Y]=[\phi]\{q\} \tag{2.4.57}$$

式中：振型矩阵$[\phi]$是$n\times n$阶方阵；几何位移向量$\{Y\}$、正则坐标向量$\{q\}$都是$n\times 1$阶的列矩阵。

2. 计算过程

1）考虑阻尼时多自由度体系的动力平衡方程

如前所述，根据图 2.4.6 得到不考虑阻尼力时多自由度体系的动力平衡方程（2.4.49），当考虑阻尼力时，在上述方程中再加入阻尼力即可。与单自由度体系不同，根据黏滞阻尼理论，单自由度体系中质点所受到的阻尼力$D=-c\dot{y}$，而多自由度体系中某质点所受的阻尼力，不仅与本质点的速度有关，还与其他质点的速度有关。对于图 2.4.6 所示的多自由度体系而言，$-c_{ij}$定义为j坐标单位速度（其他坐标速度为零）在i坐标处引起的阻尼力，c_{ij}称为阻尼影响系数。则坐标i处质点所受到的总阻尼力可用叠加方法得到

$$D(t)=-c_{i1}\dot{y}_1-c_{i2}\dot{y}_2-\cdots-c_{ij}\dot{y}_j-\cdots-c_{in}\dot{y}_n=-\sum_{m=1}^{n}c_{im}\dot{y}_m \tag{2.4.58}$$

把上述阻尼力在附加链杆上产生的反力$R_{iD}=\sum_{m=1}^{n}c_{im}\dot{y}_m$加入式（2.4.49）的左端，则$i$坐标处质点的动力平衡方程为

$$R_{iI}+R_{iD}+R_{iS}+R_{iP}=0$$

将有关的反力表达式代入上式，得

$$m_i\ddot{y}_i+\sum_{m=1}^{n}c_{im}\dot{y}_m+\sum_{m=1}^{n}k_{im}y_m=p_i(t) \qquad (i=1,2,\cdots,n)$$

将 n 个动力平衡方程用矩阵形式表示如下：

$$[M]\{\ddot{Y}\}+[C]\{\dot{Y}\}+[K]\{Y\}=\{P(t)\} \tag{2.4.59}$$

上式即为有阻尼时多自由度体系的动力平衡方程。

其中：$[C]$ 称为阻尼矩阵，是 $n\times n$ 阶的方阵，它的展开形式为

$$[C]=\begin{bmatrix} c_{11} & c_{12} & \cdots & c_{1j} & \cdots & c_{1n} \\ c_{21} & c_{22} & & c_{2j} & \cdots & c_{2n} \\ \vdots & \vdots & & \vdots & & \vdots \\ c_{i1} & c_{i2} & \cdots & c_{ij} & \cdots & c_{in} \\ \vdots & \vdots & & \vdots & & \vdots \\ c_{n1} & c_{n2} & \cdots & c_{nj} & \cdots & c_{nn} \end{bmatrix} \tag{2.4.60}$$

$\{\dot{Y}\}$ 称为 n 维速度向量

$$\{\dot{Y}\}=\{\dot{y}_1 \quad \dot{y}_2 \quad \cdots \quad \dot{y}_i \quad \cdots \quad \dot{y}_n\} \tag{2.4.61}$$

2）正则坐标方程的推导

利用振型向量的正交特性，多自由度体系的动力平衡方程（2.4.59）可简化为不耦合的正则坐标方程。如下先对动力平衡方程（2.4.59）进行坐标变换，将式（2.4.57）及其导数代入得

$$[M][\phi]\{\ddot{q}\}+[C][\phi]\{\dot{q}\}+[K][\phi]\{q\}=\{P(t)\} \tag{2.4.62}$$

用第 j 个规则化振型向量 $\{\phi\}_j$ 的转置矩阵 $\{\phi\}_j^{\mathrm{T}}$ 前乘上式两边，得

$$\{\phi\}_j^{\mathrm{T}}[M][\phi]\{\ddot{q}\}+\{\phi\}_j^{\mathrm{T}}[C][\phi]\{\dot{q}\}+\{\phi\}_j^{\mathrm{T}}[K][\phi]\{q\}=\{\phi\}_j^{\mathrm{T}}\{P(t)\} \tag{2.4.63}$$

如下讨论上式左边三项矩阵相乘的结果。其中第一项可改写为

$$\{\phi\}_j^{\mathrm{T}}[M][\phi]\{\ddot{q}\}=\{\phi\}_j^{\mathrm{T}}[M][\phi]_1\ddot{q}_1+\{\phi\}_j^{\mathrm{T}}[M][\phi]_2\ddot{q}_2+\cdots+$$
$$\{\phi\}_j^{\mathrm{T}}[M][\phi]_j\ddot{q}_j+\cdots+\{\phi\}_j^{\mathrm{T}}[M][\phi]_n\ddot{q}_n$$

由　$\{\phi\}_j^{\mathrm{T}}[M][\phi]_i=0\ (i\neq j)$

可知上式等号右边除第 j 项外，其余各项均为零，即

$$\{\phi\}_j^{\mathrm{T}}[M][\phi]\{\ddot{q}\}=\{\phi\}_j^{\mathrm{T}}[M]\{\phi\}_j\ddot{q}_j \tag{2.4.64}$$

同理，得到

$$\{\phi\}_j^{\mathrm{T}}[M][\phi]\{q\}=\{\phi\}_j^{\mathrm{T}}[K]\{\phi\}_j q_j \tag{2.4.65}$$

鉴于方程（2.4.63）解耦的需要，对弱阻尼体系（在结构工程振动中，大多属于该类情况），可假设振型向量对阻尼矩阵$[C]$正交，即

$$\{\phi\}_j^{\mathrm{T}}[C]\{\phi\}_i = 0 \ (i \neq j) \tag{2.4.66}$$

则式（2.4.63）等号左边的第二项为

$$\{\phi\}_j^{\mathrm{T}}[C][\varphi]\{\dot{q}\} = \{\phi\}_j^{\mathrm{T}}[C]\{\phi\}_j\dot{q}_j \tag{2.4.67}$$

将式（2.4.64）、式（2.4.65）和式（2.4.67）代入式（2.4.63），得到

$$\{\phi\}_j^{\mathrm{T}}[M]\{\phi\}_j\ddot{q}_j+\{\phi\}_j^{\mathrm{T}}[C]\{\phi\}_j\dot{q}_j+\{\phi\}_j^{\mathrm{T}}[K]\{\phi\}_jq_j = \{\phi\}_j^{\mathrm{T}}\{P(t)\} \tag{2.4.68}$$

或写成 $$M_j^*\ddot{q}_j + C_j^*\dot{q}_j + K_j^* = P_j^*(t) \tag{2.4.69}$$

式中 $$M_j^* = \{\phi\}_j^{\mathrm{T}}[M]\{\phi\}_j \tag{2.4.70}$$

$$C_j^* = \{\phi\}_j^{\mathrm{T}}[C]\{\phi\}_j = 2\xi_j\omega_jM_j^* \tag{2.4.71}$$

$$K_j^* = \{\phi\}_j^{\mathrm{T}}[K]\{\phi\}_j \tag{2.4.72}$$

$$P_j^* = \{\phi\}_j^{\mathrm{T}}\{P(t)\} \tag{2.4.73}$$

分别称为与第 j 振型对应的正则坐标 q_j 的广义质量、广义阻尼、广义刚度和广义荷载。右上角用“*”表示广义之意。式（2.4.71）中的 ξ_j 称为第 j 振型的阻尼比，ω_j 为与第 j 振型对应的阻尼自振频率。

根据式（2.4.42）

$$[K]\{\phi\}_j = \omega_j^2[M]\{\phi\}_j \tag{2.4.74}$$

用 $\{\phi\}_j$ 的转置矩阵 $\{\phi\}_j^{\mathrm{T}}$ 前乘以式两边，得到

$$K_j^* = \omega_j^2M_j^*$$

经整理，得

$$\ddot{q}_j + 2\xi_j\omega_j\dot{q}_j + \omega_j{}^2q_j = \frac{P_j^*(t)}{M_j^*} \tag{2.4.75}$$

式（2.4.75）是关于正则坐标 q_j 的独立的微分方程。

综上所述，求解位移向量 $\{Y\}$ 时，先分别求解各级振型位移向量 $\{y\}_j$，也就是先求出各

振型的正则坐标 q_j，然后按照式（2.4.54）叠加各质点位移向量得到 $\{Y\}$。该方法就叫作振型分解法，也叫振型叠加法。

3）正则坐标微分方程的解

正则坐标微分方程

$$\ddot{q}_j + 2\xi_j\omega_j\dot{q}_j + \omega_j{}^2 q_j = \frac{P_j^*(t)}{M_j^*}$$

的通解可由式（2.3.75）得出

$$q_j = \mathrm{e}^{-\xi_j\omega_j t}\left(q_j^0\cos\omega_j' t + \frac{\dot{q}_j^0 + \xi_i\omega_j q_j^0}{\omega_j}\sin\omega_j' t\right) + \frac{1}{M_j^*\omega_j'}\int_0^t P_j^*(r)\mathrm{e}^{-\xi_j\omega_j(t-\tau)}\sin\omega_j'(t-\tau)\mathrm{d}\tau \tag{2.4.76}$$

式中
$$\omega' = \sqrt{1-\xi_j^2}\,\omega_j \tag{2.4.77}$$

式（2.4.76）右端第一项、第二项表示对初始条件的振型反应，即振型的自由振动反应；右端第三项表示对干扰荷载的振型反应，即振型的强迫振动反应；式中的 q_j^0 和 $\dot{q}_j^0$ 称为正则坐标 q_j 的初位移和初速度，它们可通过运动体系的初始条件，即 $t=0$ 时刻几何坐标的初位移向量 $\{Y^0\}$ 和初速度向量 $\dot{Y}^0$ 求出。由式（2.4.57）得

$$\{Y^0\} = [\phi]\{q^0\} \tag{2.4.78a}$$

式（2.4.78a）中，初位移向量 $\{Y^0\}$ 是给定的，而振型矩阵 $[\phi]$ 是非奇异矩阵，可通过下式求得 $\{q^0\}$：

$$\{q^0\} = [\phi]^{-1}\{Y^0\} \tag{2.4.78b}$$

进一步整理得

$$\{\phi\}_j^{\mathrm{T}}[M]\{Y^0\} = \{\phi\}_j^{\mathrm{T}}[M][\phi]\{q^0\} \tag{2.4.78c}$$

又有

$$\{\phi\}_j^{\mathrm{T}}[M]\{\phi\}_i = \begin{cases} 0 & (i \neq j) \\ M_j^* & (i = j) \end{cases} \tag{2.4.78d}$$

将式（2.4.78d）代入式（2.4.78c），得到

$$q_j^0 = \frac{\{\phi\}_j^{\mathrm{T}}[M]\{Y^0\}}{M_j^*} \tag{2.4.79a}$$

同理可得

$$\dot{q}_j^0 = \frac{\{\phi\}_j^{\mathrm{T}}[M]\{\dot{Y}^0\}}{M_j^*} \tag{2.4.79b}$$

4）几何坐标的位移反应

将求得的各正则坐标 q_1、q_2、…、q_n 代入式（2.4.57），就得到原坐标体系中的各个几何位移为

$$\{Y\} = [\phi]\{q\} = \{\phi_1\}q_1 + \{\phi_2\}q_2 + \cdots + \{\phi\}_n q_n \tag{2.4.80}$$

从式（2.4.80）可以看出，实际的几何位移向量 $\{Y\}$ 是各个振型贡献的叠加。应该指出对于大多数的荷载，各个振型所起的作用是不同的，频率越低的振型贡献越大，高振型则趋向减小。因而在叠加过程中，通常不需要包含所有的高振型。当得到的反应达到某种精度要求时，即可舍去其余的各项。

5）阻尼正交性条件和阻尼参数的确定

正则坐标方程（2.4.75）的推导，是将原几何坐标变换为正则坐标并利用第一、第二正交性条件，此外，还假设不同振型对阻尼矩阵的正交性，即式（2.4.66）成立，因而便得到 n 个各含一个未知正则坐标的独立微分方程。显然，若没有关于阻尼矩阵的正交性假设，则动力平衡的基本方程组仍是联立的而不能得到简化。因为用振型阻尼比的概念确定阻尼影响，比求阻尼矩阵 $[C]$ 的各个系数方便和合理。如下讨论如何使式（2.4.72）定义的振型阻尼比 ζ_j 更合理地反映实际结构的阻尼因素。

通过分析和计算比较，目前通常采用瑞雷阻尼假设：

$$[C] = a[M] + b[K] \tag{2.4.81}$$

式中：a、b 为两个待定常数。

上式表示，阻尼矩阵是质量矩阵和刚度矩阵的线性组合。由振型向量对质量矩阵和刚度矩阵的正交性条件，可知式（2.4.66）要求的阻尼正交性条件也满足。为了较好地反映实际体系的阻尼特性，常根据对阻尼的实测资料来确定待定系数 a 和 b，而通过 a 和 b 求得各个振型阻尼比 ζ_j $(j=1,2,\cdots,n)$ 的值。ζ_j 与常数 a 和 b 的关系推导如下：

由式（2.4.72）定义的振型阻尼比为

$$\zeta_{\ j}=\frac{c^*}{2\omega_j M_j^*}=\frac{\{\phi\}[C]\{\phi\}_j}{2\omega M_j^*} \tag{2.4.82}$$

将式（2.4.81）代入式（2.4.82），并注意到式（2.4.70）和式（2.4.71）及 $K_j^*=\omega_j^2 M_j^*$，可得

$$\zeta_j=\frac{1}{2}\left(\frac{a}{\omega_j}+b\omega_j\right) \tag{2.4.83}$$

为了确定体系的 a 和 b，首先使实际运动体系按某个振型（通常选择第一、二两个振型）分别作自由振动和强迫振动，采用单自由度体系确定阻尼比的试验方法，得到响应振型的阻尼值（ζ_1 和 ζ_2）；也可由同一类型结构关于阻尼比的资料，参照选定。然后将两个实测值 ζ_1 和 ζ_2，以及响应频率 ω_1 和 ω_2 的值，分别代入式（2.4.84），联立求解得

$$\left.\begin{aligned} a&=\frac{2\omega_1\omega_2(\zeta_1\omega_2-\zeta_2\omega_1)}{\omega_2^2-\omega_1^2}\\ b&=\frac{2(\zeta_2\omega_2-\xi_1\omega_1)}{\omega_2^2-\omega_1^2}\end{aligned}\right\} \tag{2.4.84}$$

6）用振型分解法计算动力反应的步骤

综上所述，可将振型分解法计算动力反应的步骤归纳如下：

（1）根据计算简图计算各刚度影响系数，形成刚度矩阵和质量矩阵。利用频率方程

$$\left|[K]-\omega^2[M]\right|=0 \tag{2.4.85}$$

计算频率。

（2）根据所得各 ω_1，由式（2.4.39）计算各规准化振型向量 $\{\phi\}_j$（$j=1,2,\cdots,n$），再按式（2.4.39）形成的矩阵 $[\phi]$ 代入变换关系式

$$\{Y\}=[\phi]\{q\} \tag{2.4.86}$$

（3）根据下式计算广义质量和广义荷载：

$$\left.\begin{aligned} M_j^*&=\{\phi\}_j^{\mathrm{T}}[M]\{\phi\}\\ P_j^*(t)&=\{\phi\}\{P(t)\}\end{aligned}\right\}\quad(\ j=1,2,\cdots,n\ ) \tag{2.4.87}$$

（4）根据频率 ω_1、ω_2，并选定对应两个振型的阻尼比 ζ_1、ζ_2，按式

$$\left.\begin{aligned} a &= \frac{2\omega_1\omega_2(\zeta_1\omega_2 - \zeta_2\omega_1)}{\omega_2^2 - \omega_1^2} \\ b &= \frac{2(\zeta_2\omega_2 - \xi_1\omega_1)}{\omega_2^2 - \omega_1^2} \end{aligned}\right\} \tag{2.4.88}$$

确定常数 a 、 b 后，再利用式

$$\zeta_j = \frac{1}{2}\left(\frac{a}{\omega_j} + b\omega_j\right) \tag{2.4.89}$$

计算其他振型的阻尼比。

（5）建立正则坐标微分方程

$$\ddot{q}_j + 2\zeta_j\omega_j\dot{q}_j + \omega_j^2 q_j = \frac{P_j^*(t)}{M_j^*}\ (j = 1,2,\cdots,n) \tag{2.4.90}$$

并按式（2.4.76）写出方程的解。

（6）初始条件下初速度和初位移不等于零时，根据下式

$$\left.\begin{aligned} q_j^0 &= \frac{\{\phi\}_j^{\mathrm{T}}[M]\{Y^0\}}{M_j^*} \\ \dot{q}_j^0 &= \frac{\{\phi\}_j^{\mathrm{T}}[M]\{\dot{Y}^0\}}{M_j^*} \end{aligned}\right\} \tag{2.4.91}$$

计算正则坐标的初位移和初速度。

（7）解得各正则坐标后，应用坐标关系式（2.4.54a）计算位移

$$\left.\begin{gathered} y_1(t) = \phi_1(1)q_1 + \phi_2(1)q_2 + \phi_3(1)q_3 + \cdots \\ y_1(t) = \phi_1(2)q_1 + \phi_2(2)q_2 + \phi_3(2)q_3 + \cdots \\ \cdots\cdots \\ y_i(t) = \phi_1(i)q_i + \phi_2(i) + \phi_3(i)q_3 + \cdots \\ \cdots\cdots \end{gathered}\right\} \tag{2.4.92}$$

（8）求出位移后，可再计算动内力反应。

第 3 章

PART THREE

振动试验分析

在诸多实际工程中，许多从事试验研究的技术人员较少尝试使用所学的数学工具来进行问题分析，对遇到的结构振动问题，多是利用既有分析软件进行处理，头脑中往往缺乏对振动过程机理的深入理解，进而时常感到手足无措。本章内容的编写目的是希望其成为工程技术人员建立振动问题和数学工具之间联系的桥梁，从试验的角度，以数学的方法讨论实际遇到的振动问题，主要包括诸如振动的描述与测量、信号的分类与处理、频谱分析、随机振动分析、频响分析及模态分析等方面的内容。

3.1 振动的描述与测量

3.1.1 简谐振动原理

在静态测试中，被测量的无论是位移、应变或应力，它们都只是位置的函数。在动态测量中，位移、速度或加速度，既是位置的函数，又是时间的函数。进行振动测量时，总是要从个别点的测量开始，对于一个固定点来说，振动量仅是时间的函数。

简谐振动是最基本的振动，在简谐振动中，x 和 t 的关系可表示为

$$x = X_{\mathrm{m}} \sin \omega t \tag{3.1.1}$$

余弦函数也是一种简谐振动，当遇到该类情况时，则可将其写成正弦函数的表达式。

$$\cos \omega t = \sin\left(\omega t + \frac{\pi}{2}\right) \tag{3.1.2}$$

1. 简谐振动的矢量表示法

为使问题讨论方便，在此用一个旋转矢量来代表简谐振动。如某简谐振动为

$$x = X_{\mathrm{m}} \sin(\omega t + \alpha) \tag{3.1.3}$$

可用图 3.1.1 所示的旋转矢量 x 来表示，即

$$x = X_{\mathrm{m}} \angle(\omega t + \alpha) \tag{3.1.4}$$

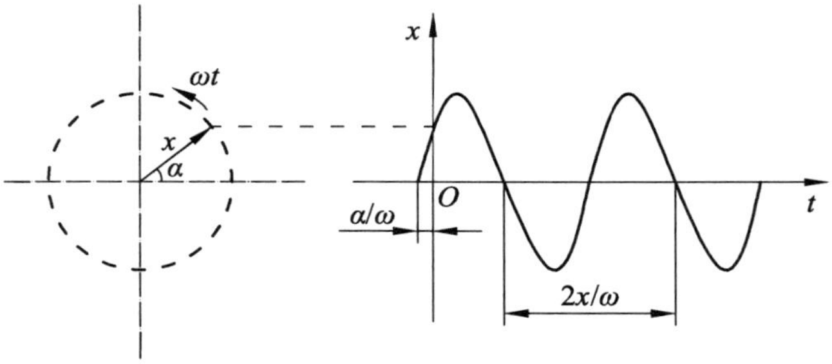

图 3.1.1　简谐振动的旋转矢量表示法

此意味着：以 α 为初始角，而以 ω 为角速度逆时针旋转，大小为 X_{m} 的矢量在纵轴上的投影为一正弦函数。对于余弦函数，一般都将其作正弦函数变化，然后再用矢量表示。

2. 简谐振动的复数表示法

在复平面内，一个复数 $\overline{x}$，可看成复平面的一个矢量，即

$$\overline{x}=X_{\mathrm{m}}(\cos\theta+\mathrm{j}\sin\theta)=X_{\mathrm{m}}\mathrm{e}^{\mathrm{j}\theta} \tag{3.1.5}$$

若 $\theta=\omega t+\alpha$，则式（3.1.5）变为

$$\overline{x}=X_{\mathrm{m}}[\cos(\omega t+\alpha)+\mathrm{j}\sin(\omega t+\alpha)]=X_{\mathrm{m}}\mathrm{e}^{\mathrm{j}\alpha}\mathrm{e}^{\mathrm{j}\omega t} \tag{3.1.6}$$

可见，上述复数旋转矢量的虚部为正弦分量。于是，简谐振动为

$$x=X_{\mathrm{m}}\sin(\omega t+\alpha)=I_{\mathrm{m}}(\overline{x}) \tag{3.1.7}$$

可用复数

$$\overline{x}=X_{\mathrm{m}}\mathrm{e}^{\mathrm{j}\alpha}\mathrm{e}^{\mathrm{j}\omega t} \tag{3.1.8}$$

来表达，如图 3.1.2 所示。它的意义是：复数 $\overline{x}$ 的虚部分量即为所取的简谐振动函数。

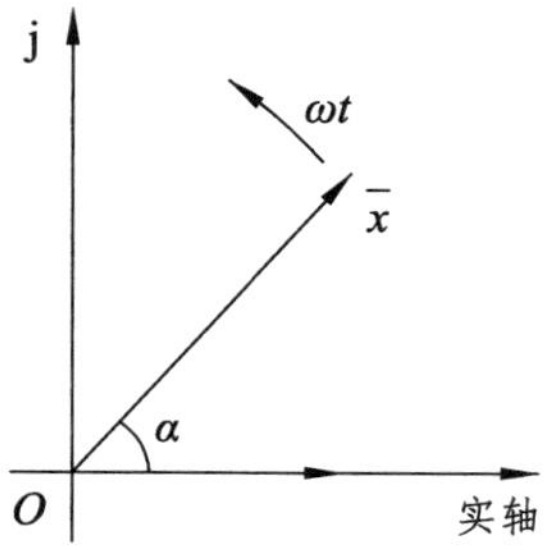

图 3.1.2　简谐振动的复数表示法

3. 简谐振动时间波形的参量

简谐振动为

$$x = X_{\mathrm{m}} \sin(\omega t + \alpha) \tag{3.1.9}$$

它的时间波形取决于 3 个参数，振幅 X_{m}、角速度 ω 以及初相角 α。若式（3.1.9）表示位移波形，那么速度和加速度波形分别为

$$\begin{aligned} v = \dot{x} &= \omega X_{\mathrm{m}} \cos(\omega t + \alpha) = \omega X_{\mathrm{m}} \sin\left(\omega t + \alpha + \frac{\pi}{2}\right) \\ &= V_{\mathrm{m}} \sin\left(\omega t + \alpha + \frac{\pi}{2}\right) = V_{\mathrm{m}} \sin(\omega t + \alpha') \end{aligned} \tag{3.1.10}$$

$$\begin{aligned} a = \dot{v} &= -\omega^2 X_{\mathrm{m}} \sin(\omega t + \alpha) = \omega^2 X_{\mathrm{m}} \sin(\omega t + \alpha + \pi) \\ &= A_{\mathrm{m}} \sin(\omega t + \alpha + \pi) = A_{\mathrm{m}} \sin(\omega t + \alpha'') \end{aligned} \tag{3.1.11}$$

因此，简谐振动的位移、速度、加速度的幅值之间的关系为

$$A_{\mathrm{m}} = \omega V_{\mathrm{m}} = \omega^2 X_{\mathrm{m}} \tag{3.1.12}$$

或

$$V_{\mathrm{m}} = \frac{A_{\mathrm{m}}}{\omega} = \omega X_{\mathrm{m}} \tag{3.1.13}$$

在振动测量中，位移幅值用毫米（mm）表示，速度的单位则用毫米/秒（mm/s）表示，加速度幅值用毫米/秒 ^{2}（$\mathrm{mm/s^2}$）表示。在实际工程中，加速度往往是用 g 来表示，g 是重力加速度，一般认为

$$1\,g = 9\,800\ \mathrm{mm/s^2} \tag{3.1.14}$$

角速度 ω 又称为圆频率，它的单位是弧度/秒（rad/s），它和周期之间的关系为

$$\omega = 2\pi \frac{1}{T} = 2\pi f \tag{3.1.15}$$

式中：f 为振动频率，它的单位是秒 $^{-1}$（$\mathrm{s^{-1}}$），是周期的倒数，即 $f = \dfrac{1}{T}$，周期 T 的单位为秒（s）。$\omega t + \alpha$ 称为初相位，相位和初相位的单位都是弧度（rad）。

4. 位移、速度和加速度之间的相位关系

简谐振动的位移、速度和加速度的函数表达式为

$$\left.\begin{aligned} x &= X_{\mathrm{m}} \sin(\omega t + \alpha_x) \\ v &= V_{\mathrm{m}} \sin(\omega t + \alpha_v) \\ a &= A_{\mathrm{m}} \sin(\omega t + \alpha_a) \end{aligned}\right\} \tag{3.1.16}$$

式中：$\omega X_{\mathrm{m}}=V_{\mathrm{m}}=A_{\mathrm{m}}/\omega$，相位角之间的关系为

$$\alpha_0=\alpha_v+\frac{\pi}{2}=\alpha_x+\pi \tag{3.1.17}$$

或

$$\alpha_0-\frac{\pi}{2}=\alpha_v=\alpha_x+\frac{\pi}{2} \tag{3.1.18}$$

式（3.1.16）用矢量表示时，则为

$$\left.\begin{aligned}x&=X_{\mathrm{m}}\angle(\omega t+\alpha_x)\\ v&=V_{\mathrm{m}}\angle(\omega t+\alpha_v)=V_{\mathrm{m}}\angle\left(\omega t+\alpha_x+\frac{\pi}{2}\right)\\ a&=A_{\mathrm{m}}\angle(\omega t+\alpha_a)=A_{\mathrm{m}}\angle(\omega t+\alpha_x+\pi)\end{aligned}\right\} \tag{3.1.19}$$

用复数表示时，分别为

$$\left.\begin{aligned}\bar{x}&=X_{\mathrm{m}}\mathrm{e}^{\mathrm{j}\alpha_x}\mathrm{e}^{\mathrm{j}\omega t}\\ \bar{v}&=V_{\mathrm{m}}\mathrm{e}^{\mathrm{j}\alpha_x}\mathrm{e}^{\mathrm{j}\omega t}=\mathrm{j}\omega\bar{x}=\omega X_{\mathrm{m}}\mathrm{e}^{\mathrm{j}\omega t}\mathrm{e}^{\mathrm{j}\left(\alpha_x+\frac{\pi}{2}\right)}\\ \bar{a}&=A_{\mathrm{m}}\mathrm{e}^{\mathrm{j}\alpha_a}\mathrm{e}^{\mathrm{j}\omega t}=(\mathrm{j}\omega)^2\bar{x}=\omega^2X_{\mathrm{m}}\mathrm{e}^{\mathrm{j}\omega t}\mathrm{e}^{\mathrm{j}(\alpha_x+\pi)}\end{aligned}\right\} \tag{3.1.20}$$

根据式（3.1.19）和式（3.1.20），用矢量和复数形式表示的相位关系如图 3.1.3 所示。

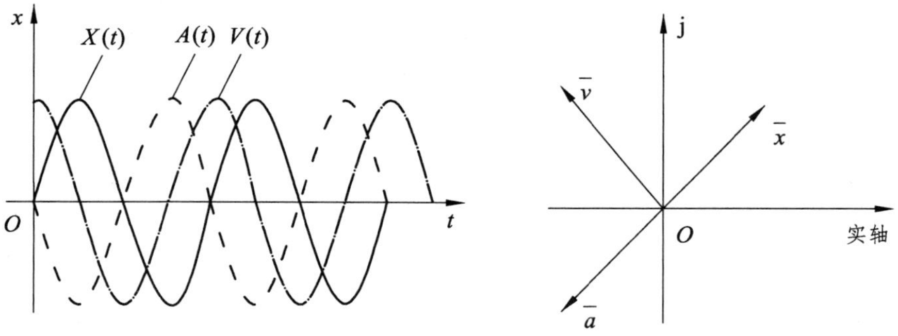

（a）矢量图示法　　（b）复数图示法

图 3.1.3　位移、速度、加速度之间相位关系示意图

5. 周期振动的峰值、有效值和平均值

在工程振动实践中，常用峰值、有效值和平均值来度量振动量的大小。

1）峰值

峰值是指波形上与零线的最大偏离值。可用 X_{peak} 或 X_{p} 来表示。对于正弦振动，

$X_p = X_m$。X_m 为正弦振动的振幅，也就是它的峰值。在稳态周期振动中，峰值是反复周期出现的，并且是恒定的。

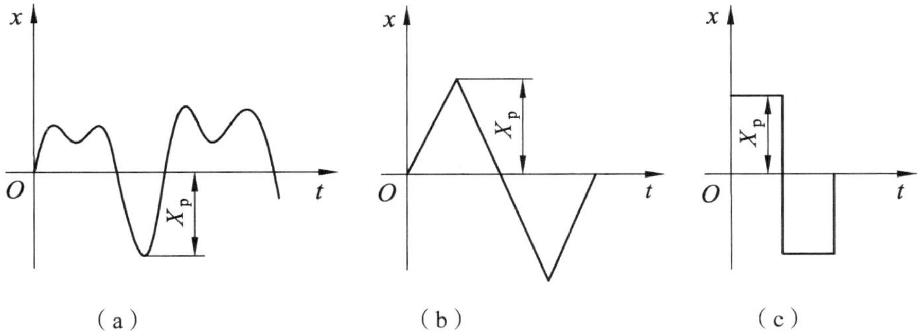

图 3.1.4　三种周期振动的峰值

图 3.1.4 表示三种周期振动，并具有相同的峰值。由图可见，峰值相同的波，其波形却可能差别很大。峰值在实际应用中有其自己的价值，如结构的强度性破坏，受空间限制的零部件的振动都直接与峰值有关。运用峰值来描述周期振动的缺点在于它仅考虑了一个周期中的最大瞬时值，而忽略了所测振动的时间历程。

2）有效值

为了弥补峰值相同，但振动的波形、性质和效果不一致的不足，动力学试验中引入了“有效值”和“平均值”。

对某一周期振动，$x = x(t) = x(t+T)$，则其有效值则为

$$X_{\mathrm{rms}} = \sqrt{\frac{1}{T}\int_0^T x^2(t)\mathrm{d}t} \tag{3.1.21}$$

简谐振动，$x = X_m \sin(\omega t + \alpha)$，它的有效值为

$$X_{\mathrm{rms}} = \sqrt{\frac{1}{T}\int_0^T X_m^2 \sin^2(\omega t + \alpha)\mathrm{d}t} = X_m / \sqrt{2} \tag{3.1.22}$$

用有效值来衡量振动量的大小是一种比较好的方法，它涉及了振动随时间变化的过程，不像峰值那样根本不涉及整个时间波形；更重要的是，有效值作为振动的一种度量，它直接与振动能量有关。例如，位移有效值直接与位能有关，速度的有效值则与动能有关。

3）平均绝对值

对于某周期函数，$x = x(t+T)$，其平均绝对值为

$$X_{av} = \frac{1}{T}\int_0^T |x| \mathrm{d}t \tag{3.1.23}$$

对于简谐振动，$x = X_m \sin(\omega t + \alpha)$，它的平均绝对值为

$$X_{av} = \frac{1}{T}\int_0^{\frac{T}{2}} |X_m \sin(\omega t + \alpha)| \mathrm{d}t = \frac{2}{T}\int_0^{\frac{T}{2}} X_m \sin\omega t \mathrm{d}t = \frac{2}{\pi} X_m \tag{3.1.24}$$

工程应用上将平均绝对值简称为平均值，平均值显然也涉及了波形变化的过程。

上述不难看出，峰值、均值和有效值三者之间的关系为

$$X_{rms} = \frac{\pi}{2\sqrt{2}} X_{av} = \frac{1}{\sqrt{2}} X_p \tag{3.1.25}$$

3.1.2 振动测试设备

1. 激振设备

振动试验常用的激振设备有两种：一种是适用于现场试验的机械式激振器，另一种是适用于模型试验的电动式测振器。

1）机械式测振器

机械式测振器的机械部分一般是根据偏心质量块绕定轴旋转产生离心力的原理制作的。偏心质量可以调整，旋转时能在主轴 y 方向上产生合力，次轴 x 方向则相互抵消，其出力的大小为

$$F = 2mR\omega^2 \sin\omega t \tag{3.1.26}$$

最大值为

$$F = 2mR\omega^2 \tag{3.1.27}$$

式中：m——偏心质量；

R——质量块重心到轴心的距离；

ω——偏心块旋转之加速度。

激振器的主要技术指标是出力的大小和激振频率的范围，出力随着质量的加大或频率的上升而增加。这类激振器有两种形式：一种是质量不变，出力随频率的变化而变化，此类激振器构造简单，电路控制方便，但在低频时出力偏小，使用范围有限；另一种是当激振频率改变时，随时调整质量的大小，使出力保持为常数，这种激振器的出力和频率范围主要受制于电路控制设备。机械式激振器的体积和质量均偏大，实际使用时运输和安装都有一定的工作量。

2）电磁式激振系统

电磁式激振系统是利用电磁换能原理产生机械振动的装置，主要由信号发生器、功率放大器和电磁激振器三部分组成。信号发生器的任务是产生一种符合使用要求的电信号（如正弦信号、随机信号等）。功率放大器的作用是把信号发生器产生的控制信号放大并推动电磁激振器工作。电磁激振器则是将电信号转换成相应的机械振动信号的设备。电磁式激振器由于激振力频率决定于电流的频率，因而能获得较宽的频响范围，但其出力都比较小，常用于桥梁模型的振动试验。

3）力锤激振设备

在进行现场试验时，往往为得到某一结构的动态指标，要对控制节点处进行激振，利用力锤和布置于构件上的传感设备，分析试验数据算出结构模态和振型。

4）活载激振

现场试验的激振多通过移动荷载和试验荷载完成。由于机车车辆通过引起结构的振动响应是最能够真实反映桥梁工作状态的，因此，对随机列车通过桥梁时激振的效果收集则是日常检测工作中的一个重要途径。

2. 拾振器

拾振器（测振传感器）具有把振动物理量（振动加速度、速度等）转换成电量的功能，它的性能好坏直接关系到是否能够真实反映原振动参数，所以在整个测试系统中占有非常重要的地位。大家习惯上将能够把振动位移、速度和加速度转换为电参量的拾振器分别称为位移计、速度计和加速度计。

1）惯性式拾振器

惯性式拾振器是利用弹簧质量系统的强迫振动特性来进行振动测量的。这种拾振器直接固定在被测物体上，它不需要相对固定点，测量所得结果直接以固结于地球上的惯性系统坐标为参考坐标。它是一种绝对式的拾振仪器，其力学原理如图 3.1.5 所示。

设振动物体的位移为 $y = y(t)$，并假定由它引起仪器质量块相对于仪器外壳的位移为 $x(t)$（以其净平衡位置为 0 点），那么，质量块 m 的绝对位移 z 就是

$$z = x + y \tag{3.1.28}$$

假定该系统具有一定的阻尼，根据力学模型，取质量块 m 为分离体，由牛顿第二定律，应有

$$-\left(kx + c\dot{x}\right) = ma \tag{3.1.29}$$

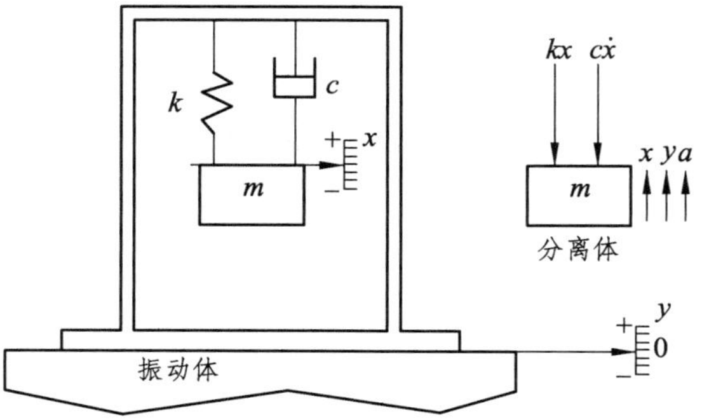

图 3.1.5 惯性式拾振器力学原理图

式（3.1.29）中 a 是质量块的加速度，即

$$a=\ddot{z}=\ddot{x}+\ddot{y} \tag{3.1.30}$$

于是可得到质量块的运动方程为

$$m(\ddot{x}+\ddot{y})+kx+c\dot{x}=0 \tag{3.1.31}$$

式（3.1.31）表明，质量块 m 相对于仪器外壳的位移与振动体的绝对位移 y 之间存在一定的关系，对式（3.1.31）进行求解，就可根据 x 推算出 y。

假定振动物体作简谐振动

$$y=Y_{\mathrm{m}}\sin\omega t \tag{3.1.32}$$

代入方程（3.3.31）得

$$m\ddot{x}+c\dot{x}+kx=m\omega^2 Y_{\mathrm{m}}\sin\omega t \tag{3.1.33}$$

$$\ddot{x}+\frac{c}{m}\dot{x}+\frac{k}{m}x=\omega^2 Y_{\mathrm{m}}\sin\omega t \tag{3.1.34}$$

令 $\Omega^2=\dfrac{k}{m}$，$2n=\dfrac{c}{m}$，得到

$$\ddot{x}+2n\dot{x}+\Omega^2 x=\omega^2 Y_{\mathrm{m}}\sin\omega t \tag{3.1.35}$$

式（3.1.35）的解可分为两部分：一部分是齐次方程的解，代表拾振器系统的自由振动，由于系统存在阻尼，这部分振动经一定时间后便衰减掉了。另一部分为特解，代表强迫振动，它实际上是 y 所引起的拾振器系统的响应。这一部分解可表示为

$$x=X_{\mathrm{m}}\sin(\omega t-\alpha) \tag{3.1.36}$$

式中
$$X_{\mathrm{m}}=\frac{Y_{\mathrm{m}}(\omega^2/\Omega^2)}{\sqrt{(1-\omega^2/\Omega^2)^2+4n^2\omega^2/\Omega^4}}=\frac{Y_{\mathrm{m}}(\omega^2/\Omega^2)}{\sqrt{(1-\omega^2/\Omega^2)^2+(2\xi\omega/\Omega)^2}} \quad (3.1.37)$$

$$\alpha=\arctan\frac{2n\omega}{\Omega^2-\omega^2}=\arctan\frac{2\xi(\omega/\Omega)}{1-(\omega/\Omega)^2} \quad (3.1.38)$$

在式（3.1.37）及式（3.1.38）中，ξ 为相对阻尼系统数，即

$$\xi=\frac{n}{\Omega}=\frac{c}{2\sqrt{mk}}=\frac{c}{c_{\mathrm{c}}} \quad (3.1.39)$$

式（3.1.39）表明了仪器的质量块相对于仪器外壳的振幅 X_{m} 与振动体的振幅 Y_{m} 之间的关系。

2）动圈型磁电式速度拾振器

对于中频小位移情况，广泛采用的是速度拾振器，其结构特点和位移计的要求完全一样。图 3.1.6 为一速度拾振器的结构图，封闭的外壳里面由两个弹簧片支撑着一个芯杆，芯杆上装有线圈和阻尼杯，组成一个有阻尼的质量弹簧系统。为了使仪器工作在位移计状态，其可动部件（包括芯杆、线圈及阻尼杯）的质量应足够大，支承弹簧的刚度也应足够大，从而使传感器具有足够低的固有频率。

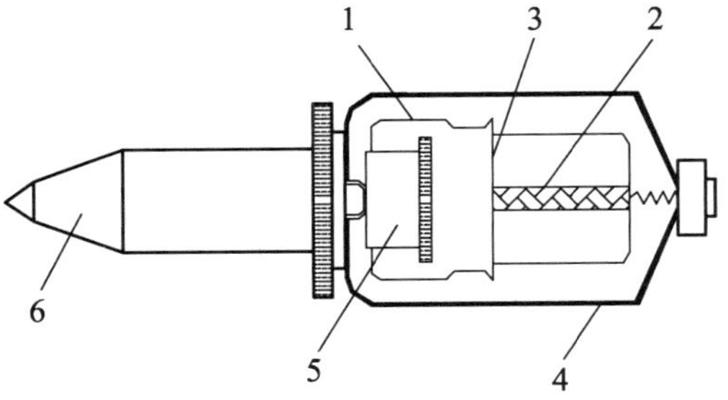

1—线圈及阻尼环；2—芯杆；3—弹簧片；4—外壳；5—磁钢；6—顶杆。

图 3.1.6　速度拾振器结构图

传感器的工作原理是将它和被测物体固结在一起，使传感器的轴线与测振方向一致，振动体的振动引起芯杆、线圈和阻尼杯运动。由于线圈放在磁场中间，运动的线圈切割磁力线，使线圈中产生电动势。根据电磁学原理，这一电动势的大小为

$$e=Blv\times10^{-8}\ (\mathrm{V}) \quad (3.1.39)$$

式中：B 为磁通密度（T）；l 为切割磁力线的线圈导线总长度（cm）；v 为线圈在垂直于磁力

线方向的运动速度（cm/s）。速度 v 实际上就是芯杆、线圈以及阻尼杯所组成的质量部件相对传感器外壳的运动速度 $\dot{x}$，因此式（3.1.39）可以写成

$$e = Bl\dot{x}\times10^{-8}\ \text{(V)} \tag{3.1.40}$$

由于该传感器在位移计条件下应用，其质量部件相对于外壳（亦相对于磁场）的位移为

$$x = X_{\mathrm{m}}\sin(\omega t-\alpha) = Y_{\mathrm{m}}\sin(\omega t-\alpha) \tag{3.1.41}$$

这时假定振动体的振动为

$$y = Y_{\mathrm{m}}\sin\omega t \tag{3.1.42}$$

$$\dot{y} = -\omega Y_{\mathrm{m}}\cos\omega t \tag{3.1.43}$$

得到

$$e = Bl\times10^{-4}[-\omega Y_{\mathrm{m}}\cos(\omega t-\alpha)] = -E_{\mathrm{m}}\cos(\omega t-\alpha) \tag{3.1.44}$$

阻尼杯一般用紫铜或铝制成，既作为线圈的支架，又利用它在磁场运动时感生涡流，起阻尼器的作用。阻尼杯的设计应使其可提供 $\xi=0.7$ 的阻尼效果，以利于扩展速度拾振器的使用频率范围。上述类型的磁带式速度拾振器的使用频率范围在十几赫兹到数百赫兹，使用频率的上限除受到阻尼杯的互感作用对灵敏度的影响之外，还受到所谓“安装共振频率”的限制。传感器被固定到被测物体上，在各种连接措施下，无论怎样固定，两者的机械接触部分总具有弹性，而拾振器整体的质量又较大，这样便形成了“弹簧-质量”系统的固有频率会直接构成对传感器的高频使用频率的限制。

3）压电式拾振器

压电式拾振器是一种加速度计。它的原理是利用某些晶体（如石英）的压电效应，将机械能转换成电能。当被测物体的频率远低于拾振器的固有频率时，惯性质量块相对于基座的振幅，近似地与被测物的振动加速度峰值成正比。此时压电材料受到压力作用，致使加速度计产生与被测物体加速度成正比的电荷。压电式传感器可以做得体积很小、质量很轻，它的突出优点是构造简单、频响范围宽。在进行铁路桥梁现场试验时，该类拾振器是用途最广的一种，可利用其来测定工程结构的位移、速度和加速度等。

4）伺服式拾振器

伺服式拾振器是一种高灵敏度的加速度计，它的基本原理是一个受感振质量激励的机电反馈系统。当加速度计受到沿灵敏轴方向输入的加速度时，感振质量就有运动趋势，定位探测器把它转换成电信号，由此引起伺服放大器的输出电流变化，由电流反馈到位于永久磁场中的恢复线圈，使线圈产生出与感振质量经受的初始惯性力大小相等、方向相反的

恢复力，故此伺服式拾振器又叫力平衡式加速度计。整个伺服电路的作用就类似一个刚硬的机械弹簧，因原始加速度是用正比于恢复力的恢复电流来度量的，所以在输出端以一个电阻两端的电压来测量加速度。它的优点是超低频响应性好，缺点是需要供给一个直流电源，使用时不方便、价格偏高。

3. 信号放大器

信号放大器的种类很多，它们之间的输入和输出特性、频响特性等往往都是根据所选配的拾振器而定的，如：磁电式位移计通常要求匹配带有微积分电路的电压放大器，以便求得速度、加速度等力学量；压电式加速度计因为它的输出阻抗相当高，一般配电荷放大器。所有信号放大器都是从电学原理出发，达到使拾振器传来的信号真实放大的目的，并且输出又能适应下一级仪器的使用要求。

4. 滤波器

在桥梁现场测试系统中，拾振器拾取的信号一般会有比较宽的频带，有时也会含有许多与测量无关的信号（噪声）成分。采取对原始输入信号滤波的方式是解决这类问题的有效手段之一，而滤波器就是实现电信号滤波的装置。

滤波器可以使信号中有用的成分通过，滤去不需要的成分。根据它的选频特点，滤波器有低通（通带 $0\sim f_c$）、高通（通带 $f_c\sim\infty$）、带通（通带 $f_{c1}\sim f_{c2}$）、带阻（通带 $0\sim f_{c1}$、$f_{c2}\sim\infty$）4 种。铁路桥梁振动检测中最常用的是低通滤波器，有时也用带通滤波器。

3.1.3　振动特性测量

在振动研究中，能够直接测量的主要是运动量，即振动位移、速度和加速度。在正常工作条件下，这些参数可直接影响到结构的强度、寿命；在特殊情况下，这些运动量信息可能隐含着结构的故障或损伤。

一般说来，低频振动往往伴随着大的位移，直接选用位移计就可进行较为精确的测量；而高频振动尽管位移较小，但加速度较大，因此选用加速度计较为合理。速度有效值的测量经常用来评判振动的“烈度”，其原因是振动速度直接与振动能量有关，常常被用来衡量振动的破坏性。对于几何相似的结构，以同样的模式振动时，相同量级的速度水平即意味着相同的应力状态。

1. 振动系统固有频率的测量

固有频率是振动系统的一种重要特性参数，如第 2 章内容所述，以一个单自由度系统

为例，当它具有弱阻尼时，它的自由振动微分方程为

$$m\ddot{x}+c\dot{x}+kx=0 \tag{3.1.45}$$

它的解为

$$x=X\mathrm{e}^{-nt}\sin\left(\sqrt{1-\xi^2}\Omega t+\alpha\right) \tag{3.1.46}$$

式中：$n=c/2m$，$\xi=n/\Omega$，$\Omega=\sqrt{k/m}$。

X 和 α 取决于初始条件，若 $t=0$ 时，质量块的初始位移为 x_0，初始速度为 $\dot{x}_0$，则可证明：

$$\left.\begin{aligned}X&=\sqrt{x_0^2+\frac{(\dot{x}+nx_0)^2}{\Omega^2(1-\xi^2)}}\\ \alpha&=\arctan\frac{\Omega\sqrt{1-\xi^2x_0}}{\dot{x}_0+nx_0}\end{aligned}\right\} \tag{3.1.47}$$

而当 $\xi=0$ 时，式（3.1.46）化为

$$x=X\sin(\Omega t+\alpha) \tag{3.1.48}$$

此处 $\Omega=\sqrt{\dfrac{k}{m}}$，定义为单自由度系统的固有频率。

在实际工程中，振动过程总是会有能量的消耗，因此总是属于有阻尼系统。有阻尼的实际系统的振动，如果没有外界能量的补给，振动必将逐渐趋于停止。持续的振动过程发生是要以有外界能力进行补给为前提的，也是工程实践中的常态。

仍以单自由度系统为例，假设能量的补给是通过外界激振力来实现的，激振力的表达式为

$$f=F_0\sin\omega t \tag{3.1.49}$$

则系统的微分方程变为

$$m\ddot{x}+c\dot{x}+kx=F_0\sin\omega t \tag{3.1.50}$$

式（3.1.50）的稳态振动位移为

$$x=B\sin(\omega t+\varphi) \tag{3.1.51}$$

式中

$$B=\frac{F_0/m}{\sqrt{(\Omega^2-\omega^2)^2+4n^2\omega^2}} \tag{3.1.52}$$

$$\varphi=\arctan\frac{-2n\omega}{\Omega^2-\omega^2} \tag{3.1.53}$$

得到其速度和加速度的表达式分别为

$$\dot{x}=\omega B\cos(\omega t+\varphi)=\omega B\sin\left(\omega t+\varphi+\frac{\pi}{2}\right) \tag{3.1.54}$$

$$\ddot{x}=\omega^2 B\sin(\omega t+\varphi+\pi) \tag{3.1.55}$$

从上述关系可以看出，假定激振力的振幅 F_0 不变，而频率 ω 变化时，振动体的位移值幅值 B 、速度幅值 ωB 以及加速度幅值 $\omega^2 B$ 也将随之变化。如下讨论在什么条件下，上述幅值达到它们各自的最大值。

1）位移幅值的极值条件

位移幅值为

$$B=\frac{F_0/m}{\sqrt{(\varOmega^2-\omega^2)^2+(2n\omega)^2}} \tag{3.1.56}$$

可以推断，B 在它的极值时取得最大值。要求算 B 的极值，可通过求 $1/B^2$ 的极值，于是极值条件便变为

$$\frac{\mathrm{d}}{\mathrm{d}\omega}[(\varOmega^2-\omega^2)^2+(2n\omega)^2]=0 \tag{3.1.57a}$$

解式（3.1.57a）可得

$$\omega^2=\varOmega^2-2n^2$$

$$\omega=\varOmega\sqrt{1-2\left(\frac{n}{\varOmega}\right)^2}=\sqrt{1-2\xi^2}\,\varOmega \tag{3.1.57b}$$

2）速度幅值的极值条件

速度幅值为

$$\omega B=\frac{(F_0/m)\omega}{\sqrt{(\varOmega^2-\omega^2)^2+(2n\omega)^2}}=\frac{F_0/m}{\frac{1}{\omega}\sqrt{(\varOmega^2-\omega^2)^2+(2n\omega)^2}}$$

用同样的方法求得速度幅值的极值条件为

$$\omega=\varOmega \tag{3.1.58}$$

3）加速度幅值的极值条件

加速度幅值为

$$\omega^2 B = \frac{(F_0 / m)\omega^2}{\sqrt{(\Omega^2 - \omega^2)^2 + (2n\omega)^2}} = \frac{F_0 / m}{\frac{1}{\omega^2}\sqrt{(\Omega^2 - \omega^2)^2 + (2n\omega)^2}}$$

极值条件为

$$\frac{\mathrm{d}}{\mathrm{d}\omega}\left\{\frac{1}{\omega^4}[(\Omega^2 - \omega^2)^2 + (2n\omega)^2]\right\} = 0$$

由此得到

$$\frac{\Omega^2}{\omega^2} = 1 - 2\xi^2$$

$$\omega = \frac{\Omega}{\sqrt{1-2\xi^2}} \tag{3.1.59}$$

当 $2\xi^2$ 远小于 1 时，

$$\frac{1}{1-2\xi^2} \approx 1 + 2\xi^2$$

故式（3.1.59）可近似为

$$\omega = \Omega\sqrt{1+2\xi^2} \tag{3.1.60}$$

通常所说的共振，是指当激振频率达到某一特定值时，振动量的幅值达到极大值的现象。而从上述分析可知，振动的位移、速度和加速度的幅值，其各自到达极大值时的频率分别由式（3.1.57）~式（3.1.59）所确定。这三个频率各不相同，只有当 $\xi = 0$ 时，它们才互等，并且等于振动系统在无阻尼工况下的自由振动频率（即固有频率）。因此可见，在有阻尼条件下，共振频率并非完全为系统固有频率。表 3.1.1 列出了自由振动频率及各种极值频率，图 3.1.7 给出了三类参数的幅频特性曲线，表 3.1.2 列出了幅频特性曲线上的特殊点。

表 3.1.1　自由振动频率及各种极值频率

工况条件	无阻尼	有阻尼
自由振动频率	$\Omega = \sqrt{k/m}$	$\Omega\sqrt{1-\xi^2}$
位移共振频率	Ω	$\Omega\sqrt{1-\xi^2}$
速度共振频率	Ω	Ω
加速度共振频率	Ω	$\Omega/\sqrt{1-2\xi^2}$

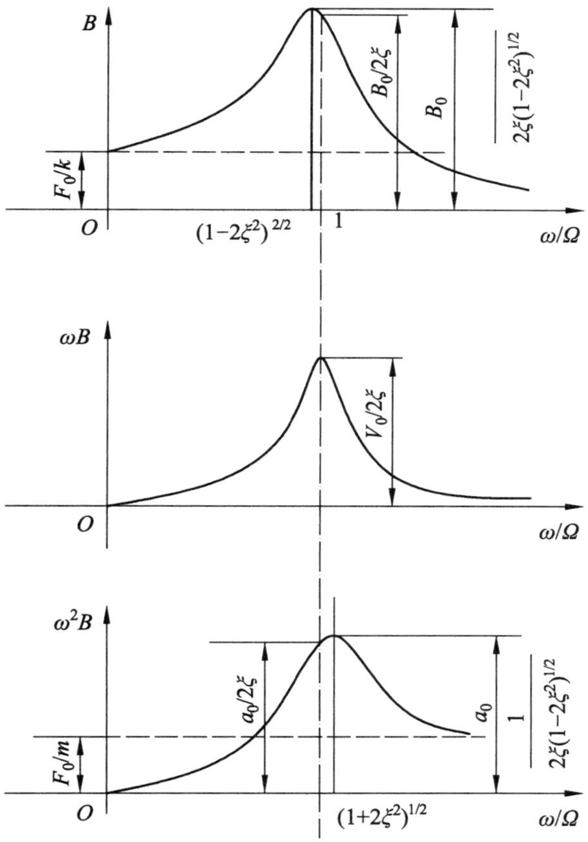

图 3.1.7　位移、速度及加速度的幅频特性曲线

表 3.1.2　幅频特性曲线上的特殊点

工况条件	$\omega=0$	$\omega=\Omega$	共振时	$\omega=\infty$
B	$\dfrac{F_0}{k}=B_0$	$\dfrac{B_0}{2\xi}$	$\dfrac{B_0}{2\xi\sqrt{1-\xi^2}}$	0
ωB	0	$\dfrac{1}{2\xi}\left(\dfrac{F_0}{k}\right)\Omega=\dfrac{V_0}{2\xi}$	$\dfrac{V_0}{2\xi}$	0
$\omega^2 B$	0	$\dfrac{1}{2\xi}\left(\dfrac{F_0}{k}\right)\Omega^2=\dfrac{a_0}{2\xi}$	$\dfrac{a_0}{2\xi\sqrt{1-\xi^2}}$	$\dfrac{F_0}{m}=a_0$

由上述图表可知，在有阻尼的条件下，三种共振频率以及有阻尼自由振动频率都接近于系统的固有频率。但是，只有速度共振频率真正与固有频率相等。

2. 衰减系数及相对阻尼系数的测量

振动系统的衰减系数是一导出量，它和阻尼有直接关系，阻尼是最基本的参数。但系统的阻尼很难通过直接测量得到，大家往往是通过衰减系数在一定假设的前提下推算阻尼。衰减系数也要通过系统振动的某些基本参量推算，亦不能通过直接测量得到。以下仍以单自由度振动体系为例，介绍几种衰减系数的测量方法。

1）自由振动衰减法

如前所述，一个有阻尼的单自由度系统，其自由振动可用下式来描述：

$$x = A\mathrm{e}^{-nt}\sin\left(\sqrt{\Omega^2-n^2}t+\alpha\right) \tag{3.1.61}$$

其振动规律如图 3.1.8 所示。此为一个逐渐衰减的振动过程，其振幅按指数规律衰减，衰减系数为 n 。

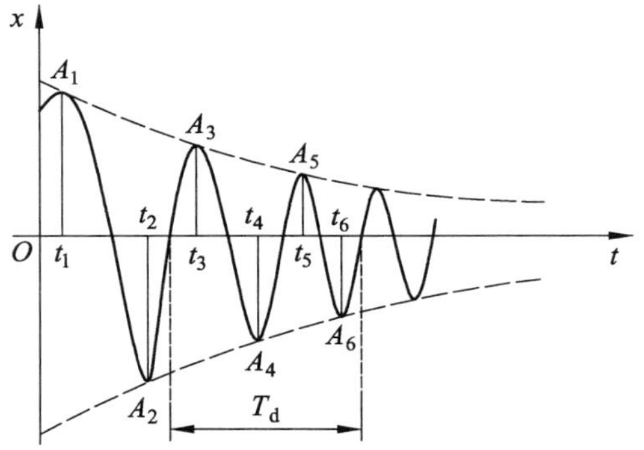

图 3.1.8 自由振动衰减曲线

与前述内容一致，依据结构动力学原理，常常用“对数衰减比”来描述其衰减性能，它的定义是两个相邻正波峰幅值比的自然对数。如图 3.1.8 所示，其对数衰减比为

$$\delta = \ln\frac{A_1}{A_3} = \ln\frac{\mathrm{e}^{-nt}\sin\left(\sqrt{\Omega^2-n^2}t_1+\alpha\right)}{\mathrm{e}^{-n(t_1+T_\mathrm{d})}\sin\left[\sqrt{\Omega^2-n^2}(t_1+T_\mathrm{d})+\alpha\right]}$$

$$= \ln\frac{\mathrm{e}^{-nt}}{\mathrm{e}^{-n(t_1+T_\mathrm{d})}} = \ln\mathrm{e}^{nT_\mathrm{d}} = nT_\mathrm{d} \tag{3.1.62a}$$

由此得到

$$n = \left(\ln\frac{A_1}{A_3}\right)\frac{1}{T_\mathrm{d}} = \frac{\delta}{T_\mathrm{d}} \tag{3.1.62b}$$

式中：$T_d = \dfrac{2\pi}{\sqrt{\Omega^2 - n^2}}$ 称为衰减振动周期。

将 T_d 的表达式代入式（3.1.62）后得到

$$\delta = \frac{2\pi n}{\sqrt{\Omega^2 - n^2}} = \frac{2\pi n}{\Omega\sqrt{1-\xi^2}} = \frac{2\pi\xi}{\sqrt{1-\xi^2}} \tag{3.1.63a}$$

当 ξ 远小于 1 时，$\sqrt{1-\xi^2} \approx 1$，因此式（3.1.63a）可变为

$$\delta = 2\pi\xi \tag{3.1.63b}$$

上述式（3.1.62）、式（3.1.63）中的 5 个参数，其中 δ 和 T_d 可以通过测量得到，而其他 3 个参数 n 、ξ 和固有频率 Ω 也可通过进一步求解得到。

自由振动衰减法通常只能用来测量第一阶固有振型的衰减系数。如果要测量高阶固有振型的衰减系数，必须确知能够激出高阶振型，并确知要测的某阶固有频率。利用带通滤波器阻断其他各阶的自由振动信号，只容待测的那一阶通过，然后可用上述方法求得待测的那阶的衰减系数，进而通过方程算出阻尼系数。

2）半功率点法

半功率点法是根据振动系统简谐振动的振幅放大因子来推算衰减系数的方式。式（3.1.52）表明了单自由度系统对于简谐力激振的响应关系，令

$$\beta\left(\frac{\omega}{\Omega}\right) = \frac{B}{B_0} = \frac{B}{F_0 / k}$$

称为系统的简谐振动振幅放大因子。

式中：$B_0 = F_0 / k$，为 $\omega = 0$ 时系统的静位移。放大因子与激振力频率 ω 的关系为

$$\beta\left(\frac{\omega}{\Omega}\right) = \frac{B}{B_0} = \frac{1}{\sqrt{[1-(\omega/\Omega)^2]^2 + (2\xi\omega/\Omega)^2}} \tag{3.1.64}$$

式（3.1.64）可表示为图 3.1.9 所示的曲线。

该曲线在 $\omega/\Omega = 1$ 处的值为 $\beta(1) = 1/2\xi$，峰值处的 $\omega/\Omega = \sqrt{1-2\xi^2}$，此处的 β 值为

$$\beta_{\text{peak}} = \frac{1}{2\xi\sqrt{1-2\xi^2}} \tag{3.1.65}$$

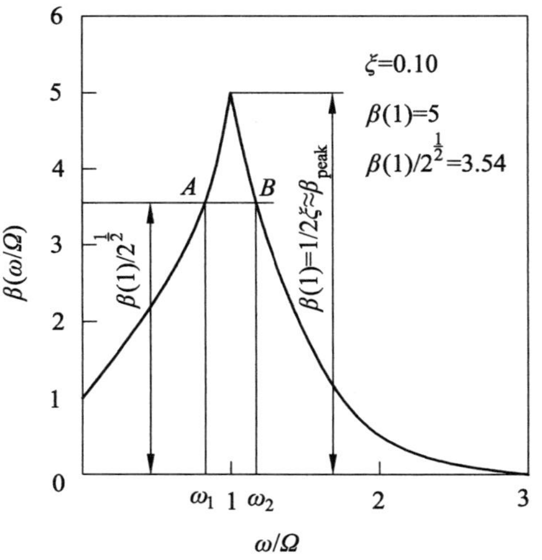

图 3.1.9 位移放大因子曲线

在该曲线图上，作一水平线，使其纵坐标为

$$\frac{1}{\sqrt{2}}\beta_{\mathrm{peak}}=\frac{1}{\sqrt{2}}\cdot\frac{1}{2\xi\sqrt{1-\xi^2}} \tag{3.1.66}$$

该水平线与曲线交于 A 、 B 两点，这两点之间的距离为

$$\frac{\omega_2}{\Omega}-\frac{\omega_1}{\Omega}=\frac{\Delta\omega}{\Omega} \tag{3.1.67}$$

则衰减系数可由下式求得

$$n=\frac{1}{2}\Delta\omega \tag{3.1.68}$$

式（3.1.68）表明， A 、 B 两点之间的距离等于 2ξ 。这样得到的 A 、 B 两点称为半功率点。利用 A 、 B 两点的距离来求衰减系数的方法，就称为半功率点法。

在实际工作中，可以通过实测得到位移响应幅频曲线。其方法是：保持激振力的幅值不变，由低到高改变激振力的频率，测量结构某一点在每一频率的位移幅值，最后由所得数据画出位移幅值-频率图，即可用位移响应的幅频曲线按半功率点法求解衰减系数 n 。

3）共振法

如前所述，当结构发生共振时，位移响应和激振力之间的相位差为 $\pi/2$ ，此时激振力恰好被阻尼力所平衡。

设激振力为 $f = F_0 \sin \omega t$，当激振力的频率 ω 与被测振动体的固有频率 Ω 相等时，力和位移响应分别为

$$f = F_0 \sin \Omega t \tag{3.1.69}$$

$$x = \frac{F_0}{k}\frac{1}{2\xi}\sin\left(\Omega t - \frac{\pi}{2}\right) \tag{3.1.70}$$

代入微分方程

$$m\ddot{x} + c\dot{x} + kx = f$$

可得到

$$\left.\begin{aligned} m\ddot{x} + kx &= \left(-m\frac{F_0}{k}\frac{1}{2\xi}\Omega^2 + k\frac{F_0}{k}\frac{1}{2\xi}\right)\sin\left(\Omega t - \frac{\pi}{2}\right) = 0 \\ c\dot{x} &= c\Omega\frac{F_0}{k}\frac{1}{2\xi}\sin\Omega t = c\sqrt{k/m}\frac{F_0}{k}\frac{1}{2c/c_c}\sin\Omega t = F_0\sin\Omega t \end{aligned}\right\} \tag{3.1.71}$$

以上结论可解释为：发生速度共振时，激振力所作的功全部被阻尼所消耗，由式（3.1.71）可见，发生速度共振时

$$c = \frac{F_0 \sin \Omega t}{\dot{x}} = \frac{F_0 \sin \Omega t}{\Omega B \sin \Omega t} = \frac{F_0}{\Omega B} \tag{3.1.72}$$

式中：B 为位移响应的幅值。因此，只要通过测量发生速度共振时的速度幅值和激振力幅值，就可以通过上述公式计算出阻尼。

3. 质量或刚度的测量

以下利用附加质量法来求取系统的质量，其步骤为：

第一步，用正弦激振法或自由振动法求出系统的固有频率 ω_n。

第二步，在系统上附加一已知小质量 Δm，再用同第一步的方法测系统的固有频率。由于附加质量的原因，此时系统的固有频率有一增量 $\Delta\omega$，即 $\omega_{n1} = \omega_n + \Delta\omega$。

第三步，根据下式计算系统的振动质量为

$$m = -\frac{\omega_n}{2}\frac{\Delta m}{\Delta \omega} \tag{3.1.73a}$$

该系统的刚度则由下式计算

$$k = \omega^2 m \tag{3.1.73b}$$

以上结论可证明如下：

$$(\omega_n+\Delta\omega)^2=\frac{k}{m+\Delta m} \tag{3.1.73c}$$

$$(\omega_n+\Delta\omega)^2=\frac{k}{m+\Delta m} \tag{3.1.73d}$$

$$[\omega_n^2+2\Delta\omega_n+(\Delta\omega)^2](m+\Delta m)=k \tag{3.1.73e}$$

式（3.1.73e）展开后略去 $\Delta m\Delta\omega$ 的二次以上小量后得

$$m\omega_n^2+2m\omega_n\Delta\omega+\omega_n^2=k \tag{3.1.73f}$$

利用式（3.1.73b），由式（3.1.73f）得

$$m=-\frac{1}{2}\omega_n\frac{\Delta m}{\Delta\omega_n} \tag{3.1.74}$$

在上述方法中，计算公式中略去了高阶小量，因而 Δm 不能太大，一般 $\Delta m/m$ 应小于 0.05。如下给出的计算公式是在可以采用较大的 Δm 时得出的：

$$m=\frac{\omega_{n1}^2\Delta m}{\omega_n^2-\omega_{n1}^2} \tag{3.1.75}$$

$$k=\omega_n^2 m=\frac{\omega_n^2\omega_{n1}^2\Delta m}{\omega_n^2-\omega_{n1}^2} \tag{3.1.76}$$

式中：ω_n 为第一步测量所得到的系统固有频率；ω_{n1} 为第二步即附加了质量 Δm 后测得的系统的固有频率。

3.2 信号的分类与处理

结构的振动现象，表现为振动量的时间和空间的函数。人们通过对工程结构振动信号的测量和分析，来了解结构本身的物理特性，建立适宜的数学模型，从而预测结构在工作条件或所处环境中的运行行为及对结构强度、刚度、运行安全和舒适性的影响等。结构的动力特性则是通过对各类振动信号的测量处理和分析确定的。

3.2.1 信号的分类

不同的信号将有不同的分析方法和所要选定的分析参数，最基本的分类可概括为稳态和非稳态两类信号。稳态信号是其统计特性不随时间而变化的信号，它可以是确定性的，

也可以是随机的。而作为适用的目的，稳态随机可认为是一种其平均特性不随时间变化，因而它是可以用任意一条样本记录来决定的随机信号。这也是所谓稳态的一般含义，无论对于确定性信号还是对于随机性信号皆是如此。但对于随机信号来说，稳态不能理解为从不同的记录样本所得到的结果都必须是完全一样的，而只意味着它们是等价的。信号类型分类情况如图 3.2.1 所示。

- 信号类型
  - 稳态信号
    - 确定性信号
      - 周期性信号
      - 拟周期性信号
    - 随机信号
  - 非稳态信号
    - 连续信号
    - 瞬态信号

图 3.2.1　信号类型分类情况

稳态确定性信号对于任意稳定的时刻，其信号值是可以预知的；而对于稳态随机信号，只能确知其统计特性，如平均值、方差、均方差等，它是完全由具有离散频率成分的正弦信号组成的信号。对于周期信号来说，所有离散频率成分均表现为某种基频的倍数，对于拟周期函数来说，其不同频率成分的基频之间不具有谐和关系，极端地讲，就是在这些频率中，至少有两个频率成分之比为例如 $\sqrt{2}$ 这样的无理数。非稳态信号可分为连续信号和瞬态信号。瞬态信号可以作整体处理；而连续非稳态信号，一般可分成若干短时信号段来处理，每一段常常可以看成是拟稳态的。

3.2.2　一般傅里叶变换

信号分析和处理的目的在于从测量信号中提取尽可能多的适于应用的信息。变换处理是分析有用参数的一种常用的方法，而傅里叶变换是一种能够将信号从时域到频域、从频域到时域来回变换的传统方法，也是信号处理的一种主要方法。

1. 傅氏级数及其复数表达

傅氏级数是分析周期信号频率成分的方法。设周期信号为

$$x(t) = x(t + nT) \tag{3.2.1}$$

式中：T 称为信号的周期，即信号经过 T 时间后，在下一个 T 时间内将重复前一个 T 时间中的变化过程。那么这一任意时间（时域）函数，一般总可表示为级数的形式，即

$$x(t) = a_0 + \sum_{k=1}^{\infty}(a_k \cos\omega_k t + b_k \sin\omega_k t) \tag{3.2.2}$$

式中
$$\left.\begin{aligned} a_0 &= \frac{1}{T}\int_{-T/2}^{T/2} x(t)\mathrm{d}t \\ a_k &= \frac{2}{T}\int_{-T/2}^{T/2} x(t)\cos\omega_k t\mathrm{d}t \\ b_k &= \frac{2}{T}\int_{-T/2}^{T/2} x(t)\sin\omega_k t\mathrm{d}t \\ \omega_k &= k\frac{2\pi}{T} = k\omega_0 \end{aligned}\right\} \tag{3.2.3}$$

称 a_k 和 b_k 为傅氏级数的第 k 阶分量；ω_k 为第 k 阶圆频率，而 $\omega_0 = \dfrac{2\pi}{T}$ 则称为基频，或第 1 阶圆频率，$\omega_1 = 1\cdot\omega_0$。

上述公式（3.2.2）和式（3.2.3），实际上是完成了一种信号变换。其正变换为式（3.2.3），反变换则为式（3.2.2）。运用欧拉公式

$$\cos\omega_k t = \frac{1}{2}(\mathrm{e}^{-\mathrm{j}\omega_k t} + \mathrm{e}^{\mathrm{j}\omega_k t})\text{，}\quad \sin\omega_k t = \frac{\mathrm{j}}{2}(\mathrm{e}^{-\mathrm{j}\omega_k t} - \mathrm{e}^{\mathrm{j}\omega_k t})\text{，}\quad \mathrm{j} = \sqrt{-1}$$

并令 $c_0 = a_0$，$c_k = \dfrac{1}{2}(a_k - \mathrm{j}b_k)$，$c_{-k} = \dfrac{1}{2}(a_k + \mathrm{j}b_k)$，得到傅氏级数的复指数函数形式为

正变换
$$\left.\begin{aligned} c_k &= \frac{1}{T}\int_{-T/2}^{T/2} x(t)\mathrm{e}^{-\mathrm{j}k\omega_0 t}\mathrm{d}t \\ c_{-k} &= \frac{1}{T}\int_{-T/2}^{T/2} x(t)\mathrm{e}^{-\mathrm{j}(-k)\omega_0 t}\mathrm{d}t \end{aligned}\quad k = 0, \pm1, \pm2, \cdots\right\} \tag{3.2.4a}$$

反变换
$$x(t) = \sum_{k=-\infty}^{+\infty} c_k \mathrm{e}^{\mathrm{j}k\omega_0 t}\text{，}\quad k = 0, \pm1, \pm2, \cdots \tag{3.2.4b}$$

将式（3.2.4a）综合为一个公式，则傅氏级数的复指数函数形式可进一步综合为

正变换
$$c_k = \frac{1}{T}\int_{-T/2}^{T/2} x(t)\mathrm{e}^{-\mathrm{j}\omega_0 t}\mathrm{d}t \tag{3.2.5a}$$

反变换
$$x(t) = \sum_{k=-\infty}^{+\infty} c_k \mathrm{e}^{\mathrm{j}\omega_0 t}\text{，}\quad k = 0, \pm1, \pm2, \cdots \tag{3.2.5b}$$

2. 傅氏积分变换

傅氏积分是傅氏级数的拓广，其用于周期为无限长的情况。在公式（3.2.3）中，$\omega_0 = \dfrac{2\pi}{T}$，因为此处为离散级数，基频 ω_0 是两个相邻分量的频率差 $\Delta\omega$，即频率差为

$$\Delta\omega = \frac{2\pi}{T}\omega_0$$

当 $T \to \infty$ 时，$\Delta\omega \to \mathrm{d}\omega$，$\frac{1}{T} = \frac{\mathrm{d}\omega}{2\pi}$，$k\Delta\omega \to \omega$，$\int_{-T/2}^{T/2} \to \int_{-\infty}^{+\infty}$ 。于是有

$$\begin{aligned} a_k &= \frac{2}{T}\int_{-T/2}^{T/2} x(t)\cos k\omega_0 t\mathrm{d}t = 2\frac{\mathrm{d}\omega}{2\pi}\int_{-\infty}^{+\infty} x(t)\cos\omega t\mathrm{d}t \\ &= 2\left[\frac{2}{\pi}\int_{-\infty}^{+\infty} x(t)\cos\omega t\mathrm{d}t\right]\mathrm{d}\omega = 2\left[\frac{1}{2\pi}\int_{-\infty}^{+\infty} x(t)\cos\omega t\mathrm{d}t\right]\mathrm{d}\omega \\ &= 2A(\omega)\mathrm{d}\omega \end{aligned}$$

同理可得

$$b_k = 2\left[\frac{1}{2\pi}\int_{-\infty}^{+\infty} x(t)\sin\omega t\right]\mathrm{d}\omega = 2B(\omega)\mathrm{d}\omega$$

于是得到傅氏积分的正变换为

$$\left.\begin{aligned} A(\omega) &= \frac{1}{2\pi}\int_{-\infty}^{+\infty} x(t)\cos\omega t\mathrm{d}t \\ B(\omega) &= \frac{1}{2\pi}\int_{-\infty}^{+\infty} x(t)\sin\omega t\mathrm{d}t \end{aligned}\right\} \tag{3.2.6}$$

将式（3.2.6）代入傅氏级数的反变换公式（3.2.2），暂不考虑 a_0，并注意当 $T \to \infty$ 时，$\sum_{k=1}^{\infty} \to \int_0^{\infty}$，$a_k = 2A(\omega)\mathrm{d}\omega$，$b_k = 2B(\omega)\mathrm{d}\omega$，则有

$$x(t) = 2\int_0^{\infty} A(\omega)\cos\omega t\mathrm{d}\omega + 2\int_0^{\infty} B(\omega)\sin\omega t\mathrm{d}\omega$$

因上式等号右侧的两项均为偶函数，故可改写为

$$x(t) = \int_{-\infty}^{+\infty} A(\omega)\cos\omega t\mathrm{d}\omega + \int_{-\infty}^{+\infty} B(\omega)\sin\omega t\mathrm{d}\omega \tag{3.2.7}$$

式（3.2.6）和式（3.2.7）分别为傅氏积分的正变换和反变换公式。

我们通常所说的傅氏变换，是傅氏积分的复数形式。这一形式亦可视为傅氏级数的复数形式的拓广。当 $T \to \infty$ 时，$\omega = \frac{2\pi}{T} \to \mathrm{d}\omega$，$k\omega_0 \to \omega$，$\frac{1}{T} = \frac{\mathrm{d}\omega}{2\pi}$，并有 $\sum_{-\infty}^{+\infty} \to \int_{-\infty}^{+\infty}$ ，于是

$$c_k = \frac{\mathrm{d}\omega}{\mathrm{d}\pi}\int_{-\infty}^{+\infty} x(t)\mathrm{e}^{-\mathrm{j}\omega t}\mathrm{d}t = \left[\frac{1}{2\pi}\int_{-\omega}^{+\infty} x(t)\mathrm{e}^{-\mathrm{j}\omega t}\mathrm{d}t\right]\mathrm{d}\omega = X(\omega)\mathrm{d}\omega$$

由此得到下列傅氏变换为

正变换 $$X(\omega)=\frac{1}{2\pi}\int_{-\infty}^{+\infty}x(t)\mathrm{e}^{-\mathrm{j}\omega t}\mathrm{d}t \tag{3.2.8}$$

反变换 $$x(t)=\int_{-\infty}^{+\infty}X(\omega)\mathrm{e}^{\mathrm{j}\omega t}\mathrm{d}\omega \tag{3.2.9}$$

式中：$X(\omega)$ 与 $A(\omega)$ 及 $B(\omega)$ 的关系为

$$X(\omega)=A(\omega)-\mathrm{j}B(\omega)$$

又由 $\omega=2\pi f$，$\mathrm{d}\omega=2\pi\mathrm{d}f$，得到

$$c_k=\left[\frac{1}{2\pi}\int_{-\omega}^{+\infty}x(t)\mathrm{e}^{-2\pi\mathrm{j}ft}\mathrm{d}t\right]2\pi\mathrm{d}f=\left[\int_{-\infty}^{+\infty}x(t)\mathrm{e}^{-2\pi\mathrm{j}ft}\mathrm{d}t\right]\mathrm{d}f$$

正变换 $$X(f)=\int_{-\infty}^{+\infty}x(t)\mathrm{e}^{-2\pi\mathrm{j}ft}\mathrm{d}t \tag{3.2.10}$$

反变换 $$x(t)=\int_{-\infty}^{+\infty}x(f)\mathrm{e}^{2\pi\mathrm{j}ft}\mathrm{d}f \tag{3.2.11}$$

3. 傅氏级数与傅氏积分变换之间的关系

由上述内容可知，傅氏级数与傅氏积分变换的关系如表 3.2.1 所示。

表 3.2.1 傅氏级数与傅氏积分变换之间的关系

变换关系	傅氏级数	→	傅氏积分变换
函数形式	$x(t)=x(t+nT)$	$T\to\infty$ $\omega_0=\frac{2\pi}{T}\to\mathrm{d}\omega$	$x(t)$
正变换	$\begin{cases}a_k=\frac{2}{T}\int_{-T/2}^{T/2}x(t)\cos\omega_k t\mathrm{d}t\\ b_k=\frac{2}{T}\int_{-T/2}^{T/2}x(t)\sin\omega_k t\mathrm{d}t\end{cases}$ $\omega_0=\frac{1}{T}\quad\omega_k=k\omega_0$	$k\omega_0\to\omega$ $\Delta\omega\to\mathrm{d}\omega$ $\frac{1}{T}\to\frac{\mathrm{d}\omega}{2\pi}$ $\int_{-T/2}^{T/2}\to\int_{-\infty}^{+\infty}$	$\begin{cases}A(\omega)=\frac{1}{2\pi}\int_{-\infty}^{\infty}x(t)\cos\omega t\mathrm{d}t\\ B(\omega)=\frac{1}{2\pi}\int_{-\infty}^{\infty}x(t)\sin\omega t\mathrm{d}t\end{cases}$
反变换	$x(t)=\sum_{k=1}^{\infty}c_k\cos\omega_k t+$ $\sum_{k=1}^{\infty}b_k\sin\omega_k t$	$\sum_{k=0}^{\infty}\to\int_{0}^{\infty}$ $\sum_{k=-\infty}^{+\infty}\to\int_{-\infty}^{\infty}$	$x(t)=\int_{-\infty}^{+\infty}A(\omega)\cos\omega t\mathrm{d}\omega+$ $\int_{-\infty}^{+\infty}B(\omega)\sin\omega t\mathrm{d}\omega$

续表

变换关系	傅氏级数	→	傅氏积分变换
复数形式			
正变换	$c_k = \frac{1}{T}\int_{-T/2}^{T/2} x(t)\mathrm{e}^{-\mathrm{j}k\omega_0 t}\mathrm{d}t$ $k = 0, \pm1, \pm2, \cdots$		$X(\omega) = \frac{1}{2\pi}\int_{-\infty}^{+\infty} x(t)\mathrm{e}^{-\mathrm{j}\omega t}\mathrm{d}t$ $X(\omega) = A(\omega) - \mathrm{j}B(\omega)$ 或 $X(f) = \int_{-\infty}^{+\infty} x(t)\mathrm{e}^{-2\pi\mathrm{j}ft}\mathrm{d}t$
反变换	$x(t) = \sum_{k=-\infty}^{+\infty} c_k \mathrm{e}^{\mathrm{j}\omega_0 t}$		$x(t) = \int_{-\infty}^{+\infty} X(\omega)\mathrm{e}^{\mathrm{j}\omega t}\mathrm{d}\omega$ 或 $x(t) = \int_{-\infty}^{+\infty} x(f)\mathrm{e}^{2\pi\mathrm{j}ft}\mathrm{d}f$

对于傅氏级数来说，a_k、b_k 以及 c_k 的量纲就是 x 的量纲；而对于傅氏积分变换，$A(f)$、$B(f)$ 以及 $X(f)$，其量纲与 x/f 的量纲相同。因此，$X(f)$ 称为幅值的功率谱密度，而 c_k 则是一种离散的幅值谱。傅氏级数适用于周期函数的变换，傅氏积分适用于瞬态函数的变换，其变换的结果，前者为离散的幅值谱，后者为连续的密度谱。

4. 傅氏变换的主要性质

傅氏变换的主要性质如表 3.2.2 所示。

表 3.2.2　傅氏变换的主要性质

性质	时域	频域
基本关系	$x(t)$	$X(f)$
线性叠加	$ax(t) + by(t)$	$aX(t) + bY(t)$
对称	$X(t)$	$x(-f)$
尺度改变	$x(kt)$	$\frac{1}{k}X\left(\frac{f}{k}\right)$
时移	$x(t - t_0)$	$X(f)\mathrm{e}^{-2\pi\mathrm{j}ft_0}$
频移	$x(t)\mathrm{e}^{\pm 2\pi\mathrm{j}f_0 t}$	$X(f \pm f_0)$
翻转	$x(-t)$	$X(-f)$
时域卷积	$x_1(t) * x_2(t)$	$X_1(f)X_2(f)$
频域卷积	$x_1(t)x_2(t)$	$X_1(f) * X_2(f)$

续表

性质	时域	频域
时域微分	$\dfrac{d^n}{dt^n}x(t)$	$(2\pi jf)^n X(f)$
频域微分	$(-2\pi jf)^n x(t)$	$\dfrac{d^n}{df^n}X(f)$
积分	$\int_{-\infty}^{t} x(t)dt$	$\dfrac{1}{2\pi jf}x(f)$

两个函数 $x_1(t)$ 和 $x_2(t)$ 的卷积记作 $x_1(t)*x_2(t)$，定义为

$$x_1(t)*x_2(t)=\int_{-\infty}^{+\infty}x_1(t_1)x_2(t-\tau)d\tau \tag{3.2.12}$$

由傅氏变换的基本意义，得到

$$\begin{aligned}\int_{-\infty}^{\infty}x_1(t)*x_2(t)e^{-2\pi jft}dt &= \int_{-\infty}^{\infty}\left[\int_{-\infty}^{\infty}x_1(t)x_2(t-\tau)d\tau\right]e^{-2\pi jft}dt\\ &=\int_{-\infty}^{\infty}x_1(\tau)\left[\int_{-\infty}^{\infty}x_2(t-\tau)e^{2\pi jf(t-\tau)}d(t-\tau)\right]e^{-2\pi jf\tau}d\tau\\ &=\int_{-\infty}^{\infty}x_1(\tau)X_2(f)e^{-2\pi jf\tau}d\tau=X_1(f)X_2(f)\end{aligned}$$

3.2.3 离散傅里叶变换

1. 周期函数的离散傅氏级数分析

将连续周期函数 $x(t)$ 展成傅氏级数的复指数函数形式时，则有

$$x(t)=\sum_{k=-\infty}^{\infty}c_k e^{jk\omega_0 t} \tag{3.2.13}$$

$$c_k=\frac{1}{T}\int_{-\frac{T}{2}}^{\frac{T}{2}}x(t)\delta^{-jk\omega_0 t}dt\,,\quad k=0,\pm1,\pm2,\cdots \tag{3.2.14}$$

式中：c_k 为离散谱线，即时域的连续周期函数在频域中表现为离散函数。以上两式分别为式（3.2.8）和式（3.2.9）的复指数函数形式。

如图 3.2.2 所示，将 T 分为 N 等分，$\Delta t=\dfrac{T}{N}$，即 $T=N\Delta t$，则可运用下式近似乘积和来代替积分以求取 c_k。

$$c_k=\frac{1}{T}\sum_{\tau=0}^{N-1}x_\tau \mathrm{e}^{-\mathrm{j}\frac{2\pi k}{T}\tau\Delta t}\Delta t$$

将 $\Delta t=\frac{T}{N}$ 代入上式，得

$$c_k=\frac{1}{T}\sum_{\tau=0}^{N-1}x_\tau \mathrm{e}^{-\mathrm{j}\frac{2Ek\tau}{N}}\Delta t=\frac{1}{N}\sum_{\tau=0}^{N-1}x_\tau \mathrm{e}^{-\mathrm{j}\frac{2\pi k\tau}{N}} \tag{3.2.15}$$

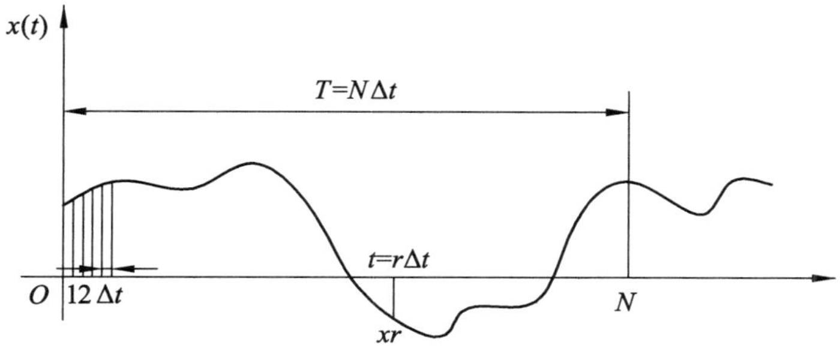

图 3.2.2　周期函数的离散傅氏分析

在式（3.2.8）及式（3.2.9）中，$x(t)$ 的谱线 c_k 虽然是离散的，但谱线数有可能是无限的，也就是说，$x(t)$ 中的高次谐波，只要存在，总是可以被分离出来的。

由于

$$\mathrm{e}^{-\mathrm{j}\frac{2\pi Nr}{N}}=1 \tag{3.2.16}$$

因此必有 $c_{N+k}=c_k$，即 c_k 也为周期性的。

如图 3.2.3 所示（k 间隔为 $1/T$，周期为 $1/\Delta t$），每个周期中只包含 N 个 c_k，同时有

$$c_{N-k}=\frac{1}{N}\sum_{\tau=0}^{N-1}x_\tau \mathrm{e}^{-\mathrm{j}[2\pi(N-k)r]/N}=\frac{1}{N}\sum_{\tau=0}^{N-1}x_\tau \mathrm{e}^{2\pi\mathrm{j}k\tau/N}=c_k^{\ *}=c_{-k} \tag{3.2.17}$$

即 c_{N-k} 是 c_k 的共轭。

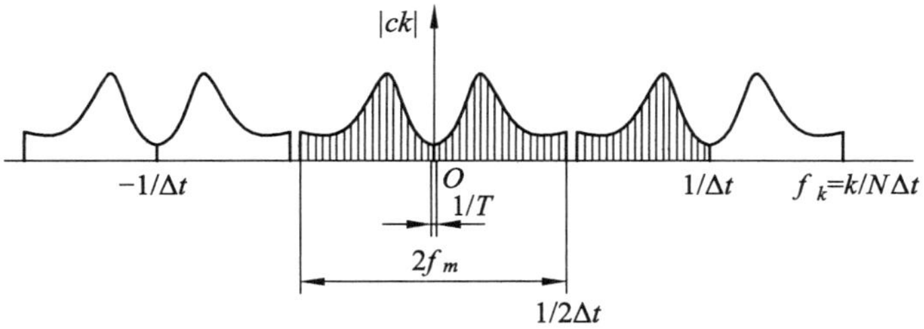

图 3.2.3　离散傅氏分析所得的傅氏级数的系数具有周期性

如此看来，N 个 c_k 中只有 $K=0,1,3,\cdots$，这 $N/2$ 个 c_k 是互不相干的。其独立部分在 $1/(2\Delta t)$ 以内。如果该函数的最高谐波频率为 $f_{N/2}$ 的谐波，则其高频部分将重叠到低频部分上，如图 3.2.4 所示形成“频混”，使得计算谱与真实谱不同。

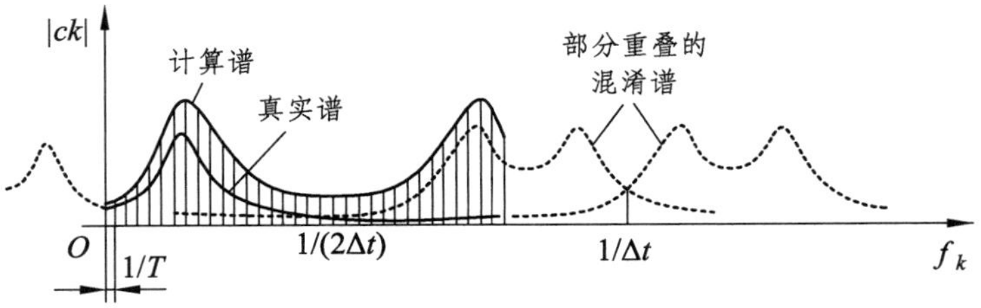

图 3.2.4 频混现象

如图 3.2.5 所示，若减小采样间隔 Δt，即增加采样量，情况将会有所变化。如果原函数中的最高谐波频率为 f_{m}，则应减小采样间隔 Δt，使

$$1/(2\Delta t) > f_{\mathrm{m}} \tag{3.2.18}$$

即可保证不产生上述频混现象。$\dfrac{1}{\Delta t}$ 称为采样频率 f_s，于是，为保证不产生频混，应满足

$$f_{\mathrm{s}} > 2f_{\mathrm{m}} \tag{3.2.19}$$

亦称为采样定理。

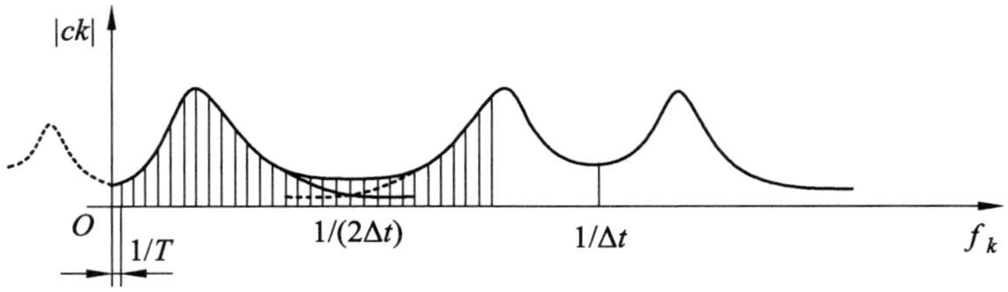

图 3.2.5 减小采样间隔 Δt 可改善频混现象

2. 非周期函数的离散傅氏变换

非周期函数如瞬态函数的傅氏变换，其正变换和逆变换都是连续函数。然而，在计算处理时，我们不能把无限长时间历程的整个信号都拿来处理，而只能截取其中重要的或有代表性的一段进行处理。但是截断将带来误差，因此，进行截断信号的离散分析同样会产

生频混问题。

非周期信号的离散傅里叶分析，实质上是一种等效的傅氏级数分析。首先是将信号截断，然后将截断后的保留部分作周期重复拓广，使其成为周期函数，最后对周期函数作离散采样并进行周期函数的傅氏分析。其物理过程如图 3.2.6 所示。

在实际分析中，截断和采样是同时进行的。通常采样数量 N 是一定的，例如 1024 或 2048 等。截断通常的做法是通过对信号进行加窗，如矩形窗、指数窗、汉宁窗等，即将信号与某种函数相乘，如此得到信号中具有代表性的一段来加以分析。

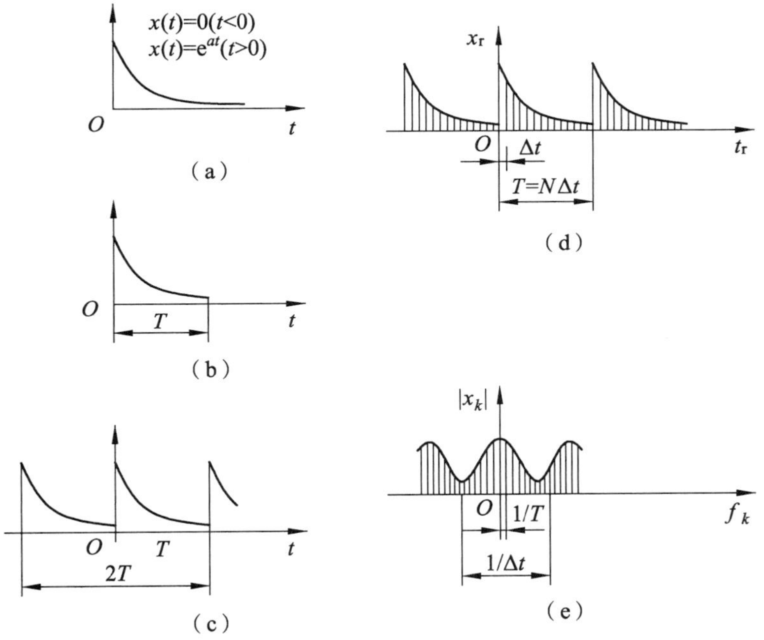

（a）原函数；（b）原函数截断后的保留部分；（c）周期拓广；

（d）采样（其频率 $f_s=\dfrac{1}{\Delta t}$，$T=N\Delta t$）；（e）傅氏变换后所得离散谱（频率分辨率 $\Delta f=\dfrac{1}{T}$）

图 3.2.6　非周期函数的离散傅氏变换的物理逻辑过程

3. 离散傅氏变换的频混和泄露

1）频混问题

由前述可知，当在进行离散傅氏分析时，对连续信号进行了离散采集，使得计算所得的低频分量中有高频分量的贡献。虽然其反变换可以恢复原函数在采样点的数值，但其波形将不能恢复。图 3.2.7 用图解的方法解释了因频混使波形失真的情况。

采样定理表明，若信号中的最高频率为 $f_{\max}$，则为了不产生混频，必须保证采样频率 f_s 大于 2 倍的 $f_{\max}$，即要求

$$f_s > 2f_{\max} \tag{3.2.20}$$

除了满足采样定理和式（3.2.20），采样时间 T、采样间隔 Δt、采样量 N 及采样频率 f_s 和频率分辨率 Δf 之间存在如下关系：

$$f_s = \frac{1}{\Delta t} \quad \Delta f = \frac{1}{T} \quad T = N\Delta t = \frac{N}{f_s} \tag{3.2.21}$$

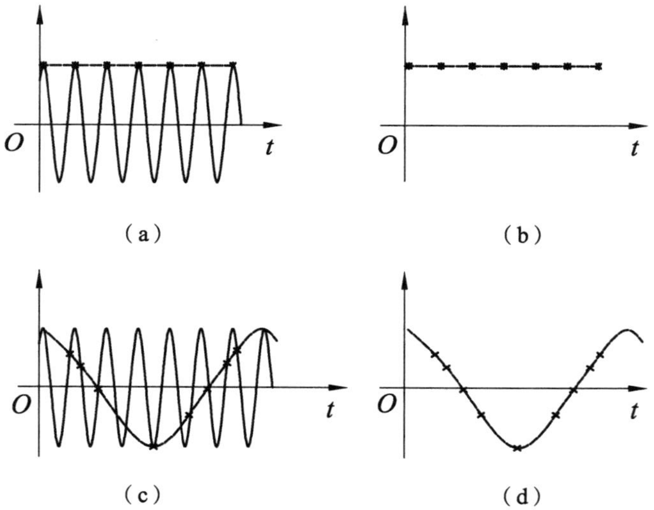

（a）采样频率 f_s 与信号频率 f 相等（$f_s = f$）；（b）恢复信号的频率为 0，波形失真；（c）原信号频率为 $f = \frac{10}{9}f_s$；（d）恢复信号的频率为 $\frac{1}{9}f_s$，波形失真

图 3.2.7 频混造成恢复信号的失真

当 N 及 $f_{\max}$ 选定后，则有

$$T \geqslant \frac{N}{2f_{\max}} \tag{3.2.22}$$

如式（3.2.22）所示，由于 N 是一定的，若为避免频混而提高采样频率 f_s（即减小采样间隔 Δt），将使采样时间减少，从而造成频率分辨率 Δf 变粗。解决该类问题通常的做法是

通过低通滤波的方法，使得滤波后信号中的最高频率成为 $f_{\max}$，然后根据采样定理来确定采样频率 f_s。通常 f_s 是 $f_{\max}$ 的 3 ~ 4 倍。

2）泄露问题

泄露问题是由于信号的截断而引起的。信号 $x(t)$ 经简单截取后的样本 $\hat{x}(t)$ 相当于原信号 $x(t)$ 与窗函数 $b(t)$ 的乘积，即

$$\hat{x}(t)=b(t)x(t) \tag{3.2.23}$$

按照傅氏变换的卷积定理，可得

$$\hat{X}(f)=B(f_1)*X(f) \tag{3.2.24}$$

为进一步阐明所谓泄露现象，设 $x(t)=A\cos 2\pi f_0 t$，则 $X(f)$ 是集中在 $-f_0$ 及 $+f_0$ 处的抽样函数（两条谱线），即

$$X(f)=\frac{A}{2}[\delta(f+f_0)+\delta(f-f_0)] \tag{3.2.25}$$

$b(t)$ 的表达式为

$$b(t)=\begin{cases}1 & (|t|\leqslant\tau)\\ 0 & (|t|>\tau)\end{cases} \tag{3.2.26}$$

它的傅里叶变换为

$$B(f)=2\tau\frac{\sin 2\pi f\tau}{2\pi f\tau} \tag{3.2.27}$$

经过卷积后的 $\hat{X}(f)$ 不再是两条谱线而是两端连续谱。这表明，原来的信号被截断后，其频谱产生了畸变，原来集中在 f_0 处的能量被分散到两个较宽广的频带中去了，这种现象称为泄露。上述过程见图 3.2.8 所示。

泄漏是由于窗函数的频谱是连续谱，它包括一个主瓣和无数的旁瓣，原来应集中在主瓣的能量被泄漏至旁瓣中去了。离散傅里叶分析运用离散采样数据进行分析，对于余弦函数这样的连续函数，在符合采样定理的条件下，若在窗函数 $b(t)$ 的时段 τ 之内，则被截留的函数 $x(t)$ 是某确定的 n 个整周期的，卷积后的 $\hat{X}(f)$，在采样后就会产生谱线位于 nf_0 处的离散傅里叶谱，而除此之外的其他所有谱线都位于图 3.2.8 中连续谱的零点上。只有在这些情况下方可保证变换后准确地恢复原波形，并可以认为没有发生泄漏。因此，避免泄漏的

办法是保证窗长 τ 等于被截函数的周期 T 的整倍数，即 $\tau = nT$ 。

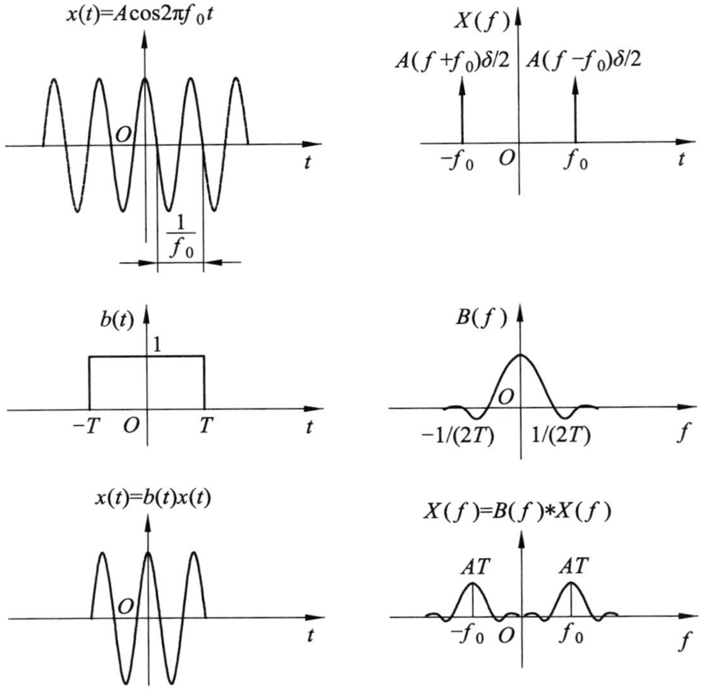

图 3.2.8　加窗变换的物理过程

如图 3.2.9 所示，当 $\tau \neq T$ ，例如当 $\tau' < T$ 时，卷积后的频谱，采样后不但在 f_s 处有谱线，而且在 $\pm 2f_0$ 等处以及 $f = 0$ 处都有谱线，说明卷积后产生了侧漏。

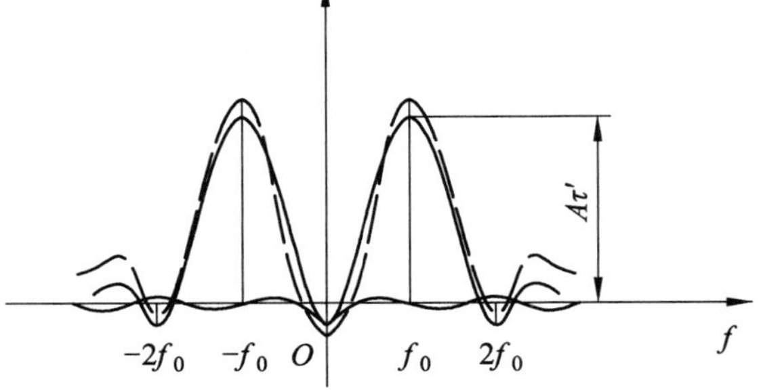

图 3.2.9　$1/\tau' > f_0$ 的情况

对于随机振动信号，一般属于非周期性函数，无法保证窗长等于其整周期，又不能把窗长取得很长，在这种情况下，控制泄漏的方法是采用特定形式的窗函数，以达到抑制旁瓣的效果，从而得以减少在远邻频带上的泄漏。如表 3.2.3 所示，常用的窗函数有矩形窗、三角窗、汉宁窗、哈明窗及高斯窗等。

表 3.2.3　常用窗函数

窗函数：$b(t)=\begin{cases}0 & 当\lvert t\rvert > T\\ 取下列表达式 & 当[t]\leqslant T\end{cases}$	等效分析带宽/Hz	最大旁瓣高度比/dB
矩形窗：$b(t)=1$	$1/T$	−13
三角窗：$b(t)=1-\frac{1}{T}t$	$1.35/T$	−26
汉宁窗：$b(t)=\frac{1}{2}\left(1+\cos\frac{\pi t}{T}\right)$	$1.5/T$	−32
哈明窗：$b(t)=0.54+0.46\cos\frac{\pi t}{T}$	$1.36/T$	−42
高斯窗：$b(t)=\exp\left(-\frac{18t^2}{T^2}\right)$	$1.6/T$	<−50

3.2.4　快速傅里叶变换

所谓快速傅氏变换（FFT）并不是一种新的变换，而是离散傅氏变换的一种新算法。这种算法可以大大节省计算时间。下面给出了离散傅氏变换对，即

$$X_k=\frac{1}{N}\sum_{\tau=0}^{N-1}x_r\mathrm{e}^{-\mathrm{j}(2\pi kr/N)} \tag{3.2.28}$$

$$x_r=\sum_{k=0}^{N-1}X_k\mathrm{e}^{2\pi\mathrm{j}kr/N} \tag{3.2.29}$$

式（3.2.29）可改成

$$x_r=N\left(\frac{1}{N}\sum_{k=0}^{N-1}X_k^*\mathrm{e}^{-2\pi\mathrm{j}kr/N}\right) \tag{3.2.30}$$

可见，傅氏正变换和傅氏反变换可以采用相同的程序，只是在反变换中多了求共轭的步骤和乘以因子 N 。令

$$W=\mathrm{e}^{-2\pi\mathrm{j}/N} \tag{3.2.31}$$

则 $\mathrm{e}^{-2\pi \mathrm{j}kr/N}=W^{kr}$。为简单说明问题，设 $N=4$，于是式（3.2.28）可写成矩阵形式

$$\begin{Bmatrix} X_0 \\ X_1 \\ X_2 \\ X_3 \end{Bmatrix}=\frac{1}{4}\begin{Bmatrix} W^0 & W^0 & W^0 & W^0 \\ W^0 & W^1 & W^2 & W^3 \\ W^0 & W^2 & W^4 & W^6 \\ W^0 & W^3 & W^6 & W^9 \end{Bmatrix}\begin{Bmatrix} x_0 \\ x_1 \\ x_2 \\ x_3 \end{Bmatrix} \tag{3.2.32}$$

进行上式运算时，需进行 $N^2=4^2=16$ 复数乘和 $N(N-1)=12$ 次复数加。

我们可以发现 W^{kr} 有以下特征：

（1）周期性，$W^{kr}=W^{\mathrm{mod}\left(\frac{kr}{N}\right)}$，此处 $\mathrm{mod}\left(\dfrac{kr}{N}\right)$ 表示 N 除 kr 之后的余数，即有 $W^4=W^0$，$W^6=W^2$，$W^9=W^1$。

（2）对称性，$W^{kr+\frac{N}{2}}=-W^{kr}$，在 $N=4$ 时，有 $W^0=1$，$W^2=W^{0+\frac{N}{2}}=-W^0$，$W^3=-W^1$。

根据以上性质，可将式（3.2.32）改写为：

$$\begin{Bmatrix} X_0 \\ X_1 \\ X_2 \\ X_3 \end{Bmatrix}=\begin{Bmatrix} 1 & 1 & 1 & 1 \\ 1 & W^1 & W^2 & W^3 \\ 1 & W^2 & W^0 & W^2 \\ 1 & W^3 & W^2 & W^1 \end{Bmatrix}\begin{Bmatrix} x_0 \\ x_1 \\ x_2 \\ x_3 \end{Bmatrix}$$

变动一下 X_1 和 X_2 的位置可得

$$\begin{Bmatrix} X_0 \\ X_1 \\ X_2 \\ X_3 \end{Bmatrix}=\begin{Bmatrix} 1 & 1 & 1 & 1 \\ 1 & W^2 & 1 & W^2 \\ 1 & W^1 & W^2 & W^3 \\ 1 & W^3 & W^2 & W^1 \end{Bmatrix}\begin{Bmatrix} x_0 \\ x_1 \\ x_2 \\ x_3 \end{Bmatrix}$$

$$=\begin{Bmatrix} 1 & W^0 & 0 & 0 \\ 1 & W^2 & 0 & 0 \\ 1 & 0 & 1 & W^1 \\ 1 & 0 & 1 & W^3 \end{Bmatrix}\begin{Bmatrix} 1 & 0 & W^0 & 0 \\ 0 & 1 & 0 & W^0 \\ 1 & 0 & W^2 & 0 \\ 0 & 1 & 0 & W^2 \end{Bmatrix}\begin{Bmatrix} x_0 \\ x_1 \\ x_2 \\ x_3 \end{Bmatrix} \tag{3.2.33}$$

简写为

$$\{X_k\}=[B][C]\{x_r\}$$

做了上述矩阵分解后，我们可以统计其计算量：计算 $[C]\{x_r\}$ 需作 2 次乘法 4 次加法，

而后作 $[B][C]\{x_r\}$ 计算时也需要作 2 次乘法 4 次加法。因此，按式（3.2.33）计算仅需要 $2\times2=\dfrac{N}{2}\log_2 N=4$ 次复数乘和 $4\times2=N\log_2 N=8$ 次复数加。由于加法运算比乘法运算时间短，在此以乘法为例来比较两种算法的时间：

$$\frac{\text{DFT直接算法的时间}}{\text{FFT算法的时间}}=\frac{N^2}{\dfrac{N}{2}\log_2 N}=\frac{2N}{\log_2 N}$$

若 $N=1\,024=2^{10}$，则 $2N/\log_2 N=\dfrac{2\times1\,024}{10}\approx200$。可见，在 $N=1\,024$ 时，FFT 所用的时间仅为 DFT 的 $\dfrac{1}{200}$。

3.3　频谱分析

3.3.1　周期振动的频谱表示法

在工程中遇到的周期振动大多数都不是纯粹的简谐振动，如前所述，利用傅里叶变换这一数学方法可以将周期振动的时域变换为频域表示，即所谓的频谱分析法。根据傅里叶理论，对于任何周期振动，即

$$x(t)=x(t+T) \tag{3.3.1}$$

我们总可以将其分解为若干个简谐分量，从而将这一周期振动表示为傅里叶级数的形式

$$x(t)=\frac{a_0}{2}+\sum_{k=1}^{n}[a_k\cos(k\omega_0 t)+b_k\sin(k\omega_0 t)],\quad k=1,2,3,\cdots \tag{3.3.2}$$

式中

$$\left.\begin{aligned}a_0&=\frac{2}{T}\int_0^T x(t)\mathrm{d}t\\a_k&=\frac{2}{T}\int_0^T x(t)\cos(k\omega_0 t)\mathrm{d}t\\b_k&=\frac{2}{T}\int_0^T x(t)\sin(k\omega_0 t)\mathrm{d}t\\\omega_0&=\frac{2\pi}{T}\end{aligned}\right\} \tag{3.3.3}$$

式（3.3.2）也可以写成以下形式：

$$x(t)=X_0+X_1\sin(\omega_0 t+\alpha_1)+\cdots+X_k\sin(k\omega_0 t+\alpha_k)+\cdots \tag{3.3.4}$$

式中

$$\left.\begin{aligned} X_0&=\frac{a_0}{2}\\ X_k&=\sqrt{{a_k}^2+{b_k}^2}\\ a_k&=\arctan\frac{b_k}{a_k}\end{aligned}\right\} \tag{3.3.5}$$

一般把 ω_0 称为基频，与之相应的振动分量称为基波；$2\omega_0$、$3\omega_0$、… 称为基频的二倍频、三倍频……，相应的振动分量称为二次谐波、三次谐波……

如上述分析可知，一般可采用频谱法来描述周期振动。该方法就是以频率为横坐标，以幅值为纵坐标，绘制出各次谐波的幅度，称为幅频图；以频率为横坐标，以初相位为纵坐标，绘制出各次谐波的初相位值，称为相频图。以上两图统称为频谱图。

如有一振动波形，经傅里叶变换后，其表达式为

$$x=a\sin\left(\omega_0 t-\frac{\pi}{4}\right)+\frac{a}{2}\sin 2\omega_0 t \tag{3.3.6}$$

该波形有两个简谐分量，它的频谱图如图 3.3.1（b）、（c）所示。

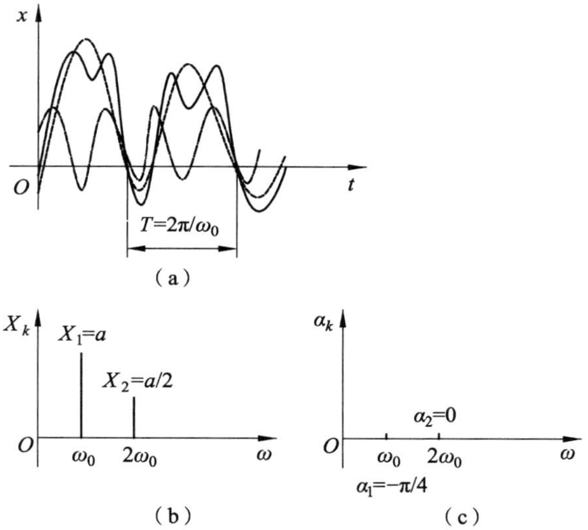

图 3.3.1　频谱图

图 3.3.1 中，（a）为该振动量随时间变化的曲线，称为振动的时间历程曲线，为时域曲

线；（b）及（c）则为同一振动量的频域表达法。

3.3.2　功率谱与功率谱密度分析

功率谱及功率谱密度是从能量的角度来进行信号的频域分析。

为了说明功率谱和功率谱密度的物理含义及区分，本部分先由简谐振动的功率谱论起。周期函数 $x(t)$ 的傅里叶级数表达式可写为

$$\begin{aligned} x(t) &= a_0 + \sum_{k=1}^{\infty}\left[\frac{1}{2}(a_k + \mathrm{j}b_k)\mathrm{e}^{-\mathrm{j}k\omega_0 t} + \frac{1}{2}(a_k - \mathrm{j}b_k)\mathrm{e}^{\mathrm{j}k\omega_0 t}\right] \\ &= c_0 + \sum_{k=1}^{\infty}(c_k \mathrm{e}^{\mathrm{j}k\omega_0 t} + c_k^* \mathrm{e}^{-\mathrm{j}k\omega_0 t}) \end{aligned} \tag{3.3.7a}$$

令 $c_0 = a_0$，$c_k = \frac{1}{2}(a_k - \mathrm{j}b_k)$，$c_k^* = \frac{1}{2}(a_k + \mathrm{j}b_k)$，若 $c_0 = 0$，则式（3.3.7a）的第 k 阶分量 $c_k \mathrm{e}^{\mathrm{j}k\omega_0 t} + c_k^* \mathrm{e}^{-\mathrm{j}k\omega_0 t}$ 可用图 3.3.2 所示的旋转复式来表示。c_k 和 c_k^a 分别以角速度 $k\omega_0$ 及 $-k\omega_0$ 旋转，其合成效果为一实振动函数，其振幅为 $|C_k| = 2|c_k|$，所以式（3.3.7a）亦可表示为

$$x(t) = \frac{1}{2}\sum_{k=1}^{\infty}(C_k \mathrm{e}^{\mathrm{j}k\omega_0 t} + C_k^* \mathrm{e}^{-\mathrm{j}k\omega_0 t}) = \mathrm{Re}\left[\sum_{k=1}^{\infty} C_k \mathrm{e}^{\mathrm{j}k\omega_0 t}\right] \tag{3.3.7b}$$

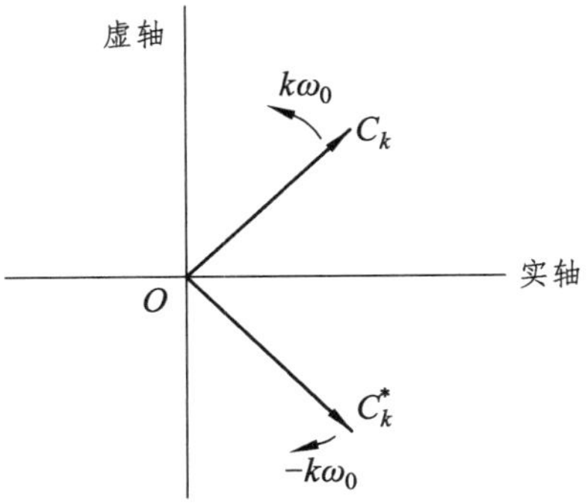

图 3.3.2　式（3.3.7a）的第 k 阶分量

式中：$\sum_{k=1}^{\infty} C_k \mathrm{e}^{\mathrm{j}k\omega_0 t}$ 称为单边和。于是有 $x(t)$ 的均方值可表示为

$$\overline{x^2} = \frac{1}{T}\int_0^T x^2(t)\mathrm{d}t$$

$$=\frac{1}{T}\int_0^T\frac{1}{4}\sum_{k=1}^{\infty}(C_k\mathrm{e}^{\mathrm{j}k\omega_0 t}+C_k^*\mathrm{e}^{-\mathrm{j}k\omega_0 t})^2\,\mathrm{d}t$$

$$=\sum_{k=1}^{\infty}\frac{1}{4}\left[\frac{C_k^2\mathrm{e}^{2\mathrm{j}k\omega_0 t}}{2\mathrm{j}k\omega_0 T}+2C_kC_k^a+\frac{(C_k^*)^2\mathrm{e}^{-2\mathrm{j}k\omega_0 t}}{-2\mathrm{j}k\omega_0 T}\right]_0^T$$

$$=\sum_{k=1}^{\infty}\frac{1}{2}C_kC_k^*=\sum_{k=1}^{\infty}\frac{1}{2}|C_k|^2=\sum_{k=1}^{\infty}\left(\frac{1}{\sqrt{2}}|C_k|\right)^2$$

式中：$\frac{1}{2}C_kC_k^*=\frac{1}{2}|C_k|^2$ 是第 k 阶简谐分量对 $\overline{x^2}$ 的贡献。由于 $\overline{x^2}$ 具有功率的含意，因此 $\frac{1}{2}C_kC_k^*$ 表示总功率在 f_k 处的功率含量。如果各谐频之间的间距为 Δf，则可以认为 $\frac{1}{2}C_kC_k^*$ 是总功率中属于以 f_k 为中心频率、以 Δf 为间距的那部分频段的功率，用符号 $W(f_k)$ 来表示，称为功率谱，即

$$W(f_k)=\frac{1}{2}C_kC_k^* \tag{3.3.8}$$

由于式（3.3.7b）中只有 $+k$ 而无 $-k$，因而式（3.3.8）称为单边功率谱。单边功率谱幅值是双边功率谱幅值的两倍，有了功率谱的定义，均方值即可表示为功率谱之和，即

$$\overline{x^2}=\sum_{k=1}^{\infty}W(f_k) \tag{3.3.9}$$

显然功率谱的量纲就是 x^2 的量纲。

功率谱除以其频率间隔，定义为功率谱密度 $G(f_k)$，即

$$G(f_k)=W(f_k)/\Delta f=C_kC_k^*/(2\Delta f) \tag{3.3.10}$$

于是均方值可表示为

$$\overline{x^2}=\sum_{k=1}^{\infty}G(f_k)\Delta f \tag{3.3.11a}$$

当 $x(t)$ 中含有大量的频率分量时，$\Delta f\to 0$，于是有

$$\lim_{\Delta f\to 0}G(f_k)=G(f)$$

$$\overline{x^2}=\int_0^{\infty}G(f)\mathrm{d}f \tag{3.3.11b}$$

功率谱密度 $G(f)$ 的量纲为 x^2/f 的量纲，而此处的 $G(f)$ 为单边功率谱密度。

需要强调的是，功率谱函数通常是对周期函数进行分析时使用的，表现为离散谱；而对非周期函数和随机函数只能使用功率谱密度函数。对于周期函数，用傅里叶级数进行分析，可以得到傅里叶级数的系数 C_k，表现为频域的离散谱；而对非周期函数或随机函数，要进行傅氏积分变换，得到幅值谱密度 $X(f)$，通常表现为频域连续函数。

3.3.3 线性系统的输入与输出

1. 系统动特性的时域和频率描述

系统的动特性属于系统的固有特性。系统的时域动特性由脉冲响应函数 $h(t)$ 来确定。设所要研究的系统为单自由度系统，$h(t)$ 为系统在承受单位脉冲荷载 $\delta(t)$ 时的响应，并由下式导出

$$m\ddot{x}+c\dot{x}+kx=\delta(t)$$

该式的解为

$$x(t)=h(t)=\begin{cases}\dfrac{1}{mv}\mathrm{e}^{-\xi\Omega t}\sin(vt\xi) & (t>0)\\ 0 & (t<0)\end{cases} \tag{3.3.12}$$

式中：$v=\Omega\sqrt{1-\xi^2}$。在得到 $h(t)$ 之后，若系统受到任意函数 $f(t)$ 的激励，则其响应可由 $h(t)*f(t)$ 给出：

$$x(t)=h(t)*f(t)=\int_{-\infty}^{\infty}h(t-\tau)f(\tau)\mathrm{d}\tau \tag{3.3.13}$$

在频域，系统的动特性由“频响函数” $H(\omega)$ 给出。$H(\omega)$ 定义为：当输入为 $f(\omega)=\mathrm{e}^{\mathrm{j}\omega t}$ 时，系统的稳态响应为 $x=H(\omega)\mathrm{e}^{\mathrm{j}\omega t}$，$H(\omega)$ 用下式导出：

$$(-m\omega^2+\mathrm{j}\omega c+k)H(\omega)=1$$

$$H(\omega)=\frac{1}{k-\omega^2 m+\mathrm{j}\omega c}=\frac{1}{k}\frac{1}{1-\left(\dfrac{\omega}{\Omega}\right)^2+2\mathrm{j}\xi\dfrac{\omega}{\Omega}} \tag{3.3.14}$$

2. 频响函数

如上说明了单自由度系统的频响函数 $H(\omega)$。对于多自由度系统，在此用 $H_{ij}(\omega)$ 来表达

不同点 i 和 j 之间的关系，称为 i 点和 j 点之间的频响函数。若激励函数为 $f_j(t)$，此处 $f(t)$ 并不一定是激励力，也可以是位移、速度或加速度；响应点的函数为 $x_i(t)$，那么频响函数可由下式定义：

$$H_{ij}(\omega)=\frac{X_i(\omega)}{F_j(\omega)}=\frac{\text{输出}x_i(t)\text{的}FT}{\text{输入}f_j(t)\text{的}FT}$$

上式可变为

$$H_{ij}(\omega)=\frac{X_i(\omega)F_j^*(\omega)}{F_j(\omega)F_j^*(\omega)} \tag{3.3.15}$$

式中：分母 $F_j(\omega)F_j^*(\omega)$ 是一实量；分子是输入和输出之间的互功率谱，是一复量。$H_{ij}(\omega)$ 的相位由分子给出：

$$\left|X_i(\omega)\right|\angle\Phi_x\left|F_j(\omega)\right|\angle\Phi_f=\left|X_i(\omega)F_j(\omega)\right|\angle\Phi_x-\angle\Phi_f \tag{3.3.16}$$

由式（3.3.15）还可以得到输出功率谱与输入功率谱之间的关系，即

$$H(\omega)H^*(\omega)=\frac{X(\omega)X^*(\omega)}{F(\omega)F^*(\omega)}$$

$$H(\omega)H^*(\omega)=\left|H(\omega)\right|^2F(\omega)F^*(\omega) \tag{3.3.17}$$

因此，输出功率谱等于系统频响函数的平方乘以输入功率谱。显然，式（3.3.17）等号两边均为实数且无相位引入。

3.4 随机振动分析

3.4.1 基本概念

将振动作为时间的函数来描述，如果具有可预知性，即在任何一指定瞬间 t，其瞬时值 $x(t)$ 是确定的，则我们将这种振动称为确定性振动。大家熟知的简谐振动、周期振动以及非周期振动等，其规律都可以用时间的确定函数来表达，都属于确定性振动。确定性振动响应总是由确定性的激励所引起的。对于线性振动系统来说，任何确定性的激励所产生的响应都可以表示为卷积积分的形式。

当然，自然界还存在着另一类不能用确定性函数来描述的振动，其瞬时值具有不可预

知性，是一种非确定性振动。若要描述这类振动的某一个振动时间历程，只能借助一组实际记录的数据来描述，图 3.4.1 所示就是这样的一个记录样本。这种样本无论有多少个，都不能找到任何两个是重复的，我们把这类振动称为随机振动。

如果我们把一种随机振动的一个时间记录（或一个样本）作为时间的函数来分析的话，它看起来是混乱且无规律可循的。但是，如果我们将许多样本放在一起来考察分析，则可以发现，用某些数学的统计原理来计算和整理这些记录的数据时，仍然可以找到其中的一些规律性表现，并称其为统计规律。或者说，虽然我们不能用时间的确定函数来描述随机振动，但能用统计特征表述和认识它。

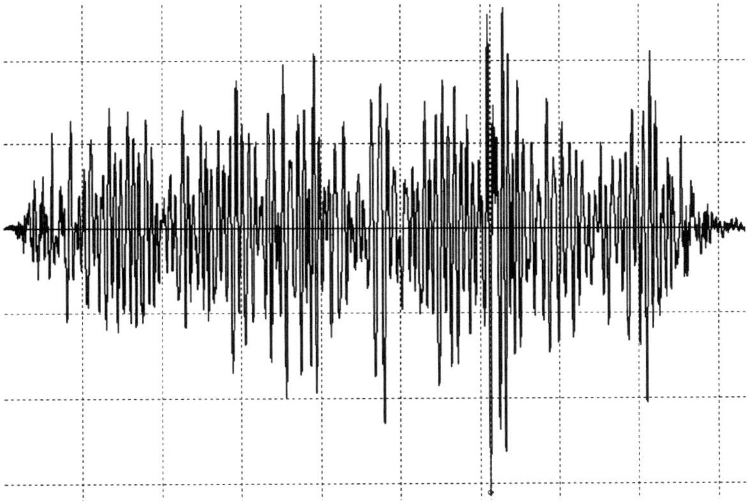

图 3.4.1　一个随机振动的时间记录

假设一个随机过程包含 n 个样本函数 $x_k(t)$ $(k=1,2,\cdots,n)$。我们规定一个瞬时 t_1，求所有样本在 t_1 时刻的瞬时值 $x_k(t_1)$ 的平均值；当 $n\to\infty$ 时发现，该平均值趋向某一确定值，即

$$\mu_x(t_1)=\lim_{n\to\infty}\frac{1}{n}\sum_{n=1}^{n}x_k(t_1) \tag{3.4.1}$$

该值称为随机过程在 t_1 时刻的集合平均值。在一般情况下，$\mu_x(t_1)$ 依赖于时间 t_1。

除去规定的 t_1 外，若再规定一个时刻 $t_1+\tau$，求对应这两个时刻的瞬时值乘积 $x_k(t_1)x_k(t_1+\tau)$ 的平均值，则可发现，当 $t\to\infty$ 时，该平均值也将趋向一个确定值 $R_x(t_1,t_1+\tau)$，即

$$R_x(t_1,t_1+\tau)=\lim_{n\to\infty}\frac{1}{n}\sum_{k=1}^{n}x_k(t_1)x_k(t_1+\tau) \tag{3.4.2}$$

我们称 $R_x(t_1,t_1+\tau)$ 为该随机过程在时刻 t_1 和 $t_1+\tau$ 的自相关函数。它是时差 τ 的函数，在一般情况下，它也依赖于采样时刻 t_1。

根据上述过程，我们可以规定 3 个时刻 t_1、$t_1+\tau$、$t_1+\sigma$ 或更多的时刻，求其对应时刻的瞬时值的乘积平均，来研究其高阶的平均值，以观察其统计特性。

进行了上述两种统计分析后，不难发现，有一些随机过程，其集合平均值 $\mu_x(t_1)$ 及其自相关函数 $R_x(t_1,t_1+\tau)$ 与 t_1 的选取无关，我们称这类随机过程为平稳随机过程。此时有

$$\mu_x(t)=\mu_x,\quad R_x(t,t+\tau)=R_x(\tau) \tag{3.4.3}$$

不符合式（3.4.3）的随机过程，则为非平稳随机过程。

上述两种统计平均，均属集合平均。一般要求具有大量的样本数，方能得到过程的统计特性。而在某些情况下，可以用任一样本的瞬时值统计平均来代替过程的集合平均，即有

$$\left.\begin{aligned}&\lim_{T\to\infty}\frac{1}{T}\int_{-T/2}^{T/2}x_k(t)\mathrm{d}t=\mu_x(k)=\mu_x\\&\lim_{T\to\infty}\frac{1}{T}\int_{-T/2}^{T/2}x_k(t)x_k(t+\tau)\mathrm{d}t=R_x(k,\tau)=R_x(\tau)\end{aligned}\right\} \tag{3.4.4}$$

这种随机过程称为各态遍历过程。任何各态遍历过程必然是平稳过程；反之则不然，并非所有的平稳过程都是各态遍历过程。而许多物理现象所表现出的随机过程均可视为各态遍历过程。如式（3.4.4）所定义的时间平均，不仅仅是对随机过程定义的，而且是对所有函数定义的，其中也包括确定性函数。

3.4.2 随机振动的统计特性

1. 数字特征

如前所述，遍历过程是任意一个样本的瞬时值的长期数学平均，趋向某一个特定值 μ_x，它是反映过程特征的一个数字，因此 μ_x 是随机过程的数字特征。假如样本函数是一个连续记录函数，μ_x 则由式（3.4.4）的第一式定义。该式的定义不论对非确定性过程或确定性过程都适用，在统计学中，这类长期的平均又被称为数学期望，即

$$\overline{x(t)}=\lim_{T\to\infty}\frac{1}{T}\int_{-T/2}^{T/2}x(t)\mathrm{d}t=\lim_{T\to\infty}\frac{1}{T}\int_{0}^{T}x(t)\mathrm{d}t=E[x(t)] \tag{3.4.5}$$

式中：$\overline{x(t)}$ 代表数学平均值；$E[x(t)]$ 为数学期望的符号，即有

$$E[x(t)]=\lim_{T\to\infty}\frac{1}{T}\int_{0}^{T}x(t)\mathrm{d}t$$

对于离散系统，数学期望则可由下式计算：

$$E[x]=\lim_{T\to\infty}\frac{1}{n}\sum_{i=1}^{n}x_i \tag{3.4.6}$$

随机过程的数字特征还表现在其均方值、方差及标准差上，定义为

均方值：$\overline{x^2}=E[x^2(t)]=\lim_{T\to\infty}\int_0^T x^2(t)\mathrm{d}t$　（3.4.7）

方差：$\overline{\sigma^2}=\lim_{T\to\infty}\frac{1}{T}\int_0^T[x(t)-\overline{x}]^2\mathrm{d}t$　（3.4.8）

由式（3.4.8）可得

$$\sigma^2=\lim_{T\to\infty}\frac{1}{T}\int_0^T\left[x^2(t)-2\overline{x}x(t)+\overline{x}^2\right]\mathrm{d}t=\overline{x^2}-(\overline{x})^2 \tag{3.4.9}$$

由此可见，方差等于均方值与均值的平方之差。

标准差：$\sigma=\sqrt{\sigma^2}$　（3.4.10）

2. 概率分布函数和概率密度函数

随机函数的概率分布函数和概率密度函数是描述随机过程的重要统计特性函数。

设随机时间函数的记录曲线如图 3.4.2（a）所示。我们在距 t 轴 x_i 处画一条水平线，依次将录曲线处于水平线下方的时间间隔记作 Δt_1、Δt_2、…，则瞬时值小于 x_1 的概率 $P(x_1)$ 为

$$P(x_1)=\mathrm{Prob}[x(t)<x_1]=\lim_{t\to\infty}\frac{1}{t}\sum_i\Delta t_i \tag{3.4.11}$$

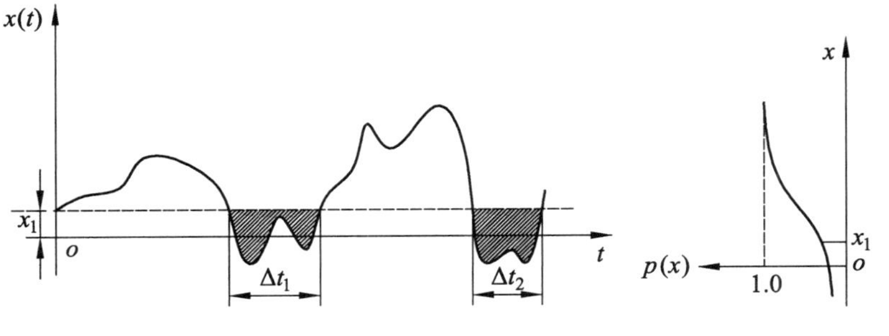

（a）　　（b）

图 3.4.2　随机时间函数记录及其概率分布

显然有

$$P(x_1=-\infty)=0\ ,\quad P(x=+\infty)=1$$

按照式（3.4.11），我们可以得到概率分布函数 $P(x)$ 的分布曲线如图 3.4.2（b）所示。

与概率分布函数 $P(x)$ 相对应，定义概率密度函数 $p(x)$，即

$$p(x)=\lim_{\Delta x\to 0}\frac{P(x+\Delta x)-P(x)}{\Delta x}=\frac{\mathrm{d}P(x)}{\mathrm{d}x} \tag{3.4.12}$$

式中：$P(x+\Delta x)-P(x)$ 是瞬时值落入 $x+\Delta x$ 和 x 之间的概率值。该值被 Δx 除，其商的含义即是密度，因此 $p(x)$ 称为概率密度。图 3.4.3 所示为 $P(x)$ 与 $p(x)$ 的对应关系，$p(x)$ 是 $P(x)$ 在 x 点的斜率。

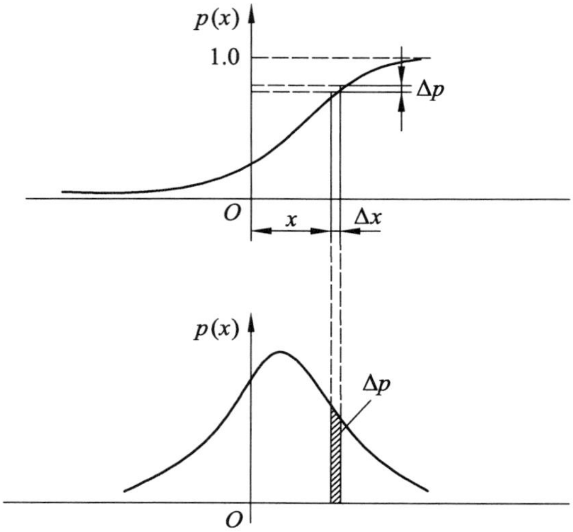

图 3.4.3　概率分布函数 $P(x)$ 和概率密度函数 $p(x)$

根据式（3.4.12），则有

$$P(x_1)=\int_{-\infty}^{x_1}p(x)\mathrm{d}x\ ,\quad P(\infty)=\int_{-\infty}^{\infty}p(x)\mathrm{d}x=1.0$$

在得到了概率密度曲线后，随机过程的均值 $\bar{x}$ 和均方值 $\overline{x^2}$ 可分别表示为 $p(x)$ 的一次矩和二次矩，即

$$\bar{x}=\int_{-\infty}^{\infty}xp(x)\mathrm{d}x \tag{3.4.13}$$

$$\overline{x^2} = \int_{-\infty}^{\infty} x^2 p(x)\mathrm{d}x \tag{3.4.14}$$

前者为 $p(x)$ 曲线下的面积的重心位置，如图 3.4.4 所示，后者为该面积对 $x=0$ 的惯性矩。

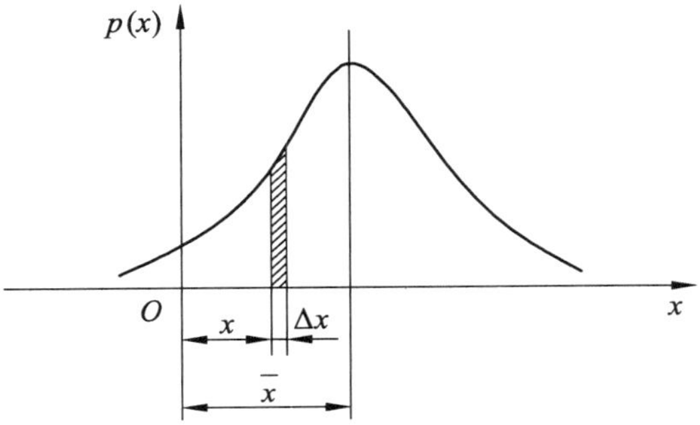

图 3.4.4　$p(x)$ 的一次矩及二次矩

方差亦可按下式计算：

$$\begin{aligned}\sigma^2 &= \int_{-\infty}^{\infty} (x-\overline{x})^2 p(x)\mathrm{d}x \\ &= \int_{-\infty}^{\infty} x^2 p(x)\mathrm{d}x - 2\overline{x}\int_{-\infty}^{\infty} xp(x)\mathrm{d}x + (\overline{x})^2 \int_{-\infty}^{\infty} p(x)\mathrm{d}x \\ &= \overline{x^2} - 2(\overline{x})^2 + (\overline{x})^2 = \overline{x^2} - (\overline{x})^2\end{aligned}$$

$$\sigma = \sqrt{\overline{x^2} - (\overline{x})^2}$$

若 $\overline{x}=0$，即 $p(x)$ 曲线下面积的重心在 $x=0$ 的垂直轴上，则 $\sigma = \sqrt{\overline{x^2}} = \overline{x}$。

3. 高斯分布和瑞利分布

如下简述两种常见的概率分布规律，即高斯分布和瑞利分布。高斯分布又称正态分布，是一种最为常见的重要分布。按照概率论的中心极限定理，若一个随机现象是由众多个随机因素所引起的，而每个因素在总的变化里不起显著的作用，就可以推断，描述这个随机现象的随机变量近似地服从高斯分布。

高斯分布表现为 $p(x)$ 是一种钟形曲线，如图 3.4.4 所示，并且关于其均值对称。它可用数学表达式表示为

$$p(x) = \frac{1}{\sigma\sqrt{2x}} \mathrm{e}^{-x^2/2\sigma^2} \tag{3.4.15}$$

另一种重要的分布规律为瑞利分布。当随机变量为正值时，常趋向于这种分布形式。这意味着如果记录的随机振动的振幅绝对值为 A 时，这种随机过程将是瑞利分布。瑞利分布的概率密度函数由下式定义，即

$$\begin{cases} p(A)=\dfrac{A}{\sigma^2}\mathrm{e}^{-A^2/2\sigma^2} & (A>0) \\ p(A)=0 & (A<0) \end{cases} \tag{3.4.16}$$

瑞利分布的均值和均方值可分别由 $p(A)$ 的一次矩和二次矩求得如下：

$$\overline{A}=\int_0^\infty Ap(A)\mathrm{d}A=\int_0^\infty \frac{A^2}{\sigma^2}\mathrm{e}^{-A^2/2\sigma^2}\mathrm{d}A=\sqrt{\frac{\pi}{2}}\sigma=1.25\sigma \tag{3.4.17}$$

$$\overline{A^2}=\int_0^\infty A^2 p(A)\mathrm{d}A=\int_0^\infty \frac{A^2}{\sigma^2}\mathrm{e}^{-A^2/2\sigma^2}\mathrm{d}A=2\sigma^2 \tag{3.4.18}$$

其方差为

$$\sigma_A^2=\overline{A^2}-(\overline{A})^2=\left(\frac{4-\pi}{2}\right)\sigma^2 \tag{3.4.19}$$

用统计特性来描述随机振动，看似较为粗糙，但在工程应用中则具有十分重要的意义。测量结构的随机振动状态，可以在一定程度上估计这一结构的工作状态。均值可以反映结构承受静载的状态；均方值则与运动能量有关，关系到结构的疲劳。如已知振动信号的分布为正态分布，则振动幅值超出 3σ 的概率为 3‰，若 σ 太大，则应警惕在振动过程中的突然破坏。

3.4.3 相关分析

1. 物理意义

相关是两个时间记录过程的相似性的一种衡量，其定义为：若有两个时间函数记录 $x_1(t)$ 和 $x_2(t)$，如图 3.4.5 所示，则它们之间的相关值为

$$\langle x_1(t),x_2(t)\rangle=\frac{1}{N}\sum_{i=1}^{N}x_1(t_i)x_2(t_i) \tag{3.4.20}$$

式中：$\langle x_1(t),x_2(t)\rangle$ 表示 $x_1(t)$ 和 $x_2(t)$ 的乘积的平均值。

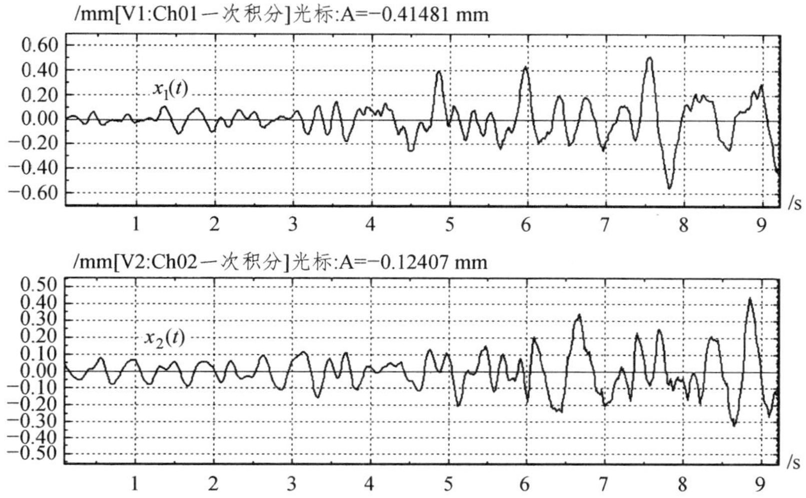

图 3.4.5　$x_1(t)$ 与 $x_2(t)$ 之间的相关

根据该定义，若 $x_1(t)$ 和 $x_2(t)$ 相似或相等，则其相关值将最大；对于不相似的两个记录，其乘积必然是一部分为正，一部分为负，其平均值也必然因为正负相抵而变小，其相关性程度就会降低。

2. 自相关函数

一个时间函数 $x(t)$ 的自相关函数 $R_x(\tau)$ 定义为

$$R_x(\tau)=E[x(t)x(t+\tau)]=\langle x(t),x(t+\tau)\rangle$$

$$=\lim_{T\to\infty}\frac{1}{T}\int_{-T/2}^{T/2}x(t)x(t+\tau)\mathrm{d}t \qquad (3.4.21)$$

式中：$E[x(t)x(t+\tau)]$ 表示求 $x(t)$ 和 $x(t+\tau)$ 的数学期望；$\langle x(t),x(t+\tau)\rangle$ 表示求 $x(t)$ 与 $x(t+\tau)$ 的乘积的数学平均值。根据该定义，当信号具有零均值时，即当 $\tau=0$ 时，$R(0)=\sigma^2$。典型的自相关函数曲线如图 3.4.6 所示。

自相关函数有以下特点：

（1）自相关函数是偶函数，即有 $R_x(\tau)=R_x(-\tau)$，且 $R(\tau)\leqslant R(0)$。

（2）自相关函数是高度随机性函数，如宽带随机噪声，随着时移 τ 的增加，$x(t)$ 和 $x(t+\tau)$ 很快便失去了相似性。

（3）对于周期函数，其自相关函数必为同一周期的周期函数，这是因为周期波每移动一个周期将与原波重合。

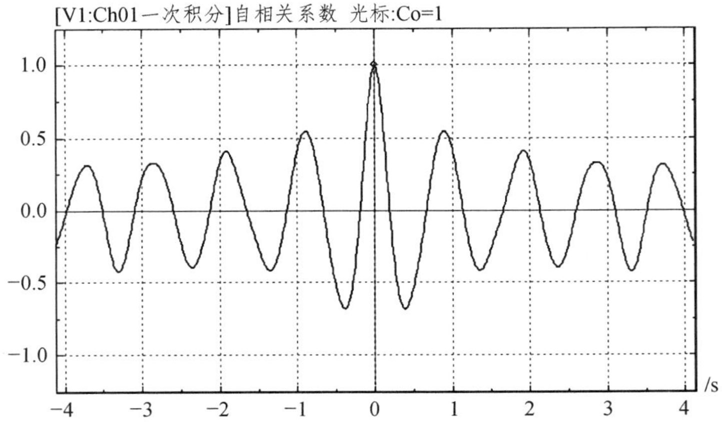

图 3.4.6 典型的自相关函数曲线

3. 互相关函数

两个随机时间函数 $x(t)$ 和 $y(t)$，其互相关函数定义为

$$R_{xy}(\tau)=E[x(t)y(t+\tau)]=\langle x(t),y(t+\tau)\rangle=\lim_{T\to\infty}\frac{1}{T}\int_{-T/2}^{T/2}x(t)y(t+\tau)\mathrm{d}t \tag{3.4.22a}$$

$$R_{yx}(\tau)=E[y(t)x(t+\tau)]=\langle y(t),x(t+\tau)=\lim_{T\to\infty}\frac{1}{T}\int_{-T/2}^{T/2}y(t)x(t+\tau)\mathrm{d}t \tag{3.4.22b}$$

典型互相关函数曲线如图 3.4.7 所示。

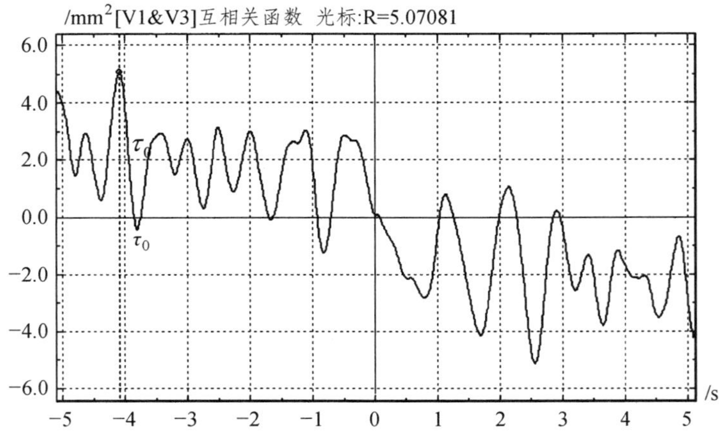

图 3.4.7 典型的互相关函数曲线图

又有

$$R_{xy}(\tau)=E[x(t)y(t+\tau)]=R_{yx}(-\tau) \tag{3.4.23a}$$

$$R_{yx}(\tau)=E[y(t)x(t+\tau)]=R_{xy}(-\tau) \tag{3.4.23b}$$

可见，$R_{xy}(\tau)$ 是不等于 $R_{yx}(\tau)$ 的。

由图 3.4.7 可见，$R_{xy}(\tau)$ 不是偶函数，该函数的最大值不一定发上在 $\tau=0$ 处，而是可能另有一个极大值 $R(\tau_0)$，发上在 τ_0 处。

相关性研究的出发点在于研究两个过程之间的依赖关系，涉及两个变量。自相关是互相关的一个派生结果或特殊情况。

若两个信号不同频，则其相关函数为 0，即两个非同频的周期信号是不相关的。互相关的这种性质可以用来提取噪声背景下的周期信号。用正弦信号与在背景噪声条件下的记录信号做相关处理时，由于正弦信号和噪声之间几乎是不相关的，因而在处理中噪声信号将被抑制，与之同频的周期信号将会被发现。用不同频率的正弦信号与随机样本记录做相关处理，即可发现其中的同频周期信号。

3.4.4　功率谱密度分析

如果说相关分析是在时域中研究随机信号的统计特性的一种方法，那么它在频域中的对应分析方法则是功率谱密度分析。

1. 功率谱密度函数与自相关函数

功率谱密度函数是信号的一种频域特性，通过功率谱密度的分析能够提供信号的频域信息。

对于随机振动信号

$$\int_{-\infty}^{\infty}|x(t)|\mathrm{d}t<\infty \tag{3.4.24}$$

是不能通过求得随机信号的傅氏变换而了解随机过程的频率组成的。解决方法是：不对随机过程的样本函数本身来做傅氏分析，而是对它的自相关函数来做傅氏分析。自相关函数是随机过程的一种数学变换，不会丢失过程中的频域信息，而自相关函数又是满足傅氏变换条件的。

如下证明，自相关函数的傅氏变换正是自功率谱密度函数。

利用帕塞瓦尔定理，并设 $X_1(f)$ 、 $X_2(f)$ 分别是 $x_1(t)$ 和 $x_2(t)$ 的傅氏变换，得到

$$\begin{aligned}\int_{-\infty}^{\infty} x_1(t)x_2(t)\mathrm{d}t &= \int_{-\infty}^{\infty} X_1(f)X_2^*(f)\mathrm{d}f \\ &= \int_{-\infty}^{\infty} X_1^*(f)X_2(f)\mathrm{d}f\end{aligned} \tag{3.4.25}$$

运用上述方程，可以将均方值、自相关、互相关表示为傅氏变换。

帕塞瓦尔定理对于将时域积分变换为频域积分是一个很重要的工具。如下通过该特性，运用帕塞瓦尔定理来证明功率谱密度函数与自相关函数之间的变换关系。令

$$x_1(t) = x_2(t) = x(t)$$

$$\begin{aligned}\overline{x^2} &= \lim_{T\to\infty}\frac{1}{T}\int_{-T/2}^{T/2} x^2(t)\mathrm{d}t \\ &= \lim_{T\to\infty}\frac{1}{T}\int_{-\infty}^{\infty} X(f)X^*(f)\mathrm{d}f \\ &= \int_{-\infty}^{\infty}\lim_{T\to\infty}\frac{1}{T}X(f)X^*(f)\mathrm{d}f\end{aligned} \tag{3.4.26}$$

由式

$$\overline{x^2} = \int_0^{\infty} G(f)\mathrm{d}f \tag{3.4.27}$$

式（3.4.27）中的 $G(f)$ 为单边功率谱。若为双边功率谱，则为

$$\overline{x^2} = \int_{-\infty}^{\infty} S(f)\mathrm{d}f \tag{3.4.28}$$

得到

$$S(f) = \lim_{T\to\infty}\frac{1}{T}X(f)X^*(f) \tag{3.4.29}$$

对于自相关函数，先将 $x(t+\tau)$ 作傅氏变换，即

$$x(t+\tau) = \int_{-\infty}^{\infty} X(f)\mathrm{e}^{2\pi\mathrm{j}f(t+\tau)}\mathrm{d}f \tag{3.4.30}$$

代入自相关函数的表达式，得

$$\begin{aligned}R(\tau) &= \lim_{T\to\infty}\frac{1}{T}\int_{-\infty}^{\infty} x(t)x(t+\tau)\mathrm{d}t \\ &= \lim_{T\to\infty}\frac{1}{T}\int_{-\infty}^{\infty} x(t)\int_{-\infty}^{\infty} X(f)\mathrm{e}^{2\pi\mathrm{j}ft}\mathrm{e}^{2\pi\mathrm{j}f\tau}\mathrm{d}f\mathrm{d}t \\ &= \int_{-\infty}^{\infty}\lim_{T\to\infty}\frac{1}{T}\left[\int_{-\infty}^{\infty} x(t)\mathrm{e}^{2\pi\mathrm{j}ft}\mathrm{d}t\right]X(f)\mathrm{e}^{2\pi\mathrm{j}f\tau}\mathrm{d}f \\ &= \int_{-\infty}^{\infty}\left[\lim_{T\to\infty}\frac{1}{T}X^*(f)X(f)\right]\mathrm{e}^{2\pi\mathrm{j}f\tau}\mathrm{d}f\end{aligned}$$

根据式（3.4.29）得

$$R(\tau)=\int_{-\infty}^{\infty}S(f)\mathrm{e}^{2\pi \mathrm{j} f\tau}\mathrm{d}f \tag{3.4.31a}$$

其反变换为

$$S(f)=\int_{-\infty}^{\infty}S(\tau)\mathrm{e}^{-2\pi \mathrm{j} f\tau}\mathrm{d}\tau \tag{3.4.31b}$$

由于 $R(\tau)$ 是在 $\tau=0$ 时对称的，所以 $R(-\tau)=R(\tau)$，式（3.4.31a）做如下变化：

$$\begin{aligned}
S(f)&=\int_{-\infty}^{\infty}R(\tau)\mathrm{e}^{-2\pi \mathrm{j} f\tau}\mathrm{d}\tau+\int_{0}^{\infty}R(\tau)\mathrm{e}^{-2\pi \mathrm{j} f\tau}\mathrm{d}r\\
&=\int_{-\infty}^{0}R(-\tau)\mathrm{e}^{2\pi \mathrm{j} f\tau}\mathrm{d}(-\tau)+\int_{0}^{\infty}R(\tau)\mathrm{e}^{-2\pi \mathrm{j} f\tau}\mathrm{d}\tau\\
&=-\int_{-\infty}^{0}R(\tau)\mathrm{e}^{2\pi \mathrm{j} f\tau}\mathrm{d}\tau+\int_{0}^{\infty}R(\tau)\mathrm{e}^{-2\pi \mathrm{j} f\tau}\mathrm{d}\tau\\
&=\int_{0}^{\infty}R(\tau)(\mathrm{e}^{2\pi \mathrm{j} f\tau}+\mathrm{e}^{-2\pi \mathrm{j} f\tau})\mathrm{d}\tau\\
&=2\int_{0}^{\infty}R(\tau)\mathrm{e}\cos 2\pi f\tau\mathrm{d}\tau
\end{aligned} \tag{3.4.31c}$$

式（3.4.31a）、式（3.4.31b）和式（3.4.31c）称为维纳-辛钦方程。

由此证明：功率谱密度是自相关函数的傅氏变换。

2. 功率谱密度函数与自相关函数

与上述维纳-辛钦方程相对应，如下定义 $x(t)$ 和 $y(t)$ 之间的交叉相关

$$R_{xy}(\tau)=\lim_{T\to\infty}\frac{1}{T}\int_{-T/2}^{T/2}x(t)y(t+\tau)\mathrm{d}t=\int_{-\infty}^{\infty}\left[\lim_{T\to\infty}\frac{1}{T}X^{*}(f)Y(f)\right]\mathrm{e}^{2\pi \mathrm{j} f\tau}\mathrm{d}f \tag{3.4.32}$$

定义 $S_{xy}(f)$ 为互功率谱密度函数

$$S_{xy}(f)=\lim_{T\to\infty}\frac{1}{T}X^{*}(f)Y(f)\quad(-\infty\leqslant f\leqslant\infty) \tag{3.4.33a}$$

于是有

$$R_{xy}(\tau)=\int_{-\infty}^{\infty}S_{xy}(f)\mathrm{e}^{2\pi \mathrm{j} f\tau}\mathrm{d}f \tag{3.4.33b}$$

$$S_{xy}(f)=\int_{-\infty}^{\infty}R_{xy}(\tau)\mathrm{e}^{-2\pi \mathrm{j} f\tau}\mathrm{d}\tau \tag{3.4.33c}$$

并有

$$S_{xy}(f)=S_{yx}^{*}(f)=S_{yx}(-f) \tag{3.4.34}$$

式（3.4.34）经证明如下：

$$\begin{aligned} S_{xy}(f) &= \lim_{T\to\infty}\frac{1}{T}X^*(f)Y(f) = \lim_{T\to\infty}\frac{1}{T}[X(f)Y^*(f)]^* \\ &= S_{yx}^*(f) = S_{yx}(-f) \end{aligned} \tag{3.4.35}$$

此处的 $S_{xy}(f)$ 称为互功率谱密度。

3.5 频响分析

用一特定已知的激振力，以可控的方式来激励结构，同时测量输入和输出信号，据此分析并找出结构的动态参数，以评价其动态特性或建立数学模型，即为频响分析的内容。

频响试验的结构往往表示成一组频率-响应曲线，包括幅频曲线、相频曲线；也可以表示为响应向量的矢端轨迹图，或实频、虚频曲线。通过对各类曲线的分析便可找出表征结构振动特性的有关参数。对于单自由度体系，这些参数就是固有频率、刚度、质量以及阻尼。对于多自由度体系，则要进行模态分析。

在频响测量分析中，一般情况下，固有频率被认为是较容易准确获得的参数，所以频响分析工作往往是从寻求固有频率开始的。在实际振动过程中，阻尼是关键的参数，人们根据系统在振动过程中能量耗散的可能形式，提出了所谓黏性阻尼和结构阻尼的假定。黏性阻尼假定阻尼力与运动速度成正比，即

$$F_{\mathrm{d}} = cv = c\dot{x} \tag{3.5.1}$$

比例常数 c 称为阻尼系数，它是一个正数，有量纲。

结构阻尼又称滞变阻尼，一般认为是由于构成结构的材料的内部分子在承受交变应变时互相摩擦引起的能量耗散而表现出来的一种阻尼力。对其的假定是：它的大小与振动位移的大小成正比，与速度同相位。

$$F_{\mathrm{d}} = h|x|\frac{\dot{x}}{|\dot{x}|}$$

比例系数 h 称为结构阻尼系数，它也是一个有量纲的量，其量纲与刚度的量纲相同。

在计算和测量中，采用无量纲的阻尼参数较为方便，并规定

$$\xi = \frac{c}{2\sqrt{mk}} \tag{3.5.2}$$

$$g=\frac{h}{k} \tag{3.5.3}$$

式（3.5.2）、（3.5.3）分别称为相对黏性阻尼系数和相对滞变阻尼系数。

频响分析的第二步即是求出阻尼。阻尼确定后，下面便是求算刚度和质量。对于单自由度体系，频响分析的大体步骤是：固有频率→阻尼→刚度→质量。前三者之间有确定的关系，独立的只有两个。对于多自由度体系，求得阻尼后，还需确定振型，并对振型进行适当的规格化后，刚度和质量参数才能最终确定。

3.5.1　振动系统机械阻抗与导纳概述

1. 概念

以单自由度振动系统为例，在此引入机械阻抗的概念。

如图 3.5.1 所示系统的微分方程为

$$m\ddot{x}+c\dot{x}+kx=f(t) \tag{3.5.4}$$

式中：$f(t)$ 为作用在质量元件 m 上的激振力；x、$\dot{x}$ 和 $\ddot{x}$ 分别为由 $f(t)$ 引起的质量 m 的位移、速度和加速度响应。

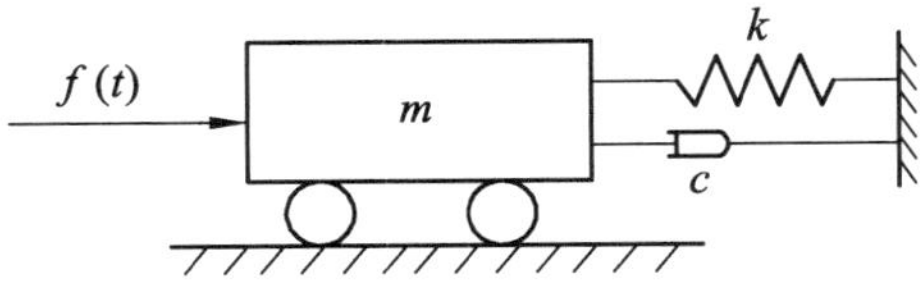

图 3.5.1　单自由度系统

如果 $f(t)=F\sin\omega t$，则 x、$\dot{x}$ 和 $\ddot{x}$ 经过短时间的过渡之后，将变为稳定的周期性的简谐振动响应。若将上述简谐激振力换成“复数力” $f=F\mathrm{e}^{\mathrm{j}\omega t}$，那么位移、速度和加速度也将为复数形式：

$$x=X\mathrm{e}^{\mathrm{j}\omega t}, \quad \dot{x}=\mathrm{j}\omega X\mathrm{e}^{\mathrm{j}\omega t}, \quad \ddot{x}=(\mathrm{j}\omega)^2 X\mathrm{e}^{\mathrm{j}\omega t}$$

式中：X 为复数量，称为复数位移矢量

$$X=|X|\mathrm{e}^{\mathrm{j}\alpha}$$

上述复数解中取其虚部，即对应于 $f(t)=F\sin\omega t$ 的解。复数解中包括对应于 $f(t)=F\sin\omega t$ 的简谐振动解。做了上述处理之后，微分方程化为代数方程

$$(-\omega^2 m + \mathrm{j}\omega c + k)X = F$$

或变换为以下两种形式：

$$\left(m\mathrm{j}\omega + c + \frac{k}{\mathrm{j}\omega}\right)\mathrm{j}\omega X = F \text{，} \left(m + \frac{c}{\mathrm{j}\omega} - \frac{k}{\omega^2}\right)(\mathrm{j}\omega)^2 X = F$$

令 $V = \mathrm{j}\omega X$ ，$A = (\mathrm{j}\omega)^2 X = -\omega^2 X$ ，分别称为复数速度矢量和复数加速度矢量。于是可由以上三式得到

$$Z_D = \frac{F}{X} = k - \omega^2 m + \mathrm{j}\omega c \tag{3.5.5}$$

$$Z_V = \frac{F}{V} = c + \mathrm{j}\omega m + \frac{k}{\mathrm{j}\omega} \tag{3.5.6}$$

$$Z_A = \frac{F}{A} = m - \frac{k}{\omega^2} + \frac{c}{\mathrm{j}\omega} \tag{3.5.7}$$

式中：Z_D 、Z_V 、Z_A 分别称为位移阻抗、速度阻抗和加速度阻抗，表示产生单位位移响应、速度响应和加速度响应所需要提供的激振力。

阻抗的倒数称为导纳，因此相应地有位移导纳 Y_D 、速度导纳 Y_V 和加速度导纳 Y_A ：

$$Y_D = 1/Z_D = X/F \tag{3.5.8}$$

$$Y_V = 1/Z_V = V/F \tag{3.5.9}$$

$$Z_A = 1/Z_A = A/F \tag{3.5.10}$$

从物理意义上说，导纳代表单位激振力所产生的运动量。对于同一系统来说，以上 6 种表达式是等价的，知道其中一个就能推知其他 5 个。

在复杂系统中，激振力作用在系统的某一点，它所引起的各点的响应（包括各个方向上的响应）各不相同。因此，需将阻抗和导纳的定义进一步扩展。

在图 3.5.2 所示的结构中，作用力施于 j 点，在任一点 i 产生响应 X_i ，定义传递阻抗 Z_{ij} 为使 i 产生单位运动量（位移、速度或加速度）在 j 点所需的作用力。因此

$$Z_{ij} = \frac{F_j}{X_i} \tag{3.5.11}$$

式（3.5.11）即为 i 、j 之间的位移传递阻抗的定义。阻抗的倒数定义为导纳，因此 i 、

j 两点间的传递导纳为

$$Y_{ij}=\frac{X_i}{F_j} \tag{3.5.12}$$

其物理意义为在 j 点作用单位力，在 i 点产生的运动量（位移、速度或加速度）。

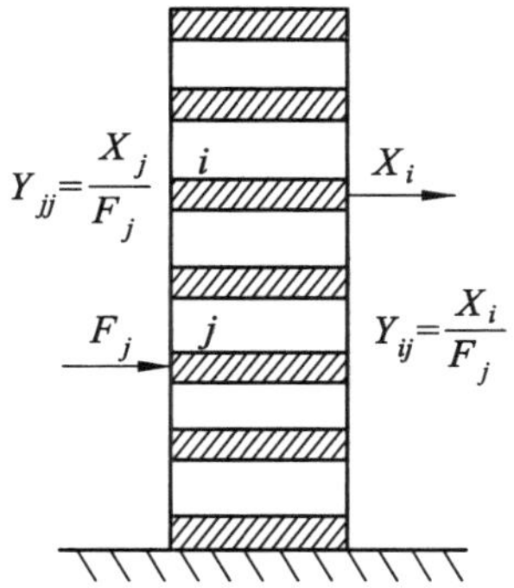

图 3.5.2　传递导纳的概念

2. 集中参数元件的阻抗和导纳

对于图 3.5.1 所示的单自由度系统，它有 3 个参数，即集中的质量 m、集中的刚度 k 以及集中的阻尼 c。可以把这 3 个参数看成是组成一个单自由度系统的元件。当这 3 个元件都存在的时候，以复数表示的运动方程为

$$\left(\mathrm{j}\omega m+c+\frac{k}{\mathrm{j}\omega}\right)V=F \tag{3.5.13}$$

如下考察以上 3 个元件只有一个单独存在时的特殊情况。

1）阻尼元件 c 的阻抗和导纳

当激振力 F 作用在阻尼元件 c 上时，如图 3.5.3 所示。

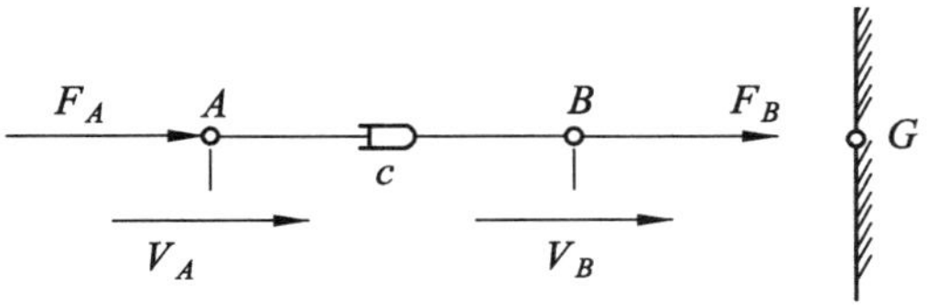

图 3.5.3　阻尼元件的受力及其速度响应

它所引起的 A 点相对于 B 点的速度为 $V=V_A-V_B$。由式（3.5.13）可知，只要令 m 和 k

等于 0，即可得到

$$cV = F \tag{3.5.14}$$

由此得到阻尼元件的阻抗和导纳分别为

$$Z_c = F/V = c\,,\quad Y_c = 1/Z_c = \frac{1}{c} \tag{3.5.15}$$

2）弹簧元件 k 的阻抗和导纳

如图 3.5.4 所示，与求阻尼元件的阻抗一样，令方程（3.5.13）中的 m 及 c 为零，即可得到

$$\frac{k}{\mathrm{j}\omega}V = F \tag{3.5.16}$$

由此可得到弹簧元件的阻抗和导纳分别为

$$Z_k = F/V = \frac{k}{\mathrm{j}\omega} = -\mathrm{j}\frac{k}{\omega}\,,\quad Y_k = \frac{1}{Z_k} = \frac{\mathrm{j}\omega}{k} \tag{3.5.17}$$

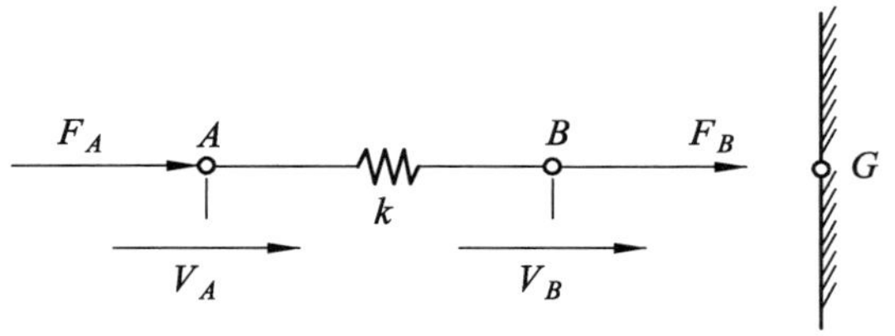

图 3.5.4 弹簧元件的受力及其速度响应

3）质量元件 m 的阻抗及导纳

质量元件的受力及响应一般如图 3.5.5 所示。

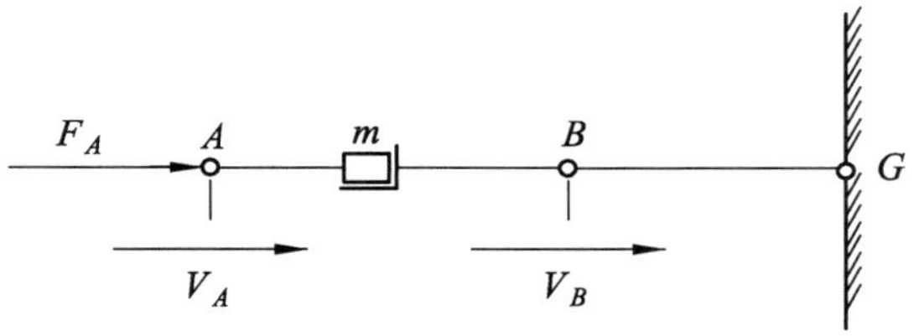

图 3.5.5 质量元件的受力及响应

由于在考虑实际质量元件上的加速度时，总是以大地作为惯性参照系，因此代表质量元件的示意图总令其一端接地。接地端和质量块之间有一滑隙，表示质量块可以对大地自

由运动。质量元件是无弹性的，将质量块看作一个质点，只考虑其质量的大小。

采用与前面同样的方法，可以得到质量元件的阻抗和导纳分别为

$$Z_m = F / V = \mathrm{j}\omega m\ ,\quad Y_m = \frac{1}{Z_m} = \frac{1}{\mathrm{j}\omega m} \tag{3.5.18}$$

采用上述类似的分析方法，可以求得位移阻抗和加速度阻抗。表 3.5.1 列出了 3 种集中参数元件的不同类型的阻抗及导纳的表达式。

表 3.5.1　元件的阻抗及导纳表达式

类型	Z_k	Z_c	Z_m	Y_k	Y_c	Y_m
位移型	k	$\mathrm{j}\omega c$	$-\omega^2 m$	$1/k$	$1/(\mathrm{j}\omega c)$	$-1/(\omega^2 m)$
速度型	$k/(\mathrm{j}\omega)$	c	$\mathrm{j}\omega m$	$\mathrm{j}\omega/k$	$1/c$	$1/(\mathrm{j}\omega m)$
加速度型	$-k/\omega^2$	$c/(\mathrm{j}\omega)$	m	$-\omega^2/k$	$\mathrm{j}\omega/c$	$1/m$

3.5.2　单自由度系统的频响特性和导纳曲线

1. 无阻尼系统

1）自由系统

自由系统与地面之间没有固结点，因而整个系统可以有刚体运动。图 3.5.6 为单自由度无阻尼系统的力学模型及其等效机械阻抗网络图。

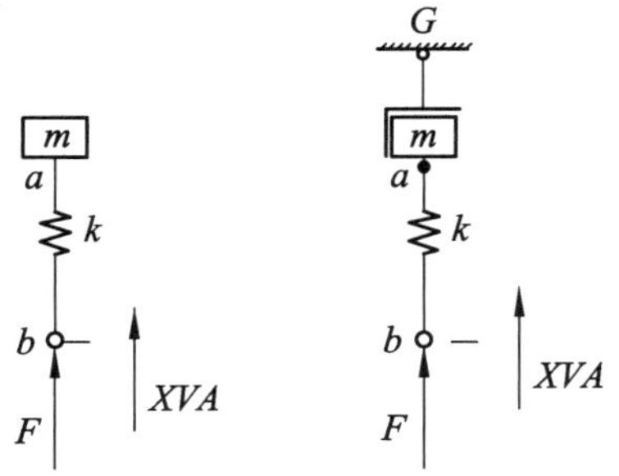

图 3.5.6　单自由度无阻尼系统的力学模型及其等效机械阻抗网络图

研究上图所示系统的频响特性，即为研究作用力 $F\mathrm{e}^{\mathrm{j}\omega t}$ 与由它引起的响应 $X\mathrm{e}^{\mathrm{j}\omega t}$，$V\mathrm{e}^{\mathrm{j}\omega t}$ 以及 $A\mathrm{e}^{\mathrm{j}\omega t}$ 之间的关系。

位移响应与激振力之间的关系可用导纳表示如下：

$$Y=\frac{X}{F} \tag{3.5.19}$$

Y 的意义就是幅值为 1 的激振力所产生的响应。研究 Y 与激振力功率之间的关系，便是分析频响特性。

由图 3.5.6（b）可见，b 点的总导纳为

$$Y=Y_m+Y_k \tag{3.5.20}$$

式中：Y_m 及 Y_k 分别为 m 元件及 k 元件的导纳。由于采用位移导纳，它们为

$$Y_m=-\frac{1}{\omega^2 m}\text{，}\quad Y_k=\frac{1}{k} \tag{3.5.21}$$

于是总导纳为

$$Y=-\frac{1}{\omega^2 m}+\frac{1}{k}=\frac{\omega^2 m-k}{\omega^2 mk}=\frac{-1}{\omega^2 m}\left(1-\frac{\omega^2}{\omega_A^2}\right)=\frac{1}{k}\left(1-\frac{\omega_A^2}{\omega^2}\right)$$

式中
$$\omega_A=\sqrt{k/m} \tag{3.5.22}$$

称为系统共振频率。

由导纳表达式可以看出：

（1）当 $\omega \ll \omega_A$ 时，$Y\approx-\dfrac{1}{\omega^2 m}$。此时系统的运动以刚体运动为主，机械导纳（或阻抗）呈现质量效果。

（2）当 $\omega \gg \omega_A$ 时，$Y\approx 1/k$。此时 a 点的运动主要取决于弹簧刚度，质量块基本上处于静止状态。

（3）当 $\omega=\omega_A$ 时，$Y=0$，此时 b 点的位移 $X_b=FY=0$。驱动点位移为零这一现状称为反共振或逆共振。ω_A 称为反共振频率。

2）约束系统

系统有一点固结于地面，从而排除系统作为整体的刚体运动，便称为约束系统。图 3.5.7 为一无阻尼的单自由度约束系统的力学模型和它的等效机械阻抗网络图。

$$Z=-\omega^2 m+k=m\left(\frac{k}{m}-\omega^2\right)=m(\Omega^2-\omega^2)=k\left(1-\frac{\omega^2}{\Omega_n^2}\right) \tag{3.5.23}$$

$$\Omega_n^2=\frac{k}{m} \tag{3.5.24}$$

由导纳表达式可以看出，当 $\omega=\Omega_n$ 时，$Y=\infty$，因而振动位移响应为 $X=FY=\infty$。这表明，对于有限的激励力，系统将产生无限大的振动位移响应，这种现象称为无阻尼系统的共振，因而 Ω_n 称为共振频率。无阻尼系统的共振频率与系统的固有频率相同。

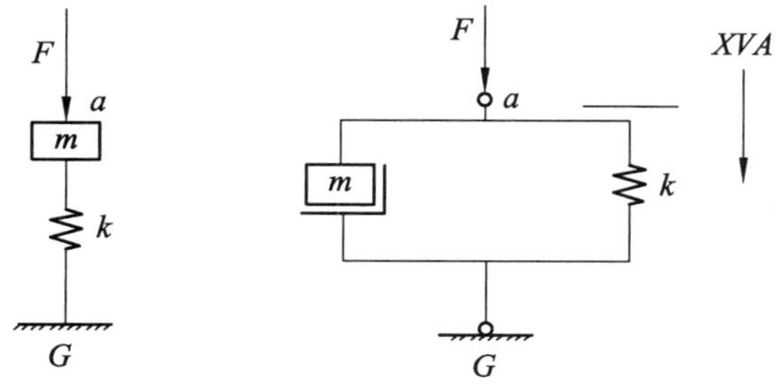

图 3.5.7　无阻尼单自由度的约束系统

2. 有阻尼系统

阻尼的作用主要是在共振的时候限制振动幅值，使共振时的无限响应变为有限响应。

1）自由系统

图 3.5.8 所示为单自由度的有阻尼自由系统的力学模型及其等效的机械阻抗网络图。

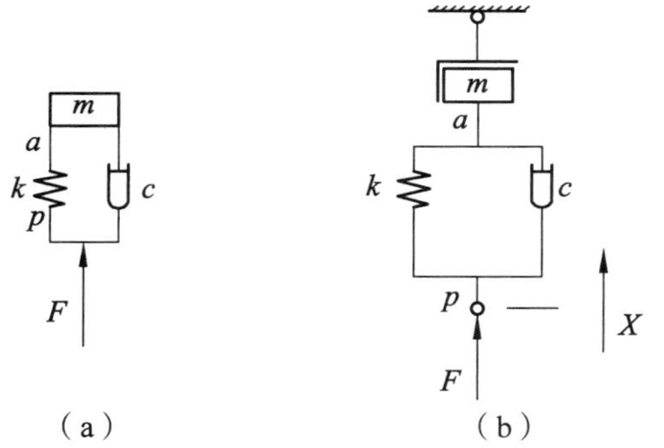

图 3.5.8　有阻尼的单自由度自由系统的力学模型及其等效机械阻抗网络图

若要求得系统的总阻抗，应先计算元件 k 和元件 c 的并联阻抗

$$Z_{p-a}=Z_k+Z_c=k+\mathrm{j}\omega c \tag{3.5.25}$$

将 Z_{p-a} 和质量元件的阻抗 Z_m 串联得到

$$Y_{p-G}=\frac{1}{Z_{p\text{-}G}}=\frac{1}{Z_{p-a}}+\frac{1}{Z_m}=\frac{1}{k+\mathrm{j}\omega c}+\frac{1}{-\omega^2 m} \tag{3.5.26}$$

由式（3.5.26）可以看出，系统的低频特性呈现质量型，只是其低频渐近线的纵坐标提高了$1/k$，而其高频特性已不再呈现弹簧性。

2）约束系统

图 3.5.9 所示为单自由度有阻尼约束系统的力学模型及其等效阻抗网络图。

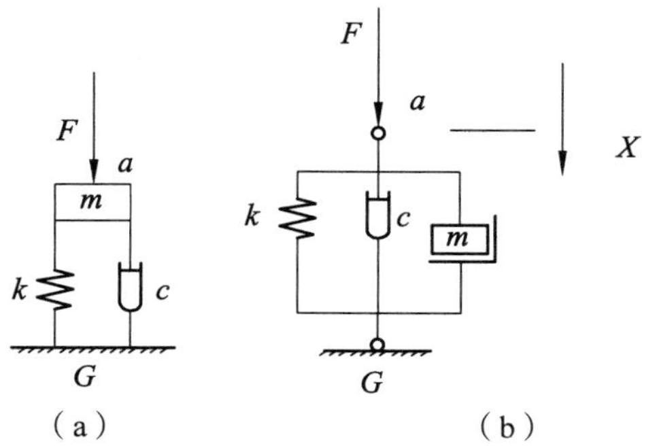

图 3.5.9　单自由度有阻尼约束系统的力学模型及其等效阻抗网络图

根据阻抗网络图可知，a、G之间的等效阻抗可由并联关系求得：

$$Z = Z_m + Z_k + Z_c = -m\omega^2 + k + \mathrm{j}\omega c$$

$$= \sqrt{(k - m\omega^2)^2 + (c\omega)^2}\,\mathrm{e}^{\mathrm{j}\Phi'} = k\sqrt{\left[1-\left(\frac{\omega}{\Omega_n}\right)^2\right]^2 + \left(2\xi\frac{\omega}{\Omega_n}\right)}\mathrm{e}^{\mathrm{j}\Phi'} \quad (3.5.27)$$

$$\Phi' = \arctan\frac{c\omega}{k - m\omega^2} = \arctan\frac{2\xi\dfrac{\omega}{\Omega_n}}{1-\left(\dfrac{\omega}{\Omega_n}\right)^2} \quad (3.5.28)$$

式中 $$\Omega_n^2 = k/m\,,\quad \xi = \frac{c}{2\sqrt{mk}} = \frac{c\Omega_n}{2k} \quad (3.5.29)$$

转换成导纳表达式，则为

$$Y = \frac{1/k}{\sqrt{\left[1-\left(\dfrac{\omega}{\Omega_n}\right)^2\right]^2 + \left(2\xi\dfrac{\omega}{\Omega_n}\right)^2}}\mathrm{e}^{\mathrm{j}\Phi} = |Y|\mathrm{e}^{\mathrm{j}\Phi} \quad (3.5.30)$$

式中

$$|Y| = \frac{1/k}{\sqrt{\left[1-\left(\dfrac{\omega}{\Omega_n}\right)^2\right]^2 + \left(2\xi\dfrac{\omega}{\Omega_n}\right)^2}} \tag{3.5.31}$$

$$\Phi = -\Phi' = \arctan\frac{-2\xi\dfrac{\omega}{\Omega_n}}{1-\left(\dfrac{\omega}{\Omega_n}\right)^2} \tag{3.5.32}$$

3.6　模态分析

模态分析的关键在于找到模态振型矩阵。作为一种新的坐标系统的向量基用来构成模态坐标系统，并求得响应量在这一坐标系统中的坐标，称之为模态坐标。一般而言，模态坐标除了与激振力有关外，亦是若干参数（称为模态参数）的函数。在求取模态参数工作完成后，即可建立响应计算模型-模态模型；运用模态振型，便可计算在实际激励作用下结构的运动，包括位移、速度、加速度等。

3.6.1　多自由度响应的模态叠加法

具有比例阻尼的多自由度系统的运动方程为

$$[M]\{\ddot{x}\}+[C]\{\dot{x}\}+[K]\{x\}=\{f(t)\} \tag{3.6.1}$$

式中

$$[C]=\alpha[M]+\beta[K] \tag{3.6.2}$$

α 和 β 为比例常数，$[C]$ 为阻尼矩阵。满足式（3.6.2）的阻尼称为比例阻尼。$[M]$ 和 $[K]$ 分别为质量矩阵和刚度矩阵。

通过坐标变换

$$\{x\}=\sum_{r=1}^{N} q_r\{\varphi_r\} \tag{3.6.3}$$

式中：$\{\varphi_r\}$ 为由 $[M]\{\ddot{x}\}+[K]\{x\}=0$ 所确定的第 r 阶模态振型（即特征向量）。将式（3.6.3）代入式（3.6.1）得

$$[M]\left(\sum_{r=1}^{N}\ddot{q}_r\{\varphi_r\}\right)+[C]\left(\sum_{r=1}^{N}\dot{q}_r\{\varphi_r\}\right)+[K]\left(\sum_{r=1}^{N}q\{\varphi_r\}\right)=\{f(t)\} \tag{3.6.4}$$

式（3.6.4）左乘以 $\{\varphi_s\}^{\mathrm{T}}$，并考虑到模态振型的正交性，即

$$\{\varphi_s\}^{\mathrm{T}}[M]\{\varphi_r\}=\begin{cases}0, & r\neq s\\ m, & r=s\end{cases} \text{及} \{\varphi_s\}^{\mathrm{T}}[K]\{\varphi_r\}=\begin{cases}0 & (r\neq s)\\ k_s & (r=s)\end{cases}$$

有

$$\begin{aligned}\{\varphi_s\}^{\mathrm{T}}[C]\{\varphi_r\}&=\alpha\{\varphi_s\}^{\mathrm{T}}[M]\{\varphi_r\}+\beta\{\varphi_s\}^{\mathrm{T}}[K]\{\varphi_r\}\\&=\begin{cases}0 & (r\neq s)\\ \alpha m_s+\beta k_s=c_s & (r=s)\end{cases}\end{aligned} \tag{3.6.5}$$

式中：m_s、k_s 和 c_s 分别称为第 s 阶模态质量、模态刚度和模态阻尼系数。故式（3.6.5）可改写为

$$m_s\ddot{q}_s+c_s\dot{q}_s+k_sq_s=\{\varphi_s\}^{\mathrm{T}}\{f(t)\} \tag{3.6.6}$$

式中：q_s 称为第 s 阶模态坐标。令 $\{f(t)\}=\{F\}\mathrm{e}^{\mathrm{j}\omega t}$，则 $q_s=Q_s\mathrm{e}^{\mathrm{j}\omega t}$，代入式（3.6.6）得

$$\left.\begin{aligned}&(-\omega^2m_s+\mathrm{j}\omega c_s+k_s)Q\mathrm{e}^{\mathrm{j}\omega t}=\{\varphi_s\}^{\mathrm{T}}\{F\}\mathrm{e}^{\mathrm{j}\omega t}\\&Q_s=\frac{\{\varphi_s\}^{\mathrm{T}}\{F\}}{-\omega^2m_s+\mathrm{j}\omega c_s+k_s}\end{aligned}\right\} \tag{3.6.7}$$

式中：Q_s 是模态坐标矢量，它有幅值和相位。可以看到，Q_s 相当于一个质量、刚度和阻尼分别为 m_s、k_s、c_s 的单自由度系统在模态力 $P_s=\{\varphi_s\}^{\mathrm{T}}\{F\}$ 作用下的响应。Q_s 的相位是相对于激振力的相位差。

根据式（3.6.3），不考虑初始条件，可得到的位移响应为

$$\{x\}=\begin{Bmatrix}X_1\\X_2\\\vdots\\X_N\end{Bmatrix}\mathrm{e}^{\mathrm{j}\omega t}=\sum_{r=1}^{N}q_r\{\varphi_r\}=\sum_{r=1}^{N}Q_r\{\varphi_r\}\mathrm{e}^{\mathrm{j}\omega t} \tag{3.6.8}$$

$$\{X\}=\begin{Bmatrix}X_1\\X_2\\\vdots\\X_N\end{Bmatrix}=\sum_{r=1}^{N}Q_r\{\varphi_r\}=\sum_{r=1}^{N}\frac{\{\varphi_r\}^{\mathrm{T}}\{F\}\{\varphi_r\}}{-\omega^2m_r+\mathrm{j}\omega c_r+k_r}=\sum_{r=1}^{N}\frac{\{\varphi_r\}\{\varphi_c\}^{\mathrm{T}}}{-\omega^2m_r+\mathrm{j}\omega c_r+k_r}\{F\} \tag{3.6.9}$$

式（3.6.9）即为具有比例黏性阻尼的系统进行响应计算的模态模型。

为方便起见，式（3.6.9）也可改写为

$$\{X\}=\sum_{r=1}^{N}\frac{\{\varphi_r\}\{\varphi_r\}^{\mathrm{T}}\{F\}}{k_r\left[1-\left(\dfrac{\omega}{\Omega_r}\right)^2+2\mathrm{j}\xi_r\left(\dfrac{\omega}{\Omega_r}\right)\right]}, \quad \Omega_r=\sqrt{k_r/m_r} \tag{3.6.10}$$

或

$$\{X\}=\sum_{r=1}^{N}\frac{\{\varphi_r\}\{\varphi_r\}^{\mathrm{T}}\{F\}}{m_r(\Omega_r^2-\omega^2+2\mathrm{j}\xi_r\omega\Omega_r)} \tag{3.6.11}$$

$$\{X\}=\sum_{r=1}^{N}\left(\frac{1}{-\omega^2 m}\right)\frac{\{\varphi_r\}\{\varphi_r\}^{\mathrm{T}}\{F\}}{1-\left(\dfrac{\Omega_r}{\omega}\right)^2-2\mathrm{j}\xi_r\left(\dfrac{\Omega_r}{\omega}\right)} \tag{3.6.12}$$

应当特别注意的是：以上公式所采用的模态振型$\{\varphi_r\}$是无阻尼振动系统的特征向量，它代表系统以频率Ω_r在固有振动时的各质点的振动幅值比。它是一个各元素均为实数的阵列，因而又称为实模态振型。与实模态振型相联系的所有的模态参数都是实参数。以实模态振型矩阵作为坐标变换矩阵来建立上述模态模型的理论称为实模态理论。

3.6.2 振动系统的物理模型和模态模型间的转换

在物理坐标系统中，N个自由度系统的方程为

$$[M]\{\ddot{x}\}+[C]\{\dot{x}\}+[K]\{x\}=\{f\} \tag{3.6.13}$$

式中：$[M]$、$[C]$和$[K]$分别为质量矩阵、阻尼矩阵和刚度矩阵。在这个坐标系统中，可求得该系统的固有频率矩阵和固有振型矩阵。

$$[\Omega]=\mathrm{diag}[\Omega_1,\Omega_2,\cdots,\Omega_N], \quad [\Phi]=[\{\varphi_1\},\{\varphi_2\},\cdots,\{\varphi_N\}] \tag{3.6.14}$$

在模态坐标系统中，用$[\Phi]$作为坐标系统空间的基向量矩阵，令

$$\{x\}=[\Phi]\{q\} \tag{3.6.15}$$

式中：$\{q\}$为模态坐标向量。则可将式（3.6.12）变换如下：

$$[\Phi]^{\mathrm{T}}[M][\Phi]\{\ddot{q}\}+[\Phi]^{\mathrm{T}}[C][\Phi]\{\dot{q}\}+[\Phi]^{\mathrm{T}}[K][\Phi]=[\Phi]^{\mathrm{T}}\{f\} \tag{3.6.16a}$$

$$[m_r]\{\ddot{q}\}+[c_r]\{\dot{q}\}+[k_r]\{\dot{q}\}=[\Phi]^{\mathrm{T}}\{f\} \tag{3.6.16b}$$

式中
$$\left.\begin{aligned}&[m_r]=\mathrm{diag}[m_1,m_2,\cdots,m_N] & m_i=\{\varphi_i\}^{\mathrm T}[M]\{\varphi_i\}\\&[c_r]=\mathrm{diag}[c_1,c_2\cdots,c_N] & c_i=\{\varphi_i\}^{\mathrm T}[C]\{\varphi_i\}\\&[k_r]=\mathrm{diag}[k_1,k_2,\cdots,k_N] & k_i=\{\varphi_i\}^{\mathrm T}[K]\{\varphi_i\}\end{aligned}\right\}\tag{3.6.17}$$

分别称为模态质量矩阵、模态阻尼矩阵和模态刚度矩阵，且均为对角阵。其元素 m_i 、c_i 、k_i 则称为模态质量、模态阻尼和模态刚度。而式（3.6.16）则为系统的模态模型。令

$$\{f\}=\{F\}\mathrm e^{\mathrm j\omega t}\text{，}\quad\{q\}=\{Q\}\mathrm e^{\mathrm j\omega t}\text{，}\quad\{x\}=\{X\}\mathrm e^{\mathrm j\omega t}$$

可得
$$\begin{aligned}\{X\}&=[\Phi]([k_r]-\omega^2[m_r]+\mathrm j\omega[c_r])^{-1}[\Phi]^{\mathrm T}\{F\}\\&=[\Phi][Y_r][\Phi]^{\mathrm T}[F]=[H][F]\end{aligned}\tag{3.6.18}$$

式中
$$[H]=[\Phi][Y_r]\,[\Phi]^{\mathrm T}\{F\}\tag{3.6.19}$$

$$[Y_r]=\mathrm{diag}[Y_1,Y_2,\cdots,Y_r]\tag{3.6.20}$$

$$Y_r=(k_r-\omega^2m_r+\mathrm j\omega c_r)^{-1}\tag{3.6.21}$$

式（3.6.18）为频域响应预测公式，式（3.6.19）为频响函数矩阵表达式。

3.6.3 频响函数

1. 定义

由式（3.6.10）可知

$$\{X\}=\sum_{r=1}^{N}\frac{\{\varphi_r\}\{\varphi_r\}^{\mathrm T}\{F\}}{k_r\left[1-\left(\dfrac{\omega}{\Omega_r}\right)^2+2\mathrm j\xi_r\left(\dfrac{\omega}{\Omega_r}\right)\right]}=\sum_{r=1}^{N}\frac{\{\varphi_r\}\{\varphi_r\}^{\mathrm T}\{F\}}{k_r(1-\lambda_r^2+2\mathrm j\xi_r\lambda_r)}\tag{3.6.22}$$

为简便起见，令 $\lambda_r=\omega/\Omega$ 。由式（3.6.21）可知，式（3.6.22）可简写为

$$\{X\}=\left(\sum_{r=1}^{N}Y_r\{\varphi_r\}\{\varphi_r\}^{\mathrm T}\right)\{F\}=[H]\{F\}\tag{3.6.23}$$

频响函数矩阵为

$$[H]=\sum_{r=1}^{N}Y_r\{\varphi_r\}\{\varphi_r\}^{\mathrm T}\tag{3.6.24}$$

它的展开式为

$$[H]=\begin{bmatrix} H_{11} & H_{12} & \cdots & H_{1N} \\ H_{21} & H_{22} & \cdots & H_{2N} \\ \vdots & \vdots & & \vdots \\ H_{N1} & H_{N2} & \cdots & H_{NN} \end{bmatrix}=\sum_{r=1}^{N}Y_r\left[\begin{Bmatrix} \varphi_{1r} \\ \varphi_{2r} \\ \vdots \\ \varphi_{Nr} \end{Bmatrix}\{\varphi_{1r} \quad \varphi_{2r} \quad \cdots \quad \varphi_{Nr}\}\right]$$

$$=\sum_{r=1}^{N}Y_r\begin{bmatrix} \varphi_{1r}\varphi_{1r} & \varphi_{1r}\varphi_{2r} & \cdots & \varphi_{1r}\varphi_{Nr} \\ \varphi_{2r}\varphi_{1r} & \varphi_{2r}\varphi_{2r} & \cdots & \varphi_{2r}\varphi_{Nr} \\ \vdots & \vdots & & \vdots \\ \varphi_{Nr}\varphi_{1r} & \varphi_{Nr}\varphi_{2r} & \cdots & \varphi_{Nr}\varphi_{Nr} \end{bmatrix} \tag{3.6.25}$$

$[H]$ 中的任一元素 H_{ij}，其表达式为

$$H_{ij}(\omega)=\sum_{r=1}^{N}Y_r\varphi_{ir}\varphi_{jr}=\sum_{r=1}^{N}\frac{\varphi_{ir}\varphi_{jr}}{k_r-\omega^2 m_r+\mathrm{j}\omega c_r} \tag{3.6.26}$$

式（3.6.26）称为系统在 i 、j 两点之间的频响函数。其物理意义为：在 j 点作用单位力时，在 i 点所引起的响应。

2. 频响函数和模态参数的关系

由式（3.6.25）可得到如下结论：

（1）频响函数矩阵中的任意一行表示为

$$\begin{aligned} &[H_{i1} \quad H_{i2} \quad \cdots \quad H_{iN}] \\ &=\sum_{r=1}^{N}Y_r[\varphi_{ir}\{\varphi_r\}^{\mathrm{T}}]=\sum_{r=1}^{N}[{}_rH_{i1} \quad {}_rH_{i2} \quad \cdots \quad {}_rH_{iN}] \\ &=\sum_{r=1}^{N}Y_r\varphi_{ir}[\varphi_{1r} \quad \varphi_{2r} \quad \cdots \quad \varphi_{Nr}] \\ &=\sum_{r=1}^{N}\frac{\varphi_{ir}}{k_r-\omega^2 m_r+\mathrm{j}\omega c_r}[\varphi_{1r} \quad \varphi_{2r} \quad \cdots \quad \varphi_{Nr}] \end{aligned} \tag{3.6.27}$$

如（3.6.27）可见，$[H]$ 中的任意一行，即包含所有模态参数，而该行的第 r 阶模态的频响函数值之比值，即为第 r 阶模态振型。该结论告诉我们，如果在结构上某一固定点 i 点拾振，轮流地激励所有的点，即可求得频响函数的一行，该行频响函数即可包含进行模态分析所需要的全部信息。如图 3.6.1 所示的单点拾振，各点用力锤轮流敲击法激振，就是测量一行频响函数的典型方法。

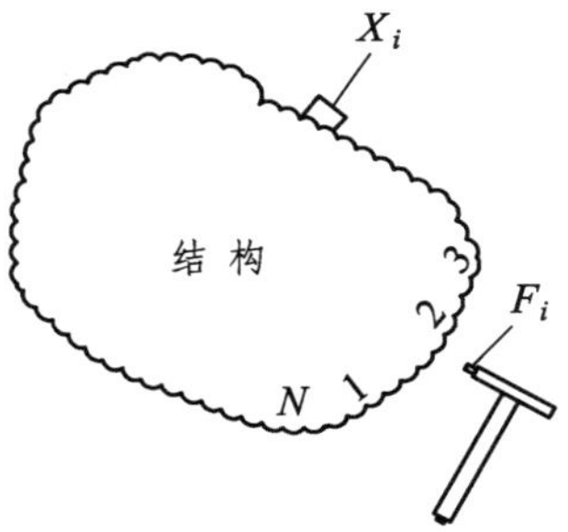

图 3.6.1 单点拾振法

（2）频响函数矩阵中的任意一列表示为

$$\begin{Bmatrix} H_{1j} \\ H_{2j} \\ \vdots \\ H_{Nj} \end{Bmatrix} = \sum_{r=1}^{N} \begin{Bmatrix} {}_rH_{1r} \\ {}_rH_{2j} \\ \vdots \\ {}_rH_{Nj} \end{Bmatrix} = \sum_{r=1}^{N} Y_r \begin{Bmatrix} \varphi_{1r} \\ \varphi_{2r} \\ \vdots \\ \varphi_{Nr} \end{Bmatrix} \varphi_{jr} = \sum_{r=1}^{N} \frac{\varphi_{jr}}{k_r - \omega^2 m_r + \mathrm{j}\omega c_r} \begin{Bmatrix} \varphi_{1r} \\ \varphi_{2r} \\ \vdots \\ \varphi_{Nr} \end{Bmatrix} \tag{3.6.28}$$

如式（3.6.28）可见，$[H]$中的任意一列，包含全部模态参数，而该列的第 r 阶模态的频响函数值之比值，即为第 r 阶模态振型。

$$\begin{Bmatrix} \varphi_{1r} \\ \varphi_{2r} \\ \vdots \\ \varphi_{Nr} \end{Bmatrix} = \frac{1}{Y_r \varphi_{jr}} \begin{Bmatrix} {}_rH_{1j} \\ {}_rH_{2j} \\ \vdots \\ {}_rH_{Nj} \end{Bmatrix} \tag{3.6.29}$$

该结论还告诉我们，如果在结构上某一固定点 j 点激振，而在其他各点拾振，便得到频响矩阵的一列，该列频响函数即可包含进行模态分析所需要的全部信息。如图 3.6.2 所示的固定单点激振，在各点拾振的方法，就是测量一列频响函数的典型方法。

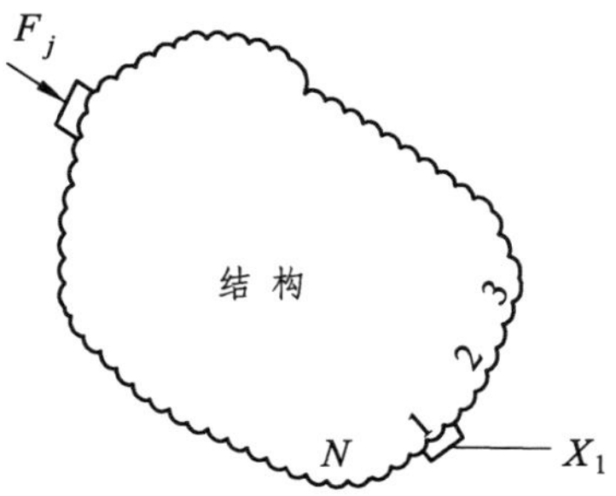

图 3.6.2 单点激励法

3.6.4　频响函数的图像

由频响函数的表达式

$$H_{ij}=\sum_{r=1}^{N}\frac{1}{k_r-\omega^2 m_r+\mathrm{j}\omega c_r}\varphi_{ij}\varphi_{jr}=\sum_{r=1}^{N}Y_r\varphi_{ir}\varphi_{jr}=\sum_{r=1}^{N}H_{ij} \tag{3.6.30}$$

可得，频响函数的图像可看作一系列单自由度导纳曲线的叠加。第 r 阶模态所作的贡献 ${}_rH_{ij}$ 的表达式为

$${}_rH_{ij}=Y_r\varphi_{ir}\varphi_{jr}=\frac{1}{k_r-\omega^2 m_r+\mathrm{j}\omega c_r}\varphi_{ir}\varphi_{jr} \tag{3.6.31}$$

${}_rH_{ij}$ 图像的形态由 Y_r 确定，其相位特性要考虑 $\varphi_{ir}\varphi_{jr}$ 乘积的符号。如下以一个三自由度系统为例，来讨论频响函数的图像特点。图 3.6.3 所示为三自由度系统的模态振型，并以 1 点为参考点（图中的符号 A 等同于公式中的符号 φ ）。

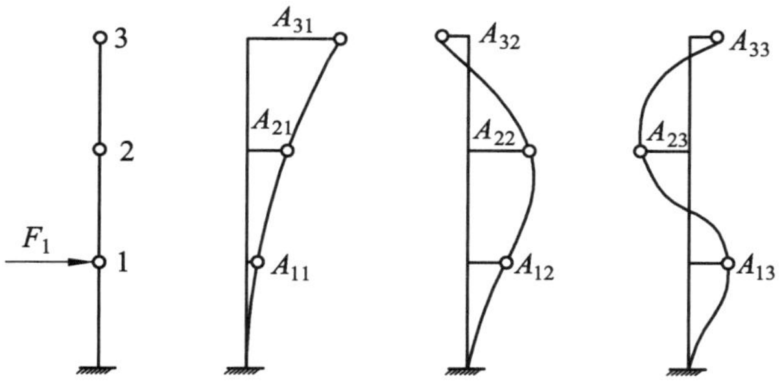

图 3.6.3　三自由度系统的模态振型

1. 幅频曲线及相频曲线

$$H_{ij}=\sum_{r=1}^{N}\frac{\varphi_{ir}\varphi_{jr}}{k_r\sqrt{(1-\lambda_r^2)^2+(2\xi_r\lambda_r)^2}}\mathrm{e}^{\mathrm{j}\Phi_r}=\sum_{r=1}^{N}\left|{}_rY\right|\mathrm{e}^{\mathrm{j}\Phi_r}\varphi_{ir}\varphi_{jr} \tag{3.6.32}$$

$$\Phi_r=\arctan\frac{-2\xi_r\lambda_r}{1-\lambda_r^2} \tag{3.6.33}$$

$$\lambda_r=\frac{\omega}{\Omega_r} \tag{3.6.34}$$

根据以上诸式，运用线性叠加的方法，可以画出 H_{11} 、 H_{21} 、 H_{31} 的幅频图和相频图，如图 3.6.4 所示。

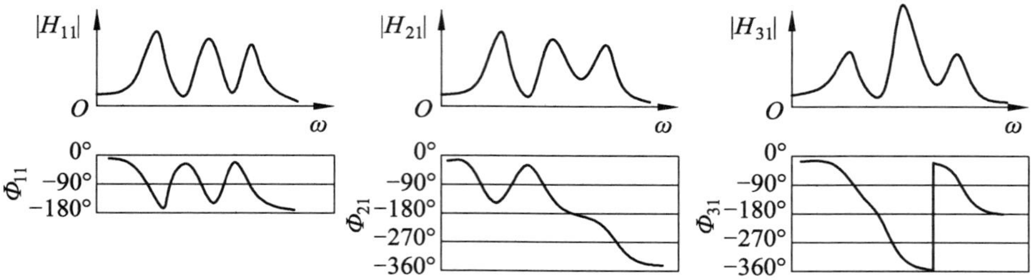

图 3.6.4 传递函数的幅频图及相频图

（1）H_{11} 的幅频及相频曲线由下式确定

$$
\begin{aligned}
H_{11} &= {}_1H_{11} + {}_2H_{11} + {}_3H_{11} \\
&= |Y_1|\mathrm{e}^{\mathrm{j}\Phi_1}\varphi_{11}^2 + |Y_2|\mathrm{e}^{\mathrm{j}\Phi_2}\varphi_{12}^2 + |Y_3|\mathrm{e}^{\mathrm{j}\Phi_3}\varphi_{13}^2 = |H_{11}|\mathrm{e}^{\mathrm{j}\Phi_{11}}
\end{aligned} \tag{3.6.35}
$$

由于 φ_{11}^2、φ_{12}^2、φ_{13}^2 均为正实数，因而 ${}_1H_{11}$、${}_2H_{11}$、${}_3H_{11}$ 的相频曲线分别由 Φ_1、Φ_2 及 Φ_3 决定，它们均在 0°～−180°内变化，因而 H_{11} 的相频曲线 Φ_{11} 必然也在 0°～−180°内变化，原点频响函数的相频曲线总是在 0°～−180°内变化。

H_{11} 的幅频曲线可视作由 ${}_1H_{11}$、${}_2H_{11}$ 及 ${}_3H_{11}$ 的幅频曲线叠加而成。在 ${}_1H_{11}$ 和 ${}_2H_{11}$ 的交界处，$\Phi_1 \approx -180^\circ$、$\Phi_2 \approx 0^\circ$，${}_1H_{11}$ 和 ${}_2H_{11}$ 的数值大小相等，符号相反，相加后等于 0，因而在此处形成一个“反共振点”。一般而言，原点频响函数 H_{ii} 的幅频曲线必然是共振峰与反共振点交替出现。在阻尼不很小或模态较为密集的情况下，“反共振点”不一定到达零幅值。

（2）H_{21} 的幅频及相频曲线由下式确定

$$
\begin{aligned}
H_{21} &= {}_1H_{21} + {}_2H_{21} + {}_3H_{31} \\
&= |Y_1|\mathrm{e}^{\mathrm{j}\Phi_1}\varphi_{21}\varphi_{11} + |Y_2|\mathrm{e}^{\mathrm{j}\Phi_2}\varphi_{22}\varphi_{12} + |Y_3|\mathrm{e}^{\mathrm{j}\Phi_3}\varphi_{23}\varphi_{13} = |H_{21}|\mathrm{e}^{\mathrm{j}\Phi_{21}}
\end{aligned} \tag{3.6.36}
$$

相对于相频曲线而言，由于 φ_{21} 和 φ_{11} 具有同相的符号，其乘积为正实数，因此 ${}_1H_{21}$ 的相位在 0°～−180°内变化；同理，${}_2H_{21}$ 的相位也在 0°～−180°内变化。但 φ_{23} 和 φ_{13} 反号，其乘积为负实数，因而 ${}_3H_{21}$ 的相频曲线将在−180°～−360°内变化。故总体而言，H_{21} 的相频曲线在 0°～−360°内变化。

由于 ${}_2H_{21}$ 和 ${}_3H_{21}$ 的相频曲线具有上述变化特点，在它们的幅频曲线交点处，二者符号相同，彼此相加，不形成反共振点。然而，第一阶共振峰与第二阶共振峰之间仍有反共振点存在。

（3）H_{31} 的幅频及相频曲线由下式确定

$$
\begin{aligned}
H_{31} &= {}_1H_{31} + {}_2H_{31} + {}_3H_{31} \\
&= |Y_1|\mathrm{e}^{\mathrm{j}\Phi_1}\varphi_{32}\varphi_{11} + |Y_2|\mathrm{e}^{\mathrm{j}\Phi_2}\varphi_{32}\varphi_{12} + |Y_3|\mathrm{e}^{\mathrm{j}\Phi_3}\varphi_{33}\varphi_{13} = |H_{31}|\mathrm{e}^{\mathrm{j}\Phi_{31}}
\end{aligned} \tag{3.6.37}
$$

由式（3.6.37）可知，其幅频特性曲线只有共振峰，没有反共振点；其相频曲线也是在 0°～−360°内变化。故跨点频响函数的共振峰之间可能有共振点，也可能没有。

2. 幅频曲线及相频曲线

可将频响函数 H_{ij} 用实部、虚部表达如下：

$$H_{ij}=R_{ij}+\mathrm{j}I_{ij}=\sum_{r=1}^{N}({}_rR_{ij}+\mathrm{j}\,{}_rI_{ij})$$

$$=\sum_{r=1}^{N}\varphi_{ir}\varphi_{jr}\left\{\frac{1-\lambda_r^2}{k_r[(1-\lambda_r^2)+(2\xi_r\lambda_r)^2]}+\mathrm{j}\frac{-2\xi_r\lambda_r}{k_r[(1-\lambda_r^2)+(2\xi_r\lambda_r)^2]}\right\}$$

$$=\sum_{r=1}^{N}\varphi_{ir}\varphi_{jr}({}_rR+\mathrm{j}_rI) \tag{3.6.38a}$$

式中　$${}_rR=\frac{1-\lambda_r^2}{k_r[(1-\lambda_r)^2+(2\xi_r\lambda_r)^2]},\quad {}_rI=\frac{-2\xi_r\lambda_r}{k_r[(1-\lambda_r^2)+(2\xi_r\lambda_r)^2]} \tag{3.6.38b}$$

由式（3.6.38a）和式（3.6.38b）可以分别绘出如图 3.6.5 所示的 H_{11}、H_{21} 和 H_{31} 的实频图和虚频图，并可得到如下规律：

（1）在阻尼不大的情况下，虚频曲线的峰值对应于固有频率 Ω_r；用实频曲线的峰值所对应频率 ω_a 及 ω_b，可计算阻尼系数 ξ_r。

（2）根据虚频曲线在 ω 轴两边的分布情况，可以确定有无反共振点。

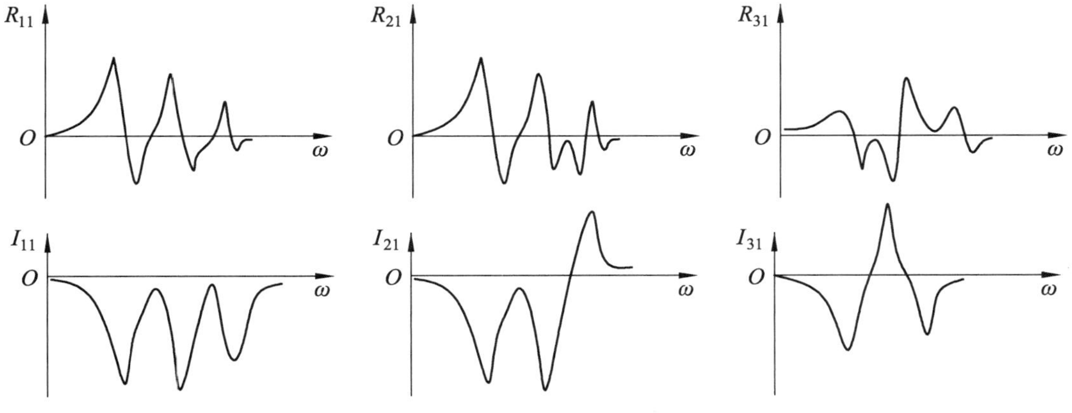

图 3.6.5　实频图和虚频图

3. 频响函数向量的矢端轨迹图

根据式（3.6.37）可得

$$
\left.\begin{aligned}
R_{ij} &= \sum_{r=1}^{N}\frac{(1-\lambda_r^2)\varphi_{ir}\varphi_{jr}}{k[(1-\lambda_r^2)^2+(2\xi_r\lambda_r)^2]}=\sum_{r=1}^{N}{}_rR\varphi_{ir}\varphi_{jr}=\sum_{r=1}^{N}{}_rR_{ij}\\
I_{ij} &= \sum_{r=1}^{N}\frac{-2\xi_r\lambda_r\varphi_{ir}\varphi_{jr}}{k_r[(1-\lambda_r^2)^2+(2\xi_r\lambda_r)^2]}=\sum_{r=1}^{N}{}_rI\varphi_{ir}\varphi_{jr}=\sum_{r=1}^{N}{}_rI_{ij}
\end{aligned}\right\} \tag{3.6.39}
$$

由于 ${}_rR^2$ 及 ${}_rI$ 满足下式关系

$$
{}_rR^2+\left({}_rI+\frac{1}{4k_r\xi_r\lambda_r}\right)^2=\left(\frac{1}{4k_r\xi_r\lambda_r}\right) \tag{3.6.40}
$$

所以有

$$
{}_rR_{ij}^2+\left({}_rI_{ij}+\frac{\varphi_{ir}\varphi_{jr}}{4k_r\xi_r\lambda_r}\right)^2=\left(\frac{\varphi_{ir}\varphi_{jr}}{4k_r\xi_r\lambda_r}\right)^2 \tag{3.6.41}
$$

由式（3.6.41）可知，在阻尼较小、模态不很密集的条件下，H_{ij} 的矢端轨迹图由各模态分量的导纳圆集合而成，并且各模态圆可能得到清楚的表现。

图 3.6.6 即为矢端轨迹图，有关特点叙述如下：

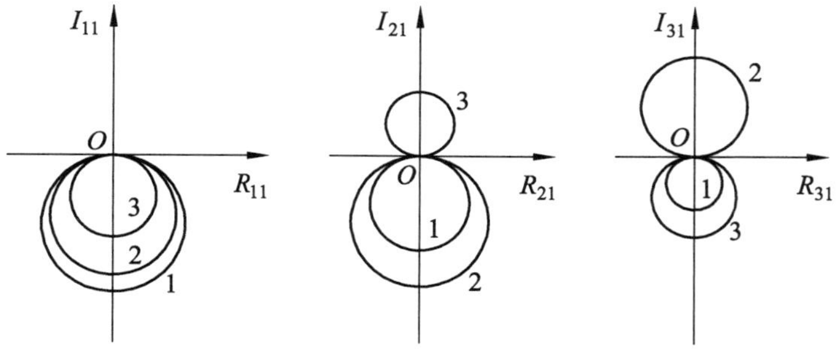

图 3.6.6　乃奎斯特图

（1）小阻尼且模态不很密集时，轨迹图表现为一组圆，分布在实轴的上下方。与对应的虚频曲线相对照可以发现，凡是虚频曲线处于 ω 轴下部的图像，其乃奎斯特圆也在实轴的下部；乃奎斯特圆的上下分布与虚线曲线的上下分布状况相对应。

（2）H_{ij} 的乃奎斯特圆的弧线随着 ω 的增加总是按顺时针走向旋转。

（3）上述绘出的是位移频响函数。对于速度频响函数，其导纳圆分布在虚轴的两边，从相位上看，等于把位移乃奎斯特圆逆时针旋转了 90°；而加速度的乃奎斯特圆从相位上看则相当于把位移导纳的乃奎斯特圆逆时针旋转了 180°。

4. 高频段模态及低频段模态对测量频段频响函数的影响

假如我们只对某一频段的响应感兴趣，例如激振力的频率正好分布在这一频段内。以下研究各阶模态对该频段的贡献。若第 l 阶到第 m 阶模态频率正好在该频段内，则可将频响函数改写成下面的形式：

$$H_{ij}=\sum_{r=1}^{l-1}-\frac{\varphi_{ir}\varphi_{jr}}{\omega^2 m_r}\frac{1}{\left[1-\left(\frac{\Omega_r}{\omega}\right)^2-2\mathrm{j}\xi_r\frac{\Omega_r}{\omega}\right]}+$$

$$\sum_{r=1}^{m}\frac{\varphi_{ir}\varphi_{jr}}{k_r-\omega^2 m_r+\mathrm{j}\omega c_r}+\sum_{r=m+1}^{N}\frac{\varphi_{ir}\varphi_{jr}}{k_r}\frac{1}{\left[1-\left(\frac{\omega}{\Omega_r}\right)^2+2\mathrm{j}\xi_r\frac{\omega}{\Omega_r}\right]} \tag{3.6.42}$$

式中：$r=1$ 到 $l-1$ 的模态为低频段模态，其 Ω_r 远低于感兴趣的频段的频率，即有 $\Omega_r \ll \omega$，或 $\omega/\Omega_r \gg 1$；而对于高频段模态来说，其固有模态频率 Ω_r 远高于研究频段的频率 ω，即有 $\Omega_r \gg \omega$，或 $\omega/\Omega_r \ll 1$，于是式（3.6.42）可化为

$$H_{ij}=\sum_{r=1}^{l-1}-\frac{\varphi_{ir}\varphi_{jr}}{\omega^2 m_r}+\sum_{r=1}^{m}\frac{\varphi_{ir}\varphi_{jr}}{-\omega^2 m_r+k_r+\mathrm{j}\omega c_r}+\sum_{r=m+1}^{N}\frac{\varphi_{ir}\varphi_{jr}}{k_r} \tag{3.6.43}$$

式（3.6.43）中令

$$-\frac{1}{\omega^2 m_{ij}}=\sum_{r=1}^{l-1}-\frac{\varphi_{ir}\varphi_{jr}}{\omega^2 m_r},\quad \frac{1}{k_{ij}}=\sum_{r=m+1}^{N}\frac{\varphi_{ir}\varphi_{jr}}{k_r} \tag{3.6.44}$$

分别称为修正质量项和修正刚度项，则式（3.6.43）可重新写为

$$H_{ij}=-\frac{1}{\omega^2 m_{ij}}+\sum_{r=1}^{m}\frac{\varphi_{ir}\varphi_{jr}}{k_r-\omega^2 m_r+\mathrm{j}\omega c_r}+\frac{1}{k_{ij}} \tag{3.6.45}$$

图 3.6.7 所示为引入修正质量和修正刚度项的原理示意图。

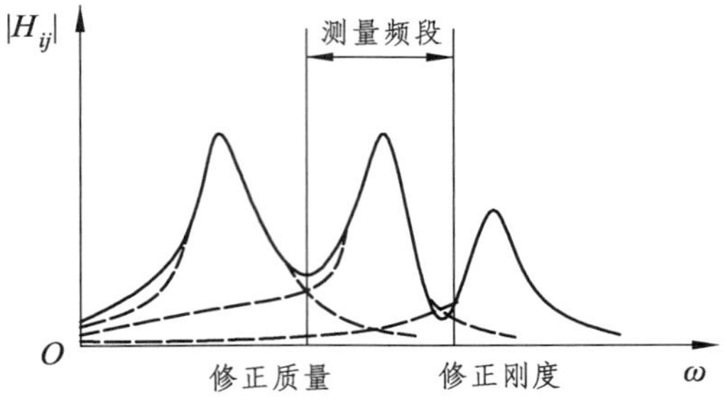

图 3.6.7 “测量频段”以外的模态对该频段以内的频响函数的影响

从式（3.6.45）可见，修正项只影响传递函数的实部。由于修正质量项反比于 ω^2，它对需关注的频段（测量频段或计算频段）的低频部分的影响大于其对高频部分的影响。而修正刚度项提供的是一种恒定的影响，它的作用是使实频曲线整体上移或下移，而与 ω 无关。

3.6.5 模态试验的准备及设计

模态试验的目的是测量系统的频响函数曲线，然后通过曲线拟合求取模态参数。

已知频响函数与模态参数的关系由下式给出：

$$\begin{bmatrix} H_{11} & H_{12} & \cdots & H_{1n} \\ H_{21} & H_{22} & \cdots & H_{2n} \\ \vdots & \vdots & & \vdots \\ H_{n1} & H_{n2} & \cdots & H_{nn} \end{bmatrix} = \sum_{r=1}^{m} \frac{1}{k_r - \omega^2 m_r + \mathrm{j}\omega c_r} \left[\begin{Bmatrix} \varphi_{1r} \\ \varphi_{2r} \\ \vdots \\ \varphi_{nr} \end{Bmatrix} [\varphi_{1r} \quad \varphi_{2r} \quad \cdots \quad \varphi_{nr}] \right] \tag{3.6.46}$$

式中：n 为测点数；m 为所取模态数。一般情况下 $n > m$，高阶模态作剩余影响处理。由式（3.6.46）可见，为了取得全部模态信息，仅需测量频响函数矩阵中的一行或一列即可。为了测一列，可采用在结构上选定适当的一点，作单点固定激振，而在所有测量点（含激振点）依次测量响应，即采用 SISO 测量法；或在多点同时测量响应，即采用 SIMO 法。利用这样测量得到的信息，即可经过处理得到频响函数的一列。如果选择测量频响函数矩阵的一行，则可采取在选定的一点测量响应，而轮流对所有的测量点激振，即采用 SISO 法。

在测取频响函数的一列时，找到激振点很重要，应使激振点不在所要测量的任一阶模态的节点上，否则所测信息中将会漏掉该阶模态；同理，在测取频响函数的一行时，要注意选取好响应测量点，以免漏掉模态。单点激振法的另一个缺点是能量输入不均匀，对于大型结构将影响测量精度，激振力太大时，或可造成局部响应的水平过高，从而引起非线性测量误差。

1. 试件支承状态

在进行结构的模态试验时，尤其是进行结构部件的模态试验时，除非有可能模拟该部件实际所处的边界条件，一般都考虑使其处于自由状态下进行试验。这是因为自由状态使试验对象在任一坐标上都不与地面相连接，自由地悬浮在空中。在这种状态下，系统具有 6 个刚体模态，即 3 个平移模态和 3 个转动模态。前者由结构的质量所确定，后者由 3 个转动惯量所确定。刚体模态所对应的固有频率为零。这种状态下，可获得系统无边界约束时的模态。试验结构若与其他结构连接时，则可以通过增加连接约束，通过模态综合分析获得总体结构的模态。

而在实际应用中，除太空零重力环境下和飞行器俯冲失重情况下可实现被测结构的自由状态外，地面试验中常采用的气悬浮和磁悬浮方法都只能实现平面 3 个自由度的自由状态，而且这种自由支承的制造精度和费用很高，目前仍未被广泛采用。对于大多数工程实际情况而言，所谓的自由状态多是通过某种支承来实现的。如用很长的柔索将结构吊起而在水平方向激振即可认为在水平方向处于自由状态；如用很柔的橡胶绳或弹簧将结构吊起，则可认为结构在垂直方向处于自由状态。尽管悬索很长或橡胶的柔性很好，但此类支承也只能是自由状态的一种近似，也不能保证刚体运动模态所对应的固有频率是零。

另一种状态是地面支承状态，即结构上有一点或若干选定的点与地面固结；从理论上说，相当于令这些点的坐标为零。实际上，这种固定是很难实现的，因为无法设计出刚度无限大的地面支承。检验地面固结可靠性的方法是：测量结构在支承连接点的导纳，如果其值在整个频率范围内比结构上其他点的导纳值小得多，则认为可以近似为地面固结。

为了检验和预测总体结构的动特性，就需要对部件进行模态试验。部件试验一般采用自由支承状态。而对于大型结构则必须在接地条件下试验，地面支承的低频特性则为大型结构提供了近似的静刚度信息。

2. 测点及测量方法

对于测点位置、测点数量及测量方向的选定要考虑以下两个方面的要求：

（1）能够在变形后明确显示在试验频段内的所有模态的变形特征及各模态间的变形区别。

（2）保证所关心的结构点都在所选的测量点之中。

3. 试验频段的选择

试验频段的选择应充分考虑待测结构物的在正常运行条件下激振力的频率范围。一般认为，远离振源频段的模态对结构实际振动响应的贡献较小，甚至认为低频激励激出的响应不含高阶模态的贡献。因此，高频模态的贡献大小除了与激振频带有关外，还与激振力的分布状态有关，故试验频段应适当高于振源频段。

4. 测试系统

测试系统主要由激励设备、传感设备和分析设备三部分组成。激振信号经功率放大器放大后送入激振器，以产生一定大小和波形的激振力，经传力杆将力施加在结构上的激振点；同时，力传感器将力信号转化成电信号，经电荷放大器放大后，接向分析仪。在现场测量中，通常先将上述信号记录在数据硬盘中，然后通过软件进行分析。有时为了保证数据信号的可靠，在测量中还要时常观察信号的实时状态。

5. 激振器的支承

（1）当激振器外壳刚性固接于地面时，由于支承刚度很大，可使激振系统的固有频率远高于结构的弹性振动频率 $\Omega_b \gg \Omega_s$，适于用来激振固有频率较低的结构。

（2）当将激振器外壳通过软弹簧接地，或采用悬吊支承时，将有 $\Omega_b \ll \Omega_s$，适用于激振固有频率较高的结构。为了尽量降低 Ω_b，可将重物附加在激振器上，以增加激振系统的质量。

（3）对于特大型结构，如桥梁、水坝等，无法为激振器找到一个独立的支撑点，这时可将它通过软支承安装到被测结构上。该方法适用于激振固有频率较高的结构。

3.6.6 模态试验常用激励方法

不同的激励将产生不同的响应。频响函数则研究结构在典型的激励力 $F\mathrm{e}^{\mathrm{j}\omega t}$ 作用下所产生的响应 $X\mathrm{e}^{\mathrm{j}\omega t}$ 与激励力的关系：

$$H(\omega) = \frac{X(\omega)\mathrm{e}^{\mathrm{j}\omega t}}{F(\omega)\mathrm{e}^{\mathrm{j}\omega t}} = \frac{X(\omega)}{F(\omega)} \tag{3.6.47}$$

1. 步进式正弦激励法

在预先选定的频率范围内，从最低频到最高频选定足够数目的离散频率值，每次用一个频率给出激励信号，测出该激励的稳定响应，再步进到下一个频率，进行同样的测量。

直到所预先设定的离散点全都步进完毕。

步进激励应采用等距步长，在远离共振频率的地方曲线变化缓慢，步长应取得大些；而在半功率点前后，步长则应取得小些。一般来说，两半功率之间所取的频率间隔的个数大于 3，可保证测得曲线的共振峰值与真实共振峰值之差在 5%以内；若能保证在这一频段中有 8 个测点，则能使误差降到 1%以内。用该方法进行测量前，应先快速步进一次，粗略地找一下各共振峰值的位置，然后再重新设定合理的步长进行仔细的测量。正式测量时，每改变一次频率，都必须等待信号平稳后再进行测量。

2. 自动正弦扫描激励

该方法用自动控制的方法使激励信号的频率缓慢而连续变化，从低到高扫过所要关心的频率范围。与步进法一样，采用该法时，在测量前须作预演性扫描，以确定扫描速度，以便获得稳定响应。如果以某一速度进行由低频到高频的扫描所得到的频响函数曲线与以同一速度从高到低扫描得到的曲线相同，即该扫描速度适宜。

从理论上讲，扫描法是得不到稳定响应的，无论扫描速度多慢，对于实际情形都属过快。但根据不同的结构，总可以找到一个合理的速率，使正弦慢扫描法所得到的结果在一定许可的误差范围之内。ISO（国际标准化组织）曾对正弦扫描通过共振区的最大速率作了如下规定：

线性扫描速度：$S_{\max} < 216 f_r^2 \xi_r^2$ Hz/min

对数扫描速度：$S_{\max} < 310 f_r^2 \xi_r^2$ OCT/min

3. 快速扫描正弦激励

快速扫描正弦激励属于瞬态激励形式，它在一个测量窗内，提供一个其频率从指定低频到指定高频的按一定规律连续变化的正弦信号。扫频一次就是一个激励过程，可以多次重复。线性扫描正弦激励信号的表达式为

$$f(t) = F_0 \sin\theta = F_0 \sin(a + bt)t \ (0 \leqslant t \leqslant T) \tag{3.6.48}$$

其瞬时角频率为

$$\omega = a + 2bt \tag{3.6.49a}$$

设 ω_1 和 ω_2 分别为起始频率和终止频率，则得到

$$a = \omega_1, \quad b = \frac{\omega_2 - \omega_1}{2T} \tag{3.6.49b}$$

4. 冲击激励

冲击激励也是一种瞬态激励，是最常用的一种激励方法，它尤其适用于中小型和低阻尼结构的激励。这种信号一般用锤击法产生，实际冲击信号近似为半正弦信号。时域冲击脉冲越窄，其信号频带越宽。其极限情况为脉冲为 0 的 δ 函数，它的傅氏变换是频带为无限宽的白谱。采用不同的锤头和不同的附加质量，其频谱也将产生较大差别。

在进行信号采样及数据处理时，为尽量减少干扰信号的引入，力信号应加以所谓力窗，其表达式为

$$W_f(t)=\begin{cases}1 & (t\leqslant 1.2\tau)\\ \dfrac{1+\cos[\alpha_r(t-1.2\tau)]}{2} & (1.2\tau\leqslant t\leqslant 1.8\tau)\\ 0 & (t>1.8\tau)\end{cases} \tag{3.6.50}$$

式中：τ 为脉冲宽度；$\alpha_r=\dfrac{5\pi}{3\tau}$。如图 3.6.8 的力窗函数所示，由于加了力窗，可有效抑制脉冲信号之后的干扰信号。

采用脉冲激振法来测量传递函数时，测得的响应为

$$x(t)=\sum_{k=1}^{m}|U_k|\mathrm{e}^{-\sigma_k t}\sin(\omega_k t+a_k) \tag{3.6.51}$$

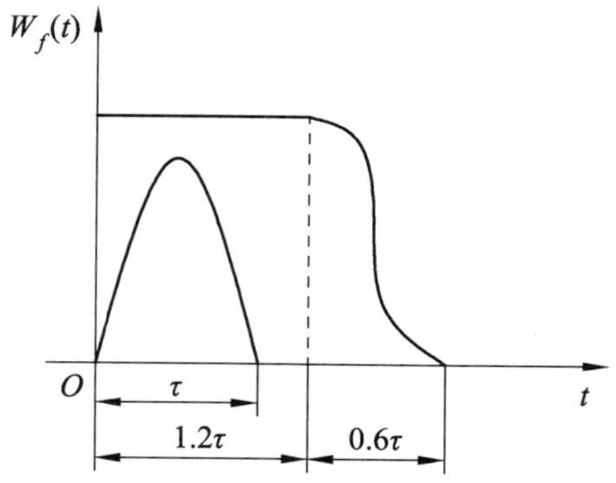

图 3.6.8　力窗函数

式（3.6.51）表明，在开始的时候，响应较大，以后逐渐衰减，因而必然使信噪比随之减小。若采用矩形窗必然会引入较大的误差。若采用指数窗，则得

$$\hat{X}(t)=\omega(t)x(t)=\left[\sum_{k=1}^{m}\left|U_k\right|\mathrm{e}^{-\sigma_k t}\sin(\omega_k t+a_k)\right]\mathrm{e}^{-qt}$$
$$=\sum_{k=1}^{m}\left|U_k\right|\mathrm{e}^{-(\sigma+q)t}\sin(\omega_k t+a_k) \qquad (3.6.52)$$

式（3.6.52）表明，乘以指数窗函数以后，等于在各个模态上增加了阻尼，对于第 k 阶模态来说，增加的相对阻尼比是 q/ω_k 。在计算得到的阻尼时，应减去该项阻尼才是真正的模态阻尼。

加指数窗的另一个作用在于有助于控制采样时间 T 。对于瞬态激励，要求响应信号在样本时间 T 的最后时刻衰减完毕，对于小阻尼结构，T 将很长。任何分析仪的 FFT 规模都是一定的。若采样量为 N ，则 $\Delta t=T/N$ ，信号的折叠频率 $f_c=1/(2\Delta t)$ 。Δt 大，造成折返频率下降而产生频混。为了抑制频混，就要对信号的高频端加以限制，如可采用软锤帽，或采用适宜的低通滤波，以及可以通过提高指数窗的衰减系数的方法来缩短 T 。

5. 纯随机激励

按照随机理论，随机函数是非确定性函数。理想的纯随机是白噪声，其能量在 $0\sim\infty$ 的频段内均匀分布，其自相关函数是狄拉克函数 $\delta(t)$ 。在实际中，真正的狄拉克函数是不能实现的，能实现的是在一定频率范围内具有高斯分布的平直谱的宽带随机信号，即以宽带噪声近似白噪声。

在振动系统模态分析的多数情况下，宽带噪声的能量分布范围太广。为在有限的频带范围内集中激励能量，在频响函数测量中采用窄带噪声，窄带噪声能量可在有限频带范围内均匀分布。

采用纯随机激励时，频响函数测试的基础是数据采集和 FFT 技术。每次数据采集样本长度总是有限的，每个样本都要将原信号截断，每个样本内的信号都不会重复，因此泄漏较大。为抑制泄漏，激励和响应都应加汉宁窗，并且要多次平均。由于每一个样本信号都具有不同的统计特性，多次平均处理可以消除结构非线性影响，从弱非线性系统中得到最佳线性频响特性估计。多次平均还可以消除随机干扰。

6. 伪随机激励

伪随机是在一定频率范围内其幅频特性为常数，相频特性随机均匀分布的周期信号。在计算机中产生一个有限长的随机数列，并将其周而复始地循环输出，伪随机信号即由此产生，每一个循环即为一个周期 T 。

采用伪随机信号可避免泄漏。用矩形窗截取样本时，窗长 T_{ω} 应等于循环周期 T 的整数倍，即 $T_{\omega}=nT$ ，n 为正整数。运用伪随机激励时，数据分析时不需要平均，所以试验时间比纯随机短。但正因为不能多次平均，故不能消除非线性影响，其抗干扰能力差。

伪随机是周期信号，故其谱线是离散的。而所要关心的是在各阶共振峰范围内有足够多的谱线，也就是应保证谱线间隔 Δf 应比半功率带宽小得多。

7. 周期随机激励

周期随机激励是综合了伪随机和纯随机特点的一种随机函数。它由很多段互不相关的伪随机激励组成。它在一个周期内是一个伪随机信号，包含多个循环。

如图 3.6.9 所示，它有 3 个循环，循环周期为 T ，故该段的伪随机样本为 $T'=3T$ 。在第二个 T' 时间内，即由 $3T$ ～ $6T$ ，则为另一个与前面无关的伪随机。依此类推，可得到第 4 个 T' 以及各周期中的信号。

试验中，在第一个 T' 内，当第一个伪随机作用时，将会激起瞬态振动，如经过 $2T$ 时间后开始稳定，便可在余下的 T 时段内测量响应。在第二个 T' 时段以及以后的 T' 时段中，均采用同样的方法测量。测量是断续进行的，因此，周期激励条件下测得的信号在每一个 T' 时段内是周期的，而在不同的时段内又是随机的。周期随机激振可避免泄漏，又可通过平均来减少非线性影响。周期随机激振试验比纯随机和伪随机所花的时间多，但比正弦慢扫描快。

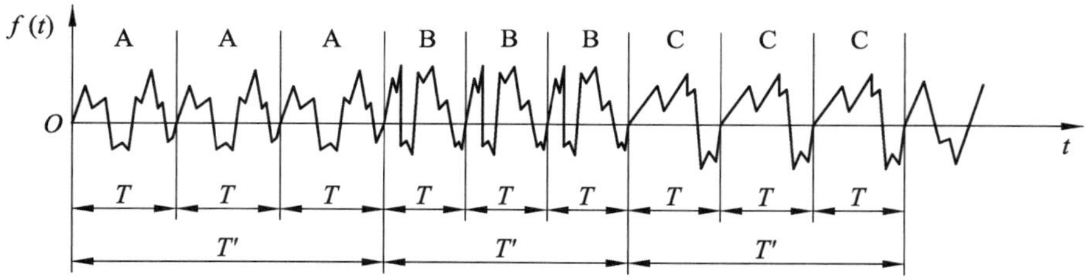

图 3.6.9　周期随机

8. 瞬态随机激励

瞬态随机又称猝发随机。随机信号在时段 $0\sim\Delta T$ 内发生，采用矩形窗，窗长 $T>\Delta T$ 。随机信号在 ΔT 时刻切断，由于激振器的惯性作用，激振信号随后有一个较短的衰减过程，但响应衰减时间则要更长。一般 $\Delta T/T\approx0.4\sim0.8$，$\Delta T$ 选择的原则是使响应在时段 ΔT ～ T 内充分衰减。如此每次激励都在结构初始条件为零的情况下开始，等到响应衰减到零，再开始下一次随机激励。该激励方法是一种瞬态过程，窗长 T 选择适当可避免泄漏。而在每个时段内，激励信号又是随机的，每一个样本都具有不同的统计特性，经平均处理可以消除非线性影响。故该种方法兼有瞬态和随机双重优点。

该激励方法的缺点是：当结构阻尼过小时，为使响应充分衰减，将使窗长 T 过大；在 FFT 规模一定的情况下，将造成折返频率下降；对于大型结构，瞬态随机的激励能量可能会不够。

3.6.7　模态参数的识别

1. 单模态识别法

在测得结构频响函数曲线之后，即可根据频响函数的表达式，由测量曲线求取结构的模态参数。从一条频响函数曲线可以识别各阶固有频率和阻尼比；而要识别各阶振型，则必须应用频响函数的矩阵的一列或一行的 N 条曲线。

单模态识别法适用于各阶模态频率较为分散的情况，如图 3.6.10 所示。这样，在 ω 接近 Ω_r 的频段内可认为

$$H_{ij}(\omega)=\sum {}_rH_{ij}(\omega)\approx {}_rH_{ij}(\omega) \tag{3.6.53}$$

式中：${}_rH_{ij}$ 为第 r 阶模态对频响函数的贡献。该贡献可写为

$${}_rH_{ij}(\omega)=\frac{\varphi_{ir}\varphi_{jr}}{m_r(\Omega_r^2-\omega^2+2\mathrm{j}\sigma_r\omega)} \tag{3.6.54}$$

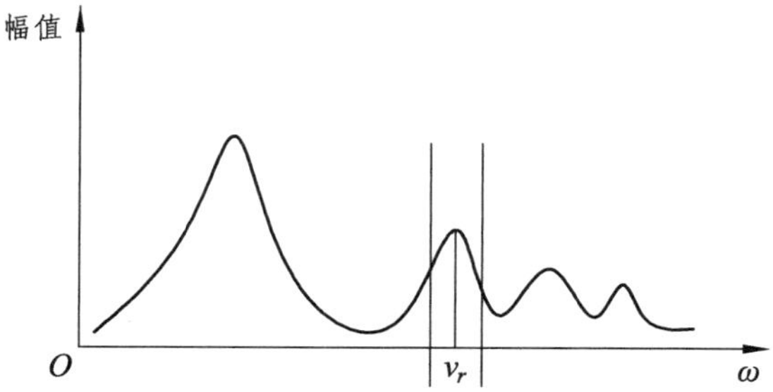

图 3.6.10　轻微的模态重叠情况

若考虑复模态情况，则 ${}_rH_{ij}(\omega)$ 表示为

$$\begin{aligned}{}_rH_{ij}(\omega)&=\frac{{}_rR_{ij}}{2\mathrm{j}(\mathrm{j}\omega-s_r)}-\frac{{}_rR_{ij}^*}{2\mathrm{j}(\mathrm{j}\omega-s_r^*)}\\&=\frac{{}_rU_{ij}+\mathrm{j}\,{}_rV_{ij}}{2\mathrm{j}[\sigma_r+\mathrm{j}(\omega-v_r)]}-\frac{{}_rU_{ij}-\mathrm{j}\,{}_rV_{ij}}{2\mathrm{j}[\sigma_r+\mathrm{j}(\omega+v_r)]}\end{aligned} \tag{3.6.55}$$

可以证明在实模态条件下

$$ {}_rR_{ij} = {}_rR_{ij}^* = \frac{\varphi_{ir}\varphi_{jr}}{m_r v_r} \tag{3.6.56} $$

从数学观点上来看，式（3.6.56）的模态质量 m_r 可以认为是振型模态标准化所采用的一个比例因子。根据这一观点，我们可以将复模态频响函数表达式写为

$$ {}_rH_{ij}(\omega) = \frac{\dfrac{\phi_{ir}\phi_{jr}}{m_r v_r}}{2\mathrm{j}[\sigma_r + \mathrm{j}(\omega - v_r)]} - \frac{\dfrac{\phi_{ir}^*\phi_{jr}^*}{m_r v_r}}{2\mathrm{j}[\sigma_r + \mathrm{j}(\omega + v_r)]} \tag{3.6.57} $$

2. 模态振型标准化

由式（3.6.57）可知，模态振型与留数的关系为

$$ {}_rR_{ij} = \frac{\varphi_{ir}\varphi_{jr}}{m_r v_r} \tag{3.6.58a} $$

$$ {}_rR_{jj} = \frac{\varphi_{jr}\varphi_{jr}}{m_r v_r} \tag{3.6.58b} $$

由于 ${}_rH$ 具有确定性，${}_rR_{jj}$ 是确定的数，按照留数的表达式，${}_rR_{jj}$ 应是由 φ_{jr} 及 m 决定的，即由两个未定的数之商来决定一个确定的数，未定数的选择具有任意性。因此，在 φ_{jr} 与 m_r 之间必须选定一个，第二个将随之确定。这种对模态振型的取值方法而作的人为规定即为所谓的模态振型标准化。常见模态振型标准化有如下四种：

（1）以激励点作为参考点，该点的振型元素取值为 1（$\varphi_{jr}=1$），从而确定其他各点振型元素的取值。按指定标准化方法从留数中提取振型元素，实际上是要确定一个比例系数 β_r，使

$$ {}_rR_{ij} = \beta_r\varphi_{ir}\varphi_{jr} \tag{3.6.59a} $$

于是有

$$ \varphi_{ir} = \frac{{}_rR_{ij}}{\beta_r\varphi_{jr}} \tag{3.6.59b} $$

由

$$ {}_rR_{jj} = \beta_r\varphi_{jr}\varphi_{jr} = \frac{\varphi_{jr}\varphi_{jr}}{m_r v_r} \tag{3.6.60} $$

取 $\varphi_{jr}=1$，得

$$ \beta_r = \frac{1}{m_r v_r} = {}_rR_{jj} \tag{3.6.61} $$

由此得到标准化的振型为

$$\begin{bmatrix} \varphi_{1r} \\ \varphi_{2r} \\ \vdots \\ \varphi_{Nr} \end{bmatrix} = \frac{1}{\beta_r \varphi_{jr}} \begin{bmatrix} {}_rR_{1j} \\ {}_rR_{2j} \\ \vdots \\ {}_rR_{Nj} \end{bmatrix} = \frac{1}{{}_rR_{jj}} \begin{bmatrix} {}_rR_{1j} \\ {}_rR_{2j} \\ \vdots \\ {}_rR_{Nj} \end{bmatrix} \tag{3.6.62}$$

模态质量则可按下式计算

$$m_r = \frac{1}{\beta_r v_r} = \frac{1}{{}_rR_{jj} v_r} \tag{3.6.63}$$

式中：v_r 由频响函数曲线拟合得到。

（2）以 $m_r = \{\varphi_r\}^{\mathrm{T}}[M]\{\varphi_r\} = 1$ 作为标准化原则，则

$$\beta_r = \frac{1}{m_r v_r} = \frac{1}{v_r}，\quad {}_rR_{jj} = \beta_r \varphi_{jr}^2，\quad \varphi_{jr} = \sqrt{{}_rR_{jj} / \beta_r} = \sqrt{{}_rR_{jj} v_r}$$

于是可得到标准化振型

$$\begin{bmatrix} \varphi_{1r} \\ \varphi_{2r} \\ \vdots \\ \varphi_{Nr} \end{bmatrix} = \frac{1}{\beta_r \varphi_{jr}} \begin{bmatrix} {}_rR_{1j} \\ {}_rR_{2j} \\ \vdots \\ {}_rR_{Nj} \end{bmatrix} = \sqrt{\frac{v_r}{{}_rR_{jj}}} \begin{bmatrix} {}_rR_{1j} \\ {}_rR_{2j} \\ \vdots \\ {}_rR_{Nj} \end{bmatrix} \tag{3.6.64}$$

（3）以 $\sum_{i=1}^{N} \varphi_{ir}^2 = 1$ 作为模态振型标准化的原则。这一原则实质上是要求模态振型向量为单位向量，即要求 $\{\varphi_r\}^{\mathrm{T}}\{\varphi_r\} = 1$。由于

$$\varphi_{ir} = {}_rR_{ij} / (\beta_r \varphi_{jr})$$

即要求

$$\sum_{i=1}^{N} [{}_rR_{ij} / (\beta_r \varphi_{jr})]^2 = 1$$

由此得

$$\beta_r \varphi_{jr} = \sqrt{\sum_{i=1}^{N} {}_rR_{ij}^2}$$

因此振型向量为

$$\begin{bmatrix} \varphi_{1r} \\ \varphi_{2r} \\ \vdots \\ \varphi_{Nr} \end{bmatrix} = \frac{1}{\sqrt{\sum_{i=1}^{N} {}_rR_{ij}^2}} \begin{bmatrix} {}_rR_{1j} \\ {}_rR_{2j} \\ \vdots \\ {}_rR_{Nj} \end{bmatrix} \tag{3.6.65}$$

模态质量为

$$m_r = \frac{1}{\beta_r v_r} = \frac{{}_rR_{ij}}{v_r \sum_{i=1}^{N} {}_rR_{ij}^2} \tag{3.6.66}$$

（4）模态振型向量中的最大元素取值为 1 $(\varphi_{sr}=1)$。

模态振型的各元素由下式确定：

$$\varphi_{sr} = {}_rR_{ij} / {}_rR_{sj} \tag{3.6.67}$$

因此模态振型为

$$\begin{bmatrix} \varphi_{1r} \\ \varphi_{2r} \\ \vdots \\ \varphi_{Nr} \end{bmatrix} = \frac{1}{{}_rR_{sj}} \begin{bmatrix} {}_rR_{1j} \\ {}_rR_{2j} \\ \vdots \\ {}_rR_{Nj} \end{bmatrix} \tag{3.6.68}$$

又由 $\beta_r = \dfrac{{}_rR_{sj}^2}{{}_rR_{jj}}$

因此模态质量为

$$m_r = \frac{{}_rR_{jj}}{{}_rR_{sj} v_r} \tag{3.6.69}$$

在求得 m_r 后，可求得 $k_r = m_r\Omega_r^2 = m(\sigma_r^2 + v_r^2)$， $c_r = 2\sigma_r m_r$。由上述分析可知，在模态参数中，除 σ_r、v_r 有确定的值外，其他参数如 m_r、k_r 和 c_r 等的值均随振型标准化方法的不同而不同，然而频响函数则是确定的。

3. 多模态识别法

多模态拟合法，是指对某一频段多个模态同时拟合。它适用于那些模态较为密集，或阻尼较大，各模态间互有重叠的情况。如图 3.6.11 所示的情况，大致可以分为 3 个频段：第一频段的两个模态靠得太近，第二频段的两个模态阻尼较大，它们都不宜于采用单模态拟合法；第三频段只有一个模态，并且离开前一个较远，只有它可以采用单模态拟合法。前两个频段可以分段采用多模态拟合法，而将频段以外的模态作为残余影响加以考虑。一般来说，可以分段的，宁可分段进行拟合，也不主张采用全体一起拟合的做法。

多模态拟合常采用最小二乘法原理。但由于模态频率和阻尼比在频响函数表达式的分母部分，运用最小二乘法不能直接化为线性代数方程组来求取所有的参数，因而通常要求助于迭代法。其过程是先选定 Ω_r 和 σ_r（或 ξ_r）的初始值，用最小二乘法求其他参数，然后再逐步改进 Ω_r 及 σ_r 值。反复应用最小二乘法，直到满意为止。多模态拟合的方法有很多，如下介绍 Klosterman 迭代识别法。

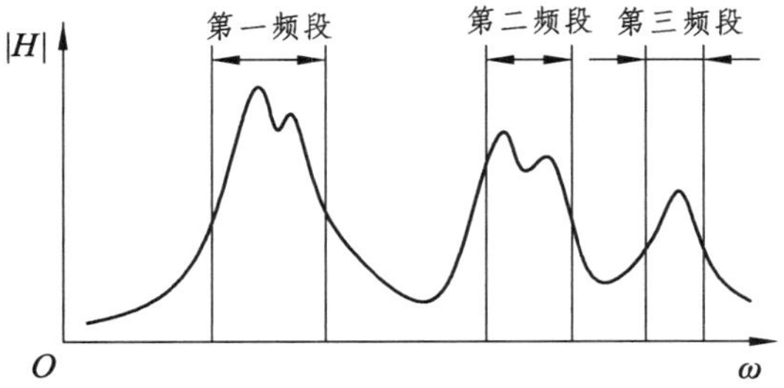

图 3.6.11　各模态间互有重叠的情况

该法在已知固有频率 Ω_r 的条件下，给出了 ξ_r 的初值，用迭代法来求取其他模态参数，并改进 ξ_r，适于黏性阻尼实模态情况。Ω_r 可由单模态识别法求得。

我们先将频响函数分为实部和虚部：

$$\begin{aligned}H_{ij} &= \sum_{r=1}^{m}\left[\frac{\varphi_{ir}\varphi_{jr}}{k_r}\frac{1-\lambda_r^2}{(1-\lambda_r^2)^2+(2\xi_r\lambda_r)^2} - \mathrm{j}\frac{\varphi_{ir}\varphi_{jr}}{k_r}\frac{2\xi_r\lambda_r}{(1-\lambda_r^2)^2+(2\xi_r\lambda_r)^2}\right] \\ &= \sum_{r=1}^{m}\left[\frac{1}{{}_rk_{eij}}\frac{1-\lambda_r^2}{(1-\lambda_r^2)^2+(2\xi_r\lambda_r)^2} - \mathrm{j}\frac{1}{2\,{}_rk_{eij}\xi_r}\frac{(2\xi_r)^2\lambda_r}{(1-\lambda_r^2)^2+(2\xi_r\lambda_r)^2}\right]\end{aligned} \tag{3.6.70}$$

令
$$\frac{1}{{}_rk_{eij}} = \frac{\varphi_{ir}\varphi_{jr}}{k_r},\quad \lambda_r = \frac{\omega}{\Omega_r}$$

略去 ij，式（3.6.70）进一步可改写成

$$\begin{aligned}H &= \sum\left[\frac{1}{{}_rk_e}R_r(\omega) - \mathrm{j}\frac{1}{2\,{}_rk_e\xi_r}I_r(\omega)\right] \\ &= \sum R_r(\omega)X_r - \mathrm{j}\sum I_r(\omega)Y_r = H_R - \mathrm{j}H_I\end{aligned} \tag{3.6.71}$$

$$H_R(\omega)=\sum R_r(\omega)X_r\text{，}\quad H_I(\omega)=\sum I_r(\omega)Y_r \tag{3.6.72}$$

式中

$$\left.\begin{aligned} R_r(\omega)&=\frac{1-\lambda_r^2}{(1-\lambda_r^2)^2+(2\xi_r\lambda_r)^2} \quad X_r=\frac{1}{{}_rk_e} \\ I_r(\omega)&=\frac{(2\xi_r)^2\lambda_r}{(1-\lambda_r^2)^2+(2\xi_r\lambda_r)^2} \quad Y_r=\frac{1}{2\,{}_rk_e\xi_r} \end{aligned}\right\} \tag{3.6.73}$$

设频响函数在 ω_k 处取值，$k=1,2,\cdots,\ n$，则可得

$$\begin{Bmatrix} H_R(\omega_1) \\ H_R(\omega_2) \\ \vdots \\ H_R(\omega_n) \end{Bmatrix}=\begin{bmatrix} R_1(\omega_1) & R_1(\omega_1) & \cdots & R_m(\omega_1) \\ R_1(\omega_2) & R_2(\omega_2) & \cdots & R_m(\omega_2) \\ \vdots & \vdots & & \vdots \\ R_1(\omega_n) & R_2(\omega_n) & \cdots & R_m(\omega_n) \end{bmatrix}\begin{Bmatrix} X_1 \\ X_2 \\ \vdots \\ X_m \end{Bmatrix} \tag{3.6.74a}$$

$$\begin{Bmatrix} H_I(\omega_1) \\ H_I(\omega_2) \\ \vdots \\ H_I(\omega_n) \end{Bmatrix}=\begin{bmatrix} I_1(\omega_1) & I_1(\omega_1) & \cdots & I_m(\omega_1) \\ I_1(\omega_2) & I_2(\omega_2) & \cdots & {}_m(\omega_2) \\ \vdots & \vdots & & \vdots \\ I_1(\omega_n) & I_2(\omega_n) & \cdots & I_m(\omega_n) \end{bmatrix}\begin{Bmatrix} Y_1 \\ Y_2 \\ \vdots \\ Y_m \end{Bmatrix} \tag{3.6.74b}$$

写成紧凑形式则为

$$\{H_R\}_{n\times1}=[R]_{n\times m}\{X\}_{m\times1} \tag{3.6.75a}$$

$$\{H_I\}_{n\times1}=[I]_{n\times m}\{Y\}_{m\times1} \tag{3.6.75b}$$

运用最小二乘法可以得到

$$\{X\}=([R]^{\mathrm{T}}[R]^{-1})[R]^{\mathrm{T}}\{H_R\}\text{，}\quad \{Y\}=([I]^{\mathrm{T}}[I]^{-1})[I]^{\mathrm{T}}\{H_I\} \tag{3.6.76}$$

各阶模态阻尼比由下式求得

$$2\xi_r=X_r/Y_r \tag{3.6.77}$$

若 ξ_r 的精度不够，可将它代入 $[R]$ 及 $[I]$，再利用最小二乘法，直到 ξ_r 的精度足够为止。由于

$$X_r=\frac{1}{{}_rk_e}=\frac{\varphi_{ir}\varphi_{jr}}{k_r} \tag{3.6.78}$$

所有上面求得的 X 应写作 ${}_rX_{ij}$。若激励点为 j 点不变，测量点 i 由 1 变到 N，则通过 N 个频响函数的拟合，可以得到

$$\begin{bmatrix} \dfrac{\varphi_{11}\varphi_{j1}}{k_1} & \dfrac{\varphi_{21}\varphi_{j1}}{k_1} & \cdots & \dfrac{\varphi_{N1}\varphi_{j1}}{k_1} \\ \dfrac{\varphi_{12}\varphi_{j2}}{k_2} & \dfrac{\varphi_{22}\varphi_{j2}}{k_2} & \cdots & \dfrac{\varphi_{N2}\varphi_{j2}}{k_2} \\ \vdots & \vdots & & \vdots \\ \dfrac{\varphi_{1m}\varphi_{jm}}{k_m} & \dfrac{\varphi_{2m}\varphi_{jm}}{k_m} & \cdots & \dfrac{\varphi_{Nm}\varphi_{jm}}{k_m} \end{bmatrix}_{m\times N} \tag{3.6.79}$$

可见，式（3.6.79）中每一行代表一个模态振型。经适当的标准化后，即可得到 N 个标准振型，然后用下式来确定其他参数：

$$k_r = {}_r k_{eij}\varphi_{ir}\varphi_{jr}\text{，}\quad m_r = k_r / \Omega_r^2\text{，}\quad c_r = 2\sqrt{m_r k_r}\,\xi_r \tag{3.6.80}$$

要注意的是该方法不能求 Ω_r，ξ_r 也要给定初值。为加快迭代收敛，ξ_r 的初值可用单模态法求得。另一个需要注意的是，ω_k 的取值应取在半功率点附近，以便使 $[R]$ 和 $[I]$ 的各元素均有较好的数值。

第 4 章

PART FOUR

重力式桥墩动力性能研究

4.1 重力式桥墩动力性能研究概述

4.1.1 研究意义

随着国家经济发展进入新时代，对铁路运输的需求也愈加增强，提速、高速、重载的运输新格局亦逐渐形成，这些都给铁路桥梁设备带来了巨大的安全运营压力。近年来新线建设规模的不断扩大，致使服役桥梁的整体数量不断增加，大量的桥梁结构在使用过程中不可避免地遭受到不良环境的侵蚀，地震、强风、恶劣气候和活载的作用，诸多因素的影响共同导致大量桥梁结构处于亚健康或危险状态。

铁路桥墩作为永久性构筑物，为铁路桥梁的一类重要部件，在保证铁路桥梁安全服役过程中起着举足轻重的作用。为满足铁路运输的需要，保证列车正常运行不受限制，其在施工、运营过程中要具有足够的强度、刚度、稳定性和耐久性，桥墩的结构尺寸及采用的建筑材料应与地区环境气候相适应，桥墩类型的选择也应根据桥址处的地形、水文、线路、上部结构、施工条件和经济因素等来综合考虑、确定。

多年来，我们通过完成对大量在役桥梁的试验检测，从检定结论中不难发现，大量桥墩在运营使用阶段存在诸多问题。主要表现在：

（1）桥墩设计存在缺陷，如建筑材料等级过低、结构尺寸不足、基础类型不合理等，均不能较好地适应和满足后期铁路运营发展的要求。

（2）在桥墩设计阶段，多以静力或以静力代替动力来进行结构设计和安全校核，没有考虑车-线-桥耦合振动等动力条件的影响，致使结构在迫振条件下产生异常响应，降低了活载过桥的安全性。

（3）桥墩强度、耐久性不足导致的剥落、破损、开裂等，致使桥墩刚度下降。

（4）由于桥址环境的改变，河床下切成为桥墩刚度显著下降的主因。

（5）在外力或特殊荷载作用下，导致桥墩刚度弱化或受损等。

多年来，在对桥墩刚度及服役安全性进行调查和评价时，研究人员多是以《铁路桥梁检定规范》（铁运函〔2004〕120 号）（以下简称《桥检规》）的规范内容进行定论、评价。该规范至今看来，为铁路桥梁的检定评估提供了重要的理论依据及经验参考，但就其制定的时代背景来看，是处在我国铁路大面积提速阶段的 21 世纪初，就桥梁的运营性能检验而言，试验样本也多是基于在那个阶段服役的桥梁、轨道、机车和车辆等。随着时间的推移，新型桥梁、轨道结构和机车车辆的上线服役，车-线-桥间的动力响应状态发生了显著的变化，这对继续使用《桥检规》对桥梁结构进行动力响应状态评价提出了新的挑战。

4.1.2　研究历程

桥墩作为支承桥跨结构的一类重要构筑物，受恒载、活载及其他荷载的共同作用。因此，它的动力学性能表现直接影响桥上通行列车的安全性和舒适性。桥墩振动的振型是近似定义为基底固结、墩顶自由的悬臂结构，当墩顶在横向上发生单位位移时所需要力的大小，定义为桥墩的横向刚度；当桥墩受到外界作用，并由此导致其发生自由振动时，将单位时间内的自由振动次数定义为桥墩的自振频率：桥墩的刚度和自振频率是描述桥墩动力性能的两个重要指标参数。

1. 哈尔滨铁路局的研究

原哈尔滨铁路局桥梁检定队的孙国藩对桥墩振动特性的参考限值进行了探讨，并分析和讨论了原《桥检规》（1978 年版）中关于桥墩横向振动限值设置存在的不足。对中高墩而言，制定限值公式所依据的 83 个桥墩的实测资料是利用不同的荷载类型所测定的。孙国藩的研究结果表明：对支承大跨度梁的桥墩而言，当用单机测试时规范限值偏大；对支承小跨度梁的桥墩而言，当用通过列车测试时规范限值偏大；当试验荷载用振动较小、重量较轻的电力机车时，规范的限值仍偏大。对于低墩而言，公式的制定是根据 16 个桥墩的实测资料，点汇出正常桥墩与病害桥墩的分界曲线后归纳出来的。这些资料是分别由不同类型的单机或不同型号的机车所牵引的旅客列车或货物列车通过桥梁时测得的，分析的方法与中高墩的一样，并且没有指出强振频率、自振频率与振源的关系。以上皆是原《桥检规》的不足之处。

2. 北京交通大学的研究

北京交通大学的夏禾、陈英俊等对车-桥-墩体系的相互作用进行了分析，他们以 4 座高墩、多跨简支梁桥和试验列车为实例，用计算机模拟了列车过桥的全过程，并分别计算了列车荷载作用下直线桥和曲线桥高墩的动力响应。他们的研究结果表明：对桥墩墩顶位移响应而言，当为直线桥时，列车过桥时对桥墩的横向振动有一个临界速度，墩顶位移在临界速度时达到最大，临界速度与车辆蛇行频率及桥墩自振频率有关，蛇行频率随车速的提高而提高，当蛇行频率与桥墩自振频率接近时，桥墩振幅达到最大值，此时的车速即为该墩的临界车速，不同墩的临界车速是不同的，总的趋势是，桥墩越高、梁和墩的自重越大，刚度就越小（自振频率越低），则临界车速越低而墩顶位移越大；当为曲线桥时，由于曲线桥桥墩的墩顶位移主要是由列车离心力引起的，而离心力的大小又和车速的平方成正比，故各墩墩顶位移均随车速的增加而增加，在计算速度范围内没有临界速度，墩顶的位移还和桥墩的刚度、所支承梁的跨度有关，一般是墩越高、越柔，墩顶位移越大，梁的跨度越大，桥墩所受到的离心力也越大，墩顶位移也越大。

3. 同济大学的研究

同济大学的吴定俊、李守龙和项海帆等通过建立墩-梁联合体系的空间模型，以墩顶横向刚度为指标来研究墩对梁体动力响应的影响，并进一步采用更为普遍的梁墩刚度比来研究此问题，提出了可进行动力简化计算的参考标准。

他们认为，我国铁路的一些标准跨度桥跨结构，其横向刚度虽满足正常行车要求，但和一些桥墩组成联合体系后，其梁跨结构的横向振幅往往就会超限，这就是所谓车-桥-墩体系耦合振动引起的问题。随着高墩、轻型墩的出现以及列车速度的提高，梁墩之间的相互动力作用也变得愈加显著。他们在研究墩对梁振动的影响时着重从两方面入手：一是采用车-桥-墩体系分析桥跨结构的动力响应，看是否满足安全行车要求；二是研究桥墩横向振幅合理限值以保证其对梁体振动不会产生太大的影响。前者计算复杂，对一般设计人员并不实用；后者适用于成桥状态后的桥梁检定，对设计来说没有指导意义。因此，如何根据给定的梁跨结构快速判断所设计的墩体是否对梁体振动有较大影响就成了一个亟待解决的问题，这对提高铁路行车安全的可靠性具有十分重要的意义。结构动力分析表明，结构体系自振的低阶振型往往表现为较柔杆件的变形。当墩体刚度很大时，梁体振动分析可不考虑墩的作用，随着墩体刚度的减小，墩梁体系耦合效果会逐渐增大。

研究墩体刚度变化对梁体振动的影响，首先必须明确墩体刚度如何定义。他们采用墩顶横向刚度参数来表示墩体刚度。墩顶横向刚度指的是将墩体视为一悬臂结构，当墩顶产生单位横向位移时所需要的横向力。墩顶横向刚度能综合反映墩身高度、截面形式、弹性模量以及基础形式变化的影响，而且便于设计人员计算。对于定型设计的桥墩，截面形式固定或按一定规律变化，墩顶横向刚度只受墩高的影响，为墩高的函数。

他们按某设计图号梁墩结构尺寸和上述的墩梁计算模型，变化不同墩高得到不同墩顶横向刚度，计算出相应的梁体横向一阶自振频率（横向基频）随墩顶横向刚度变化曲线。

墩顶刚度对梁跨横向基频变化的影响规律可以比较精确地用指数函数来表示

$$f = f_0(1 - Ae^{-Bk}) \tag{4.1.1}$$

式中：f 为梁墩体系中梁体振动横向基频；f_0 为梁跨简支时梁体振动横向基频；k 为墩顶横向刚度；A 、B 为待定常数。

他们的研究结果表明，墩顶横向刚度对梁体横向基频的影响范围可划分为 3 个区域：当墩顶横向刚度在 $0 \sim 10^8$ N/m 区段变化时，墩顶刚度变化对梁跨结构的横向基频影响非常敏感；而横向刚度大于 10^8 N/m 时，随着墩顶横向刚度的增加，虽然横向基频也随之而增加，但其增幅很小；当墩顶横向刚度达到某一个值以后，刚度再增加时横向基频基本不再变化，此时的墩顶横向刚度称为临界墩顶刚度，相应的墩高称为临界墩高。也就是说，若墩顶横向刚度再增大，则在计算梁体横向基频时，不受桥墩作用的影响，可简化成只有梁体参加振动的简支结构计算模式。

鉴于车桥横向耦合振动理论用于定量分析还存在一定差距，但用于定性分析不同刚度结构下的动力响应差异则是完全能够说明问题的。他们用 Kalker 轮轨接触线性蠕滑理论，对不同墩高及忽略桥墩作用的 3 孔简支梁进行了车桥横向耦合振动分析。列车采用客车二系悬挂装置，编组为 1 节机车后加 4 节客车，过桥的车速为 80 km/h，分析得到中孔墩顶和梁跨跨中横向振动时程曲线。计算结果表明，墩顶横向振幅随着墩高的降低而减小，当墩高小于临界墩高时，墩顶横向振幅可小到忽略不计，即墩体对梁体振动不产生影响。墩高愈低，其振动的频率愈高，这说明，墩的振动曲线中除含有梁墩体系的低阶振动成分外，主要为墩体本身的高阶振动成分，而高频振动的振幅往往很小。

事实上，当梁的跨度和截面变化时，其相应的临界墩顶刚度、临界墩高也随着变化，梁的横向刚度愈大，临界墩顶刚度也愈大，反之则临界墩顶刚度愈小，两刚度之间存在着一定的比例关系，这个比例关系就是临界梁墩刚度比。临界梁墩刚度比被定义为

$$v_c = \frac{K_b}{K_c} \tag{4.1.2}$$

式中：v_c 临界梁墩刚度比；K_b 为梁跨跨中横向刚度（N/m）；K_c 为对于给定梁跨结构所得到的临界墩顶横向刚度（N/m）。

以 32 m 梁的分析，得到临界梁墩刚度比为

$$v_c = \frac{K_b}{K_c} = \frac{6.9\times10^7}{7.665\times10^8} = 0.09 \tag{4.1.3}$$

这些比例系数具有普遍性，也就是说，对于简支梁结构，只要墩顶的刚度与梁跨中的横向刚度之比大约为 10∶1 时，此时的墩体设计基本上对梁体横向基频没有影响。梁墩的刚度比系数相同，则具有相同的梁墩横向动力特性，这对设计者来说，具有较大的指导意义，只要有了梁跨结构跨中横向刚度，根据梁墩的刚度比系数，设计人员就能迅速得出其相应的墩顶临界刚度和临界墩高，从而判断所设计的墩台对梁体振动的影响程度。现行《桥检规》中的墩顶振幅通常值，是根据正常结构所测的墩顶横向振幅经过统计归纳而得出的桥墩振幅限值，缺少理论根据，只考虑墩高的影响，没考虑不同跨度梁体对墩顶横向振动限值的差别。如果从临界梁墩刚度比概念角度来分析，就可根据梁墩的刚度比例系数，从已制定的梁跨结构振幅的合理值推算出墩顶横向振幅的限值。

经过计算表明：在墩-梁组合结构体现下，墩体质量和梁体横向自振频率成反比，即墩体质量愈大，梁的自振频率愈低；反之，梁体自振频率愈高。这是显而易见的。但值得注意的是：墩体质量变化对梁体自振频率的影响还与墩体刚度大小有关，墩顶刚度愈大，质量变化对梁体一阶横向基频影响愈小；在同一质量倍数变化的情况下，墩高小于 10 m 的梁体横向基频变化曲线比较平缓，而墩高大于 20 m 时梁体横向基频变化比较剧烈。低墩简支梁可以看作墩顶刚度为无穷大时的梁墩结构，这时支点处质量变化对梁体振动就没有影响了，而高墩、轻型墩墩顶刚度较小，必须重视墩体质量大小对梁体横向基频的影响。车-桥耦合振动分析表明，当墩顶刚度大于临界刚度时，墩体的质量变化对梁体振动的影响不大。

因此，总的研究结论为：墩体设计对梁体振动影响的主要因素是墩顶刚度，墩顶刚度对梁跨横向基频变化影响符合指数函数变化规律；当墩顶刚度大于临界墩顶刚度时，梁体振动不受墩台的影响；小于临界墩顶刚度时，应根据墩顶刚度所在区域，考虑墩体的参与作用；墩顶刚度大于临界墩顶刚度时，墩体质量的变化对梁体振动的影响是很小的，可以不予考虑，而且墩体的刚度越大，影响的程度越小，但当墩体刚度较小时，墩体的质量对梁体振动的影响程度就越显著，高墩、轻型墩须考虑质量的参与作用；对结构类型相同的桥梁来说，存在着共同的临界梁墩刚度比，这个参数可用来确定不同梁跨结构所对应的临界墩顶刚度。

同济大学的凌知民、曹雪琴和项海帆等对铁路高墩连续梁桥的车-桥耦合振动响应进

行了分析，并在耦合振动分析的基础上对货物列车动力模型进行了有针对性的修改，最后得到了与某高墩连续梁桥实测结果近似的结论，从而印证了理论计算的结果是可信的。他们通过完成对车桥模型的建立，并分别对结构自振特性、列车过桥动力响应等参数进行了实测值和计算值的对比，给出的试验研究结论为：脱轨系数、横向摇摆力和墩顶振幅多在 v=45 ~ 65 km/h 时达到最大值，离开此范围内则下降，共振现象表征明显，由于蛇行频率在 0.781 ~ 1.128 Hz，这与结构的前 4 阶横向自振频率相近，故而产生较大的响应；墩高在 20 m 左右的低墩或墩高在 50 ~ 70 m 的高墩，由于横向刚度较大，因而墩顶振幅相对较小，而墩高在 40 ~ 50 m、采用等截面圆形空心墩的情况，由于其横向刚度相对不足而产生了较大的墩顶振幅；尽管高墩桥梁的墩顶振幅相对较大，但脱轨系数并不比一般桥梁大，这表明中、高墩桥梁在抗脱轨安全度方面是有保证的；通过实测及计算得到的桥墩横向一阶自振频率均小于 1.0 Hz，且比《桥检规》的最低参考限值要小，故针对高墩自振频率的规范值计算方法应做适当调整。

4. 石家庄铁道大学的研究

石家庄铁道大学的李运生、阎贵平等对铁路实体桥墩的振动规律及墩梁体系下墩顶横向振幅的参数进行了分析和研究。他们根据收集到的 1000 多个我国铁路桥梁桥墩横向振动的试验资料，按圆端形、矩形和圆形三种重力式墩和轻型墩这几种桥墩类型，混凝土梁、钢板梁和钢桁梁三种不同的上部结构类型，以及不同的墩高等对桥墩样本进行了分类统计。

对圆端形墩而言，根据上部结构的形式，将圆端形桥墩按上部结构为混凝土梁、预应力混凝土梁，上部结构为上承式钢板梁，上部结构为钢桁梁进行分类，分别对各统计图形进行分析。

1）上部结构为钢筋混凝土梁、预应力混凝土梁

由图 4.1.1 可知，对于中高墩而言，最大墩顶振幅随墩高的增加而增加，当墩高大于 25 m 时，实测振幅很少超过《桥检规》通常值的要求，超限的墩高多在 10 ~ 22 m。由桥墩的资料可以看出，振幅较大的多为桩基且地基条件不好，说明桩基础的桥墩，其横向刚度较其他类型基础的桥墩弱。由图可以看出，超限较多的频率在 f=2.5 Hz 左右，这与货车轮对的蛇行运动频率在 2 ~ 3 Hz 有关。在刚度和振幅的关系图中，将低墩分离出去后，可以更清晰地看到有两个峰值。$K=0.15\times10^9$ N/m 左右、H_1=10 m 时，超限较多；$K=0.55\times10^9$ N/m 左右、H_1=20 m 时，又出现一个峰值超限较多。在车速和振幅的关系图中，低速时超限较少，速度为 60 ~ 70 km/h 时超限较多。

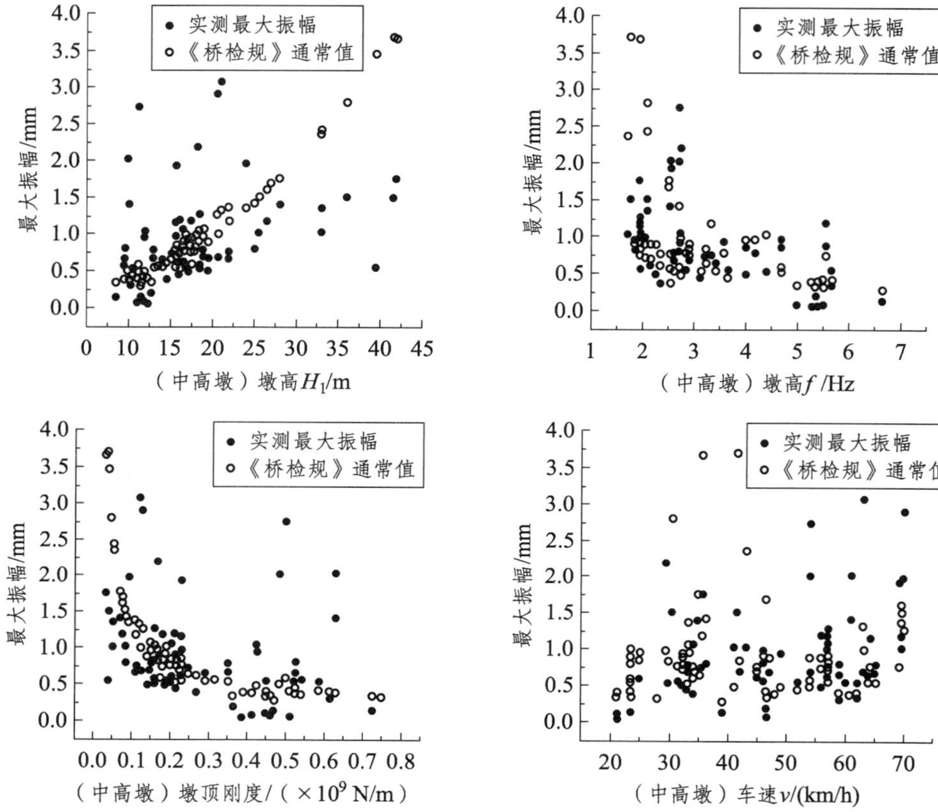

图 4.1.1 各类参数比对统计图

2）上部结构为上承式钢板梁

图 4.1.2 为上承式钢板梁的圆端形低墩的墩高、频率、墩顶横向刚度、车速和振幅的关系图。从墩高和振幅的关系图可以看出，上部为上承式钢板梁的单线圆端形桥墩，低墩时超限较多，规律不明显；从频率和振幅的关系图可以看出，超限桥墩的频率在 6 Hz 左右；从墩顶横向刚度和振幅关系图中可以看出，刚度最大和最小时均有较多超限；从车速和振幅关系图中，可以明显看到车速为 60 ~ 80 km/h 时，振幅最大。

上承式钢板梁常见跨度为 32 m 和 40 m，其横向自振频率分别为 3.2 ~ 3.7 Hz（32 m）和 2.5 Hz（40 m）。混编列车过桥时有载自振频率分别为 2.19 ~ 2.32（32 m）和 1.8 Hz（40 m），远小于相应桥墩的横向自振频率，但与车速为 60 ~ 80 km/h 时货车的蛇行运动频率接近，所以此类桥梁横向刚度较小。

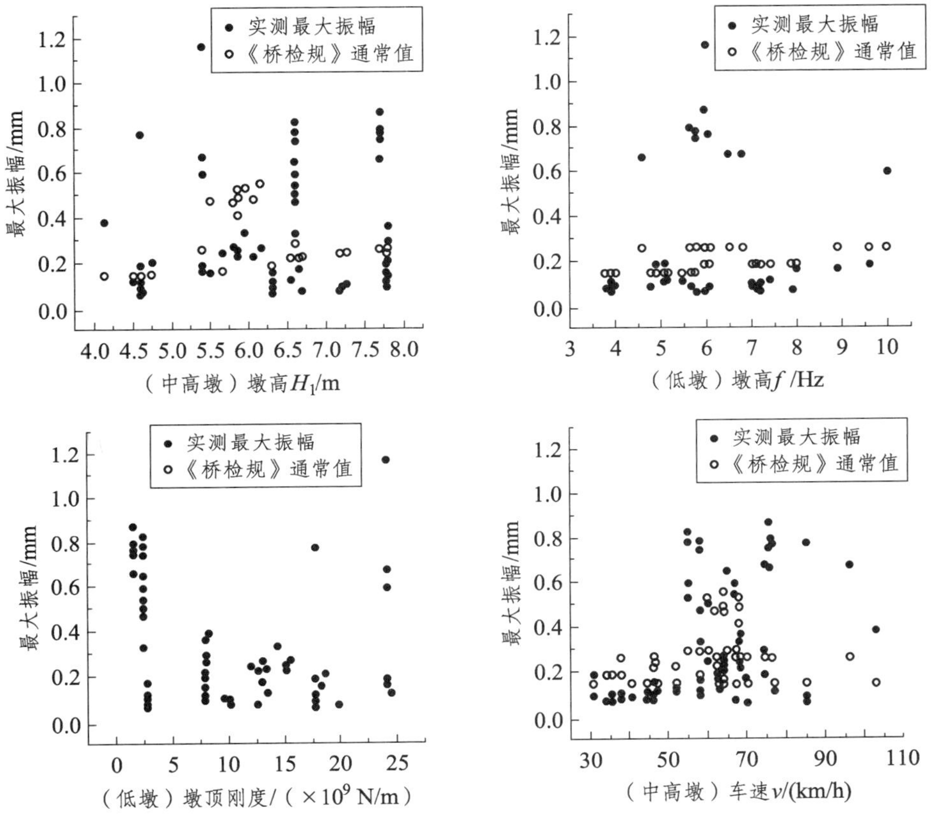

图 4.1.2　各类参数比对统计图

3）上部结构为钢桁梁

通过调查统计发现，上部结构为钢桁梁的中高墩，墩顶振幅较少超限。此类梁墩体系的横向振动是由于钢桁梁的横向刚度较小，因为桁梁桥的墩身一般比较粗大，横向刚度很大。一些振幅超限的桥墩其基础均为沉箱和沉井，且年代较久，由于墩本身横向尺寸很大，说明产生较大横向振幅主要是基础的原因。上部结构为钢桁梁的圆端形桥墩，墩高越高振幅越大，墩高为 5 ~ 15 m 时超限较多。车速在小于 60 km/h 时，振幅很小且波动不大；当车速在 65 ~ 80 km/h 时，振幅急剧增大，大部分都超限，有明显的共振现象。

由此可见：对于上部结构为混凝土梁、预应力混凝土梁的单线圆端形桥墩，当墩高 10 m < H_1 < 22 m、f = 2 Hz 左右、车速在 60 ~ 70 km/h 时，墩顶横向振幅值最大；当墩高 H_1>25 m 时，实测振幅很少有超过现行《桥检规》通常值的；对于上部为上承式钢板梁的单线圆端形桥墩，桥墩横向振幅主要是梁部的横向振动引起的；对于上部为钢桁梁的圆端形桥墩，主要是基础原因导致墩顶横向振幅较大。

对圆形墩而言，根据上部结构的类型，将其分为两类：低高度梁、钢筋混凝土梁和预应力混凝土梁，上承式钢板梁。

由实测值可知，上部结构为混凝土梁的圆形低墩墩顶横向振幅较小，低墩的高度在7.5 m以下，大部分不超限。而对于中高墩，横向振幅随墩高增大而增大，且大部分超限。在墩顶横向刚度和振幅的关系中，刚度越小，振幅增大得越明显，当刚度 $K>1.5\times10^9$ N/m 时，振幅波动不大；当刚度 $K<1.5\times10^9$ N/m 时，振幅急剧增大，在 $K=1.5\times10^9\sim1.0\times10^9$ N/m 时，振幅最大。在频率与振幅的关系图中，频率 $f=2.0$ Hz 左右时，振幅最大。另外，振幅随车速增大而增大，但有两个峰值，分别在35 km/h左右和65 ~ 75 km/h。

对于矩形墩而言，经过资料收集可知，上部结构为低高度梁、钢筋混凝土梁和预应力混凝土梁的桥墩共有83座，为上承式钢板梁的只有3座。而且这些矩形桥墩墩高都在15 m以上，均属于中高墩。其横向振幅随墩高增大而增大，在墩高<35 m时，大部分超限；但在墩高>35 m后，振幅明显减小，均不超限。在频率与振幅的关系中，频率 $f=1.0\sim1.5$ Hz 时，振幅最大，均不满足《桥检规》通常值的要求。另外，矩形桥墩的统计资料还显示：高墩在低速时振幅较大，车速在30 ~ 40 km/h时，振幅最大。

对于轻型墩而言，由于收集整理到的轻型墩资料比较少，主要的类型为直径较小的圆形墩（$D<2.2$ m）、双柱式墩、排架墩，有实测数据的共有65个桥墩。上部结构均为混凝土和预应力混凝土梁。轻型墩墩顶最大振幅随墩高增大而增，在 $f=2.0$ Hz 左右时，桥墩的振幅较大，当车速为60 ~ 70 km/h时，振幅最大。

他们通过完成对影响墩顶横向振幅的综合指标参数的研究，并通过梁墩体系的简化动力分析可知，墩顶横向振幅是由静位移和动位移两部分组成的，质量比和桥墩横向自振频率是反映这两部分的主要因素。李运生等人通过研究给出了综合指标参数与墩顶最大振幅的关系方程

$$S_i=\sqrt{\frac{m_v}{m_b+\dfrac{m_p}{3}}}\cdot f \tag{4.1.4}$$

式中：m_p 为桥墩质（kg）；m_b 为一孔梁的质量（计入道砟、轨道系统、人行道板等附属结构质量，kg）；m_v 为一孔梁的活载质量（kg）；f 为梁墩体系的横向振动基频（Hz）。

综合指标越大，墩顶最大振幅越小。不同类型的桥墩，墩顶横向最大振幅和综合指标

的规律相近，但墩顶振幅的大小不同。综合指标相同时，圆形桥墩的墩顶横向位移最大。横向刚度较小的单线圆形墩，车速提高并没有引起墩顶振幅的明显增大，其最大振幅发生在较低车速时；高墩的墩顶振幅不是很大。仅与桥墩尺寸有关的《桥检规》通常值，只反映了问题的一部分，公式中没有反映桥梁跨度和车辆的情况，即未能反映梁墩体系共同振动的特性，墩顶横向振幅的限值应与梁墩体系的结构特性有关。

5. 其他单位的研究

近年来，关于铁路桥墩刚度特性的研究工作在各科研院所及生产单位均得到了高度的重视和显著的发展。例如：同济大学的张文学、李建中和石家庄铁道大学的苏木标等进行了有关铁路轻型桥墩横向振动规律的研究；中国铁道科学研究院的柯在田、盛黎明和张煅等进行了有关铁路桥梁梁-墩横向刚度相关合理性选择的研究；北京交通大学的刘保东和中国铁道科学研究院的刘汉夫等对既有桥墩的动力特性及其运营状态进行了分析和评估；中国铁路设计集团公司的孙树礼、周四思、杜宝军和张军等进行了有关桥墩墩顶横向水平位移限值的研究；中国铁路郑州局集团有限公司的魏树林、许光宏、罗锦章等完成了有关双柱式桥墩的振动异常分析研究工作；中国铁路北京局集团有限公司的弓季宗等完成了有关提高重力式桥墩动力性能加固机理的相关实践研究工作；中国铁路沈阳局集团有限公司的李杰等进行了有关铁路中、高桥墩横向刚度相关参数的研究工作。

4.1.3 既有评价标准

1. 《铁路桥梁检定规范》

《铁路桥梁检定规范》（铁运函〔2004〕120 号），是为了适应新的铁路运输发展格局，满足铁路桥梁检定工作日益面临的新问题、新挑战而修订发布的，由原铁道部科技司和运输局负责解释，主要包括铁路桥梁检查、结构检算、桥渡水文和运营性能检测等方面的内容。

《桥检规》中规定，铁路桥梁应具有足够的竖向及横向刚度，保证列车以规定的速度通过时，桥梁结构不出现激烈振动、防止车轮脱轨以及保证客车过桥的舒适性。基于运营性能检验的两个判别式为：行车安全限值——保证列车以规定的速度安全通过，桥梁结构必须满足的限值指标；通常值——桥梁在正常运用中的挠度或振幅实测值的上限、频率实测值的下限。桥梁在正常运用过程中，若超过此值，应仔细检查桥梁结构是否存在隐藏的病害，同时调查列车是否产生过异常的激励（车辆装载偏心、车况不良等）。

对于桥墩而言，《桥检规》中有关桥墩横向动力性能的评价标准是基于桥墩横向自振频率和墩顶横向振幅两类特征参数给出的。相关限值计算如表 4.1.1 和表 4.1.2 所示。

表 4.1.1 桥墩横向刚度参数计算表

墩身构成	墩身尺寸特征	基础与地基土		墩顶横向振幅 $(A_{max})_{5\%}$/mm		横向自振频率 f/Hz
		基础类型	地基土	$v \leqslant 60$ km/h	$v>60$ km/h	
混凝土或石砌墩身	低墩 $H_1/B<2.5$	扩大基础	岩石	$\frac{H}{30}$	$\frac{H}{25}+0.1$	—
		沉井基础				
		桩基础		$\frac{H}{30}+0.2$	$\frac{H}{25}+0.4$	
		扩大基础	黏土或砂、砾			
	中高墩 $H_1/B \geqslant 2.5$	扩大基础	岩石	$\frac{H_1^2}{100B}+0.2$		$\geqslant \frac{24\sqrt{B}}{H_1}$
		沉井基础				
		桩基础		$\frac{(H+\Delta h)^2}{100B}+0.2$		$\geqslant \alpha_1 \frac{24\sqrt{B}}{H}$
		扩大基础	黏土或砂、砾	$\alpha_2\left(\frac{H_1^2}{100B}+0.2\right)$		$\geqslant \alpha_3 \frac{24\sqrt{B}}{H_1}$

表 4.1.2 α_1、α_2、α_3 及 Δh 值

计算项目	参数	地基土特性	车速	
			$v \leqslant 60$ km/h	$v>60$ km/h
横向振幅	Δh /m	软塑黏土	1	2
		硬塑黏土、砂、砾	0	1
		嵌岩桩	0	1
自振频率	α_1	软塑黏土	0.8	
		硬塑黏土、砂、砾	0.9	
		嵌岩桩	1.0	
横向振幅	α_2		1.0	1.5
自振频率	α_3	砾石、粗砂	0.9	
		硬塑黏土、中砂、细砂	0.8	

注：H 为墩全高（自基底或桩承台底至墩顶，m）；H_1 为墩高（自基顶或桩承台顶至墩顶，m）；B 为墩身横向平均宽度（m）。

2. 《铁路桥涵设计规范》

《铁路桥涵设计规范》（TB 10002—2017）是从事铁路桥涵及其相关设计的基本规范。从 1976 年的《铁路工程技术规范——桥涵》至 2017 年的《铁路桥涵设计规范》，其间经历了 1985 版、1999 版、2005 版等多次修订，当中针对普速铁路桥梁墩台亦做了多次优化、完善。

1）墩台基础变位

墩台基础的沉降应按恒载计算。对于静定结构，设计速度小于 160 km/h 时，有砟桥面工后沉降量不得超过 80 mm，相邻桥台均匀沉降量不得超过 40 mm；明桥面工后沉降量不得超过 40 mm，相邻桥台均匀沉降量不得超过 20 mm。对于超静定结构，其相邻墩台均匀沉降量之差的允许值，应根据沉降对结构产生的附加应力的影响而定。

2）墩台刚度限值

墩台的纵向及横向水平刚度应满足列车行车安全性和旅客乘车舒适度的要求，并对最不利荷载作用下墩台的横向及纵向计算弹性水平位移进行控制。

（1）由墩台横向水平位移差引起的相邻结构物桥面处轴线间的水平折角（图 4.1.3），当设计时速小于 160 km/h、跨度不小于 40 m 时，不应超过 1.0‰rad；跨度小于 40 m 时，不应大于 1.5‰rad。见规范 5.4.5 条第 2 款。

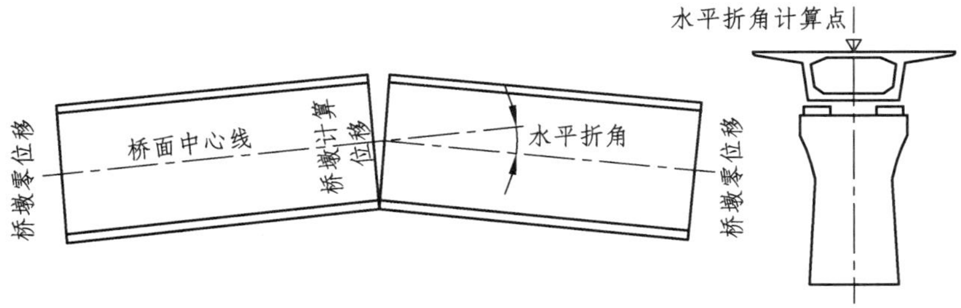

图 4.1.3　水平折角示意图

其荷载组合为：

——竖向静荷载；

——曲线上列车的离心力；

——列车的横向摇摆力；

——列车、梁及墩身风荷载或 0.4 倍的风荷载与 0.5 倍的桥墩温差组合作用，取较大者；

——水中墩的水流压力作用；

——地基基础弹性变形引起的墩顶水平位移。

墩台横向水平位移限值，当桥梁跨度小于 20 m 时，采用桥梁跨度 20 m 的墩台横向水平位移限值。

（2）墩台顶帽面顺桥方向的弹性水平位移应符合下列规定：

$$\Delta \leqslant 5\sqrt{L} \qquad (4.1.5)$$

式中：L——桥梁跨度（m）：当 $L<24$ m 时，L 按 24 m 计算；当为不等跨时，L 采用相邻中较小跨的跨度；

Δ——墩台顶帽面处的水平位移（mm），包括由于墩台身和基础的弹性变形以及基底土弹性变形的影响。

3. 《铁路桥涵设计基本规范条文说明》

如下引述《铁路桥涵设计基本规范条文说明》（TB 10002.1—2005）对普速铁路桥墩刚度的相关叙述。随着铁路的提速，有些桥梁出现了桥梁横向振幅超限的问题。首先应该分清楚的是，桥墩横向水平位移的限值与桥墩横向振动幅值的限值是两个不同概念。桥墩横向水平位移限值主要是从轨道方向不平顺的要求出发，是轨道的静力不平顺（几何不平顺）问题；国外包括德国、欧盟、日本，其桥墩静力横向水平位移的提出均是基于轨道方向不平顺、保证列车运行安全和舒适度方面考虑的。桥墩横向振幅超限，其产生的原因不仅仅是轨道不平顺，更是复杂的动力问题。据实测资料反映，即使桥墩静力横向水平位移很小，只要车辆-轨道形成的规律性横向自激振动频率与桥梁的横向有载自振频率接近，就会产生较大的振动现象。

原铁道部第三勘测设计院对大量实测的满足《桥检规》振幅要求的桥墩计算了其最大横向水平位移，并进行数理统计。结果表明，按 1999 版《铁路桥涵设计基本规范》组合计算的横向水平静位移和桥墩横向自振频率相关性很差，这就是说单靠静力位移进行控制，解决不了桥梁共振的动力特性问题。为保证列车通过的安全和舒适，建议桥墩横向刚度应采用墩顶静位移和桥墩横向自振频率双重指标进行控制。

桥梁的振动问题涉及车辆、轨道、梁、墩及基础和土。我国铁路提速后出现桥梁横向振动超限的问题，主要发生在货车通过桥梁的时候，在提速货车产生桥墩振动过大的现象中，起主要作用的是车辆。

中国铁道科学研究院机辆所对国产 C_{62} 货车进行的试验研究表明，在运行速度 v=78 ~ 85 km/h 时，C_{62} 货车转 8 A 转向架在直线线路上屡次出现长距离持续的剧烈摆振现象，其强振频率在 2.0 ~ 2.5 Hz，从而对轨道及桥梁形成周期性横向冲击。只要桥墩的横向自振频率接近这个范围，就可能产生较大的振动。桥墩的自振频率主要与墩高和基础有关，其设计往往很难避开这个频率。出现较大横向振动时的激励是清楚的，采用转 8 A 转向架的车辆动力性能不好，在线路上运行时出现菱形，使轮对侧摆造成对轨道横向冲击以致形成横向摆振。

同济大学收集了正常运行的 129 个中高实体墩墩身的桥墩实测自振频率及在货物列车、

旅客列车过桥时墩顶最大横向振幅实测值。从实测数据中可以看出，客车过桥引起的墩顶横向振幅远小于货车，是货物列车控制墩顶最大横向振幅值；墩顶横向振幅与梁、墩的结构形式、地基基础等有关。

利用上述收集的资料进行回归分析，得到墩高与梁墩体系横向自振频率常见值的关系如图 4.1.4 所示。

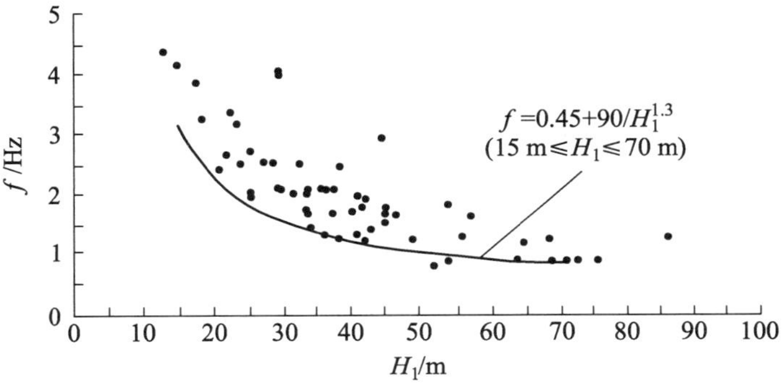

图 4.1.4　中高实体墩 H_1-f 关系

设计中桥墩横向刚度应考虑以下几条意见：

（1）低墩（$H_1/B<2.5$）——由于墩身高度小，桥墩按构造设计后具有足够横向刚度，可不必建立专用公式检算其横向刚度。

（2）中高墩——梁墩体系的横向自振频率 f 不宜低于下式值：

$$f = 0.45 + 90 / H_1^{1.3} \ (15\ \text{m} < H_1 \leqslant 70\ \text{m}) \tag{4.1.6}$$

（3）高墩——当墩身高度超过 70 m 时，由于梁墩体系的自振频率较低（一般小于 1 Hz），墩身质量又大，墩顶振幅一般不超过 3 mm，因此梁墩体系的横向动力性能不是设计的关键。

鉴于收集到的桥墩仅有中高墩实体墩身的桥墩实测自振频率，墩身类型不够全面，而且桩基桥墩也较少，故以上梁墩体系桥墩横向自振频率的常见值，只能供桥梁墩台设计中参考。

铁路桥梁横向刚度的确定是一个长期悬而未决的问题，也是一个十分复杂的经济技术问题。国内外许多学者曾对其进行过广泛而深入的研究，其成果亦反映在各国的相关规范中，但总的评价尺度各不相同，宽严程度也有差异。这主要说明横向刚度蕴含的物理意义不甚明确，确定横向刚度的理论方法尚未被认识。

在我国，车辆-桥梁系统中桥墩的横向振动对车辆振动的影响，特别是对运行安全的影响，尽管进行过一些动力计算，但到目前为止国内还缺乏明确的试验数据和系统研究，仍有许多问题亟待实测、计算仿真、理论分析来解决，只有看清这些问题才能制订出桥墩合理的横向刚度或允许横向水平位移限值。

4.《铁路桥涵地基和基础设计规范》

《铁路桥涵地基和基础设计规范》（TB 10093—2017）是从事铁路桥涵地基和基础等相关设计的基本规范，它与《铁路桥涵设计规范》相似，在不同时期也经历了多次修订和完善。

针对普速铁路桥梁而言，桥涵地基基础的设计，应保证具有足够的强度、刚度、稳定性、耐久性和符合固定的沉降计算，并按满足 100 年设计使用的年限设计；墩台基础的倾覆稳定性系数不得小于 1.5，临时施工荷载作用下不得小于 1.2；墩台基础的滑动稳定系数不得小于 1.3，临时施工荷载作用下不得小于 1.2。

对于基础稳定性验算则遵照如下原则：

（1）墩台基础的倾覆稳定系数按下式计算：

$$K_0=\frac{s\sum P_i}{\sum P_i e_i+\sum T_i h_i} \tag{4.1.7}$$

式中：K_0——墩台基础的倾覆稳定系数；

P_i——各竖向力（kN）；

e_i——各竖向力 P_i 对检算截面重心的力臂（m）；

T_i——各水平力（kN）；

h_i——各水平力 T_i 对检算截面的力臂（m）；

s——在沿截面重心与合力作用点的连接线上，自截面重心至检算倾覆轴的距离（m）。

力矩 $P_i e_i$ 和 $T_i h_i$ 应按其绕检算截面重心的方向区别正负。

（2）墩台基础的滑动稳定系数按下式计算：

$$K_c=\frac{f\sum P_i}{\sum T_i} \tag{4.1.8}$$

式中：K_c——墩台基础滑动稳定系数；

P_i、T_i——各竖直力、水平力（kN）；

f——基础底面与地基土的摩擦系数，当缺乏实际资料时，可采用表 4.1.3 中的数值。

表 4.1.3　基础摩擦系数

地基土石分类	摩擦系数
软塑的黏性土	0.25
硬塑的黏性土	0.30
粉土、坚硬的黏性土	0.30 ~ 0.40
砂类土	0.40
碎石类土	0.50
软质岩	0.40 ~ 0.60
硬质岩	0.60 ~ 0.70

5. 《铁路工程抗震设计规范》

《铁路工程抗震设计规范》（GB 50111—2006）由建设部和国家质量监督检验检疫总局联合发布，于 2006 年 12 月 1 日实施，部分条文在汶川地震后经过修改，并于 2009 年 12 月 1 日由住房和城乡建设部发布实施。

针对铁路桥墩，规范做出如下规定：

（1）简支梁桥墩抗震分析一般情况下采用单墩力学模型（图 4.1.5）计算，梁部应只计质量影响，也可按全桥力学模型进行计算。

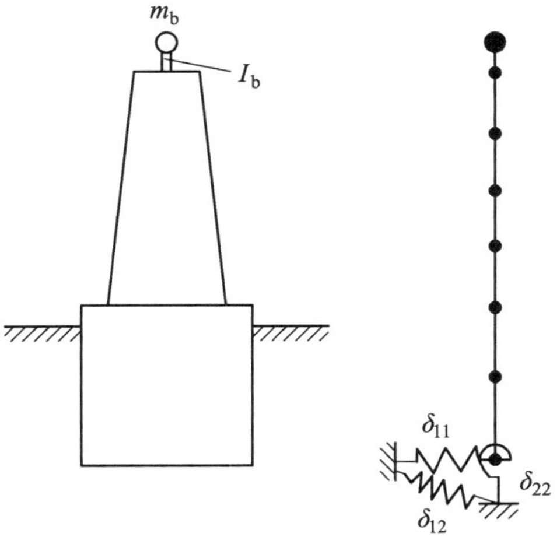

图 4.1.5　桥梁单墩力学计算模型

（2）在多遇地震作用下，桥墩抗震设计可采用反应谱法。对 B 类桥梁（见该规范表 3.0.1-A）或采用减隔震装置的桥梁，宜按反应谱法计算，或选用符合抗震设计要求的地震波采用时程反应分析法进行分析。在罕遇地震作用下，应采用非线性时程反应分析法。对于钢筋混凝土桥墩可按规范规定的简化方法进行延性验算。

（3）当结构自振周期小于 2 s，且阻尼比 $\xi=0.05$ 时，动力放大系数 β 可按图 4.1.6 取值（图中 T_g 为地震动反应谱特征周期），结构自振周期 T 的简化计算可按规范进行。

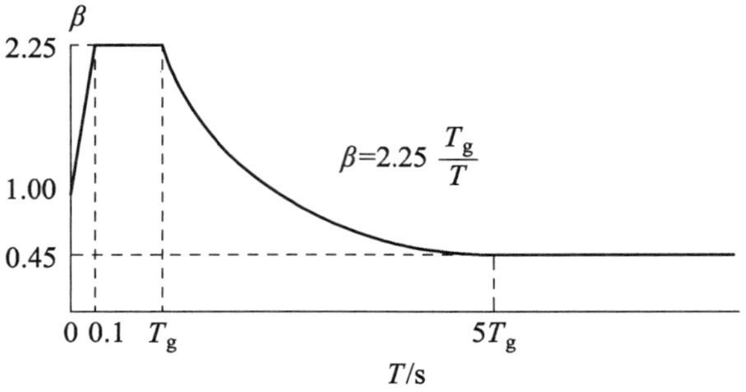

图 4.1.6 动力放大系数 β 曲线

（4）不同水准地震作用下，水平地震基本加速度 a 取值和地震动反应谱特征周期 T_g 取值分别见表 4.1.4、表 4.1.5 所示。

表 4.1.4 水平地震基本加速度 a 取值

设防烈度	6 度	7 度		8 度		9 度
设计地震	0.05g	0.1g	0.15g	0.2g	0.3g	0.4g
多遇地震	0.02g	0.04g	0.05g	0.07g	0.1g	0.14g
罕遇地震	0.11g	0.21g	0.32g	0.38g	0.57g	0.64g

表 4.1.5 地震动反应谱特征周期 T_g 单位：s

特征周期分区	场地类型			
	Ⅰ	Ⅱ	Ⅲ	Ⅳ
一区	0.25	0.35	0.45	0.65
二区	0.30	0.40	0.55	0.75
三区	0.35	0.45	0.65	0.90

6. 《既有线提速 200 km/h 技术条件（试行）》

《既有线提速 200 km/h 技术条件（试行）》（铁科技函〔2006〕747 号）中针对既有铁路

提速的相关技术条件作了较为详细的规定和说明。其中提道：既有墩台的横向刚度和变位采用墩台顶帽的弹性水平位移加以控制。而从既有桥墩的试验情况来看，存在按 $\Delta \leqslant 5\sqrt{L}$ 检算通过，而实际运营中横向振动偏大的现象；后经过研究和国内规范标准的对比分析，参照《新建时速 200 公里客货共线铁路设计暂行规定》的规定，用通过限制上部结构的水平折角对桥墩的横向水平位移给予了更严格的限制，以满足客车 200 km/h、货车 120 km/h 的运营要求。通过车桥动力检算，对于高度在 15 ~ 25 m 的单线中高墩和柔性墩桥梁，在前几次提速试验中，频繁出现横向振动偏大的问题，横向动力性能比较敏感。由于试验数据和研究还不充分，对提速条件下的动力性能研究不够，难以得出规律性结论；因此对于这类桥墩，可先通过车桥耦合动力检算，分析其实际动力性能能否满足 200 km/h 提速要求。

7.《普速铁路桥隧建筑物修理规则》

《普速铁路桥隧建筑物修理规则》(铁总工电〔2018〕125 号)，是为了适应在新的生产力布局调整和铁路运输规模发展壮大形势下，满足铁路桥隧养护维修工作日益面临的新问题、新体制而修订发布的，由原中国铁路总公司工电部负责解释。它的内容涉及有关铁路桥隧基本技术条件、技术标准、日常检查和综合管理等方面的规则说明。

1）一般规定

（1）由墩台横向水平位移差引起的相邻结构物桥面处轴线间的水平折角不应大于 1‰（图 4.1.7）。当桥梁跨度小于 20 m 时，墩台横向水平位移采用跨度 20 m 的限值。

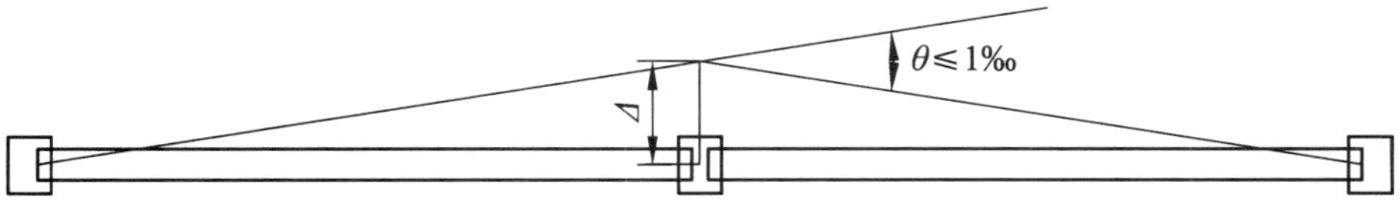

Δ—墩台横向水平位移差；θ—水平折角。

图 4.1.7　由墩台横向水平位移引起的相邻跨轴线间的水平折角

（2）运营桥梁的混凝土、钢筋混凝土和石砌实体墩台在动活载作用下应具有足够的刚度，实测墩顶横向最大振幅和最低自振频率应满足《桥检规》所列通常值的规定。

（3）列车作用下墩台顶实测最大横向振幅超过《桥检规》通常值评定为 A1 级，列车作用下墩台顶实测最大横向自振频率不能满足《桥检规》规定评定为 A1 级。

2）基础埋置深度

（1）墩台明挖基础和沉井基础的基底埋置深度应符合下列条件：

① 冻胀、强冻胀土，在冻结线以上不小于 0.25 m，同时满足冻胀力计算的要求；弱冻

胀土，不小于冻结深度；多年冻土地区，基底设置应进行详细论证。基底埋置深度不满足要求，但无基础冻害出现时，可暂缓处理。

② 无冲刷处或设有铺砌防护时，在地面下不小于 2.0 m。

③ 有冲刷处，在墩台附近最大冲刷线以下不应小于下列安全值：

a. 对一般桥梁，在检定洪水频率流量下，安全值为 2 m 加冲刷总深度（自河床面算起的一般冲刷深度与局部冲刷深度之和）的 10%；在校验洪水频率流量下，安全值为 1.0 m 加冲刷总深度的 5%。

b. 对技术复杂、修复困难或重要的特大桥、大桥，在检定洪水频率流量下，安全值为 3 m 加冲刷总深度的 10%；在校验洪水频率流量下，安全值为 1.5 m 加冲刷总深度的 5%。

④ 对于不易冲刷磨损的岩石，墩台基础应嵌入基本岩层不小于 0.25 ~ 0.5 m（视岩层抗冲性能而定）。如嵌入风化、破碎、易冲刷磨损岩层，按未嵌入岩层计。

⑤ 新建或改建位于河道非岩石地基上的桥跨不应采用明挖基础。

（2）墩台桩基础的埋置深度应符合下列条件：

① 承台底面在土中时，应在冻结线以下不小于 0.25 m，或在最大冲刷线下不小于 2 m（桩入土中深度不明时）。桩在最大冲刷线下的入土深度必须保证墩台稳定。

② 承台底面在水中时，应位于最低冰层底面以下不小于 0.25 m；或桩在最大冲刷线下的埋置深度必须保证墩台稳定。

③ 木桩顶面应位于最低地下水位或最低水位以下不小于 0.5 m。

④ 钻（挖）孔灌注桩为柱桩时，嵌入基本岩层以下不小于 0.5 m。

⑤ 桥墩台受船、筏、漂流物撞击、磨损或受冰压力等作用时，在上述外力作用高度以下，不宜采用空心墩。墩台承受船只或排筏的撞击力可按下式估算

$$F = \gamma v \sin\alpha \sqrt{\frac{W}{C_1 + C_2}} \tag{4.1.9}$$

式中：F——撞击力（kN）；

γ——动能折减系数，当船只或排筏斜向撞击墩台（指船只或排筏驶近方向与撞击点处墩台面法线方向不一致）时可采用 0.2，正向撞击时可采用 0.3；

v——船只或排筏撞击墩台时的速度（m/s），此项速度对于船只采用航运部门提供的数据，对于自放排筏采用水流速度；

α——船只（或排筏）驶近方向与墩台撞击的夹角；

W ——船只（或排筏）的重量（kN）;

C_1+C_2 ——船只或排筏的弹性变形系数和墩台圬工的弹性变形系数（m/kN），缺乏资料时，一般假定为 0.000 5 m/kN。

桥墩有可能受到汽车撞击且影响行车安全时，应对桥墩采取加固等措施。

4.1.4　普速铁路桥墩的基本特征

1. 桥墩类型

常见的桥墩类型，按桥上线路情况可分为双线桥墩和单线桥墩，如图 4.1.8、图 4.1.9 所示；按桥墩处于线路平面的位置可分为直线桥墩和曲线桥墩；按桥墩自重可分为重力式桥墩和轻型桥墩；按桥墩体型可分为实体桥墩和空心桥墩（图 4.1.10）；按桥墩截面形状可分为矩形桥墩、圆形桥墩和圆端形桥墩；按墩身材料可分为石砌桥墩（图 4.1.11）、混凝土桥墩、片石混凝土桥墩和钢筋混凝土桥墩。

图 4.1.8　铁路桥梁双线墩

图 4.1.9　铁路桥梁单线墩

图 4.1.10　铁路桥梁空心墩

图 4.1.11　铁路桥梁石砌墩

2. 墩台顶帽

墩帽直接承托桥跨结构，是桥墩顶端的传力构件，通过它可将两孔桥跨的静载和活载均匀分布到墩身，如图 4.1.12、图 4.1.13 所示。由于桥跨的荷载一般是集中于支座并传递到桥墩上的，支座的支承面积小，单位面积上受到的荷载就显著增大，因而对墩帽的强度要求较高。同时，墩帽承受荷载反复冲击振动的影响，受力状况较为复杂，并且经常受日照和风雨霜雪的侵蚀，支座锚栓易于浸水、冰冻腐蚀。墩帽的长度和宽度应按梁跨大小、支座类型满足结构上的需要；同时，还要便于架梁施工和养护作业。

图 4.1.12　铁路混凝土梁桥墩帽

图 4.1.13　铁路钢梁墩帽

3. 墩身截面

墩身截面形式的选用，取决于桥上线路、桥下水流速度、墩旁水深、水流方向与桥梁法线的斜交角度、流冰及通航情况、基底土壤类别以及梁部结构等诸多因素。对于铁路桥梁而言，重力式桥墩的墩身截面形式主要包括矩形桥墩、圆形桥墩和圆端形桥墩等。

1）矩形桥墩

矩形桥墩（图 4.1.14）具有圬工量较省，施工放线、立模与砌筑简易方便等优点；缺点是对水流的阻力较大，致使水流紊乱，并易招致桥墩附近产生较大的局部冲刷。故矩形桥墩一般适用于无水或水流静止处的桥墩，或靠近岸边的桥墩，以及基础建筑在完整坚硬的岩层上、桥孔无压缩、水流不急的桥墩，故山区铁路的谷架桥和旱桥采用矩形桥墩较多。

图 4.1.14　矩形桥墩

2）圆形桥墩

圆形桥墩（图 4.1.15）不受水流倾斜角度的限制。当水流方向不稳定或水流方向与桥梁法线的斜交角度大于 15°时，最好采用圆形桥墩。由于圆形截面任何一个方向都是相同的，不像其他截面的桥墩那样，根据桥墩纵向和横向的不同外力和使用要求，采用不同尺寸；因此，也将增大桥墩的阻水面积。故对于水流方向与桥梁法线的斜交角小于 5°的桥墩，不宜采用圆形桥墩。

图 4.1.15　圆形桥墩

3）圆端形桥墩

圆端形桥墩（图 4.1.16）能使水流顺畅地通过桥孔。与矩形桥墩相比，它可减少水流对桥墩周围河床的局部冲刷，一般用于水流方向与桥梁法线的斜交角度不大于 15°的水中墩。它是铁路桥梁上较为常用的一类桥墩。

图 4.1.16　圆端形桥墩

4）基础类型

（1）扩大基础。

扩大基础又称明挖基础，是直接在天然土层上挖好基坑，然后在地基面上把基础修筑起来。这种基础适用的范围较广，在旱地和水深不太大的河道上一般都可采用，它需要的设备比较简单，操作技术也较易掌握，易于就地取材，节省钢材，一般比较经济，所以它是最常用的一种基础形式。它应设置在稳定且具有足够强度以支承外力作用的地基上，并且基础本身亦应具有足够的强度和稳定性。

（2）沉井基础。

沉井基础，就是将沉井下沉到深水的地基中，然后将它修筑成为桥梁基础的一种结构形式，如图 4.1.17 所示。沉井是上下敞口的井筒，既是基础的本体，又在下沉过程中起围堰的作用。沉井主要依靠自身的重量下沉，当下沉到设计深度以后，即用水下混凝土封底，然后按设计要求进行井内填实（或不填），最后加盖封顶，并在顶盖上修筑墩台。

图 4.1.17　外露的沉井

（3）桩基础。

桩基础，就是将桩埋入土中，再在桩的顶部灌筑承台座板，然后在承台座板上修建墩台的基础形式，如图 4.1.18 所示。在桩基础中，桩是主体受力构件，它承受墩台（通过承台）传来的全部荷载，并把它传给地基。承台座板的作用，是把一群分离的单桩在顶部连成一刚性整体，把墩台传来的荷载均匀分布在各根桩上，并兼作修筑墩台的支承平台。

图 4.1.18　外露的桩

5）特殊结构

（1）柔性墩。

铁路桥梁柔性墩（图 4.1.19）的主要特点是通过改变桥梁的受力体系，使墩台由单独承受荷载转化为与其他墩台和梁体组成共同的受力体系，以达到结构轻型化的目的。它的设计建造理念是将若干个称为“柔性墩”的小截面桥墩和一个称为“刚性墩”的大截面墩，通过桥跨结构用固定支座联结起来，在桥梁纵向上形成一个可以共同承受水平力的框架体系，在列车纵向力的作用下，各柔性墩内力即可大为减小，从而为在特殊时期下节约建造成本提供了技术条件。

图 4.1.19　柔性墩

（2）高墩。

根据国内已建成桥墩的经验，一般情况下，墩高系指基础顶面至墩顶的高度，超过 50 m 者为高墩（图 4.1.20）。但当墩高超过 30 m 时，稳定性和墩顶位移量亦成为墩身截面需要考虑的控制条件。随着技术的进步，高墩也由重力式桥墩向空心式桥墩逐渐过渡，这表明空心墩有效地实现了桥墩的轻型化，有很好的力学性能，可适用于很高的桥墩，是铁路建设科技进步的成果。

图 4.1.20　高墩

（3）双柱式墩。

双柱式桥墩（图 4.1.21）是轻型桥墩的一种，是由双柱和帽梁组成的钢筋混凝土构架式桥墩，具有节省材料、施工方便、自重较轻等优点，一般用于小跨旱桥及地基承载力较低的软质土壤，不适用于承受船筏漂流物冲击、磨损及冰压力作用的桥墩。

图 4.1.21　双柱式桥墩

4.1.5　研究思想

对桥墩动力特性的研究将主要从刚度特性和服役安全性两方面来开展讨论，该项研究涉及桥梁、轨道、振动、数值分析及计算机仿真技术等多个领域，学科交叉性强。针对该类复杂的问题，研究团队从理论建模、现场试验、回归分析等方面入手，采用理论与试验相结合的方法，并以试验分析为主体，以理论计算为校核，以回归分析为手段，对涉及课题研究领域的相关问题进行讨论分析，并以达成试验研究的目的。

首先将所取得的样本桥墩按照桥墩高度、截面形式、基础类型和材料特性进行分类统计，并以不同的分类标准分别得到桥墩自振频率实测值、桥墩自振频率计算值、墩顶振幅实测值与墩顶桥墩自振频率通常值、墩顶振幅实测值等；其次对在不同分类标准下得到的实测值、计算值及通常值进行散点描述和回归分析，建立线性、对数、多项式、乘幂及指数等方程，通过比较拟合优度，给出最具有描述意义的回归方程；最后通过所建立的回归方程建立样本规则，分别得到在不同工况条件下的桥墩刚度特性及服役安全性表现，并以此综合诠释桥墩的动力性能表现。

4.2　桥墩刚度特性研究

4.2.1　基本概念

刚度是指结构抵御变形的能力。如前所述，《铁路桥涵设计规范》（TB 10002—2017）中规定：墩台的纵向及横向水平刚度应满足列车行车安全性和旅客乘车舒适度的要求，并对最不利荷载作用下墩台的横向及纵向计算弹性水平位移进行控制：一是由墩台横向水平位移差引起的相邻结构物桥面处轴线间的水平折角，当跨度等于或大于 40 m 时，不得超过 1.0‰；二是墩台顶帽面顺桥方向的弹性水平位移应满足 $\Delta \leqslant 5\sqrt{L}$ 的规定（L 为桥梁跨度，Δ 为墩台顶帽处的水平位移）。《桥检规》中规定：铁路桥梁应具有足够的竖向及横向刚度，保证列车以规定的速度通过时，桥梁结构不出现激烈振动、防止车轮脱轨以及保证客车过桥的舒适性。尤其需要指出的是，桥墩横向水平位移的限值与桥墩横向振动幅值的限值是两个不同的概念。桥墩横向水平位移限值主要是从轨道方向不平顺的要求出发，属于轨道静力不平顺问题，主要是从保证列车运行安全和舒适度方面考虑的；桥墩横向振幅超限的原因不仅仅是轨道不平顺，而且是复杂的动力学问题，实测的数据资料显示，即使桥墩静力横向水平位移很小，只要车辆-轨道形成的规律性横向自激励振动频率与桥梁的横向有载频率接近，就会产生较大的振动现象。因此，单靠控制桥墩墩顶的静力位移是无法解决桥梁共振等动力特性问题的，故桥墩刚度特性应采用墩顶静位移和桥墩横向自振频率双重条件进行合理控制。静位移指标依靠设计方案解决，刚度条件则主要依靠运营阶段的实桥检测数据给出。

4.2.2　理论依据

桥墩作为支承桥跨结构的一类重要构筑物，受恒载、活载及其他荷载的共同作用。因此，它的刚度表现直接影响桥上通行列车的安全性和舒适性。桥墩横向振动的振型是近似定义为基底固结、墩顶自由的悬臂结构（图 4.2.1），当墩顶在横向上发生单位位移时所需要力的大小，即为桥墩的横向刚度。刚度是柔度的倒数，即表达式为

$$K = \frac{1}{F} \tag{4.2.1}$$

式中：F 为柔度系数，其意义是墩顶在横桥向单位力作用下的位移；K 为广义刚度。

柔度系数的计算可用下式表达：

$$F = \frac{L^3}{3EI} \tag{4.2.2}$$

则

$$K = \frac{3EI}{L^3} \tag{4.2.3}$$

其中：E 为墩身材料弹性模量；I 为截面横向惯性矩；L 为墩身高度。

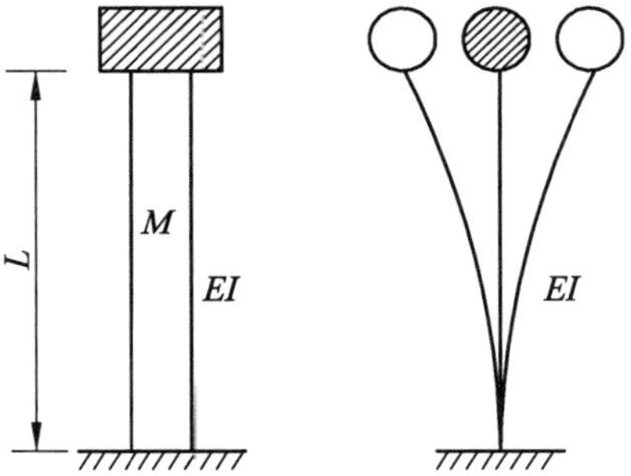

图 4.2.1 计算模型示意图

墩顶振动是桥墩抵抗外荷载作用的一类“条件反射”，是结构受到外界激励后所产生的一种自适应表现。振幅的大小直接反映了桥墩的工作是否适宜于周边各类工况环境的要求，活载类型、运行速度、激振频率等外环境是否与阻尼、质量、约束、截面等内环境相适应，上述工况条件可直接通过墩顶的振幅予以体现和诠释。自振频率是桥墩结构的一类本构特性，它自结构建造完成之后即已确定，但又不是终究不变的，它亦会受到材料弹模、结构阻尼、截面形式、边界约束等参数制约，会在结构服役过程中产生变化。就墩顶振幅和自振频率两项参数而言，前者是结构适应外界环境的表现，后者是结构自身的一种固有属性。在非共振工况响应条件下，两者的关系表现为墩顶振幅越大其自振频率越小，反之亦然。

基于对桥墩的动力学分析，我们通常定义其为单自由度（确定在振动过程中任意时刻全部质量的位置所需的独立几何参数数目，称为结构的自由度）体系的振动模型。一般的方法是将梁墩组合体系进行结构分离，将桥墩结构视为一端固结约束的悬臂结构，并将其模型构建为一类质点系集中质量进行分析计算，如图 4.2.2 ~ 图 4.2.4 所示。

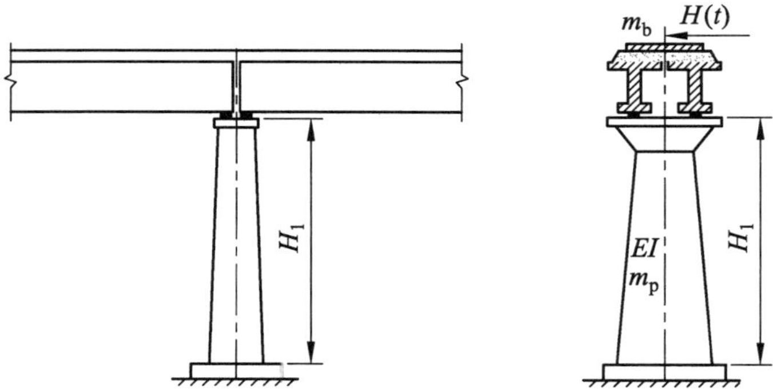

图 4.2.2 梁墩结构模型

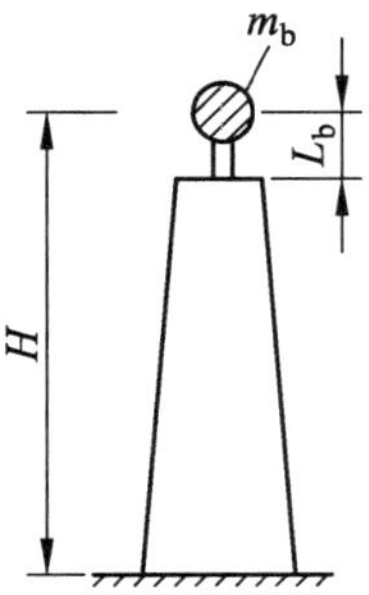

图 4.2.3　桥墩结构模型

图 4.2.4　悬臂体系计算模型

基于墩梁协同工作的特殊性，从结构动力学的角度出发，将桥墩的实际工况简化为单自由度体系的振动。其理论依据主要涉及无阻尼体系自由振动、有阻尼体系自由振动、无阻尼体系强迫振动和有阻尼体系强迫振动四个方面。

4.2.3　主要算法

对于评价刚度特性的自振频率和振型的几种近似算法，主要包括能量法、集中质量法、等效团集质量法和矩阵迭代法，对桥墩而言，以下还讨论了它的相关近似算法。

1. 能量法

1）瑞雷法

无论是多自由度体系还是无限自由度体系，当以某一特定的振动形式作自由振动时，该体系就在各点平衡位置附近以自振频率 ω 作简谐振动。按能量守恒定律，由振动引起体系的动能和势能之和为常数，故最大动能 T_{max} 和最大势能 U_{max} 亦应相等，即

$$T_{max}=U_{max} \tag{4.2.4}$$

令体系的位移为

$$y(x,t)=y(x)\sin(\omega t+\phi) \tag{4.2.5}$$

则弯曲杆件变形体系中的势能表达式为

$$U=\frac{1}{2}\int_0^l EI(x)\left[\frac{\partial^2 y(x,t)}{\partial x^2}\right]^2 \mathrm{d}x \tag{4.2.6}$$

最大势能为

$$U_{\max}=\frac{1}{2}\int_0^l EI(x)[\ddot{y}(x)]^2\,\mathrm{d}x \tag{4.2.7}$$

变质量分布体系的动能

$$T=\frac{1}{2}\int_0^l m(x)\left[\frac{\partial y(x,t)}{\partial t}\right]^2\mathrm{d}x \tag{4.2.8}$$

最大动能为

$$T_{\max}=\frac{1}{2}\omega^2\int_0^l m(x)[y(x)]^2\,\mathrm{d}x \tag{4.2.9}$$

将以上各式整理得到

$$\omega^2=\frac{\int_0^l EI(x)[\ddot{y}(x)]^2\,\mathrm{d}x}{\int_0^l m(x)[y(x)]^2\,\mathrm{d}x} \tag{4.2.10}$$

式（4.2.10）即为瑞雷法得到的自振频率的公式。分子相当于假定振型函数下的广义刚度，而分母则是其广义质量。当所选择的 $y(x)$ 正好是与第一主振型成比例时，则可求出第一频率的精确值，如果正好与第二主振型成比例，则可求出第二频率的精确值，以此类推。因实际的振型函数很难预知，所以瑞雷法计算的自振频率及其精度完全依赖于所假设的函数 $y(x)$，但一般只能近似给出与第一振型相类似的函数，故瑞雷法一般多用于估算基频，虽从原理上可以计算自振频率，但精度不高。

2）瑞雷-李兹法

该方法是在瑞雷法基础上的改进，可用来求算更精确的基频，同时还可以计算高阶固有频率和主振型的近似值。瑞雷-李兹法的基本思想是把体系折减为有限自由度体系，将位移函数表示为

$$y(x)=\sum_{i=1}^{n}a_i\varphi_i(x)\quad(i=1,2,\cdots,n) \tag{4.2.11}$$

式中：$\varphi_i(x)$ 是 n 个独立的可能位移函数，它必须满足几何边界条件；a_i 是其对应的任意参数。

这里假定的位移并不是精确的振型函数，同瑞雷法一样，本方法计算出的频率亦偏高。为了尽可能地接近精确值，即减少附加约束的影响，参数 a_i 的选择应使式（4.2.10）确定的频率为一极小值，即

$$\frac{\partial\omega^2}{\partial a_i}=0\quad(i=1,2,\cdots,n) \tag{4.2.12}$$

此在数学上就形成了一个方程组，由此式可得到关于 ω^2 的 n 阶行列式，从而给出前 n 个频率的近似值，如下所示：

将式（4.2.11）中 $y(x)$ 级数代入式（4.2.10），有

$$\omega^2=\frac{\int_0^l EI(x)\left[\sum_{i=1}^{n}a_i\frac{\mathrm{d}^2\varphi_i(x)}{\mathrm{d}x^2}\right]\left[\sum_{j=1}^{n}a_j\frac{\mathrm{d}^2\varphi_j(x)}{\mathrm{d}x^2}\right]\mathrm{d}x}{\int_0^l m(x)\left[\sum_{i=1}^{n}a_i\varphi(x)\right]\left[\sum_{j=1}^{n}a_j\varphi_j(x)\right]\mathrm{d}x}$$

$$=\frac{\sum_{i=1}^{n}\sum_{j=1}^{n}a_ia_j\int_0^l EI(x)\frac{\mathrm{d}^2\varphi_i(x)}{\mathrm{d}x^2}\cdot\frac{\mathrm{d}^2\varphi_j(x)}{\mathrm{d}x^2}\mathrm{d}x}{\sum_{i=1}^{n}\sum_{j=1}^{n}a_ia_j\int_0^l m(x)\varphi_i(x)\varphi_j(x)\mathrm{d}x}$$

$$=\frac{\sum_{i=1}^{n}\sum_{j=1}^{n}k_{ij}a_ia_j}{\sum_{i=1}^{n}\sum_{j=1}^{n}m_{ij}a_ia_j} \tag{4.2.13}$$

式中
$$k_{ij}=\int_0^l EI(x)\frac{\mathrm{d}^2\varphi_i(x)}{\mathrm{d}x^2}\cdot\frac{\mathrm{d}^2\varphi_j(x)}{\mathrm{d}x}\mathrm{d}x \tag{4.2.14}$$

$$m_{ij}=\int_0^l m(x)\varphi_i(x)\varphi_j(x)\mathrm{d}x \tag{4.2.15}$$

可得到
$$k_{ij}=k_{ji},\quad m_{ij}=m_{ji} \tag{4.2.16}$$

将式（4.2.13）用矩阵的形式表达如下：

$$\omega^2=\frac{\{a\}^{\mathrm{T}}[K]\{a\}}{\{a\}^{\mathrm{T}}[M]\{a\}}=\frac{K}{M} \tag{4.2.17}$$

式中
$$\{a\}=\{a_1,a_2,\cdots,a_n\} \tag{4.2.18}$$

是参数 a 的向量，且 $[K]$ 、$[M]$ 分别为 n 阶对称矩阵，同时

$$K=\{a\}^{\mathrm{T}}[K]\{a\} \tag{4.2.19}$$

$$M=\{a\}^{\mathrm{T}}[M]\{a\} \tag{4.2.20}$$

由式（4.2.14）可得

$$\frac{\partial\omega^2}{\partial a_i}=\frac{M\dfrac{\partial K}{\partial a_i}-K\dfrac{\partial M}{\partial a_i}}{M^2}=0 \tag{4.2.21}$$

当对 a_i 求偏导时，由式（4.2.16）得到

$$\frac{\partial K}{\partial a_i}=\frac{\partial}{\partial a_i}\{a\}^{\mathrm{T}}[K]\{a\}=2\sum_{j=1}^{n}k_{ij}a_j \qquad (i=1,2,\cdots,n) \tag{4.2.22}$$

$$\frac{\partial M}{\partial a_i}=\frac{\partial}{\partial a_i}\{a\}^{\mathrm{T}}[M]\{a\}=2\sum_{j=1}^{n}m_{ij}a_j \qquad (i=1,2,\cdots,n) \tag{4.2.23}$$

将以上两式代入式（4.2.21），对于极小值应使分子等于零，并利用式（4.2.13b），可得

$$\sum_{j=1}^{n}(k_{ij}-\omega^2 m_{ij})a_{ij}=0 \quad (\ i=1,2,\cdots,n\ ) \tag{4.2.24}$$

式（4.2.24）用矩阵式表达为

$$([K]-\omega^2[M])\{a\}=0 \tag{4.2.25}$$

其中：$[K]$、$[M]$ 与式（4.2.17）的意义相同。

2. 集中质量法

将结构的分布质量转换成若干集中质量，使无限自由度体系近似地变为有限自由度体系，从而使自振特性的计算得到简化。

该方法假定将结构分成若干小段，切割的地方为连接点，或者将每一段的质量集中于其重心，或者按杠杆原理将质量集中在它的两个连接点（或两端），使其集中后的重力与原来的重力互为静力等效。

静力等效集中质量方法假定全部质量集中在某些需要计算平动位移的点上，忽略转动的影响，这样形成的质量矩阵呈对角的形式，非对角元素为零，计算较为简便。

结构分段的多少，直接与计算精度有关，分段越多，自然越接近实际情况，但计算工作量越大；分段越少，计算虽方便了，但误差也随之增大。通常，只需要求最低的一、二个自振频率时，将结构近似抽象为二、三个自由度体系，往往已能满足工程要求的精度。对于某些特殊情况，如果仅需求算第一频率，即使把实际结构简化为单自由度体系也能获

得满意的结果。

3. 等效团集质量法

结构振动时，动能与势能在不断变化，但与质量有关的是结构的动能，不论用什么方法或途径改变质量的分布形式，只要其动能维持不变，则一般仍具有原结构的振动特性，因而动能相等原理是改变质量分布的主要依据。

集中质量法的自由度少，质量矩阵呈对角分布，系数没有耦合项，因而它是改变质量分布较好的方式之一。按动能相等原理推导单元团集质量及其系数的方法，可进一步提高集中质量法的精度。

对任意具有分布质量的杆单元，振动曲线为 $y(x,t)$ ，任意时刻的动能为

$$T(t)=\frac{1}{2}\int_0^l m(x)\left[\frac{\partial y(x,t)}{\partial t}\right]^2 \mathrm{d}x \tag{4.2.26}$$

将振动曲线按振型函数 $\varphi(x)$ 展开，即

$$y(x,t)=\sum_{j=1}^{\infty}\varphi_j(x)q_j(t) \tag{4.2.27}$$

式中：$\varphi_j(x)$ 表示第 j 振型函数；$q_j(t)$ 代表响应的广义坐标。将式（4.2.27）代入式（4.2.26）得

$$T(t)=\frac{1}{2}\int_0^l m(x)\left[\sum_{j=1}^{\infty}\varphi_j(x)\dot{q}_j(t)\right]^2 \mathrm{d}x \tag{4.2.28}$$

则任一时刻的动能为

$$T'(t)=\frac{1}{2}M_0\left[\frac{\partial y(0,t)}{\partial t}\right]^2+\frac{1}{2}M_1\left[\frac{\partial y(l,t)}{\partial t}\right]^2 \tag{4.2.29a}$$

$$=\frac{1}{2}M_0\left[\sum_{j=1}^{\infty}\varphi_j(0)\dot{q}_j(t)\right]^2+\frac{1}{2}M_1\left[\sum_{j=1}^{\infty}\varphi_j(l)\dot{q}_j(t)\right]^2 \tag{4.2.29b}$$

由于是等代体系，M_0 和 M_1 可以按任一比例选择。为方便计算，选择 $M_0=M_1=M$ ，此时

$$T'(x)=\frac{1}{2}M\left\{\left[\sum_{j=1}^{\infty}\varphi_j(0)\dot{q}_j(t)\right]^2+\left[\sum_{j=1}^{\infty}\varphi_j(l)\dot{q}_j(t)\right]^2\right\} \tag{4.2.30}$$

按动能相等原理，$T(t)=T'(t)$，得团集质量 M 为

$$M=\frac{\int_0^l m(x)\left[\sum_{j=1}^{\infty}\varphi_j(x)\dot{q}(t)\right]^2\mathrm{d}x}{\left[\sum_{j=1}^{\infty}\varphi_j(0)\dot{q}(t)\right]^2+\left[\sum_{j=1}^{\infty}\varphi_j(l)\dot{q}(t)\right]^2} \tag{4.2.31}$$

在振动中，通常第一振型起主要作用，对于自振特性的计算，主要取决于动能最大值。由于各振型的位移主要与频率平方成正比，因而各振型速度最大值主要与频率本身成反比，所以高频的影响较低频小，加之基频速度达到最大值时，由于相位差关系，其他振型并非达到最大值，而且有正有负，相互抵消一部分；所以一般情况下，结构第一振型起着主要作用。若只考虑第一振型，则对任一单元，团质量公式（4.2.31）可简化为

$$M=\frac{\int_0^l m(x)\varphi_1^2(x)\dot{q}_1^2(t)\mathrm{d}x}{\varphi_1^2(0)\dot{q}^2(t)+\varphi_1^2(l)\dot{q}_1^2(l)}=\frac{\int_0^l m(x)\varphi_1^2(x)\mathrm{d}x}{\varphi_1^2(0)+\varphi_1^2(l)} \tag{4.2.32}$$

当质量为均匀分布时，$m(x)=m$，则

$$M=\frac{\int_0^l \varphi_1^2(x)\mathrm{d}x}{\varphi_1^2(0)+\varphi_1^2(l)} \tag{4.2.33}$$

相应的团质量系数为

$$\mu=\frac{M}{ml}=\frac{\frac{1}{l}\int_0^l \varphi_1^2(x)\mathrm{d}x}{\varphi_1^2(0)+\varphi_1^2(l)} \tag{4.2.34}$$

如果所取单元一端为支点，这是只要取 $\varphi_1(0)=0$ 或 $\varphi_1(l)=0$ 即可。

利用动能相等的原理还可把多个已经团集的质量再进行团集，以使结构的自由度数目进一步减少。当若干个团集质量再按动能相等原理团集在 a 、b 两端时，此时团集质量 M 应为

$$M=\frac{\sum M_i\varphi_{1i}^2}{\varphi_{1a}^2+\varphi_{1b}^2} \tag{4.2.35}$$

4. 矩阵迭代法

矩阵迭代法是运用数学上矩阵特征值的迭代来求振动体系的自振频率和主振型的方法。该方法采用逐步逼近的方法调整振动的形状，直至前后两个振动形状充分接近为止。

一旦确定了主振型，由此可得到相应的自振频率。

1）迭代法求第一主振型和第一频率

用柔度系数表示多自由度体系的方程为

$$\left([F][M]-\frac{1}{\omega^2}[I]\right)\{\chi\}=\{0\} \tag{4.2.36}$$

令 $[F][M]=[D]$，则式（4.2.36）改写为

$$[D]\{\varphi\}=\lambda\{\varphi\} \tag{4.2.37}$$

式（4.2.37）将 $\{\chi\}$ 写作 $\{\varphi\}$，$\{\varphi\}$ 代表主振型向量。

式中：$[D]$ 称为动力矩阵；λ 表示特征值，有

$$\lambda=\frac{1}{\omega^2} \tag{4.2.38}$$

其迭代步骤如下：

① 先任选一主振型 $\{\overline{\varphi}\}_0$（越合理越好），将 $\{\overline{\varphi}\}_0$ 代入式(4.2.37)的左端，得到新的向量 $\{\varphi\}_1$，再进行标准化，得到一个新的主振型 $\{\overline{\varphi}\}_1$，即

$$[D]\{\overline{\varphi}\}_0=\{\varphi\}_1=\alpha_1\{\overline{\varphi}\}_1 \tag{4.2.39}$$

② $\{\overline{\varphi}\}_1\neq\{\overline{\varphi}\}_0$ 一般说明 $\{\overline{\varphi}\}_1$ 还不是准确的答案，需要第二次迭代，于是将 $\{\overline{\varphi}\}_1$ 作为第二次主振型的近似值，重复上述过程，得 $\{\overline{\varphi}\}_2$

$$[D]\{\overline{\varphi}\}_1=\{\varphi\}_2=\alpha_2\{\overline{\varphi}\}_2 \tag{4.2.40}$$

③ 若 $\{\overline{\varphi}\}_2\neq\{\overline{\varphi}\}_1$，则还需要继续上述迭代过程，直至 $\{\overline{\varphi}\}_n$ 与 $\{\overline{\varphi}\}_{n+1}$ 十分接近为止。

此时，$\{\overline{\varphi}\}_{n+1}$ 即为所求的第一主振型，用对应的 α_{n+1} 就可求出 ω_1^2。

2）迭代法求高阶主振型和自振频率

当第一主振型求出之后，再求出第二主振型及其对应的自振频率时，可用第一、二主振型之间的正交性，获得第二振型坐标之间的关系式，从而使式（4.2.37）降低一阶；然后假定一个主振型，重复上述迭代的全过程，便得到第二主振型及其相应的频率 ω_2。

如果需要求更高的主振型和自振频率时，可利用第一、三和二、三之间主振型的正交关系，使式（4.2.37）降低两阶。其余计算过程皆与前相同，照此类推。

针对矩阵迭代法，给出如下小结：

① 从理论上讲，矩阵迭代法的迭代次序越多越精确，且只要循环到一定的程度，即可

获得主振型和自振频率的较精确的值。

② 本方法在求任意指定的高振型之前，必须先计算所有较低的主振型，而且要从第一、第二……振型依次往下计算，其原因与收敛性有关。

③ 计算高振型的精度直接与所有较低振型的精度有关，因此必须用很高的精度计算较低的振型，才能保证高振型有一定的精度，故迭代法一般不超过四、五个振型计算。

④ 当结构体系中存在有几个频率相等的情况，仍可运用迭代法求解。其原因是同频率也具有相互正交的主振型组，所以仍可找到几个彼此正交的主振型。

⑤ 具有刚体振型的半正定体系，由于柔度矩阵无意义，不能直接运用矩阵迭代法，但经过特殊处理后，还是可以采用的，并可通过“移频”的方法完成。

半正定体系求自振频率和主振型的方程为

$$[K]\{\varphi\}=\omega^2[M]\{\varphi\} \tag{4.2.41}$$

设 β 为任意假定的正整数，将式（4.2.41）改写为

$$([K]+\beta[M])\{\varphi\}=(\omega^2+\beta)[M]\{\varphi\} \tag{4.2.42}$$

由于质量矩阵是正定的，故 $[K]+\beta[M]$ 也一定是正定的，存在逆矩阵

$$[\tilde{F}]=([K]+\beta[M])^{-1} \tag{4.2.43}$$

得到柔度矩阵 $[\tilde{F}]$ 之后，即可用矩阵迭代公式 $[D]\{\varphi\}=\lambda\{\varphi\}$ 进行迭代计算，其中

$$[D]=\{\tilde{F}\}[M] \tag{4.2.44}$$

$$\lambda=\frac{1}{\omega^2+\beta} \tag{4.2.45}$$

自振频率为

$$\omega^2=\frac{1}{\lambda}-\beta \tag{4.2.46}$$

4.2.4 近似算法

当桥墩发生横向振动时，梁部结构对桥墩的弹性约束作用不大；而当桥墩发生纵向振动时，这种约束作用则相当大。由于难以准确地考虑这种梁部作用的影响，故本简化方法没有考虑它。

在《铁路工程抗震设计规范》（GB 50111—2006）中，对梁式桥桥墩自振频率计算规定

的特征方程为

$$([K]-\omega^2[M])\{x\}=0 \tag{4.2.47}$$

自振频率为

$$f=\frac{\omega}{2\pi} \tag{4.2.48}$$

以上式中计算参数[K]、[M]、{x}、ω 分别表示桥墩体系刚度矩阵、桥墩体系质量矩阵、振型函数向量和自振圆频率。

由《铁路工程抗震设计规范》在其附录 D 中给出的各类桥墩自振频率计算公式可以判定，桥墩的抗震性能检算依旧遵循桥墩的结构动力学反应特征，即在边界约束不变的条件下，桥墩自振频率与广义质量和悬臂长度成反比，与截面惯性矩和弹性模量成正比，其物理关系应体现为

$$f\propto\frac{EI}{MH} \tag{4.2.49}$$

以上式中计算参数 E、I、M、H 分别表示弹性模量、惯性矩、广义质量和悬臂长度。

4.3　桥墩服役安全性研究

4.3.1　基本概念

桥墩作为铁路桥梁结构的重要组成部分，在保证列车平稳安全过桥时起着尤为重要的作用。不同活载激励条件下墩顶振幅的大小直接影响桥跨结构的稳定，并间接影响列车-轨道-桥梁间的动力相互作用，对确保列车过桥不脱轨起着至关重要的作用。概括而言，桥墩服役安全性就是指在运营阶段，以保证上部结构安全、保证列车不脱轨、保证列车-轨道-桥梁间的动力相互作用基本稳定为前提，桥墩在适应不同荷载、环境及周边条件变化等状况下所具备的维持安全工作的能力。

4.3.2　研究历程

基于对桥墩服役安全性的研究，实际上是车辆-轨道-梁体-桥墩间动力相互作用研究工作的一个分支。诸如对车辆-轨道耦合作用、车-线-桥相互作用、车-线-桥-墩间的动力作用等，一直以来，都是关心这类问题人们所思考和研究的重点。各大高校及研究院等根据不同的理论，建立了不同的模型，并进行了大量的、卓有成效的试验研究，得到了大量的、

科学的、可靠的试验数据及成果，为推动该研究领域的科技进步作出了重大贡献。

如前所述，在我国，李国豪、陈英俊、胡人礼、何度心等较早地开展了有关车桥振动的研究。20 世纪 70 年代，李国豪教授将桁梁换算为薄壁箱形梁，考虑桥门架及桁梁横截面的变形，提出了桁梁挠曲扭转振动理论，引用有限差分法编制计算程序，分析了多座桥梁的空间自由振动，得到的计算结果与实测值也比较接近。

自 20 世纪 80 年代开始，我国铁路高校及科研单位开始了较为系统的车桥振动理论与应用研究，先后建立和发展了各具特色的车桥振动分析模型。

1. 中国铁道科学研究院的研究

程庆国、潘家英于 20 世纪 80 年代开始指导研究生进行车桥耦合振动的研究；许慰平取消了 Bahatti 车辆模型中前后构架的刚性假设，考虑了货车构架的菱形变形和翘曲变形，建立了 27 个自由度的铁路货车模型，提出了一种车桥动力方程迭代去耦解法；王贵春考虑桥梁结构的非线性，对红水河铁路斜拉桥进行了线性和非线性车桥动力响应分析；杨岳民采用威尔逊 θ 积分法求解分离的车桥振动方程，二者之间利用赛德尔迭代法进行二次迭代求解；张煅等结合铁路三大干线提速试验进行了桥梁振动试验工作，对上承式钢板梁桥有规律的横向摆振现象进行了剖析，并提出了桥梁竖向和横向刚度限值；柯在田等分析了准高速铁路连续多跨简支梁桥的动力系数，并得出了准高速铁路桥梁的竖向刚度限值；高芒芒等开展了有关高速铁路列车、轨道、桥梁之间的耦合振动特性研究。

2. 西南交通大学的研究

强士中及其研究生们从 20 世纪 80 年代中期开始车桥振动的研究，采用 23 个自由度的车辆模型及桥梁有限元模型，假定车轮始终保持与钢轨接触，采用迭代求解车桥系统的动力响应；沈锐利研究了钢桁梁桥的车桥空间耦合振动问题，并对高速铁路简支梁的车桥振动问题进行了详细的研究；李小珍等对大跨度钢斜拉桥、大跨度连续拱桁组合钢桥、斜交刚构连续梁桥的车桥空间耦合振动问题进行了深入的研究；袁向荣、葛玉梅等研究了开口薄壁梁桥、钢桁梁桥以及风载作用下斜拉桥的车桥耦合振动问题；李乔及其研究生对曲线梁桥的车桥耦合振动进行了深入研究，讨论了曲线半径对曲线桥梁车桥耦合振动的影响；李永乐建立了风-车-桥系统空间耦合分析模型，研究了不同风速场模型对车桥动力响应的影响，分析了自然风平均成分和脉动成分在耦合振动系统中的作用。

3. 北京交通大学的研究

陈英俊和夏禾等在 20 世纪 80 年代初采用模态综合法建立了包括铁路列车和桥梁墩台、

支座在内的车桥系统动力相互作用分析模型，对高墩桥的振动响应及其对车辆运行稳定性的影响进行了系统的分析，通过现场动力试验验证了分析模型的合理性，并研究了脉动风与列车荷载同时作用下钢梁柔拱组合系桥的动力响应及其使用可靠度问题；夏禾与阎贵平等建立了横风作用下考虑轨道不平顺和车辆蛇行的车辆动力学模型，研究了脉动风与列车荷载同时作用下斜拉桥的横向振动以及钢梁柔拱组合系桥在地震条件下的动力响应问题。

4. 中南大学的研究

曾庆元及其研究生从 20 世纪 80 年代初开始对车桥振动理论进行研究，在他们建立的车桥动力模型中，机车车辆采用 21 自由度模型，对桁架桥及混凝土桥他们分别采用空间桁段单元与空间梁单元进行离散。他们通过建立列车在桥上任意位置的车桥时变系统总势能的计算式，由势能驻值原理和形成矩阵的“对号入座”法则，导出了车桥时变系统的动力学方程，以机车车辆构架蛇行波为激励源，求解车桥系统的振动响应。朱汉华提出了车-桥时变系统能量随机分析方法。王艾辉、郭向荣、郭文华等采用时域分析法对高速列车通过桥梁时的车桥时变系统动力响应及桥梁横向刚度等问题进行了深入的研究。

5. 同济大学的研究

曹雪琴等在 20 世纪 80—90 年代，对钢桁梁桥的车激横向振动问题进行了大量的现场实测与分析，得到了许多有价值的研究成果。他们以轨道不平顺和车辆蛇行运动作为车桥系统的横向激励源，采用逐步推进法求解车桥动力相互作用的运动方程，详细研究了简支梁桥的竖向振动，同时还着重研究了单跨箱形钢桁梁桥在列车过桥时的空间振动特性，分析了列车提速对钢桁梁桥结构强度、振幅及行车安全性的影响。吴定俊研究了墩体设计对桥跨结构横向振动的影响以及提速铁路车桥耦合振动与桥梁横向动力性能，此外还对车桥耦合振动迭代求解的数值稳定性问题进行了分析研究。

4.3.3 理论依据

1. 模型建立

理论模型是列车-轨道-桥梁动力相互作用研究的基础。采用分离的车辆、轨道和桥梁运动方程，通过分别求解车辆、轨道和桥梁的运动方程，用迭代过程来满足轮轨间的几何相容条件和相互作用力平衡条件，这样就省略了计算质量矩阵、阻尼矩阵和刚度矩阵的复杂过程，减少了计算工作量，提高了车-线-桥响应的求解速度。

列车-轨道-桥梁系统是以轮轨接触面作为划分车辆与轨道以及轨道与桥梁两个子系统

的控制界面，故车辆-轨道-桥梁动力相互作用就表现为车辆与轨道-桥梁两个子系统之间的位移和力的协调关系，具体体现为轮轨接触处轮对与钢轨之间的几何相容条件及轮轨接触处相互作用的静力平衡条件。

几何相容条件表现为轮对的位移与轨道响应点的位移保持一定的协调关系。以下介绍采用赫兹非线性弹性接触理论，并允许轮轨相互脱离。其横向根据轮对与钢轨间的相对横移量和摇头角，建立适用于任意轮廓形状的、解决轮轨之间空间几何约束关系的数学方法和计算流程，进而确定轮轨接触几何参数，从而使每个轮对由过去只有横摆和摇头 2 个独立自由度增加至有沉浮、横摆、摇头、侧滚共 4 个独立自由度。静力平衡条件则是根据轮对与轨道之间的接触几何关系及轮对滚动接触理论求出轮轨之间的作用力后，由作用力与反作用力的互等关系，分别得到轮对作用在轨道上的力及轨道施加给轮对的力。

整个车辆-轨道-桥梁系统的运动方程表示为如下统一的形式：

$$[M]\{\ddot{X}\}+[C]\{\dot{X}\}+[K]\{X\}=\{P\} \tag{4.3.1}$$

式中：$\{X\}$、$\{\dot{X}\}$、$\{\ddot{X}\}$、$\{P\}$ 分别表示整个车辆-轨道-桥梁系统的位移、速度、加速度及荷载列向量

$$\{X\}=\{X_C X_S X_B\}^{\mathrm{T}} \tag{4.3.2}$$

$$\{P\}=\{P_C P_S P_B\}^{\mathrm{T}} \tag{4.3.3}$$

其中：$[M]$、$[C]$、$[K]$ 分别表示整个车辆-轨道-桥梁系统的质量、阻尼和刚度矩阵。

考虑车线之间轮轨力及线桥之间作用力的耦合作用，可得

$$[M]=\begin{bmatrix} M_C & 0 & 0 \\ 0 & M_S & 0 \\ 0 & 0 & M_B \end{bmatrix} \tag{4.3.4}$$

$$[C]=\begin{bmatrix} C_{CC} & C_{CS} & 0 \\ C_{SC} & C_{SS} & C_{SB} \\ 0 & C_{BS} & C_{BB} \end{bmatrix} \tag{4.3.5}$$

$$[K]=\begin{bmatrix} K_{CC} & K_{CS} & 0 \\ K_{SC} & K_{SS} & K_{SB} \\ 0 & K_{BS} & K_{BB} \end{bmatrix} \tag{4.3.6}$$

将方程（4.3.1）进一步改写成

$$M_C\ddot{X}_C + C_{CC}\dot{X}_C + K_{CC}X_C = P_C - C_{CS}\dot{X}_S - K_{CS}X_S \tag{4.3.7}$$

$$\begin{aligned} & M_S\ddot{X}_S + C_{SS}\dot{X}_S + K_{SS}X_S \\ & = P_S - C_{SC}\dot{X}_C - C_{SB}\dot{X}_B - K_{SC}X_C - K_{BC}X_C - K_{SB}X_B \end{aligned} \tag{4.3.8}$$

$$M_B\ddot{X}_B + C_{BB}\dot{X}_B + K_{BB}X_B = P_B - C_{BS}\dot{X}_S - K_{BS}X_S \tag{4.3.9}$$

从上式可以看出，车辆-轨道-桥梁相互耦合作用的部分分别为

$$F_{CS} = -C_{CS}\dot{X}_S - K_{CS}X_S \tag{4.3.10}$$

$$F_{SC} = -C_{SC}\dot{X}_C - K_{SC}X_C \tag{4.3.11}$$

$$F_{SB} = -C_{SB}\dot{X}_B - K_{SB}X_B \tag{4.3.12}$$

$$F_{BS} = -C_{BS}\dot{X}_S - K_{BS}X_S \tag{4.3.13}$$

由上述方程（4.3.10）~（4.3.13）可知，F_{CS} 与 F_{SC}、F_{SB} 与 F_{BS} 为两对作用力与反作用力，分别是车辆轮对与线路之间的相互作用力以及线路与桥梁结构之间的相互作用力，且方程（4.3.7）、（4.3.8）和（4.3.9）可改写为

$$M_C\ddot{X}_C + C_{CC}\dot{X}_C + K_{CC}X_C = P_C + F_{CS} \tag{4.3.14}$$

$$M_S\ddot{X}_S + C_{SS}\dot{X}_S + K_{SS}X_S = P_S + F_{SC} + F_{SB} \tag{4.3.15}$$

$$M_B\ddot{X}_B + C_{BB}\dot{X}_B + K_{BB}X_B = P_B + F_{BS} \tag{4.3.16}$$

对于车辆-轨道-桥梁耦合振动分析，可以采用相同时刻相邻两次迭代的位移值 $\{X_C\}$、$\{X_S\}$ 和 $\{X_B\}$ 的相对误差值进行控制，也可以采用相同时刻相邻两次迭代的荷载向量 F_{CS} 与 F_{SB} 或 F_{SC} 与 F_{BS} 的相对误差值进行控制。由于作用力与反作用力相等，选择 F_{CS} 与 F_{SB} 与选择 F_{SC} 与 F_{BS} 是完全等价的。

由于在建立系统各部分的运动方程时已应用了力的平衡条件，因此，在对振动微分方程组进行迭代求解时，以车辆、线路结构与桥梁结构的位移协调一致作为收敛条件，位移允许误差一般可取 10^{-7} m。

2. 方程求解

在车辆-轨道-桥梁耦合振动方程中，桥梁与轨道结构的总刚度矩阵、总质量矩阵及总阻尼矩阵为大型稀疏带状对称阵，而车辆的刚度矩阵、质量矩阵、阻尼矩阵则为非稀疏对称阵。对于这样的三组方程，可利用其各自的特点分别进行求解，三者之间再利用迭代法进行二次迭代求解。

数值积分方法的原理是将振动微分方程在时间上离散，化成对时间的差分格式，然后根据初始条件，利用直接积分法求解出一系列时间上的响应值。运动方程数值积分法可以描述如下：

系统在 t 时刻的运动方程为

$$M\ddot{X}_t + C\dot{X}_t + KX_t = R_t \tag{4.3.17}$$

假定在 $t=0$ 时，系统的位移、速度和加速度分别为已知的 X_0 、 $\dot{X}_0$ 、 $\ddot{X}_0$,将求解的时间区间 T 划分为 n 等份，即 $\Delta t = T/n$ ，从已知的 0、Δt 、$2\Delta t$ 、…、t 的解计算下一个时间步长 $t+\Delta t$ 的解。

1）威尔逊 θ 法和线性加速度法

威尔逊 θ 法在积分步长 Δt 内假定：

$$\ddot{X}(\tau) = \ddot{X}_t + \frac{\tau}{\theta\Delta t}[\ddot{X}_{t+\theta\Delta t} - \ddot{X}_t] \tag{4.3.18}$$

$$\dot{X}(\tau) = X_t + \ddot{X}_t\tau + \frac{\tau^2}{2\theta\Delta t}[\ddot{X}_{t+\theta\Delta t} - \ddot{X}_t] \tag{4.3.19}$$

$$X(\tau) = X_t + \dot{X}_t\tau + \frac{1}{2}\ddot{X}_t\tau^2 + \frac{\tau^3}{6\theta\Delta t}[\ddot{X}_{t+\theta\Delta t} - \ddot{X}_t] \tag{4.3.20}$$

它们满足的平衡方程为

$$M\ddot{X}_{t+\theta\Delta t} + C\dot{X}_{t+\theta\Delta t} + KX_{t+\theta\Delta t} = R_{t+\theta\Delta t} \tag{4.3.21}$$

其中：$\tau \in [0, \Delta t]$ 。

即假定在 Δt 内加速度为线性函数，位移是 τ 的三次函数。由于在 $\tau = 0$ 时，积分有 3 个初始条件 $\ddot{X}_t$ 、 $\dot{X}_t$ 、 X_t ，以及最后一个平衡方程，共 4 个条件，所以所选用的多项式最多只是 4 个待定常数。

威尔逊 θ 法是在 $\tau=\theta\Delta t$ 处满足平衡方程，然后根据方程（4.3.18）、（4.3.19）、（4.3.20）求得 $\tau=\Delta t$ 时的 $\ddot{X}_{t+\Delta t}$、$\dot{X}_{t+\Delta t}$、$X_{t+\Delta t}$，而在 $\tau=\Delta t$ 处它们并不一定满足平衡方程。当 $\theta=1$ 时，威尔逊 θ 法就变成线性加速度法。威尔逊 θ 法积分稳定的条件是 θ>1.37，通常取 θ=1.4。

θ 的取值受限于积分步长 Δt 的大小。如果步长 Δt 是结构振动最短周期的 1/5 ~ 1/10 或更小，则 θ=1 时积分必收敛且稳定；但对于多自由度体系，结构的最高频率一般较高，要使得积分步长 Δt 远比相应的最短周期短，一般很难做到，有时亦没有必要。高频部分对结构响应影响小，而且较大的步长只影响高频，对低频影响不大；对较大步长，威尔逊 θ 法稳定的条件是 θ>1.37，这样就可以加大步长，减小计算量。

由威尔逊 θ 法可知：

$$\ddot{X}_{t+\theta\Delta t}=\frac{6}{\theta^2\Delta t^2}(X_{t+\theta\Delta t}-X_t)-\frac{6}{\theta\Delta t}\dot{X}_t-2\ddot{X}_t \tag{4.3.22a}$$

$$\ddot{X}_{t+\theta\Delta t}=\frac{3}{\theta\Delta t}(X_{t+\theta\Delta t}-X_t)-2\dot{X}_t-\frac{\theta\Delta t}{2}\ddot{X}_t \tag{4.3.22b}$$

$$\ddot{X}_{t+\theta\Delta t}=X_t+\theta\cdot\Delta t\cdot\dot{X}_t+\frac{1}{6}\theta^2\Delta t^2(\ddot{X}_{t+\theta\Delta t}+2\ddot{X}_t) \tag{4.3.22c}$$

方程（4.3.22）应满足平衡方程

$$M\ddot{X}_{t+\theta\Delta t}+C\dot{X}_{t+\theta\Delta t}+KX_{t+\theta\Delta t}=R_t+\theta(R_{t+\Delta t}-R_t) \tag{4.3.23}$$

将方程（4.3.22）代入式（4.3.23）中并简化得

$$\bar{K}X_{t+\theta\Delta t}=\bar{R}_{t+\theta\Delta t} \tag{4.3.24}$$

式中

$$\bar{K}=K+a_0M+a_1C$$

$$\bar{R}_{t+\theta\Delta t}=R_t+\theta(R_{t+\Delta t}-R_t)+M(a_0X_t+a_2\dot{X}_t+2\ddot{X}_t)+C(a_1X_1+2\dot{X}_t+a_3\ddot{X}_t) \tag{4.3.25}$$

从方程（4.3.24）中可以看出，方程右端只与上次的计算终值 X_t、$\dot{X}_t$、$\ddot{X}_t$ 有关，而这些值在计算中保持常数，求解方程（4.3.24）可以得到 $X_{t+\theta\Delta t}$。把解得的 $X_{t+\theta\Delta t}$ 代入方程（4.3.26）~（4.3.28）中，

$$\ddot{X}_{t+\Delta t}=a_4(X_{t+\theta\Delta t}-X_t)+a_5\dot{X}_t+a_6\ddot{X}_t \tag{4.3.26}$$

$$\dot{X}_{t+\Delta t}=\dot{X}_t+a_7(\ddot{X}_{t+\Delta t}+\ddot{X}_t) \tag{4.3.27}$$

$$X_{t+\Delta t}=X_t+\Delta t\dot{X}_t+a_8(\ddot{X}_{t+\Delta t}+2\ddot{X}_t) \tag{4.3.28}$$

可得

$$a_0=\frac{6}{(\theta\Delta t)^2}\text{；}\quad a_1=\frac{3}{\theta\Delta t}\text{；}\quad a_2=2a_1\text{；}\quad a_3=\theta\Delta t/2\text{；}\quad a_4=a_0/\theta\text{；}$$

$$a_5=-a_2/\theta\text{；}\quad a_6=1-3/\theta\text{；}\quad a_7=\Delta t/2\text{；}\quad a_8=\Delta t^2/6$$

a_0 ~ a_8 均为威尔逊 θ 法积分常数。

2）纽马克 β 法

纽马克 β 法在积分步长 Δt 内假定

$$\ddot{X}(\tau)=[(1-\beta)\ddot{X}_t+\beta\ddot{X}_{t+\Delta t}] \tag{4.3.29}$$

$$\dot{X}(\tau)=\dot{X}_t+\tau[(1-\beta)\ddot{X}_t+\beta\ddot{X}_{t+\Delta t}] \tag{4.3.30}$$

$$X(\tau)=X_t+\dot{X}_t\tau+\left[\left(\frac{1}{2}-\alpha\right)\ddot{X}_t+\alpha\ddot{X}_{t+\Delta t}\right]\tau^2 \tag{4.3.31}$$

$$\tau\in[0,\Delta t]$$

以及它们满足的平衡方程

$$M\ddot{X}_{t+\Delta t}+C\dot{X}_{t+\Delta t}+KX_{t+\Delta t}=R_{t+\Delta t} \tag{4.3.32}$$

假定在 Δt 内加速度为一常数，位移是 τ 的二次函数。研究表明，$\beta\geqslant 0.5$ $\alpha\geqslant 0.25(0.5+\beta)^2$ 时，该积分无条件稳定。

由纽马克 β 法可知

$$\ddot{X}_{t+\Delta t}=\frac{1}{\alpha\Delta t^2}(X_{t+\Delta t}-X_t)-\frac{1}{\alpha\Delta t}\dot{X}_t-\left(\frac{1}{2\alpha}-1\right)\ddot{X}_t \tag{4.3.33a}$$

$$\dot{X}_{t+\Delta t}=\frac{\beta}{\alpha\Delta t}(X_{t+\Delta t}-X_t)+\left(1-\frac{\beta}{\alpha}\right)\dot{X}_t+\left(1-\frac{\beta}{2\alpha}\right)\Delta t\ddot{X}_t \tag{4.3.33b}$$

$$X_{t+\Delta t}=X_t+\Delta t\dot{X}_t+\left[\left(\frac{1}{2}-\alpha\right)\ddot{X}_t+\alpha\ddot{X}_{t+\Delta t}\right]\Delta t^2 \tag{4.3.33c}$$

方程（4.3.33）应满足平衡方程（4.3.32），将式（4.3.33）代入式（4.3.32）并化简得

$$\bar{K}X_{t+\Delta t}=\bar{R}_{t+\Delta t} \tag{4.3.34}$$

其中
$$\bar{K}=K+a_0M+a_1C \tag{4.3.35}$$

$$\bar{R}_{t+\Delta t}=R_{t+\Delta t}+M(a_0X_t+a_2\dot{X}_t+a_3\ddot{X}_t)+C(a_1X_t+a_4\dot{X}_t+a_5\ddot{X}_t) \tag{4.3.36}$$

求解式（4.3.24）得到 $X_{t+\Delta t}$，把解得的 $X_{t+\Delta t}$ 代入

$$\ddot{X}_{t+\Delta t}=a_0(X_{t+\Delta t}-X_t)-a_2\dot{X}_t-a_3\ddot{X}_t \tag{4.3.37}$$

$$\dot{X}_{t+\Delta t}=\dot{X}_t+a_5\ddot{X}_t+a_7\ddot{X}_{t+\Delta t} \tag{4.3.38}$$

得到 $t+\Delta t$ 时刻的结构响应 $\ddot{X}_{t+\Delta t}$、$\dot{X}_{t+\Delta t}$、$X_{t+\Delta t}$。

方程（4.3.24)、(4.3.37)、(4.3.38）中：

$$a_0=\frac{1}{a\Delta t^2}\quad a_1=\frac{\beta}{\alpha\Delta t}\quad a_2=\frac{1}{\alpha\Delta t}\quad a_3=\frac{1}{2\alpha}-1\quad a_4=\frac{\beta}{\alpha}-1$$

$$a_5=\frac{\Delta t}{2}\left(\frac{\beta}{\alpha}-2\right)\quad a_6=\Delta t(1-\beta)\quad a_7=\beta\Delta t$$

a_0 ~ a_7 均为纽马克 β 法积分常数。

纽马克 β 法是一种无条件稳定的隐式积分格式，时间步长 Δt 的大小不影响解的稳定性，Δt 的选择主要根据解的精度确定，如 Δt 可选择为对应若干基本振型周期中的最小者的若干分之一；所以无条件稳定的隐式算法比有条件稳定的显式算法可以采用大得多的时间步长 Δt，还可滤掉因采用有限元法而产生的高阶不精确频率对系统响应的影响。

4.4　回归分析

回归分析是描述数据处理方法的一门应用学科，是一种应用广泛的统计分析方法。它用于分析事物之间的统计关系，侧重观察变量之间的数量变化规律，并通过回归方程的形式描述来反映这种关系，帮助研究者准确把握变量受其他一个或多个变量影响的程度，进而为预测提供科学依据。回归分析亦是研究一个因变量或多个因变量与一个自变量之间是否存在某种线性关系或非线性关系的一种统计学分析方法。它一般用于解决以下问题：确定自变量与若干因变量之间关系的定量表达式，并确定它们关系的密切度；运用控制可控变量的数值，借助于所求出的方程式来预测或控制自变量的取值；运行因素分析，从影响

变量变化的因变量中，寻找出哪些因素对因变量产生了影响。针对本研究工作的实际特点，以下简述回归分析的基本方法，并以回归分析作为数据处理的重要手段。

变量之间的各种关系是客观世界中普遍存在的关系，这些关系大致可以分为两类：一类是确定性的，另一类是非确定性的。确定性的关系是指某一个或几个现象的变动就会引起另一个现象确定的变动，它们之间的关系可以用精确的函数关系来表达，即 $y=f(x)$，当知道 x 的数值时，就可以计算出一个确切的 y 值来；非确定关系即两个或多个现象之间虽然存在着某种关系，但这种关系是不确定的或者说不是确切的函数关系，除了主要关系之外，还受到其他许多次要的微小因素的影响，因而变量之间围绕一定的函数关系而上下波动。在数理统计学中把这种非确定关系称为统计关系或相关关系，而涉及桥墩刚度特性及服役安全性的统计规律研究就是一种非确定关系。

4.4.1 线性回归

如果参与回归分析的自变量只有一个，就是线性回归分析，也称为一元线性回归分析，得到的结果称为直线回归方程；如果参与回归分析的变量有多个，则是多元线性回归分析。

1. 线性回归分析的原理

线性回归的前提是根据给定的数据对估计线性方程的位置参数 a 和 b，利用最小二乘法可以得到参数的无偏估计。由于参数的估计值是根据样本值得到的，所以由此得到的数值只是真值 a 和 b 的估计值。

回归分析的一般步骤如下所列：

（1）确定回归方程中的解释变量和被解释变量。

由于回归分析作用于分析一个事物如何随其他事物的变化而变化，因此回归分析的第一步应确定：哪个事物是需要被解释的，即哪个变量作为被解释变量（记为 y）；哪些事物是用于解释其他变量的，即哪些变量是解释变量（记为 x）。回归分析是要建立 x 与 y 之间的回归方程，并在给定 x 的前提下，通过回归方程预测 y 的平均值。

（2）确定回归模型。

根据函数拟合方式，通过观察散点图确定应通过哪种数学模型来概括回归线。如果被解释变量和解释变量之间存在线性关系，则应进行线性回归分析，建立线性回归模型；反之，如果被解释变量和解释变量之间存在非线性关系，则要进行非线性回归分析，建立非线性回归模型。

（3）建立回归方程。

根据收集到的数据以及前一步所确定的回归模型，在一定的统计拟合准则下估计出模型中的各个参数，得到一个确定的回归方程。

（4）对回归方程进行各种检验。

由于回归方程是在样本数据基础上得到的，回归方程是否真实地反映了事物之间的统计关系以及回归方程能否用于预测等都需要进行检验。

（5）利用回归方程进行预测。

建立回归方程的目的之一是根据回归方程对事物的未来发展趋势进行预测。

2. 线性回归模型

假设已收集到 n 对数据（ x_i, y_i ）（ $i=1,2,\cdots,n$ ），此处的 x_i 可以认为是随机变量 x 的一组样本值， y_i 可以认为是随机变量 y 的另一组样本值。当讨论 y 和 x 之间是否存在统计意义的相互关系时， x 和 y 又称为解释变量和被解释变量。

1）一元线性回归模型

如前所述，一元线性回归模型是指只有一个解释变量的线性回归模型，用于解释被解释变量与另一个解释变量之间的线性关系。

一元线性回归的数学模型为

$$y=\beta_0+\beta_1 x+\varepsilon \tag{4.4.1}$$

该数学表达式表明，被解释变量 y 的变化可由两部分来解释：第一，由解释变量 x 的变化引起 y 的线性变化部分，即 $y=\beta_0+\beta_1 x$；第二，由其他随机因素引起 y 的变化部分，即 ε 。

由此可见，一元线性回归模型是被解释变量和解释变量之间非一一对应的统计关系的良好诠释，即当 x 给定后 y 的值并非唯一，但它们之间可以通过 β_0 我和 β_1 保持着密切的线性相关关系。由此，一元线性回归方程可表示如下：

$$E(y)=\beta_0+\beta_1 x \tag{4.4.2}$$

式（4.4.2）表明， x 和 y 之间的统计关系是在平均意义下表述的，即当 x 的值给定后，利用回归模型计算得到的 y 值是一个平均值。一元线性经验回归方程在二元平面上表示为一条直线，即回归直线，它表示解释变量 x 变化时引起的被解释变量 y 的变化估计值。

2）多元线性回归模型

多元线性回归模型是指含有多个解释变量的线性回归模型，用于解释被解释变量与其他多个解释变量之间的线性关系。

多元回归分析的数学模型为

$$y=\varepsilon+\beta_0+\beta_1x_1+\beta_2x_2+\cdots+\beta_px_p \tag{4.4.3}$$

式（4.4.3）表示一个 p 元线性回归模型，其中有 p 个解释变量。它表明被解释变量 y 的变化可由两部分组成：第一，由 p 个解释变量 x 的变化引起被解释变量 y 的线性变化部分，即 $y=\beta_0+\beta_1x+\cdots+\beta_px_p$；第二，由其他随机因素引起 y 的变化部分，即 ε。β_0、β_1、…、β_p 都是模型中的未知参数，分别为回归常数和偏回归系数；ε 为随机误差，也是一个随机变量。

多元线性回归模型的回归方程为

$$E(y)=\beta_0+\beta_1x_1+\beta_2x_2+\cdots+\beta_px_p \tag{4.4.4}$$

估计多元线性回归方程中的未知参数是多元线性回归分析的核心任务之一。从几何学意义上讲，多元线性回归经验方程是 p 维空间上的一个超平面，即回归平面。

4.4.2 曲线回归

曲线参数估计过程可用于拟合许多常用的曲线，原则上只要两个变量之间存在某种可以被它所描述的数量关系，就可以用该过程来分析。但是，由于最佳化曲线拟合非常复杂，而该模块功能有限，因此在多数情况下曲线估计过程只是一个预备分析步骤，随后应将曲线相关关系通过变量转换的方式转化为线性回归的形式来进行分析。

在客观世界中，变量之间的关系并非都是直线关系，这说明了客观世界的复杂性，要根据不同的对象提出不同的方法。如果对象之间是曲线关系，那么该拟合什么样的曲线，这亦是一个较为复杂的问题。

变量之间的非线性关系可以划分为本质线性和本质非线性关系。所谓本质线性关系就是指变量关系形式上虽然呈非线性关系，但可以通过变量变换转化为线性关系，并可最终进行线性回归分析建立线性模型。本质上，非线性是指变量关系不仅形式上呈非线性关系，且无法通过变量变化转化为线性关系，最终无法用线性回归分析来建立线性模型。

研究两个变量之间的关系，一般可以作散点图以粗略观察曲线的形状；另外需要根据专业知识进行分析或从长期积累的数据中找出变量之间的函数类型。选用哪一种形式的回归方程才能更好地表示出一种曲线关系往往不是一个简单的问题，用数学方程来表示各种曲线的数目几乎是没有限量的。在可能的回归方程之间，以吻合度而论。因此，对曲线形式的选择，有必要对采取什么形式建立一定的理论进行研究，这些理论往往是由问题本质属性来决定的。常见的曲线回归方程及本质线性模型如表 4.4.1 所示。

表 4.4.1　常见的曲线回归方程及本质线性模型

模型名称	回归方程	变量变换后的线性方程
二次曲线	$y=\beta_0+\beta_1+\beta_2x^2$	$y=\beta_0+\beta_1x+\beta_2x_1(x_1=x^2)$
对数曲线	$y=\mathrm{e}^{\beta_0+\beta_1x}$	$\ln y=\beta_0+\beta_1x$
指数曲线	$y=\beta_0\mathrm{e}^{\beta_1x}$	$\ln y=\ln\beta_0+\beta_1x$
幂函数	$y=\beta_0x^{\beta_1}$	$\ln y=\ln\beta_0+\beta_1x_1(x_1=\ln x)$

4.4.3　回归分析的统计检验

利用最小二乘法计算出线性回归模型中的参数值后，应对回归方程的线性关系进行各种统计检验，包括回归方程的显著性检验、回归系数的显著性检验及残差分析等。

线性回归方程显著性检验的零假设为 $H_0:b=0$，即检验回归系数是否为零。如果为零，则说明被解释变量和解释变量之间不具有线性关系，此时回归方程没有意义。

1. 回归方程的显著性检验

二元逻辑回归的显著性检验正是要检验被解释变量和解释变量与所有解释变量之间的线性关系是否显著，用线性回归方程来描述它们之间的关系是否恰当。回归方程显著性检验的基本出发点和拟合优度检验途径基本一致。

一元线性回归方程是显著性检验的原假设为 $\beta_1=0$，即回归系数与零无显著性差别。当回归系数为零时，不论 x 取值如何变化都不会引起 y 的变化，x 始终无法解释 y 的变化，即表明二者之间不存在线性关系。

多元线性回归的显著性检验采用 F 统计量，其数学定义为

$$F=\frac{\sum_{i=1}^{n}(\hat{y}-\overline{y})^2}{\sum_{i=1}^{n}(y_i-\hat{y}_i)^2/(n-2)} \tag{4.4.5}$$

F 统计量服从（1，$n-2$）个自由度的 F 分布。同以上方程分析的思想一样，如果概率 p 值小于给定的显著水平 α，则应拒绝原假设，认为回归系数与零有显著性差别，被解释变量 y 与解释变量 x 的线性关系显著，x 应保留在回归方程中；反之，如果概率 p 值大于给定的显著性水平 α，则应接受原假设，认为回归系数与零无显著性差别，被解释变量 y 与解释变量 x 的线性关系不显著，x 不应保留在回归方程中。

2. 回归系数的显著性检验

回归系数的显著性检验是围绕回归系数估计值的抽样分布展开的，由此构造服从某种理论分布的检验统计量，并进行检验。

一元线性回归方程显著性检验的原假设为 $\beta_1=0$，即回归系数与零无显著性差别。当回归系数为零时，不论 x 取值如何变化都不会引起 y 的变化，x 无法解释 y 的变化，二者之间不存在线性关系。

在一元线性回归模型中，回归系数估计值的抽样分布服从：

$$\hat{\beta}\sim \mathrm{N}\left[\beta_1,\frac{\sigma^2}{\sum_{i=1}^{n}(x_i-\overline{x})^2}\right] \tag{4.4.6}$$

于是当原假设成立时，可构造 T 统计量为

$$T=\frac{\hat{\beta}}{\hat{\sigma}/\sum_{i=1}^{n}\left(x_i-\overline{x}\right)^2} \tag{4.4.7}$$

T 统计量服从自由度为 $n-2$ 的 t 分布。同方差分析的思想一样，如果概率 p 值小于给定的显著性水平 α，则应拒绝原假设，认为回归系数与零有显著性差别，被解释变量 y 与解释变量 x 的线性关系显著，x 应保留在回归方程中；反之，如果概率 p 值大于给定的显著性水平 α，则应接受原假设，认为回归系数与零无显著性差别，被解释变量 y 与解释变量 x 的线性关系不显著，x 不应保留在回归方程中。

在多元线性回归模型中，偏回归系数估计值的抽样分布服从：

$$\hat{\beta} \sim \mathrm{N}\left[\beta_i, \frac{\sigma^2}{\sum_{i,j=1}^{n}(x_{ji}-\bar{x}_i)^2}\right] \tag{4.4.8}$$

在原假设成立的前提下，可构造 T 检验统计量为

$$T = \frac{\hat{\beta}_i}{\hat{\sigma} / \sum_{j,i=1}^{n}(x_{ji}-\bar{x}_i)^2} \tag{4.4.9}$$

T_i 服从自由度为 $n-p-1$ 的 t 分布。同方差分析的思想一样，如果概率 p 值小于给定的显著性水平 α，则应拒绝原假设，认为回归系数与零有显著性差别，被解释变量 y 与解释变量 x 的线性关系显著，x 应保留在回归方程中；反之，如果概率 p 值大于给定的显著性水平 α，则应接受原假设，认为回归系数与零无显著性差别，被解释变量 y 与解释变量 x 的线性关系不显著，x 不应保留在回归方程中。

3. 二元逻辑回归的显著性检验

和一元线性回归模型类似，二元逻辑回归模型也需要对模型进行检验和评价，其主要分为回归方程整体的显著性检验、回归系数的显著性检验和模型拟合优度评价。

1）回归方程整体的显著性检验

常用的检验方法有对数似然比检验和 Hosmer-Lemeshow 检验。对于对数似然检验而言：假设没有引入任何解释变量的回归方程的似然函数值为 L_0，引入解释变量之后，回归方程的似然函数为 L_1，则似然比为 L_0 / L_1。似然比值接近 1，表明模型中的解释变量对模型总体没有显著贡献；反之若该比值接近 0，则表明引入的解释变量对模型具有显著贡献。对于 Hosmer-Lemeshow 检验而言：通过二元逻辑回归模型可以计算出给定解释变量取值时被解释变量取值 y_1 为 1 的预测概率，即 p_i 的拟合值。该方法的基本思想是：如果模型整体显著，则实际值为 1 的样本对应的预测概率应该相对较高，而实际值为 0 的样本对应的预测概率应该相对较低，为了构造检验统计量，可根据预测概率的大小将样本分为 m 组，同时得到列联表。在原假设成立的条件下，该统计量服从自由度为 $m-2$ 的卡方分布，如 SPSS 统计软件中将给出 Hosmer-Lemeshow 卡方统计量及相应的概率 p 值，通过比较 p 值和给定的显著性水平就可以判定回归方程是否整体显著。当 p 值小于给定的显著性水平时，拒绝原假设，认为模型整体显著；否则认为模型整体不显著。

2）回归系数的显著性检验

在二元逻辑回归模型中，回归系数显著性检验不是通过 T 检验，而是构造 *Wald* 统计量

来进行，*Wald* 统计量和似然统计量都是极大似然估计方法中常用的检验统计量。*Wald* 检验的原假设为 β_j 为零，*Wald* 统计量的数学表达式为

$$Wald_i = \frac{\hat{\beta}_j^{\ 2}}{S_{\hat{\beta}_j}} \tag{4.4.10}$$

Wald 统计量在原假设得到满足的前提下，服从一个自由度为 1 的卡方分布。当其对应的概率 p 值小于给定的显著性水平时，则认为第 j 个回归系数显著不为零，否则认为第 j 个回归系数显著为零。

3）模型拟合优度评价

二元逻辑回归模型拟合优度评价一般包括 Cox-Snell R^2 统计量和 Nagelkerke R^2 统计量。其中 Cox-Snell R^2 统计量定义为

$$\text{Cox-Snell } R^2 = 1-\left(\frac{L_0}{L_1}\right)^{\frac{2}{N}} \tag{4.4.11}$$

式中：L_0 为没有引入任何解释变量的回归方程的似然函数值；L_1 为引入解释变量后的回归方程的似然函数值；N 为样本容量。与一般的线性模型中的 R^2 统计量类似，统计量的值越大表明模型的拟合优度越高。

Nagelkerke R^2 统计量的数学定义为

$$\text{Nagelkerke } R^2 = \frac{\text{Cox-Snell}R^2}{1-(L_0)^{\frac{2}{N}}} \tag{4.4.12}$$

Nagelkerke R^2 统计量是 Cox-Snell R^2 统计量的修正方案，使得其取值范围限定为 0 ~ 1，其值越接近于 1 则表明模型拟合优度越高，而越接近于 0 则表明模型拟合优度越低。

4.5 桥墩刚度特性调查与评价

桥墩刚度是桥墩的固有属性，它与桥墩高度、截面形式、材料强度及基础类型等因素有关。以下针对其的调查与评价，主要是对上述各影响因素展开分析讨论。

4.5.1 桥墩高度对刚度的影响

1. 墩高定义的历史沿革

对于重力式桥墩而言，20 世纪 50 年代，全路通用的标准设计为墩高约等于跨度，对起

始高度无规定。后为满足勘测设计的要求，各设计院都突破了这个规定，并编制了适应不同地区的通用图，导致墩身截面和墩高都不一致。1958 年，铁道部鉴定委员会提出了统一桥墩最大高度的意见，即：梁的跨度在 12 m 以下时，墩高为跨度加 2 m；梁的高度在 12 m 以上时，墩高为跨度加 4 m。1961 年，在全路桥梁标准设计会议上又规定了如下的桥墩标准设计起始高度，即：矩形墩，跨度 L=12～31.7 m，最小墩高 h=6 m；圆形墩，L=12～31.7 m，最小墩高 h=4 m；圆端形墩，L=8～31.7 m，最小墩高 h=4 m。1962 年，铁道专业设计院分析了 32 条线路中 695 座大中桥的 2 749 个墩，得出的结果是：各种跨度的墩高 $h \leqslant L$ 者，平均占全部桥墩的 66.3%；$h \leqslant 1.5L$ 者，平均占全部桥墩的 93.2%。故认为各种跨度桥墩标准设计的最大高度需要设计到 1.5L，个别跨度的墩高还需要设计到 2L。基于以上的统计及实际经验，该院还提出了高墩与低墩的分界高度，如表 4.5.1 所示。

表 4.5.1　桥墩标准设计的墩高设计范围

跨度/m	普通桥墩/m	高桥墩/m
10、12、16	$4 \leqslant h \leqslant 1.5L$	—
20	$5 \leqslant h \leqslant 1.5L$	—
23.8、24	$8 \leqslant h \leqslant 30$	$30 \leqslant h \leqslant 36$
27.7	$8 \leqslant h \leqslant 30$	$30 \leqslant h \leqslant 42$
31.7、32	$8 \leqslant h \leqslant 32$	$32 \leqslant h \leqslant 64$

注：L=27.7 m 梁跨于 1974 年淘汰。

对于高墩墩顶水平位移的允许值，在 1958 年召开的全国高墩会议上曾提出顺桥及横桥方向均为 $\varDelta = 4\sqrt{L}$（mm）；在 1959 年 5 月第三次高墩会议上，大家认为我国列车运行速度较低，同时考虑梁的支承作用，简支梁桥顺桥方向的弹性水平位移可放宽为 $\varDelta = 5\sqrt{L}$（mm），现行桥规依然采用该值；会议还认为，从以往的一些高墩实测资料来看，上述允许值规定偏于保守，但如何科学地决定合理的允许值，仍有待进一步研究。

20 世纪 60 年代，随着各类轻型结构的出现和使用，对重力式桥墩而言，高墩被逐渐公认为自基础顶面至墩顶超过 50 m 的桥墩，而空心墩则成为此类高墩结构的首选。

按照现行《铁检规》的规定，桥墩高度（以下简称墩高）是指：自基顶面或桩承台顶至墩顶的高度，该概念所指的墩高则主要包括墩身高度与墩台顶帽高度之和，且没有计入承台高及基础高度。《桥检规》还规定：当墩高（m）/墩身横向平均宽度（m）<2.5 时，该类型墩属于低墩；当墩高（m）/墩身横向平均宽度（m）≥2.5 时，该类型墩属于中高墩。

2. 墩高对桥墩刚度影响的理论依据

如前所述，墩身高度对桥墩刚度（主要指桥墩横向一阶自振频率）的影响效果显著，具体表征如下：

（1）如式（4.2.3）中给出了广义刚度与墩身高墩的关系，由此可知，广义刚度与墩身高度的 3 次方成反比。

（2）如式（4.2.49）中给出了自振频率分别与墩高、质量、材料、截面等的基本关系式，可以看出，自振频率与墩身高度成反比关系。

（3）如式（1.2.27）、式（1.2.29）及式（1.2.31）可知，在计算等截面及不等截面桥墩自振频率近似值的公式中，自振频率表现为与墩身高度的 2 次方成反比的关系，当然也同样如式（4.2.46）一样，质量、截面及材料等都不同程度地影响着桥墩刚度特性的发挥与展现。

3. 中高墩的刚度表现特性及规律

鉴于低墩（高宽比<2.5）的自振频率实测值较难获取，加之相关规范也没有给出低墩的自振频率通常值，故本书没有对低墩的自振频率及相关参数进行分析讨论。

中高墩（高宽比≥2.5）在普速铁路桥梁结构组成中所占比重最大，具有数量多、种类多、形式多等特点，它为确保铁路桥梁运营安全发挥着重要作用。

对中高墩桥而言，试验分析样本共计选取 66 座桥、199 个墩进行分析。主要分析的关系包括：墩高-实测自振频率、高宽比-实测自振频率、墩高-计算自振频率、高宽比-计算自振频率、墩高-《桥检规》频率通常值、高宽比-《桥检规》频率通常值、实测自振频率-《桥检规》频率通常值、计算自振频率-《桥检规》频率通常值、计算自振频率-实测自振频率。基于样本统计所得到的散点关系和回归方程如图 4.5.1 ~ 图 4.5.9 所示。

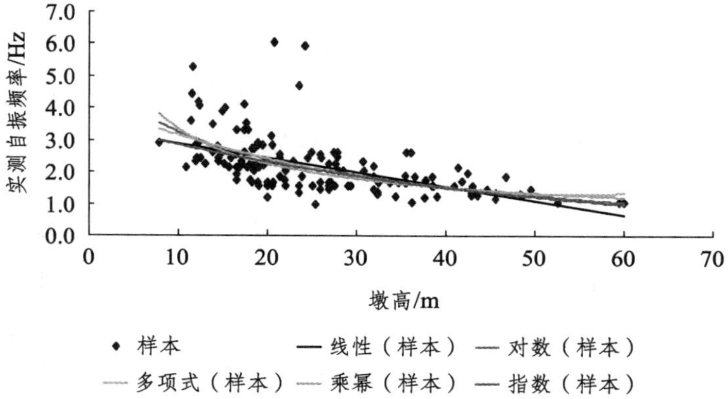

图 4.5.1　墩高-实测自振频率关系图

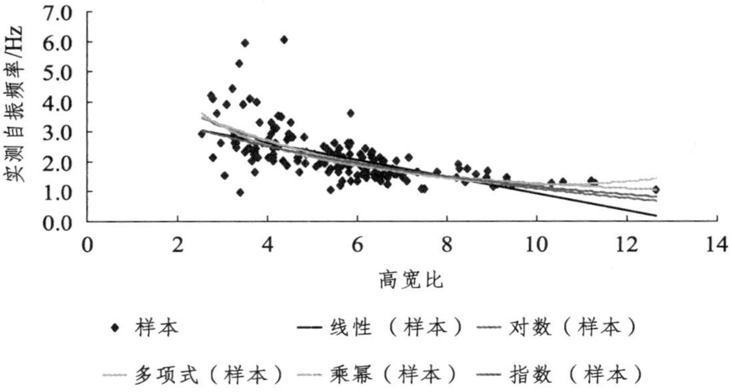

图 4.5.2　高宽比-实测自振频率关系图

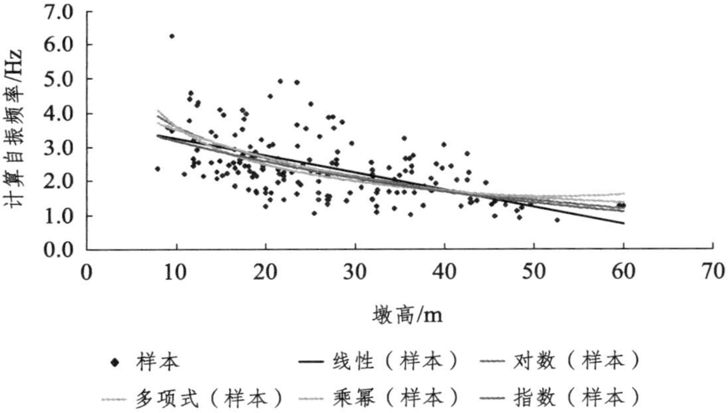

图 4.5.3　墩高-计算自振频率关系图

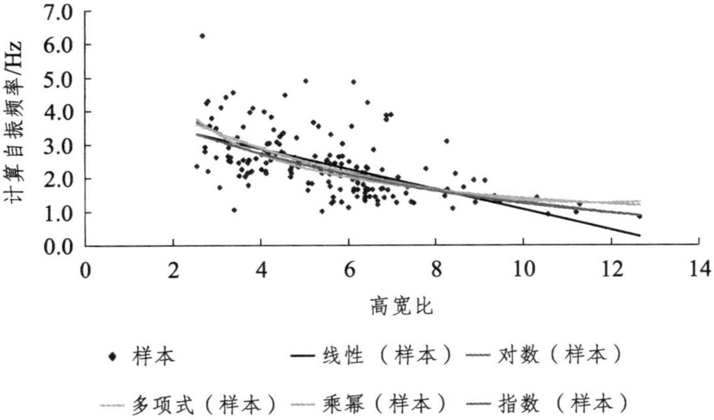

图 4.5.4　高宽比-计算自振频率关系图

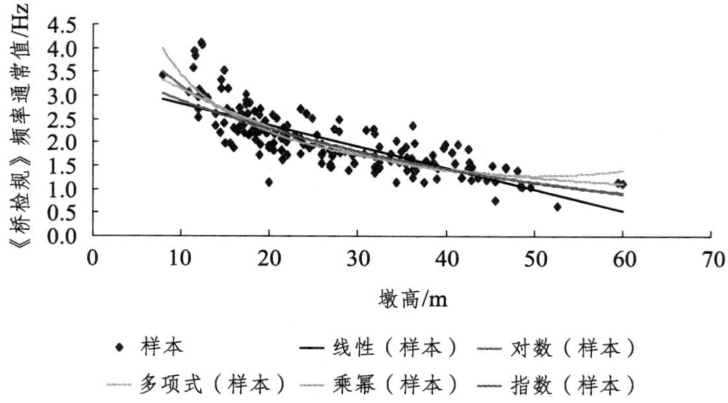

图 4.5.5 墩高-《桥检规》频率通常值关系图

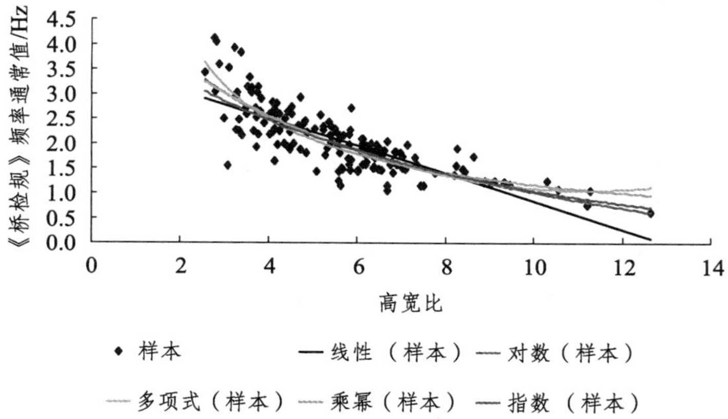

图 4.5.6 高宽比-《桥检规》频率通常值关系图

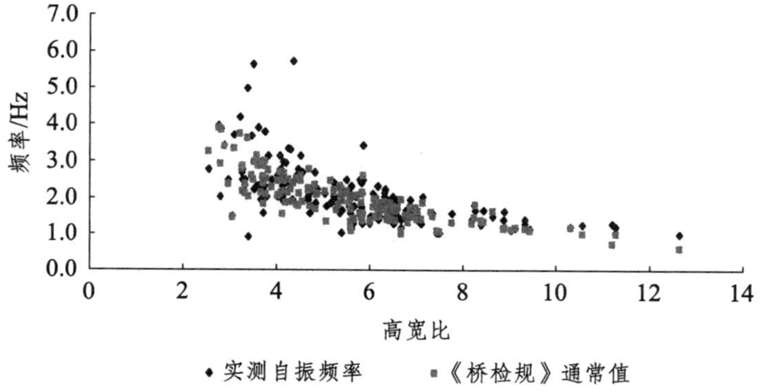

图 4.5.7 实测自振频率-《桥检规》频率通常值关系图

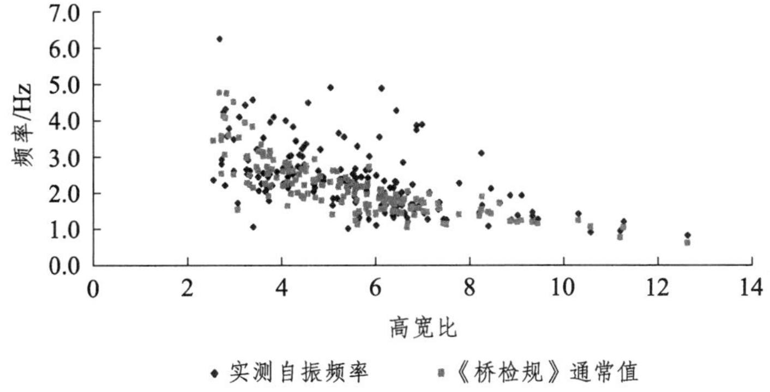

图 4.5.8　计算自振频率-《桥检规》频率通常值关系图

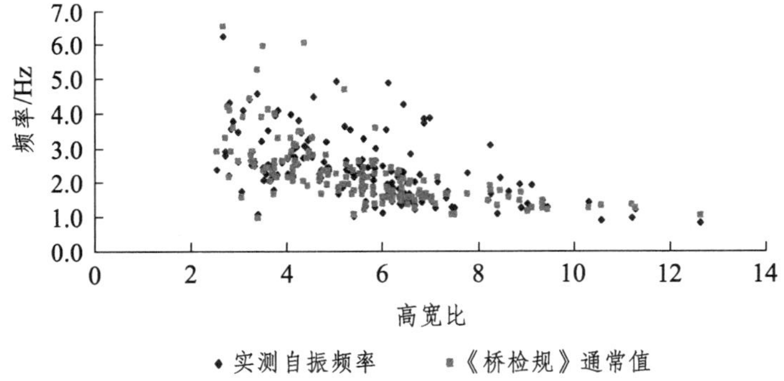

图 4.5.9　计算自振频率-实测自振频率关系图

通过建立一元线性回归方程和曲线回归方程，在模型拟合优度的检验下，得到表 4.5.2 所列 6 类关系的预测函数表达式。

表 4.5.2　预测函数表达式

序号	关系（x-y）	预测函数表达式 $y=f(x)$	最高拟合优度 R^2
1	墩高-实测自振频率	$y=1.0713x^{-0.516}$	$R^2=0.3949$
2	高宽比-实测自振频率	$y=7.3613x^{-0.762}$	$R^2=0.4992$
3	墩高-计算自振频率	$y=12.576x^{-0.5422}$	$R^2=0.3738$
4	高宽比-计算自振频率	$y=7.4074x^{-0.7247}$	$R^2=0.4027$
5	墩高-《桥检规》通常值	$y=14.753x^{-0.6312}$	$R^2=0.6856$
6	高宽比-《桥检规》通常值	$y=7.9779x^{-0.8394}$	$R^2=0.7029$

4. 小结

本小节重点讨论了在中高墩条件下，墩高对桥墩横向刚度的影响及响应规律。通过对比分析，得到墩高、高宽比分别与实测自振频率、计算自振频率及《桥检规》频率通常值之间的关系。在上述 6 类预测函数关系中，尤以幂函数的拟合优度最高，亦最能表征该类关系的相关性。

分析得到的主要结论包括：

一是墩高、高宽比均与桥墩刚度成反比关系，即墩高、高宽比越大，则桥墩的频率实测值、计算值及《桥检规》通常值越小；反之亦然。试验印证了理论基础的科学性。

二是就高宽比与墩高而言，前者预测函数中的拟合优度更高，其更能表征样本的分布规律，并且间接体现了横向宽度对桥墩抵抗横向变形的影响。

三是计算自振频率与实测自振频率在样本的分布点位上有所区别，但其与墩高、高宽比及《桥检规》频率通常值等的关系仍表现为反比特性。

四是通过对比样本桥墩的频率实测值和《桥检规》频率通常值，得知样本桥墩的实测自振频率多数满足现行《桥检规》频率通常值的要求。此试验结论也表明，对于现役的多数桥墩而言，其横向刚度条件是有保障的，其对铁路桥梁的安全运营是有贡献的。

4.5.2 墩身截面对刚度的影响

1. 墩身截面特性

我国广泛采用的桥墩标准设计有矩形墩、圆形墩和圆端形墩。20 世纪 60 年代以前曾采用过尖端形桥墩，但它仅适用于稳定流向的河流，节省圬工不多，而且施工又不如圆形墩和圆端形墩方便，因此逐渐被淘汰。矩形墩在铁路深沟和峡谷中使用广泛；圆形墩多用于直线上，其圬工量较圆端形墩更为节省，且墩身越高节省越多，由于圆形墩纵横向刚度一致，故在通常情况下，圆端形墩纵向刚度比圆端形墩强，横向刚度则较圆端形墩弱；圆端形墩多用于与水流正交的桥梁，阻水面积小，但在河道急弯、流向不稳定，特别是水流倾斜角大于 15°的桥梁工程中，采用圆形墩较为适宜。

2. 墩身截面对桥墩刚度影响的理论依据

根据如前所述的相关内容可知，墩身截面形式（主要指截面惯性矩大小）会对桥墩的刚度表现（主要指桥墩横向一阶自振频率）造成影响，具体表征如下：

（1）如式（4.2.3）中给出了广义刚度与墩身截面的关系，由此看出，广义刚度与墩身截面惯性矩成正比。

（2）如式（4.2.49）中给出了自振频率分别与墩高、质量、材料、截面等的基本关系式，可以看出，自振频率与墩身截面惯性矩成正比关系。

（3）如式（1.2.27）、式（1.2.29）及式（1.2.31）可知，在计算等截面及不等截面桥墩自振频率近似值的公式中，自振频率表现为与墩身截面惯性矩的开方值成正比。

3. 矩形墩刚度特性及规律

对矩形墩而言，试验分析样本共计选取 19 座桥、47 个墩。主要分析的关系包括：墩高-实测自振频率、高宽比-实测自振频率、墩高-计算自振频率、高宽比-计算自振频率、墩高-《桥检规》频率通常值、高宽比-《桥检规》频率通常值、实测自振频率-《桥检规》频率通常值、8）计算自振频率-《桥检规》通常值、计算自振频率-实测自振频率。基于样本统计所得到的散点关系和回归方程如图 4.5.10 ~ 图 4.5.18 和表 4.5.3 所示。

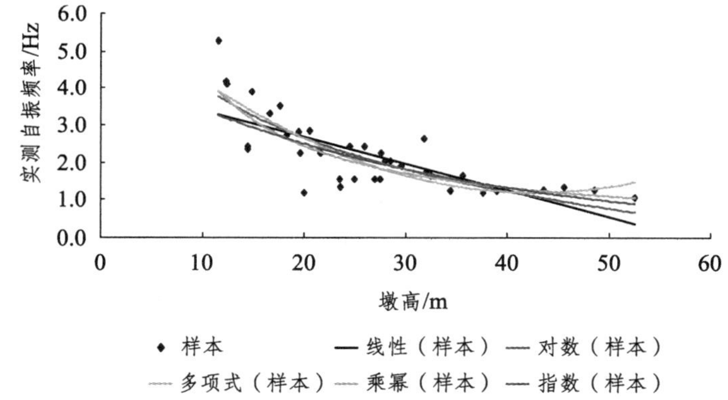

图 4.5.10　墩高-实测自振频率关系图

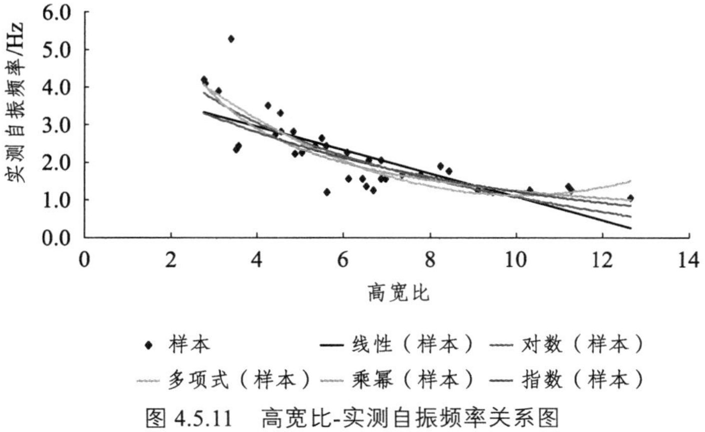

图 4.5.11　高宽比-实测自振频率关系图

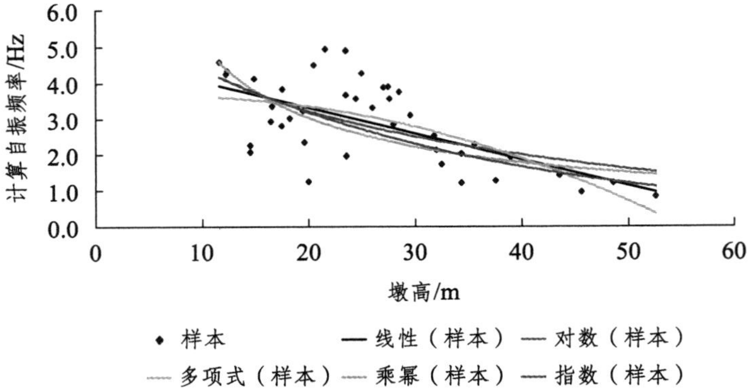

图 4.5.12　墩高-计算自振频率关系图

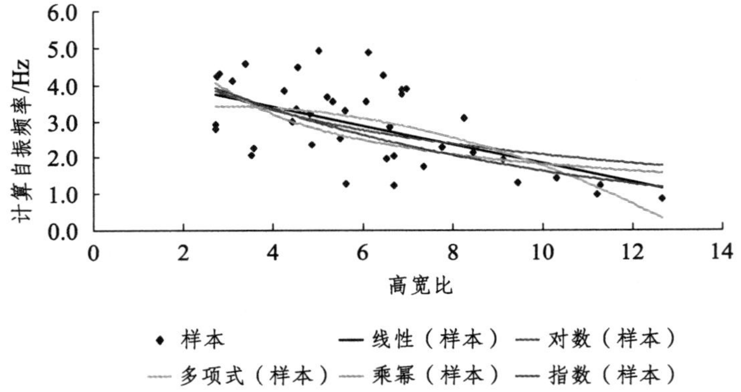

图 4.5.13　高宽比-计算自振频率关系图

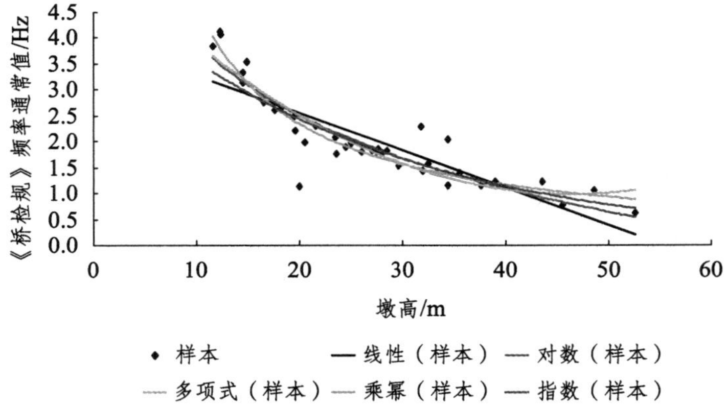

图 4.5.14　墩高-《桥检规》频率通常值关系图

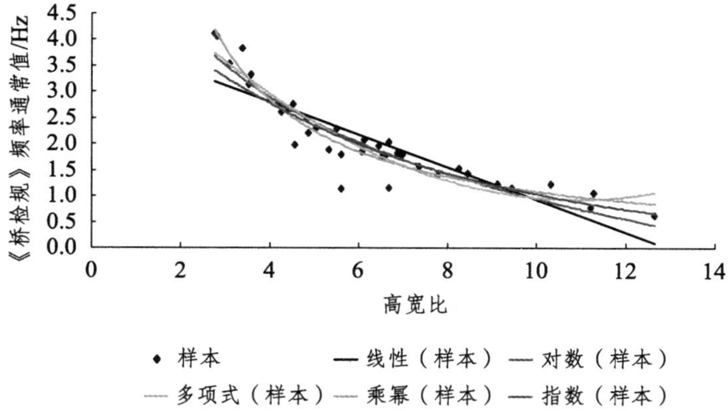

图 4.5.15　高宽比-《桥检规》频率通常值关系图

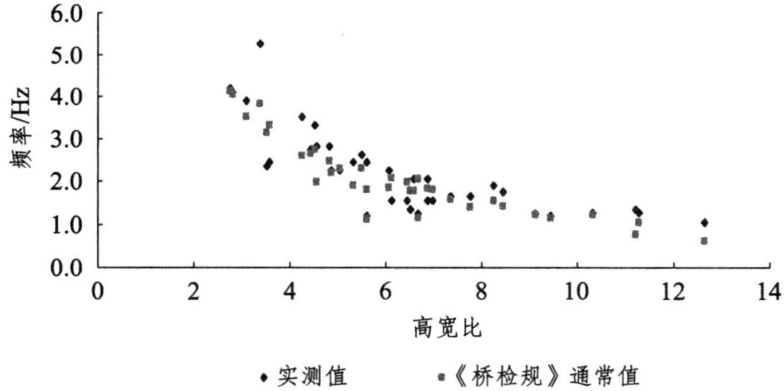

图 4.5.16　实测自振频率-《桥检规》频率通常值关系图

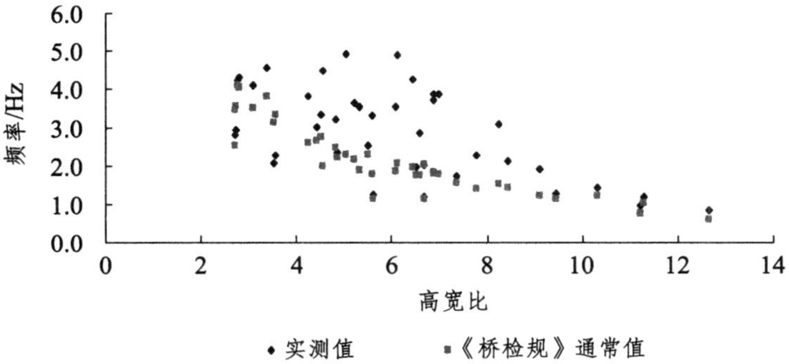

图 4.5.17　计算自振频率-《桥检规》频率通常值关系图

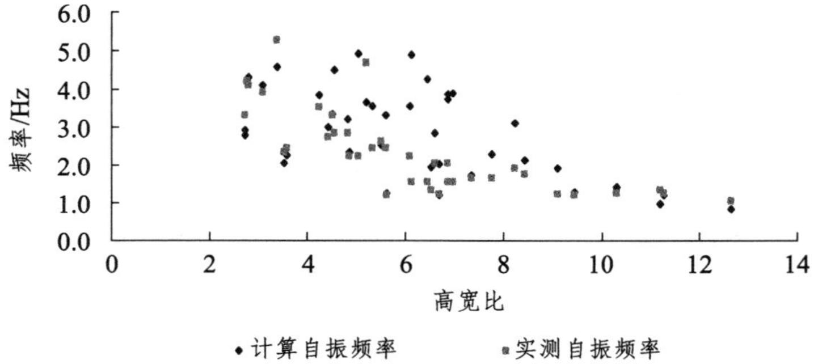

图 4.5.18 计算自振频率-实测自振频率关系图

表 4.5.3 预测函数表达式

序号	关系（x-y）	预测函数表达式 $y=f(x)$	最高拟合优度 R^2
1	墩高-实测自振频率	$y=33.077x^{-0.874}$	$R^2=0.6872$
2	高宽比-实测自振频率	$y=7.3613x^{-0.762}$	$R^2=0.4992$
3	墩高-计算自振频率	$y=6.0518e^{-0.0322x}$	$R^2=0.4956$
4	高宽比-计算自振频率	$y=5.4666e^{-0.122x}$	$R^2=0.4415$
5	墩高-《桥检规》通常值	$y=14.753x^{-0.6312}$	$R^2=0.6856$
6	高宽比-《桥检规》通常值	$y=7.9779x^{-0.8394}$	$R^2=0.7029$

4. 圆形墩刚度特性及规律

对圆形墩而言，试验分析样本共计选取 24 座桥、88 个墩。主要分析的关系与矩形墩情况相同。基于样本统计所得到的散点关系和回归方程如图 4.5.19 ~ 图 4.5.27 和表 4.5.4 所示。

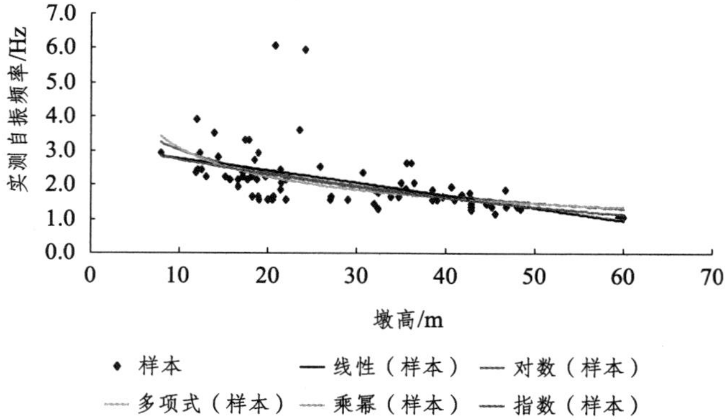

图 4.5.19 墩高-实测自振频率关系图

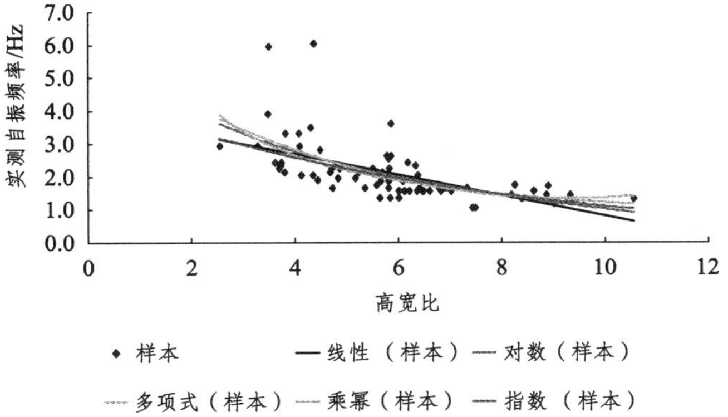

图 4.5.20　高宽比-实测自振频率关系图

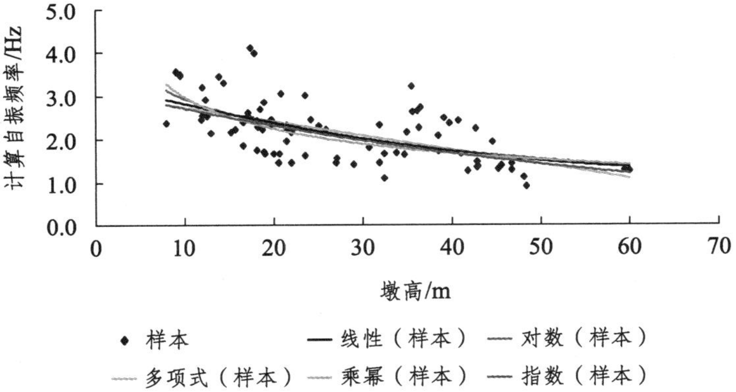

图 4.5.21　墩高-计算自振频率关系图

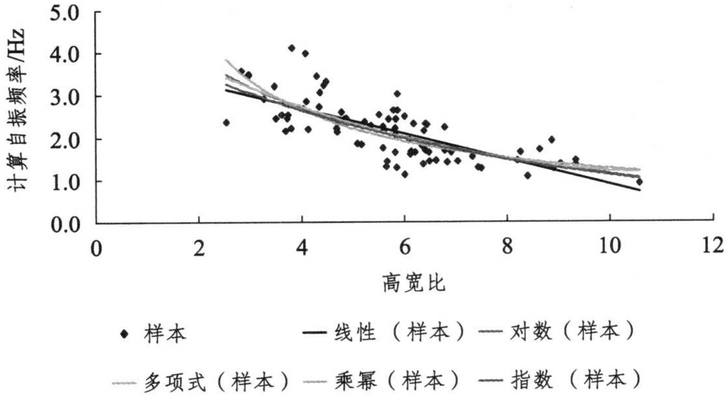

图 4.5.22　高宽比-计算自振频率关系图

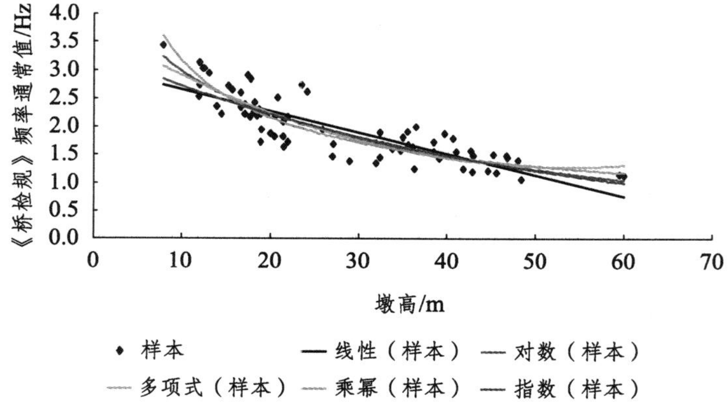

图 4.5.23 墩高-《桥检规》频率通常值关系图

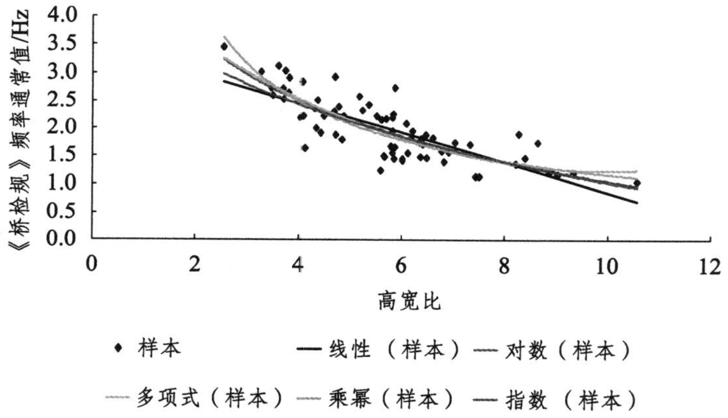

图 4.5.24 高宽比-《桥检规》频率通常值关系图

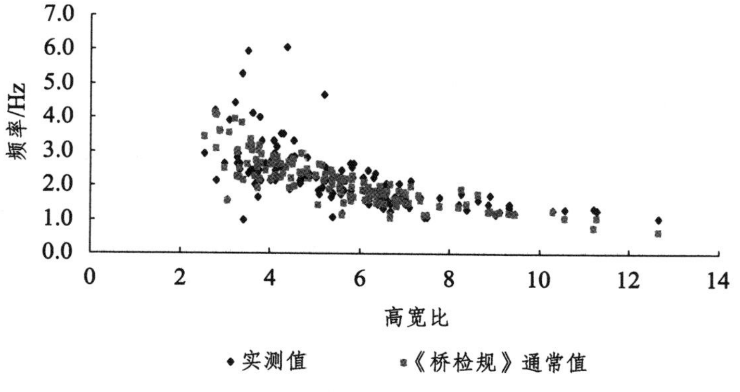

图 4.5.25 实测自振频率-《桥检规》频率通常值关系图

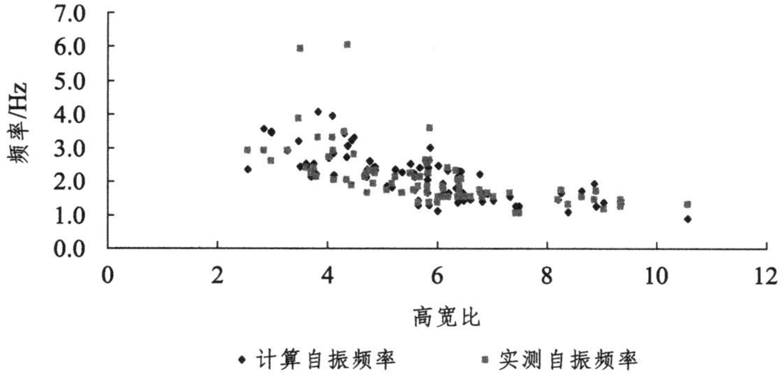

图 4.5.26　实测自振频率-计算自振频率关系图

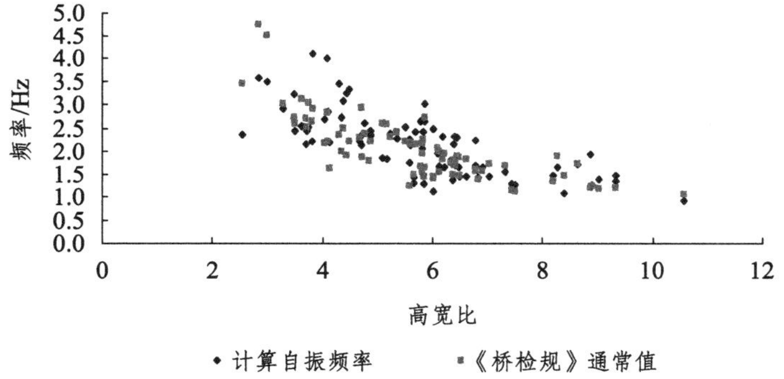

图 4.5.27　计算自振频率-《桥检规》频率通常值关系图

表 4.5.4　预测函数表达式

序号	关系（x-y）	预测函数表达式 $y=f(x)$	最高拟合优度 R^2
1	墩高-实测自振频率	$y=3.262\,6\mathrm{e}^{-0.0174x}$	$R^2=0.410\,5$
2	高宽比-实测自振频率	$y=8.509\,7x^{-0.8398}$	$R^2=0.520\,6$
3	墩高-计算自振频率	$y=7.863\,6x^{-0.42}$	$R^2=0.386\,8$
4	高宽比-计算自振频率	$y=4.726\,4\mathrm{e}^{-0.1447x}$	$R^2=0.583\,2$
5	墩高-《桥检规》通常值	$y=11.339x^{-0.5541}$	$R^2=0.779\,8$
6	高宽比-《桥检规》通常值	$y=7.816\,9x^{-0.8246}$	$R^2=0.696\,9$

5. 圆端形墩刚度特性及规律

对圆端形墩而言，试验分析样本共计选取 23 座桥、64 个墩。主要分析的关系与矩形墩情况相同。基于样本统计所得到的散点关系和回归方程如图 4.5.28 ~ 图 4.5.36 和表 4.5.5 所示。

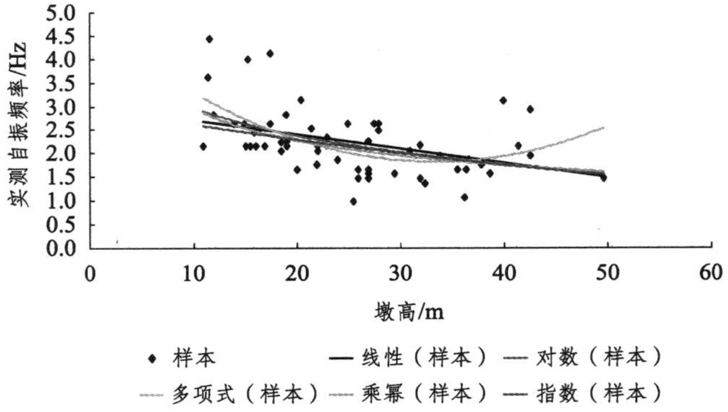

图 4.5.28 墩高-实测自振频率关系图

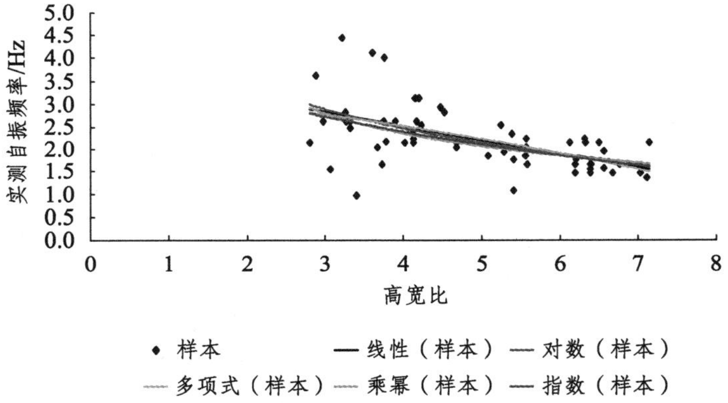

图 4.5.29 高宽比-实测自振频率关系图

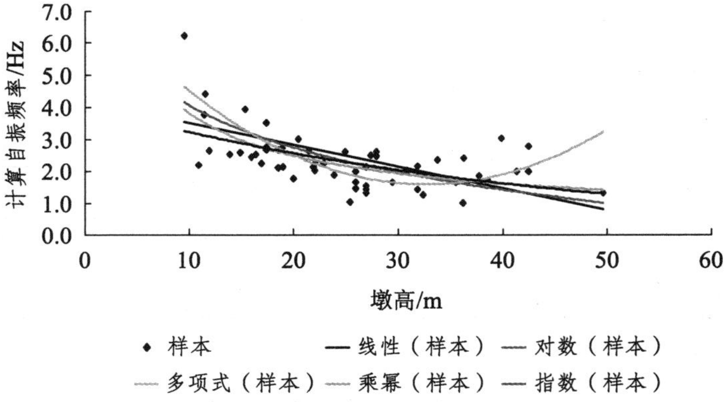

图 4.5.30 墩高-计算自振频率关系图

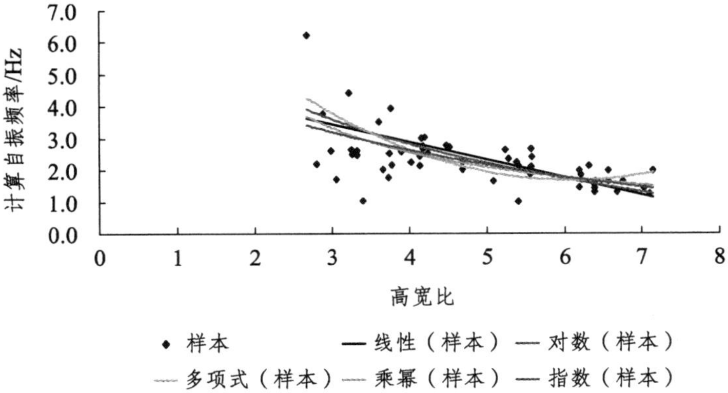

图 4.5.31　高宽比-计算自振频率关系图

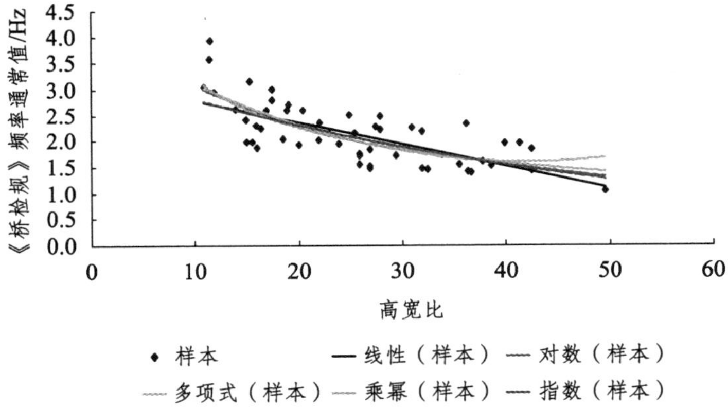

图 4.5.32　墩高-《桥检规》频率通常值关系图

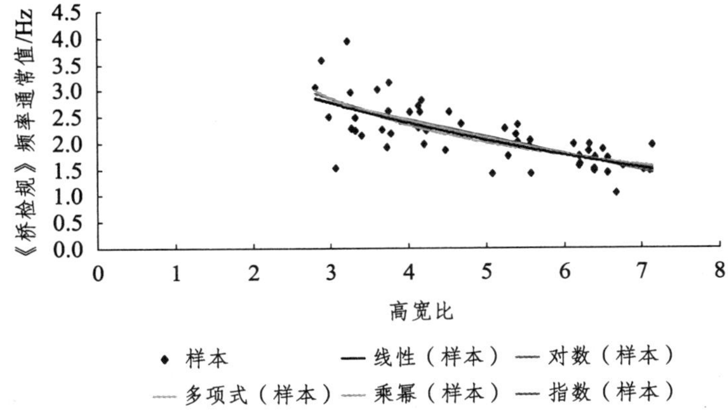

图 4.5.33　高宽比-《桥检规》频率通常值关系图

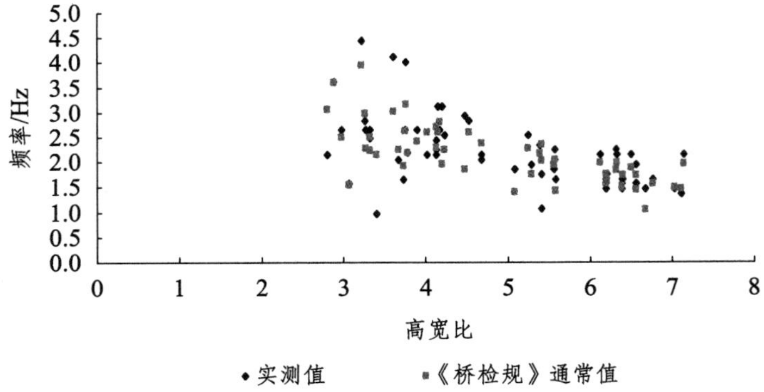

图 4.5.34 实测自振频率-《桥检规》频率通常值关系图

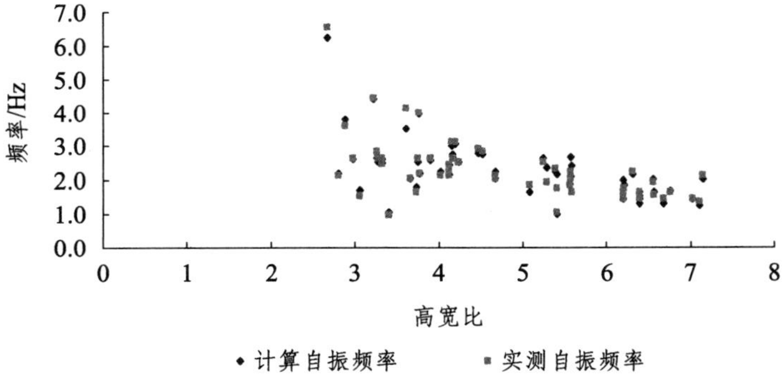

图 4.5.35 实测自振频率-计算自振频率关系图

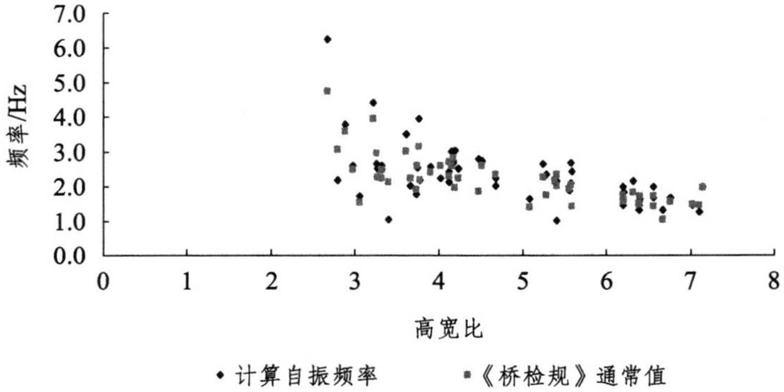

图 4.5.36 计算自振频率-《桥检规》频率通常值关系图

表 4.5.5　预测函数表达式

序号	关系（x-y）	预测函数表达式 $y=f(x)$	最高拟合优度 R^2
1	墩高-实测自振频率	$y=0.0027x^2-0.1804x+4.8294$	$R^2=0.3017$
2	高宽比-实测自振频率	$y=-0.0185x^2-0.121x+3.3076$	$R^2=0.3199$
3	墩高-计算自振频率	$y=0.0057x^2-0.3716x+7.6691$	$R^2=0.5892$
4	高宽比-计算自振频率	$y=0.222x^2-2.7011x+9.9102$	$R^2=0.4782$
5	墩高-《桥检规》通常值	$y=-1.1159\ln x+5.6887$	$R^2=0.5551$
6	高宽比-《桥检规》通常值	$y=4.3214e^{-0.148x}$	$R^2=0.5413$

6. 不同墩形桥墩刚度特性及规律

1）不同墩形的墩高-实测自振频率（图 4.5.37）

矩形—— $y=33.077x^{-0.874}$， $R^2=0.6872$

圆形—— $y=3.2626e^{-0.0174x}$， $R^2=0.4105$

圆端形—— $y=0.0027x^2-0.1804x+4.8294$， $R^2=0.3017$

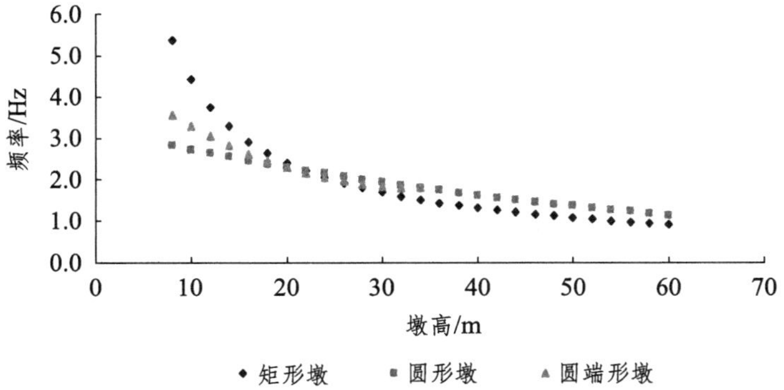

图 4.5.37　不同墩形的墩高-实测自振频率关系图

2）不同墩形的高宽比-实测自振频率（图 4.5.38）

矩形—— $y=7.3613x^{-0.762}$， $R^2=0.4992$

圆形—— $y=8.5097x^{-0.8398}$， $R^2=0.5206$

圆端形—— $y=-0.0185x^2-0.121x+3.3076$， $R^2=0.3199$

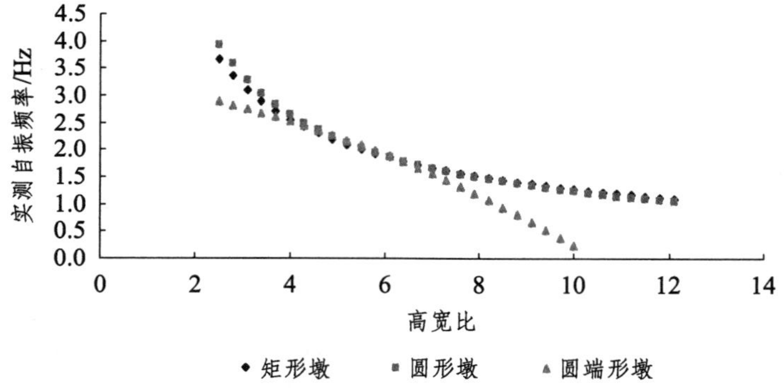

图 4.5.38　不同墩形的高宽比-实测自振频率关系图

3）不同墩形的墩高-自振频率计算值（图 4.5.39）

矩形—— $y = 6.051\,8\mathrm{e}^{-0.0322x}$， $R^2 = 0.495\,6$

圆形—— $y = 7.863\,6x^{-0.42}$， $R^2 = 0.386\,8$

圆端形—— $y = 0.005\,7x^2 - 0.371\,6x + 7.669\,1$， $R^2 = 0.589\,2$

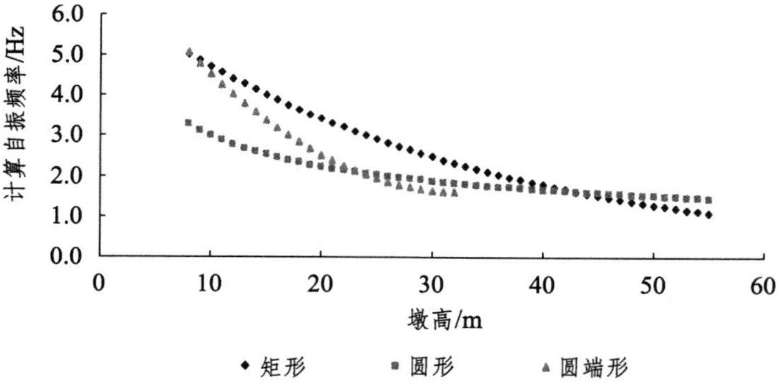

图 4.5.39　不同墩形的墩高-计算自振频率关系图

4）不同墩形的高宽比-自振频率计算值（图 4.5.40）

矩形—— $y = 5.466\,6\mathrm{e}^{-0.122x}$， $R^2 = 0.441\,5$

圆形—— $y = 4.726\,4\mathrm{e}^{-0.144\,7x}$， $R^2 = 0.583\,2$

圆端形—— $y = 0.222x^2 - 2.701\,1x + 9.910\,2$， $R^2 = 0.478\,2$

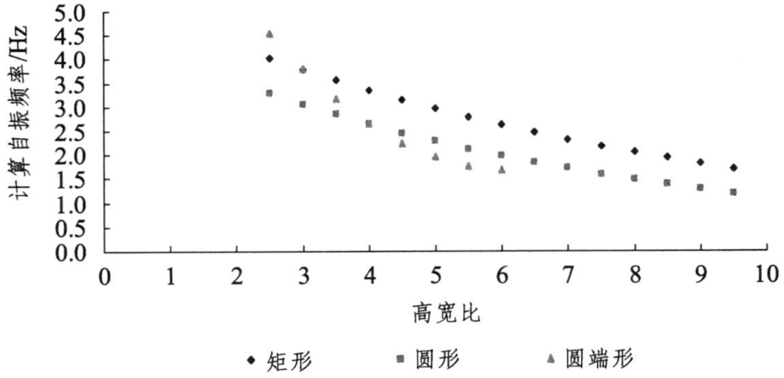

图 4.5.40　不同墩形的高宽比-计算自振频率关系图

5）不同墩形的墩高-《桥检规》频率通常值（图 4.5.41）

矩形—— $y = 14.753x^{-0.6312}$，$R^2 = 0.6856$

圆形—— $y = 11.339x^{-0.5541}$，$R^2 = 0.7798$

圆端形—— $y = -1.1159\ln x + 5.6887$，$R^2 = 0.5551$

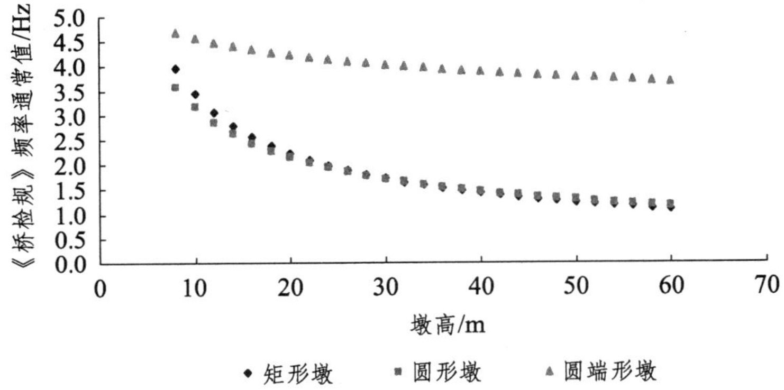

图 4.5.41　不同墩形的墩高-《桥检规》频率通常值关系图

6）不同墩形的高宽比-《桥检规》频率通常值（图 4.5.42）

矩形—— $y = 7.9779x^{-0.8394}$，$R^2 = 0.7029$

圆形—— $y = 7.8169x^{-0.8246}$，$R^2 = 0.6969$

圆端形—— $y = 4.3214e^{-0.148x}$，$R^2 = 0.5413$

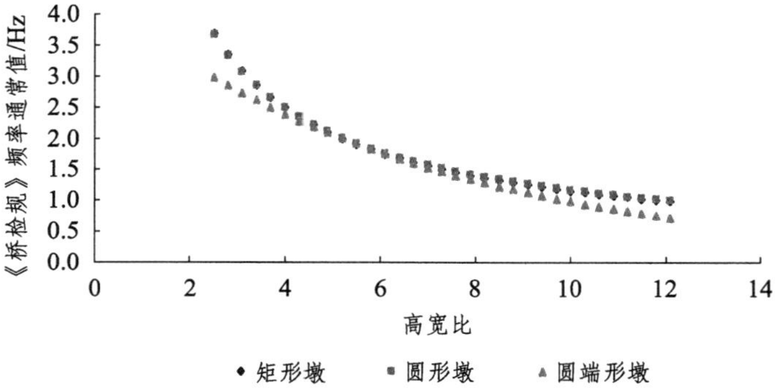

图 4.5.42　不同墩形的高宽比-《桥检规》频率通常值关系图

7. 小结

本节重点讨论了在中高墩条件下，矩形墩、圆形墩和圆端形墩分别对桥墩刚度的影响及响应规律。通过对比分析，得到了不同截面条件下，墩高、高宽比分别与实测自振频率、计算自振频率及《桥检规》频率通常值之间的关系，并通过回归方程类比了不同截面形式桥墩的刚度特性和服役规律。

分析得到的主要结论包括：

一是从不同墩形的墩高、高宽比分别与实测自振频率的相关关系描述可知，矩形墩和圆形墩的拟合优度较高，圆形墩和圆端形墩的趋势图在墩高为 20 m 及高宽比为 4 附近时出现了交织，而此表征在矩形墩上体现得不明显。

二是从不同墩形的墩高、高宽比分别与《桥检规》频率通常值的相关关系描述可知，三种墩形桥墩的拟合优度均较高，在同《桥检规》频率通常值进行比较时，三条曲线的重叠性较强，表明现行的《桥检规》频率通常值在评价不同墩形桥墩方面效果显著，一致性较好。

三是在同《桥检规》频率通常值进行比较时，三条曲线在高宽比为 7 附近时出现了分支，尤其是在高宽比小于 4 后，《桥检规》频率通常值表现出了非一致性的特点，矩形、圆形和圆端形墩在相同高宽比下的刚度条件逐级降低。

4.5.3　基础类型对刚度的影响

1. 扩大基础桥墩刚度特性及规律

1）矩形截面

对于扩大基础的矩形截面墩而言，试验分析样本共计选取 20 座桥、46 个墩。主要分析的关系包括：墩高-实测自振频率、高宽比-实测自振频率、墩高-计算自振频率、高宽比-计算自振频率、墩高-《桥检规》频率通常值、高宽比-《桥检规》频率通常值、实测自振频率-《桥检规》频率通常值、计算自振频率-《桥检规》通常值、计算自振频率-实测自振频率。基于样本统计所得到的散点关系和回归方程如表 4.5.6 和图 4.5.43 ~ 图 4.5.51 所示。

表 4.5.6　预测函数表达式

序号	关系（x-y）	预测函数表达式 $y=f(x)$	最高拟合优度 R^2
1	墩高-实测自振频率	$y=34.269x^{-0.8725}$	$R^2=0.6229$
2	高宽比-实测自振频率	$y=10.929x^{-0.947}$	$R^2=0.6903$
3	墩高-计算自振频率	$y=6.0899e^{-0.0325x}$	$R^2=0.4932$
4	高宽比-计算自振频率	$y=5.4739e^{-0.1232x}$	$R^2=0.4389$
5	墩高-《桥检规》通常值	$y=-2.0273\ln x+8.5829$	$R^2=0.8244$
6	高宽比-《桥检规》通常值	$y=12.234x^{-1.0575}$	$R^2=0.8665$

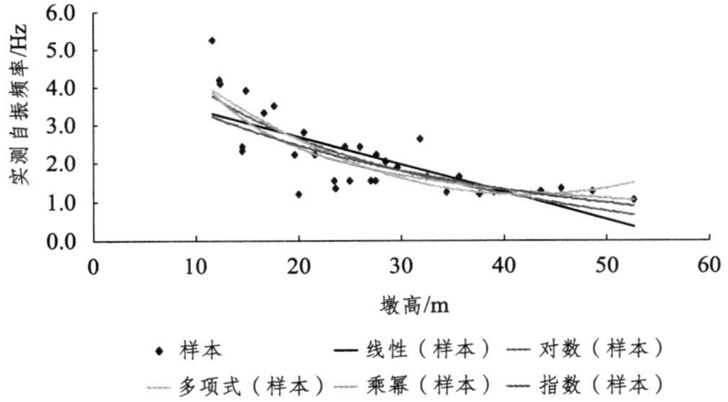

图 4.5.43　墩高-实测自振频率关系图

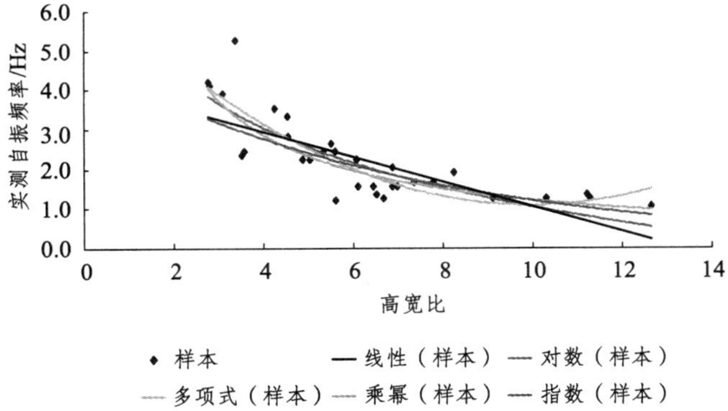

图 4.5.44　高宽比-实测自振频率关系图

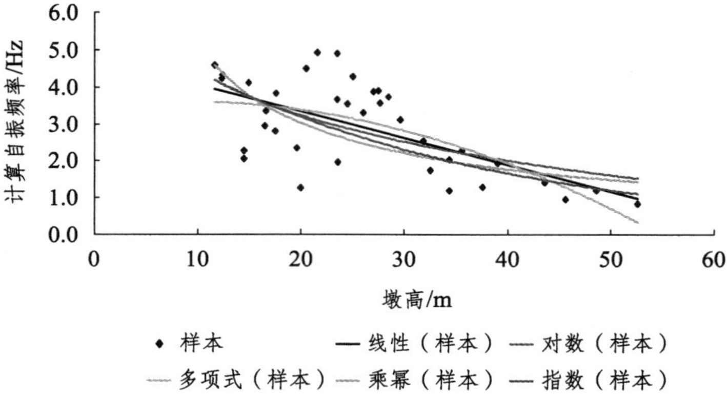

图 4.5.45 墩高-自振频率计算值关系图

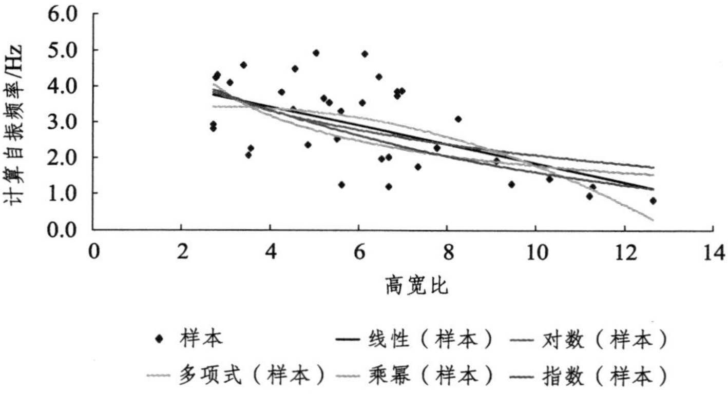

图 4.5.46 高宽比-自振频率计算值关系图

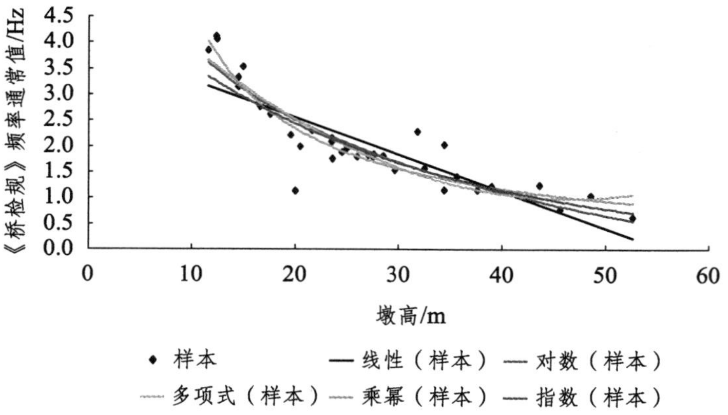

图 4.5.47 墩高-《桥检规》频率通常值关系图

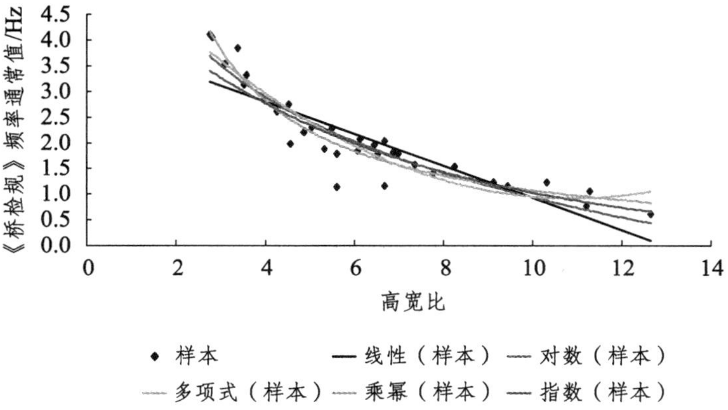

图 4.5.48　高宽比-《桥检规》频率通常值关系图

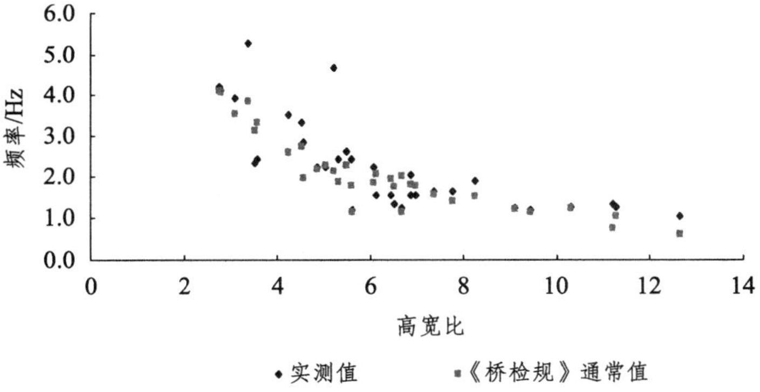

图 4.5.49　实测自振频率-《桥检规》频率通常值关系图

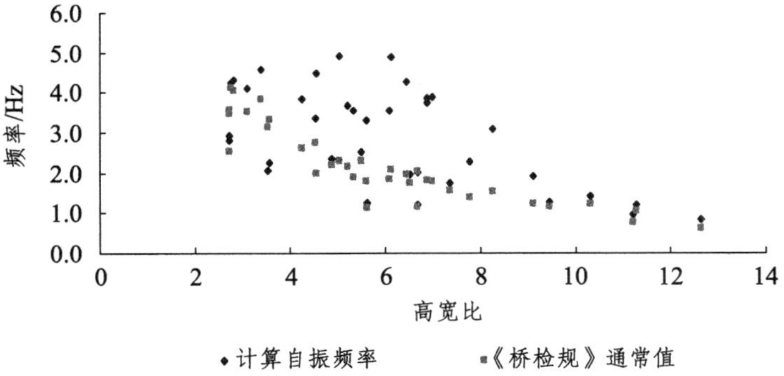

图 4.5.50　计算自振频率-《桥检规》通常值关系图

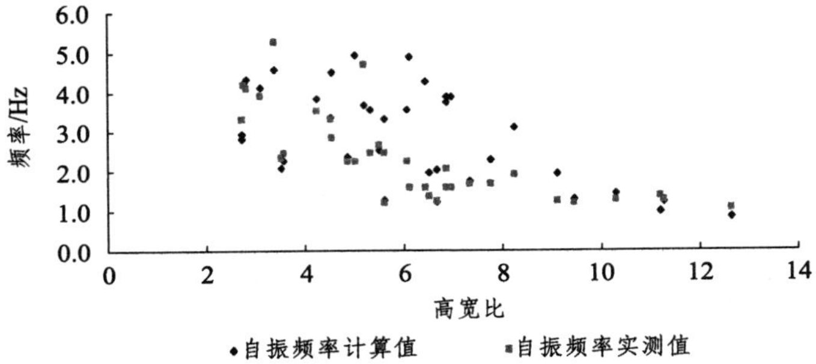

图 4.5.51　计算自振频率-实测自振频率关系图

2）圆形截面

对于扩大基础的圆形墩而言，试验分析样本共计选取 14 座桥、35 个墩。主要分析的关系与扩大基础矩形墩情况相同。基于样本统计所得到的散点关系和回归方程如图 4.5.52 ~ 图 4.5.60 和表 4.5.7 所示。

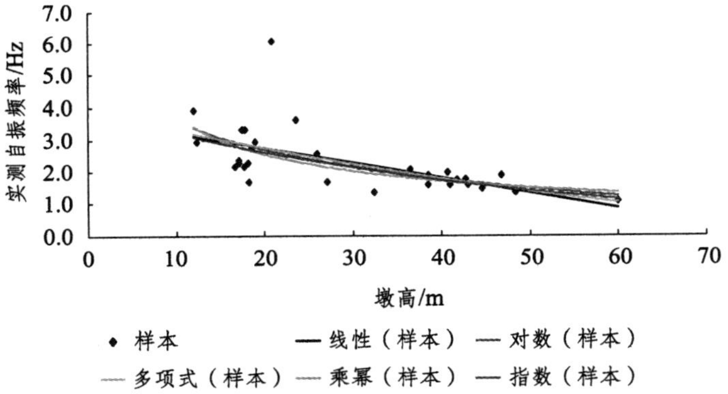

图 4.5.52　墩高-实测自振频率关系图

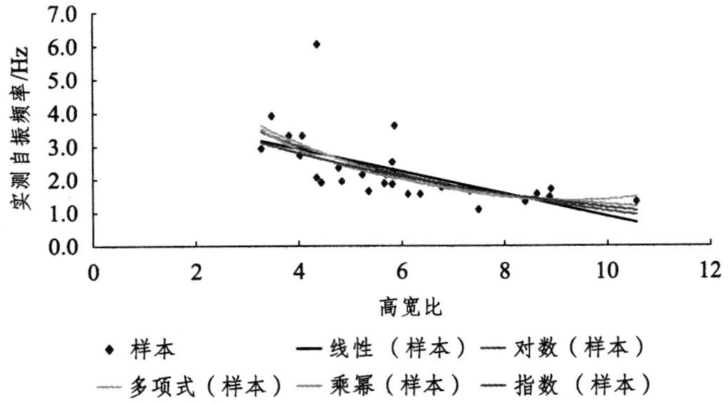

图 4.5.53　高宽比-实测自振频率关系图

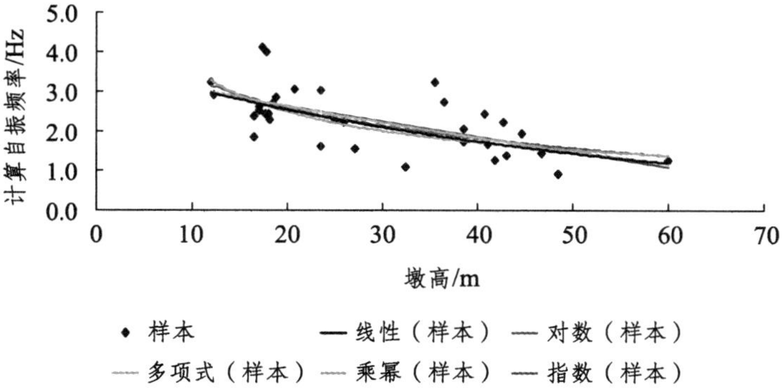

图 4.5.54　墩高-计算自振频率关系图

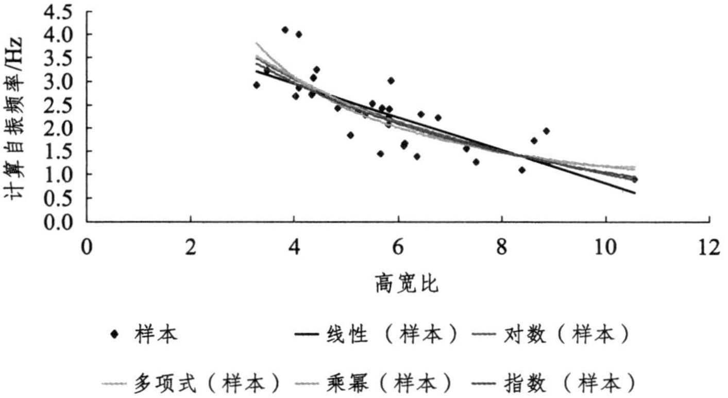

图 4.5.55　高宽比-计算自振频率关系图

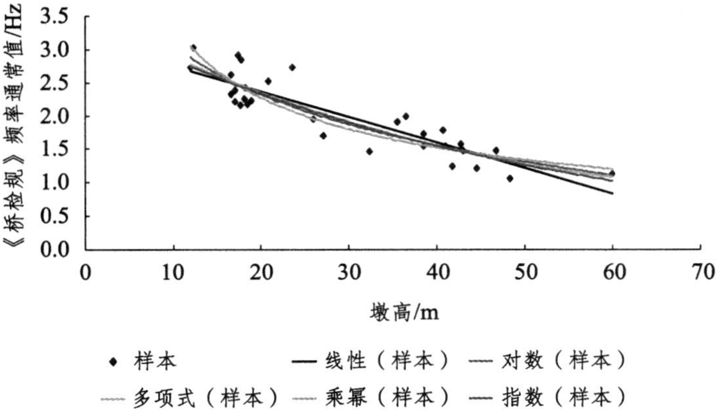

图 4.5.56　墩高-《桥检规》频率通常值关系图

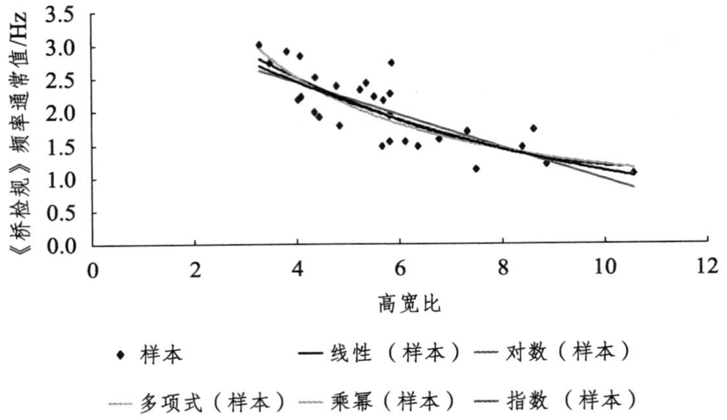

图 4.5.57 高宽比-《桥检规》频率通常值关系图

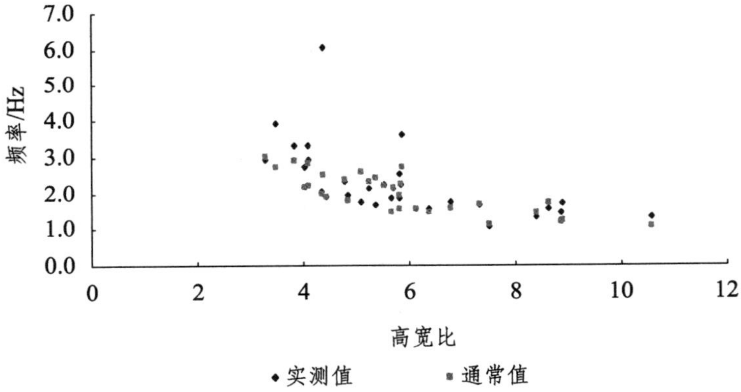

图 4.5.58 实测自振频率-《桥检规》频率通常值关系图

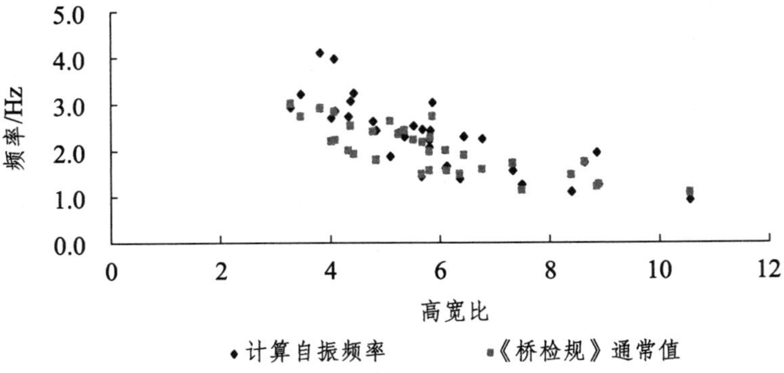

图 4.5.59 计算自振频率-《桥检规》通常值关系图

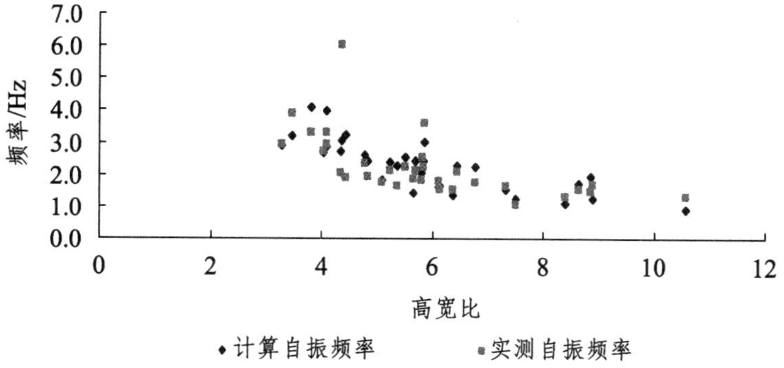

图 4.5.60　计算自振频率-实测自振频率关系图

表 4.5.7　预测函数表达式

序号	关系（x-y）	预测函数表达式 $y=f(x)$	最高拟合优度 R^2
1	墩高-实测自振频率	$y=3.7585\mathrm{e}^{-0.0197x}$	$R^2=0.4822$
2	高宽比-实测自振频率	$y=10.277x^{-0.9183}$	$R^2=0.5366$
3	墩高-计算自振频率	$y=13.295x^{-1.0535}$	$R^2=0.6873$
4	高宽比-计算自振频率	$y=3.7304\mathrm{e}^{-0.019x}$	$R^2=0.4379$
5	墩高-《桥检规》通常值	$y=3.5161\mathrm{e}^{-0.0205x}$	$R^2=0.8229$
6	高宽比-《桥检规》通常值	$y=7.9574x^{-0.8218}$	$R^2=0.6779$

3）圆端形截面

对于扩大基础的圆端形墩而言，试验分析样本共计选取 15 座桥、30 个墩。主要分析的关系与扩大基础矩形墩情况相同。基于样本统计所得到的散点关系和回归方程如图 4.5.61 ~ 图 4.5.69 和表 4.5.8 所示。

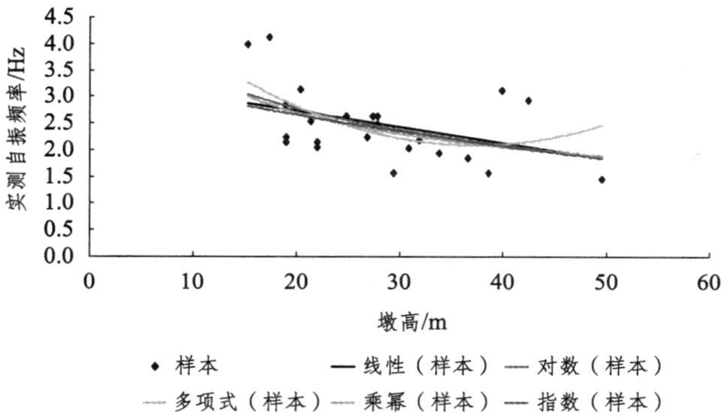

图 4.5.61　墩高-实测自振频率关系图

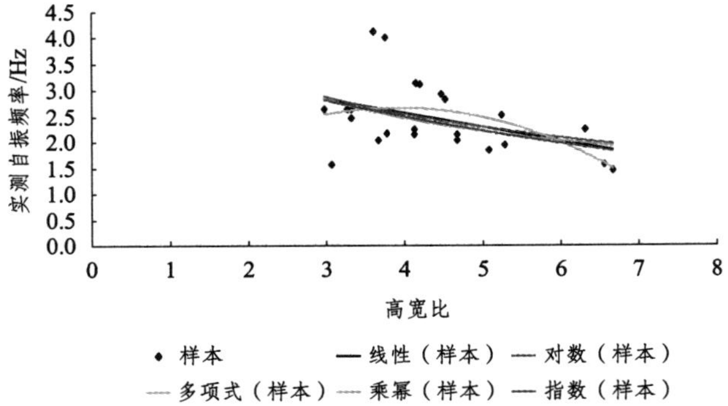

图 4.5.62　高宽比-实测自振频率关系图

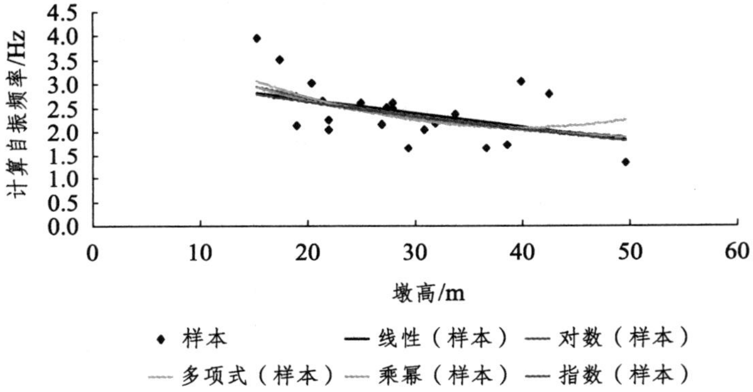

图 4.5.63　墩高-计算自振频率关系图

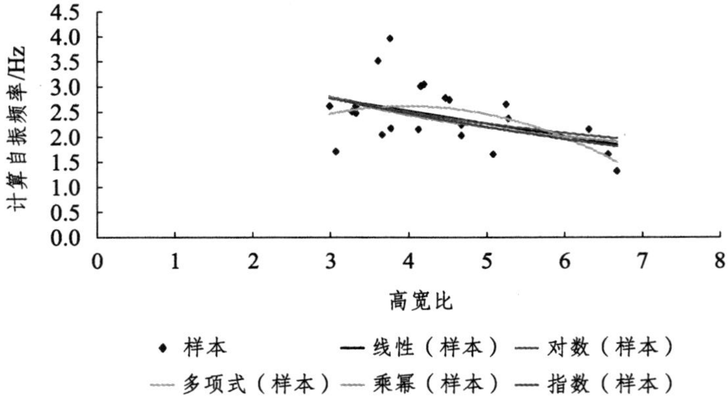

图 4.5.64　高宽比-计算自振频率关系图

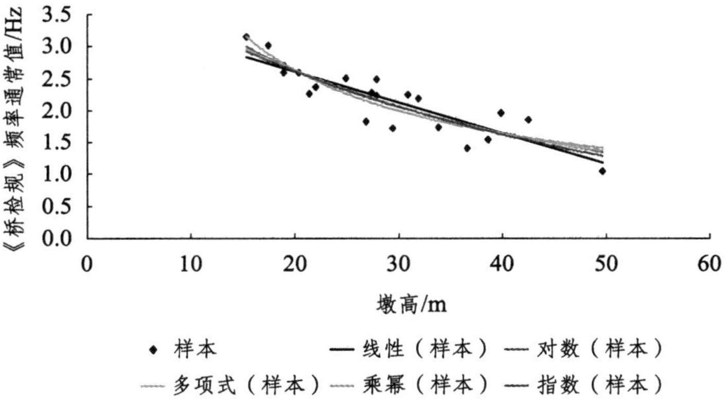

图 4.5.65　墩高-《桥检规》频率通常值关系图

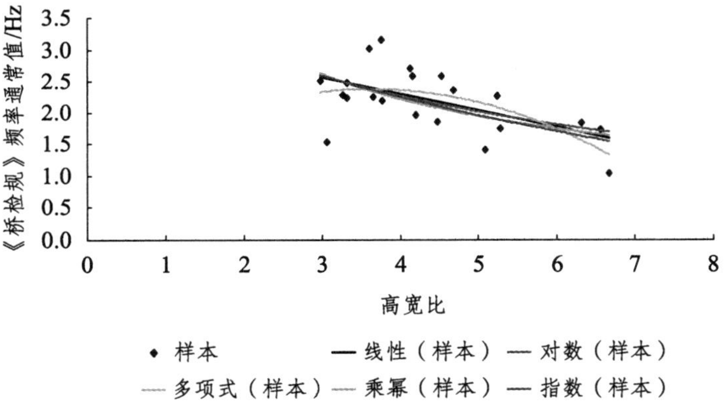

图 4.5.66　高宽比-《桥检规》频率通常值关系图

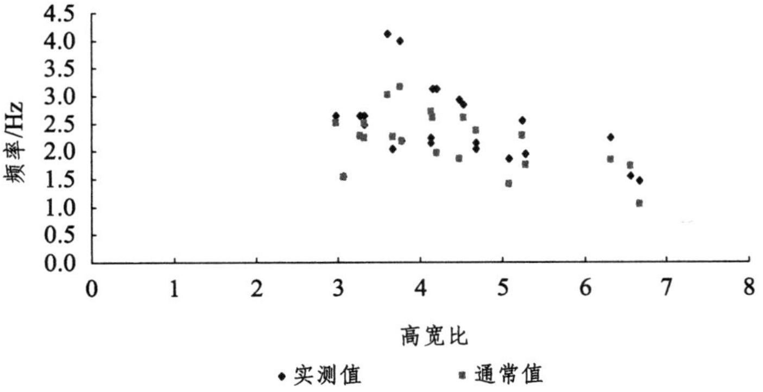

图 4.5.67　实测自振频率-《桥检规》频率通常值关系图

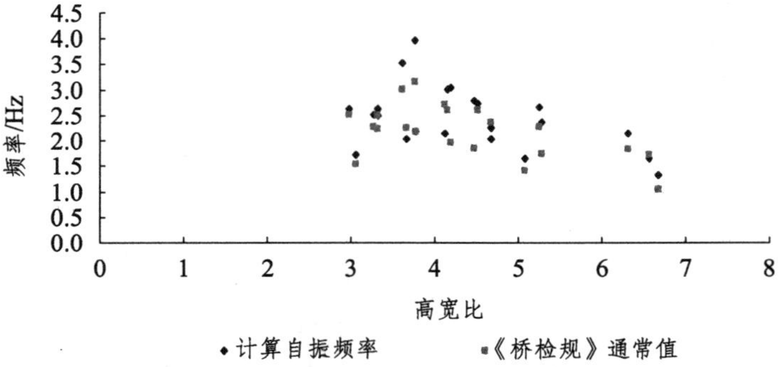

图 4.5.68 计算自振频率-《桥检规》通常值关系图

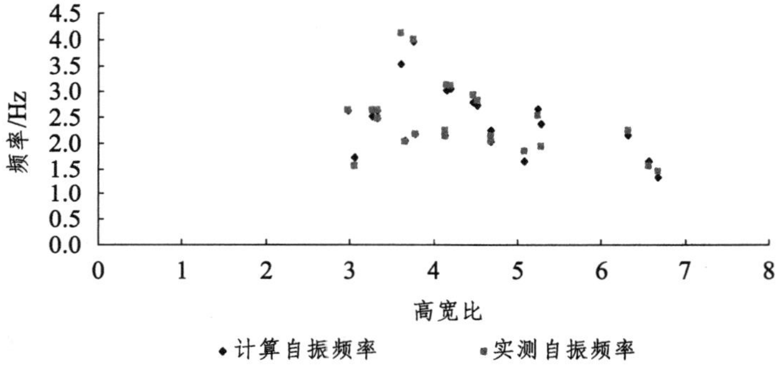

图 4.5.69 计算自振频率-实测自振频率关系图

表 4.5.8 预测函数表达式

序号	关系（x-y）	预测函数表达式 $y=f(x)$	最高拟合优度 R^2
1	墩高-实测自振频率	$y=0.002\,4x^2-0.182\,1x+5.484$	$R^2=0.265\,2$
2	高宽比-实测自振频率	$y=-0.153\,9x^2+1.202\,6x+0.325\,2$	$R^2=0.253\,0$
3	墩高-计算自振频率	$y=0.001\,6x^2-0.128\,7x+4.666\,5$	$R^2=0.244\,3$
4	高宽比-计算自振频率	$y=-0.154\,8x^2+1.232\,8x+0.171\,9$	$R^2=0.289\,4$
5	墩高-《桥检规》通常值	$y=0.002\,4x^2-0.182\,1x+5.484$	$R^2=0.265\,2$
6	高宽比-《桥检规》通常值	$y=-0.113\,3x^2+0.820\,8x+0.899\,6$	$R^2=0.376\,9$

4）不同墩形桥墩刚度特性及规律

（1）不同墩形的墩高-实测自振频率（图 4.5.70）。

矩形—— $y=34.269x^{-0.877\,5}$， $R^2=0.622\,9$

圆形—— $y=3.758\,5e^{-0.019\,7x}$， $R^2=0.482\,2$

圆端形—— $y = 0.002\,4x^2 - 0.182\,1x + 5.484$， $R^2 = 0.265\,2$

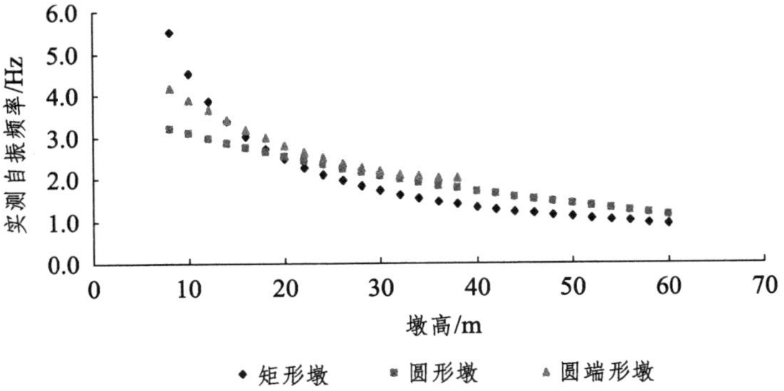

图 4.5.70 不同墩形的墩高-实测自振频率关系图

（2）不同墩形的高宽比-实测自振频率（图 4.5.71）。

矩形—— $y = 10.929x^{-0.947}$， $R^2 = 0.690\,3$

圆形—— $y = 10.277x^{-0.918\,3}$， $R^2 = 0.536\,6$

圆端形—— $y = -0.153\,9x^2 + 1.202\,6x + 0.325\,2$， $R^2 = 0.253$

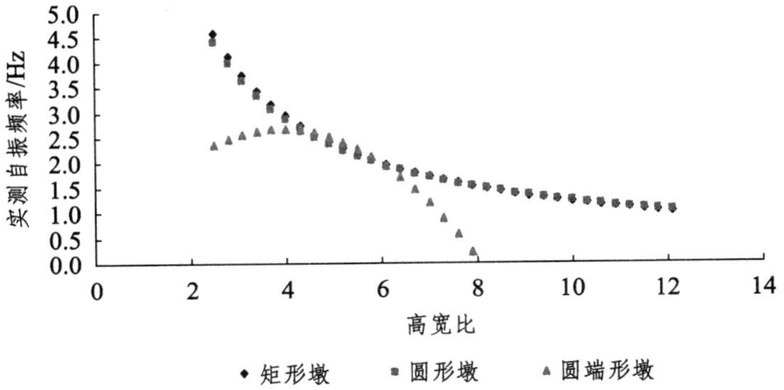

图 4.5.71　不同墩形的高宽比-实测自振频率关系图

（3）不同墩形的墩高-自振频率计算值（图 4.5.72）。

矩形—— $y = 6.089\,9e^{-0.032\,5x}$， $R^2 = 0.493\,2$

圆形—— $y = 13.295x^{-1.053\,5}$， $R^2 = 0.687\,3$

圆端形—— $y = 0.001\,6x^2 - 0.128\,7x + 4.666\,5$， $R^2 = 0.244\,3$

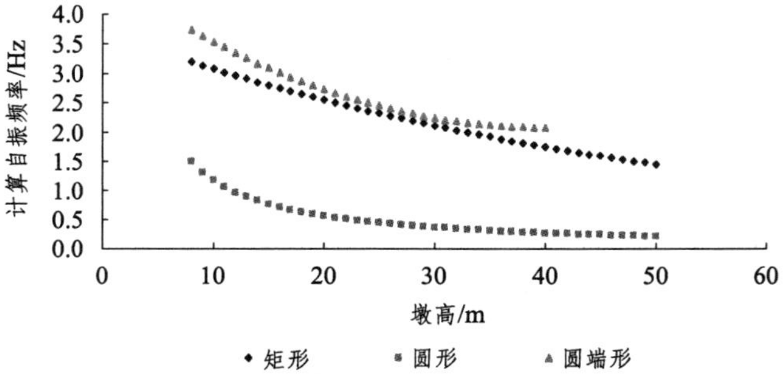

图 4.5.72　不同墩形的墩高-计算自振频率关系图

（4）不同墩形的高宽比-自振频率计算值（图 4.5.73）。

矩形—— $y = 5.4739\mathrm{e}^{-0.1232x}$， $R^2 = 0.4389$

圆形—— $y = 3.7304\mathrm{e}^{-0.019x}$， $R^2 = 0.4379$

圆端形—— $y = 0.0016x^2 - 0.1287x + 4.6665$， $R^2 = 0.2443$

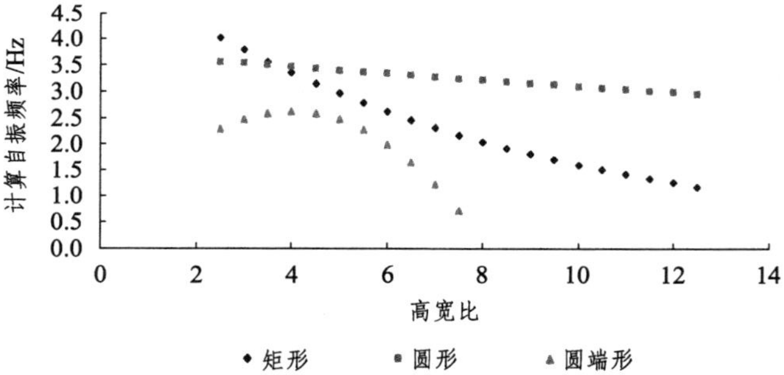

图 4.5.73　不同墩形的高宽比-计算自振频率关系图

（5）不同墩形的墩高-《桥检规》频率通常值（图 4.5.74）。

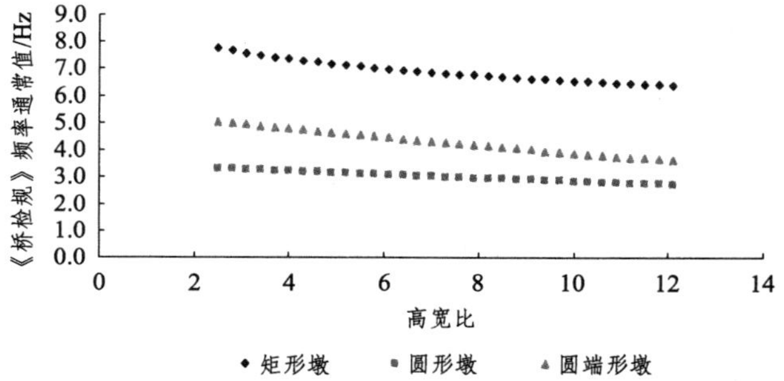

图 4.5.74　不同墩形的墩高-《桥检规》频率通常值关系图

矩形—— $y = -2.0273\ln x + 8.5829$， $R^2 = 0.8244$

圆形—— $y = 3.5162e^{-0.0205x}$， $R^2 = 0.8229$

圆端形—— $y = 0.0024x^2 - 0.1821x + 5.484$， $R^2 = 0.2652$

（6）不同墩形的高宽比-《桥检规》频率通常值（图 4.5.75）。

矩形—— $y = 12.234x^{-1.0575}$， $R^2 = 0.8665$

圆形—— $y = 7.9574x^{-0.8218}$， $R^2 = 0.6779$

圆端形—— $y = -0.1133x^2 + 0.8208x + 0.8996$， $R^2 = 0.3769$

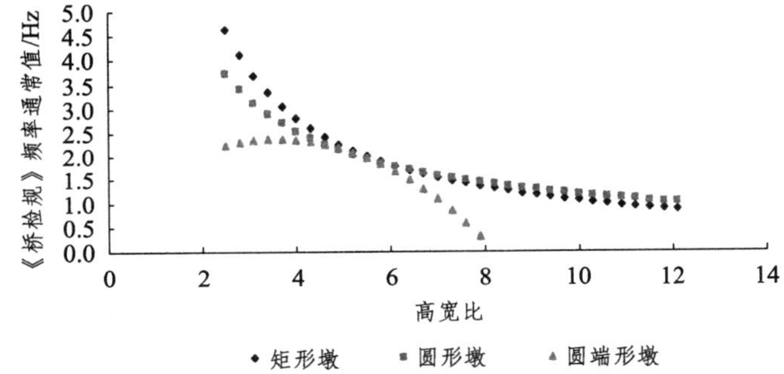

图 4.5.75 不同墩形的高宽比-《桥检规》频率通常值关系图

2. 沉井基础桥墩刚度特性及规律

1）圆形截面

对于沉井基础的圆形截面墩而言，试验分析样本共计选取 10 座桥、24 个墩。主要分析的关系包括：墩高-实测自振频率、高宽比-实测自振频率、墩高-计算自振频率、高宽比-计算自振频率、墩高-《桥检规》频率通常值、高宽比-《桥检规》频率通常值、实测自振频率-《桥检规》频率通常值、计算自振频率-《桥检规》通常值、计算自振频率-实测自振频率。基于样本统计所得到的散点关系和回归方程如表 4.5.9 和图 4.5.76 ~ 图 4.5.84 所示。

表 4.5.9 预测函数表达式

序号	关系（x-y）	预测函数表达式 $y=f(x)$	最高拟合优度 R^2
1	墩高-实测自振频率	$y = 3.3418e^{-0.0181x}$	$R^2 = 0.3304$
2	高宽比-实测自振频率	$y = 0.1536x^2 - 2.451x + 10.935$	$R^2 = 0.5376$
3	墩高-计算自振频率	$y = -0.0012x^2 + 0.0631x + 1.2346$	$R^2 = 0.3803$
4	高宽比-计算自振频率	$y = 0.015x^2 - 0.3747x + 3.5832$	$R^2 = 0.3292$
5	墩高-《桥检规》通常值	$y = 0.0005x^2 - 0.0709x + 3.4262$	$R^2 = 0.7257$
6	高宽比-《桥检规》通常值	$y = 3.4085e^{-0.1146x}$	$R^2 = 0.5185$

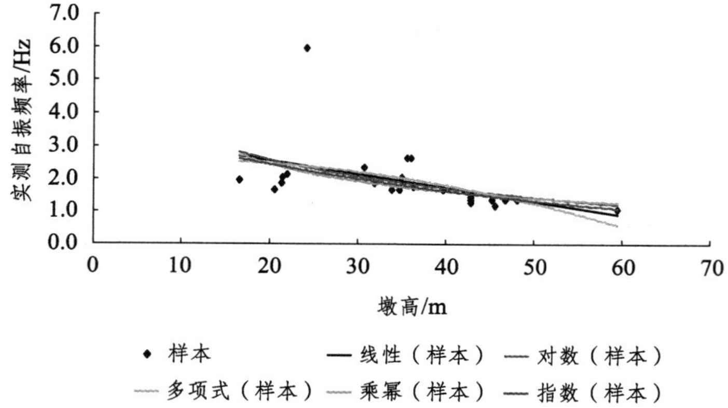

图 4.5.76　墩高-实测自振频率关系图

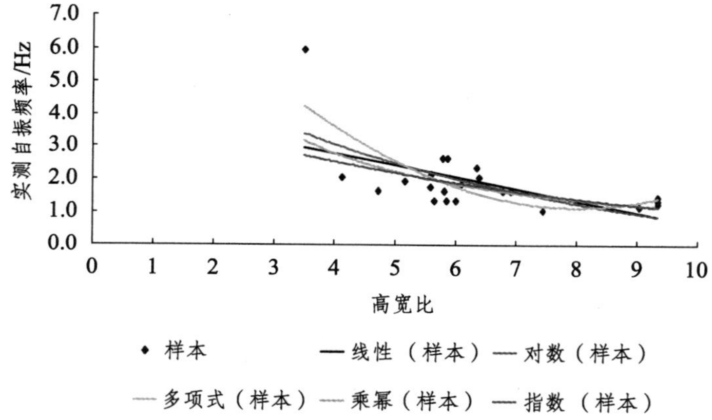

图 4.5.77　高宽比-实测自振频率关系图

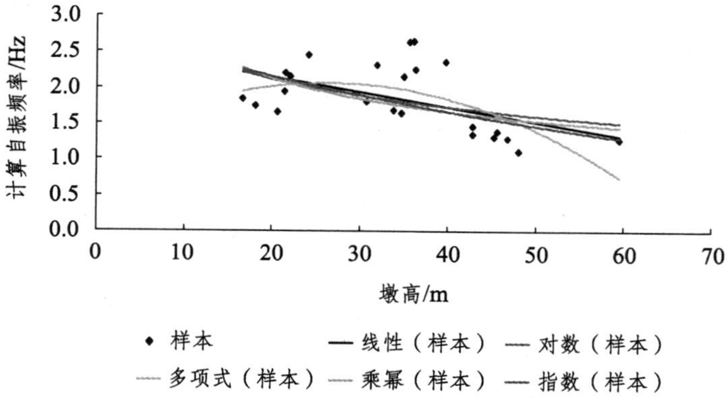

图 4.5.78　墩高-计算自振频率关系图

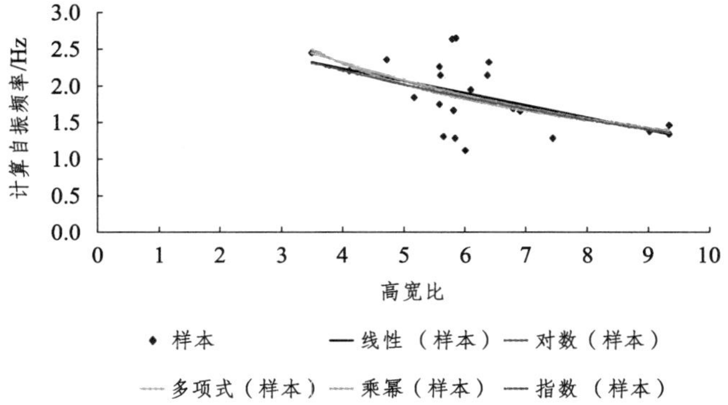

图 4.5.79　高宽比-计算自振频率关系图

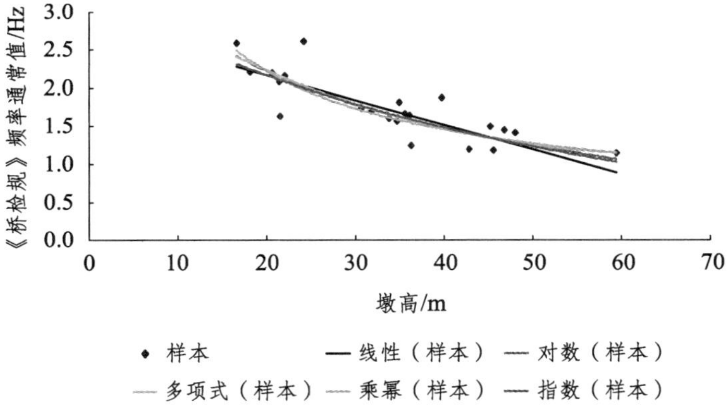

图 4.5.80　墩高-《桥检规》频率通常值关系图

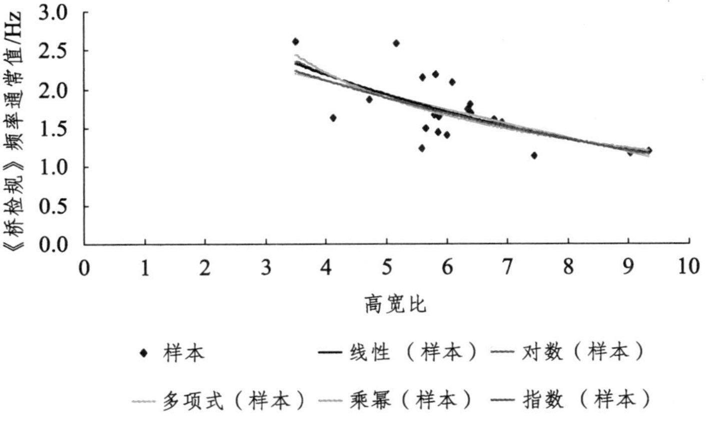

图 4.5.81　高宽比-《桥检规》频率通常值关系图

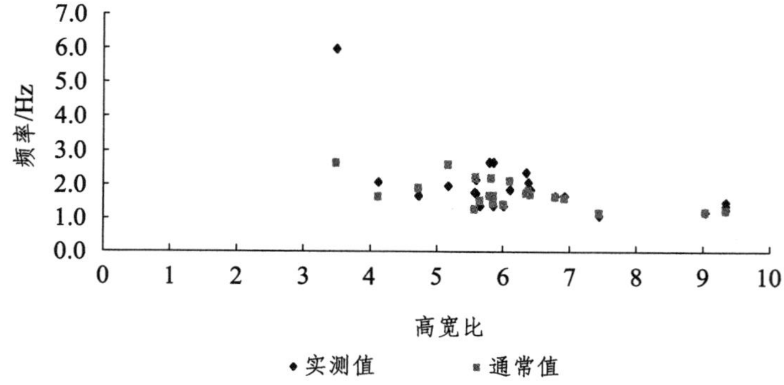

图 4.5.82　实测自振频率-《桥检规》频率通常值关系图

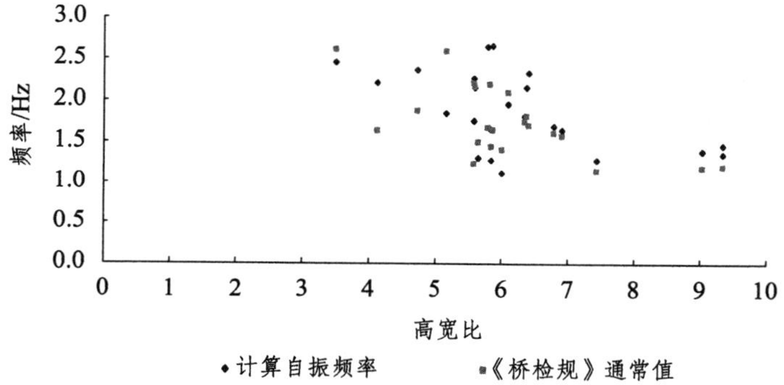

图 4.5.83　计算自振频率-《桥检规》通常值关系图

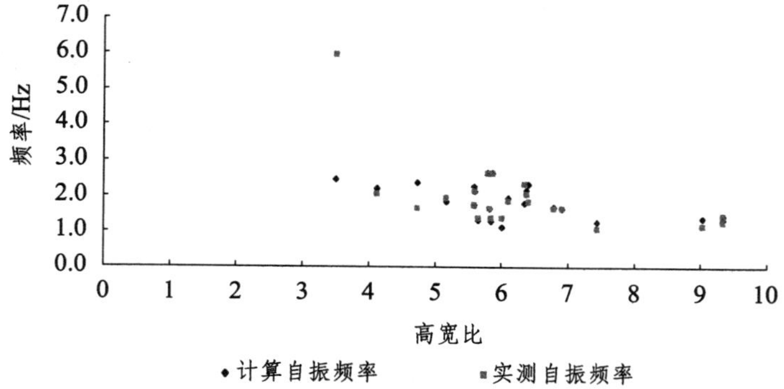

图 4.5.84　计算自振频率-实测自振频率关系图

2）圆端形截面

对于沉井基础的圆端形墩而言，试验分析样本共计选取 5 座桥、12 个墩。主要分析的关系与沉井基础圆形墩情况相同。基于样本统计所得到的散点关系和回归方程如图 4.5.85 ~

图 4.5.93 和表 4.5.10 所示。

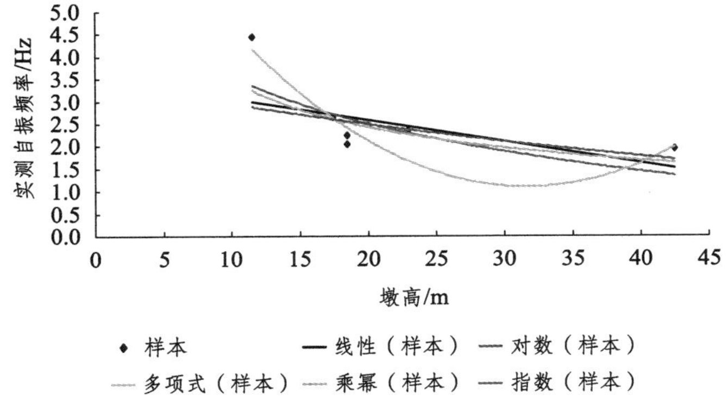

图 4.5.85　墩高-实测自振频率关系图

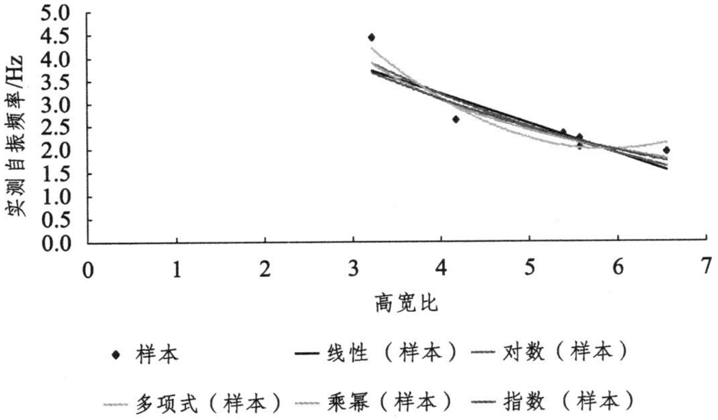

图 4.5.86　高宽比-实测自振频率关系图

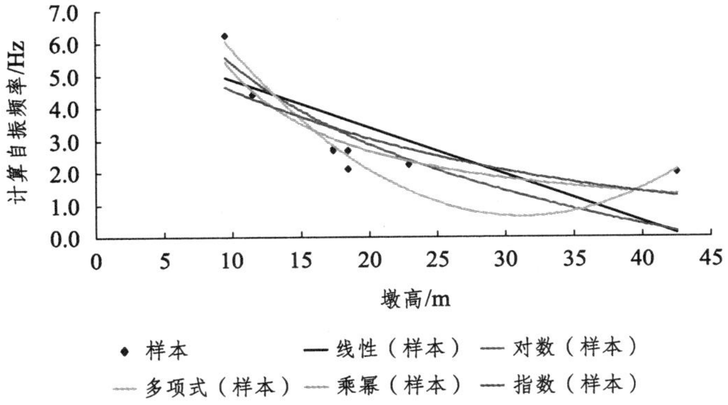

图 4.5.87　墩高-计算自振频率关系图

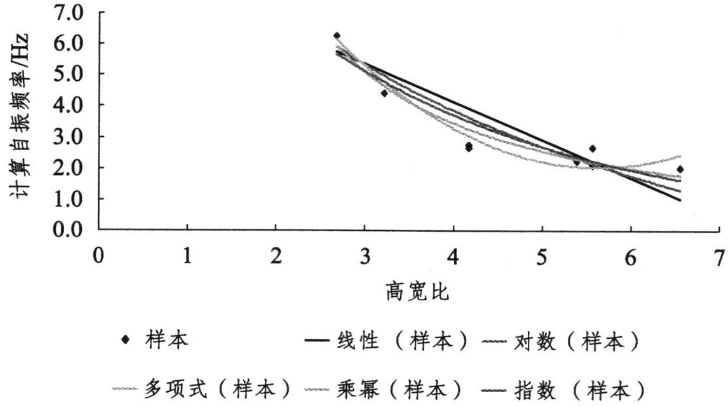

图 4.5.88 高宽比-计算自振频率关系图

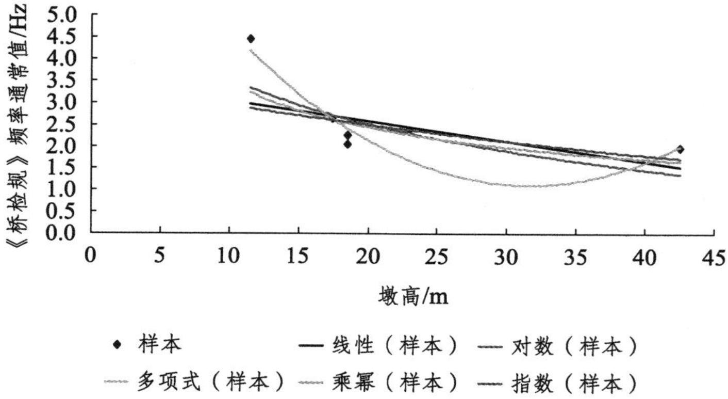

图 4.5.89 墩高-《桥检规》频率通常值关系图

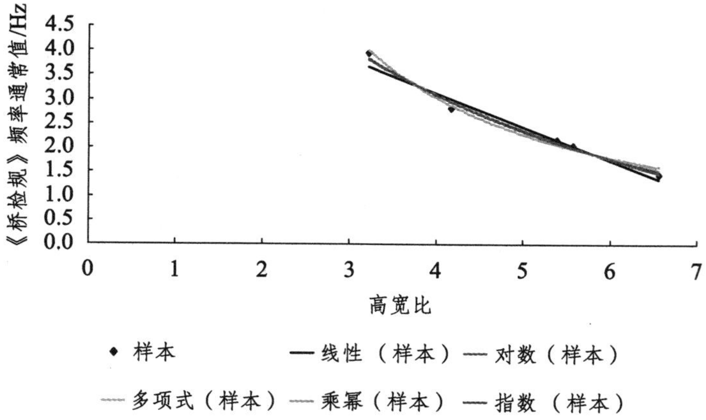

图 4.5.90 高宽比-《桥检规》频率通常值关系图

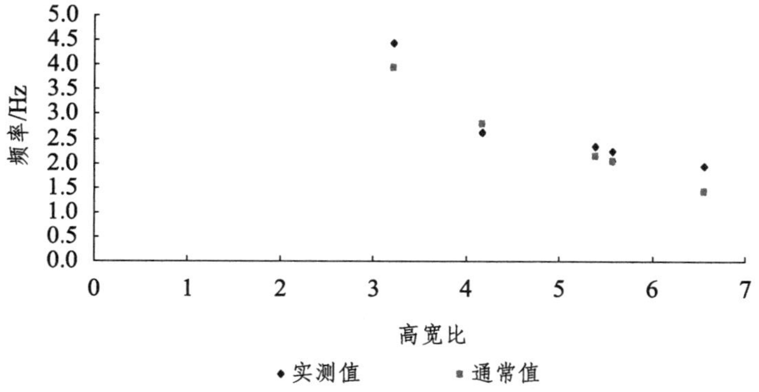

图 4.5. 91　实测自振频率-《桥检规》频率通常值关系图

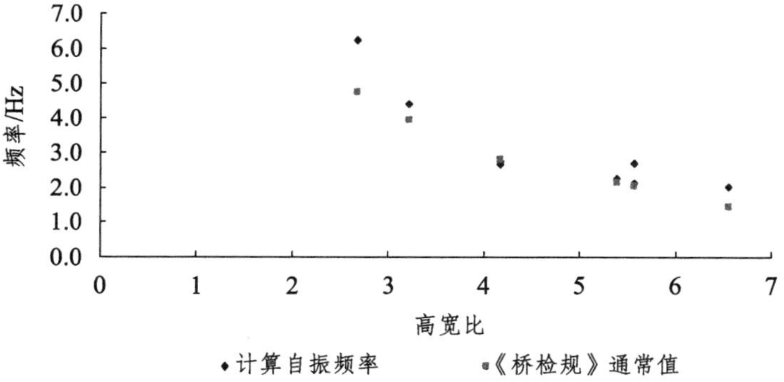

图 4.5.92　计算自振频率-《桥检规》通常值关系图

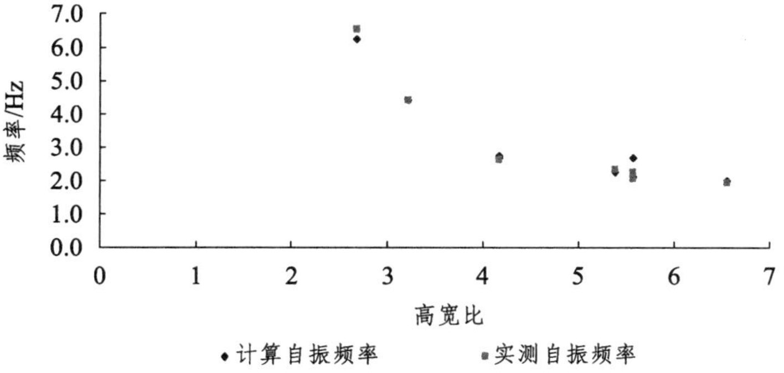

图 4.5.93　计算自振频率-实测自振频率关系图

表 4.5.10 预测函数表达式

序号	关系（x-y）	预测函数表达式 $y=f(x)$	最高拟合优度 R^2
1	墩高-实测自振频率	$y=11.555x^{-0.5204}$	$R^2=0.5237$
2	高宽比-实测自振频率	$y=13.745x^{-1.0802}$	$R^2=0.8855$
3	墩高-计算自振频率	$y=0.0115x^2-0.7158x+11.832$	$R^2=0.9578$
4	高宽比-计算自振频率	$y=0.4714x^2-5.0344x+16.959$	$R^2=0.9739$
5	墩高-《桥检规》通常值	$y=-1.7354\ln x+7.5762$	$R^2=0.7007$
6	高宽比-《桥检规》通常值	$y=-3.2831\ln x+7.6462$	$R^2=0.9838$

3）不同墩形桥墩刚度特性及规律

（1）不同墩形的墩高-实测自振频率（图 4.5.94）。

圆形—— $y=3.3418e^{-0.0181x}$， $R^2=0.3304$

圆端形—— $y=11.555x^{-0.5204}$， $R^2=0.5237$

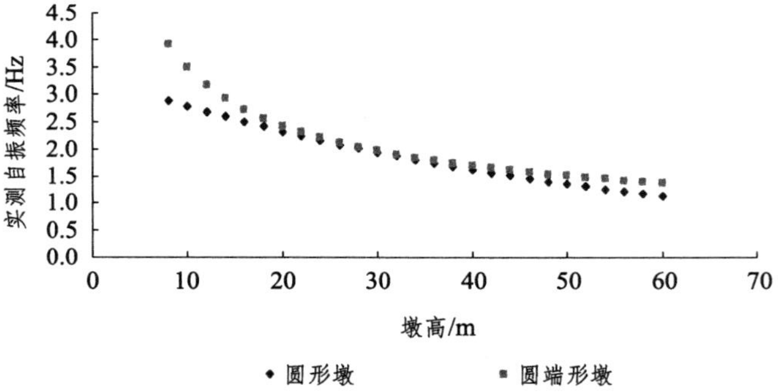

图 4.5.94 不同墩形的墩高-实测自振频率关系图

（2）不同墩形的高宽比-实测自振频率（图 4.5.95）。

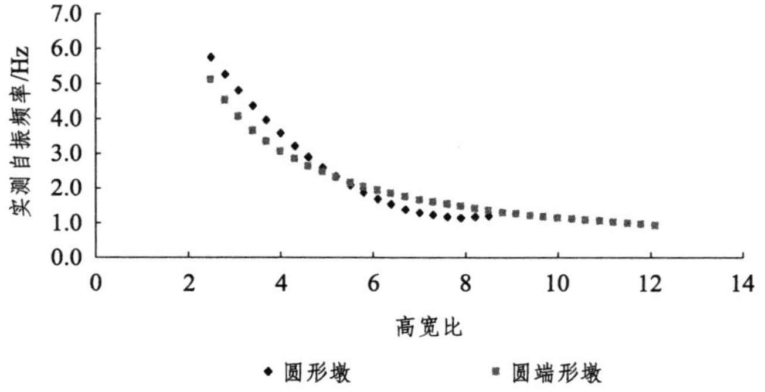

图 4.5.95 不同墩形的高宽比-实测自振频率关系图

圆形—— $y = 0.1536x^2 - 2.451x + 10.935$， $R^2 = 0.5376$

圆端形—— $y = 13.745x^{-1.0802}$， $R^2 = 0.8855$

（3）不同墩形的墩高-自振频率计算值（图 4.5.96）。

圆形—— $y = -0.0012x^2 + 0.0631x + 1.2346$， $R^2 = 0.3803$

圆端形—— $y = 0.0115x^2 - 0.7158x + 11.832$， $R^2 = 0.9578$

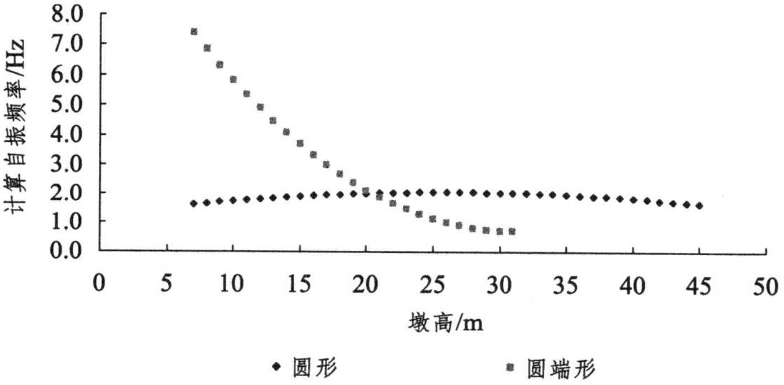

图 4.5.96　不同墩形的墩高-计算自振频率关系图

（4）不同墩形的高宽比-自振频率计算值（图 4.5.97）。

圆形—— $y = 0.015x^2 - 0.3747x + 3.5832$， $R^2 = 0.3292$

圆端形—— $y = 0.4714x^2 - 5.0344x + 16.959$， $R^2 = 0.9739$

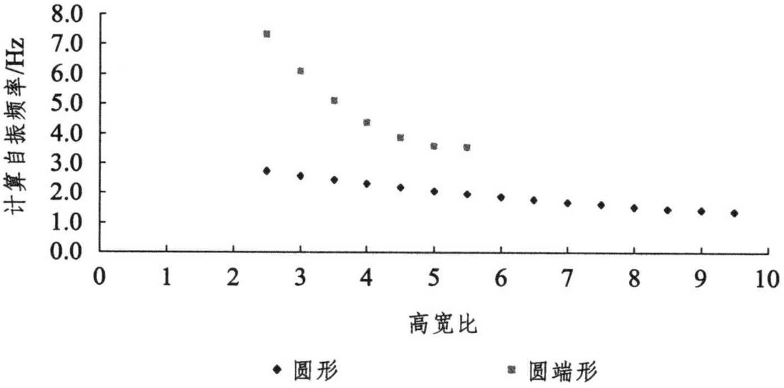

图 4.5.97　不同墩形的高宽比-计算自振频率关系图

（5）不同墩形的墩高-《桥检规》频率通常值（图 4.5.98）。

圆形—— $y = 0.0005x^2 - 0.0709x + 3.4262$， $R^2 = 0.7257$

圆端形—— $y = -1.7354\ln x + 7.5762$， $R^2 = 0.7007$

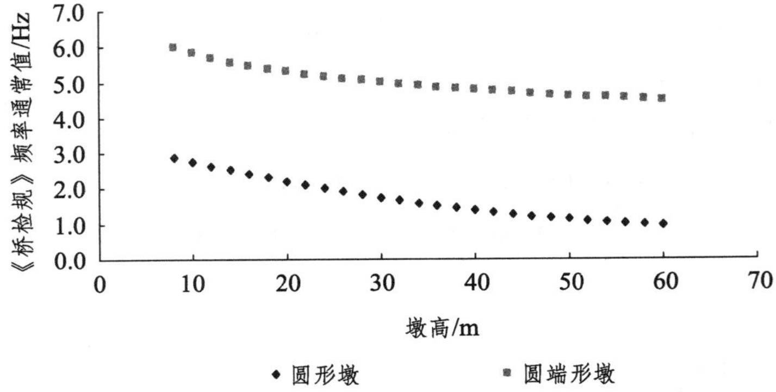

图 4.5.98　不同墩形的墩高-《桥检规》频率通常值关系图

（6）不同墩形的高宽比-《桥检规》频率通常值（图 4.5.99）。

圆形—— $y=3.408\,5\mathrm{e}^{-0.114\,6x}$， $R^2=0.518\,5$

圆端形—— $y=-3.283\,1\ln x+7.646\,2$， $R^2=0.983\,8$

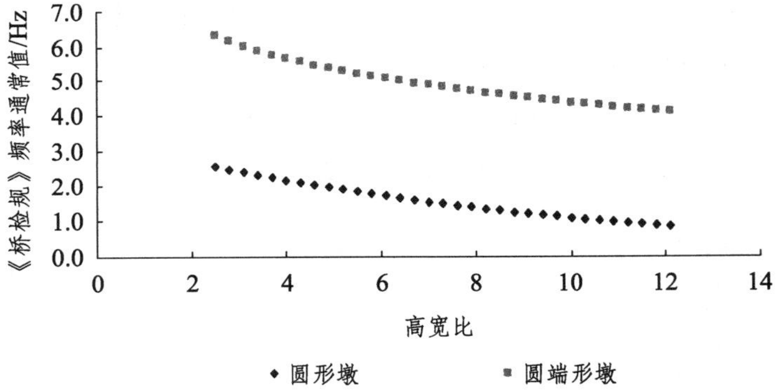

图 4.5.99　不同墩形的高宽比-《桥检规》频率通常值关系图

3. 桩基础桥墩刚度特性及规律

1）圆形截面

对于桩基础的圆形墩而言，试验分析样本共计选取 12 座桥、30 个墩。主要分析的关系包括：墩高-实测自振频率、高宽比-实测自振频率、墩高-计算自振频率、高宽比-计算自振频率、墩高-《桥检规》频率通常值、高宽比-《桥检规》频率通常值、实测自振频率-《桥检规》频率通常值、计算自振频率-《桥检规》通常值、计算自振频率-实测自振频率。基于样本统计所得到的散点关系和回归方程如图 4.5.100 ~ 图 4.5.108 和表 4.5.11 所示。

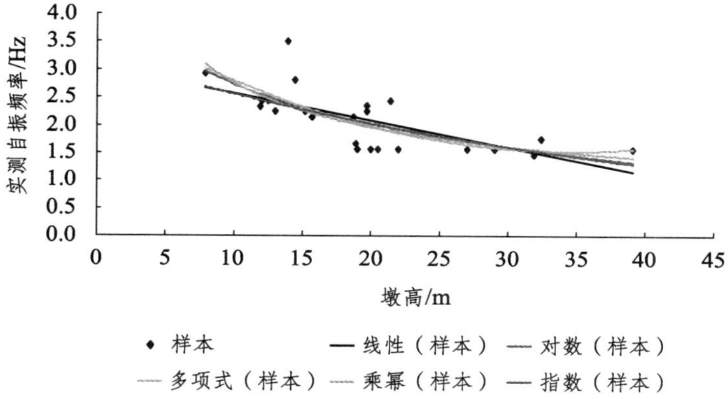

图 4.5.100　墩高-实测自振频率关系图

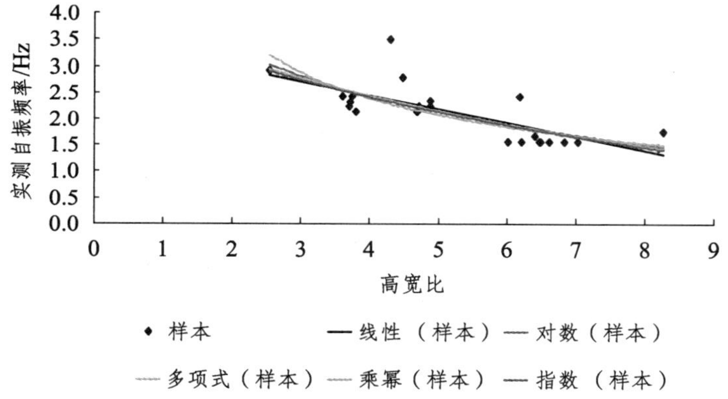

图 4.5.101　高宽比-实测自振频率关系图

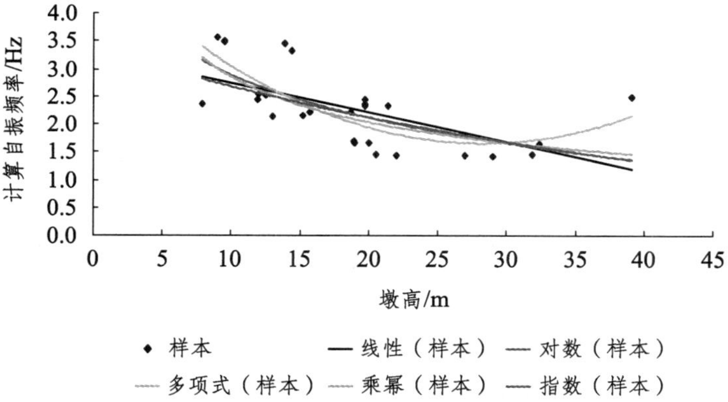

图 4.5.102　墩高-计算自振频率关系图

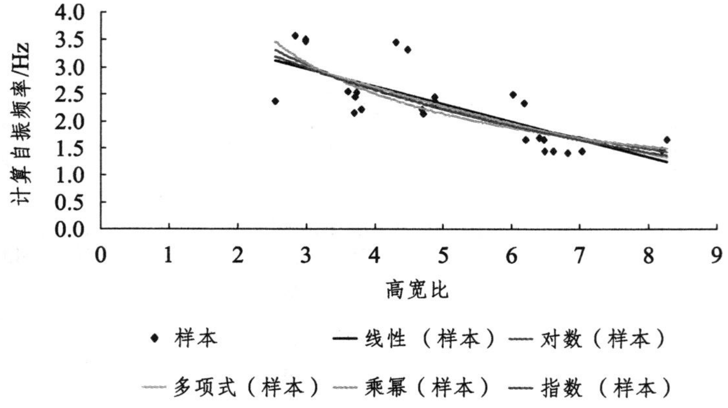

图 4.5.103 高宽比-计算自振频率关系图

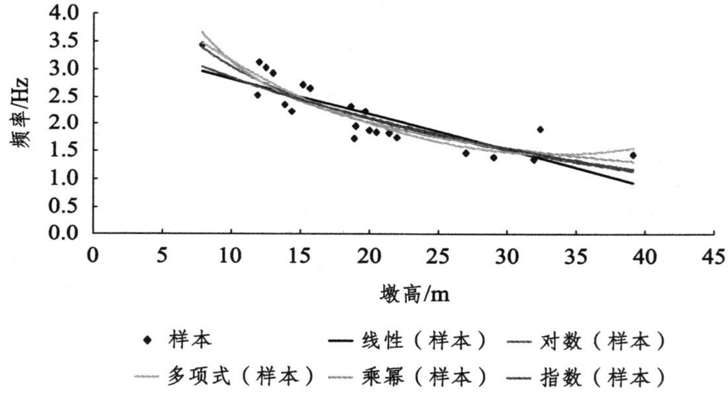

图 4.5.104 墩高-《桥检规》频率通常值关系图

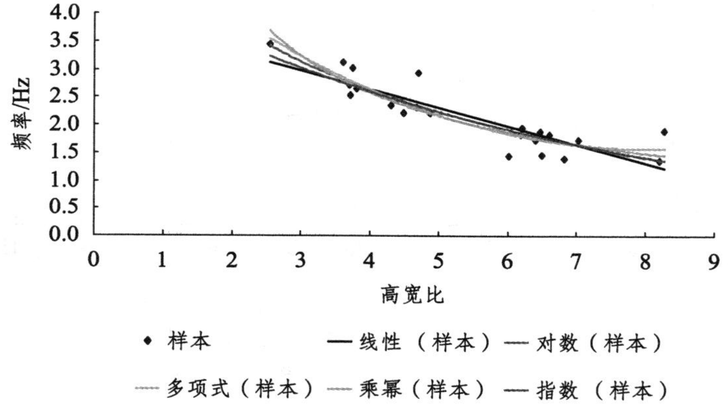

图 4.5.105 高宽比-《桥检规》频率通常值关系图

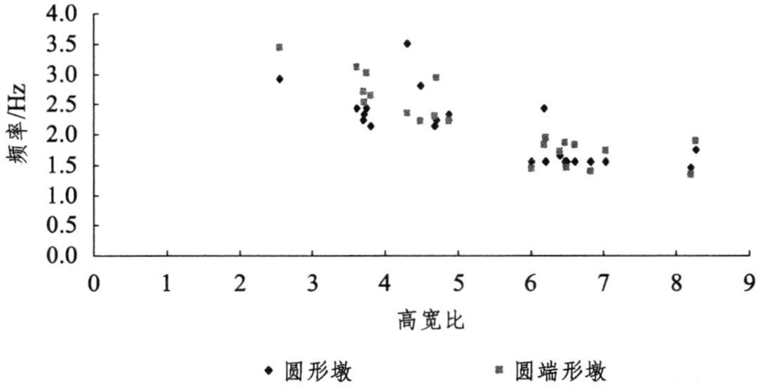

图 4.5.106　实测自振频率-《桥检规》频率通常值关系图

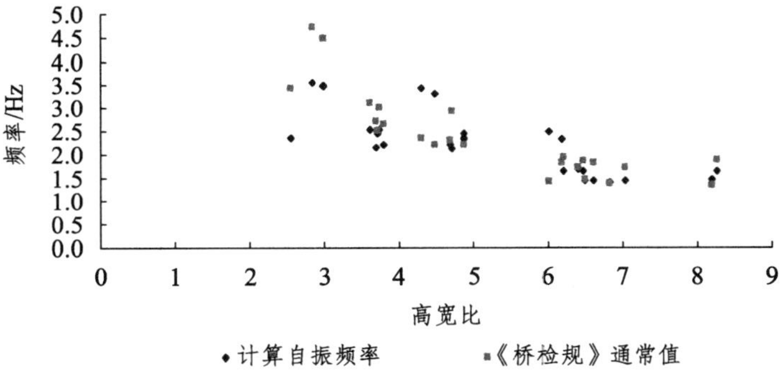

图 4.5.107　计算自振频率-《桥检规》通常值关系图

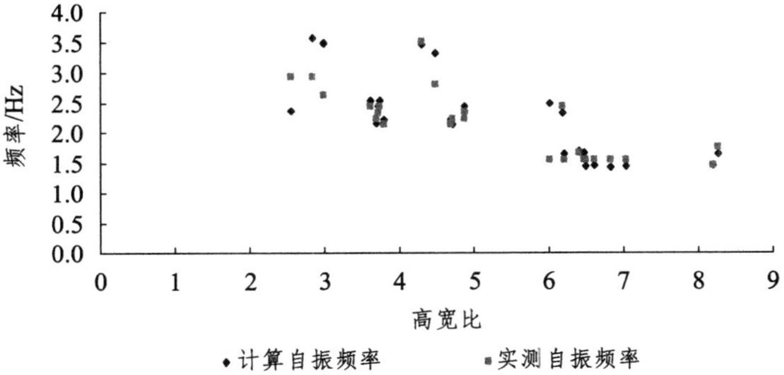

图 4.5.108　计算自振频率-实测自振频率关系图

表 4.5.11　预测函数表达式

序号	关系（x-y）	预测函数表达式 $y=f(x)$	最高拟合优度 R^2
1	墩高-实测自振频率	$y=8.4682x^{-0.4878}$	$R^2=0.5513$
2	高宽比-实测自振频率	$y=4.0373e^{-0.1275x}$	$R^2=0.6303$
3	墩高-计算自振频率	$y=8.8745x^{-0.4913}$	$R^2=0.4628$
4	高宽比-计算自振频率	$y=4.6679e^{-0.1483x}$	$R^2=0.6534$
5	墩高-《桥检规》通常值	$y=0.0031x^2-0.2145x+4.8637$	$R^2=0.7913$
6	高宽比-《桥检规》通常值	$y=-0.0389x^2+0.2239x+1.8595$	$R^2=0.8408$

2）圆端形截面

对于桩基础的圆端形墩而言，试验分析样本共计选取 16 座桥、34 个墩。基于样本统计所得到的散点关系和回归方程如图 4.5.109～图 4.5.117 和表 4.5.12 所示。

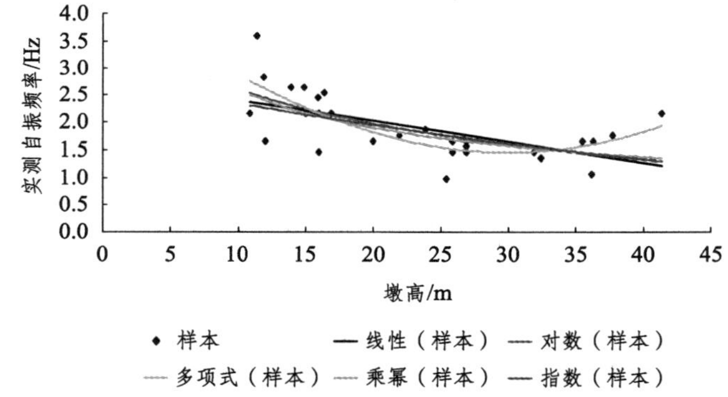

图 4.5.109　墩高-实测自振频率关系图

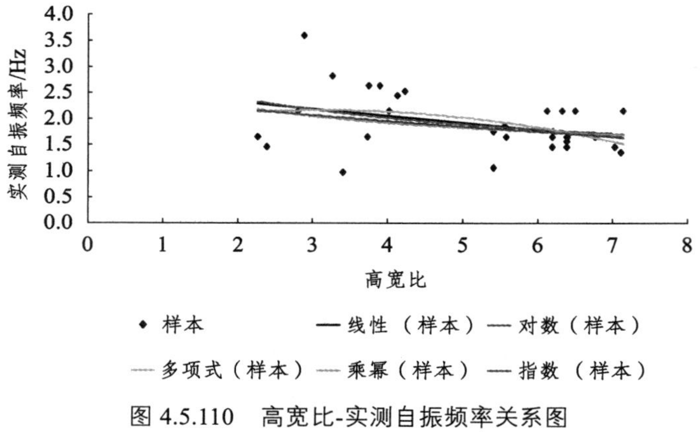

图 4.5.110　高宽比-实测自振频率关系图

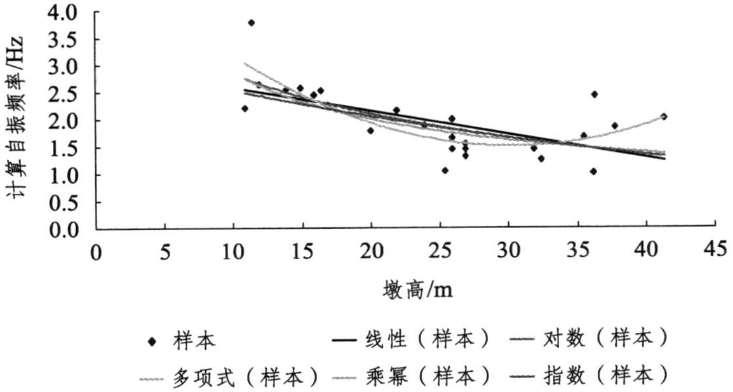

图 4.5.111　墩高-计算自振频率关系图

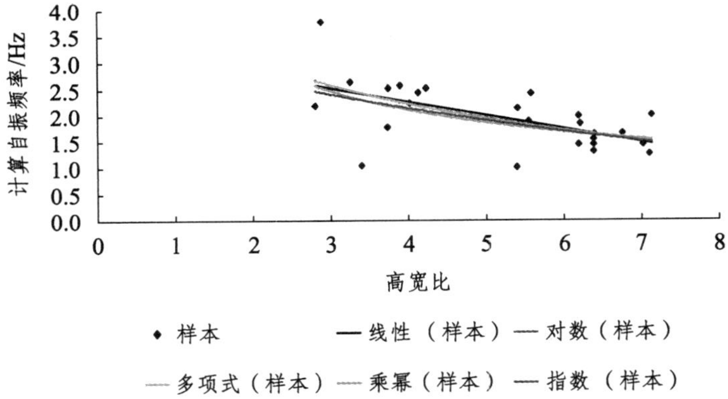

图 4.5.112　高宽比-计算自振频率关系图

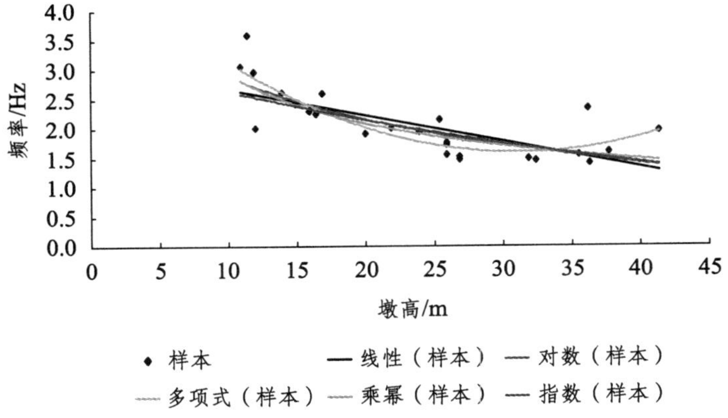

图 4.5.113　墩高-《桥检规》频率通常值关系图

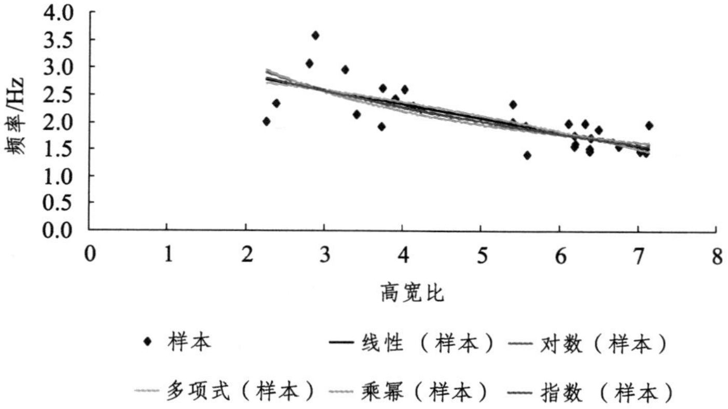

图 4.5.114 高宽比-《桥检规》频率通常值关系图

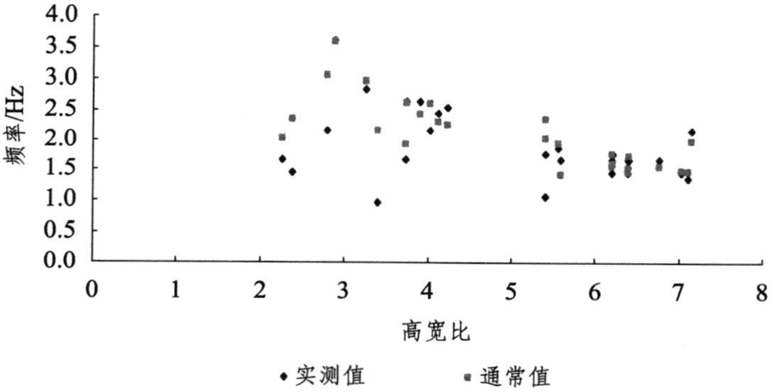

图 4.5.115 实测自振频率-《桥检规》频率通常值关系图

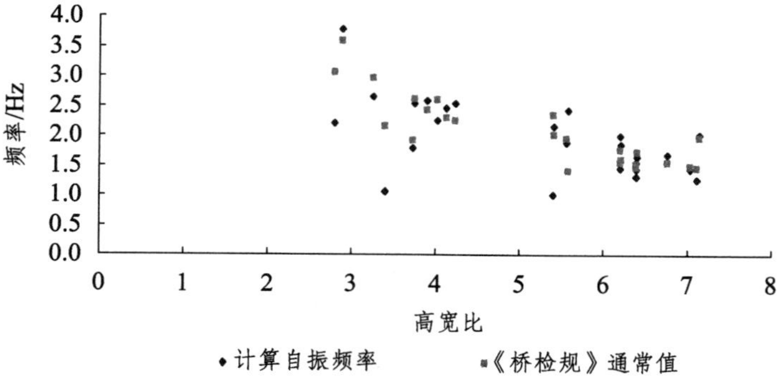

图 4.5.116 计算自振频率-《桥检规》通常值关系图

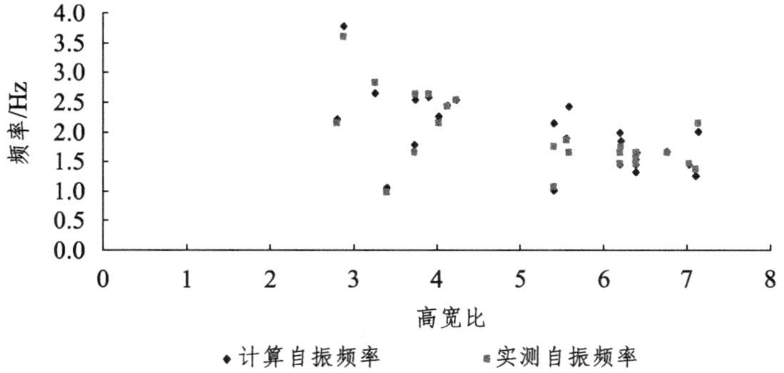

图 4.5.117　计算自振频率-实测自振频率关系图

表 4.5.12　预测函数表达式

序号	关系（x-y）	预测函数表达式 $y=f(x)$	最高拟合优度 R^2
1	墩高-实测自振频率	$y=0.0036x^2-0.2145x+4.6837$	$R^2=0.5564$
2	高宽比-实测自振频率	$y=-0.0398x^2+0.2239x+1.8595$	$R^2=0.2001$
3	墩高-计算自振频率	$y=0.0041x^2-0.2472x+5.2506$	$R^2=0.6375$
4	高宽比-计算自振频率	$y=0.0326x^2-0.5834x+4.0529$	$R^2=0.3579$
5	墩高-《桥检规》通常值	$y=0.0034x^2-0.2147x+4.9432$	$R^2=0.7313$
6	高宽比-《桥检规》通常值	$y=3.7922e^{-0.1285x}$	$R^2=0.6299$

3）不同墩形桥墩刚度特性及规律

（1）不同墩形的墩高-实测自振频率（图 4.5.118）。

圆形—— $y=8.4682x^{-0.4878}$， $R^2=0.5513$

圆端形—— $y=0.0036x^2-0.2145x+4.6837$， $R^2=0.5564$

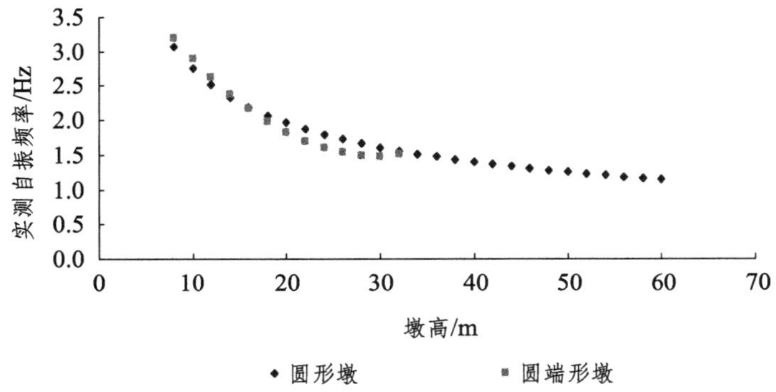

图 4.5.118　不同墩形的墩高-实测自振频率关系图

（2）不同墩形的高宽比-实测自振频率（图 4.5.119）。

圆形—— $y = 4.0373e^{-0.1275x}$， $R^2 = 0.6303$

圆端形—— $y = -0.0398x^2 + 0.2239x + 1.8595$， $R^2 = 0.2001$

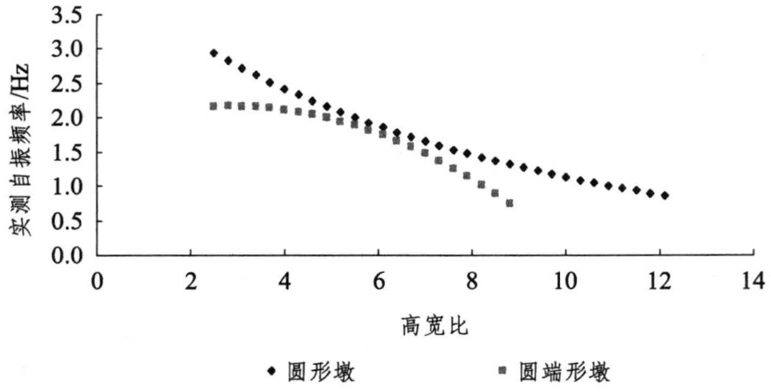

图 4.5.119　不同墩形的高宽比-实测自振频率关系图

（3）不同墩形的墩高-自振频率计算值（图 4.5.120）。

圆形—— $y = 8.8745x^{-0.4913}$， $R^2 = 0.4628$

圆端形—— $y = 0.0041x^2 - 0.2472x + 5.2506$， $R^2 = 0.6375$

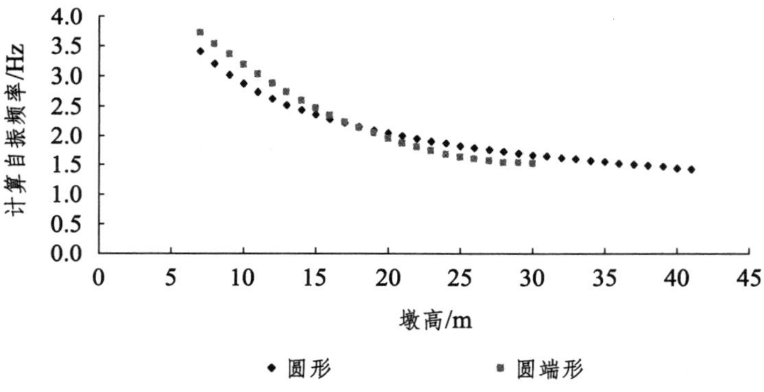

图 4.5.120　不同墩形的墩高-计算自振频率关系图

（4）不同墩形的高宽比-自振频率计算值（图 4.5.121）。

圆形—— $y = 4.6679e^{-0.1483x}$， $R^2 = 0.6534$

圆端形—— $y = 0.0326x^2 - 0.5834x + 4.0529$， $R^2 = 0.3579$

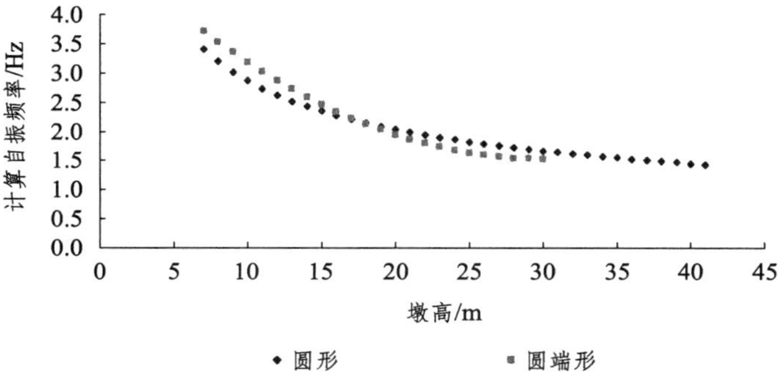

图 4.5.121　不同墩形的高宽比-计算自振频率关系图

（5）不同墩形的墩高-《桥检规》频率通常值（图 4.5.122）。

圆形—— $y = 0.0031x^2 - 0.2145x + 4.8637$， $R^2 = 0.8442$

圆端形—— $y = 0.0034x^2 - 0.2147x + 4.9432$， $R^2 = 0.7313$

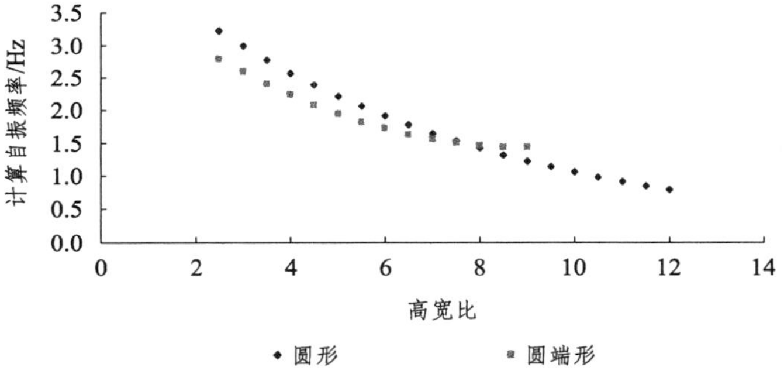

图 4.5.122　不同墩形的墩高-《桥检规》频率通常值关系图

（6）不同墩形的高宽比-《桥检规》频率通常值（图 4.5.123）。

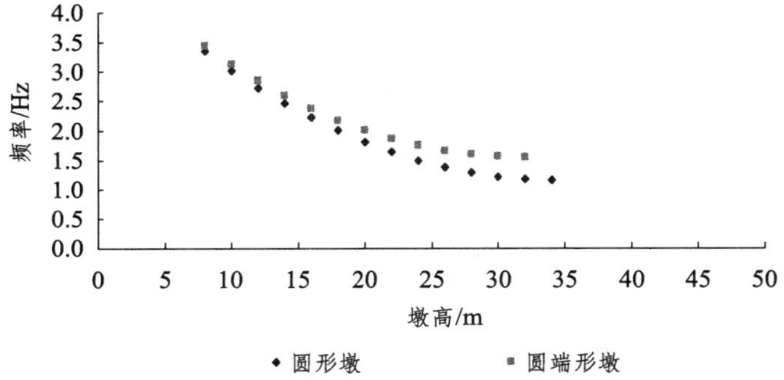

图 4.5.123　不同墩形的高宽比-《桥检规》频率通常值关系图

圆形—— $y = -0.0389x^2 + 0.2239x + 1.8595$， $R^2 = 0.8408$

圆端形—— $y = 3.792\,2e^{-0.128\,5x}$，$R^2 = 0.629\,9$

4. 小结

1）扩大基础条件下的不同截面桥墩

对于扩大基础条件下的矩形、圆形及圆端形墩而言，其刚度特性表现为如下特征：

一是在从各类关系得到的预测函数拟合优度中，矩形墩和圆形墩较圆端形墩高，且圆端形墩的预测函数多是二次函数形式，而矩形墩和圆形墩多为指数或幂函数形式。

二是从实测自振频率与墩高的关系特性来看，当墩高小于 20 m 时，其特征表现为矩形墩、圆端形墩及圆形墩的实测自振频率逐渐降低，通过对比与计算自振频率的关系，如上特性表征依旧显著。

2）沉井基础条件下的不同截面桥墩

对于沉井基础条件下的圆形与圆端形桥墩而言，其刚度特性表现为如下特征：

一是当墩高小于 20 m 时，样本中圆端形墩的横向实测自振频率显著大于圆形墩。

二是通过与《桥检规》频率通常值的比较，墩高及高宽比两类参数所表现出的共同特点均为圆端形桥墩刚度大于圆形桥墩刚度。

三是在用计算自振频率进行差异比较时，出现了当墩高大于 20 m 时，圆形墩计算自振频率大于圆端形墩的情况。

3）桩基础条件下的不同截面桥墩

对于桩基础条件下的圆形与圆端形桥墩而言，其刚度特性表现为如下特征：

一是对比实测及计算自振频率，出现了圆形墩刚度大于圆端形墩的情况。

二是通过与《桥检规》频率通常值的比较，墩高及高宽比两类参数所表现出的共同特点均为圆端形桥墩刚度大于圆形桥墩刚度。

4.5.4 墩身材料对刚度的影响

通过对调查得到的样本桥墩的统计，桥墩墩身的混凝土材料强度有 C10、C12、C13、C15、C18、C20、C23 等，其中尤以 C12、C15 和 C20 强度混凝土桥墩数量较多。以下着重对上述三类强度混凝土桥墩进行对比分析，以得到墩身混凝土材料对桥墩刚度特性的影响及规律。

1. C12 混凝土

1）扩大基础-矩形墩

对于扩大基础的矩形墩而言，试验分析样本共计选取 15 座桥、35 个墩。主要分析的关系包括：墩高-实测自振频率、高宽比-实测自振频率、墩高-计算自振频率、高宽比-计算自振频率、墩高-《桥检规》频率通常值、高宽比-《桥检规》频率通常值、实测自振频率-《桥检规》频率通常值、计算自振频率-《桥检规》通常值、计算自振频率-实测自振频率。基于样本统计所得到的散点关系和回归方程如图 4.5.124 ~ 图 4.5.132 和表 4.5.13 所示。

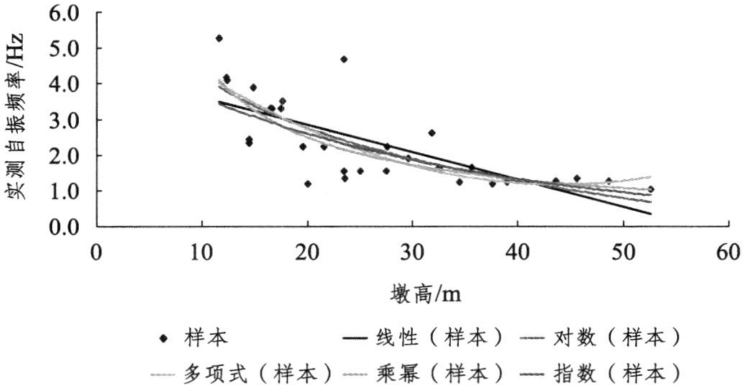

图 4.5.124　墩高-实测自振频率关系图

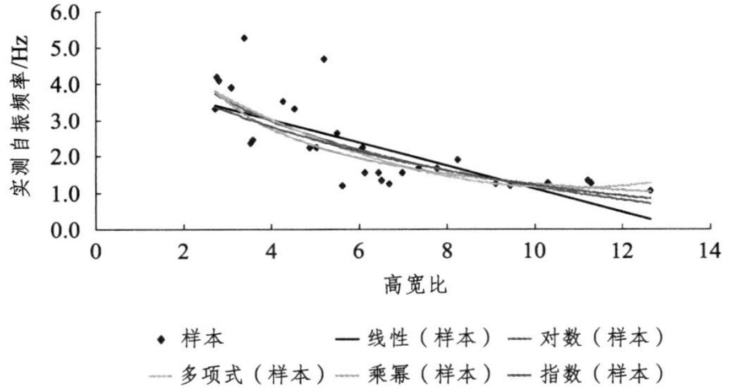

图 4.5.125　高宽比-实测自振频率关系图

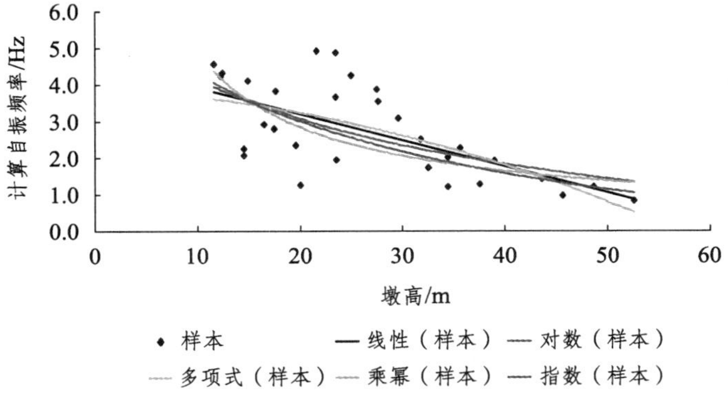

图 4.5.126　墩高-计算自振频率关系图

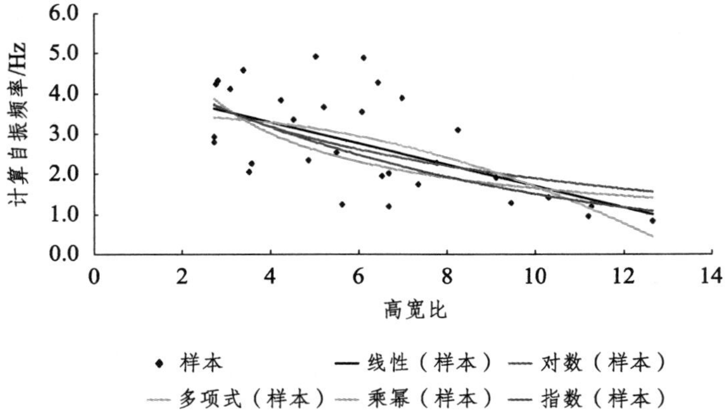

图 4.5.127 高宽比-计算自振频率关系图

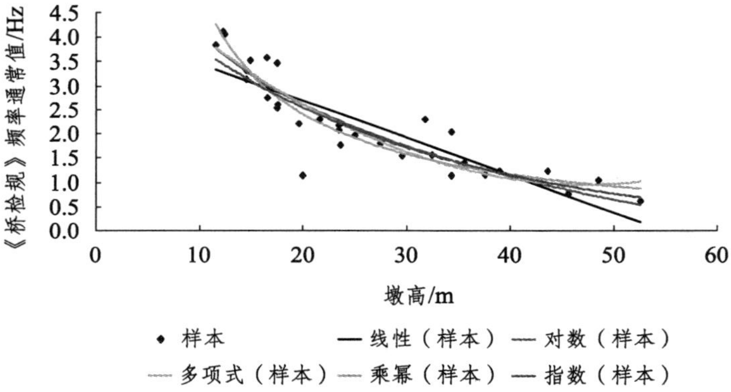

图 4.5.128 墩高-《桥检规》频率通常值关系图

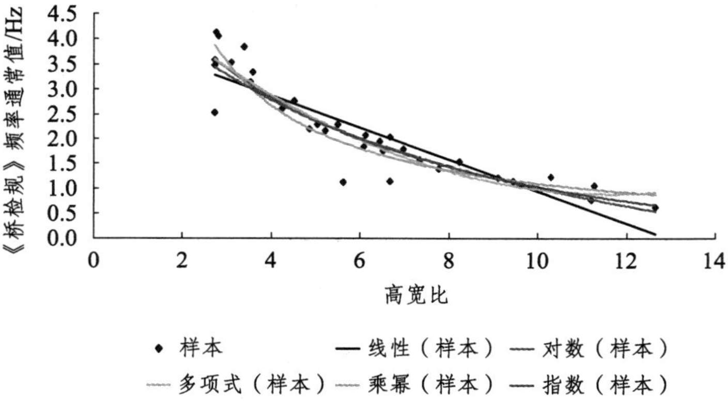

图 4.5.129 高宽比-《桥检规》频率通常值关系图

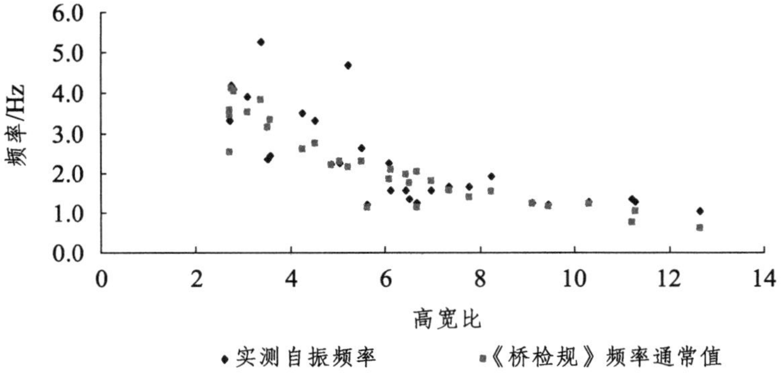

图 4.5.130　实测自振频率-《桥检规》频率通常值关系图

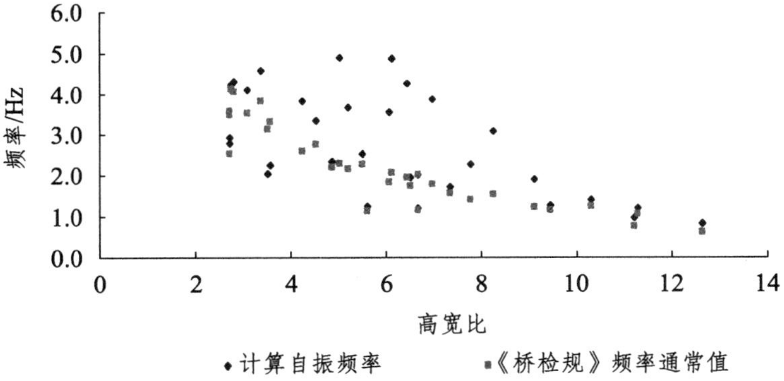

图 4.5.131　计算自振频率-《桥检规》通常值关系图

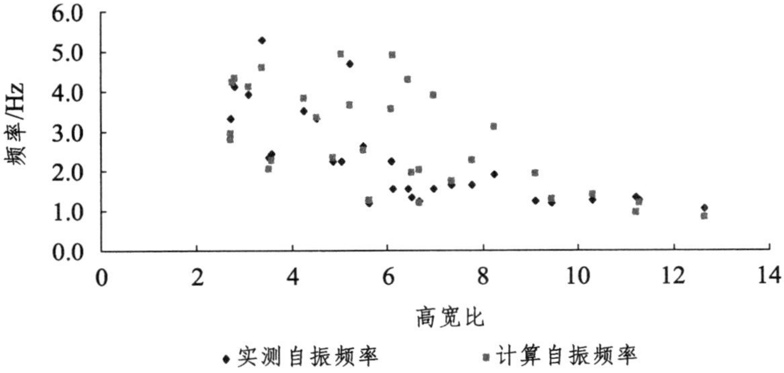

图 4.5.132　计算自振频率-实测自振频率关系图

表 4.5.13 预测函数表达式

序号	关系（x-y）	预测函数表达式 $y=f(x)$	最高拟合优度 R^2
1	墩高-实测自振频率	$y=38.549x^{-0.9128}$	$R^2=0.6625$
2	高宽比-实测自振频率	$y=8.9984x^{-0.855}$	$R^2=0.7102$
3	墩高-计算自振频率	$y=5.7455e^{-0.0322x}$	$R^2=0.4786$
4	高宽比-计算自振频率	$y=5.2042e^{-0.1235x}$	$R^2=0.4786$
5	墩高-《桥检规》通常值	$y=-2.1375\ln x+9.1056$	$R^2=0.8260$
6	高宽比-《桥检规》通常值	$y=10.245x^{-0.969}$	$R^2=0.8617$

2）扩大基础-圆形墩

对于扩大基础的圆形墩而言，试验分析样本共计选取 6 座桥、24 个墩。基于样本统计所得到的散点关系和回归方程如图 4.5.133 ~ 图 4.5.141 和表 4.5.14 所示。

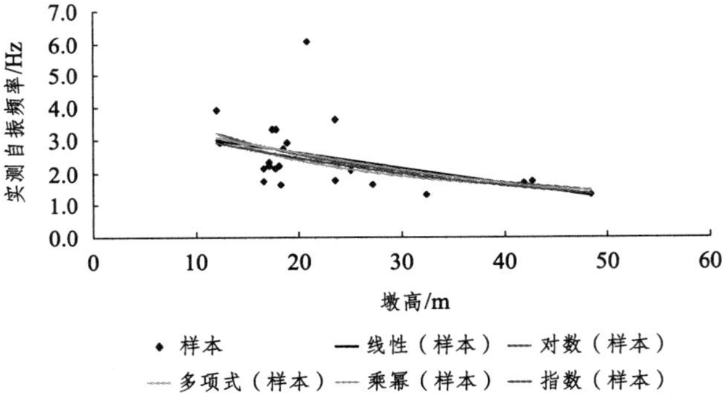

图 4.5.133 墩高-实测自振频率关系图

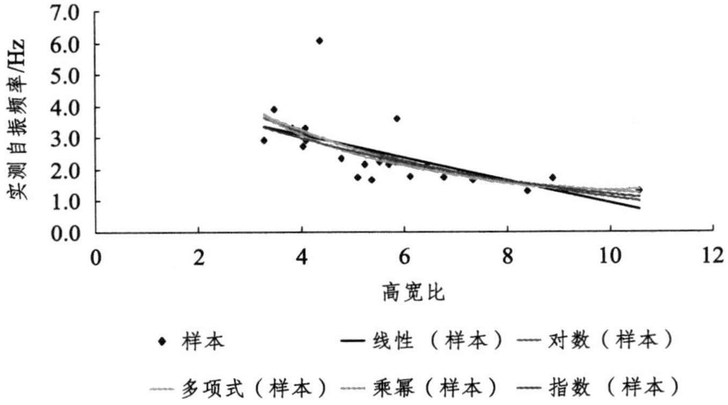

图 4.5.134 高宽比-实测自振频率关系图

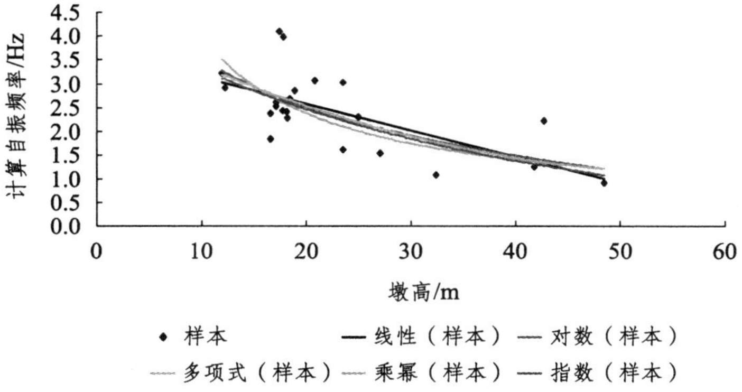

图 4.5.135　墩高-计算自振频率关系图

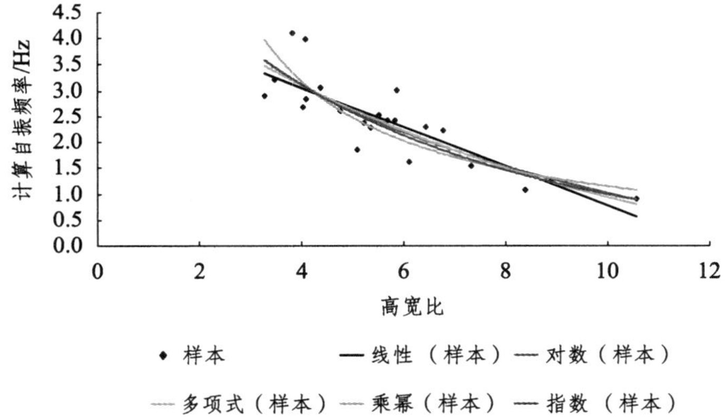

图 4.5.136　高宽比-计算自振频率关系图

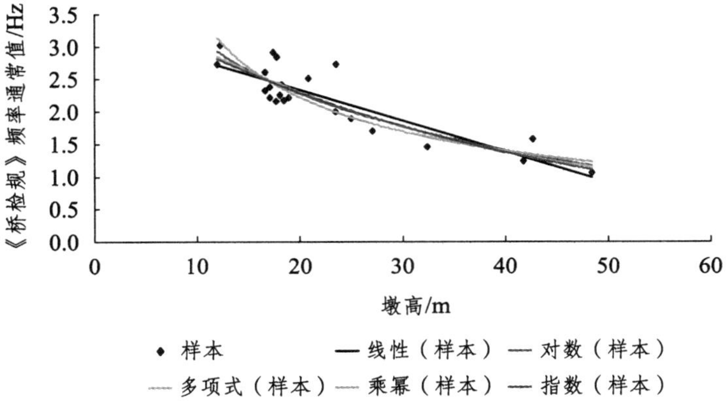

图 4.5.137　墩高-《桥检规》频率通常值关系图

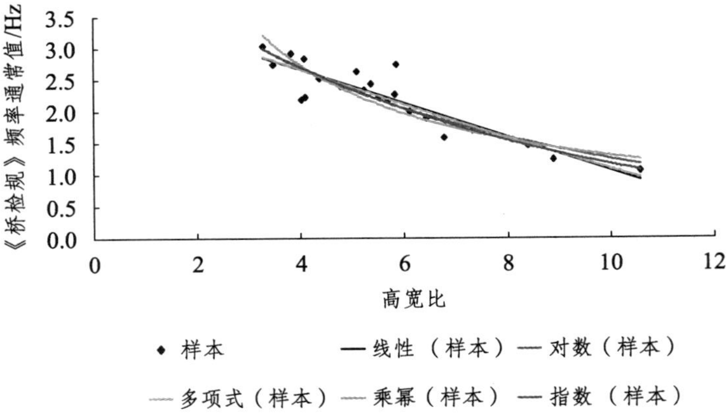

图 4.5.138 高宽比-《桥检规》频率通常值关系图

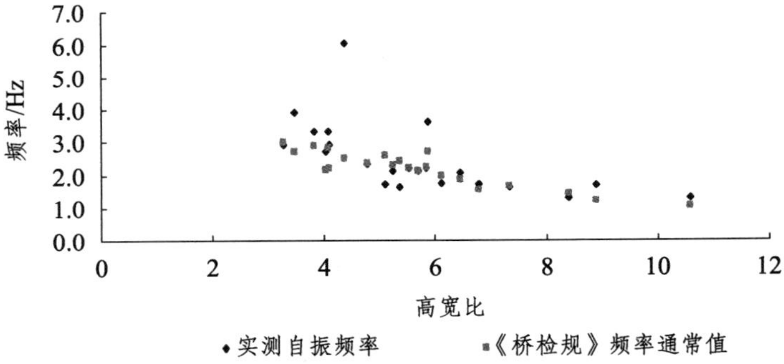

图 4.5.139 实测自振频率-《桥检规》频率通常值关系图

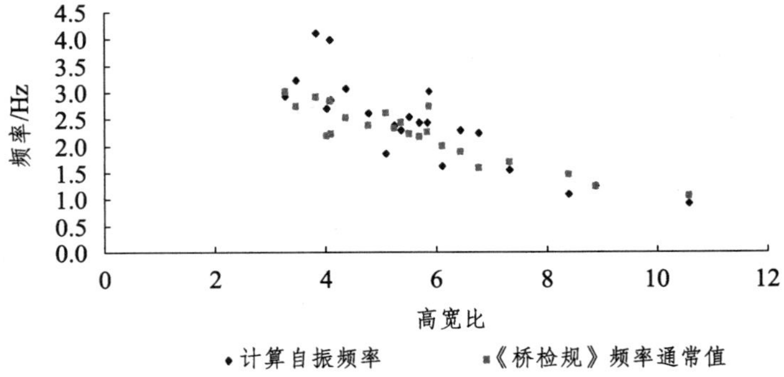

图 4.5.140 计算自振频率-《桥检规》通常值关系图

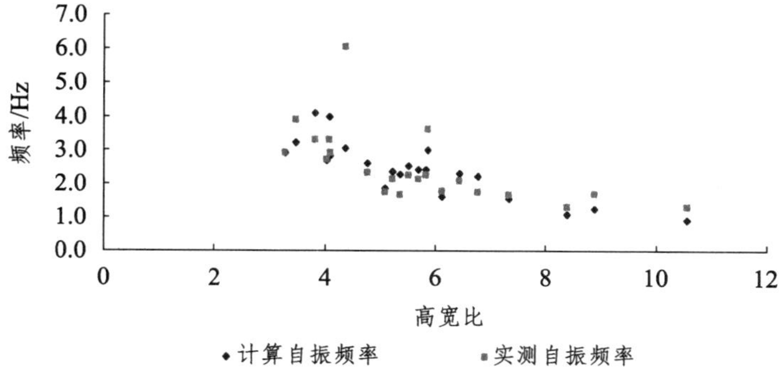

图 4.5.141　计算自振频率-实测自振频率关系图

表 4.5.14　预测函数表达式

序号	关系（x-y）	预测函数表达式 $y=f(x)$	最高拟合优度 R^2
1	墩高-实测自振频率	$y=12.926x^{-0.5611}$	$R^2=0.3105$
2	高宽比-实测自振频率	$y=11.221x^{-0.9305}$	$R^2=0.5713$
3	墩高-计算自振频率	$y=4.4005e^{-0.0288x}$	$R^2=0.5395$
4	高宽比-计算自振频率	$y=6.6826e^{-0.1896x}$	$R^2=0.8079$
5	墩高-《桥检规》通常值	$y=3.8278e^{-0.0256x}$	$R^2=0.8278$
6	高宽比-《桥检规》通常值	$y=4.7323e^{-0.1402x}$	$R^2=0.8631$

3）扩大基础-圆端形墩

对于扩大基础的圆形墩而言，试验分析样本共计选取 6 座桥、15 个墩。基于样本统计所得到的散点关系和回归方程如图 4.5.142～图 4.5.150 和表 4.5.15 所示。

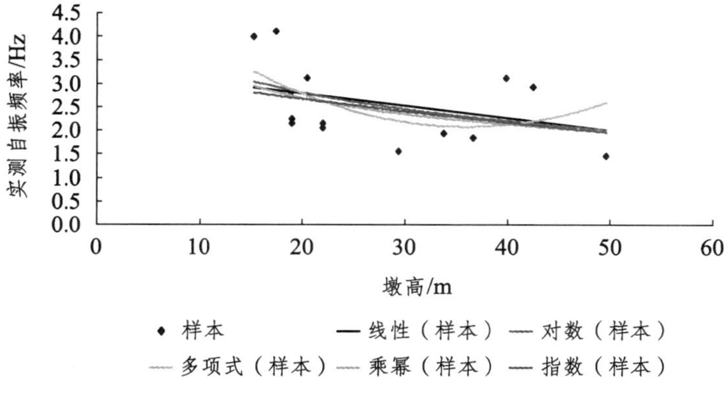

图 4.5.142　墩高-实测自振频率关系图

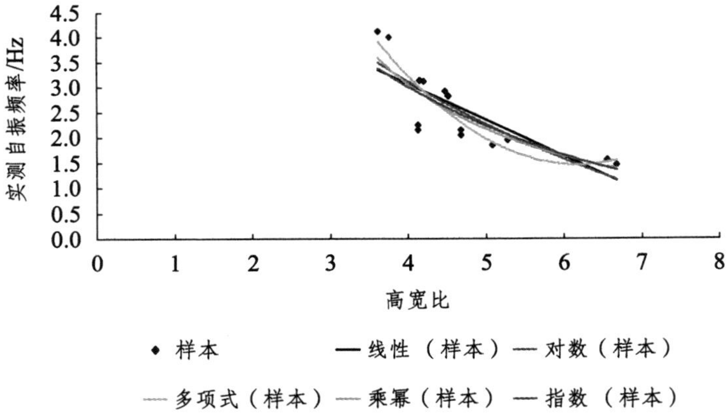

图 4.5.143　高宽比-实测自振频率关系图

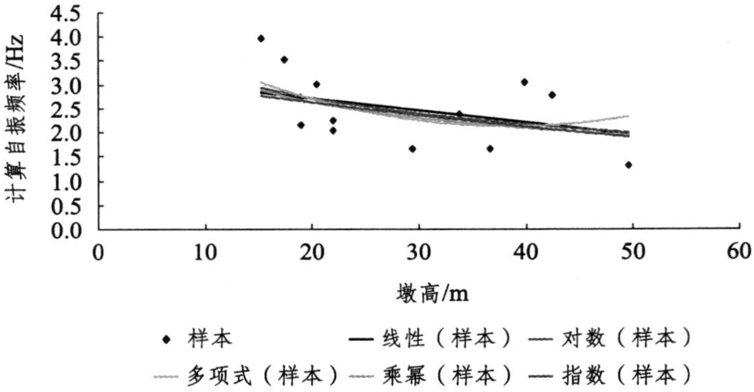

图 4.5.144　墩高-计算自振频率关系图

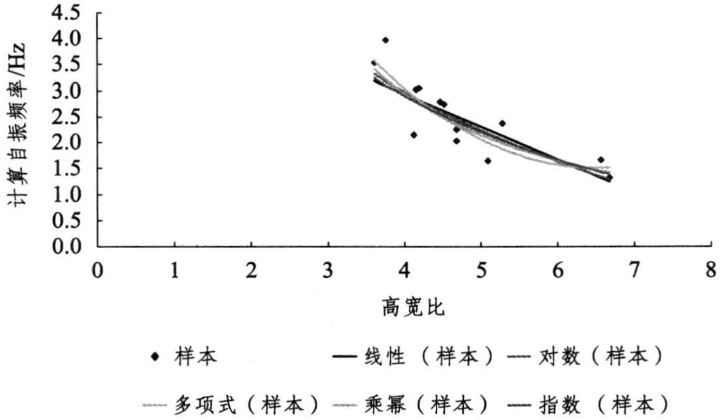

图 4.5.145　高宽比-计算自振频率

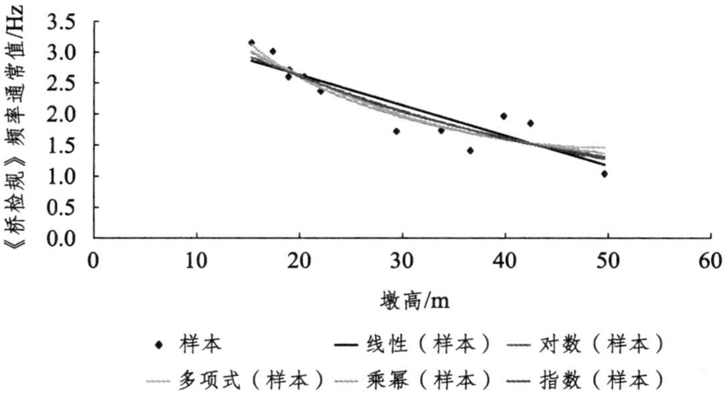

图 4.5.146　墩高-《桥检规》频率通常值关系图

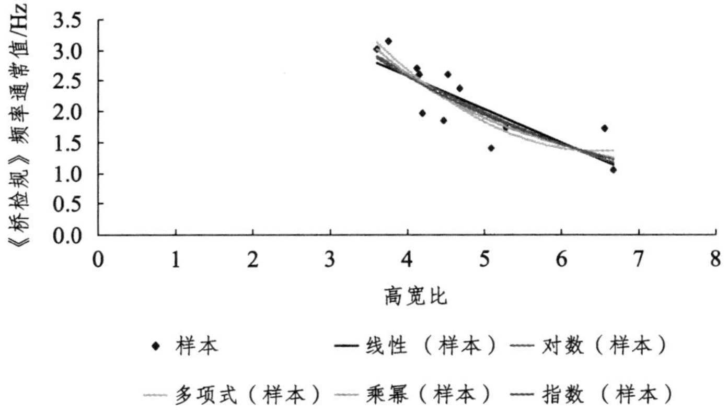

图 4.5.147　高宽比-《桥检规》频率通常值关系图

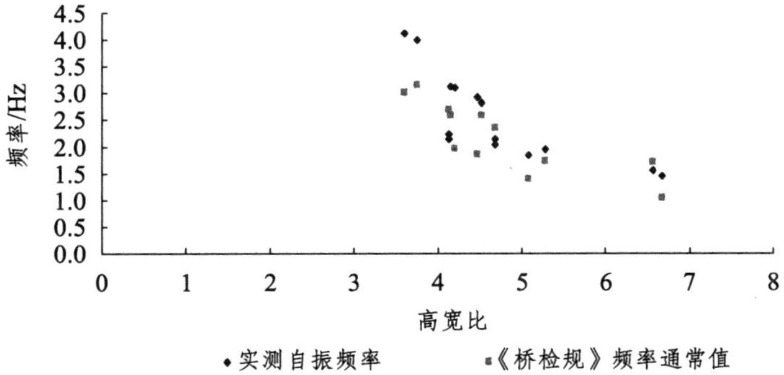

图 4.5.148　实测自振频率-《桥检规》频率通常值关系图

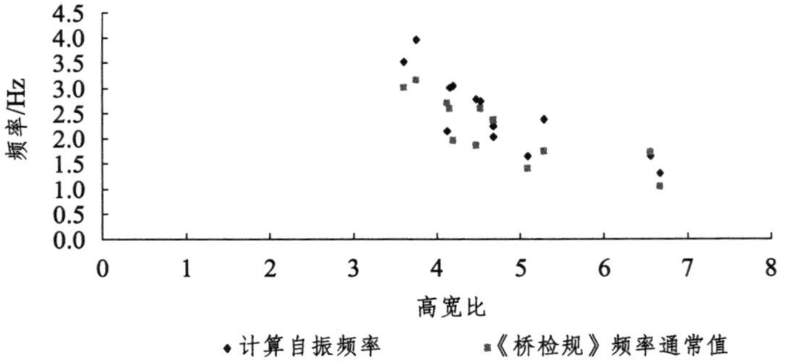

图 4.5.149 计算自振频率-《桥检规》通常值关系图

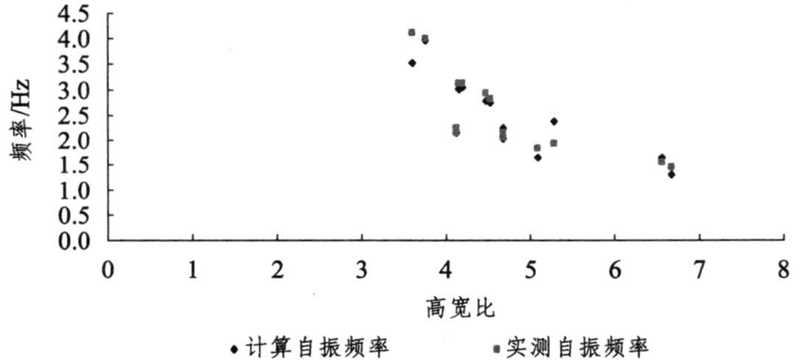

图 4.5.150 计算自振频率-实测自振频率关系图

表 4.5.15 预测函数表达式

序号	关系（x-y）	预测函数表达式 $y=f(x)$	最高拟合优度 R^2
1	墩高-实测自振频率	$y=7.3906x^{-0.3365}$	$R^2=0.1747$
2	高宽比-实测自振频率	$y=26.208x^{-1.5477}$	$R^2=0.7578$
3	墩高-计算自振频率	$y=7.2892x^{-0.3386}$	$R^2=0.1948$
4	高宽比-计算自振频率	$y=21.153x^{-1.4212}$	$R^2=0.8558$
5	墩高-《桥检规》通常值	$y=-1.437\ln x+6.9251$	$R^2=0.8558$
6	高宽比-《桥检规》通常值	$y=-2.8406\ln x+6.5603$	$R^2=0.6857$

4）沉井基础-圆形墩

对于沉井基础的圆形墩而言，试验分析样本共计选取 6 座桥、15 个墩。基于样本统计所得到的散点关系和回归方程如图 4.5.151 ~ 图 4.5.159 和表 4.5.16 所示。

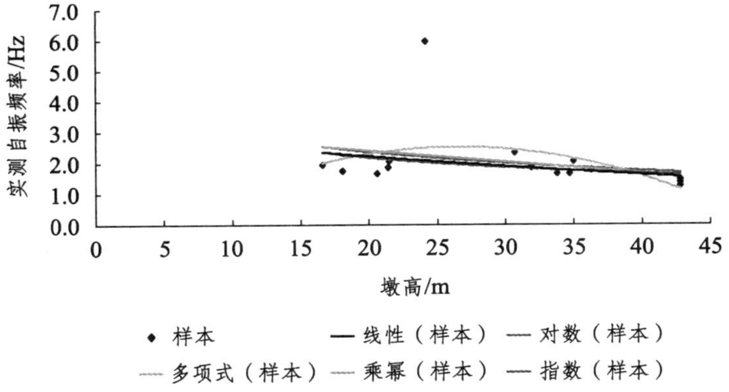

图 4.5.151　墩高-实测自振频率关系图

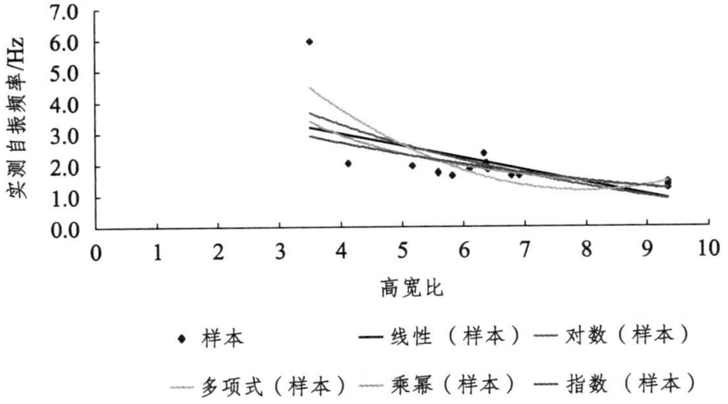

图 4.5.152　高宽比-实测自振频率关系图

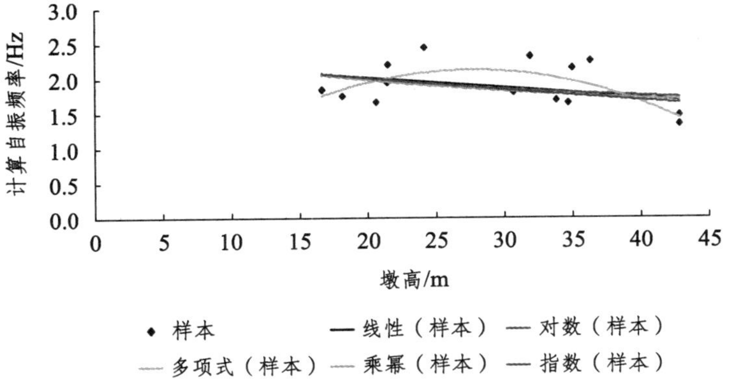

图 4.5.153　墩高-计算自振频率关系图

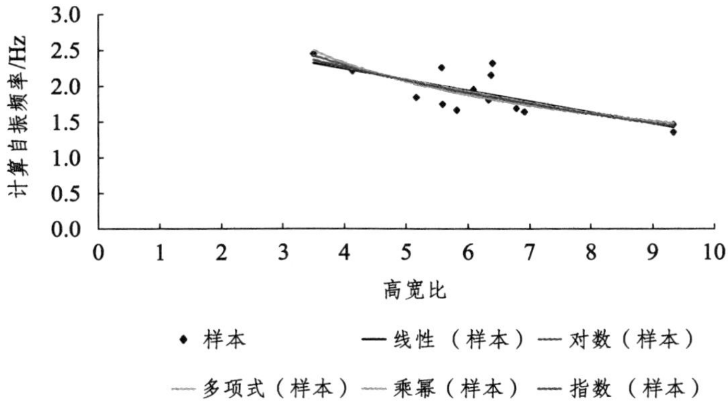

图 4.5.154 高宽比-计算自振频率关系图

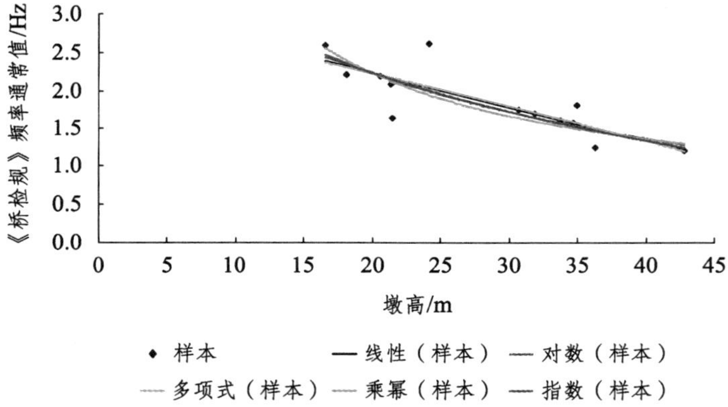

图 4.5.155 墩高-《桥检规》频率通常值关系图

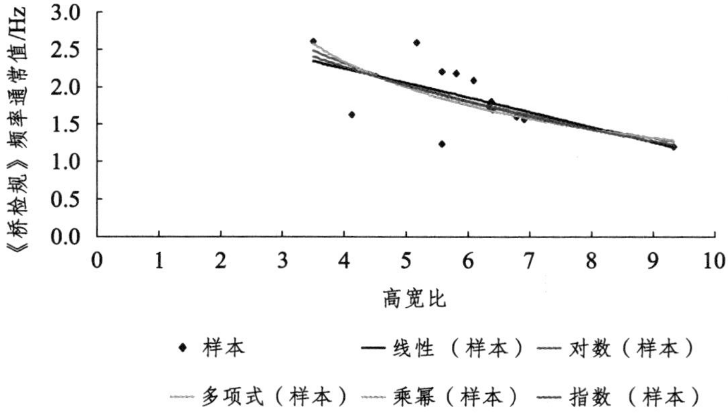

图 4.5.156 高宽比-《桥检规》频率通常值关系图

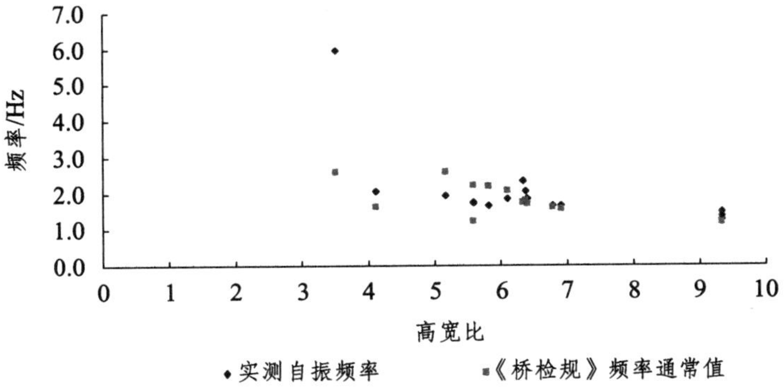

图 4.5.157　实测自振频率-《桥检规》频率通常值关系图

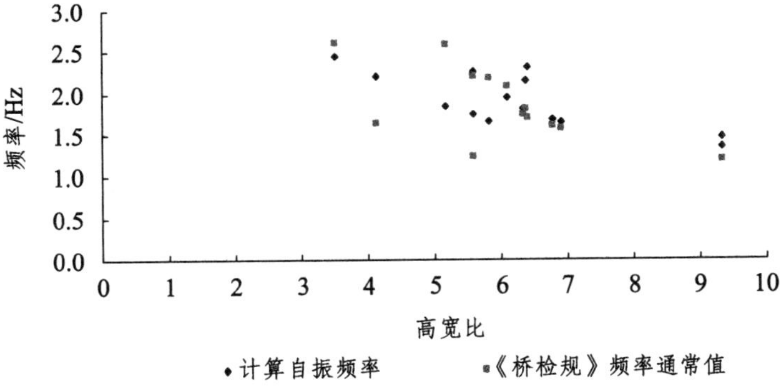

图 4.5.158　计算自振频率-《桥检规》通常值关系图

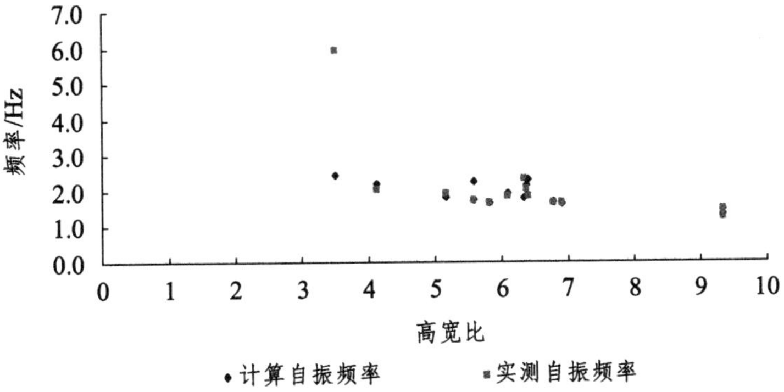

图 4.5.159　计算自振频率-实测自振频率关系图

表 4.5.16　预测函数表达式

序号	关系（x-y）	预测函数表达式 $y=f(x)$	最高拟合优度 R^2
1	墩高-实测自振频率	$y=3.0685e^{-0.016x}$	$R^2=0.1726$
2	高宽比-实测自振频率	$y=12.039x^{-1.0124}$	$R^2=0.6229$
3	墩高-计算自振频率	$y=-0.003x^2+0.1665x-0.1779$	$R^2=0.6595$
4	高宽比-计算自振频率	$y=3.1842e^{-0.0259x}$	$R^2=0.7848$
5	墩高-《桥检规》通常值	$y=3.7477e^{-0.0259x}$	$R^2=0.7848$
6	高宽比-《桥检规》通常值	$y=3.6016e^{-0.1154x}$	$R^2=0.5659$

5）桩基础-圆形墩

对于桩基础的圆形墩而言，试验分析样本共计选取 3 座桥、7 个墩。基于样本统计所得到的散点关系和回归方程如图 4.5.160 ~ 图 4.5.168 和表 4.5.17 所示。

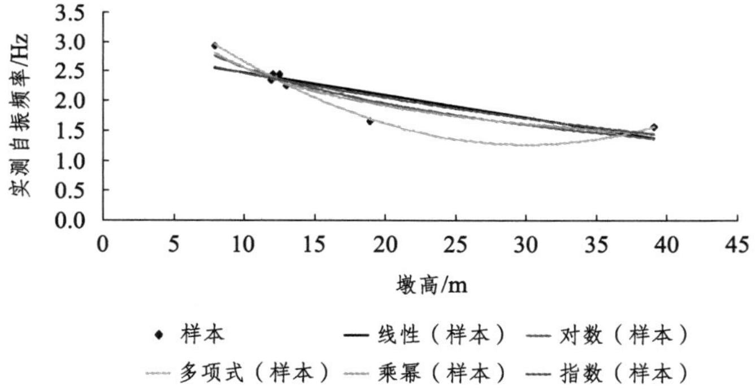

图 4.5.160　墩高-实测自振频率关系图

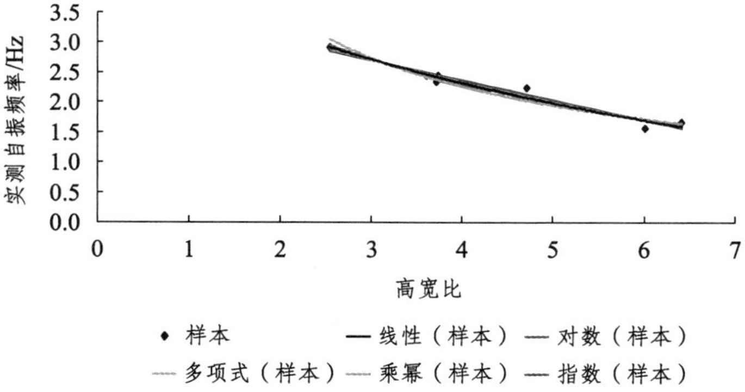

图 4.5.161　高宽比-实测自振频率关系图

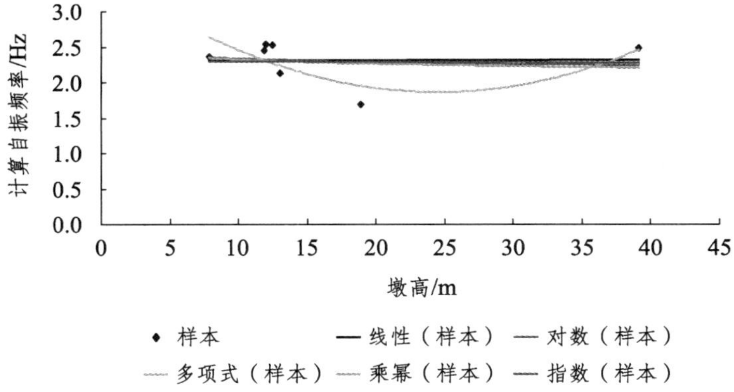

图 4.5.162　墩高-计算自振频率关系图

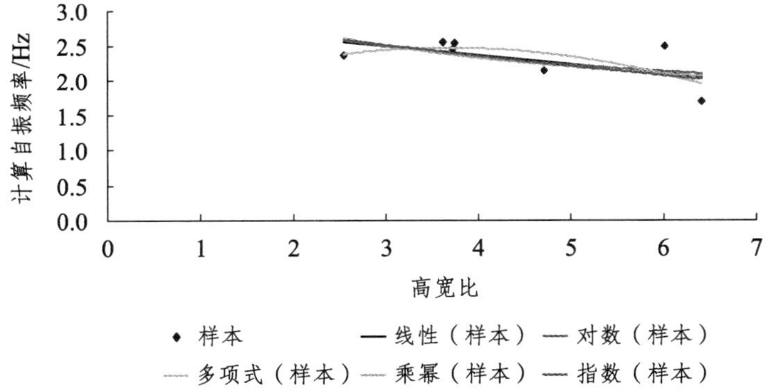

图 4.5.163　高宽比-计算自振频率关系图

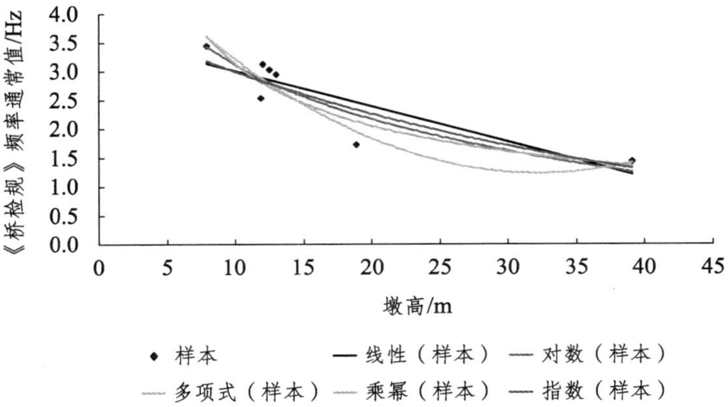

图 4.5.164　墩高-《桥检规》频率通常值关系图

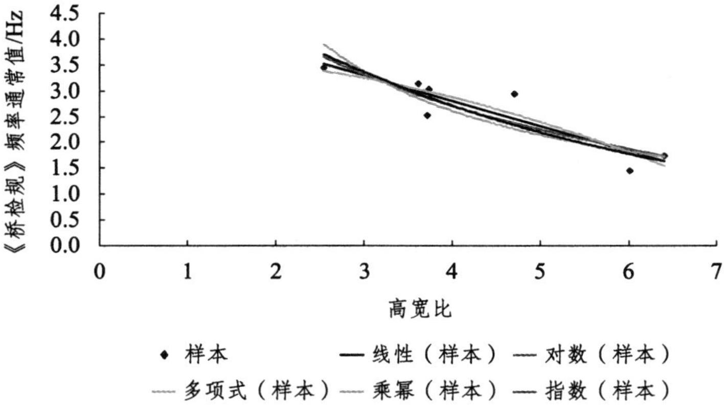

图 4.5.165　高宽比-《桥检规》频率通常值关系图

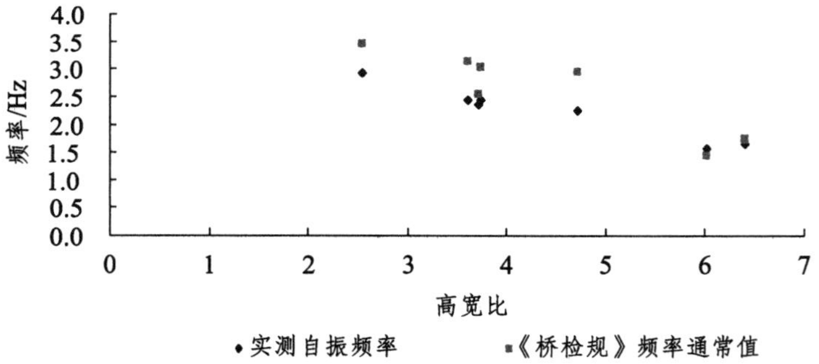

图 4.5.166　实测自振频率-《桥检规》频率通常值关系图

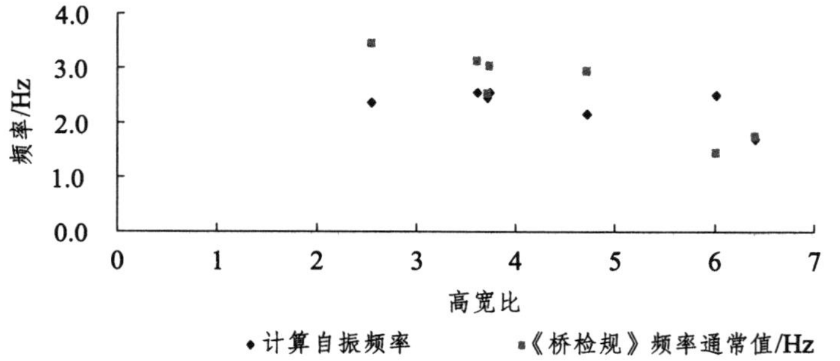

图 4.5.167　计算自振频率-《桥检规》通常值关系图

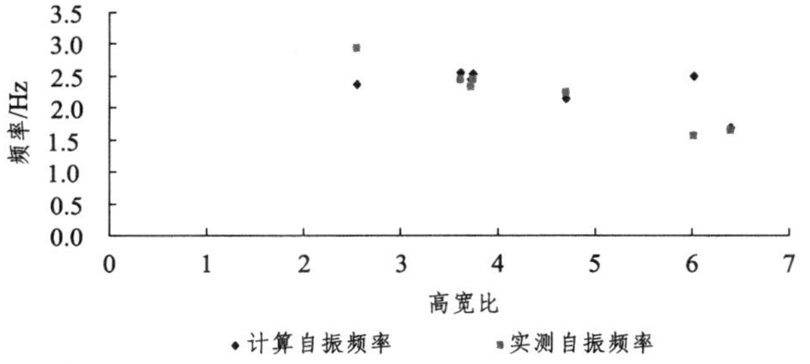

图 4.5.168　计算自振频率-实测自振频率关系图

表 4.5.17　预测函数表达式

序号	关系（x-y）	预测函数表达式 $y=f(x)$	最高拟合优度 R^2
1	墩高-实测自振频率	$y=0.0035x^2-0.208x+4.3893$	$R^2=0.9917$
2	高宽比-实测自振频率	$y=0.0196x^2-0.5147x+4.0813$	$R^2=0.9842$
3	墩高-计算自振频率	$y=0.0028x^2-0.1378x+3.5607$	$R^2=0.4743$
4	高宽比-计算自振频率	$y=-0.0687x^2+0.5045x+1.5428$	$R^2=0.4646$
5	墩高-《桥检规》通常值	$y=0.004x^2-0.2567x+5.38$	$R^2=0.8894$
6	高宽比-《桥检规》通常值	$y=-0.055x^2+0.0172x+3.6831$	$R^2=0.8386$

2. C15 混凝土

1）扩大基础-圆端形墩

对于扩大基础的圆端形墩而言，试验分析样本共计选取 3 座桥、8 个墩。主要分析的关系包括：墩高-实测自振频率、高宽比-实测自振频率、墩高-计算自振频率、高宽比-计算自振频率、墩高-《桥检规》频率通常值、高宽比-《桥检规》频率通常值、实测自振频率-《桥检规》频率通常值、计算自振频率-《桥检规》通常值、计算自振频率-实测自振频率。基于样本统计所得到的散点关系和回归方程如图 4.5.169 ~ 图 4.5.177 和表 4.5.18 所示。

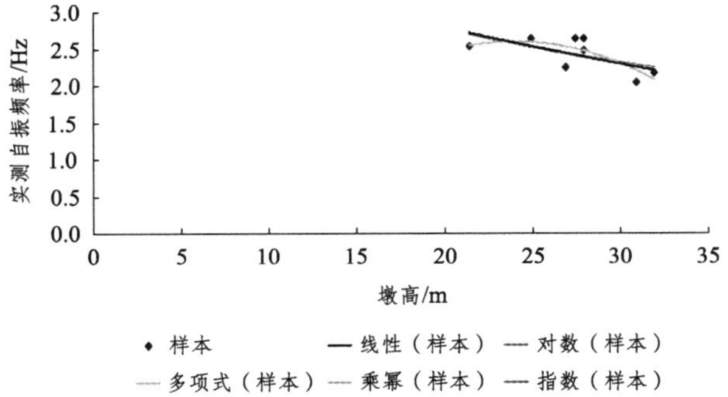

图 4.5.169　墩高-实测自振频率关系图

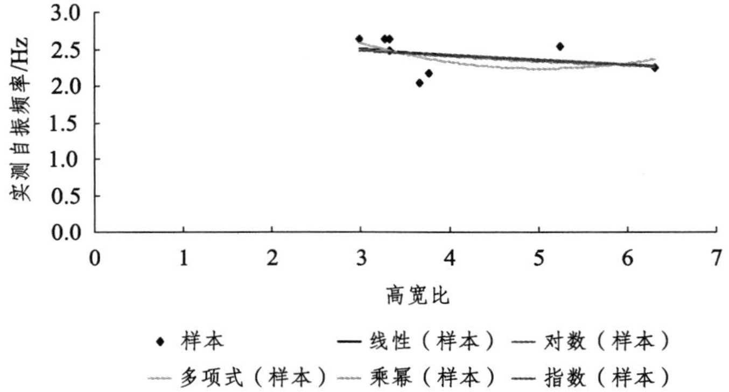

图 4.5.170　高宽比-实测自振频率关系图

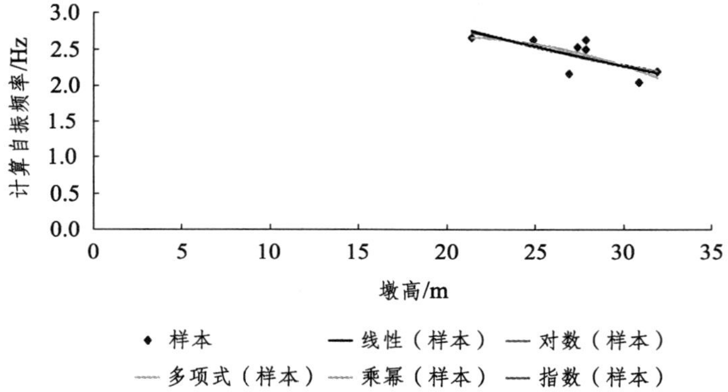

图 4.5.171　墩高-计算自振频率关系图

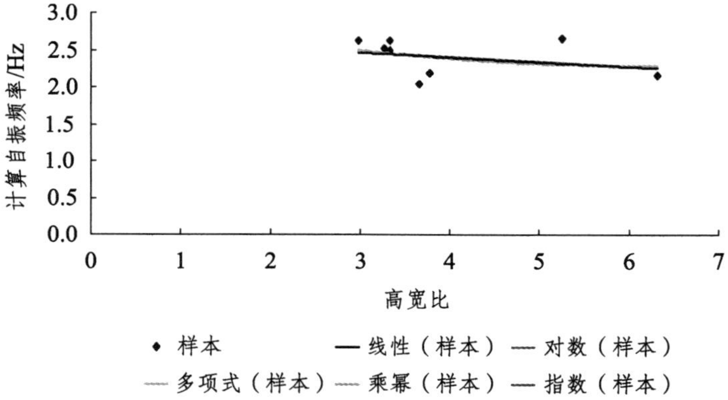

图 4.5.172　高宽比-计算自振频率关系图

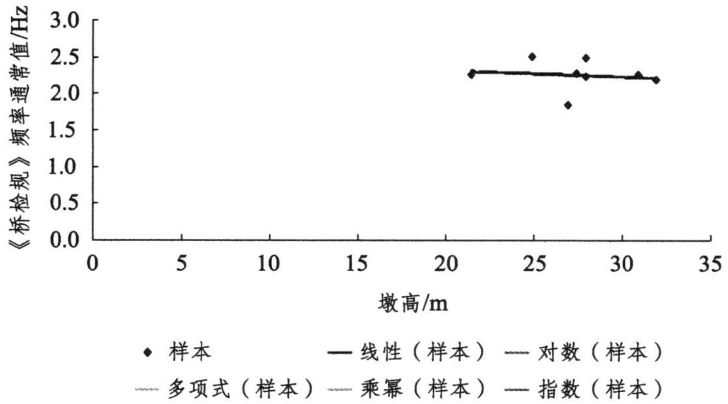

图 4.5.173　墩高-《桥检规》频率通常值关系图

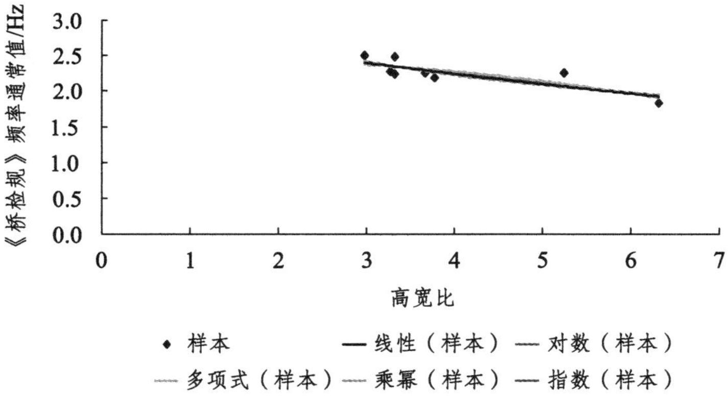

图 4.5.174　高宽比-《桥检规》频率通常值关系图

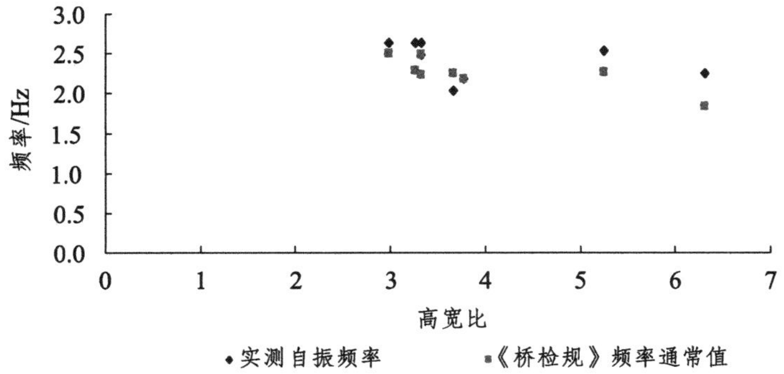

图 4.5.175　实测自振频率-《桥检规》频率通常值关系图

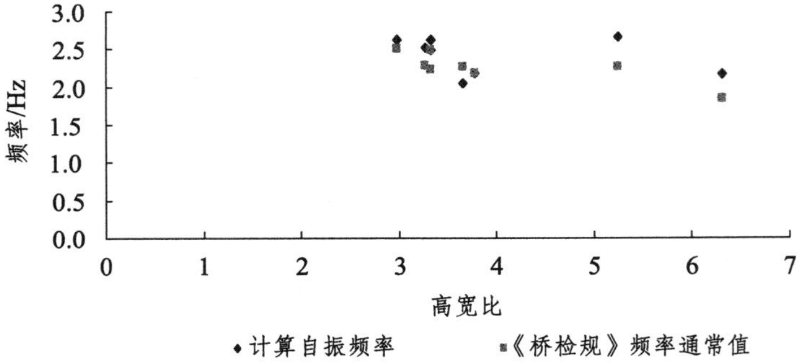

图 4.5.176　计算自振频率-《桥检规》频率通常值关系图

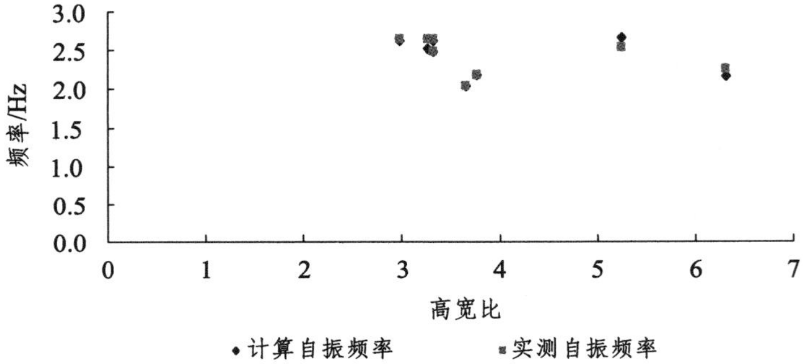

图 4.5.177　计算自振频率-实测自振频率关系图

表 4.5.18　预测函数表达式

序号	关系（x-y）	预测函数表达式 $y=f(x)$	最高拟合优度 R^2
1	墩高-实测自振频率	$R^2=0.6877$	$R^2=0.5845$
2	高宽比-实测自振频率	$y=0.0817x^2-0.8253x+4.3211$	$R^2=0.2007$
3	墩高-计算自振频率	$y=-0.0029x^2+0.1582x+1.0809$	$R^2=0.5539$
4	高宽比-计算自振频率	$y=2.8473x^{-0.1261}$	$R^2=0.1011$
5	墩高-《桥检规》通常值	$y=-0.0004x^2+0.0128x+2.22$	$R^2=0.0215$
6	高宽比-《桥检规》通常值	$y=2.9363e^{-0.0666x}$	$R^2=0.6653$

2）桩基础-圆形墩

对于扩大基础的圆形墩而言，试验分析样本共计选取 5 座桥、14 个墩。基于样本统计所得到的散点关系和回归方程如图 4.5.178 ~ 图 4.5.196 和表 4.5.19 所示。

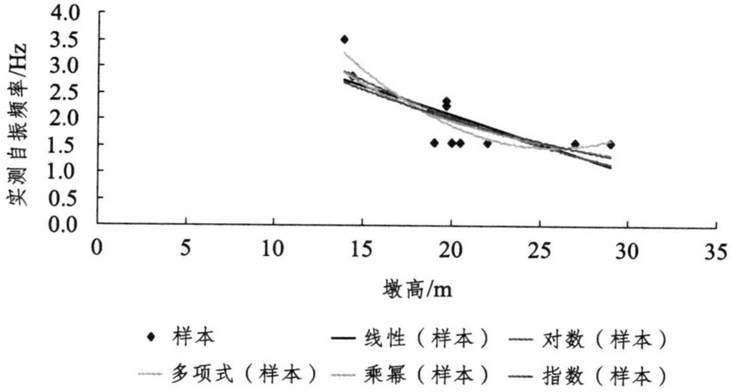

图 4.5.178　墩高-实测自振频率关系图

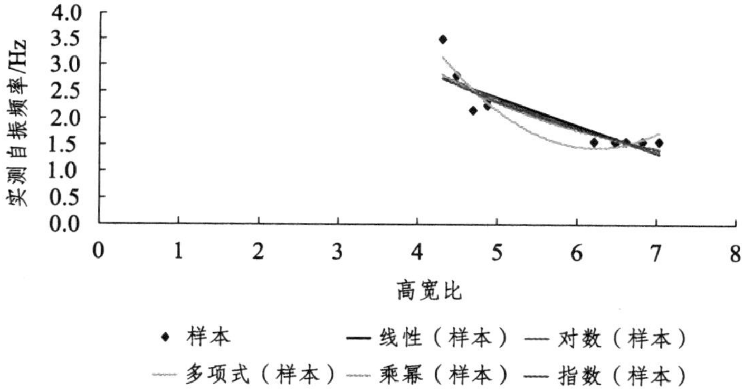

图 4.5.179　高宽比-实测自振频率关系图

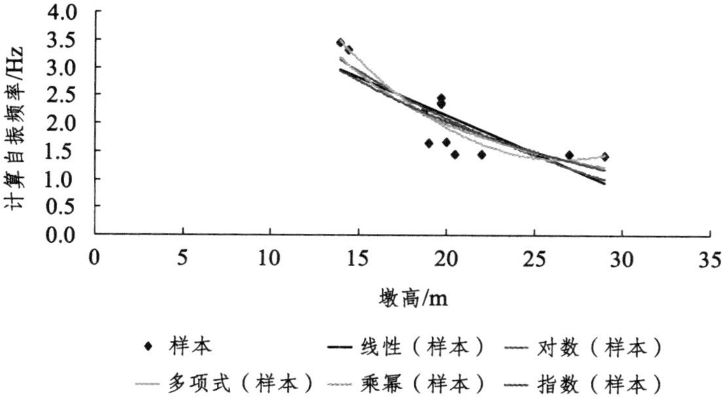

图 4.5.180　高宽比-计算自振频率关系图

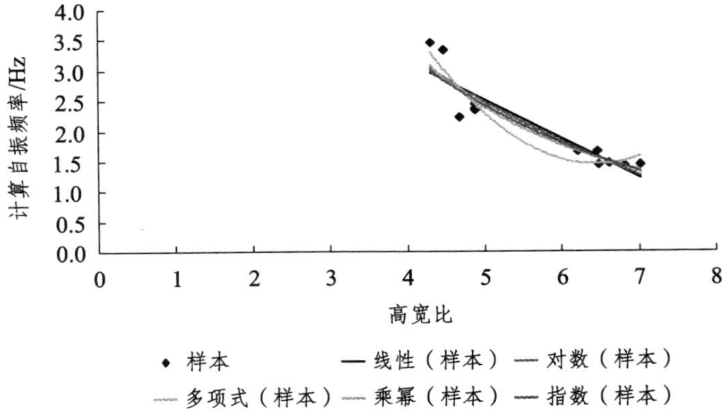

图 4.5.181　高宽比-计算自振频率关系图

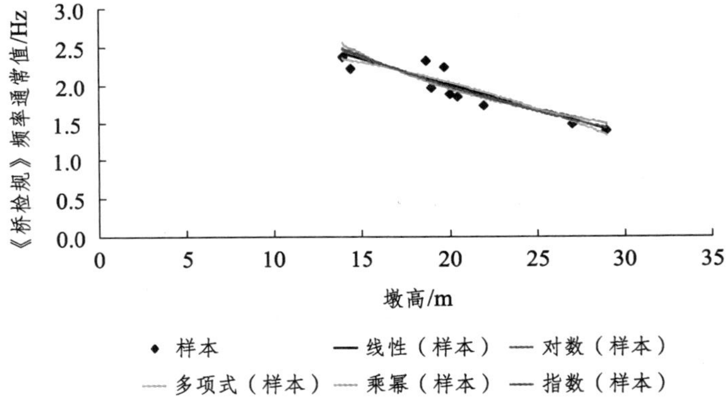

图 4.5.182　墩高-《桥检规》频率通常值关系图

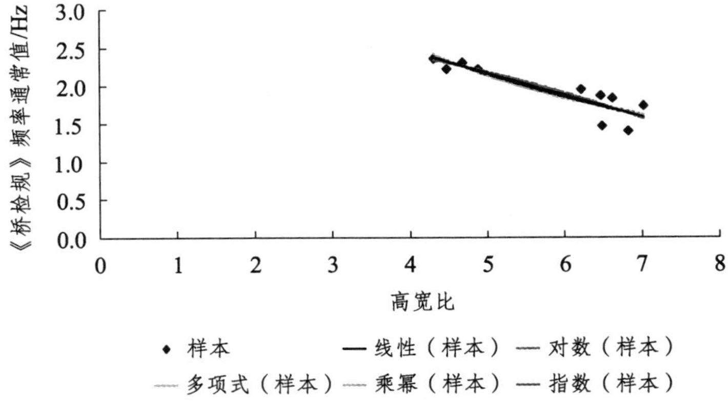

图 4.5.183　高宽比-《桥检规》频率通常值关系图

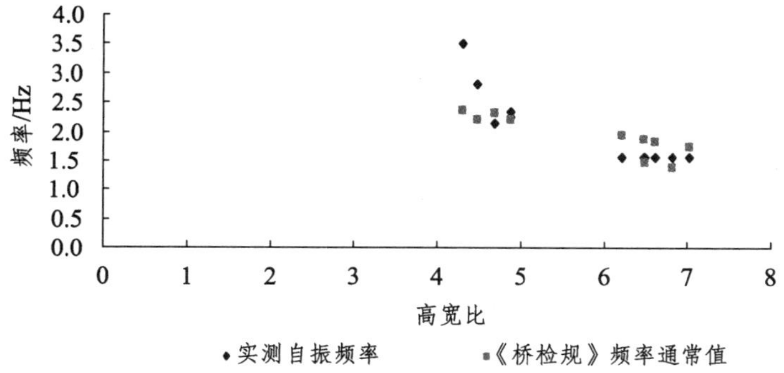

图 4.5.184 实测自振频率-《桥检规》频率通常值关系图

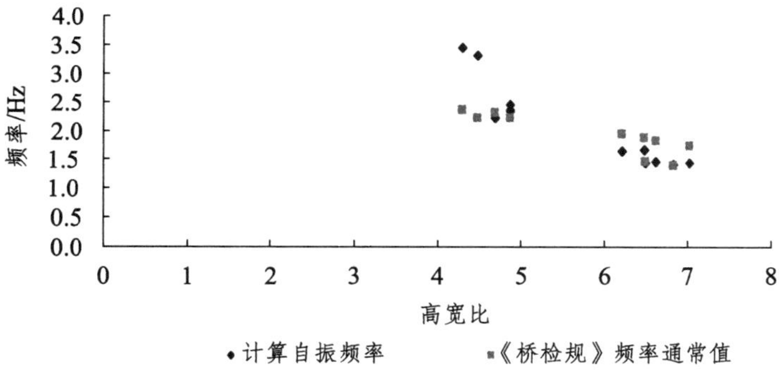

图 4.5.185 计算自振频率-《桥检规》频率通常值关系图

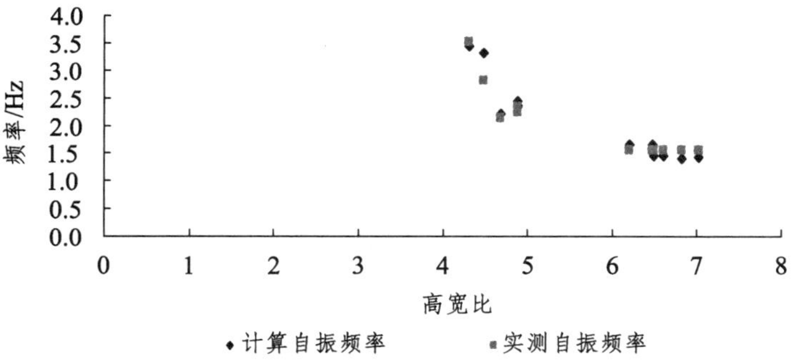

图 4.5.186 计算自振频率-实测自振频率关系图

表 4.5.19 预测函数表达式

序号	关系（x-y）	预测函数表达式 $y=f(x)$	最高拟合优度 R^2
1	墩高-实测自振频率	$y=0.0129x^2-0.661x+9.9519$	$R^2=0.7818$
2	高宽比-实测自振频率	$y=0.462x^2-5.7605x+19.399$	$R^2=0.9177$
3	墩高-计算自振频率	$y=0.0134x^2-0.7091x+10.757$	$R^2=0.8295$
4	高宽比-计算自振频率	$y=35.801x^{-1.6816}$	$R^2=0.9231$
5	墩高-《桥检规》通常值	$y=4.1318e^{-0.1494x}$	$R^2=0.7984$
6	高宽比-《桥检规》通常值	$y=-0.0318x^2+0.0732x+2.616$	$R^2=0.8141$

3）桩基础-圆端形墩

对于扩大基础的圆端形墩而言，试验分析样本共计选取 5 座桥、11 个墩。基于样本统计所得到的散点关系和回归方程如图 4.5.187 ~ 图 4.5.195 和表 4.5.20 所示。

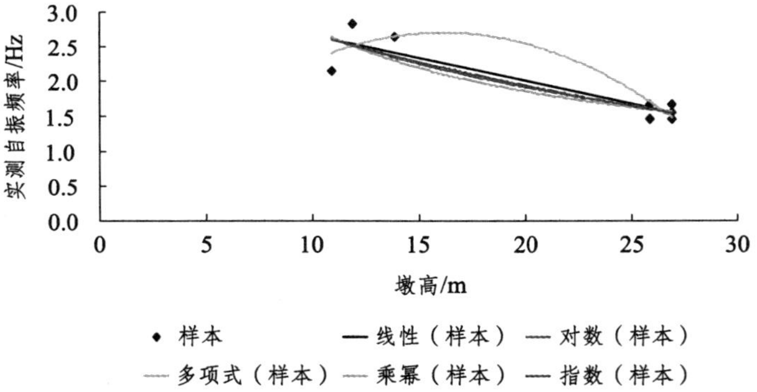

图 4.5.187 墩高-实测自振频率关系图

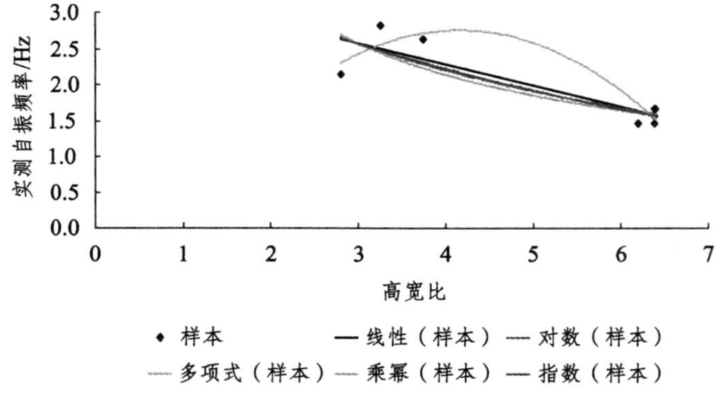

图 4.5.188 高宽比-实测自振频率关系图

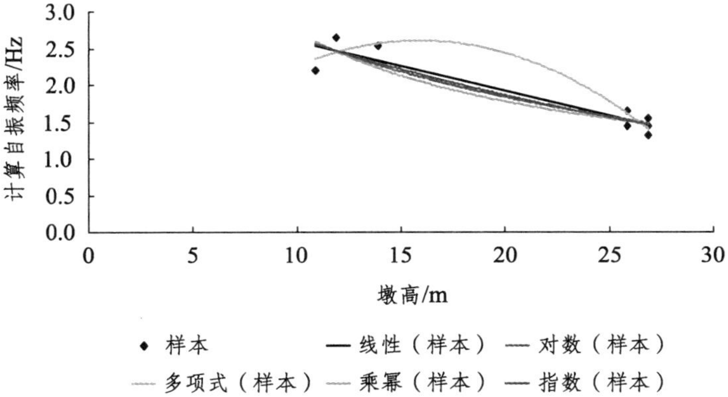

图 4.5.189　墩高-计算自振频率关系图

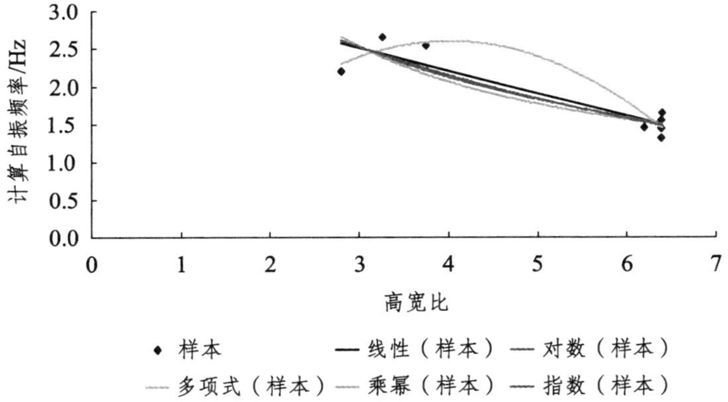

图 4.5.190　高宽比-实测自振频率关系图

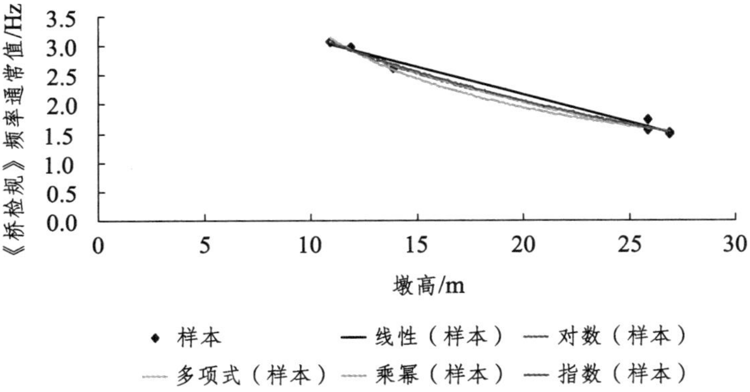

图 4.5.191　墩高-《桥检规》频率通常值关系图

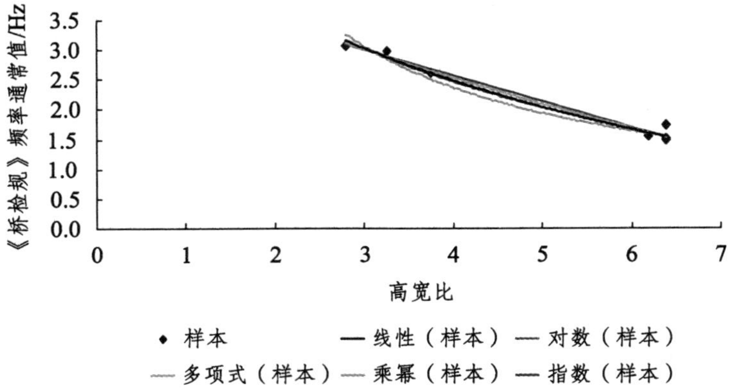

图 4.5.192 高宽比-《桥检规》频率通常值关系图

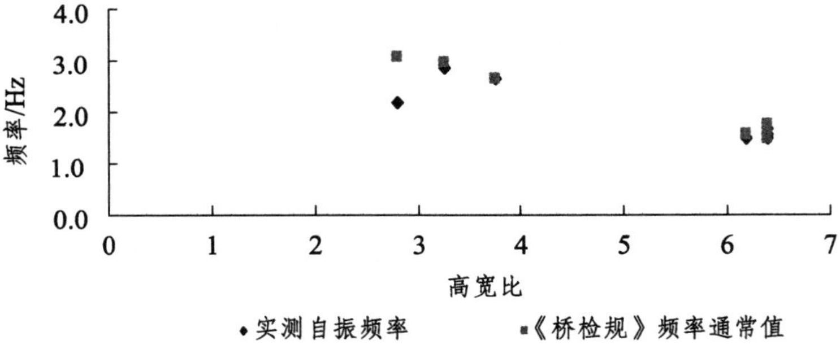

图 4.5.193 实测自振频率-《桥检规》频率通常值关系图

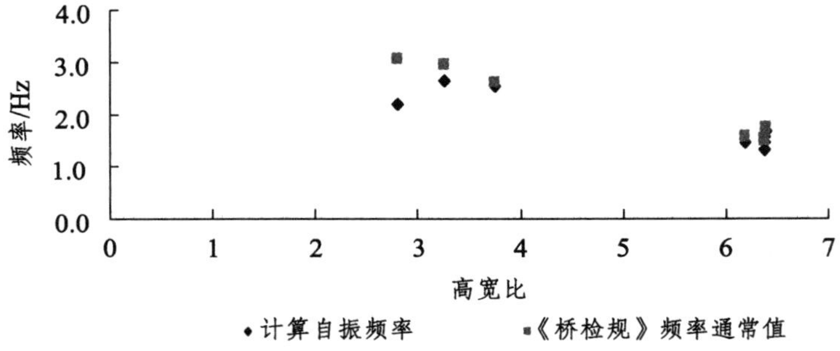

图 4.5.194 计算自振频率-《桥检规》频率通常值关系图

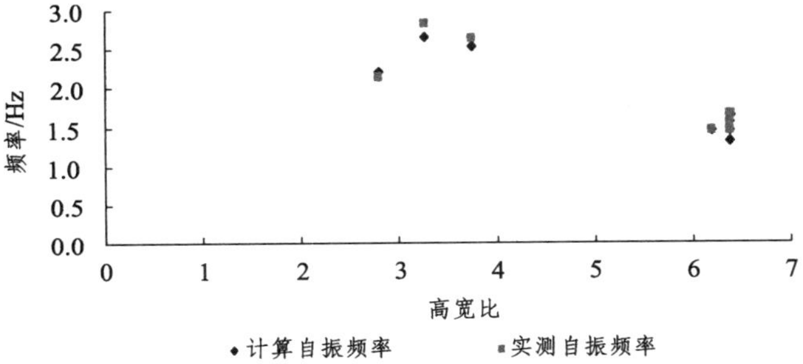

图 4.5.195　计算自振频率-实测自振频率关系图

表 4.5.20　预测函数表达式

序号	关系（x-y）	预测函数表达式 $y=f(x)$	最高拟合优度 R^2
1	墩高-实测自振频率	$y=-0.0106x^2+0.3439x-0.069$	$R^2=0.8727$
2	高宽比-实测自振频率	$y=-0.2479x^2+2.0614x-1.5218$	$R^2=0.8958$
3	墩高-计算自振频率	$y=-0.0099x^2+0.3155x+0.1029$	$R^2=0.9369$
4	高宽比-计算自振频率	$y=-0.2017x^2+1.6177x-0.6427$	$R^2=0.9285$
5	墩高-《桥检规》通常值	$y=0.0026x^2-0.1921x+4.8539$	$R^2=0.9917$
6	高宽比-《桥检规》通常值	$y=0.0192x^2-0.6121x+4.6767$	$R^2=0.9842$

3. C20 混凝土

1）扩大基础-圆形墩

对于扩大基础的圆端形墩而言，试验分析样本共计选取 2 座桥、6 个墩。主要分析的关系包括：墩高-实测自振频率、高宽比-实测自振频率、墩高-计算自振频率、高宽比-计算自振频率、墩高-《桥检规》频率通常值、高宽比-《桥检规》频率通常值。基于样本统计所得到的散点关系和回归方程如图 4.5.196 ~ 图 4.5.201 和表 4.5.21 所示。

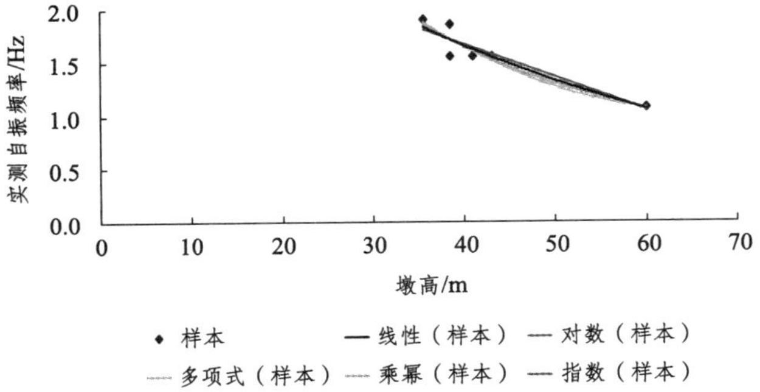

图 4.5.196　墩高-实测自振频率关系图

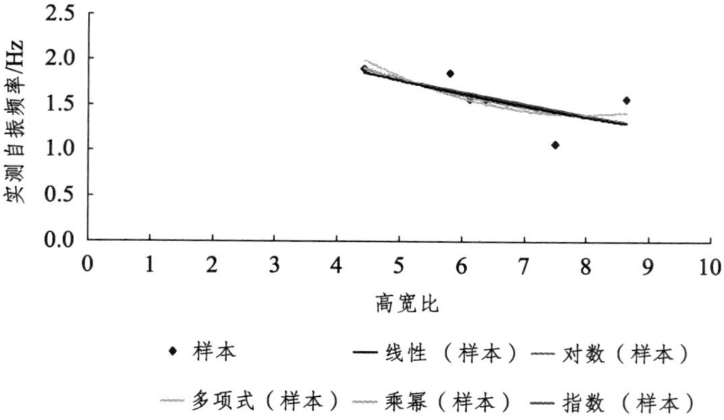

图 4.5.197 高宽比-实测自振频率关系图

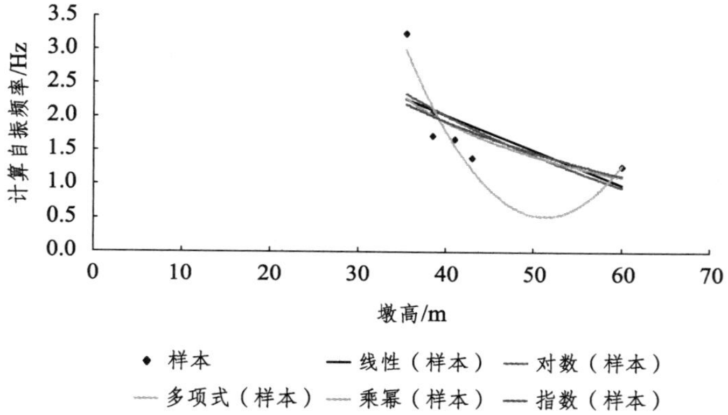

图 4.5.198 墩高-计算自振频率关系图

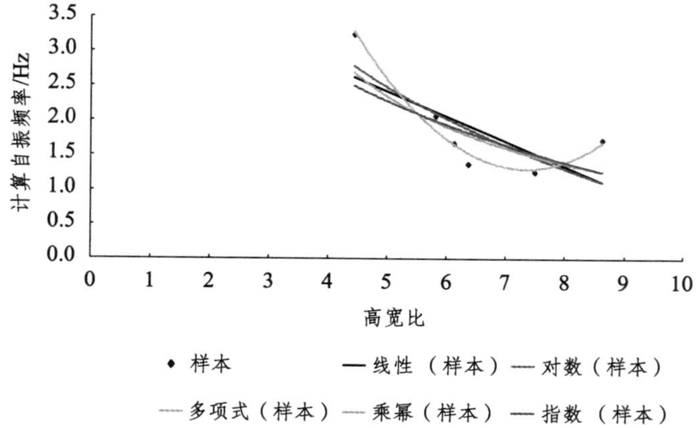

图 4.5.199 高宽比-计算自振频率关系图

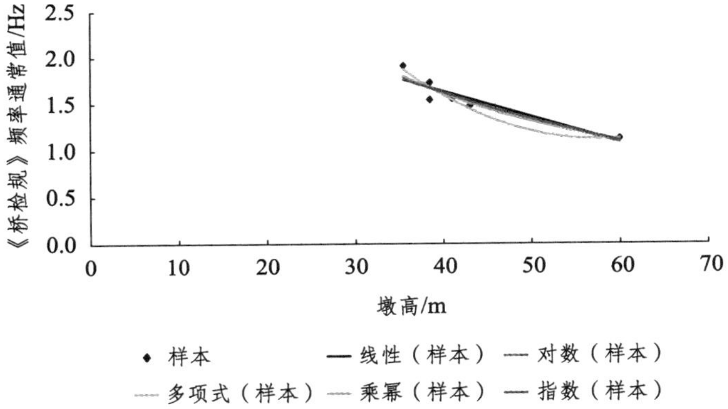

图 4.5.200　墩高-《桥检规》频率通常值关系图

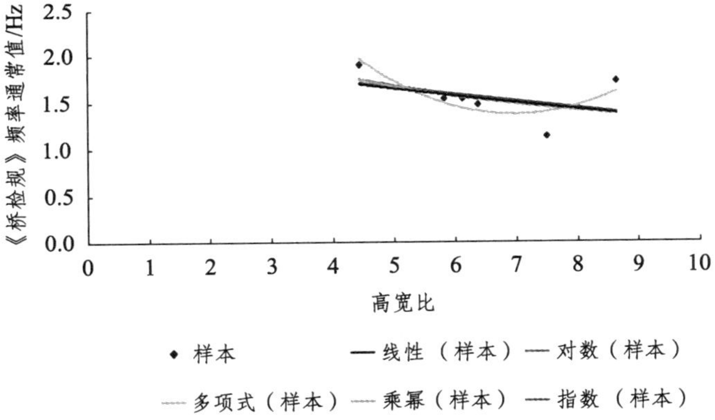

图 4.5.201　高宽比-《桥检规》频率通常值关系图

表 4.5.21　预测函数表达式

序号	关系（x-y）	预测函数表达式 $y=f(x)$	最高拟合优度 R^2
1	墩高-实测自振频率	$y=81.221x^{-1.0568}$	$R^2=0.9210$
2	高宽比-实测自振频率	$y=0.0496x^2-0.7852x+4.5071$	$R^2=0.8902$
3	墩高-计算自振频率	$y=0.0099x^2-1.0205x+26.689$	$R^2=0.9713$
4	高宽比-计算自振频率	$y=0.2331x^2-3.4287x+13.918$	$R^2=0.9713$
5	墩高-《桥检规》通常值	$y=0.0015x^2-0.1776x+6.2309$	$R^2=0.9349$
6	高宽比-《桥检规》通常值	$y=0.0913x^2-1.2759x+5.8374$	$R^2=0.6877$

2）桩基础-圆形墩

对于桩基础的圆形墩而言，试验分析样本共计选取 3 座桥、8 个墩。基于样本统计所得到的散点关系和回归方程如图 4.5.202 ~ 图 4.5.209 和表 4.5.22 所示。

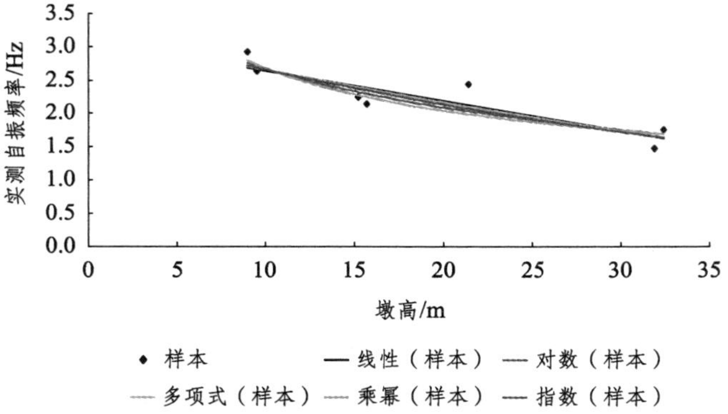

图 4.5.202 墩高-实测自振频率关系图

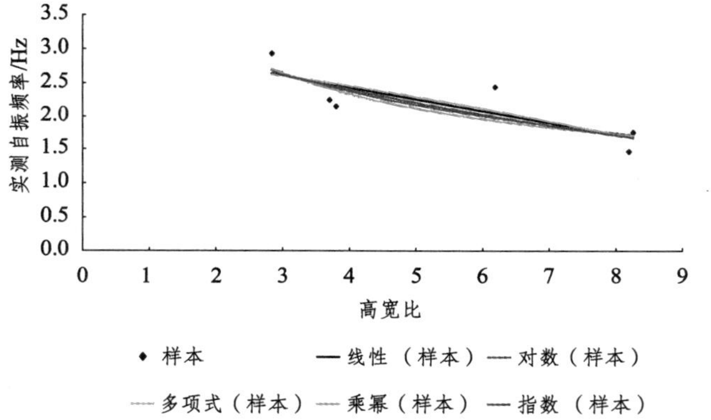

图 4.5.203 高宽比-实测自振频率关系图

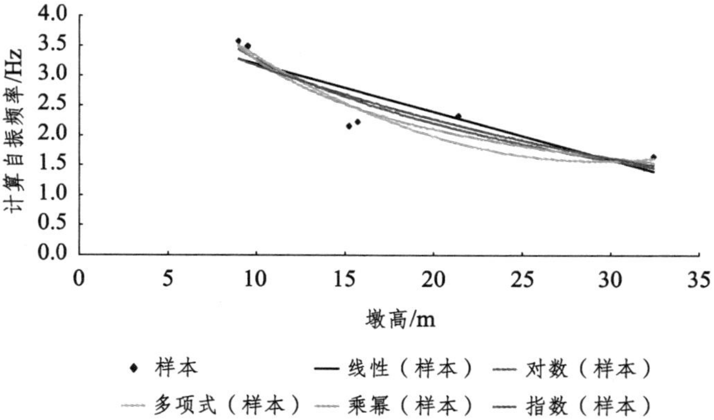

图 4.5.204 墩高-计算自振频率关系图

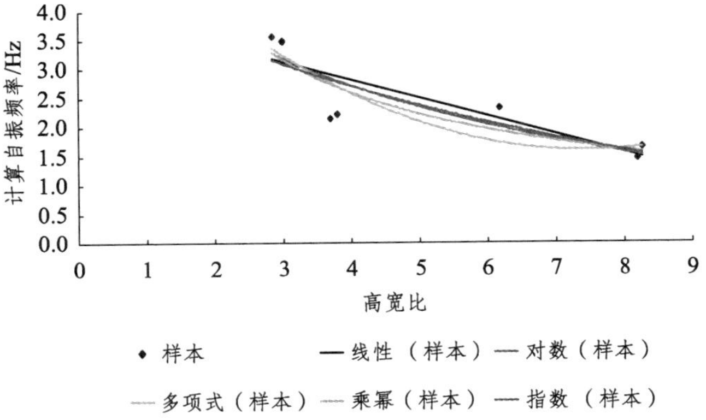

图 4.5.205　高宽比-计算自振频率关系图

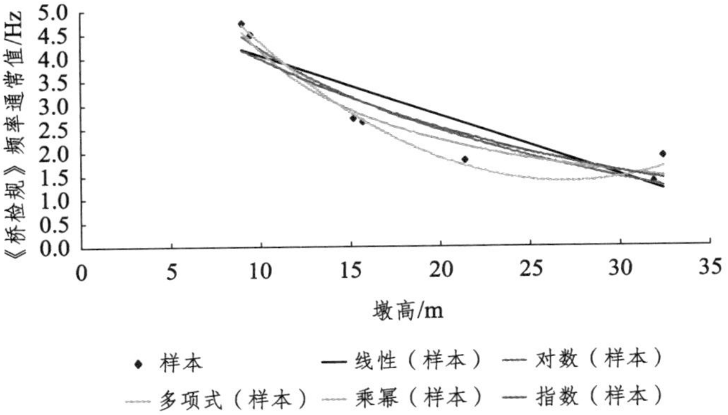

图 4.5.206　墩高-《桥检规》频率通常值关系图

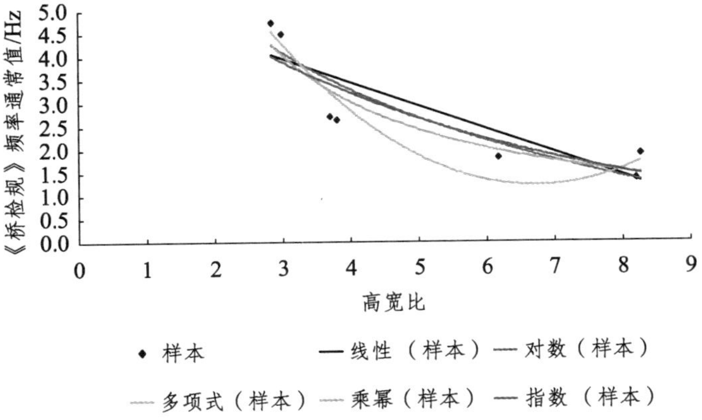

图 4.5.207　高宽比-《桥检规》频率通常值关系图

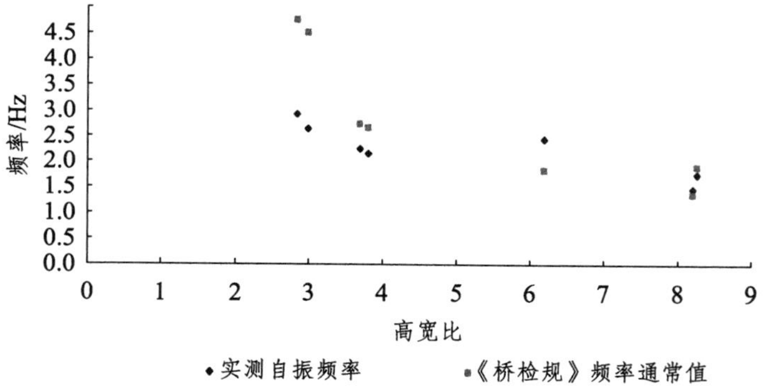

图 4.5.208　实测自振频率-《桥检规》频率通常值关系图

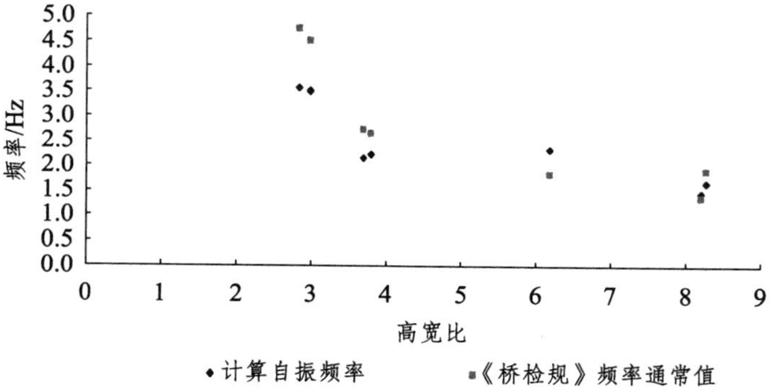

图 4.5.209　计算自振频率-《桥检规》频率通常值关系图

表 4.5.22　预测函数表达式

序号	关系（x-y）	预测函数表达式 $y=f(x)$	最高拟合优度 R^2
1	墩高-实测自振频率	$y=0.002x^2-0.055\,7+3.192\,4$	$R^2=0.824\,7$
2	高宽比-实测自振频率	$y=-0.007x^2-0.099\,5x+2.965\,7$	$R^2=0.724\,6$
3	墩高-计算自振频率	$y=0.004\,6x^2-0.273\,5x+5.594\,9$	$R^2=0.916\,6$
4	高宽比-计算自振频率	$y=0.083\,1x^2-1.235\,4x+6.197\,1$	$R^2=0.773\,4$
5	墩高-《桥检规》通常值	$y=0.010\,2x^2-0.549\,7x+8.817\,6$	$R^2=0.988\,5$
6	高宽比-《桥检规》通常值	$y=0.219\,8x^2-2.956\,7x+11.169$	$R^2=0.920\,6$

3）桩基础-圆端形墩

对于桩基础的圆端形墩而言，试验分析样本共计选取 5 座桥、9 个墩。基于样本统计所得到的散点关系和回归方程如图 4.5.210 ~ 图 4.5.218 和表 4.5.23 所示。

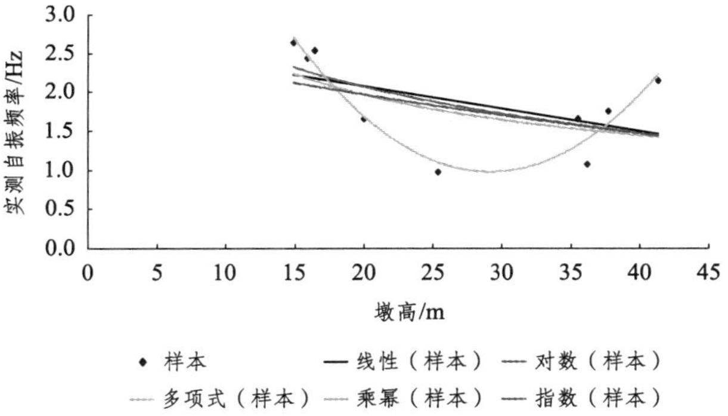

图 4.5.210　墩高-实测自振频率关系图

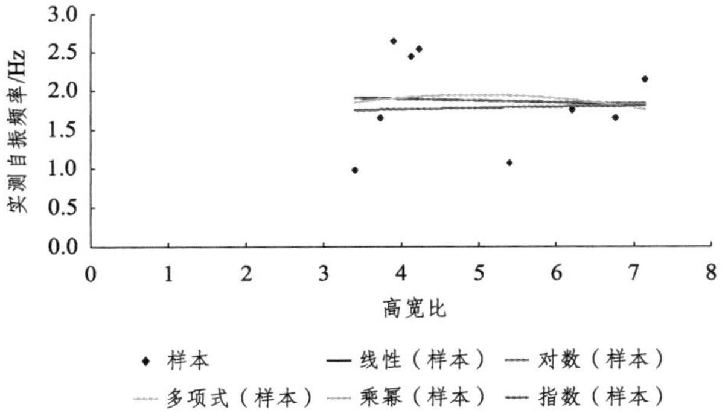

图 4.5.211　高宽比-实测自振频率关系图

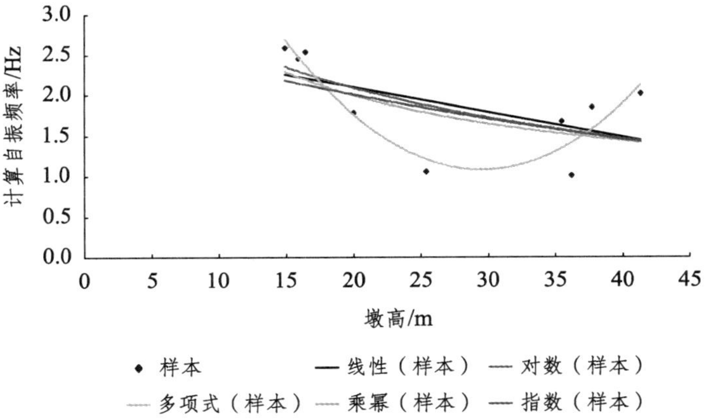

图 4.5.212　墩高-计算自振频率关系图

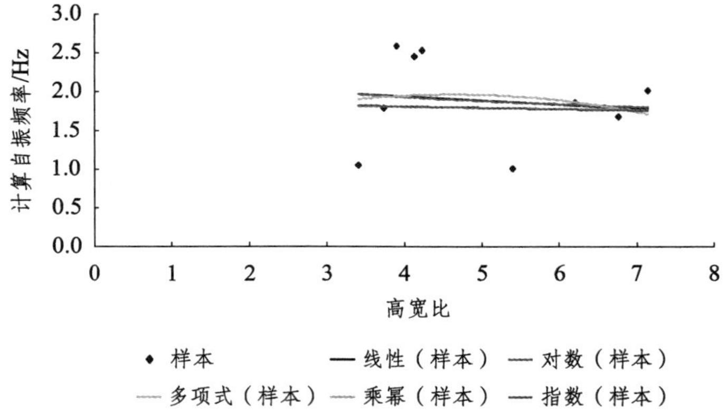

图 4.5.213 高宽比-计算自振频率关系图

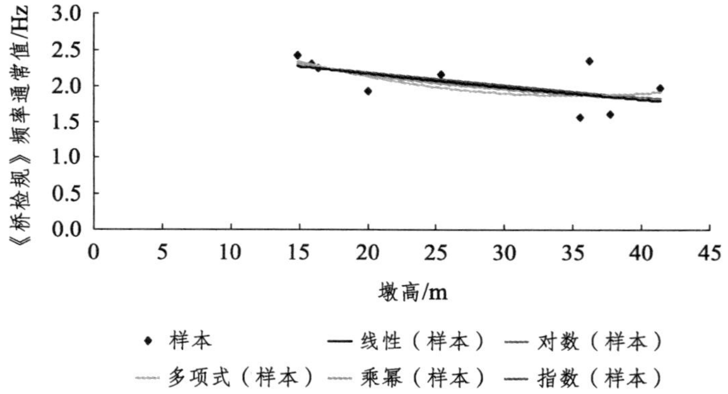

图 4.5.214 墩高-《桥检规》频率通常值关系图

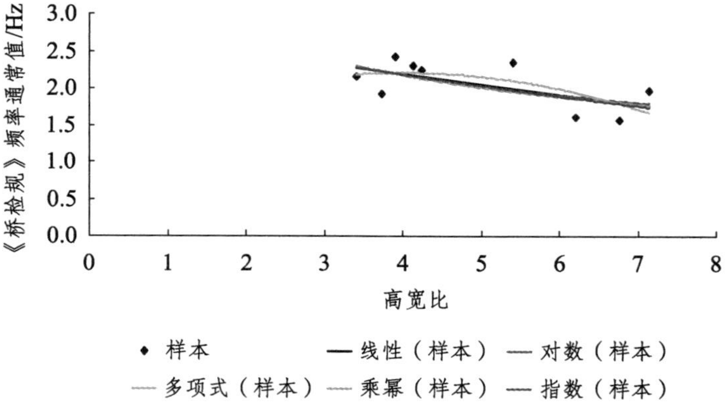

图 4.5.215 高宽比-《桥检规》频率通常值关系图

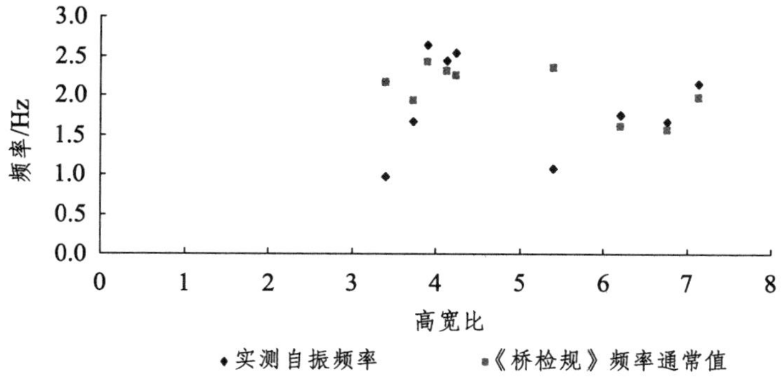

图 4.5.216　实测自振频率-《桥检规》频率通常值关系图

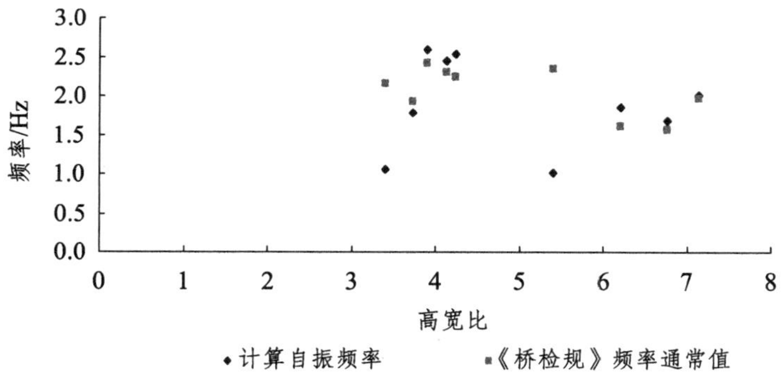

图 4.5.217　计算自振频率-《桥检规》频率通常值关系图

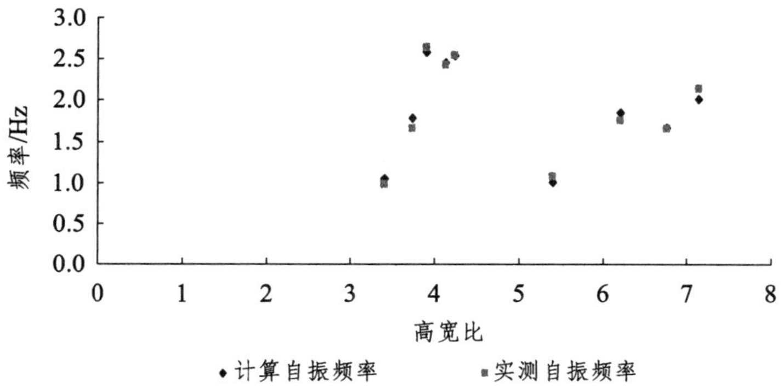

图 4.5.218　计算自振频率-实测自振频率关系图

表 4.5.23 预测函数表达式

序号	关系（x-y）	预测函数表达式 $y=f(x)$	最高拟合优度 R^2
1	墩高-实测自振频率	$y=0.0085x^2-0.4858x+8.2086$	$R^2=0.8967$
2	高宽比-实测自振频率	$y=-0.039x^2+0.3872x+0.9868$	$R^2=0.0089$
3	墩高-计算自振频率	$y=0.0075x^2-0.4422x+7.611$	$R^2=0.8506$
4	高宽比-计算自振频率	$y=-0.0401x^2+0.372x+1.0986$	$R^2=0.0211$
5	墩高-《桥检规》通常值	$y=0.0012x^2-0.0815x+3.2962$	$R^2=0.3950$
6	高宽比-《桥检规》通常值	$y=-0.0559x^2+0.45x+1.3068$	$R^2=0.4309$

4. 不同材料桥墩刚度特性规律

1）C12 与 C15 混凝土

在扩大基础的圆端形桥墩条件下，两类材料混凝土桥墩的 6 类拟合关系如下所示。

（1）墩高-实测自振频率（图 4.5.219）。

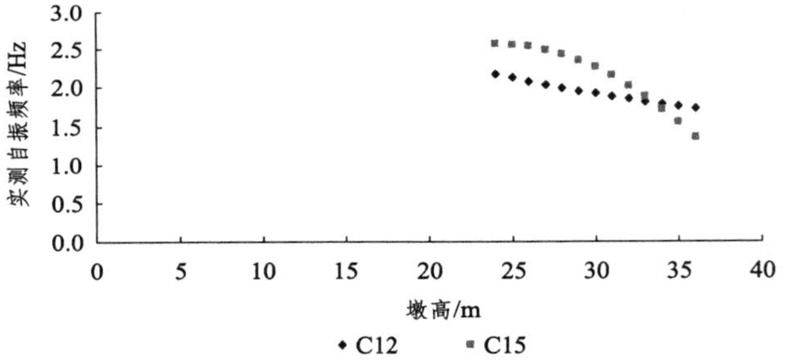

图 4.5.219 不同材料墩高-实测自振频率关系图

C12 混凝土—— $y=12.926x^{-0.5611}$， $R=0.3105$

C15 混凝土—— $y=-0.0083x^2+0.396x-2.1482$， $R=0.5845$

（2）高宽比-实测自振频率（图 4.5.220）。

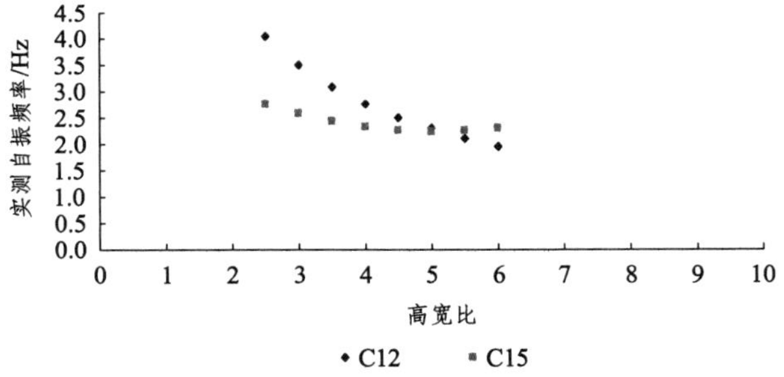

图 4.5.220 不同材料高宽比-实测自振频率关系图

C12 混凝土—— $y = 11.221x^{-0.9305}$， $R = 0.5713$

C15 混凝土—— $y = -0.0817x^2 - 0.8253x + 4.3211$， $R = 0.2007$

（3）墩高-计算自振频率（图 4.5.221）。

C12 混凝土—— $y = 4.4005e^{-0.0288x}$， $R = 0.5395$

C15 混凝土—— $y = -0.0029x^2 + 0.1582x + 1.0809$， $R = 0.5539$

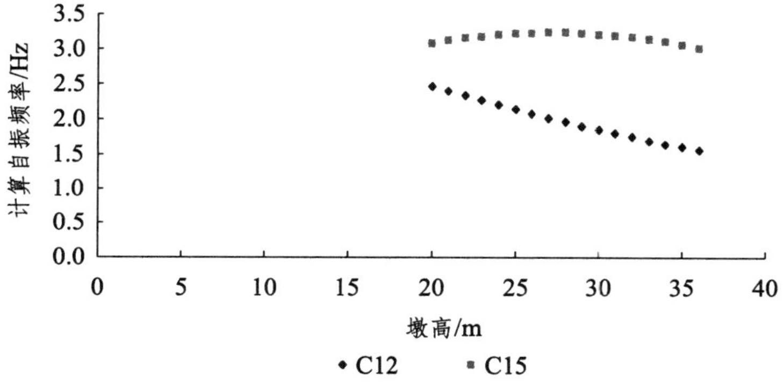

图 4.5.221　不同材料墩高-计算自振频率关系图

（4）高宽比-计算自振频率（图 4.5.222）。

C12 混凝土—— $y = 6.6826e^{-0.1896x}$， $R = 0.8079$

C15 混凝土—— $y = 2.8473x^{-0.1261}$， $R = 0.1011$

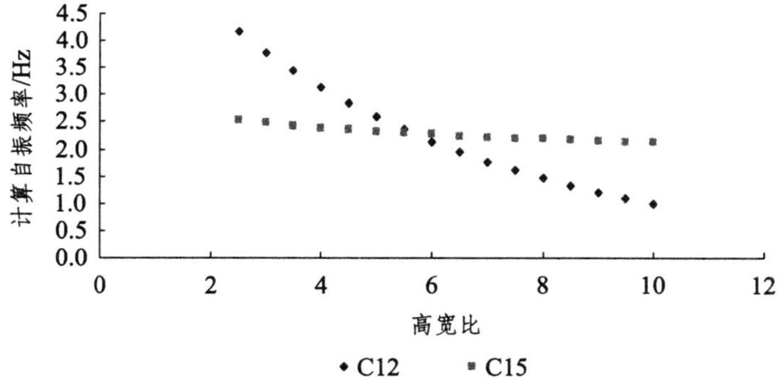

图 4.5.222　不同材料高宽比-计算自振频率关系图

（5）墩高-《桥检规》频率通常值（图 4.5.223）。

C12 混凝土—— $y = 3.8278e^{-0.0256x}$， $R = 0.8278$

C15 混凝土—— $y=-0.0004x^2+0.0128x+2.22$ ， $R=0.0215$

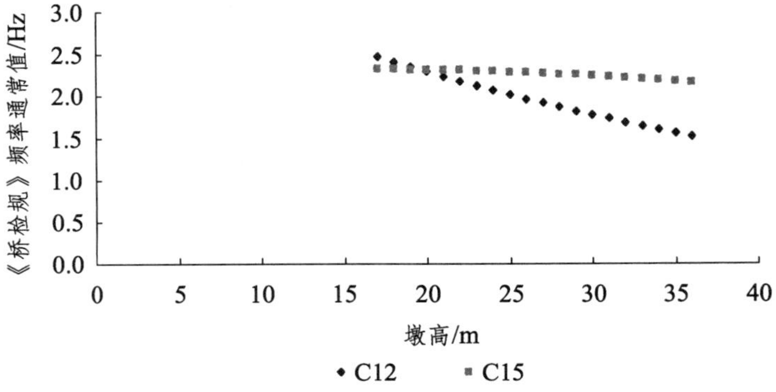

图 4.5.223　不同材料墩高-《桥检规》频率通常值关系图

（6）高宽比-《桥检规》频率通常值（图 4.5.224）。

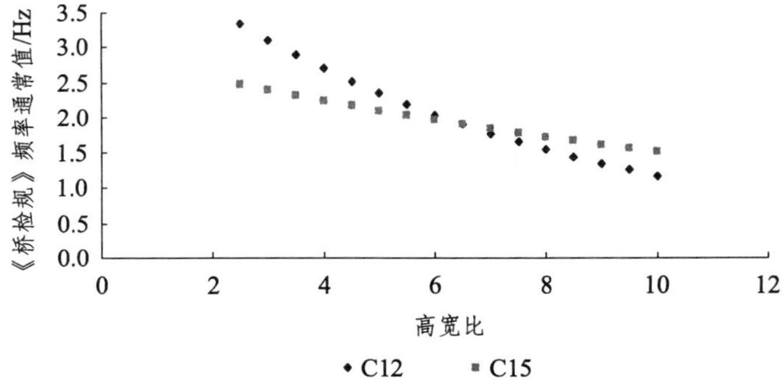

图 4.5.224　不同材料高宽比-《桥检规》频率通常值关系图

C12 混凝土—— $y=4.7323e^{-0.1402x}$ ， $R=0.8631$

C15 混凝土—— $y=2.9363e^{-0.0666x}$ ， $R=0.6653$

2）C15 与 C20 混凝土

（1）在桩基础的圆形桥墩条件下，两类材料混凝土桥墩的 6 类拟合关系如下所示。

① 墩高-实测自振频率（图 4.5.225）。

C15 混凝土—— $y=0.0129x^2-0.661x+9.9519$ ， $R^2=0.7818$

C20 混凝土—— $y=0.002x^2-0.0557x+3.1924$ ， $R^2=0.8247$

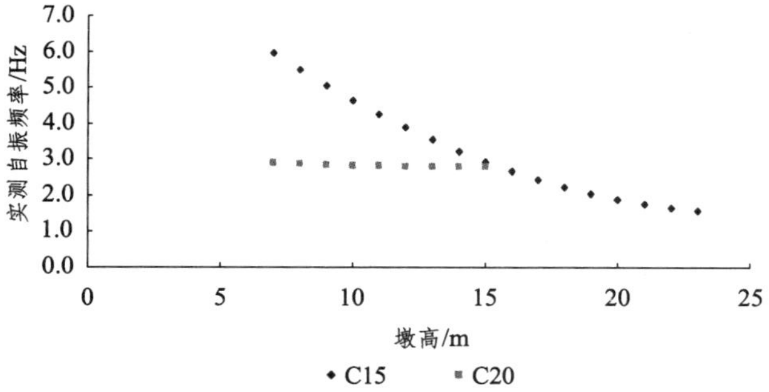

图 4.5.225　不同材料墩高-实测自振频率关系图

② 高宽比-实测自振频率（图 4.5.226）。

C15 混凝土—— $y=0.462x^2-5.760\,5x+19.399$ ， $R^2=0.917\,7$

C20 混凝土—— $y=-0.007x^2-0.099\,5x+2.965\,7$ ， $R^2=0.724\,6$

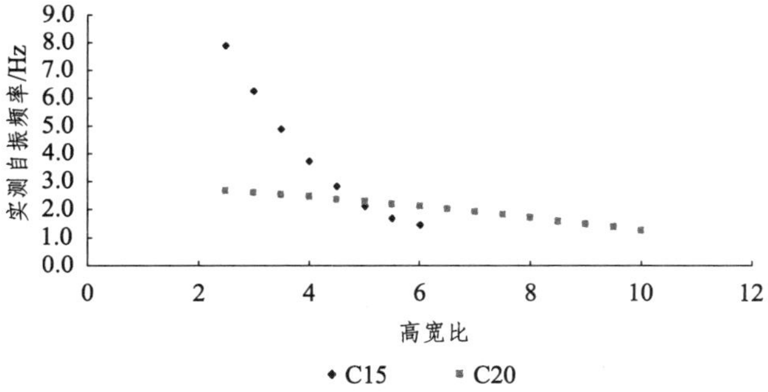

图 4.5.226　不同材料高宽比-实测自振频率关系图

③ 墩高-计算自振频率（图 4.5.227）。

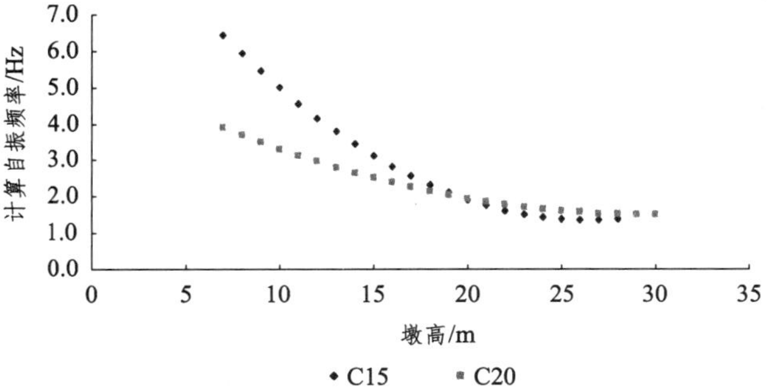

图 4.5.227　不同材料墩高-计算自振频率关系图

C15 混凝土—— $y = 0.0134x^2 - 0.7091x + 10.757$ ， $R^2 = 0.8295$

C20 混凝土—— $y = 0.0046x^2 - 0.2735x + 5.5979$ ， $R^2 = 0.9166$

④ 高宽比-计算自振频率（图 4.5.228）。

C15 混凝土—— $y = 35.801x^{-1.6816}$ ， $R^2 = 0.9231$

C20 混凝土—— $y = 0.0831x^2 - 1.2354x + 6.1971$ ， $R^2 = 0.7734$

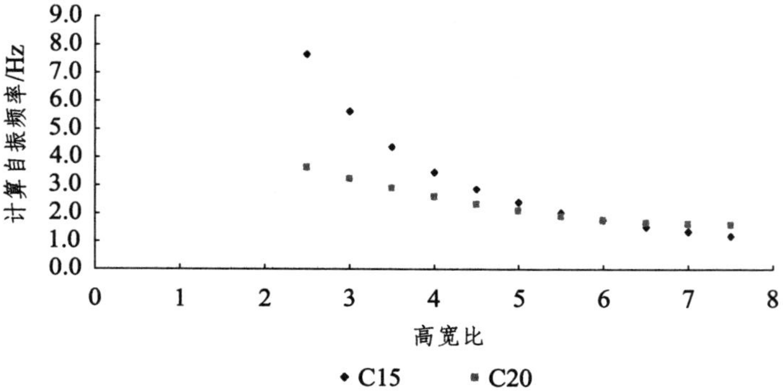

图 4.5.228 高宽比-计算自振频率关系图

⑤ 墩高-《桥检规》频率通常值（图 4.5.229）。

C15 混凝土—— $y = 4.1318e^{-0.1494x}$ ， $R^2 = 0.7984$

C20 混凝土—— $y = 0.0102x^2 - 0.5497x + 8.8176$ ， $R^2 = 0.9885$

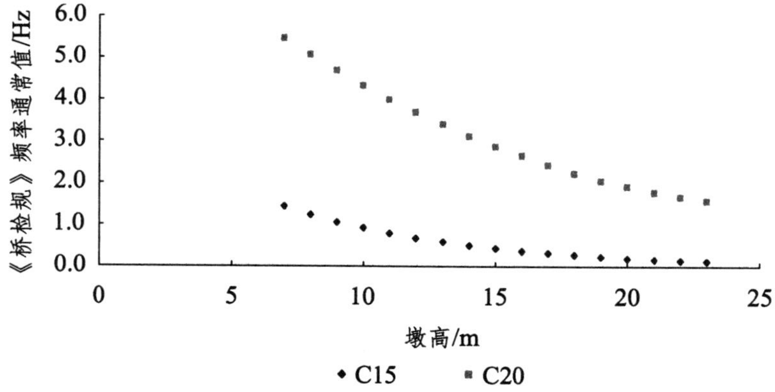

图 4.5.229 高宽比-《桥检规》频率通常值关系图

⑥ 高宽比-《桥检规》频率通常值（图 4.5.230）。

C15 混凝土—— $y=-0.0318x^2+0.0732x+2616$， $R^2=0.8141$

C20 混凝土—— $y=0.2198x^2-2.9567x+11.169$， $R^2=0.9206$

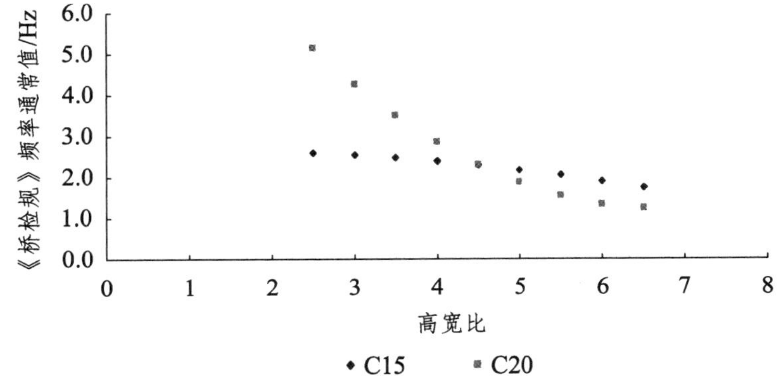

图 4.5.230　高宽比-《桥检规》频率通常值关系图

（2）在桩基础的圆端形桥墩条件下，两类材料混凝土桥墩的 6 类拟合关系如下所示。

① 墩高-实测自振频率（图 4.5.231）。

C15 混凝土—— $y=-0.0106x^2+0.3439x-0.069$， $R^2=0.8727$

C20 混凝土—— $y=0.0085x^2-0.4858x+8.2086$， $R^2=0.8967$

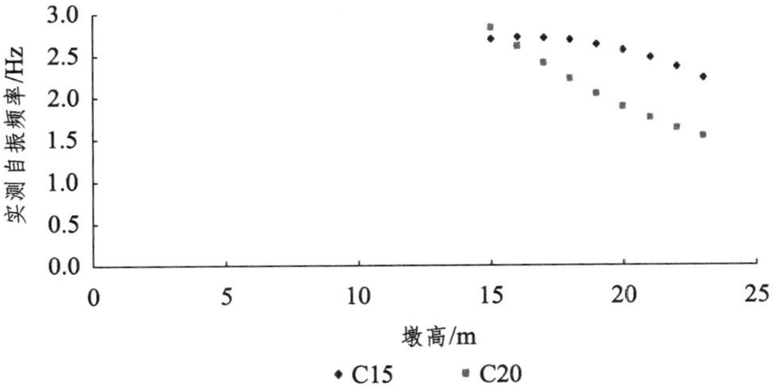

图 4.5.231　不同材料墩高-实测自振频率关系图

② 高宽比-实测自振频率（图 4.5.232）。

C15 混凝土—— $y=-0.2479x^2+2.0614x-1.5218$， $R^2=0.8958$

C20 混凝土—— $y=-0.039x^2+0.3872x+0.9868$， $R^2=0.0089$

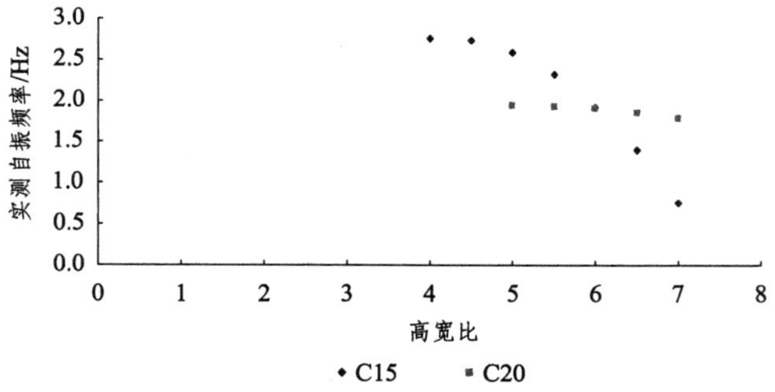

图 4.5.232 不同材料高宽比-实测自振频率关系图

③ 墩高-计算自振频率（图 4.5.233）。

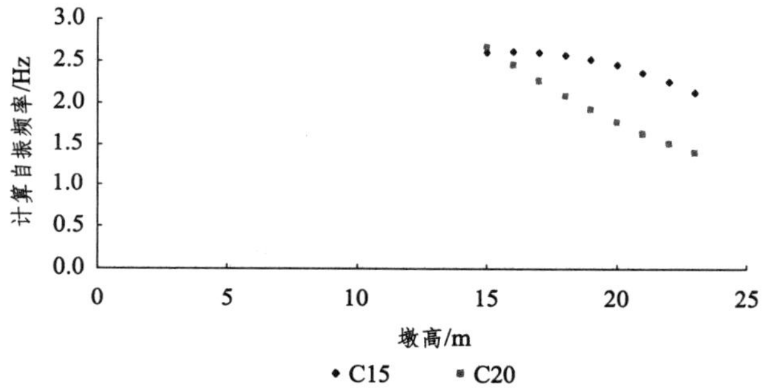

图 4.5.233 不同材料墩高-计算自振频率关系图

C15 混凝土—— $y=-0.0099x^2+0.3155x+0.1029$， $R^2=0.9369$

C20 混凝土—— $y=0.0075x^2-0.4422x+7.611$， $R^2=0.8506$

④ 高宽比-计算自振频率（图 4.5.234）。

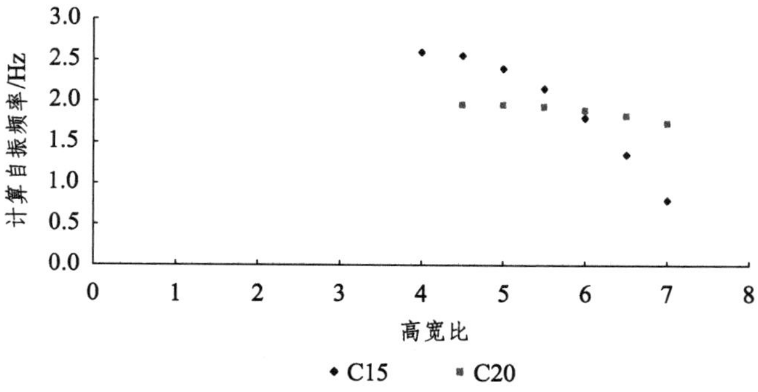

图 4.5.234 不同材料高宽比-计算自振频率关系图

C15 混凝土—— $y=-0.2017x^2+1.6177x-0.6427$， $R^2=0.9285$

C20 混凝土—— $y=-0.0401x^2+0.372x+1.0986$， $R^2=0.0211$

⑤ 墩高-《桥检规》频率通常值（图 4.5.235）。

C15 混凝土—— $y=0.0026x^2-0.1921x+4.8539$， $R^2=0.9917$

C20 混凝土—— $y=0.0012x^2+0.0815x+3.2962$， $R^2=0.3950$

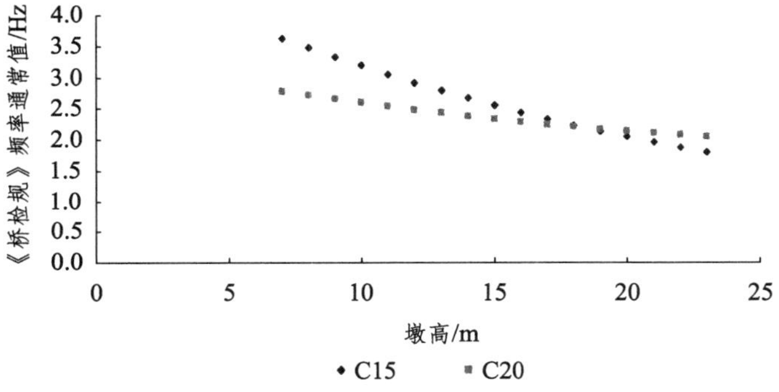

图 4.5.235　不同材料墩高-《桥检规》频率通常值关系图

⑥ 高宽比-《桥检规》频率通常值（图 4.5.236）。

C15 混凝土—— $y=0.0192x^2-0.6121x+4.6767$， $R^2=0.9842$

C20 混凝土—— $y=-0.0559x^2+0.45x+1.3068$， $R^2=0.4309$

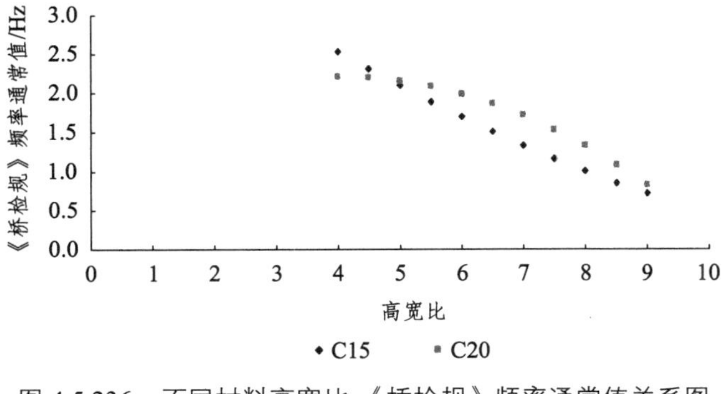

图 4.5.236　不同材料高宽比-《桥检规》频率通常值关系图

3）小结

（1）C12 与 C15 混凝土。

对于扩大基础条件下的圆端形桥墩而言，其刚度特性表现为如下特征：

一是随着墩高、高宽比的增加，不同材料桥墩的实测自振频率、计算自振频率及《桥检规》频率通常值均呈现逐渐降低的趋势，不同材料桥墩的变化斜率则不一致。

二是从统计样本得到的各类关系图来看，墩高、高宽比分别与刚度特性的所应具有的一致性不显著，材料特性对桥墩实测、计算自振频率及《桥检规》频率通常值的表现作用显著，但统计分析结果中没有反映出材料强度愈高则频率愈高的基本理论。

（2）C15 与 C20 混凝土。

对于桩基础条件下的圆形、圆端形墩而言，其刚度特性表现为如下特征：

一是随着墩高、高宽比的增加，不同材料桥墩的实测自振频率、计算自振频率及《桥检规》频率通常值均呈现逐渐降低的趋势，不同材料桥墩的递变速率则不一致。

二是从统计样本得到的各类关系图来看，墩高、高宽比分别与刚度特性的所应具有的一致性不显著，材料特性对桥墩实测、计算自振频率及《桥检规》频率通常值的表现作用显著，统计分析结果中亦没有反映出材料强度愈高则频率愈高的基本理论。

4.5.5 小结

本节重点讨论了影响桥墩刚度特性的诸多条件，并依次对桥墩高度、墩身截面、基础类型和墩身材料等进行了统计分析，得到如下基于桥墩刚度特性的调查与评价结论。

1. 样本统计及分析方法

（1）基于本章讨论研究的调查样本合计 63 座桥、199 个墩，且均为中高墩（高宽比≥2.5）。其中：矩形墩 19 座桥、47 个墩，圆形墩 24 座桥、88 个墩，圆端形墩 23 座桥、64 个墩；扩大基础 34 座桥、99 个墩，沉井基础 17 座桥、39 个墩，桩基础 21 座桥、61 个墩；C12 混凝土墩身 37 座桥、112 个墩，C15 混凝土墩身 15 座桥、49 个墩，C20 混凝土墩身 13 座桥、32 个墩。

（2）通过试验对比选择的参数关系主要有墩高-实测自振频率、高宽比-实测自振频率、墩高-计算自振频率、高宽比-计算自振频率、墩高-《桥检规》频率通常值、高宽比-《桥检规》频率通常值、实测自振频率-《桥检规》频率通常值、计算自振频率-《桥检规》频率通常值和计算自振频率-实测自振频率等 9 类关系。

2. 桥墩高度对刚度特性的影响

（1）通过以上分析认为，墩身高度是对样本桥墩刚度特性影响最为显著的因素。不同墩身截面、不同基础类型、不同墩身材料的变化均没有改变桥墩横向自振频率随墩身高度的增加而减小的趋势。

（2）当仅考虑墩高变化而其他条件不变时，墩高、高宽比均与桥墩实测自振频率呈现指数变化规律，且高宽比的拟合优度更高；对于计算自振频率和《桥检规》频率通常值而言，墩高变化的影响在其中的作用效果基本一致，尤其是对《桥检规》频率通常值而言，墩高和高宽比的拟合优度更高，该结论亦表明，现行《桥检规》的桥墩频率通常值计算办法对样本桥墩的回归性较好。

（3）通过对比样本桥墩的频率实测值和《桥检规》频率通常值，得知桥墩的实测自振频率多数满足现行《桥检规》频率通常值的要求。此试验结论表明，对于现役的多数桥墩而言，其横向刚度条件是有保障的，其对铁路桥梁的安全运营是有贡献的。

3. 墩身截面对刚度特性的影响

（1）墩身截面的不同没有从本质上改变墩高、高宽比对桥墩刚度的影响权重。但通过完成对矩形、圆形及圆端形墩的刚度特性分析，获知不同墩形的桥墩刚度特性是存在差异的。

（2）当仅考虑墩高及墩身截面变化而其他条件不变时，不同截面桥墩的刚度表现为：矩形 > 圆端形 > 圆形。多数情况下，矩形和圆形墩的墩高、高宽比分别与实测自振频率、计算自振频率间呈现指数或幂函数关系分布，而圆端形墩的墩高、高宽比分别与实测自振频率、计算自振频率间呈现二次函数关系分布。

（3）从不同墩形的墩高、高宽比分别与实测自振频率的相关关系描述可知，矩形墩和圆形墩的拟合优度较高，圆形墩和圆端形墩的趋势表现为当墩高为 20 m 及高宽比在 4 附近时出现了交织，而此表征在矩形墩上体现得不明显；从不同墩形的墩高、高宽比分别与《桥检规》频率通常值的相关关系描述可知，三种墩形桥墩的拟合优度均较高，在同《桥检规》频率通常值进行比较时，三条曲线的重叠性较强，表明现行的《桥检规》频率通常值在评价不同墩形桥墩方面的作用效果显著，一致性较好；在同《桥检规》频率通常值进行比较时，三条曲线在高宽比为 7 附近时出现了分支，尤其是在高宽比小于 4 后，《桥检规》频率通常值表现出了非一致性的特点。

4. 基础类型对刚度特性的影响

（1）基础类型的不同没有从本质上改变墩高、高宽比对桥墩刚度的影响权重。但通过完成对扩大基础、沉井基础和桩基础桥墩的刚度特性分析，获知不同基础类型的桥墩刚度特性是存在差异的。

（2）对于扩大基础条件下的矩形、圆形及圆端形墩而言，其刚度特性表现为：一是在从各类关系得到的预测函数拟合优度中，矩形墩和圆形墩较圆端形墩高，且圆端形墩的预测函数多是二次函数形式，而矩形墩和圆形墩多为指数或幂函数形式；二是从实测自振频率与墩高的关系特性来看，当墩高小于 20 m 时，其桥墩刚度特征表现为矩形墩 > 圆端形墩 > 圆形墩。

（3）对于沉井基础条件下的圆形与圆端形桥墩而言，其刚度特性表现为：一是当墩高小于 20 m 时，样本中圆端形墩的横向实测自振频率显著大于圆形墩；二是通过与《桥检规》频率通常值的比较，墩高及高宽比两类参数所表现出的共同特点均为圆端形桥墩刚度大于圆形桥墩刚度；三是在用计算自振频率进行差异比较时，出现了当墩高大于 20 m 时，圆形墩计算自振频率大于圆端形墩的情况。

（4）对于桩基础条件下的圆形与圆端形桥墩而言，其刚度特性表现为：一是对比实测及计算自振频率，出现了圆形墩刚度大于圆端形墩的情况；二是通过与《桥检规》频率通常值的比较，墩高及高宽比两类参数所表现出的共同特点均为圆端形桥墩刚度大于圆形桥墩刚度。

5. 墩身材料对刚度特性的影响

（1）墩身材料的不同没有从本质上改变墩高、高宽比对桥墩刚度的影响权重。但通过完成对 C12、C15 及 C20 混凝土墩身桥墩的刚度特性分析，获知不同墩身材料的桥墩刚度特性是存在差异的。

（2）对于 C12 与 C15 混凝土墩身而言，当样本为扩大基础圆端形墩时，一是随着墩高、高宽比的增加，不同材料桥墩的实测自振频率、计算自振频率及《桥检规》频率通常值均呈现逐渐降低的趋势，但不同材料桥墩的变化斜率则略有不同；二是从统计样本得到的各类关系图来看，墩高、高宽比分别与刚度特性的所应具有的一致性不显著；三是从统计分析结果中没有反映出材料强度愈高则频率愈高的基本理论。

（3）对于 C15 与 C20 混凝土墩身而言，当样本为桩基础圆形和圆端形墩时，一是随着墩高、高宽比的增加，不同材料桥墩的实测自振频率、计算自振频率及《桥检规》频率通常值均呈现逐渐降低的趋势，但不同材料桥墩的变化斜率则略有不同；二是从统计样本得到的各类关系图来看，墩高、高宽比分别与刚度特性的所应具有的一致性不显著；三是从统计分析结果中没有反映出材料强度愈高则频率愈高的基本理论。

4.6　桥墩服役安全性调查与评价

桥墩服役安全性是桥墩适应周边环境、确保行车及结构安全所应具备的能力。桥跨结构、线路条件、车速条件及活载类型等都直接或间接影响桥墩服役安全性的发挥。

4.6.1　桥跨类型对桥墩服役安全性的影响

1. 桥跨类型的组成

对于利用桥墩作为下部结构的普速铁路桥梁而言，其桥跨类型按支承形式可分为简支梁、连续梁和悬臂梁等，按材料属性可分为钢筋混凝土梁、预应力钢筋混凝土梁、钢梁和钢-混凝土结合梁等，按截面形式可分为板梁、T 形梁和箱型梁等，按桥面位置可分为上承式、中承式和下承式梁等。

由以往的经验和试验研究结果可知，不同的桥跨结构类型对桥墩的服役安全性影响亦不同，以下讨论分析了在混凝土梁和钢梁两类不同结构形式下的桥墩墩顶横向振幅响应情况。

2. 混凝土梁

1）低墩墩顶横向振幅分布特性

对于低墩（高宽比 < 2.5）而言，试验分析样本共计选取了 14 座桥、25 个墩。以下分析的主要关系有：墩高-实测振幅最大值、高宽比-实测振幅最大值、墩高-《桥检规》振幅通常值、高宽比-《桥检规》振幅通常值、实测振幅最大值-《桥检规》振幅通常值等关系。基于样本统计所得到的散点关系和回归方程如图 4.6.1 ~ 图 4.6.5 和表 4.6.1 所示。

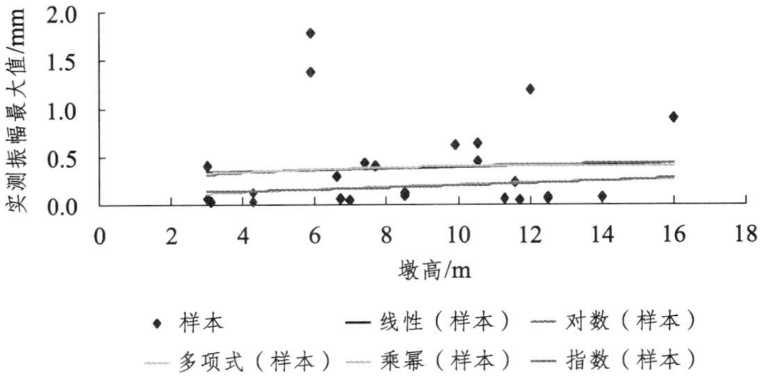

图 4.6.1　墩高-实测振幅最大值关系图

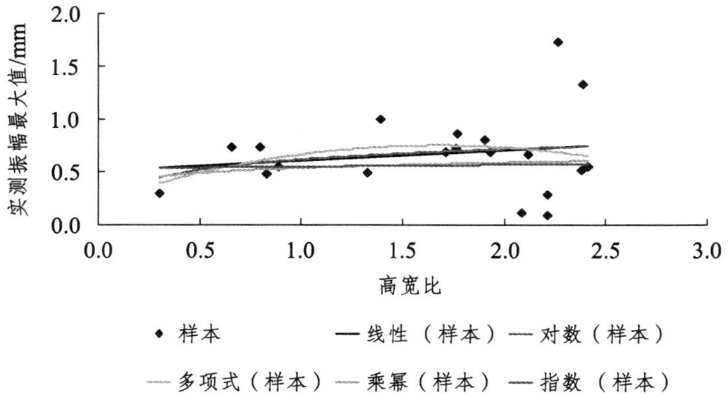

图 4.6.2　高宽比-实测振幅最大值关系图

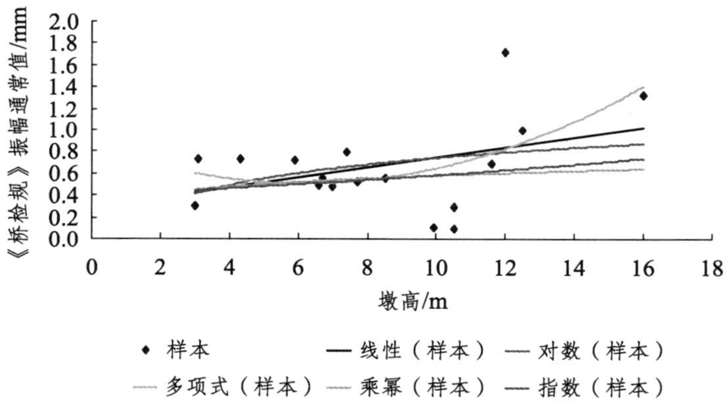

图 4.6.3　墩高-《桥检规》振幅通常值关系图

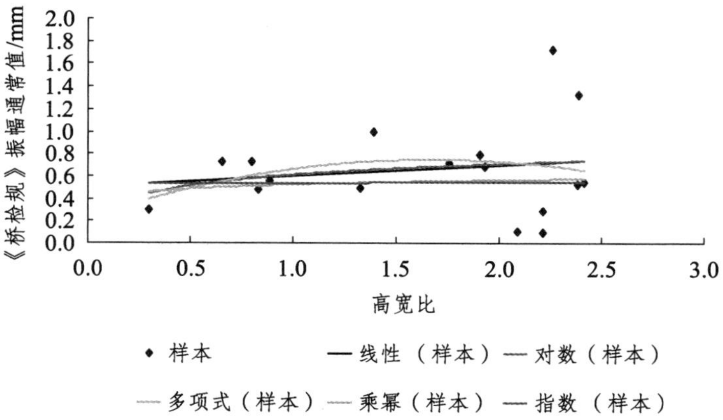

图 4.6.4　高宽比-《桥检规》振幅通常值关系图

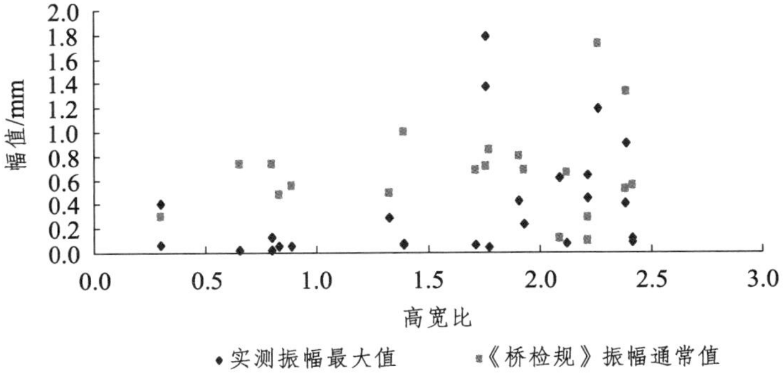

图 4.6.5　实测振幅最大值-《桥检规》振幅通常值关系图

表 4.6.1　预测函数表达式

序号	关系（x-y）	预测函数表达式 $y=f(x)$	最高拟合优度 R^2
1	墩高-实测振幅最大值	$y=0.0642x^{0.5126}$	$R^2=0.0382$
2	高宽比-实测振幅最大值	$y=0.0421e^{0.9186x}$	$R^2=0.2405$
3	墩高-《桥检规》振幅通常值	$y=0.0093x^2-0.1139x+0.8578$	$R^2=0.3052$
4	高宽比-《桥检规》振幅通常值	$y=-0.1831x^2+0.6176x+0.2277$	$R^2=0.0698$

基于以上的图表，对于桥跨结构为混凝土梁的低墩而言，得到如下特性：

（1）利用不同预测函数得到以上各关系的最高拟合优度均较低，表明墩高、高宽比对墩顶实测振幅最大值、《桥检规》振幅通常值影响的相关性弱。

（2）墩顶振幅在该工况条件下，表现为桥跨结构形式对墩顶振幅大小影响效果的不敏感，幅值大小则是受其他因素的影响较大。

（3）现行《桥检规》中低墩振幅通常值的计算公式仅是墩高的函数，没有体现墩宽的意义，致使桥墩抵抗横向变形的能力在公式中被忽视。从表 4.6.1 中的函数关系可以看到，高宽比与墩顶实测振幅最大值间关系的拟合优度要高于其与《桥检规》振幅通常值间的拟合优度。统计结果表明，在低墩条件下，墩宽对墩顶横向振幅的表现依旧重要。

（4）从调查统计的结果来看，墩高变化范围为 2～16 m、高宽比变化范围为 0.2～2.5，所测得的墩顶振幅多在 1.0 mm 以内，与现行《桥检规》振幅通常值比较，也多小于规范限值要求，可见按照现行的判定标准，对低墩的服役安全性评价是偏安全和保守的。

2）中高墩墩顶横向振幅分布特性

对于中高墩（高宽比≥2.5）而言，试验分析样本共计选取了 62 座桥、178 个墩。以下分析的关系与低墩情况相同，基于样本统计所得到的散点关系和回归方程如图 4.6.6 ~ 图 4.6.11 和表 4.6.2 所示。

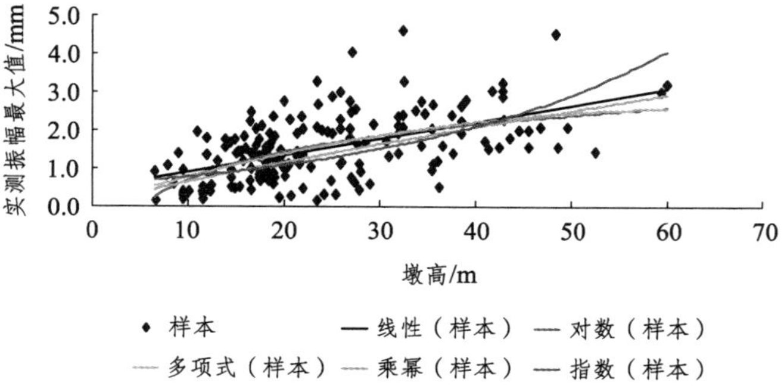

图 4.6.6 墩高-实测振幅最大值关系图

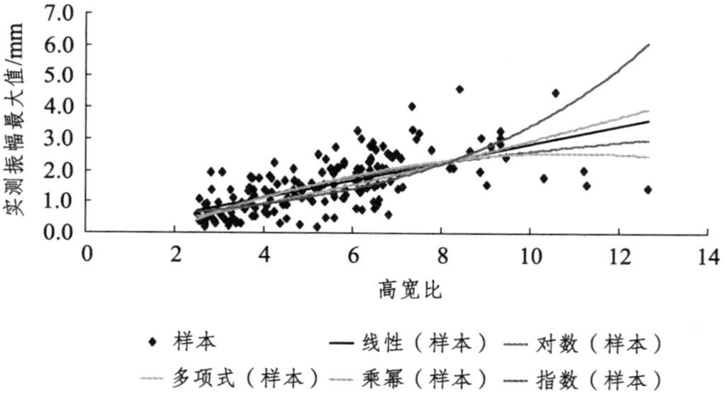

图 4.6.7 高宽比-实测振幅最大值关系图

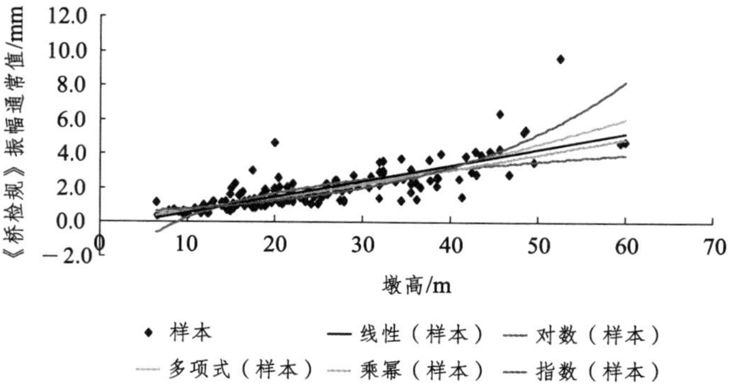

图 4.6.8 墩高-《桥检规》振幅通常值关系图

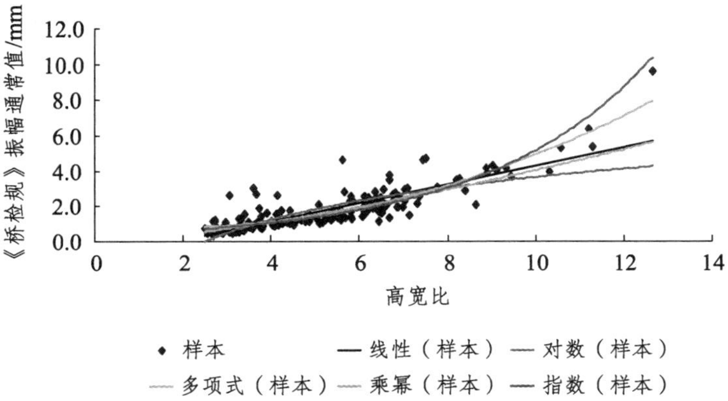

图 4.6.9　高宽比-《桥检规》振幅通常值关系图

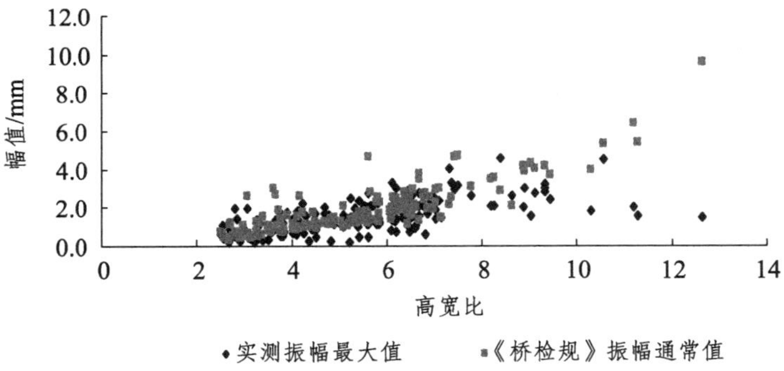

图 4.6.10　实测振幅最大值-《桥检规》振幅通常值关系图

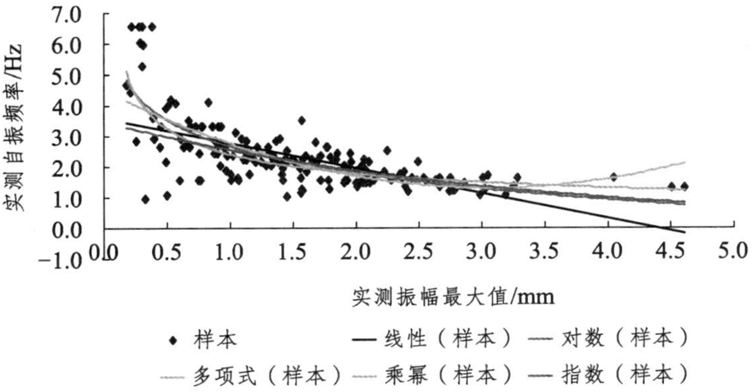

图 4.6.11　实测振幅最大值-实测自振频率关系图

表 4.6.2 预测函数表达式

序号	关系（x-y）	预测函数表达式 $y=f(x)$	最高拟合优度 R^2
1	墩高-实测振幅最大值	$y=-0.006x^2+0.784x+0.0607$	$R^2=0.3193$
2	高宽比-实测振幅最大值	$y=-0.0303x^2+0.6599x-1.0323$	$R^2=0.4707$
3	墩高-《桥检规》通常值	$y=0.0469x^{1.1339}$	$R^2=0.7424$
4	高宽比-《桥检规》通常值	$y=0.0595x^2-0.1972x+0.9622$	$R^2=0.7858$
5	实测自振频率-实测振幅最大值	$y=-1.2479\ln x+2.6632$	$R^2=0.5533$

基于以上的图表，对于桥跨结构为混凝土梁的中高墩而言，得到如下特性：

（1）利用不同预测函数得到以上各关系的最高拟合优度较低墩有显著提高，表明中高墩的墩高、高宽比与墩顶振幅最大值、《桥检规》振幅通常值影响的相关性较强，且中高墩的自振频率与其墩顶振幅间也呈现出了一定的规律性。

（2）高宽比分别与墩顶振幅、《桥检规》振幅通常值较墩高的相关性强、拟合优度高。

（3）从调查统计的结果来看，当墩高大于 30 m 或高宽比大于 10 时，墩高变化表现出了与墩顶振幅实测值的负相关。当高宽比小于 10 时，实测值与《桥检规》通常值的重叠性较高；而当高宽比大于 10 时，实测振幅值没有出现超《桥检规》通常值的现象。

（4）一般而言，桥墩的自振频率愈高则其振幅会愈小，但当出现车-线-桥的“共振”响应时，墩顶振幅会显著提高，这一规律在图 4.6.11 中亦有体现，因此避开共振频带是确保中高墩安全服役、控制墩顶振幅的关键。

3. 钢梁

对于收集到的钢梁样本，在中高墩（高宽比≥2.5）条件下，试验分析样本共计选取了 7 座桥、21 个墩。以下主要分析的关系包括：墩高-实测振幅最大值、高宽比-实测振幅最大值、墩高-《桥检规》振幅通常值、高宽比-《桥检规》振幅通常值、实测振幅-《桥检规》振幅通常值、实测振幅最大值-实测自振频率等。基于样本统计所得到的散点关系和回归方程如图 4.6.12 ~ 图 4.6.17 和表 4.6.3 所示。

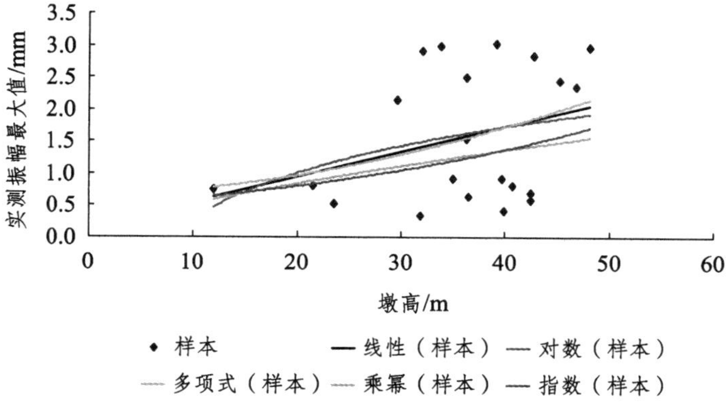

图 4.6.12　墩高-实测振幅最大值关系图

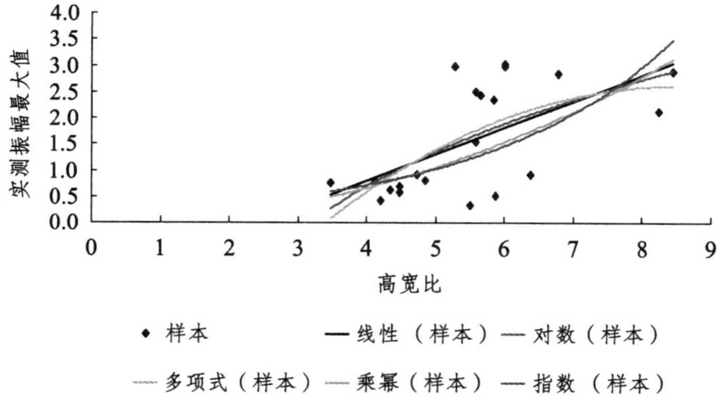

图 4.6.13　高宽比-实测振幅最大值关系图

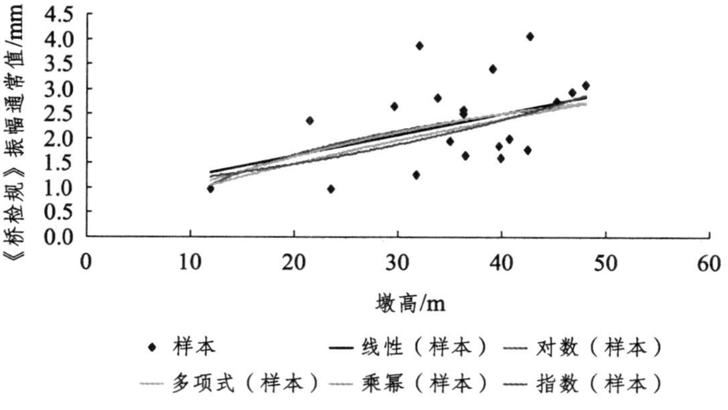

图 4.6.14　墩高-《桥检规》振幅通常值关系图

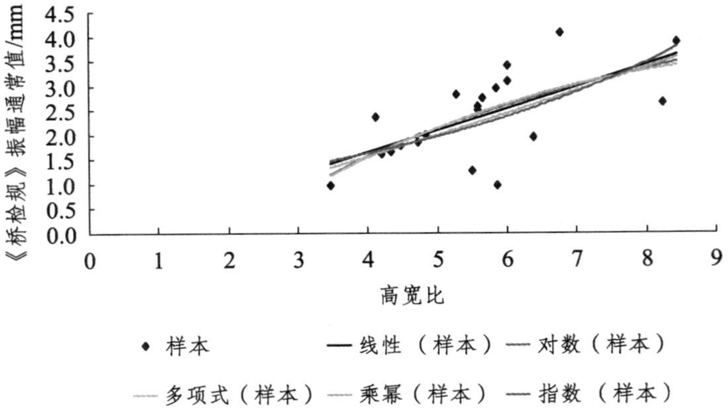

图 4.6.15　高宽比-《桥检规》振幅通常值关系图

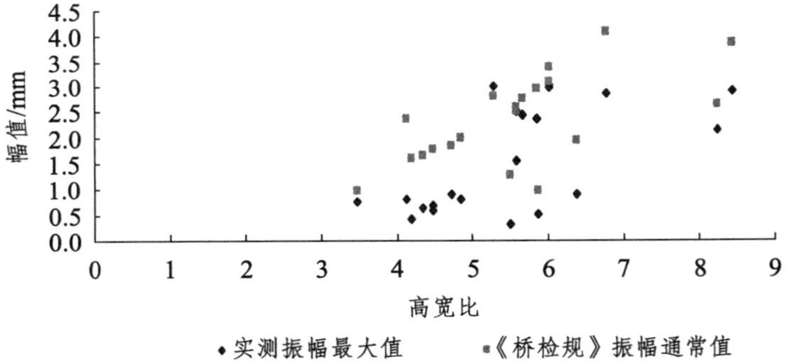

图 4.6.16　实测振幅最大值-《桥检规》振幅通常值关系图

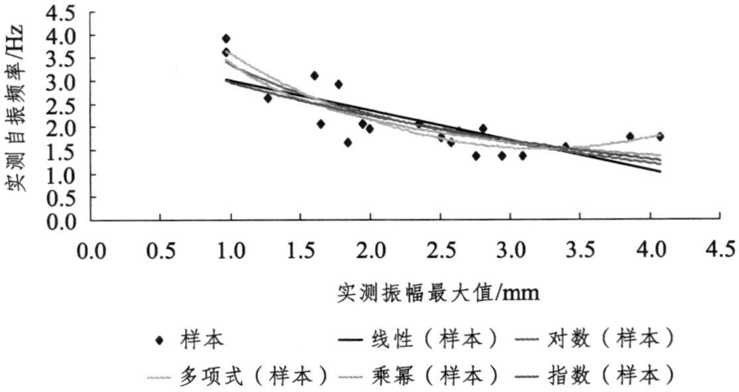

图 4.6.17　实测振幅最大值-实测自振频率关系图

表 4.6.3　预测函数表达式

序号	关系（x-y）	预测函数表达式 $y=f(x)$	最高拟合优度 R^2
1	墩高-实测振幅最大值	$y=0.0005x^2+0.0063x+0.6357$	$R^2=0.1147$
2	高宽比-实测振幅最大值	$y=-0.0999x^2+1.7044x-4.6301$	$R^2=0.4176$
3	墩高-《桥检规》振幅通常值	$y=0.1923x^{0.6833}$	$R^2=0.2936$
4	高宽比-《桥检规》振幅通常值	$y=-0.0526x^2+1.0757x-1.9277$	$R^2=0.4388$
5	实测自振频率-实测振幅最大值	$y=0.4122x^2-2.6704x+5.848$	$R^2=0.7938$

基于以上的图表，对于桥跨结构为钢梁的中高墩而言，得到如下特性：

（1）墩高、高宽比是影响墩顶振幅的主要因素，且不同的钢梁结构对墩顶振幅的影响亦有不同，初步的试验结果为上承式钢桁梁最大，其次是下承式钢桁梁，而后是钢板梁，影响最小的是钢-混凝土结合梁。

（2）高宽比分别与墩顶振幅、《桥检规》振幅通常值较墩高的相关性显著、拟合优度高。

（3）从调查统计的结果来看，墩高变化范围为 10～50 m、高宽比变化范围为 2.5～9 时，墩顶振幅最大值与自振频率通常值之间的相关性表现较好，且试验样本中鲜见墩顶振幅不满足《桥检规》振幅通常值要求的情况出现。

4. 中高墩不同桥跨结构的对比分析

1）墩高-实测振幅最大值（图 4.6.18）

混凝土梁—— $y=0.0003x^2+0.0601x+0.2489$，$R^2=0.2497$

钢梁—— $y=0.0005x^2+0.0063x+0.6357$，$R^2=0.1147$

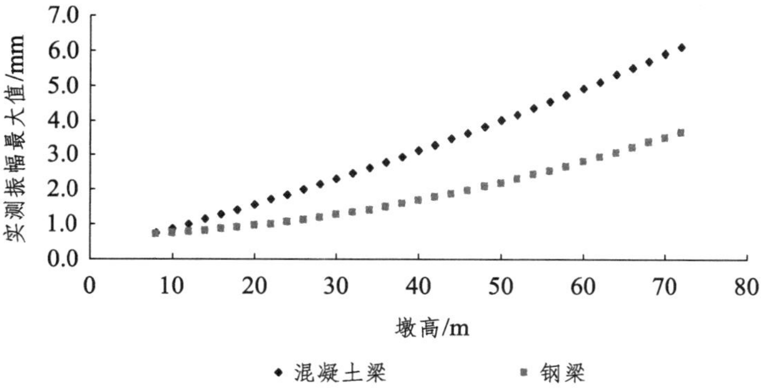

图 4.6.18　墩高-实测振幅最大值关系图

2）高宽比-实测振幅最大值（图 4.6.19）

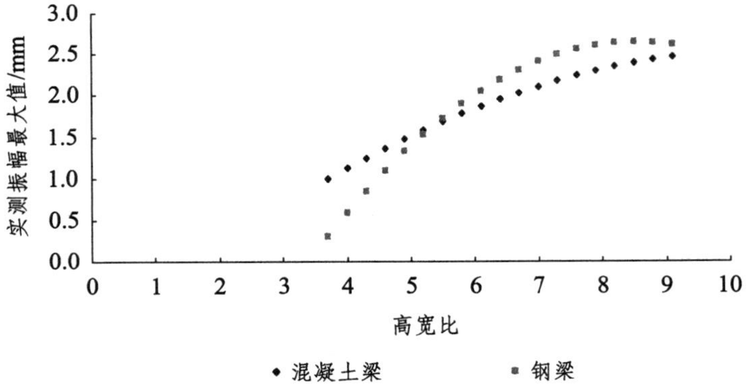

图 4.6.19　高宽比-实测振幅最大值关系图

混凝土梁—— $y=-0.030\,3x^2+0.659\,9x-1.032\,3$， $R^2=0.470\,7$

钢梁—— $y=-0.099\,9x^2+1.704\,4x-4.630\,1$， $R^2=0.417\,6$

3）墩高-《桥检规》振幅通常值（图 4.6.20）

混凝土梁—— $y=0.046\,9x^{1.133\,9}$， $R^2=0.742\,4$

钢梁—— $y=0.192\,3x^{0.683\,3}$， $R^2=0.293\,6$

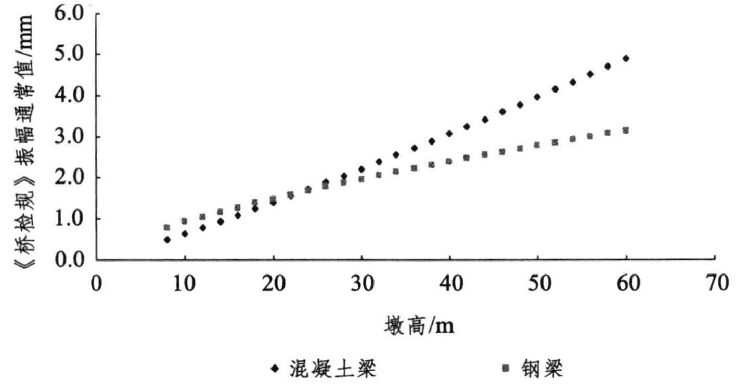

图 4.6.20　墩高-《桥检规》振幅通常值关系图

4）高宽比-《桥检规》振幅通常值（图 4.6.21）

混凝土梁—— $y=0.059\,5x^2-0.197\,2x+0.962\,2$， $R^2=0.785\,8$

钢梁—— $y=-0.052\,6x^2+1.075\,7x-1.927\,7$， $R^2=0.438\,8$

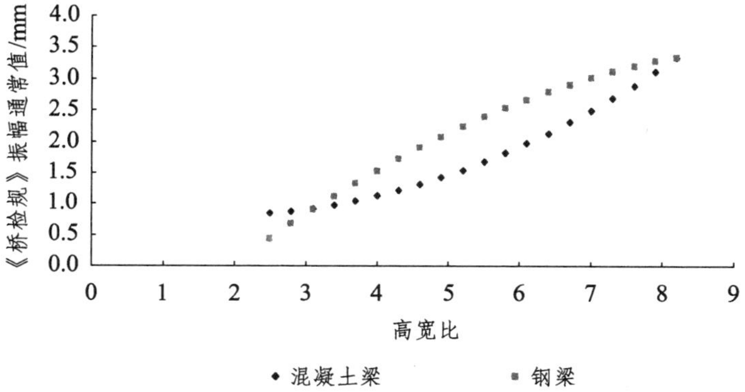

图 4.6.21　高宽比-《桥检规》振幅通常值关系图

5）实测自振频率-实测振幅最大值（图 4.6.22）

混凝土梁—— $y = -1.2479\ln x + 2.6632$， $R^2 = 0.5533$

钢梁—— $y = 0.4122x^2 - 2.6704x + 5.848$， $R^2 = 0.7938$

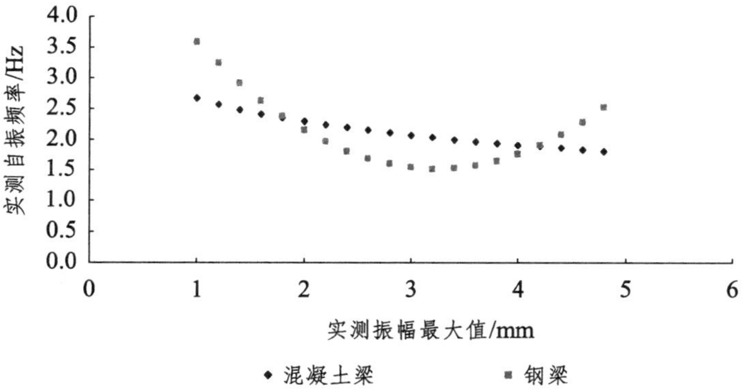

图 4.6.22　实测自振最大振幅-实测自振频率关系图

5. 小结

由以上对在不同桥跨结构下墩高、高宽比分别与墩顶振幅最大值及《桥检规》振幅通常值的对比关系可知，显现出如下的特征：

一是在墩高相近的情况下，桥跨结构为混凝土梁的桥墩墩顶振幅大于桥跨结构为钢梁的桥墩墩顶振幅，且变化趋势相近，墩顶振幅均是随着墩高的增加而增加。

二是在高宽比相近的情况下，钢梁桥墩顶的振幅变化率较混凝土桥墩顶变化率大，当桥墩高宽比为 5～6 时，钢桥、混凝土桥的墩顶振幅分布出现交叉，但总的趋势仍是墩顶振幅随高宽比的增加而增加。

三是通过与《桥检规》振幅通常值的比较，混凝土梁桥墩的墩顶振幅表现相对稳定，幅值的分布规律均与墩高及高宽比成较明显的线性关系，而钢梁桥墩墩顶振幅则在墩高为30m及高宽比为5～6时，出现了与混凝土梁桥墩墩顶振幅的分布交叉，此与钢梁桥墩统计样本数量及特点有关。

四是分析在不同桥跨结构类型下的样本桥墩，混凝土梁桥墩自振频率与墩顶振幅呈现较为显著的反比关系，而钢梁桥墩则表现得不显著。

4.6.2 桥上线路对桥墩服役安全性的影响

1. 桥上线路的类型

桥上线路的类型按铺设类型可分为无缝线路和普通线路，按道床类型可分为道砟桥面和明桥面，按轨枕类型可分为混凝土枕桥面和木枕桥面，按轨道线形可分为直线桥和曲线桥。基于以往的试验检测经验，以下研究讨论仅针对在直线桥和曲线桥工况条件下的墩顶振幅分布特性展开。

2. 车辆蛇行运动

车辆沿直线轨道运行时，由于车轮踏面具有斜率，轮缘与钢轨侧面之间有间隙，当轮对中心偏移线路中心时，同一车轴上的左右两个车轮将以不同的滚动圆直径沿轨道滚动，使两车轮所行经的距离不同。而两轮的滚动行程不等又使轮对轴线偏移，偏向另一侧。因此轮对在前进的同时，在水平面内一面做横摆运动，一面又做摇头运动，其运行轨迹成为一条正弦曲线，这种现象称为轮对的蛇行运动。

从车辆动力学的分析结果可知，车辆蛇行运动的规律可以表达为

$$y(x)=A_s\sin\frac{2\pi x}{L_s}=A_s\sin\frac{2\pi V}{L_s}t \tag{4.6.1}$$

式中：x 指轮对沿轨道运动的距离；$L_s=L_w$ 为轮对蛇行运动的波长，其表达式为

$$L_w=2\pi\sqrt{\frac{br_0}{\lambda}} \tag{4.6.2}$$

式中：b 为左右两轮滚动圆的间距（≈轨距）的一半；r_0 为车轮的滚动圆半径（≈车轮半径）；λ 为车轮踏面的锥度；V 为车辆运行速度。由此可以导出轮对蛇行运动的频率为

$$f_{\mathrm{w}}=\frac{V}{L_{\mathrm{s}}}=\frac{V}{2\pi}\sqrt{\frac{\lambda}{br_0}} \tag{4.6.3}$$

当考虑轮对受到约束作用时，设两根轮轴互相平行且垂直于转向架的纵向轴线，两轮对刚性定位于构架，则转向架整体蛇行运动的波长 $L_{\mathrm{s}}=L_{\mathrm{t}}$ 和频率分别为

$$L_{\mathrm{t}}=2\pi\sqrt{\frac{br_0}{\lambda}\left[1+\left(\frac{S_0}{2b}\right)^2\right]} \tag{4.6.4}$$

$$f_{\mathrm{t}}=\frac{V}{2\pi\sqrt{\frac{br_0}{\lambda}\left[1+\left(\frac{S_0}{2b}\right)^2\right]}} \tag{4.6.5}$$

式中：S_0 为转向架的固定轴距。

由此可见，车辆蛇行运动的规律与车轮踏面的斜率、车轮半径和滚动圆间距等参数有关；蛇行频率与车速成正比；转向架蛇行运动的波长比自由轮对的要长，其频率则比自由轮对低。

根据轮轨作用特点，轮轨间隙是列车前行的保证，在不同的线路平面内，蛇行激励的特点亦各不相同。曲线地段的离心力作用让轮缘紧贴外侧钢轨，致使蛇行运动效果减弱；直线地段的自由间隙变化活跃，致使蛇行激励效果加剧；直曲线交汇地段轮轨作用复杂，致使蛇行激励效果随机性增强。轮轨间蛇行运动的表达式如下所示

$$y_{\mathrm{s}}(x)=A_{\mathrm{s}}\sin\left(\frac{2\pi x}{L_{\mathrm{s}}}+\varphi_{\mathrm{s}}\right)=A_{\mathrm{s}}\sin\left(\frac{2\pi V}{L_{\mathrm{s}}}t+\varphi_{\mathrm{s}}\right) \tag{4.6.5}$$

式中：L_{s} 为蛇行运动的波长，它的大小受轮缘磨耗程度的影响；φ_{s} 是一个轮对的初相位，可假设其在 0 ~ 2π 范围内随机分布；A_{s} 表示轮对蛇行运动的振幅值；V 为车辆运行速度。

3. 曲线桥

试验获取的曲线桥桥墩共计 134 个，曲线半径与墩顶振幅关系统计如图 4.6.23 所示。

由图可知，试验所选取的桥梁曲线半径由 300 ~ 2 200 m 不等。图中横轴表示曲线半径的 1/100，单位为米（m）；纵轴表示墩顶横向振幅，单位为毫米（mm）。从分布特点来看：曲线半径在 500 ~ 1 000 m 时，墩顶的响应激励较明显，墩顶振幅也较大；当曲线半径小于 300 m 或大于 1 200 m 时，墩顶的振动响应效果会有所降低。

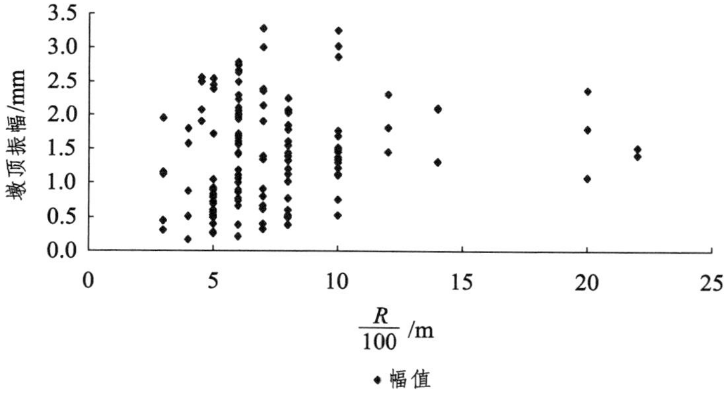

图 4.6.23 曲线桥振幅分布统计图

4. 直线桥

试验获取的直线桥桥墩共计 65 个，对比统计结果如图 4.6.24 所示。

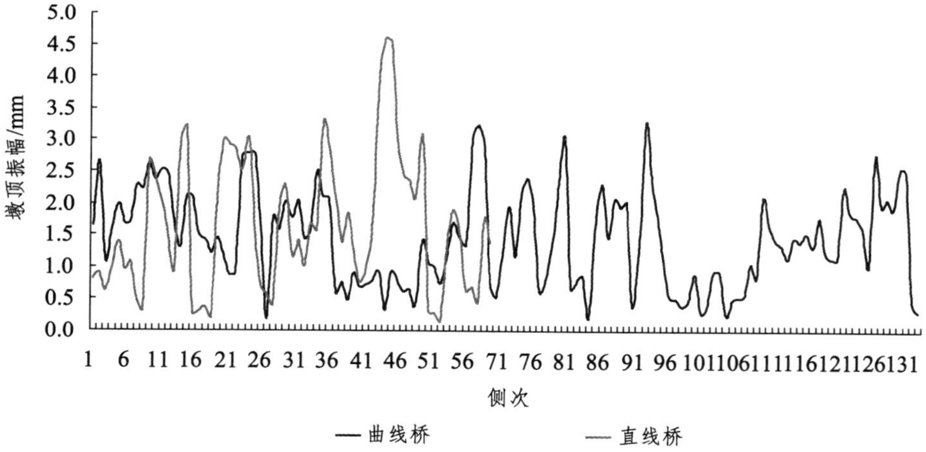

图 4.6.24 直曲线桥墩顶振幅分布图

通过对比曲线桥和直线桥的墩顶振幅最大值分布特点可知，直线桥的墩顶振幅多大于曲线桥，表现为直线桥较曲线桥的桥墩动力响应易受到列车活载作用的影响，对墩-梁耦合作用的效果更为显著。

5. 小结

轮轨间的作用力直接影响梁体受力并间接影响桥墩，车辆的蛇行运动在轮轨之间产生了随机而有规律的振动效应。在直线区段，轮轨力的发挥没有受到轨道几何条件的约束，蛇行激励更强、作用效果显著，致使传递给梁、墩的横向激励效果明显，墩顶振动则表现为摇摆明显、幅值较大；在曲线区段，轮轨力的发挥因受到离心力的作用而得到抑制，表现为轮轨作用偏向曲线外侧钢轨，蛇行随机振动削弱，横向激励效果降低，间接使得墩顶横向摆幅减小。

4.6.3　车速条件对桥墩服役安全性的影响

以不同速度运行的活载对桥梁结构会产生多维的冲击作用，动能越大，对桥梁结构抵御变形的能力要求就越高，在活载质量不变的条件下，运行速度就成了影响墩、梁结构变形的主要因素。

以下选取货物列车以不同车速通过试验桥梁时所记录得到的墩顶横向振幅最大值，并分别就不同墩高、墩形、基础、材料等展开讨论，以得出不同车速在不同桥墩工况类型下对墩顶振幅影响的分布规律。

1. 不同桥墩高度

1）低墩

对于低墩桥而言，试验共计选取样本桥墩 25 个。车速与墩顶横向振幅最大值、《桥检规》振幅通常值的关系如图 4.6.25 所示。

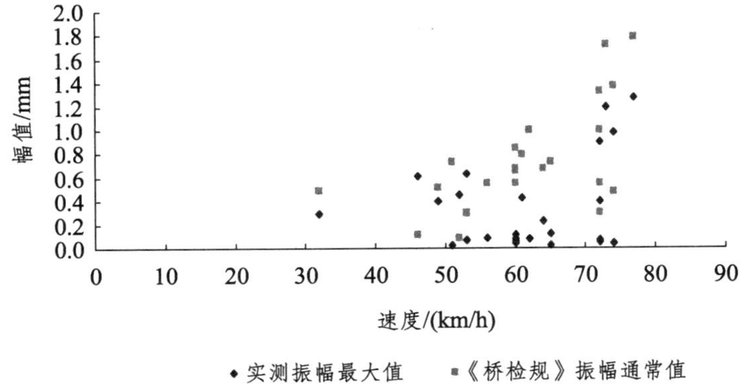

图 4.6.25　车速与墩顶振幅最大值及《桥检规》振幅通常值关系分布图

由以上图示的分布规律可知，低墩墩顶横向振幅随车速提高而呈现出了线性增加的趋势，但该特性规律不显著；从与《桥检规》振幅通常值的对比关系来看，实测振幅最大值多小于通常值要求，且《桥检规》振幅通常值的分布呈现出随车速提高线性递增的关系。

2）中高墩

对于中高墩桥而言，试验共计选取样本桥墩 199 个。车速与墩顶横向振幅最大值、《桥检规》振幅通常值的关系如图 4.6.26 所示。

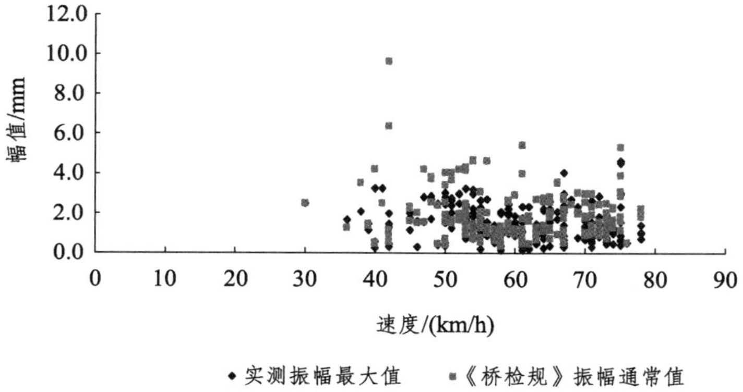

图 4.6.26　车速与墩顶振幅最大值及《桥检规》振幅通常值关系分布图

由以上图示的分布规律可知，中高墩墩顶横向振幅随车速提高没有呈现出线性递增的关系，这与中高墩墩顶振幅综合受墩高、墩形及基础条件等共同作用有关，因此速度条件的权重影响并不显著；从与《桥检规》振幅通常值的对比关系来看，实测振幅最大值与通常值间“此消彼长”，“重合度”较高，而有的中高墩墩顶振幅表现出显著小于《桥检规》振幅通常值的现象，且《桥检规》振幅通常值的分布与车速的线性关系亦不显著。

3）小结

从以上车速分别对低墩及中高墩桥的墩顶横向振幅影响表现可知：一是墩顶振幅受墩高的影响明显，在同样速度条件下，中高墩墩顶振幅较低墩成倍增加；二是在不同速度范围内，低墩墩顶振幅超《桥检规》振幅通常值的概率较小；三是对中高墩而言，速度范围为 50 ~ 70 km/h 时，墩顶横向振幅最大值超《桥检规》振幅通常值的概率较高，而在其他速度区间时，墩顶振幅最大值超《桥检规》振幅通常值的概率则较低。

2. 不同墩身截面

1）矩形墩

对于矩形墩而言，试验共计选取样本桥墩 47 个。车速与墩顶横向振幅最大值、《桥检规》振幅通常值的关系如图 4.6.27 所示。

由以上图示的分布规律可知，矩形墩墩顶振幅最大值没有呈现随速度递增线性增长的关系，当速度区间为 50 ~ 60 km/h 时，墩顶振幅显著增加，而当速度区间不在上述范围以内时，墩顶振幅亦出现了显著降低的现象；从与《桥检规》振幅通常值的对比关系来看，当速度区间为 50 ~ 60 km/h 时，实测振幅最大值超《桥检规》振幅通常值的概率较大，而当不在上述速度区间时，实测振幅最大值超《桥检规》振幅通常值的概率则有所减低。

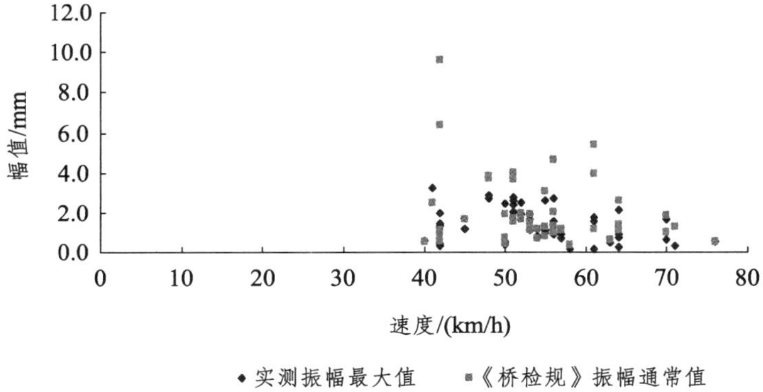

图 4.6.27 车速与墩顶振幅最大值及《桥检规》振幅通常值关系分布图

2）圆形墩

对于圆形墩而言，试验共计选取样本桥墩 88 个。车速与墩顶横向振幅最大值、《桥检规》振幅通常值的关系如图 4.6.28 所示。

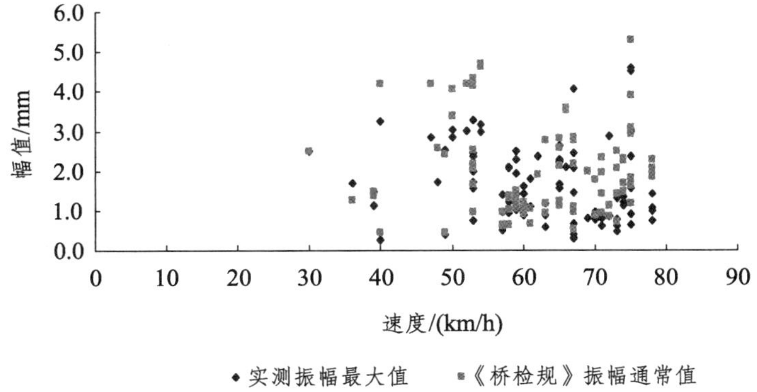

图 4.6.28 车速与墩顶振幅最大值及《桥检规》振幅通常值关系分布图

由以上图示的分布规律可知，圆形墩墩顶振幅最大值呈现出在不同速度区间显著变化的特点，当速度区间为 50 ~ 60 km/h、70 ~ 80 km/h 时，墩顶振幅显著增加，而当速度区间不在上述范围以内时，墩顶振幅又出现了显著减小的现象；从与《桥检规》振幅通常值的对比关系来看，当速度小于 55 km/h 或大于 65 km/h 时，实测振幅最大值超《桥检规》振幅通常值的概率较低，而当速度区间为 55 ~ 65 km/h 时，实测振幅最大值超《桥检规》振幅通常值的概率则较高。

3）圆端形墩

对于圆端形墩而言，试验共计选取样本桥墩 64 个。车速与墩顶横向振幅最大值、《桥检规》振幅通常值的关系如图 4.6.29 所示。

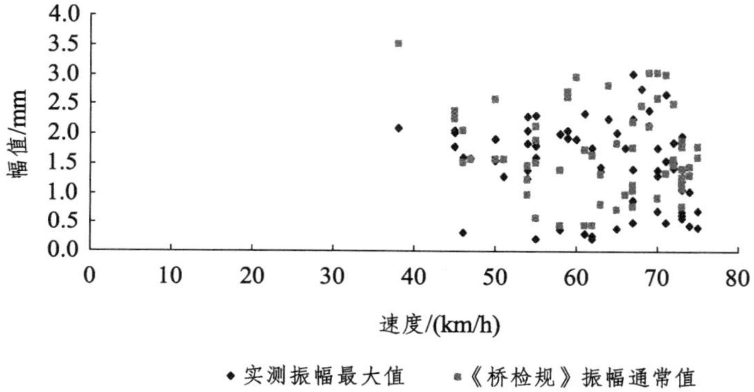

图 4.6.29 车速与墩顶振幅最大值及《桥检规》振幅通常值关系分布图

由以上图示的分布规律可知，圆端形墩墩顶振幅最大值呈现出随速度递增而线性增大的关系，受到样本自身特性的影响，该线性关系呈现出在不同幅值区间分别递增的特点。该相关性较矩形墩和圆形墩表征显著，其最大值多分布在速度区间为 65 ~ 70 km/h 的范围以内，且当速度大于 70 km/h 时，墩顶振幅最大值又呈现为逐渐减小的趋势；从与《桥检规》振幅通常值的对比关系来看，当速度区间为 55 ~ 65 km/h 时，实测振幅最大值超《桥检规》振幅通常值的概率较高，而当速度不在上述区间时，实测振幅最大值超《桥检规》通常值的概率则较低。

4）小结

由以上车速分别对不同截面墩身桥墩的墩顶横向振幅影响的表现可知：一是不同截面桥墩出现墩顶振幅最大值的速度响应区间不同，各类型截面桥墩墩顶振幅超《桥检规》振幅通常值的概率在不同的速度区间亦不相同；二是各类型桥墩的墩顶振幅均不是随着速度的增大而增大，低速及高速时振幅值相对较小，在中速时振幅值相对较大；三是在相同速度条件下，不同墩身截面桥墩的墩顶振幅亦不相同，初步分析，此与桥跨、墩高、基础、材料等条件的共同作用有关。

3. 不同基础类型

1）扩大基础

对于扩大基础桥墩而言，试验共计选取样本桥墩 99 个。主要分析的关系包括：扩大基础-矩形墩的车速与墩顶横向振幅最大值的关系，扩大基础-矩形墩的车速与墩顶横向振幅最大值、《桥检规》振幅通常值的关系，扩大基础-圆形墩的车速与墩顶横向振幅最大值的关系，扩大基础-圆形墩的车速与墩顶横向振幅最大值、《桥检规》振幅通常值的关系，扩大基础-圆端形墩的车速与墩顶横向振幅最大值的关系，扩大基础-圆端形墩的车速与墩顶横向振幅最大值、《桥检规》振幅通常值的关系，如图 4.6.30 ~ 图 4.6.35 所示。

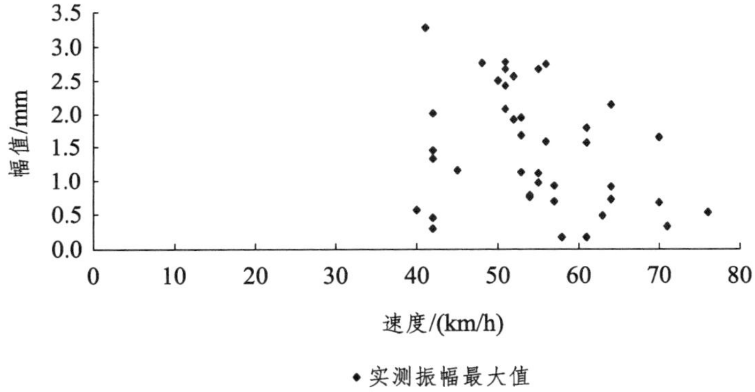

图 4.6.30　扩大基础-矩形墩的车速与墩顶横向振幅最大值关系图

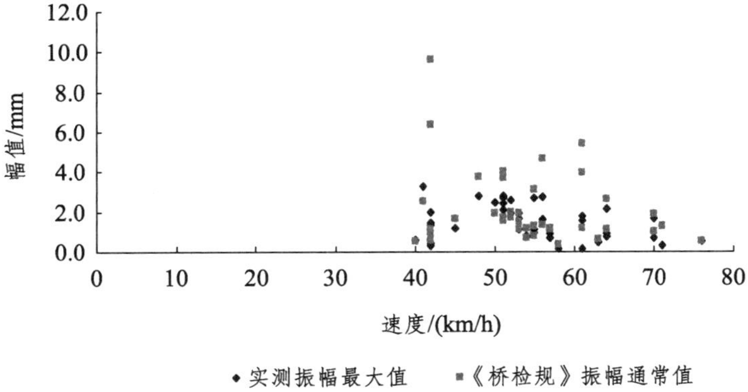

图 4.6.31　扩大基础-矩形墩的车速与墩顶横向振幅最大值、《桥检规》振幅通常值关系图

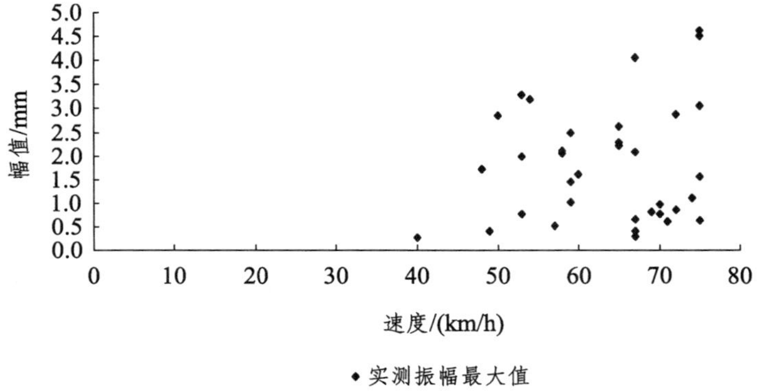

图 4.6.32　扩大基础-圆形墩的车速与墩顶横向振幅最大值关系图

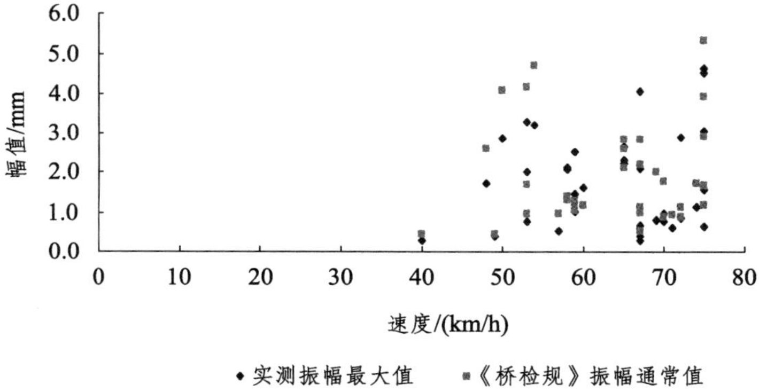

图 4.6.33　扩大基础-圆形墩的车速与墩顶横向振幅最大值、《桥检规》振幅通常值关系图

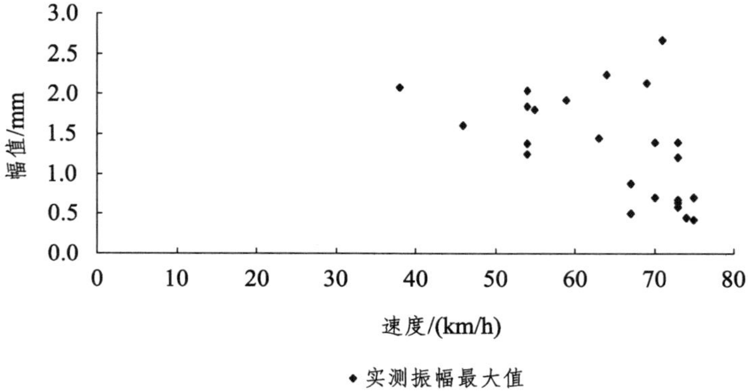

图 4.6.34　扩大基础-圆端形墩的车速与墩顶横向振幅最大值关系图

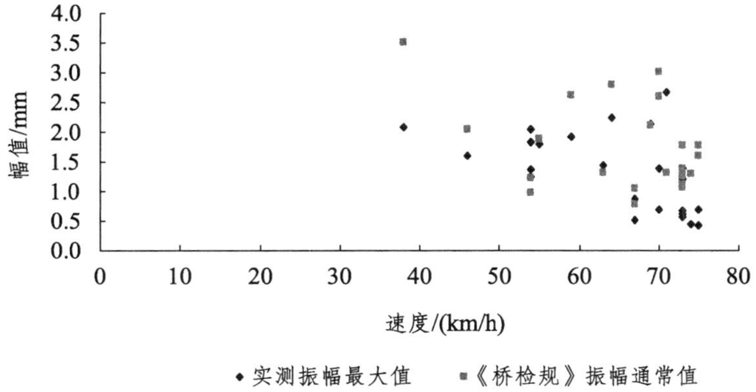

图 4.6.35　扩大基础-圆端形墩的车速与墩顶横向振幅最大值、《桥检规》振幅通常值关系图

2）沉井基础

对于沉井基础桥墩而言，试验共计选取样本桥墩 39 个。主要分析的关系包括：沉井基础-圆形墩的车速与墩顶横向振幅最大值关系，沉井基础-圆形墩的车速与墩顶横向振幅最大值、《桥检规》振幅通常值关系，沉井基础-圆端形墩的车速与墩顶横向振幅最大值关系，沉井基础-圆端形墩的车速与墩顶横向振幅最大值、《桥检规》振幅通常值关系，如图 4.6.36～图 4.6.39 所示。

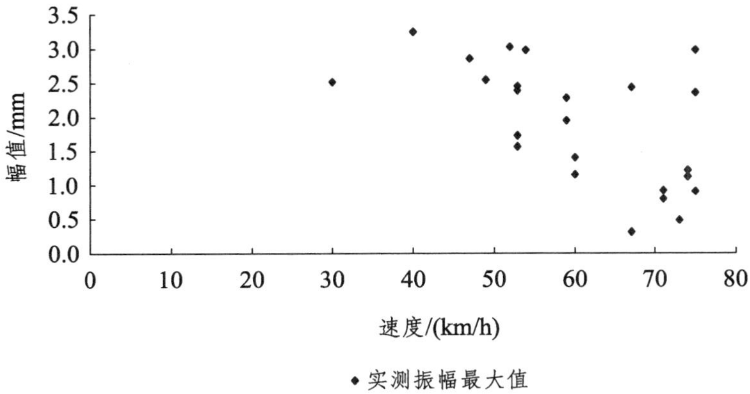

图 4.6.36　沉井基础-圆形墩的车速与墩顶横向振幅最大值关系图

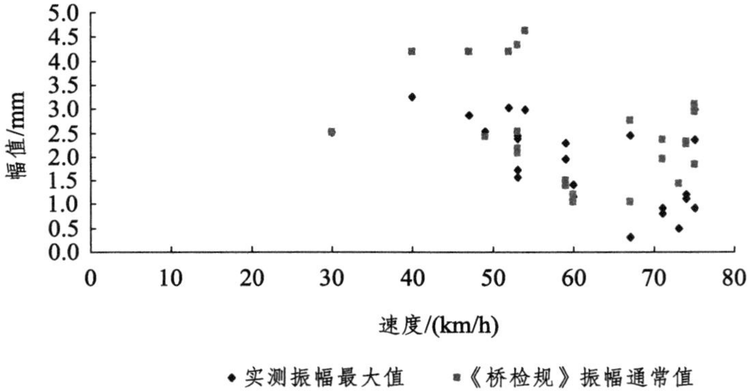

图 4.6.37　沉井基础-圆形墩的车速与墩顶横向振幅最大值、《桥检规》振幅通常值关系图

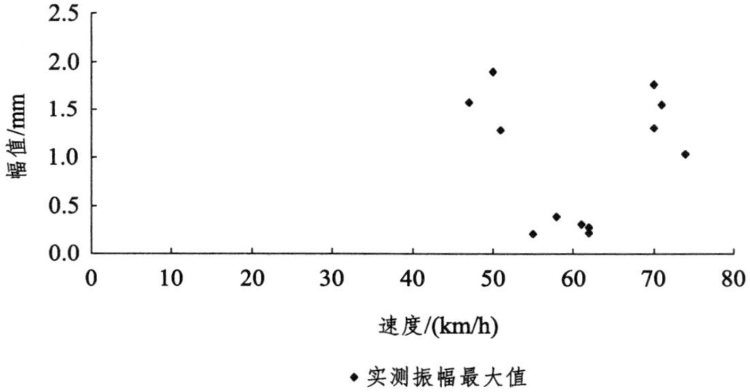

图 4.6.38　沉井基础-圆端形墩的车速与墩顶横向振幅最大值关系图

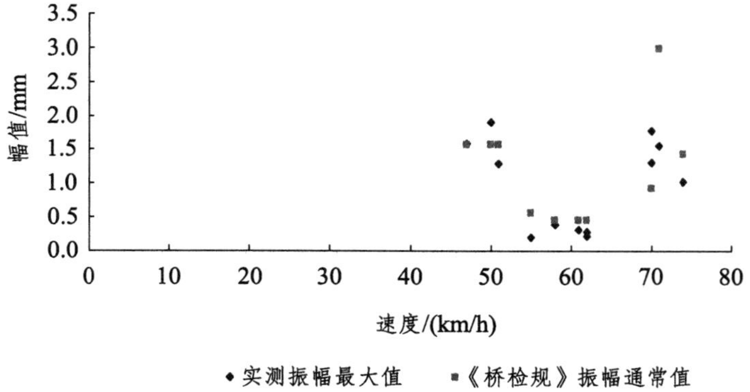

图 4.6.39　沉井基础-圆端形墩的车速与墩顶横向振幅最大值、《桥检规》振幅通常值关系图

3）桩基础

对于桩基础桥墩而言，试验共计选取样本桥墩 61 个。主要分析的关系包括：桩基础-圆形墩的车速与墩顶横向振幅最大值关系，桩基础-圆形墩的车速与墩顶横向振幅最大值、《桥检规》振幅通常值关系，桩基础-圆端形墩的车速与墩顶横向振幅最大值关系，桩基础-圆端形墩的车速与墩顶横向振幅最大值、《桥检规》振幅通常值关系，如图 4.6.40 ~ 图 4.6.43 所示。

4）小结

由以上的图示可知，对于在不同基础类型下的不同截面桥墩而言，表现出如下基本特征：一是不同截面桥墩的墩顶振幅没有因为基础类型的不同而产生显著变化；二是扩大基础圆形墩的墩顶振幅最大值较其他基础类型桥墩的墩顶振动响应更为剧烈；三是桩基础圆端形墩的墩顶振幅最大值超《桥检规》振幅通常值的概率更高；四是多数样本桥墩的墩顶振幅最大值均没有出现超《桥检规》振幅通常值的现象，该特点在低速或高速时更为显著。

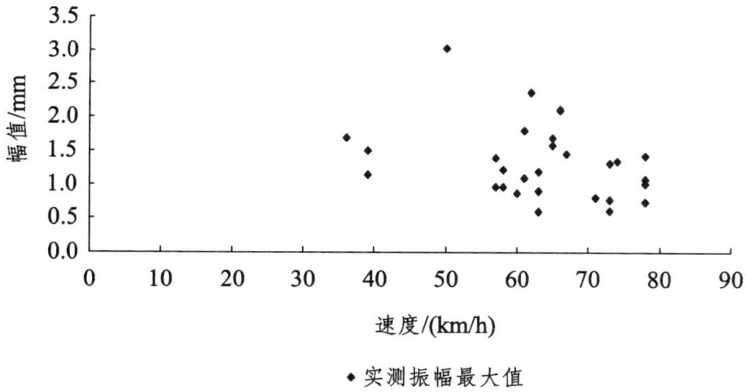

图 4.6.40　桩基础-圆形墩的车速与墩顶横向振幅最大值关系图

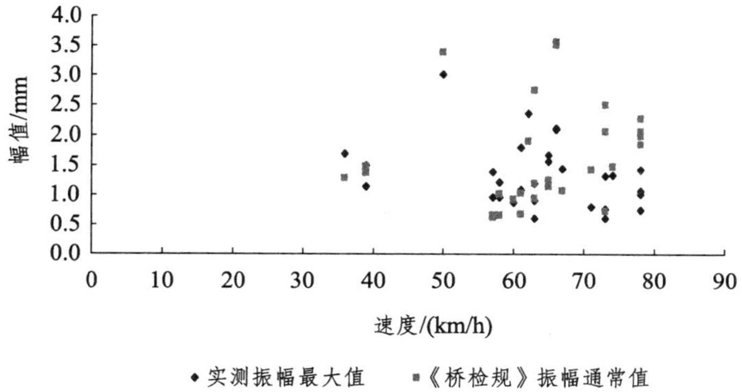

图 4.6.41　桩基础-圆形墩的车速与墩顶横向振幅最大值、《桥检规》振幅通常值关系图

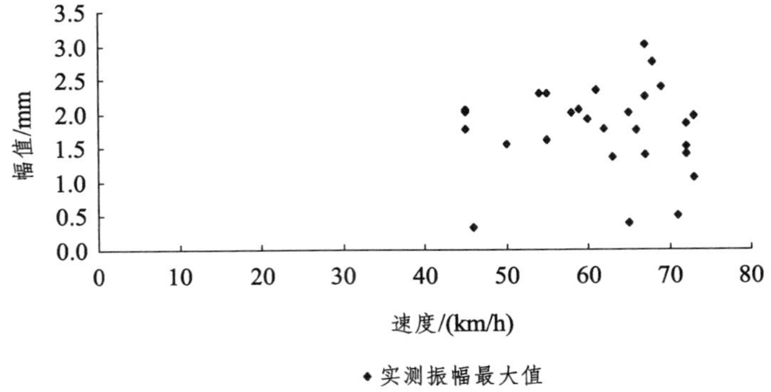

图 4.6.42 桩基础-圆端形墩的车速与墩顶横向振幅最大值关系图

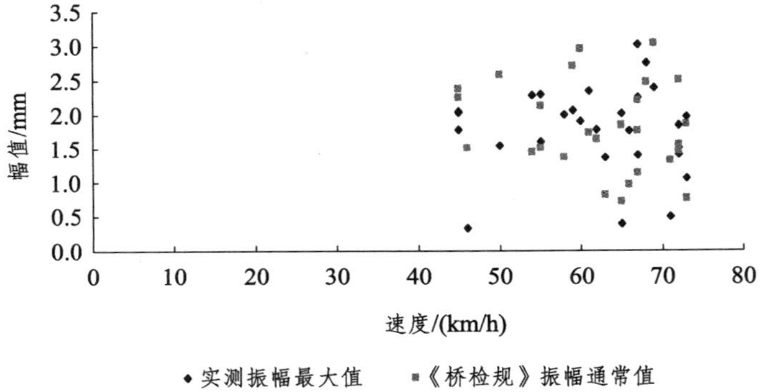

图 4.6.43 桩基础-圆端形墩的车速与墩顶横向振幅最大值、《桥检规》振幅通常值关系图

4. 不同墩身材料

对于 C12、C15 及 C20 混凝土墩身的桥墩而言，以下分别给出其在不同货车车速条件下墩顶振幅的分布情况，如图 4.6.44 ~ 图 4.6.46 所示。

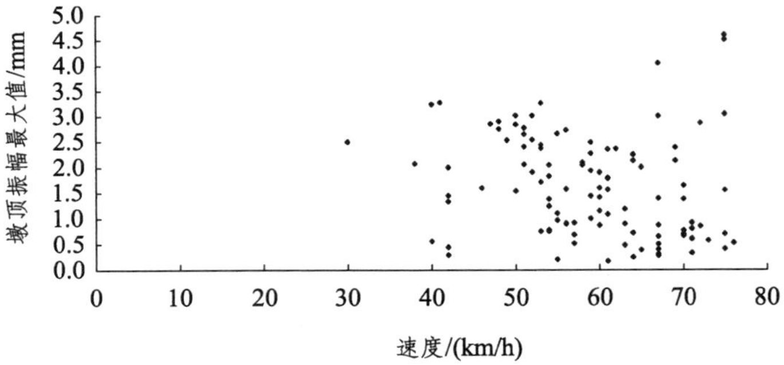

图 4.6.44 C12 混凝土桥墩墩顶振幅与货车过桥速度关系图

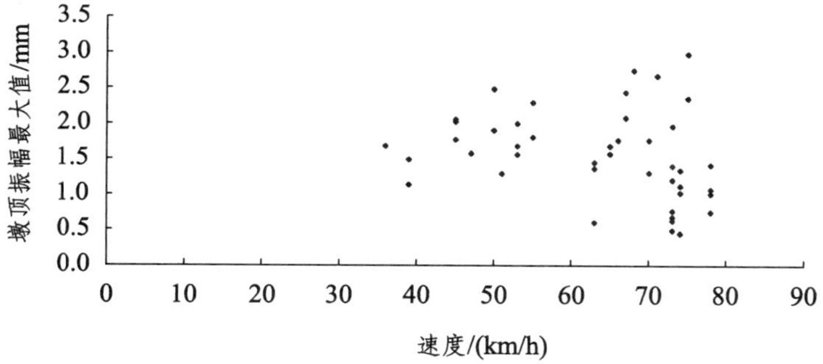

图 4.6.45　C15 混凝土桥墩墩顶振幅与货车过桥速度关系图

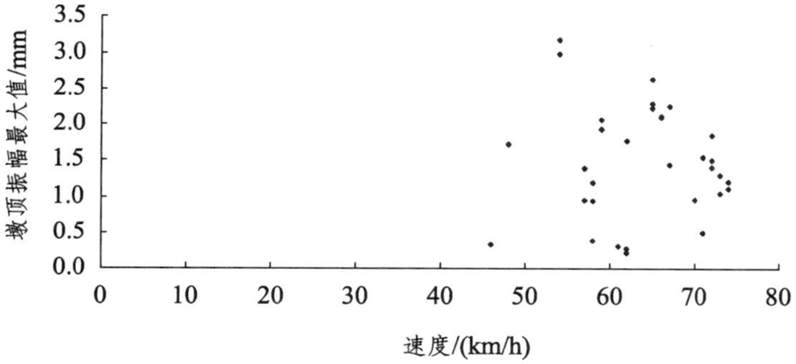

图 4.6.46　C20 混凝土桥墩墩顶振幅与货车过桥速度关系图

由以上对不同材料混凝土墩身的墩顶振幅统计可知，材料强度越高、质量越大，在相似活载激励条件下的墩顶振幅会越小，且样本桥墩的墩顶振幅多在 3.0mm 以内。

5. 小结

桥墩高度、墩身截面、基础类型和墩身材料是铁路桥墩的固有属性，通过研究活载通过条件下墩顶振幅的分布规律，得到如下试验研究结论：

一是低墩对活载通过作用下的振幅激励效果不显著，亦没有表现为随车速的增加而增加的趋势，但中高墩的该特性则表现显著。

二是在不同截面墩身条件下，矩形墩随车速增加而振幅增加的趋势不显著，而圆形和圆端形墩的该变化趋势则较为明显；各截面类型桥墩墩顶振幅显著增加的活载速度区间略有不同，矩形墩为 50 ~ 60 km/h、圆形墩为 55 ~ 65 km/h、圆端形墩为 65 ~ 70 km/h，而当活载速度不在以上速度区间内时，桥墩墩顶振幅会显著降低。

三是在不同基础类型条件下，不同截面桥墩的墩顶振幅没有因为基础类型的不同而产生显著变化；扩大基础圆形墩的墩顶振幅最大值较其他基础类型桥墩的墩顶振动响应更为剧烈；桩基础圆端形墩的墩顶振幅最大值超《桥检规》振幅通常值的概率更高。

四是对不同材料混凝土墩身而言，材料强度越高、质量越大，在相似活载激励条件下的墩顶振幅会越小，且样本桥墩的墩顶振幅多在 3.0 mm 以内。

4.6.4 活载类型对桥墩服役安全性的影响

不同的活载类型，诸如在以货物列车或旅客列车编组形式通过相同桥梁时，不同的车体结构、悬挂条件、转向架类型以及轴重条件等，都会对梁体和桥墩造成不同程度的动力影响和冲击效应。

货物列车编组复杂、载重较大、质量不均、动力稳定性差，通过桥梁时会使墩梁结构产生较大变形；旅客列车编组统一、载重较轻、质量均匀、动力性能稳定，过桥时对墩梁结构不会产生较大的冲击和影响。

以下通过选取试验样本，以墩身高度、墩身截面、基础类型、材料特性为影响因素，研究分析了在货物、旅客列车两类不同活载通过条件下对铁路桥墩服役安全性的影响。

1. 不同桥墩高度

1）低墩

对于低墩桥而言，试验共计选取样本桥墩 25 个。主要分析的关系包括：客、货列车通过时墩顶振幅最大值关系，客、货列车通过时墩顶振幅最大值与《桥检规》振幅通常值的关系，客、货列车通过时矩形墩墩顶振幅最大值的关系，客、货列车通过时圆端形墩墩顶振幅最大值的关系，如图 4.6.47 ~ 图 4.6.50 所示。

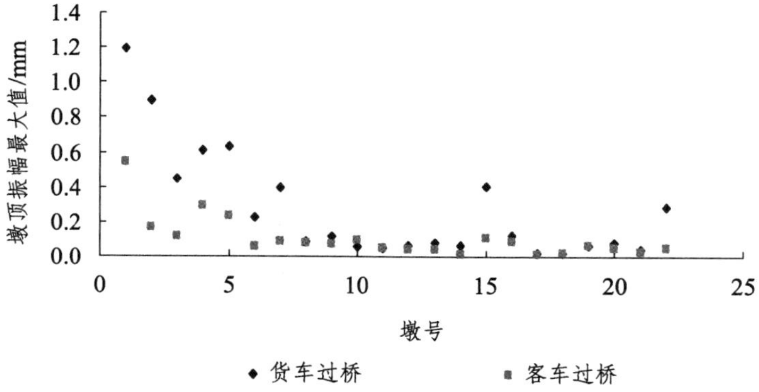

图 4.6.47 客、货列车通过时墩顶振幅最大值关系图

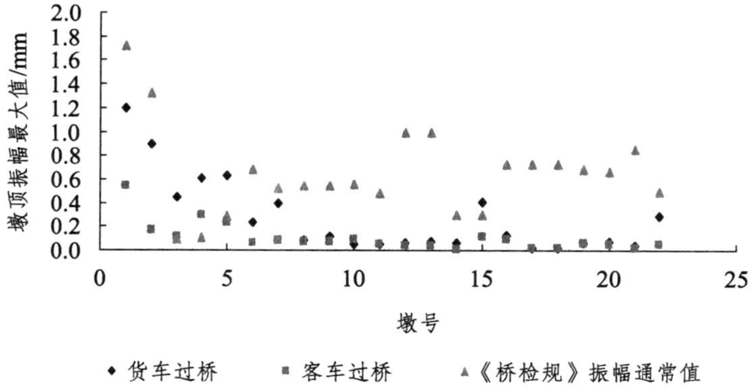

图 4.6.48 客、货列车通过时墩顶振幅最大值与《桥检规》振幅通常值关系图

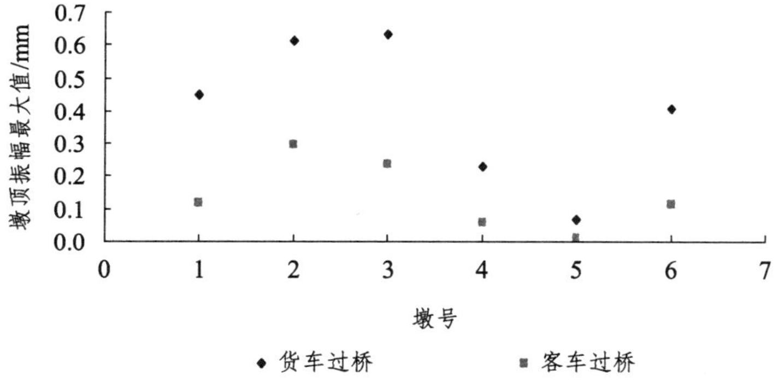

图 4.6.49 客、货列车通过时矩形墩墩顶振幅最大值关系图

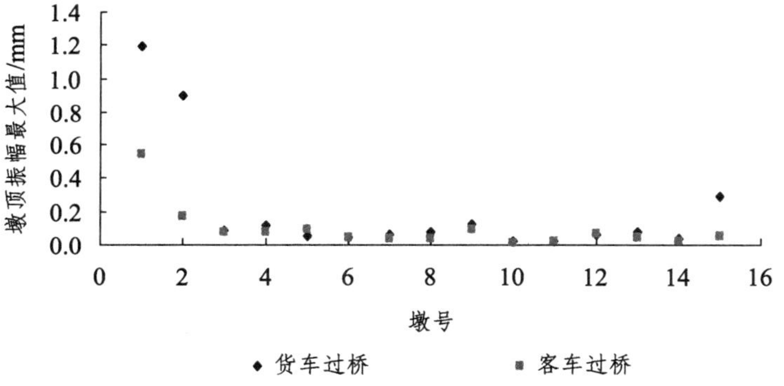

图 4.6.50 客、货列车通过时圆端形墩墩顶振幅最大值关系图

由以上图示的分布规律可知：对于低墩桥而言，客车过桥时墩顶振幅最大值多小于货

车过桥，并且远小于《桥检规》振幅通常值的要求；对于样本中的矩形低墩，货车过桥的墩顶最大值多为客车过桥时墩顶振幅最大值的 3 ~ 5 倍，且都不大于 1 mm；对于样本中的圆端形墩而言，客、货列车过桥时墩顶振幅最大值较为接近，该统计趋势是样本特性的真实结果。

2）中高墩

对于中高墩桥而言，试验共计选取样本桥墩 199 个。客、货列车通过墩顶振幅最大值与《桥检规》振幅通常值的关系如图 4.6.51 所示。

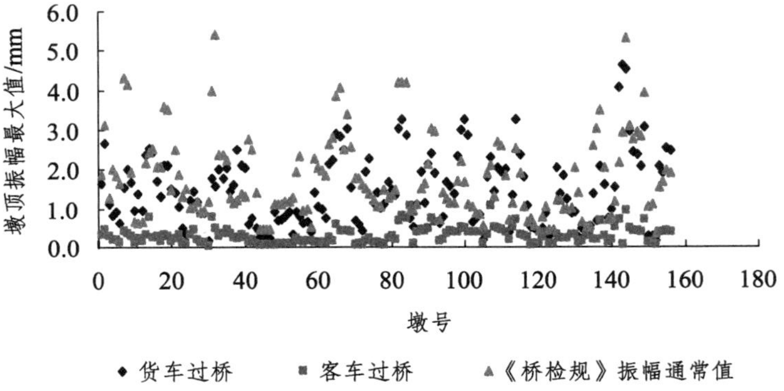

图 4.6.51 客、货列车通过时墩顶振幅最大值与《桥检规》振幅通常值关系图

由以上图示的分布规律可知：对于中高墩桥而言，货车过桥时墩顶振幅最大值显著大于客车过桥时，且其分布特性较为离散，而客车过桥时墩顶振幅最大值多小于 1 mm，分布范围较为集中，这与客车车体质量及构造的统一性和相似性有关；通过对比与《桥检规》振幅通常值的关系发现，货车过桥时墩顶超限与不超限的情况均有发生，而客车超限的概率极低。

3）小结

由以上的图示和分析可知，低墩和中高墩桥在客、货列车分别通过的条件下，墩顶振幅最大值的表现特性基本近似但略有差异：一是墩高的差异没有改变货车过桥时墩顶振幅最大值多大于客车过桥时的基本特性；二是在低墩条件下，墩顶振幅的大小受到墩梁结构协同作用的影响程度较大，表现为客、货列车过桥时的墩顶振幅都较小，有时还存在不同墩形条件下的幅值近似的情况；三是在中高墩条件下，货车过桥时的墩顶振幅值分布范围较广，其受货车激励影响的程度也较大，而客车过桥时的墩顶振幅多小于 1 mm，表明客车过桥对墩的冲击及横向动力响应显著减弱；四是在上述的各类工况条件下，客、货车过桥所引起的墩顶振幅最大值多小于《桥检规》振幅通常值的要求。

2. 不同墩身截面

1）矩形墩

对于矩形截面的中高墩而言，试验共计选取样本桥墩 47 个。客、货列车通过时矩形墩墩顶振幅最大值与《桥检规》振幅通常值的关系如图 4.6.52 所示。

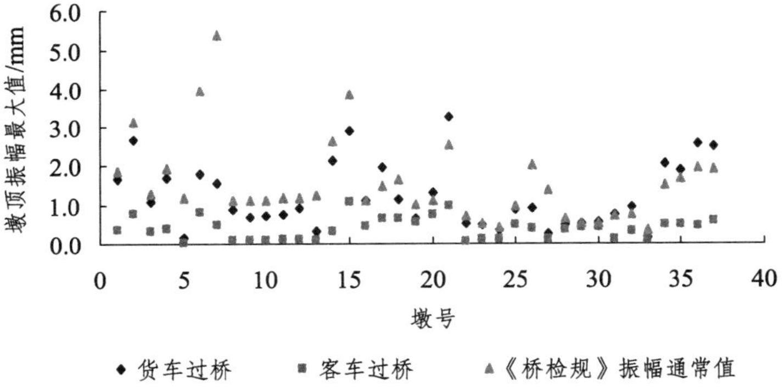

图 4.6.52　客、货列车通过时矩形墩墩顶振幅最大值与《桥检规》振幅通常值关系图

2）圆形墩

对于圆形截面的中高墩而言，试验共计选取样本桥墩 78 个。客、货列车通过时圆形墩墩顶振幅最大值与《桥检规》振幅通常值的关系如图 4.6.53 所示。

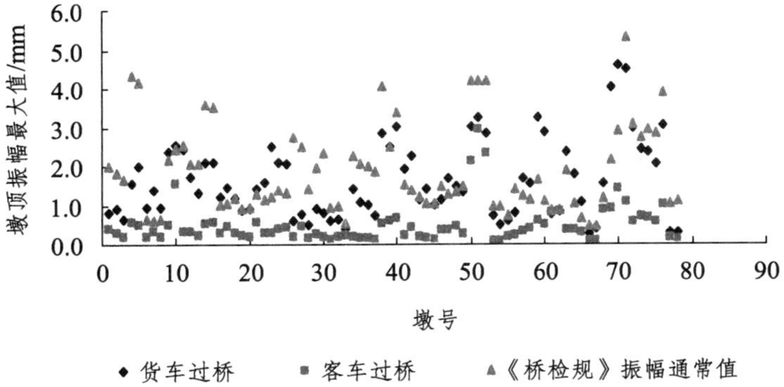

图 4.6.53　客、货列车通过时圆形墩墩顶振幅最大值与《桥检规》振幅通常值关系图

3）圆端形墩

对于圆端形截面的中高墩而言，试验共计选取样本桥墩 37 个。客、货列车通过时圆端形墩墩顶振幅最大值与《桥检规》振幅通常值的关系如图 4.6.54 所示。

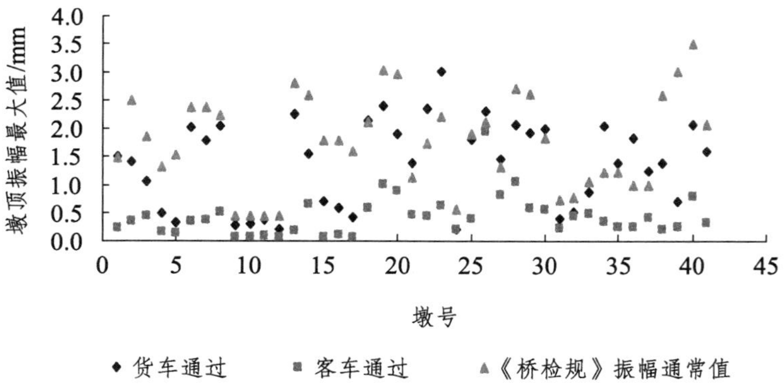

图 4.6.54 客、货列车通过时圆端形墩墩顶振幅最大值与《桥检规》振幅通常值关系图

4）小结

由以上的图示分析可知，对于不同墩身截面形式的中高墩而言：一是墩身截面的不同没有改变货车过桥时墩顶最大振幅显著大于客车过桥时的基本特性；二是圆形墩和圆端形墩较矩形墩而言，更易出现客车过桥时墩顶最大振幅超 1 mm 的情况；三是从墩顶振幅的分布范围来看，不同墩形间的区别不大，多表现为货车过桥时的 1～4 mm、客车过桥时的不大于 1 mm；四是从与《桥检规》振幅通常值的对比情况来看，货车通过圆形墩桥时的墩顶振幅较其他工况而言，超《桥检规》振幅通常值的概率略高。

3. 不同基础类型

1）扩大基础

对于扩大基础的中高墩而言，试验共计选取样本桥墩 99 个。主要分析的关系包括：客、货列车通过时扩大基础-矩形墩墩顶振幅最大值的关系，客、货列车通过时扩大基础-矩形墩墩顶振幅与《桥检规》振幅通常值的关系，客、货列车通过时扩大基础-圆形墩墩顶振幅最大值的关系，客、货列车通过时扩大基础-圆形墩墩顶振幅与《桥检规》振幅通常值的关系，客、货列车通过时扩大基础-圆端形墩墩顶振幅最大值的关系，客、货列车通过时扩大基础-圆端形墩墩顶振幅与《桥检规》振幅通常值的关系，如图 4.6.55～图 4.6.60 所示。

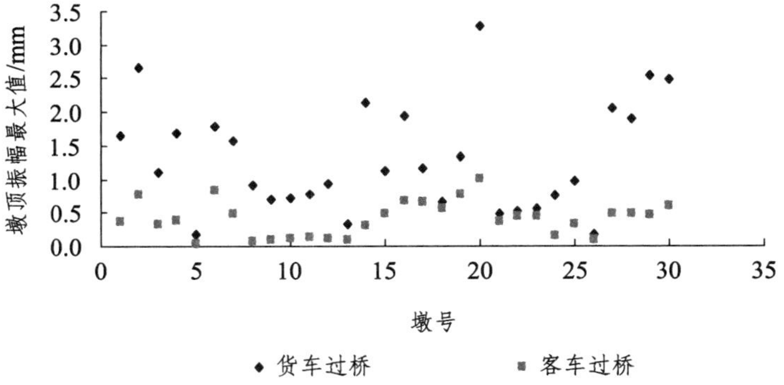

图 4.6.55　客、货列车通过时扩大基础-矩形墩墩顶振幅最大值关系图

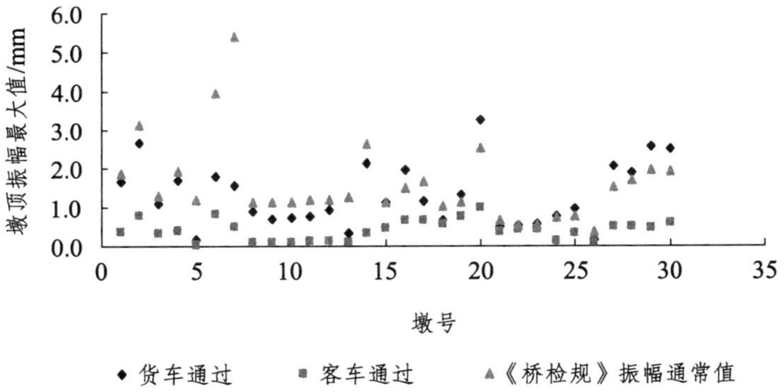

图 4.6.56　客、货列车通过时扩大基础-矩形墩墩顶振幅与《桥检规》振幅通常值关系图

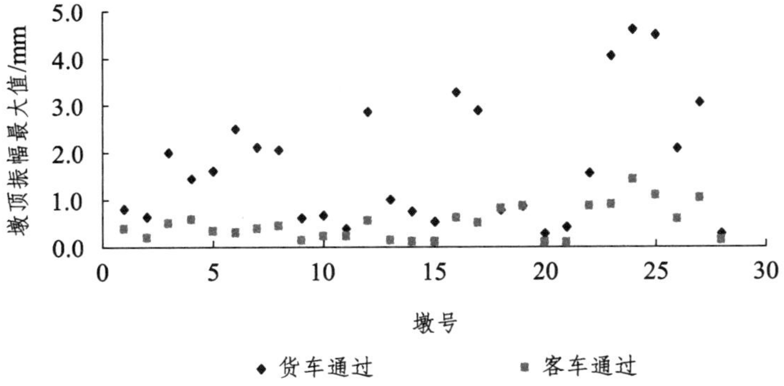

图 4.6.57　客、货列车通过时扩大基础-圆形墩墩顶振幅最大值关系图

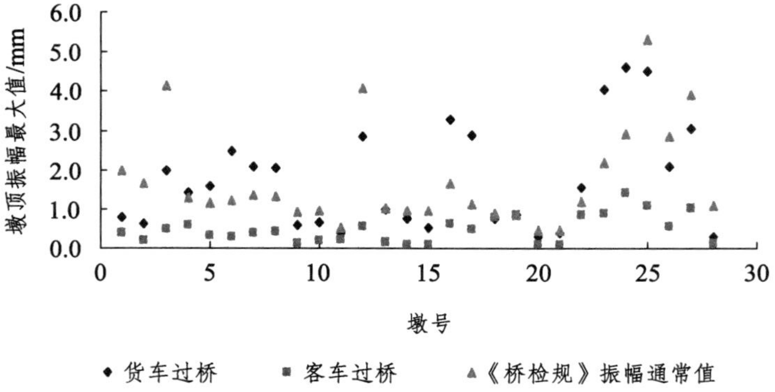

图 4.6.58 客、货列车通过时扩大基础-圆形墩墩顶振幅与《桥检规》振幅通常值关系图

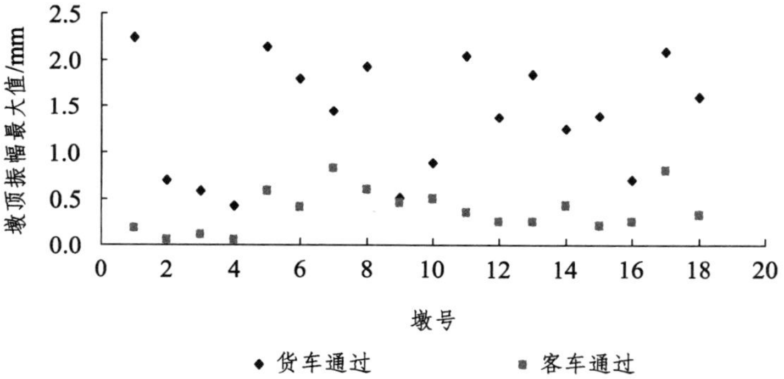

图 4.6.59 客、货列车通过时扩大基础-圆端形墩墩顶振幅最大值关系图

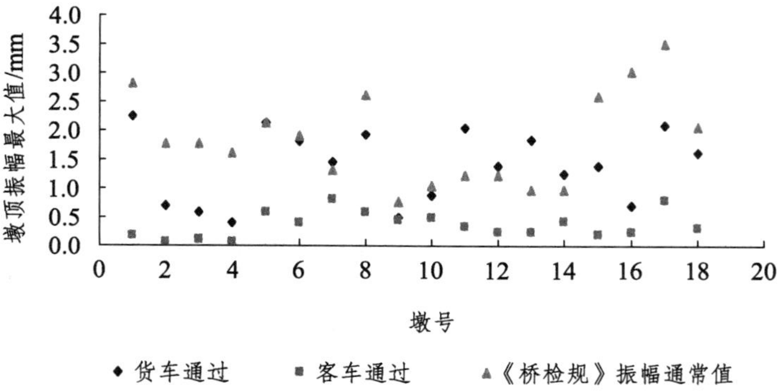

图 4.6.60 客、货列车通过时扩大基础-圆端形墩墩顶振幅与《桥检规》振幅通常值关系图

2）沉井基础

对于扩大基础的中高墩而言，试验共计选取样本桥墩 39 个。主要分析的关系包括：客、货列车通过时沉井基础-圆形墩墩顶振幅最大值的关系，客、货列车通过时沉井基础-圆形墩墩顶振幅与《桥检规》振幅通常值的关系，客、货列车通过时沉井基础-圆端形墩墩顶振幅最大值的关系，客、货列车通过时沉井基础-圆端形墩墩顶振幅与《桥检规》振幅通常值的关系，如图 4.6.61 ~ 图 4.6.64 所示。

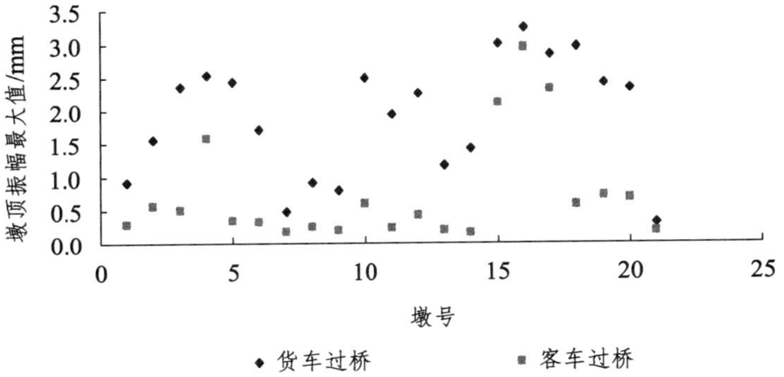

图 4.6.61　客、货列车通过时沉井基础-圆形墩墩顶振幅最大值关系图

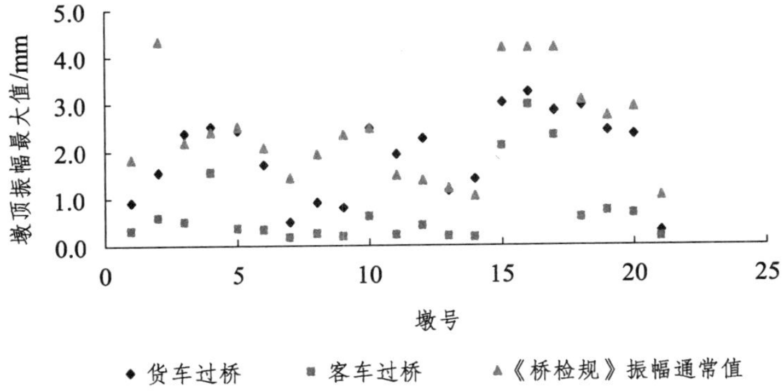

图 4.6.62　客、货列车通过时沉井基础-圆形墩墩顶振幅与《桥检规》振幅通常值关系图

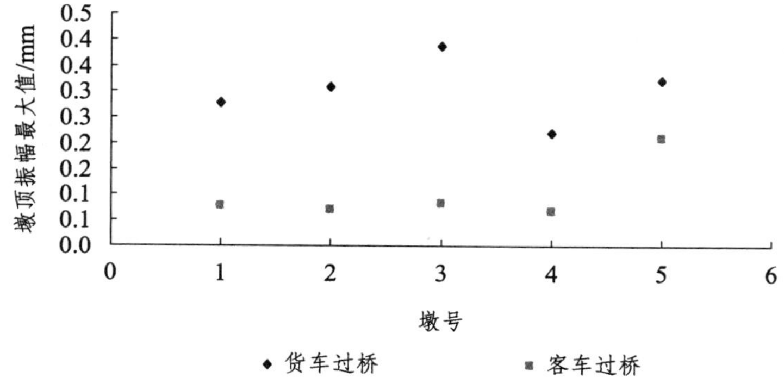

图 4.6.63　客、货列车通过时沉井基础-圆端形墩墩顶振幅最大值关系图

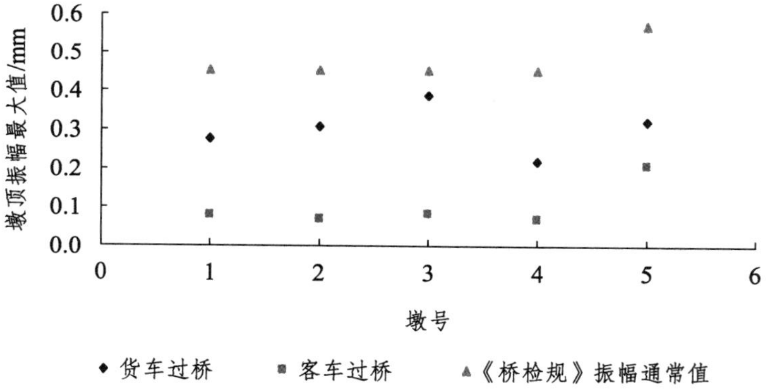

图 4.6.64　客、货列车通过时沉井基础-圆端形墩墩顶振幅与《桥检规》振幅通常值关系图

3）桩基础

对于桩基础的中高墩而言，试验共计选取样本桥墩 61 个。主要分析的关系包括：客、货列车通过时桩基础-圆形墩墩顶振幅最大值的关系，客、货列车通过时桩基础-圆形墩墩顶振幅与《桥检规》振幅通常值的关系，客、货列车通过时桩基础-圆端形墩墩顶振幅最大值的关系，客、货列车通过时桩基础-圆端形墩墩顶振幅与《桥检规》振幅通常值的关系，如图 4.6.65 ~ 图 4.6.68 所示。

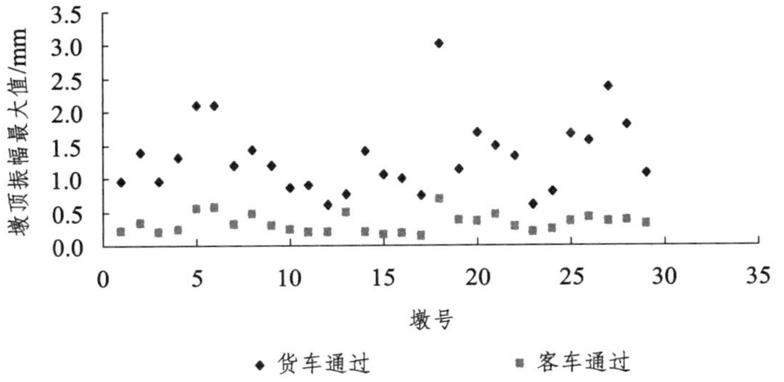

图 4.6.65　客、货列车通过时桩基础-圆形墩墩顶振幅最大值关系图

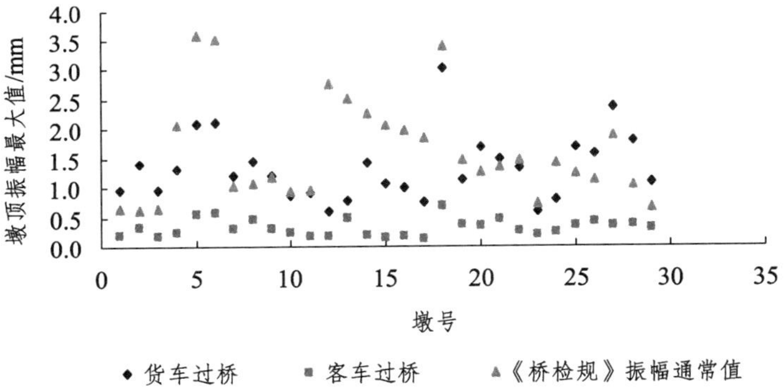

图 4.6.66　客、货列车通过时桩基础-圆形墩墩顶振幅与《桥检规》振幅通常值关系图

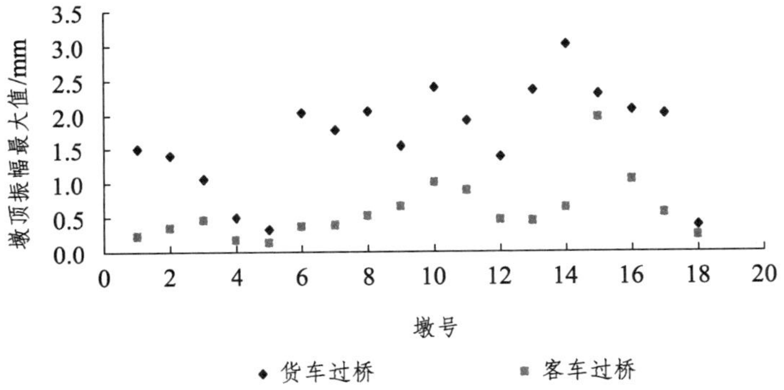

图 4.6.67　客、货列车通过时桩基础-圆端形墩墩顶振幅最大值关系图

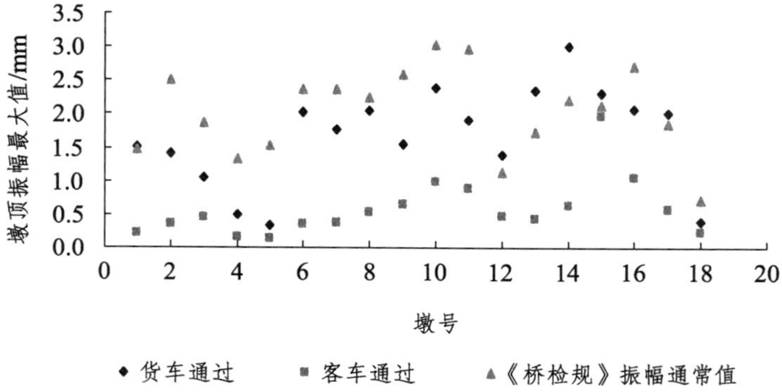

图 4.6.68　客、货列车通过时桩基础-圆端形墩墩顶振幅与《桥检规》振幅通常值关系图

4）小结

由以上的图示分析可知，在不同基础类型与不同墩身截面的组合工况条件下，客、货车过桥所产生的墩顶振幅分布特性没有因为组合工况的不同而产生显著的不同。主要表现为：一是货车过桥时的墩顶振幅值仍多大于客车过桥时的墩顶振幅最大值；二是在客、货列车分别过桥时，墩形对墩顶振幅的影响较基础类型显著；三是客、货车分别过桥时的墩顶振幅最大值分布范围多在 0 ~ 1 mm 和 1 ~ 4 mm。

4. 不同墩身材料

1）C12 混凝土

对于墩身材料为 C12 混凝土的桥墩而言，试验共计选取样本桥墩 112 个。客、货列车通过时墩顶振幅最大值与《桥检规》振幅通常值的关系如图 4.6.69 所示。

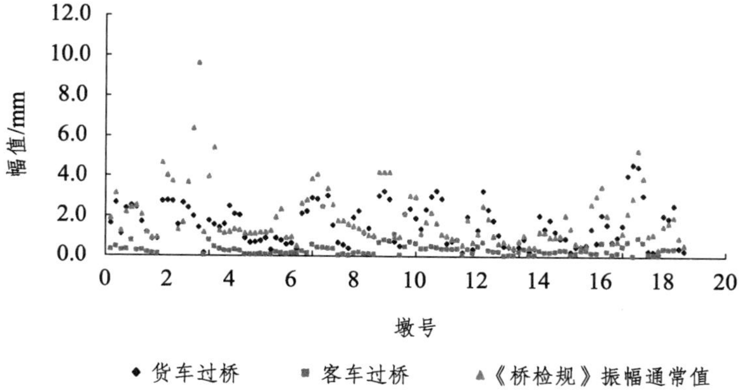

图 4.6.69　客、货列车通过时 C12 混凝土桥墩墩顶振幅最大值与《桥检规》振幅通常值关系图

2）C15 混凝土

对于墩身材料为 C15 混凝土的桥墩而言，试验共计选取样本桥墩 49 个。客、货列车通过时墩顶振幅最大值与《桥检规》振幅通常值的关系如图 4.6.70 所示。

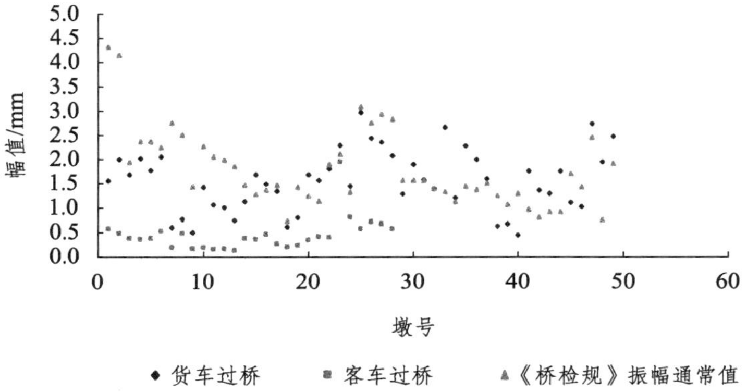

图 4.6.70　客、货列车通过时 C15 混凝土桥墩墩顶振幅最大值与《桥检规》振幅通常值关系图

3）C20 混凝土

对于墩身材料为 C20 混凝土的桥墩而言，试验共计选取样本桥墩 32 个。客、货列车通过时墩顶振幅最大值与《桥检规》振幅通常值的关系如图 4.6.71 所示。

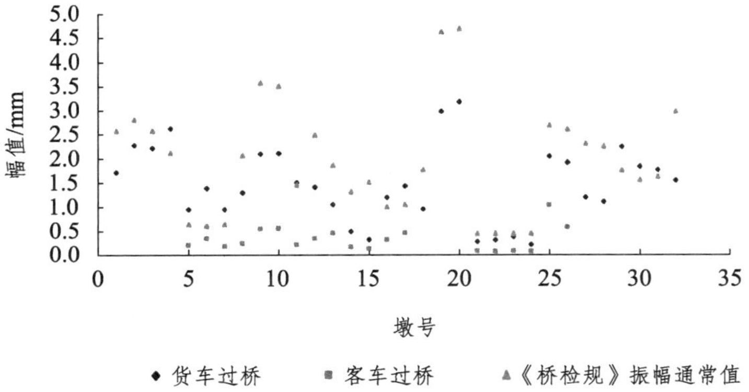

图 4.6.71　客、货列车通过时 C20 混凝土桥墩墩顶振幅最大值与《桥检规》振幅通常值关系图

4）小结

由以上的图示分析可知，在不同墩身材料工况条件下，客、货车过桥所产生的墩顶振幅分布特性呈现如下特征：一是不同材料条件下，客车过桥的墩顶振幅最小，其远小于货

车过桥及《桥检规》振幅通常值；二是当墩身材料为C15、C20混凝土时，货车过桥超《桥检规》振幅通常值的概率显著大于墩身材料为C12的情况。

4.6.5 小结

本节重点讨论了影响桥墩服役安全性的诸多条件，并依次对桥跨结构、桥上线路、车速条件和活载类型等进行了统计分析，得到如下基于桥墩服役安全性的调查与评价结论。

1. 桥跨类型对桥墩服役安全性的影响

（1）对于上部结构为混凝土梁的低墩而言，一是表现为桥跨结构形式对墩顶振幅大小影响效果的贡献不大；二是墩高变化范围为2 ~ 16 m、高宽比变化范围为0.2 ~ 2.5时，所测得的墩顶振幅多在1.0 mm以内，与现行《桥检规》振幅通常值比较，也多小于规范限值要求，初步判定，低墩的服役安全性在现象评判标准下是安全的。

（2）对于上部结构为混凝土梁的中高墩而言，一是高宽比分别与墩顶振幅、《桥检规》振幅通常值较墩高的相关性强、拟合优度高。二是当墩高大于30 m或高宽比大于10时，墩高变化表现出了与墩顶振幅实测值的负相关。墩高变化范围为2 ~ 16 m、高宽比变化范围为2.5 ~ 14：当高宽比小于10时，实测值与《桥检规》振幅通常值的重叠性较高；而当高宽比大于10时，实测振幅值则没有出现超《桥检规》振幅通常值的现象。三是桥墩的自振频率愈高则其振幅会愈小，但当出现车-线-桥的“共振”响应时，墩顶振幅会显著提高，这一规律在综上分析中亦有体现，因此避开共振频带是确保中高墩安全服役、控制墩顶振幅的关键。

（3）对于上部结构为钢梁的中高墩而言，一是墩高、高宽比是影响墩顶振幅的主要因素，且不同的钢梁结构对墩顶振幅的影响亦不相同，初步的试验结果为上承式钢桁梁最大，其次是下承式钢桁梁，而后是钢板梁，影响最小的是钢-混凝土结合梁；二是墩高变化范围为10 ~ 50 m、高宽比变化范围为2.5 ~ 9时，墩顶振幅最大值与自振频率通常值之间的相关性表现较好，且试验样本中鲜见墩顶振幅不满足《桥检规》振幅通常值要求的情况出现。

2. 桥上线路对桥墩服役安全性的影响

（1）基于统计调查的结果显示：曲线半径在500 ~ 1 000 m时，墩顶的响应激励较明显，墩顶振幅也较大；而曲线半径小于300 m或大于1 200 m时，墩顶的振动响应效果则会有所降低。

（2）通过对比曲线桥和直线桥的墩顶振幅最大值分布特点可知，直线桥的墩顶振幅多大于曲线桥，表现为直线桥较曲线桥的桥墩动力响应易受到列车活载作用的影响，对墩-梁耦合作用的效果更为显著。

3. 车速条件对桥墩服役安全性的影响

桥墩高度、墩身截面、基础类型和墩身材料是铁路桥墩的固有属性，通过研究活载通过条件下墩顶振幅的分布规律，得到如下试验研究结论：

（1）低墩对活载通过作用下的振幅激励效果不显著，没有表现为随车速的增加而增加的趋势，但中高墩的该特性则表现显著。

（2）在不同截面墩身条件下，矩形墩随车速增加而振幅增加的趋势不显著，而圆形和圆端形墩的该变化趋势则较为明显；各截面类型桥墩墩顶振幅显著增加的活载速度区间略有不同，矩形墩为 50 ~ 60 km/h、圆形墩为 55 ~ 65 km/h、圆端形墩为 65 ~ 70 km/h，而当活载速度不在以上速度区间内时，桥墩墩顶振幅会显著降低。

（3）在不同基础类型条件下，不同截面桥墩的墩顶振幅没有因为基础类型的不同而产生显著变化；扩大基础圆形墩的墩顶振幅最大值较其他基础类型桥墩的墩顶振动响应更为剧烈；桩基础圆端形墩的墩顶振幅最大值超《桥检规》振幅通常值的概率更高。

4. 活载类型对桥墩服役安全性的影响

（1）当桥墩高度变化时，一是墩高的差异没有改变货车过桥时墩顶振幅最大值多大于客车过桥时的基本特性；二是在低墩条件下，墩顶振幅的大小受到墩梁结构协同作用的影响程度较大，表现为客、货列车过桥时的墩顶振幅都较小，有时还存在不同墩形条件下的幅值近似的情况；三是在中高墩条件下，货车过桥的墩顶振幅值分布范围较广，其受货车激励影响的程度也较大，而客车过桥的墩顶振幅多小于 1 mm，表明客车过桥对墩的冲击及横向动力响应显著减弱；四是在上述的各类工况条件下，客、货车过桥所引起墩顶振幅最大值多小于《桥检规》振幅通常值的要求。

（2）当墩身截面发生变化时，一是墩身截面的不同没有改变货车过桥时墩顶最大振幅显著大于客车过桥时的基本特性；二是圆形墩和圆端形墩较矩形墩而言，更易出现客车过桥时墩顶最大振幅超 1 mm 的情况；三是从墩顶振幅的分布范围来看，不同墩形间的区别不大，多表现为货车过桥时的 1 ~ 4 mm、客车过桥时的不大于 1 mm；四是从与《桥检规》振幅通常值的对比情况来看，货车通过圆形墩桥时的墩顶振幅较其他工况而言，超《桥检规》振幅通常值的概率略高。

（3）当基础类型发生变化时，一是货车过桥时的墩顶振幅值仍多大于客车过桥时的墩顶振幅最大值；二是在客、货列车分别过桥时，墩形对墩顶振幅的影响较基础类型显著；三是客、货车分别过桥时的墩顶振幅最大值分布范围多在 0 ~ 1 mm 和 1 ~ 4 mm。

（4）当墩身材料发生变化时，一是在不同材料条件下，客车过桥的墩顶振幅最小，远小于货车过桥时及《桥检规》振幅通常值；二是当墩身材料为 C15、C20 混凝土时，货车过桥超《桥检规》振幅通常值的概率显著大于墩身材料为 C12 的情况。

第 5 章

PART FIVE

中小跨度混凝土梁动力性能研究

5.1 中小跨度混凝土梁动力性能研究概述

5.1.1 铁路混凝土梁服役情况

截至 2012 年底，全路标准轨距普速铁路共有桥梁 48 905 座、1 263 804 延长米；桥梁按结构类型可分为钢桥、混凝土桥和组合结构桥等，统计数量钢桥为 1 272 座、占 2.6%，11 759 延长米、占 2.6%，混凝土桥 47 180 座、占 96.5%，3 875 202 延长米、占 90.9%，组合结构桥为 453 座、占 0.9%，276 843 延长米、占 6.5%。

根据统计结果，我国普速铁路 90%以上为混凝土桥；按桥跨结构类型区分，混凝土桥分为钢筋混凝土梁桥、预应力混凝土梁桥和框构桥类型桥梁等。截至 2012 年底，按孔数统计，全路共有混凝土梁桥 193 830 孔，其中钢筋混凝土梁桥 51 922 孔，占总孔数的 26.8%；预应力混凝土梁桥 111 451 孔，占总孔数的 57.5%；其他类型结构桥梁 30 457 孔，占总孔数的 15.7%。按跨度统计，钢筋混凝土梁桥中，跨度小于 10 m 的数量较多，占混凝土梁桥孔数的 12.5%；预应力混凝土梁桥中跨度 32 m 的数量较多，占混凝土梁桥孔数的 28.4%；其他类型结构中框构桥较多，占混凝土梁桥孔数的 11.6%。全路普速混凝土桥梁结构类型及跨度统计情况如表 5.1.1 所示。

表 5.1.1 我国既有普速铁路混凝土桥梁统计表

序号	桥梁类型	跨度	数量/孔	占比/%	数量/孔	占比/%
1	钢筋混凝土梁桥	L<10 m	24 229	12.5	51 922	26.8
2		10 m≤L<16 m	9 132	4.7		
3		L≥16 m	18 561	9.6		
4	预应力混凝土梁桥	L<16 m	3 668	1.9	111 451	57.5
5		16 m≤L<23.8 m	19 902	10.3		
6		L=23.8 m	7 960	4.1		

续表

序号	桥梁类型	跨度	数量/孔	占比/%	数量/孔	占比/%
7	预应力混凝土梁桥	L=24.0 m	14 417	7.4		
8		L=31.7 m	7 907	4.1		
9		L=32.0 m	55 124	28.4		
10		L>32.0 m	2 473	1.3		
11	其他类型结构	框构桥	22 404	11.6	30 457	15.7
12		其他	8 053	4.1		
13	合计		193 830	100.0	193 830	100.0

5.1.2 铁路混凝土梁的标准设计

1949 年前，采用钢筋混凝土修建的桥梁，主要分布在东北滨州及滨绥线以南、山海关以外的铁路线上。从日俄战争（1904—1905 年）以后，直到 1945 年 8 月抗日战争胜利为止的 40 年里，共修建跨度 2.4 ~ 13.0 m 的钢筋混凝土梁 2 000 余孔。

1931 年日军侵占东北后，应用《日本铁道钢筋混凝土标准图》修建钢筋混凝土梁桥，桥梁全长百米以下者有 34 座，跨度最大为 13.0 m。新中国成立前关内铁路采用钢筋混凝土梁数量较少，据不完全统计仅有 200 余孔。

新中国成立后，从第一个五年计划开始，为贯彻设计标准化和制造工厂化的方针，钢筋混凝土梁在我国铁路桥梁上的发展很快，并着重表现在以下几个方面：

1. 普通钢筋混凝土梁

1）早期沿革

为适应铁路桥梁建设发展的需要，1950 年，铁道部设计局就着手标准设计工作，钢筋混凝土简支梁的标准设计，跨度最大为 24.0 m。随着桥梁设计规范的多次修订，活载、主筋材质的发展和变化，20 世纪 50—70 年代期间的几十年，全路设计了多种不同跨度的标准图纸。

（1）分片式道砟桥面简支梁。

1952 年，参照苏联定型图纸，结合当时架桥机的起重能力（65 t），我国编制了跨度 2.4 ~ 16.0 m 的定型设计，结构采用分片式。4.5 m 以下为板式梁，5.5 ~ 16.0 m 为双梗 Π 形梁，架设后每片梁能保证稳定，不需连接。随着 80 t 架桥机的出现，1957 年我国编制了跨度 20 m 的单梗 T 形梁的标准设计。次年又编制了跨度 24.0 m 钢筋混凝土 T 形梁设计，但因梁高较低，用钢量较多，不久即被同跨度的预应力混凝土梁所代替。为适应底膜振捣工艺，1966

年将我国最常用的 16 m 梁改为单梗 T 形梁。经过 10 多年的运营，1978 年，按照“75 桥规”编制成现行 4 ~ 20.0 m 道砟桥面钢筋混凝土简支梁的标准图，取消 Π 形梁，改用单梗 T 形梁的结构形式。

（2）道砟桥面低高度简支梁。

为适应平原及河网化地区增建二线，和在既有线上改建小跨度钢梁或轨束梁桥的需要，1959 年我国开始编制跨度 8 ~ 20.0 m 的道砟桥面单梗 T 形低高度钢筋混凝土简支梁通用图。1963 年及 1965 年我国采用 A5 螺纹钢筋与 16Mn 钢筋，编制了 4 ~ 20.0 m 的标准设计，进一步降低了梁的建筑高度。

（3）整孔式道砟桥面梁。

20 世纪 50 年代，钢筋混凝土简支梁采用工厂制造架桥机架设的施工方法，但限于架桥机的起重能力和运输条件，标准设计均采用分片式结构。随着架桥机的发展，1954 年我国编制跨度 2.4 ~ 16.0 m 的整孔式钢筋混凝土简支梁通用图，但因受运输限界和架桥机臂宽的限制，桥面只能用折叠式悬臂。其间我国设计过跨度 16.0 m 的单梗整孔式简支梁，道砟槽宽 3.2 m，可满足限界要求，两侧挡墙为分段交错可折式，以利抽换枕木，用 65 t 架桥机架设。

（4）无砟桥面梁。

为进一步压低梁的建筑高度，减轻恒载，20 世纪 60 年代以后我国建成了一批无砟桥面的简支梁。根据运营经验，无砟桥面钢筋混凝土梁之所以不被运营养护部门欢迎，最主要的问题是起、落道作业不便，跨度越小矛盾越突出。

2）标准设计简介

我国铁路桥梁跨度在 16m 及以下的桥跨结构普遍采用普通钢筋混凝土简支梁。虽有 20m 跨度标准设计，但甚少使用。通用的标准设计有：1975 年编制的 4.0 m、5.0 m、6.0 m、8.0 m、10.0 m、12.0 m、16.0 m、20.0 m 跨度道砟桥面钢筋混凝土梁（叁标桥 1023）与道砟桥面低高度钢筋混凝土梁（叁标桥 1024）；1988—1991 年编制的 8.0 m、12.0 m、16.0 m 跨度钢筋混凝土梁[专桥（88）1023]与 4.0 m、5.0 m、6.0 m、10.0 m、20.0 m 跨度钢筋混凝土梁[专桥（90）1023]，8.0 m、12.0 m 跨度低高度钢筋混凝土梁[专桥（88）1024]与 4.0 m、5.0 m、6.0 m、10.0 m、20.0 m 跨度低高度钢筋混凝土梁[专桥（91）1024]。对于直、曲线梁，轮廓尺寸一样，区别就是配筋不同。表 5.1.2 ~ 表 5.1.5 为叁标桥 1023、叁标桥 1024、专桥（88）1023 与专桥（90）1023、专桥（88）1024 与专桥（91）1024 的钢筋混凝土简支梁部分标准设计技术特征。

表 5.1.2　图号“叁标桥 1023”钢筋混凝土梁主要技术特征

跨度	梁全长	建筑高度			梁梗中心距	支座垫板尺寸		每孔梁片数	每孔梁重	混凝土标号	主筋钢号	每孔梁混凝土用量	每孔梁钢筋用量
		梁高	轨底至梁底	轨底至墩顶		纵向	横向						
m	m	m	m	m	m	cm	cm	片	t			m^3	t
4.0	4.5	0.50	1.00	1.003	1.8	30×30厚石棉垫		2	18.80	200	16Mn	6.61	0.664（0.711）
5.0	5.5	0.60	1.10	1.103	1.8			2	25.81	200	16Mn	9.19	0.961（1.020）
6.0	6.5	0.70	1.20	1.203	1.8			2	33.79	200	16Mn	12.17	1.263（1.321）
8.0	8.5	1.25	1.75	1.84	1.8	31	27	2	44.78	200	16Mn	16.14	1.980（2.154）
10.0	10.5	1.40	1.90	2.08	1.8	42	60	2	57.71	200	16Mn	20.88	3.013（3.277）
12.0	12.5	1.55	2.05	2.23	1.8	42	60	2	72.68	250	16Mn	25.98	3.871（4.185）
16.0	16.5	1.90	2.40	2.58	1.8	42	60	2	102.98	250	16Mn	37.24	6.102（6.673）
20.0	20.5	2.20	2.70	3.10	1.8	42（40）	80	2	135.18	350	16Mn	49.08	9.222（10.334）

注：钢筋栏中括号外为钢筋数量，括号内为钢绞线数量；支座栏中括号外为固定支座尺寸，括号内为活动支座的尺寸。以下表中均同。

表 5.1.3　图号“叁标桥 1024”钢筋混凝土梁主要技术特征

跨度	梁全长	建筑高度			梁梗中心距	支座垫板尺寸		每孔梁片数	每孔梁重	混凝土标号	主筋钢号	每孔梁混凝土用量	每孔梁钢筋用量
		梁高	轨底至梁底	轨底至墩顶		纵向	横向						
m	m	m	m	m	m	cm	cm	片	t			m^3	t
4.0	4.5	0.35	0.85	0.853	1.7	30×30 厚石棉垫		2	16.31	300	16Mn	5.62	0.783（0.821）
5.0	5.5	0.40	0.90	0.903	1.7			2	21.53	300	16Mn	7.48	1.162（1.264）
6.0	6.5	0.45	0.95	0.953	1.7			2	27.16	300	16Mn	9.52	1.573（1.700）
8.0	8.5	0.55	1.05	1.14	1.7	31	27	2	40.62	350	16Mn	14.35	2.553（2.683）
10.0	10.5	0.70	1.20	1.40	1.7	38	28	2	59.37	350	16Mn	21.16	3.714（4.015）
12.0	12.5	0.85	1.35	1.55	1.8	38	28	2	81.04	350	16Mn	29.40	4.981（5.535）
16.0	16.5	1.10	1.60	1.80	1.8	38	28	2	108.23	400	16Mn	39.42	8.378（9.421）
20.0	20.6	1.35	1.85	2.07	1.8	38	28	2	150.63	400	16Mn	55.44	12.687（14.084）

表 5.1.4 图号“专桥（88）1023”与“专桥（90）1023”钢筋混凝土梁主要技术特征

跨度	梁全长	建筑高度			梁梗中心距	支座垫板尺寸		每孔梁片数	每孔梁重	混凝土标号	主筋钢号	每孔梁混凝土用量	每孔梁钢筋用量
		梁高	轨底至梁底	轨底至墩顶		纵向	横向						
m	m	m	m	m	m	cm	cm	片	t			m^3	t
4.0	4.5	0.50	1.00	1.003	1.8	30×30厚石棉垫		2	18.80	200	16Mn	6.61	0.664（0.750）
5.0	5.5	0.60	1.10	1.103	1.8			2	25.81	200	16Mn	9.19	0.961（1.064）
6.0	6.5	0.70	1.20	1.203	1.8			2	33.79	200	16Mn	12.17	1.263（1.379）
8.0	8.5	1.25	1.75	1.84	1.8	31	27	2	44.78	200	16Mn	16.14	2.025（2.221）
10.0	10.5	1.40	1.90	2.08	1.8	42	60	2	57.71	200	16Mn	20.88	3.013（3.407）
12.0	12.5	1.55	2.05	2.23	1.8	42	60	2	72.68	250	16Mn	25.98	3.934（4.280）
16.0	16.5	1.90	2.40	2.58	1.8	42	60	2	102.98	250	16Mn	37.24	6.173（6.829）
20.0	20.6	2.20	2.70	3.10	1.8	42（40）	60	2	135.18	350	16Mn	49.08	9.222（10.444）

表 5.1.5　图号“专桥（88）1024”与“专桥（91）1024”钢筋混凝土梁主要技术特征

跨度	梁全长	建筑高度			梁梗中心距	支座垫板尺寸		每孔梁片数	每孔梁重	混凝土标号	主筋钢号	每孔梁混凝土用量	每孔梁钢筋用量
		梁高	轨底至梁底	轨底至墩顶		纵向	横向						
m	m	m	m	m	m	cm	cm	片	t			m^3	t
4.0	4.5	0.35	0.85	0.853	1.7	30×30 厚石棉垫		2	16.31	300	16Mn	5.62	0.783（0.836）
5.0	5.5	0.40	0.90	0.903	1.7			2	21.53	300	16Mn	7.48	1.163（1.309）
6.0	6.5	0.45	0.95	0.953	1.7			2	27.16	300	16Mn	9.52	1.797（1.754）
8.0	8.5	0.55	1.05	1.14	1.7	31	27	2	40.62	350	16Mn	14.35	2.579（2.693）
10.0	10.5	0.70	1.20	1.40	1.7	38	28	2	59.37	350	16Mn	21.16	3.712（4.096）
12.0	12.5	0.85	1.35	1.55	1.8	38	28	2	81.04	350	16Mn	29.40	5.010（5.594）
16.0	16.5	1.10	1.60	1.80	1.8	38	28	2	108.23	400	16Mn	39.42	8.422（9.492）
20.0	20.6	1.35	1.85	2.07	1.8	38	28	2	150.63	400	16Mn	55.44	12.680（14.213）

2. 预应力混凝土梁

1）早期沿革

我国预应力混凝土铁路桥梁，始建于 20 世纪 50 年代中期。1955 年，在丰台桥梁厂试制了一孔跨度 12 m 的试验梁。次年，在陇海线新沂河建成我国第一座预应力混凝土铁路桥。随着铁路的发展，预应力混凝土简支梁的数量与日俱增，并且除极少数外，这些预应力混凝土梁均在工厂或工地的预制场预制，运送至施工工地用架桥机架设。1960 年以后，为扩大预应力混凝土铁路桥梁的应用范围，有关单位努力研制了以不同施工方法建造各种超静定结构的大、中跨预应力混凝土桥梁。其设计过程按破坏阶段检算截面强度，按弹性阶段计算截面应力，并计入混凝土塑性变形影响验算抗裂性。1961 年，我国在参照了苏联相关规范的前提下，编制了《预应力混凝土铁路桥梁结构设计暂行规范》；1975 年，对该暂行规范作了若干修改，并正式纳入部颁的《铁路工程技术规范》。

（1）道砟桥面后张法简支梁。

道砟桥面后张法简支梁，在我国建成最早，应用最广。如上所述，1955 年，丰台桥梁厂、铁道部科学研究院等单位协作试制了一孔跨度 12 m 的试验梁，在此基础上，大桥设计事务所为陇海线新沂河桥设计了跨度 23.9 m 的道砟桥面预应力混凝土 T 形梁，全桥共计 28 孔，由丰台桥梁厂制造，济南铁路局架设，于 1956 年建成。这是我国第一座预应力混凝土铁路桥。随后，大桥设计事务所根据国内经验并参照苏联定型设计，编制了 19.8 ~ 27.7 m 道砟桥面预应力混凝土梁的标准设计（图号：大 135），后专业设计院于 1958 年对标准图进行了修改，另编制了跨度 15.8 ~ 31.7 m 预应力混凝土梁的标准设计（图号：大 138）。1959 年，丰台桥梁厂按新标准图开始生产跨度 31.7 m 的预应力混凝土梁。与此同时，铁道部基建总局决定停止生产跨度 32 m 以下的钢板梁，跨度 24 ~ 32 m 的铁路桥梁全部采用预应力混凝土梁。自此，预应力混凝土梁开始在全路迅速推广应用，产量逐年增加。

（2）道砟桥面先张法简支梁。

我国的道砟桥面先张法预应力混凝土梁，始于 1958 年。当时，后张法梁已生产两年多。由于制造工艺复杂，生产周期较长，铁皮套管的材料供应又遇到困难，故开始探索先张法预应力混凝土梁的设计与制造工艺。先张法制梁，能省去制孔、压浆等工序，预应力筋与混凝土的黏结可靠，并且避免了孔道摩擦引起的预应力损失。但由于先张法的设备投资较大，不如后张法机动灵活，故多年来没有得到大量的推广应用。截至 1982 年，我国仅生产道砟桥面先张法梁 300 多孔，占预应力混凝土梁总数的 2%。按预应力筋的不同种类，分述如下：

① 高强钢丝先张法梁。

1958 年，丰台桥梁厂、铁道部科学研究院及专业设计院，协作制成跨度 23.8 m 直线配筋先张法梁 9 片。1959—1961 年，又制成跨度 31.7 m 直线配筋先张法 T 形梁 21 孔，其中 9 孔于 1961 年架设在滨北线的呼兰河桥上，建成我国第一座道砟桥面先张法预应力混凝土梁桥。为减轻桥梁自重，铁道部科学研究院按中—22 活载，于 1959 年研制跨度 31.7 m 双向预应力先张法薄腹梁一片。1961 年，专业设计院在此基础上，按中—26 修改设计，由丰台桥梁厂制造另一片。这两片梁凑成一孔，架设在嫩林线的桥梁上。自 1958 年到 1964 年，共计制造高强钢丝先张法梁 55 片。由于梁体裂纹比较普遍和制造工艺较复杂，蒸汽养护又不易控制，而且在此期间，后张法的张锚与制孔工艺已有很大的改进，故从 1961 年以后主要发展应用后张法梁，而未再生产高强钢丝的先张法梁。

② 钢绞线先张法梁。

1971 年，专业设计院、北京昌平构件厂、铁道部科学研究院、北方交通大学等单位协作，进行以直径 15 mm 钢绞线为预应力筋的先张法梁的研制工作。1972 年，在北京昌平构件厂试制了一片跨度 16m 的钢绞线先张法试验梁。1974—1980 年，齐齐哈尔铁路局生产和使用跨度 12 m 的道砟桥面低高度钢绞线先张法梁 60 余孔。1979 年，又试制成 20 m 先张法梁。1975—1980 年，铁道部第三设计院（1978 年更名为铁道部第三勘测设计院）标准处根据各单位设计制造的经验，编制了跨度 8 ~ 20 m 的道砟桥面低高度钢绞线先张法梁通用图，在济南、锦州两铁路局共产生 20 m 先张法梁 14 孔。

③ 精轧螺纹钢筋先张法梁。

1981 年，铁道部科学研究院、铁道部第三勘测设计院与铁道兵协作，以直径为 25 mm 的 45SiMnV 精轧螺纹钢筋（热轧）为预应力筋，试制跨度 16 m 的道砟桥面先张法梁，取得了成功。1982 年，该梁通过静载抗裂性能试验及破坏试验，并经铁道部鉴定，决定在兖石线大量应用。

（3）无砟桥面简支梁。

我国无砟桥面预应力混凝土简支梁的制造，始于 1966 年，丰台桥梁厂在首都钢铁公司卑家店支线，试制一孔跨度 23.8 m 无砟有枕预应力混凝土工形梁，是我国第一孔无砟桥面简支梁。1967 年，丰台桥梁厂、专业设计院及铁道部科学研究院协作，进行无砟桥面梁的研制工作，设计跨度 23.8 m 的无砟无枕桥面鱼腹式预应力混凝土 Π 形梁。丰台桥梁厂按设计制造两孔，架设在北京东北环形线坝河桥上。

2）标准设计简介

（1）后张法预应力混凝土简支梁。

如前所述，我国最早的后张法预应力混凝土梁标准设计是1958年设计的一套拉锚式体系（钢丝束固定在锚具上，利用千斤顶张拉锚具使钢丝束被张拉），其计算跨度分别为15.8 m、19.8 m、23.8 m、27.7 m及31.7 m五种。其后根据几年的使用经验，于1965年对常用的23.8 m和31.7 m跨度梁的设计标准图进行了修改，采用图号为“大（65）138”的标准设计。1975年编制了拉丝体系（千斤顶直接张拉钢丝束然后进行锚固）后张法预应力混凝土梁标准设计图，图号为“叁标桥2018、2019”，计算跨度为16 m、20 m、24 m及32 m四种，包括直线梁和曲线梁。1983年编制了以钢绞线为预应力筋的标准设计图，图号为“专桥2037、2038”，跨度为32 m。钢绞线具有制束方便、省工、张拉锚固简单可靠、与梁体黏结力好等优点。因此，后来其使用范围逐步扩大，逐渐取代了拉丝体系，成为先、后张法预应力混凝土梁的主要配筋形式。相关单位于1989年按《铁路桥涵设计规范》（TBJ 2—85）又编制了预应力铁路桥梁标准图“专桥2059”系列设计。上述部分后张法预应力混凝土梁主要技术特征如表5.1.6 ~ 表5.1.10所示。

（2）先张法预应力混凝土简支梁。

如前所述，我国从20世纪50—60年代开始研究小跨度先张法预应力混凝土铁路梁的制造，并编制了小跨度先张法预应力混凝土简支梁三套通用图：图号为“叁标桥2017”的道砟桥面低高度先张法预应力混凝土梁；图号为“叁标桥2020、2022”的道砟桥面先张法预应力混凝土梁，跨度为8 m、10 m、12 m和16 m，其与同跨度钢筋混凝土梁相比，可节约钢材约20%。经过总结多年的使用经验，上述三套图纸于1990年和1991年进行了改进并编制了三套标准图：图号为“专桥2080”的低高度先张法预应力混凝土梁，跨度为16 m；图号为“专桥2081”的先张法预应力混凝土梁，跨度分8 m、10 m和12 m三种；图号为“专桥2082”的低高度先张法预应力混凝土梁，跨度分8 m、10 m和12 m三种。此后在1990—1994年还编制了一些先张法部分预应力混凝土简支梁的通用图和设计图。上述部分先张法预应力混凝土梁主要技术特征如表5.1.11 ~ 表5.1.16所示。

5.1.3 铁路混凝土简支梁构造特点

1. 普通钢筋混凝土梁

1）截面形式的选择

梁的截面形式主要取决于其受力状态，同时考虑施工和使用的要求，以及便于养护、维修、运输和架设。

表 5.1.6　图号“大（65）138”预应力混凝土梁主要技术特征

跨度	梁全长	建筑高度			梁梗中心距	支座垫板尺寸		每孔梁片数	每孔梁重	混凝土标号	主筋钢号	每孔梁混凝土用量	每孔梁钢筋用量
		梁高	轨底至梁底	轨底至墩顶		纵向	横向						
m	m	m	m	m	m	cm	cm	片	t			m^3	t
23.8	24.6	2.10	2.60	3.00	1.8	42（40）	80	2	155.6	400	16Mn	58.8	5.754（5.912）
31.7	32.6	2.50	3.00	3.50	1.8	45（42）	80	2	221.2	500	16Mn	83.8	7.549（8.068）

表 5.1.7　图号“叁标桥 2018”预应力混凝土梁主要技术特征

跨度	梁全长	建筑高度			梁梗中心距	支座垫板尺寸		每孔梁片数	每孔梁重	混凝土标号	主筋钢号	每孔梁混凝土用量	每孔梁钢筋用量
		梁高	轨底至梁底	轨底至墩顶		纵向	横向						
m	m	m	m	m	m	cm	cm	片	t			m^3	t
16	16.5	1.60	2.10	2.28	1.8	42	60	2	91.4	400	16Mn	34.6	3.210（3.410）
20	20.6	1.90	2.40	2.80	1.8	42（40）	80	2	124.8	400（450）	16Mn	47.5	3.962（4.054）

表 5.1.8　图号“叁标桥 2019”预应力混凝土梁主要技术特征

跨度	梁全长	建筑高度			梁梗中心距	支座垫板尺寸		每孔梁片数	每孔梁重	混凝土标号	主筋钢号	每孔梁混凝土用量	每孔梁钢筋用量
		梁高	轨底至梁底	轨底至墩顶		纵向	横向						
m	m	m	m	m	m	cm	cm	片	t			m^3	t
24	24.6	2.60	2.10	3.00	1.8	42（40）	80	2	156.76	450（500）	16Mn	59.66	5.044（5.238）
32	32.6	2.50	3.50	2.50	1.8	45（42）	80	2	222.74	500	16Mn	85.04	6.966（7.322）

表 5.1.9 图号“专桥 2037、2038”预应力混凝土梁主要技术特征

跨度	梁全长	建筑高度			梁梗中心距	支座垫板尺寸		每孔梁片数	每孔梁重	混凝土标号	主筋钢号	每孔梁混凝土用量	每孔梁钢筋用量
		梁高	轨底至梁底	轨底至墩顶		纵向	横向						
m	m	m	m	m	m	cm	cm	片	t			m^3	t
24	24.6	2.10	2.60	3.00	1.8	42（40）	80	2	154.86	450	16Mn	57.74	5.294（5.940）
32	32.6	2.50	3.00	3.50	1.8	45（42）	80	2	212.4	500	16Mn	80.90	6.476（7.978）

表 5.1.10 图号“专桥 2059”预应力混凝土梁主要技术特征

跨度	梁全长	建筑高度			梁梗中心距	支座垫板尺寸		每孔梁片数	每孔梁重	混凝土标号	主筋钢号	每孔梁混凝土用量	每孔梁钢筋用量
		梁高	轨底至梁底	轨底至墩顶		纵向	横向						
m	m	m	m	m	m	cm	cm	片	t			m^3	t
24	24.6	2.10	2.60	3.00	1.8	42（40）	80	2	156.9	450	16Mn	59.66	5.908（6.166）
32	32.6	2.50	3.00	3.50	1.8	45（42）	80	2	221.2	500	16Mn	85.42	7.908（8.478）

表 5.1.11　图号“叁标桥 2017”　预应力混凝土梁主要技术特征

跨度	梁全长	建筑高度			梁梗中心距	支座垫板尺寸		每孔梁片数	每孔梁重	混凝土标号	主筋钢号	每孔梁混凝土用量	每孔梁钢筋用量
		梁高	轨底至梁底	轨底至墩顶		纵向	横向						
m	m	m	m	m	m	cm	cm	片	t			m^3	t
8	8.5	0.55	1.05	1.14	1.7	31	27	2	39.8	500	16Mn	14.01	0.843（0.869）
10	10.5	0.70	1.20	1.40	1.7	38	28	2	51.0	500	16Mn	17.84	1.776（1.808）
12	12.5	0.85	1.35	1.55	1.8	38	28	2	63.0	500	16Mn	22.14	2.503（2.793）
16	16.5	1.10	1.60	11.80	1.8	38	28	2	90.2	500	16Mn	32.20	3.540（3.602）

表 5.1.12　图号“叁标桥 2020”预应力混凝土梁主要技术特征

跨度	梁全长	建筑高度			梁梗中心距	支座垫板尺寸		每孔梁片数	每孔梁重	混凝土标号	主筋钢号	每孔梁混凝土用量	每孔梁钢筋用量
		梁高	轨底至梁底	轨底至墩顶		纵向	横向						
m	m	m	m	m	m	cm	cm	片	t			m^3	t
16	16.5	1.60	2.10	2.28	1.8	42	60	2	89.1	400（500）	16Mn	31.72	3.503（3.685）

表 5.1.13 图号“叁标桥 2022”预应力混凝土梁主要技术特征

跨度	梁全长	建筑高度			梁梗中心距	支座垫板尺寸		每孔梁片数	每孔梁重	混凝土标号	主筋钢号	每孔梁混凝土用量	每孔梁钢筋用量
		梁高	轨底至梁底	轨底至墩顶		纵向	横向						
m	m	m	m	m	m	cm	cm	片	t			m^3	t
8	8.5	1.25	1.75	1.84	1.8	31	27	2	41.4	400	16Mn	14.64	1.762（1.795）
10	10.5	1.40	1.90	2.08	1.8	42	60	2	54.6	400	16Mn	19.15	2.339（2.380）
12	12.5	1.55	2.05	2.23	1.8	42	60	2	67.4	400	16Mn	23.85	2.784（2.833）
16	16.5	1.90	2.40	2.58	1.8	42	60	2	98.8	400	16Mn	35.57	3.970（4.032）

表 5.1.14 图号“专桥 2080”预应力混凝土梁主要技术特征

跨度	梁全长	建筑高度			梁梗中心距	支座垫板尺寸		每孔梁片数	每孔梁重	混凝土标号	主筋钢号	每孔梁混凝土用量	每孔梁钢筋用量
		梁高	轨底至梁底	轨底至墩顶		纵向	横向						
m	m	m	m	m	m	cm	cm	片	t			m^3	t
16	16.5	1.10	1.60	1.80	1.8	38	28	2	90.2	500	T20MnSi	32.20	3.635（3.879）

表 5.1.15　图号“专桥 2081”预应力混凝土梁主要技术特征

跨度	梁全长	建筑高度			梁梗中心距	支座垫板尺寸		每孔梁片数	每孔梁重	混凝土标号	主筋钢号	每孔梁混凝土用量	每孔梁钢筋用量
		梁高	轨底至梁底	轨底至墩顶		纵向	横向						
m	m	m	m	m	m	cm	cm	片	t			m^3	t
8	8.5	1.25	1.75	1.84	1.8	31	27	2	41.4	400	T20MnSi	14.64	1.821（1.939）
10	10.5	1.40	1.90	2.08	1.8	42	60	2	54.6	400	T20MnSi	19.15	2.466（2.584）
12	12.5	1.55	2.05	2.23	1.8	42	60	2	67.4	400	T20MnSi	23.85	2.934（3.110）

表 5.1.16　图号“专桥 2082”预应力混凝土梁主要技术特征

跨度	梁全长	建筑高度			梁梗中心距	支座垫板尺寸		每孔梁片数	每孔梁重	混凝土标号	主筋钢号	每孔梁混凝土用量	每孔梁钢筋用量
		梁高	轨底至梁底	轨底至墩顶		纵向	横向						
m	m	m	m	m	m	cm	cm	片	t			m^3	t
8	8.5	0.55	1.05	1.14	1.7	31	27	2	39.8	500	16Mn	14.01	1.120（1.260）
10	10.5	0.70	1.20	1.40	1.7	38	28	2	50.7	500	16Mn	17.66	1.910（2.020）
12	12.5	0.85	1.35	1.55	1.8	38	28	2	63.0	500	16Mn	22.14	2.580（2.763）

从大的方面来说，梁的类型主要有整孔和分片式两大类。整孔式梁，其结构比较合理，且具有较大的横向刚度，稳定性好，架设方便，但受到工厂集中生产和运输的影响，使得梁顶不能过宽，一般只能采用 3.2 m 左右；对于道砟桥面，顶宽须满足不小于 3.9 m 的要求，故就需要另行采用其他的挡砟措施。对于分片式梁而言，其结构整体性，特别是在抗扭或承受某种空间力系的作用时，不如整孔式梁优越。由于它的顶部比较窄，可以满足运梁和架桥的要求，并且组成整孔时，可以满足规范对道砟槽顶宽的规定，亦是应用较为广泛的梁型。

从截面形式来说，普通钢筋混凝土简支梁主要有板式、T 形、工字形、Π 形和箱形 5 种。对于普通钢筋混凝土梁而言，因为在设计计算时，不计受拉区的混凝土作用，因此从技术经济指标来看以 T 形或 Π 形截面为佳。如需降低梁高时，为减少钢筋用量，争取获得较高的有效高度，不得不扩大下翼缘的宽度，以使受拉区钢筋的重心尽量降低，这就形成了工字形截面。而从抗扭和增强横向刚度来看，Π 形和箱形截面则比较优越。在选择截面形式时，必须考虑到施工的难易，主要是模板的安装和拆除以及混凝土的灌筑。一般情况，如跨度在 10 m 及以下，梁高较小时，宜采用板式截面。对于分片式 Π 形截面的梁，架设后不须任何连接，就可继续架设下一孔，但这种形式的内模拆装比较困难；对箱形梁来说，还存在底板混凝土的灌筑比较困难，以及对由于支座安装不平而产生的三条腿现象比较敏感的问题，应在设计及运营维护中予以考虑和重视。

T 形截面梁是目前分片式梁广泛采用的一种形式。其优点是模板的安装和拆除容易，支座受力均匀，钢筋编扎方便，可充分利用上翼缘的受压作用。其缺点是自身稳定性差，架梁时需先将一定数量的横隔板连接好后，方可架设下一孔梁，增加架梁工作量，影响架梁速度。

工字形截面是下翼缘扩大了的 T 形截面。它是为适应高度低的梁便于主钢筋布置而采用的形式。由于下翼缘较宽，每片梁的梁端可各安放两个支座，即可增加梁身稳定性，有利于架设和两片梁的连接。

2）截面尺寸的拟定

（1）梁的高度。

钢筋混凝土简支梁的梁高一般约为跨度的 1/6 ~ 1/9；对于高度需要进一步降低来适应线路的梁，其高度约可降为跨度的 1/11 ~ 1/15。梁高与跨度之比通常是随跨度的增加而减小。

选择梁的高度，主要考虑下列因素：

① 根据所能达到的工艺水平而选用的混凝土强度等级以及采用的钢筋种类（如 A3、A5 或 16Mn 等）。对钢筋混凝土简支梁来说，所采用的混凝土强度等级，一般为 C20 ~ C35，

最高不宜超过 C40。如采用较高强度等级的混凝土，则应选用强度较高的钢筋，以便充分发挥两者的强度，使其获得比较合理的高度。

② 配合线路标高和桥下净空的要求。在山区的线路，梁高一般不受线路标高和桥下净空的限制。但在平原地区和枢纽站场，梁高往往受到限制，不能过高，因此就需要尽量压低梁的高度。

③ 要满足运梁和架梁的要求，就要考虑运输梁时的装载限界和采用的架桥机对梁高的限制。

④ 考虑同一截面形式的各种跨度梁的高度变化规律，应尽量做到模数化、标准化，以利模板的互用。

⑤ 考虑既有梁的高度。因为钢筋混凝土简支梁使用量较大，梁的高度（指同一跨度）不宜随意变更。在特殊情况下如需另行设计时，应尽量维持标准设计中所采用的高度，万不得已时，可采用比标准设计中稍低的高度，以便于既有桥墩台顶帽的变更。

⑥ 考虑战备要求，使其能与同跨度钢梁互换，为此梁的建筑高度（轨底至墩台顶）不能小于同跨度钢梁所采用者，梁长亦应与钢梁相适应。

⑦ 满足设计规范对挠度的要求。

（2）上翼缘的宽度和厚度。

钢筋混凝土梁的上翼缘是作为桥面以承托桥上线路的，其宽度采用 3.9 m、最小厚度为 12 cm，桥面板与梁腹板相交处的厚度，应不小于梁高的 1/10。当考虑复线并建时，由于复线中心距为 4.0 m，为此上翼缘宽度不应超过 3.9 m；对分片式梁来说，考虑架梁时吊梁用的钢丝绳能绕过和取出，故每片梁上翼缘总宽度不应大于 1.92 m（即两片梁之间留有 6 cm 的空隙）。

（3）腹板中心距和腹板厚度。

梁的腹板中心距即支座的横向中心距。对同一跨度的梁，该值应尽量一致，并应根据截面形式，将有关跨度梁的腹板中心距归类，采用相同的数值。确定腹板中心距要考虑到梁的横向刚度和稳定性。梁的腹板厚度，主要根据钢筋布置的要求和混凝土容许应力值来确定，同时要考虑灌筑混凝土时的混凝土流动路径问题和主筋弯起以承受主拉应力的可能。对于跨度较大的梁，例如 12 ~ 20 m，跨中部分的腹板可以稍微薄一些，靠近端部则予以加厚，以适应混凝土中的主拉应力在梁内的变化规律。一般来说，普通钢筋混凝土简支梁的腹板厚度可采用 20 cm（跨中部分）至 60 cm（梁端部分）。

（4）下翼缘的有关尺寸。

下翼缘的厚度，应根据主筋的布置和梁本身的稳定性来确定。对于同一截面类型，下翼缘的宽度要尽量一致，以利于制梁台座底板的通用。分片式梁，在确定下翼缘宽度时，要考虑到模型拆除时避免梁产生过大的颤动。对跨度较大、高度较高的梁，如跨度 16 m 或 20 m 的梁，其下翼缘的宽度宜采用 50 ~ 70 cm。下翼缘高度应根据施工立模的要求以及在装运和架设过程中移梁时，避免混凝土剥落来考虑。其尺寸一般不应小于 15 cm，在梁重不受限制的情况下，应增加至 20 cm 或以上。下翼缘与腹板相交处，为便于模板的拆除和混凝土的灌筑，应设置坡度不小于 1∶0.7 的梗肋。

（5）横隔板。

梁的两片主梁之间，应根据梁腹板的高度和厚度，在支点上、跨中和腹板变化处设置横隔板（必要时增设加劲肋）。中间横隔板的厚度可采用 15 ~ 20 cm，端横隔板由于两片梁连接的需要可用 40 ~ 50 cm。端横隔板的作用除传递支座反力外，还可以作为顶梁用的支承。

2. 预应力钢筋混凝土梁

1）截面形式的选择

T 形截面能加大上翼缘的混凝土面积，受压区较大，有利于发挥混凝土抗压的性能；且截面重心偏上，上核心和下核心之间的距离较大，得以发挥预应力钢筋的作用。同时，T 形截面的表面积较小，模板可两侧安放，拆装方便。所以普速铁路上的分片式道砟桥面预应力混凝土梁，基本上都采用 T 形截面。对一些在工地制造的梁，由于不受运梁和采用架桥机架梁的条件限制，故在吊装能力容许的条件下可以考虑整孔 Π 形或整孔箱形受力性能，特别是箱形截面对提高梁部结构的抗扭性能，具有很大的优越性。

2）截面尺寸的拟定

（1）梁的高度。

预应力混凝土梁梁高的选择，基本原则与钢筋混凝土梁情况相似，预应力梁高跨比多小于普通钢筋混凝土梁，故跨中挠度有可能成为控制梁高的一个条件。对于后张法预应力混凝土梁而言，梁的高度除应从材料经济指标和标准化的要求考虑外，还受到梁端部分锚具布置的限制。

（2）上、下翼缘尺寸的拟定。

梁的上翼缘宽度主要是根据线路规定区间直线段最小线间距而定，下翼缘的尺寸受预应力筋的布置及传力锚固阶段的应力状态所控制。从工艺方面来说，同一截面类型的各跨梁，其下翼缘宽度尽量一致，以利制梁台座底板的通用。另外，下翼缘的尺寸，尚需考虑混凝土浇筑时的通路和顶梁、移梁以及制梁要求，一般不宜小于 15 cm。为灌筑混凝土方便，对腹板较薄的梁下翼缘的起始处最好设置“喇叭口”。为满足移梁时不损伤梁体的要求，梁端附近的下翼缘应适当加厚，且不宜小于 25 cm。

（3）腹板的尺寸。

梁的腹板，其厚度主要应根据剪应力和主拉应力的大小，同时考虑到预应力钢筋的布置来确定。对于后张法预应力混凝土梁，由于预应力钢筋沿跨度方向，逐步由跨中向两端弯起，而这些钢筋大部分在腹板内，所以腹板的厚度又受这些预应力钢筋布置的制约。至于先张法直线配筋的预应力混凝土梁，腹板内不设置预应力钢筋，其厚度主要由剪应力和主拉应力的数值确定。但腹板又是灌筑混凝土的通路，太薄往往会由于混凝土通路不畅产生纵向裂纹，故从腹板局部稳定和混凝土的灌筑通路要求出发，规范规定腹板厚度不得小于 14 cm。此外，腹板厚度还与梁高有关，从受弯构件的特点来看，在截面面积相同的情况下，腹板越薄，惯性矩及截面抵抗矩越大，但腹板易发生局部失稳现象。因此规范规定，梁的上下翼缘梗肋之间的高度，当腹板内有预应力箍筋时，不应大于腹板厚度的 20 倍；当无预应力箍筋时，不应大于腹板厚度的 15 倍。

（4）梁端部尺寸。

梁端部尺寸的决定，从构造上讲需要满足所选用的锚具、千斤顶尺寸的需要；从设计上讲应使锚具在端面上排列均匀，有足够的保护层，以满足锚下混凝土抗裂性要求。端部腹板加厚程度及加厚区段长度，视端块应力状态而定，一般长度在 1.5 ~ 1.8 m 左右。下翼缘垂直高度加高区段的长度需视钢束抬高位置而定。

（5）梁梗中心距。

梁梗中心距的确定，既要考虑梁体本身的倾覆稳定，又要考虑桥面板的受力状态，同时还要注意到标准化，以便统一模板构造和桥墩台顶帽尺寸。对于跨度小于和等于 32 m 的分片式道砟桥面预应力混凝土梁，梁梗中心距多采用 1.7 ~ 1.8 m。

（6）横隔板的尺寸。

横隔板的作用主要是将两片梁连接在一起以加强空间结构的整体性，有利于承受横向水平力及偏载等不利作用，规范规定，在工字形截面或 T 形截面的分片式结构中，横隔板间距不应大于腹板厚度的 30 倍，并不得大于 6 m。至于其厚度，跨间的最小为 14 cm，端部的最小为 18 ~ 20 cm。为便于拆装模板，横隔板从梁腹板伸出部分应略带斜坡。

5.2　铁路混凝土梁动力性能研究历程

对铁路混凝土梁动力性能的研究，主要始于 20 世纪末至 21 世纪初，铁路的 7 次大规模提速，不同等级的普速线路，提至不同的列车运营速度，是铁路行业车、机、辆、工、

电、供等多系统

共同协作和改造提升的结果，对于铁路混凝土桥梁而言，提速后导致的梁体跨中横向振幅超限、列车脱轨以及列车过桥舒适性降低等，都是那个时期各科研院所和各设备管理单位十分关注和关心的重要问题。以下通过汇总列举不同单位在研究探索该问题时的相关历程，以客观全面地认识普速铁路混凝土梁的动力特性及其未来面临的挑战。

5.2.1 中国铁道科学研究院

1. 对桥梁自振特性的测试研究

桥梁的横向、竖向自振频率实测值是表征桥梁动力特性、检验桥梁动力性能的重要指标。刘汉夫、张煅等通过利用大地脉动法、车辆余振法、跳梁法和模态试验分析法（包括力锤敲击法和环境激励法），对比了各类方法在进行桥梁自振特性测试时的特点和不同。

1）大地脉动法

大地脉动法测试结构模态参数的理论依据是地脉动频谱在低频段的近于白噪声及能量集中特性。因此，只有当结构模态处于敏感段范围内才有可能得出比较符合实际的结构。不仅如此，还要做好采样频率的设定和谱分析中对窗函数的合理选择，以防谱图的精度降低和能量泄漏。

2）车辆余振法

车辆余振法是目前被广泛使用的一类方法，多用于测试桥梁的横、竖向自振频率，其主要是依据车辆出桥后结构上某点（通常是跨中、墩顶）的余波衰减信号来估算出某阶模态频率与阻尼比。余振法也有其特定的适用条件：首先，余振法应该用于较柔的中等跨度梁或中高墩，如此才有可能形成比较明显的余波振动；其次，余振法用于测试梁体的横向自振频率时，多适用于单孔（两边桥台）较柔的简支梁，或者两端为刚性较强桥墩的同类简支梁型。余振法使用中还应注意的一个问题是对信号衰减的设置，过强的余振信号衰减会造成幅值精度不足而影响到梁体频率、阻尼比的计算精度，比较合理的选择是适当减弱信号的衰减，并且在车辆即将出桥时才开始记录。

3）跳梁法

跳梁法是我国铁路桥梁检定行业在过去经常使用的一种方法，其主要用于刚性较强的小跨度梁竖向频率的测定，即试验人员从梁体跨中轨枕上突然跳起，落地后根据跨中拾振器的竖向衰减波形得出频率和阻尼比。使用跳梁法需应注意的，一是对于大多数道砟桥面混凝土梁而言，人的作用力不是直接作用于梁顶，而是作用于轨枕，力通过钢轨、轨枕、道砟等传递到梁顶板上，实际上已经改变了集中力的性质，加之短梁及支座竖向弹性支承的影响，都会影响信号的输出，并由此导致采集到的跨中竖向衰减波形往往比较凌乱，使得实际测到的弹性衰减曲线不理性；二是本方法属于对冲击振动的测试，当结构模态频率较高时，可考虑使用加速度计，因为桥梁振动测试常用的动圈式传感器主要用于低频、稳态振动，并不特别适用于瞬态冲击测量。

4）模态试验分析法

模态试验分析其实质是通过传递函数的测试与分析来识别一个实际结构的动力学模型，优点是可以得到结构多阶振动模态及相应完整的模态参数。对于复杂结构而言，该方法能较好地、较精准地识别到结构的多阶模态，对自振频率的评估更为直观，力学意义也更为明确。

（1）力锤敲击法。

力锤敲击法多适用于轻小结构或中小跨度桥梁，亦可采用单点敲击、多点拾振，或多点敲击、单点拾振两类方法。合理控制锤头接触刚度和优化分道变频采样，是用好力锤敲击法测量桥梁自振频率的关键。刘汉夫、赵增欣等曾在 2004 年根据铁道科学研究院铁建所有关课题要求，利用力锤敲击法对准确测定跨度 32 m 单线后张法预应力混凝土各种梁型的横向一阶弯曲模态频率进行过专项研究。

图 5.2.1 为一单跨（两边为桥台）32 m 低高度后张法预应力混凝土梁横向锤击模态试验中，激励与响应的两路时程曲线。它们采取单点激励、多点拾振的敲击方式，选用了低频特性较好的传感器和利用分路变频方式进行采样。由于力信号要求具有较高的时间分辨率，故采样频率设置为 1 600 Hz；而响应信号主要是要保证频率分辨率，故采用了 50 Hz 的采样频率。为保证低频采样条件下信号的不混叠，对响应信号在数采前设置了 20 Hz 的电低通滤波。从图中的时域的特征上看，以上这一系列技术环节较好地保证了两路信号不同域分辨特性的要求。

图 5.2.2 为经各点传递函数分析、模态拟合后得到的梁横向一阶弯曲振动模态。从模态振型上看，32 m 低高度后张法预应力混凝土梁横向较柔，同时梁的两端为刚性很强的桥台，弧形钢支座的横向刚度也较强，因此形成了以梁自身的横向弯曲为主的横向模态。图中显示出与该模态振型相应的模态频率为 3.43 Hz、模态阻尼比为 1.76%。从试验分析的结果上看，与同类梁模态试验结果比较一致。

图 5.2.3 为同样方法用于 32 m 普通高度后张法预应力混凝土梁的试验结果，图中显示了不同于图 5.2.1 的是：受梁两侧较高桥墩横向振动的影响，梁横向实际形成的是中间大、两端开口的模态振型。如上证明：一是只要采取适当的技术措施，利用锤击法测定铁路中

等跨度混凝土梁的横向模态是完全可行的；二是任何结构的实际自振频率都是建立在对真实模态准确测定的基础之上，自振频率都是与相应的模态振型相辅相成的。

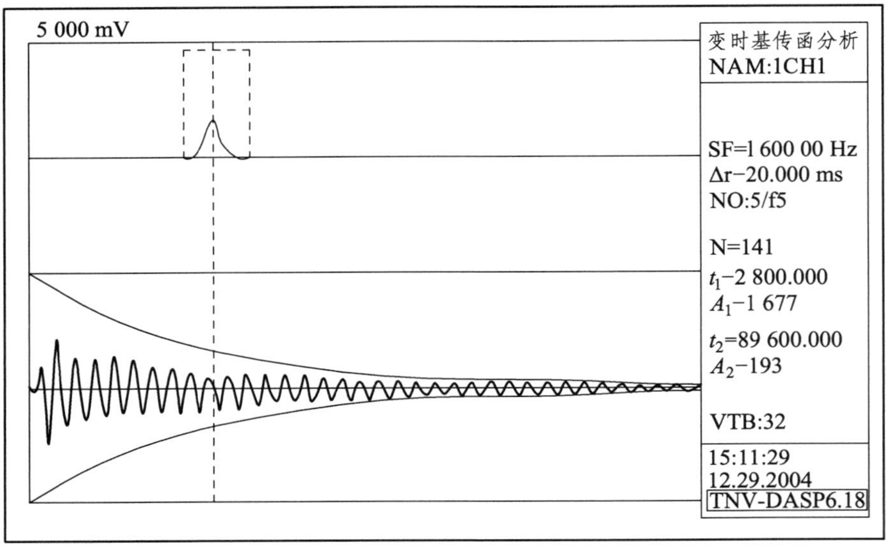

图 5.2.1 32 m 低高度后张法预应力混凝土梁横向敲击力信号与响应信号时域波形图

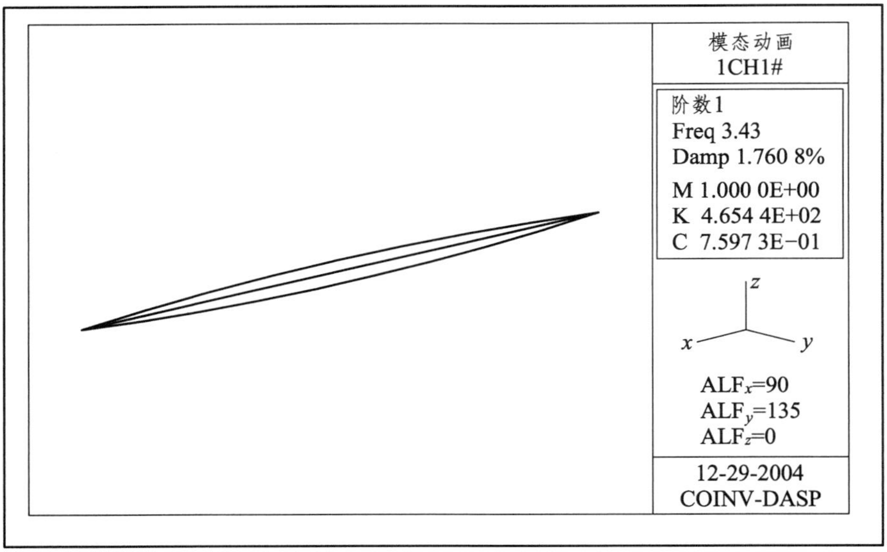

图 5.2.2 32 m 低高度后张法预应力混凝土梁横向一阶弯曲振动模态（力锤敲击法）

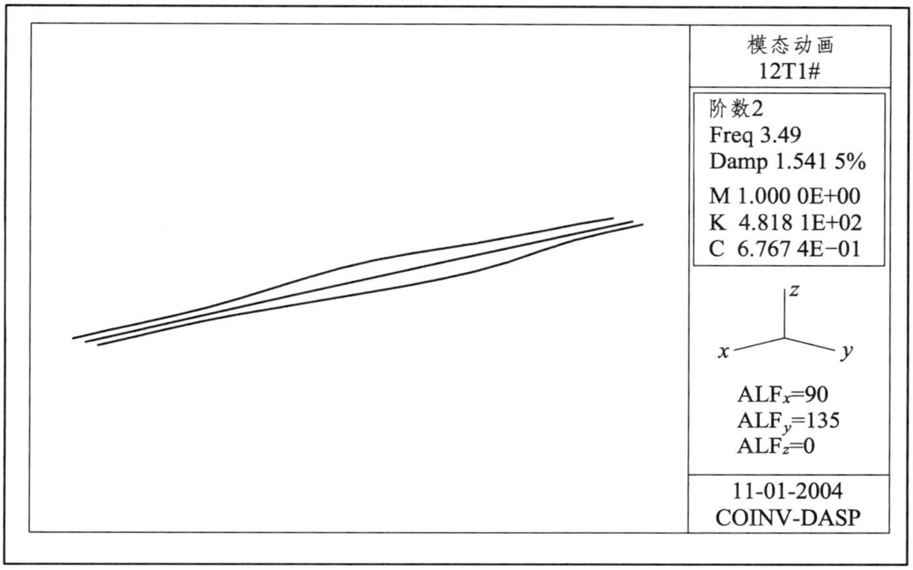

图 5.2.3　32 m 普通高度后张法预应力混凝土梁横向弯曲振动模态（力锤敲击法）

（2）环境激励法。

对于大跨度桥梁或其他大型结构，使用环境激励法进行模态试验分析是比较经济、实用的方法。该方法的技术关键是随机激励下传递函数的测量和分析技术。一是为得到比较显著的传递函数效果，保证测试与分析精度，导纳原点应选在结构振动模态响应较弱处，例如结构的底层或靠近质点的位置。二是为提高谱分析密度，采样频率不宜过高，同时必须注意采取抗混滤措施。三是为消除非激励因素导致的干扰成分，在谱分析中必须使用平均技术来处理，保证原始数据采集得足够长，方能保证采用足够多的平均次数。四是环境激励法与力锤敲击法在理论上的不同点在于：力锤敲击力很明确，而且大小可由试验者控制，因此容易保证信号的信噪比；而环境激励法由于激励条件的随机性，更由于系统非线性的影响，响应信号与激励信号的相干性不易控制。这使得在同等条件下，利用环境激励法求取模态参数的精度往往要逊于力锤敲击法。而在实际运用中发现，可通过选择环境噪声较弱的时间段进行采样、延长采样时间等措施，以使得两种方法得到的模态振型和模态频率具有良好的一致性。

图 5.2.4 为使用环境激励法分析得出的同一座 32 m 低高度梁横向一阶弯曲振动模态。与图 5.2.2 相比，模态振型完全一致，而模态频率值也较为接近（力锤敲击法为 3.43 Hz，环境激励法为 3.36 Hz），但模态阻尼比 ξ 却相差较大（力锤敲击法为 1.761%，环境激励法

为 0.019%)。从模态分析的基本原理不难看出：环境激励法是一种在输入未知的条件下，仅利用结构的响应频谱来近似确定传递函数，进而沿用传统的模态参数分析法来确定系统模态参数的过程。严格来说，这里的“环境激励”与普通地脉动法中的“地脉动”有着本质区别。“环境激励”指的是地脉动、风荷载，对大型桥梁（尤其是大跨度公路桥梁）还可能含有车辆的激励。从理论上讲，这两类激励在一定频段内的频谱特性肯定是不完全相同的。

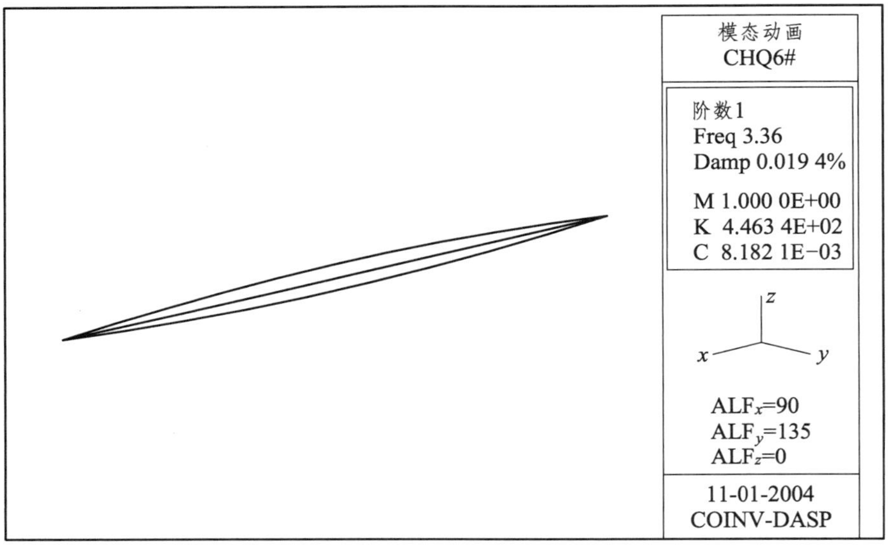

图 5.2.4 32 m 低高度后张法预应力混凝土梁横向一阶弯曲振动模态（环境激励法）

2. 对桥梁横向振动位移信号的滤波处理

列车过桥时桥梁横向振幅的大小是桥梁运行安全性评估中的一项重要依据。目前，铁路桥梁振动位移的测定常用的振动传感器为磁电式速度型传感器和伺服式低频加速度计。加速度计理论上是低通环节，但位移输出时必须经过两次积分，长周期积分电路的信号漂移及低频段加速度信号信噪比较差的特性最终导致低频段（一般是指 0.5 Hz 以下）位移输出的不可靠。而速度型传感器本身就是高通环节，低端频率受制于内部质量-弹簧系统的固有频率。桥梁振动位移测试系统都会因此存在着低频响应有限或低频响应失真问题，它只能不失真地反映高于某一频率分量的振动分量。对铁路桥梁横向动位移而言，其频率成分出现于振动测试系统可用频率下限的情形较为常见。比如双线桥单线过车以及车辆的偏载，桥上线路中心与桥梁中心横向出现偏心等，都会在桥梁的整体横向产生低频位移。这使得桥梁的实际横向动位移在多数情况下呈复合振动的偏振状态，过低的激励频率使得系统响应或多或少地产生低频变异。桥梁横向另外一部分波形变异是测试系统在信号传输过程中，无法针对各种激励成分一概满足“信号不失真传输条件”造成的。“信号不失真传输条件”要求系统在信号全部频带上幅频特性为常数，而相频特性为过零点的直线。如果该条件不能得到满足，则信号在传输过程中或产生“幅度失真”，或产生“相位失真”。

铁路桥梁的横向振动位移信号不完全等同于其他绝对变形信号（如动挠度、动应变等）。从技术层面上看，利用惯性式振动传感器很难得到足够低的绝对位移，而只能根据系统的工作频率段及结构可能的响应频率得到某一振动分量的幅度值。因此，所谓铁路桥梁的横向振幅，一定是指某振动频率下的幅度值。其振动频率（或称强迫振动频率）具有特别重要的意义，因为它是振动模态识别（意义在于保证分析得到的横向振幅确是所关心的横向振型的输出）及对所提供幅值正确与否的判据。由于系统响应频带的限制与实际系统内、外噪声的不可避免，几乎所有的实际动态信号都很难从原始信号上直接得到足够的解释与处理，滤波与消噪是动态信号分析处理所必须面对的也是至关重要的第一步技术环节。从某种意义上说，针对具体的数字信号应首先正确判断其数据的特性，据此选择正确的滤波消噪方法，这是数字信号处理的精髓所在，也是其技术复杂性所在。传统的数字滤波有频域法与时域法，而傅里叶变换是其主要数学依据。傅里叶变换是一种全局变换，适宜分析稳态的、振动性状大致相同的信号，后虽经快速傅里叶变换的广泛应用以及通过加窗来改善传统的数字滤波方式，但实际面临的信号大多具有时频变化特性，其频谱变化是如此的不规则，以至于很难找到一个同时适宜各频率分量的窗长。而理想的结果是：对高频成分选取一个较短的窗长，对低频成分选取一个较长窗长，否则会在时-频转换过程中损失较多的频率信息，导致频域滤波结果不可靠。小波分析是近 30 多年来发展起来的一种强大的信号时域分析方法，它是一种窗口大小固定但形状可改变的时频局部化分析方法，在低频部分具有较高的频率分辨率和较低的时间分辨率，在高频部分具有较高的时间分辨率和较低的频率分辨率。尤其是它基于二进制的离散小波及小波包变换技术克服了 STFT 固定分辨率的不足，可以按照不同的频率分辨率的要求把信号各频率成分按小波分解到各频带上，使其既可分析波形的概貌，又可分析任何感兴趣的信号细节，被誉为动态信号分析中的“数学显微镜”。正是这种特性，使小波分析法具有对信号的自适应性，因而越来越广泛地被用于实际工程。由于其具有局部分析和细化的功能，所以小波分析可以揭示其他信号分析方法丢失的数据信息。与传统的信号分析技术相比，小波分析还能在没有明显损失的情况下，对信号进行消噪和压缩。

刘汉夫等主要针对上述铁路桥梁横向振动位移信号的失真、低频，以及如何做好消噪、滤波，提出了基于小波分析的数字滤波建设性方法，对改善铁路桥梁振动位移信号的采集、处理和分析提供了借鉴。如图 5.2.5 所示，通道 S 为一单线跨度 10 m 的 T 形梁跨中横向振

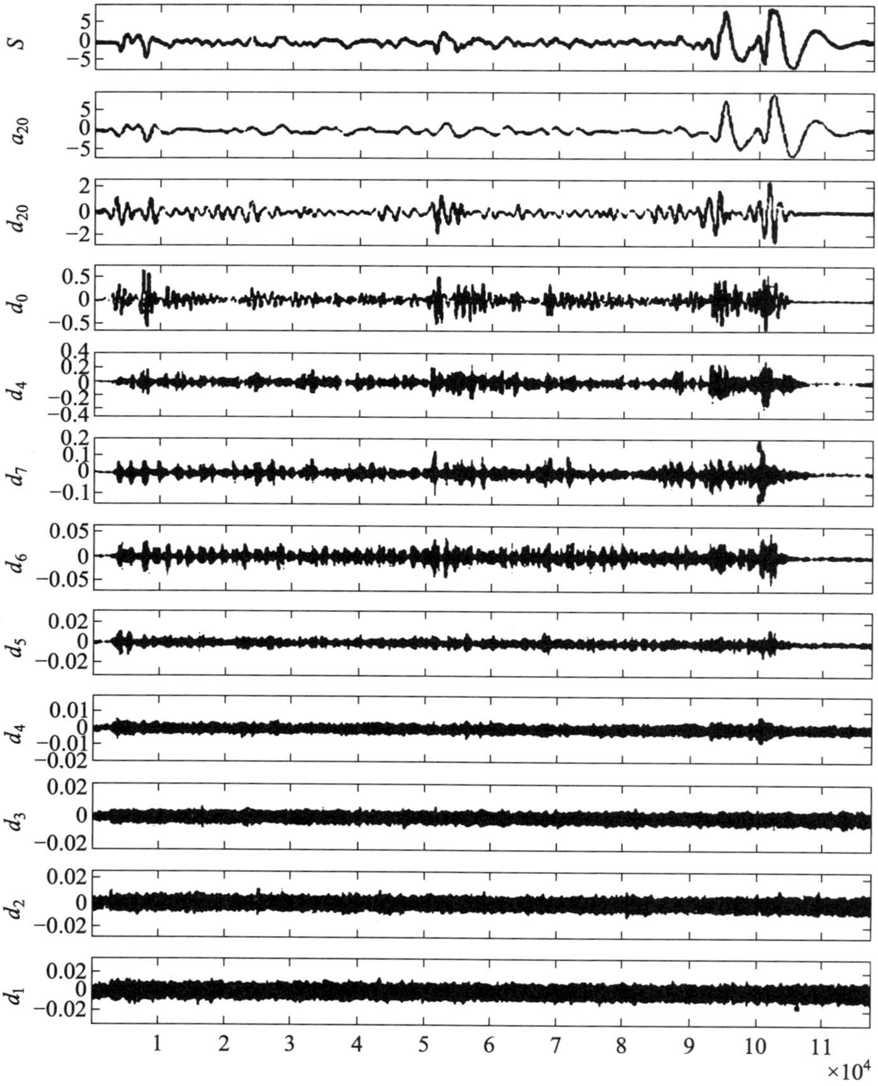

图 5.2.5　原始信号 S 的小波分解

（$S = a_{10} + d_{10} + d_9 + d_8 + d_7 + d_6 + d_5 + d_4 + d_3 + d_2 + d_1$）

动的原始波形图，通过列车为 DF_4 型机车，实测过桥速度 56 km/h。使用的测试设备为磁电式速度型传感器，按位移输出。考虑到仪器内部固化了的滤波通带为 1 ~ 30 Hz，并考虑到电滤波器的实际频率截断特性，本着保证不混叠及必需的幅值精度的要求，数据采样频率设置为 2 000 Hz。从列车进桥到列车出桥总共采样点数为 117 248 点（图中的横坐标代表采样点的序号）。从 S 通道可以看出：整个信号以低频振动分量为主，尾部低频信号的频率约为 0.49 Hz，已远低于系统的可用频段下限。从结构特性上看，该梁跨度仅为 10 m，梁体自身横向抗弯刚度很强，支座横向变形很小且墩顶横向振动位移没有出现这种大幅度的低频波，由此可以判定这不是结构真实的横向位移输出信号。从 S 通道波形上可以看出：这种低频信号很强，高频部分受到压制而很弱，采用“载波读数”的方法读取高频部分的幅值已经几无可能。因此，问题的实质属于提取弱信号问题，也就是要在总体信号上滤除其中的长周期、不规则的伪输出及噪声成分。

依赖小波分析的优势，按频带分离上述信号，并利用 MATLAB 小波分析工具箱，采用 db10 小波对原始信号 S 做 10 层小波分解，则各层频带是：d_1：1 000 ~ 500 Hz；d_2：500 ~ 250 Hz；d_3：250 ~ 125 Hz；d_4：125 ~ 62.5 Hz；d_5：62.5 ~ 31.25 Hz；d_6：31.25 ~ 15.63 Hz；d_7：15.63 ~ 7.81 Hz；d_8：7.81 ~ 3.91 Hz；d_9：3.91 ~ 1.96 Hz；d_{10}：1.96 ~ 0.98 Hz；a_{10}：0.98 Hz 以下。从图 5.2.5 观察可知，通过以上 10 层小波分解，长周期成分已经被很成功地单独分离到第 10 层近似分量 a_{10} 中。另外，细节分量 $d_1 \sim d_5$ 遍布于全时域，明显属于高频噪声，可以通过小波系数置零的方法通过逆变换予以消除。桥梁横向振动真实信号主要集中在细节分量 d_8、d_9、d_{10}。保留 d_8、d_9、d_{10}，其余各分量小波系数置零，再利用小波逆变换得出的结果见图 5.2.6 中的通道 S 波形。

从图 5.2.6 的 S 通道波形与图 5.2.5 的 S 通道波形对比可以看出：通过小波分解与重构，原始信号中的长周期成分以及噪声部分被成功滤除，滤波后的信号从波形上看连续、对称，无显著奇异点，实现了提取弱信号的目的，亦较好地显示出了小波分析对非稳态数据处理的优越性。

3. 对桥梁横向振动加速度的测试分析

2004 年版《铁路桥梁检定规范》中首次提出桥梁横向振动加速度评定标准，在其第 10.0.5 条第 2 款中规定：“当列车通过时，桥跨结构在荷载平面的横向振动加速度 a_{max} 不应超过 1.4 m/s^2。”日本对桥梁的横向振动加速度控制标准进行了专门试验研究。日本国铁技术研究所对跨度 50 m 以下的钢桥进行过脱轨试验研究，结论是当桥梁的水平横向振动加速度达到 $0.1g \sim 0.2g$ 时，车辆容易脱轨。为此，提出了基于保证抗脱轨安全度的桥梁横向振动加速度二级控制标准：0.1g 为一般限度，0.2g 为危险限度。基于保证桥上轨道的横向稳定，欧洲 ENV1991-3 规范规定，在单线列车运营下梁体横向最大加速度控制标准为：0 ~ 20 Hz 范围内的振动加速度最大值有砟轨道为 0.35g，无砟轨道为 0.5g。

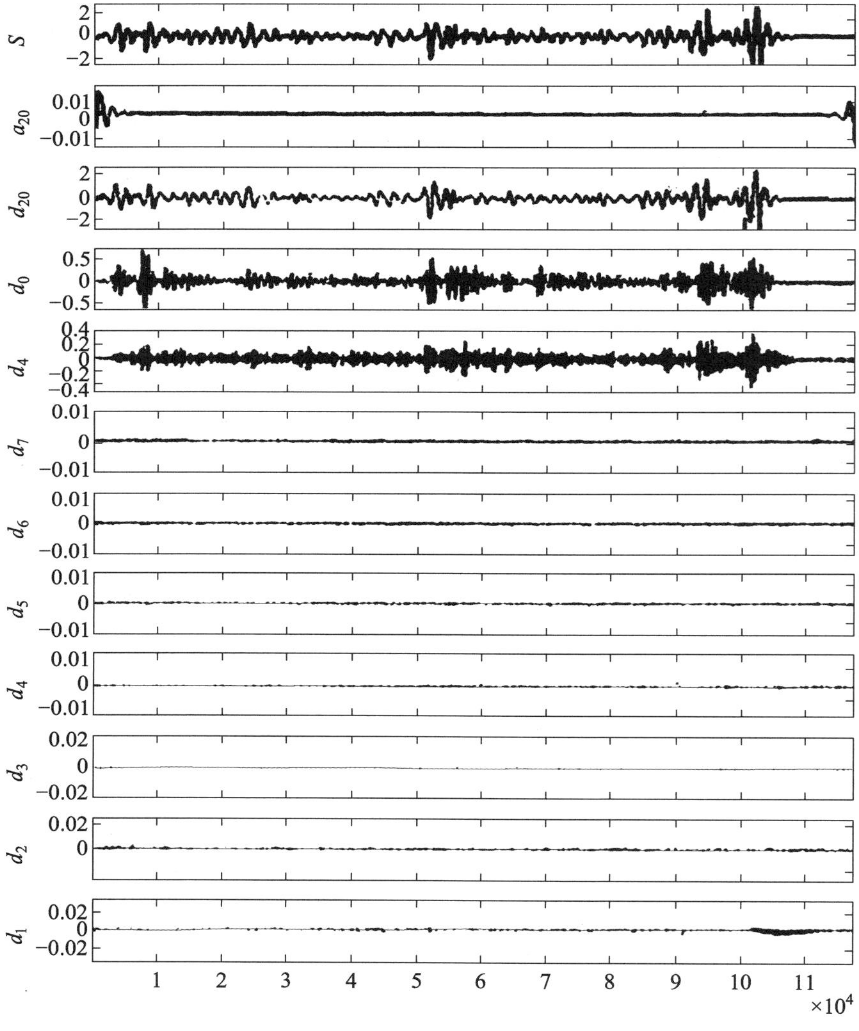

图 5.2.6　分解后重构的信号（$S = d_{10} + d_9 + d_8$，a_{10} 及 $d_7 \sim d_1$ 置零）

刘汉夫等通过试验分析指出，由于桥梁振动信号频谱的特点是低频分量丰富，而加速度信号的特点是高频敏感，因此与惯常的振动位移信号相比，加速度测试的特点是：由于低频分量的加速度量值较小，对波形整体影响不大。总体上看，低频变异成分较小，可对原始波形采用单向最大值来表征振动加速度的大小。而振动位移恰恰与此相反，位移信号低频分量占主导地位，而振动位移测试系统的有限低频响应特性和低频响应变异性，使测得的复合位移波形总体变异明显，即在低频条件下位移信号容易失真。对这种波形按单向最大值给出复合振动的最大位移值是不可靠的，只能按曲线的载波分析得出系统可用频段上某个感兴趣频率成分的幅值。

1）选择正确的测试位置

正是由于加速度信号的特点是高频敏感，因此实际加速度的频谱及量值与测试位置有很大关系。测点离轨道越近，加速度信号所在的频段越高，量值也会越大。这是加速度测试中，在频率调理与电压调理过程中所必须考虑到的信号特点。《铁路桥梁检定规范》中对桥梁横向振动加速度测试位置只定义为“荷载平面的”，这里的“荷载平面”可以理解为轨道平面，实际测试中对道砟混凝土梁大多置拾振器于挡砟墙顶平面处或混凝土梁上翼缘处。

2）抑制高频混叠现象的出现

采样频率的设置，该问题看似简单，实际上可以反映出试验研究者是否拥有完整的信号采集概念。对于加速度信号，事先必须以较高的采样频率进行试采样，目的在于侦测信号的频率范围。这是防止信号混叠与保证信号幅值精度的第一步不可缺少的技术环节。图 5.2.7 为某 8 m 板梁实测中，以 2 000 Hz 的采样频率得到的跨中横向振动加速度部分波形，图中最大峰-峰值为 3.64 m/s^2，对应频率 125 Hz。因此，应根据信号所含最高频率 125 Hz 及试验者感兴趣的加速度频段，设置合理的滤波截止频率与采样频率。

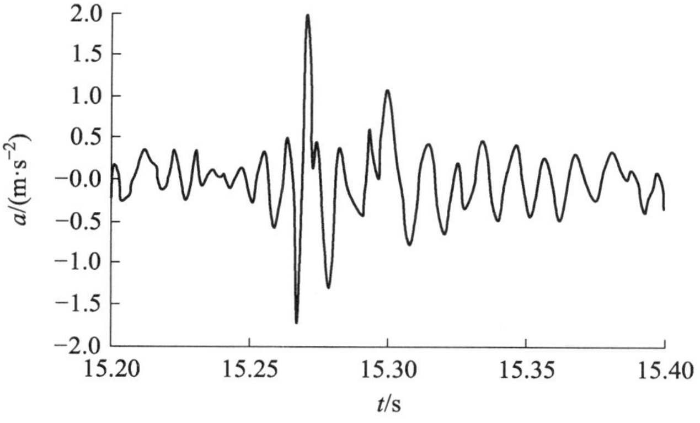

（a）采样频率 2 000 Hz

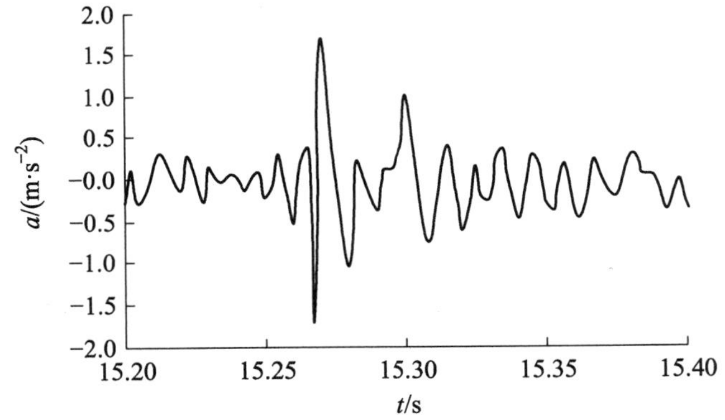

（b）采样频率 400 Hz

图 5.2.7 某 8 m 混凝土板梁跨中横向振动加速度波形图

3）采样频率要满足测试精度的要求

对于桥梁跨中横向振动加速度，我们主要关心的是最大加速度绝对值，因此采样频率的设置还必须能够确保加速度信号的幅值精度。图 5.2.7（b）所示为与图 5.2.7（a）同位置的加速度响应波形，其采样频率设置为 400 Hz。从该波形性状上看，400 Hz 的采样频率可反映被测信号的频率成分，但从幅值精度上还不能满足 125 Hz 加速度幅值精度的要求：图 5.2.7(b)中加速度单向最大值为 1.71 m/s^2，而图 5.2.7(a)中的加速度单向最大值为 2.02 m/s^2，与（a）图相比，加速度单向最大值减少了 15.3%，显然这是由于（b）图的采样频率较低导致了加速度最大值的偏小。在实际工作中，一种看法认为：由于多数检测评定标准中只是按振动量（如振动位移、振动加速度）最大值给出的，没有相应强迫振动频率的评定标准，因此可以在实测及分析中对强迫振动频率置之不理，这显然是不够全面的。因为，对一个试验结果的鉴定，很关心的问题就是实测幅值精度是否足够。而强迫振动频率是判定采样频率是否足够、实测中滤波截止频率设定是否合理的关键性数据。试验结果的优劣，只能根据测试系统及相关的数据处理理论来判定，不能草草认为与同类测试结果相近就是对的、成功的，因为各个研究对象都是一个具体的实际结构，很多因素是无法预知的。揭示这些无法预知的因素对结构响应的真实影响，正是试验研究的优势和目的所在。

4）增强对加速度频响特性的认识

在实际进行的桥梁振动测试中，往往出现的情况是：只有一个加速度振动测点，而其他均为振动位移测点，这是由于两类信号频响范围不同，在信号采集中必须针对各自特点区别对待。

比如常见的 32 m 预应力混凝土梁横向振动测试，由以往的实测经验可知：当梁出现明显的横向振动响应时，其响应频率大多在 3.0 Hz 以下，大多集中在 2.0 Hz 左右。这时采样频率设置为 100 Hz 是可以保证振动位移幅值精度的。然而，对于梁跨中横向振动加速度来说，其响应频率却要远远高于振动位移。图 5.2.8 为 32 m 梁跨中横向振动加速度在采样频率为 2 000 Hz 时的部分波形，经过分析可以得出最大加速度峰-峰值时间间隔为 0.008 2 s，对应频率约为 61 Hz。实测中，如果不顾不同类型信号的响应频段，机械地一律用 100 Hz 采样，就会造成以下两类后果：一是 100 Hz 的采样频率对加速度信号频率而言明显过低，如果再加上信号采集中频率调整的不正确，很容易在数采中造成信号混叠，使后续一切工作都失去可信性与说服力；二是 100 Hz 的采样频率明显不能保证 61 Hz 加速度信号的幅值精度。即使我们只关心≤20 Hz 的加速度，并且在数据采集前加以 20 Hz 的低通滤波，仍然存在以下两个问题：一是由于模拟滤波器实际频率截断特性的存在，100 Hz 的采样频率仍无法确保不混叠；二是 100 Hz 的采样频率可以分辨出 20 Hz 的加速度频率成分，但远不能保证其幅值精度，保证幅值精度的采样频率与保证不混叠的采样频率是完全不同的两个概念，数值上前者要比后者高很多。因此，针对只有一个加速度振动测点而其他均为振动位移测点的情况，数据采集中比较合理的选择是采用分路变频采样，即加速度通道应设置较高采样频率而振动位移通道可设置相对较低的采样频率。

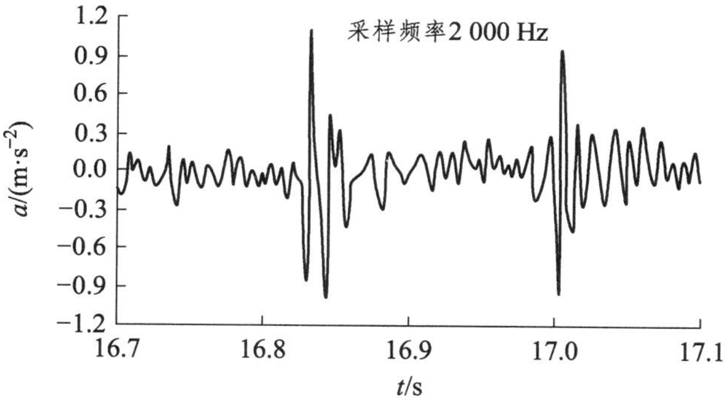

图 5.2.8　32 m 普通高度预应力混凝土梁跨中横向振动加速度波形图

5）提升对数字滤波的认知

运用数字滤波手段得到正确结果的前提条件是：滤波前的原始波形必须真实无混叠。否则，一个已经在数采中产生混叠的复合波形无论后续如何进行数字处理，都是无法重现原来各自频率成分的。因此，对数采中的抗混处理必须要充分重视。另外，现在的数字信号分析仪器中数字滤波使用的多是频域滤波，其技术内涵是固定点数（一般为 1024 点）的离散傅里叶正、逆变换，这是一种间接数字滤波方法。其偏差的大小在于傅里叶正、逆变换过程中不可避免的时域和频域截断的影响程度。桥梁振动加速度由于采样频率较高，使得固定点数的分析时长缩短，不利于低频加速度信号的准确恢复重建。而现代数字滤波理论采用的是时域递推法（或称差分法），数字滤波完全在时域内进行。使用者可以根据信号处理的要求构造出符合自己需求（主要是滤波截断特性及相位特性的要求）的数字滤波器。这种滤波方法避免了频域滤波时、频转换过程中的截断处理，只要在构造数字滤波器过程中准确把握滤波特性，就可以取得良好的滤波效果。

4. 对桥梁阻尼测试的分析与研究

作为结构特性之一，结构阻尼的测试和分析一直受到工程界的重视。如果说结构的其他固有特性，例如结构自振频率、模态振型等，还可以通过结构计算得到，则结构的阻尼却只有通过实测才能得到。在很多考虑阻尼的结构动力响应分析中，缺乏完备准确的结构阻尼实测资料是导致分析与实测结果误差加大的一个重要原因。在桥梁结构阻尼的测试方面，有的测试结果给出的是"对数衰减阻尼系数"γ，而有的给出的是利用半功率宽带法得到的"阻尼比系数"ξ，这两者之间有什么关系，每种方法有什么样的适用条件，都是亟待解决和澄清的问题。"对数衰减阻尼系数"和利用半功率宽带法得到的"阻尼比系数"在各类文献中都有详细的定义，在此不再详述。

刘汉夫等针以上两种体现结构阻尼特性的测试方式进行了详细的对比和分析。

1）γ 与 ξ 两者之间的关系

γ 与 ξ 均有不同的使用场合，也有一定的转换关系，以单自由度系统为例，

$$\ddot{X}+2\sigma\dot{X}+\Omega^2X=0 \tag{5.2.1}$$

式中：σ 为振动衰减系数，是阻尼效果的一种表达形式，可以证明 σ 与阻尼比系数的关系为 $\sigma=\xi\Omega$；Ω 为单自由系统无阻尼自由振动的固有频率。

式（5.2.1）中的衰减系数 σ 实际上就是对数衰减阻尼系数 γ，证明如下：
式（5.2.1）的通解为

$$x=X\mathrm{e}^{-\gamma t}\sin\left(\sqrt{1-\xi^2}\,\Omega t+\alpha\right) \tag{5.2.2}$$

假定 $t=t_1$ 时波形达到第 n 个峰值 A_n，在 $t=t_1+mT$（T 为衰减振动的周期）时波形达到第

$n+m$个峰值 A_{n+m}，则 $A_n / A_m = X\mathrm{e}^{-\sigma t} / X\mathrm{e}^{-\sigma(t_1+mT)} = \mathrm{e}^{\sigma mT}$，由此可得

$$\gamma = \frac{1}{mT}\ln\frac{A_n}{A_{n+m}} = \frac{1}{mT} = \sigma = \xi\Omega = 2\pi f\xi \tag{5.2.3}$$

式（5.2.3）即为结构振动的对数衰减阻尼系数γ与阻尼比系数ξ之间的关系式，应该注意γ的量纲是 rad/s，而ξ是个无量纲的值。

2）对数衰减阻尼系数γ

在 20 世纪 70 年代末，虽然频谱分析技术在我国铁路桥梁测试界的应用还不很成熟，但还是被当时的《铁路桥梁检定规范》所采纳，并沿用至今。该方法细致分析起来尚有较大的局限性。

（1）严格地说，阻尼应该是针对某种振型的阻尼才有意义，对数衰减阻尼往往只是根据一个点的振动测试结果得出的，无法判断实际发生的振型，这样的数据应用到理论分析中会带来不便。

（2）对于稍复杂一些的结构，由于实际结构上某一点的振动往往是多种振型的叠加，必须采用模态分析的方法，把各种振型分离开来，对每种单独的振型，分析其阻尼才有意义。

（3）从理论上说，对数衰减阻尼分析法只适用于实际上只有一种振型出现的简单结构，比如跨度比较短的简支结构。一般来说，列车余振条件下，这种结构出现的多是唯一的一阶挠曲振型，这时可以用对数衰减阻尼法来分析结构在该振型条件下的阻尼。

需要强调的是，ξ值一般是根据结构脉动试验分析而得，它体现的是结构在微振动条件下的结构阻尼情况，某种振型条件下的ξ值应该是个不变量。而γ值是根据桥梁结构的强迫激励后的衰减振动分析而得，体现的是结构在较大幅值振动条件下的阻尼。由于实际结构的约束是与其变形的大小相关的，因此实际上结构的阻尼特性也与其变形的强弱相关，所以在不同振幅衰减条件下γ值有可能表现为不是一个常值。理论上说，只有微小衰减振动条件下所得的γ值才可以根据式（5.2.3）换算到ξ值。

（4）理论分析中往往关心结构在多种振型条件下的阻尼系数ξ值，显然对数衰减阻尼分析法是不能完成这项工作的。

3）半功率宽带法得到的阻尼比系数ξ

ξ在动力学上称之为阻尼系数，定义为

$$\xi = \frac{\Delta f}{2f_0} \tag{5.2.4}$$

并由前述结构动力学的章节内容可知，影响 ξ 值的量有两个：半功率点的带宽 Δf 与系统的共振频率值 f_0，而这两个量的精度是与谱分析过程中的 Δf_s 相关的，频率分辨率 Δf_s 越高，即谱线间隔越密，ξ 值的精度就越高，当 Δf_s 取值达到足够小的时候，ξ 值应趋于稳定。提高频率分辨率的途径有两个：一是在数据采集时采用较低的采样频率，对于大型低频结构采样前可以通过加低通模拟滤波器的方法使采用频率降低下来；二是加长数据的分析点数，最好是在采样时采样量达到几十 KB 甚至更长。分析时利用一些较为成熟的软件进行 FFT 分析，至于一次 FFT 分析是使用部分数据还是使用全部数据，要看 ξ 的计算值是否达到稳定。理论上说，只有 ξ 值达到稳定，才有理由认为阻尼的测试分析是成功的、可信的。根据有关研究表明，当 $\Delta f \geqslant 2\Delta f_s$ 时，ξ 计算值接近稳定，此可认为是判别 ξ 值精度的一个粗略标准。究竟 ξ 值的分析精度是否达到要求，尚需根据前后两次不同分析点数的 FFT 分析结果来判定。

5. 列车提速对既有铁路桥梁的分析研究

对铁路桥梁刚度规定限值，一般有以下 4 个目的：一是保证列车运行的安全性和舒适性；二是保证桥上轨道结构的稳定性；三是保证结构不出现大的附加受力和振动；四是减少桥上轨道的养护维修。对铁路桥梁刚度标准及变形的研究与控制，从各国的规范来看：一是用限制墩的横向水平位移和梁端水平折角来控制桥墩的横向刚度；二是从梁体横向变形来控制梁体的横向刚度。也有从梁体横向自振频率出发来控制梁体的横向刚度和横向振动的。

1）对提速试验结果的分析

我国对既有铁路进行提速改造始于 1990 年的广深准高速铁路，速度目标值 160 km/h，在提速改造前后进行了大量的试验研究，但主要是对客车。随后铁道部又进行了京广、沪宁、京哈三大干线提速和京秦线提速，客车速度 140 km/h，货车 80 km/h。柯在田、张煅等从广深线和 4 次大提速的试验研究结果得出：客车由原来的 100 km/h 提到 200 km/h 后，其桥梁动力作用的增大并不十分显著；但当货车的速度由原来的 50 ~ 60 km/h 提高到 70 ~ 80 km/h 时，桥梁的动力作用尤其是横向动力作用成倍增大（2 ~ 10 倍），一些类型桥梁振动问题（包括梁体和桥墩）已危及行车安全，因此在这些桥上货车不得不限速 60 km/h。

（1）混凝土标准梁。

原设计规范对混凝土梁体横向变形和动力性能没有限值标准，如表 5.2.1 所示的实测结果表明，一些跨度梁的横向自振频率不满足苏联和德国标准的要求，如 12 m 的低高度钢筋混凝土梁、16 m 及 32 m 的预应力混凝土梁。货车提速后，这些梁体横向振动偏大，如 32 m 梁的实测振幅一般达 9 ~ 13 mm，是《桥检规》限值的 3 ~ 4 倍，也大于苏联提出的限值标准 $0.3L$=9.6 mm。其他跨度的标准梁横向振动问题虽没有 32 m 梁突出，但也存在横向振动大的问题。

表 5.2.1　混凝土标准梁实测横向自振频率及限值标准（单位：Hz）

跨度/m	8	10	12	16	20	24	32	40
实测自振频率	—	—	8.4	6.7~7.3	6.83	7.73	2.9~3.2	2.0~2.3
《桥检规》振幅通常值	11.25	9.0	7.5	5.63	4.5	3.75	2.81	2.25
苏联限值	12.5	10	8.33	6.25	5.0	4.17	3.13	2.5
德国限值	15	12	10	7.5	6	5	3.75	3

（2）桥墩。

我国普速铁路线上采用的一些轻型和柔性桥墩，尽管桥墩的横向变形检算满足 $\Delta \leqslant 5\sqrt{L}$，但在货车提速试验中发现当货车速度提高到 60 ~ 80 km/h 时，轻型和柔性桥墩普遍存在横向振动急剧增大的现象，大大超出了以往的经验值（《桥检规》振幅通常值）。目前，有轻型和柔性桥墩的线路区段提速货车不得不限速 60 km/h 运行。

2）对梁墩刚度的综合分析

（1）梁体横向变形。

欧盟试行标准采用梁端转角和梁体横向水平挠度形成的曲线半径双控制，其 2‰折角控制值对一跨相当于 1‰，假定横向挠度为圆曲线进行推算。圆曲线示意如图 5.2.9 所示。

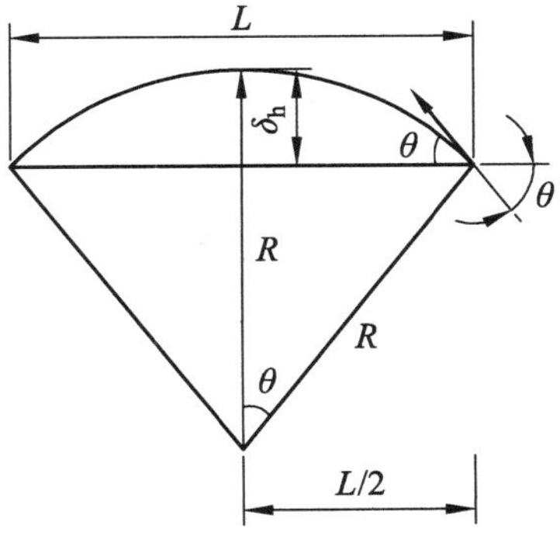

图 5.2.9　圆曲线示意图

公式推导如下：

$$R=\frac{L^2}{8\delta_{\mathrm{h}}}\text{，}\quad \theta\approx\sin\theta=\frac{L/2}{R}=\frac{4\delta_{\mathrm{h}}}{L}\leqslant\frac{1}{1\,000}\text{，}\quad \frac{\delta_{\mathrm{h}}}{L}\leqslant\frac{1}{4\,000}$$

国际铁路联盟（UIC）标准直接用梁体横向水平挠度控制，限值为 $L/4\,000$。

日本梁体横向变形的限值为 $L/3\,600$ ~ $L/5\,000$。

（2）桥墩的横向变形。

桥墩的横向变形容许值是一个长期以来没有很好解决的问题。由于制定该项容许值时考虑的问题相当多（如需要考虑列车运行的安全、养护方便、结构经济、旅客舒适等），墩台顶帽位移计算中碰到的困难不易解决（如墩台身弹性模量和截面惯性矩的合理取值、顺桥向上部结构的约束作用如何考虑等），加上缺乏足够的试验和理论研究，以致长期以来墩台顶帽面水平位移容许值的制定没有进展。$\Delta\leqslant5\sqrt{L}$ 的规定是参考了我国《公路桥涵设计规范》1983 年的讨论稿和苏联 CH200—62 规范中的有关规定，结合铁道第二勘察设计院过去的研究和日本近年的有关资料得出来的。从我国既有铁路线上已设计采用的一些相对柔性的桥墩看，尽管其桥墩横向水平位移满足 $\Delta\leqslant5\sqrt{L}$ 的要求，但当货车速度提高到 60 ~ 80 km/h 时，这些桥墩普遍存在横向振动急剧增大的现象，大大超出了《桥检规》的参考限值，对 120 km/h 的货车这一问题将更加突出。首先应明确的是，桥墩横向水平位移的限值与桥墩横向振动幅值的限值是两个问题。桥墩横向水平位移限值主要是从轨道方向不平顺的要求出发，是轨道的静力不平顺（几何不平顺）问题；而桥墩横向振动问题实际上相当于轨道动力不平顺问题，即使桥墩横向水平位移很小，只要车辆轨道形成的规律性横向自激振动频率与桥墩的横向有载自振频率接近时，就会产生较大的振动现象。这里虽然是两个问题，但桥墩横向水平位移与桥墩刚度及自振频率直接相关，且横向水平位移形成的方向不平顺也直接影响车辆的横向振动，所以这两个问题总是密切相关的。铁道科学研究院机辆所对 C_{62} 货车进行的试验研究表明：在运行速度 78 ~ 85 km/h 时，C_{62} 货车转 8A 转向架在直线线路上屡次出现长距离持续的剧烈摆振现象，其强振频率在 2.0 ~ 2.5 Hz，从而对轨道及桥梁形成周期性横向冲击。只要桥墩的横向自振频率接近这个范围，就可能产生较大的振动现象。桥墩的自振频率主要与墩高和基础有关，其设计往往很难避开这个频率。因此，在货车提速产生桥墩振动过大的现象中，起主要作用的是车辆。而在车辆-桥梁系统中，桥墩的横向振动对车辆振动的影响，特别是运行安全的影响，尽管进行过一些动力计算，但国内还缺乏较为明确的试验依据和系统的研究。关于桥梁的横向振动对车辆运行安全影响问题，可以参考日本对地震时列车运行的安全性问题研究成果。其主要方法和结论是：

对轨道水平横向按正弦波激振后，将使振幅渐渐增大，当达到某一振幅值时，车辆的轮重即左右交互为零，呈摇摆振动；如果进一步加大振幅，则轮重为零一侧会作用横向力，使运行安全性降低，这样便得到一定振幅的正弦波的列车运行安全极限。然后再改变频率激振，同样又得到该激振频率下列车运行极限的正弦波幅值。这样便可得出激振频率与列车安全极限振幅之间的关系，如图 5.2.10 所示。

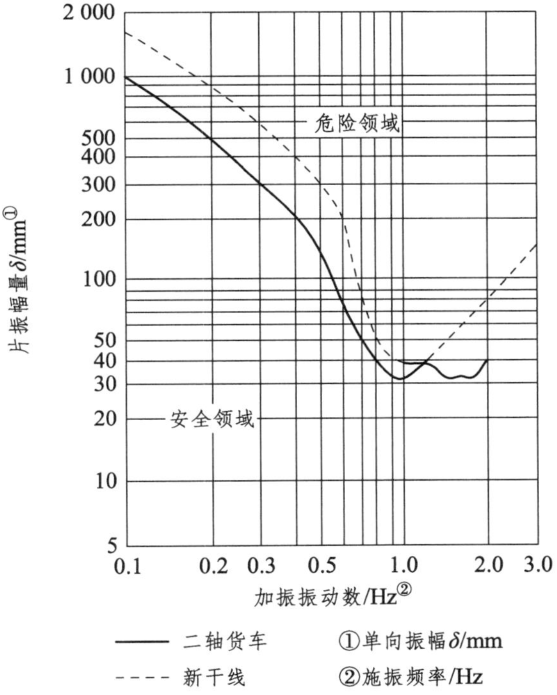

注：实线表示二轴货车，虚线表示高速车辆。

图 5.2.10　车辆受横向激振运行安全图

从图 5.2.10 中可以看出，二轴货车安全振幅的极限，当激振频率为 1.0 ~ 2.0Hz 范围时最低，单向振幅约 30 mm；高速车辆安全振幅的极限，当激振频率为 0.9 ~ 1.50Hz 范围时最低，单向振幅约 40 mm。无论二轴货车还是高速车辆，当频率比上述范围降低或提高时，偏离越远，安全振幅的极限就越大。由于我国的车辆动力特性与日本存在差别，不可能完全采用日本的研究结果。但这个研究具有普遍性，至少可以说明两个问题：一是只有在一定频率范围内车辆运行的安全极限出现最小值；二是车辆安全极限激振振幅要比通常实测和规定的大一些，也说明《桥检规》的限值标准偏于严格。这个研究模型与列车桥墩的横向振动系统相比，差别就是这个研究模型没有考虑列车与桥墩存在一定的耦合特性；但列车与桥墩耦合并不强，这个研究结果和研究方法对制定我国桥墩的横向振动限值应有很好的参考价值。

从国内外规范来看：欧盟的规范考虑比较全面，横向变形包括上部结构和下部结构，其限值较大，为 2‰；日本考虑的荷载因素少，仅考虑列车活载，但其限值最大，为 2‰ ~ 3‰；我国和德国 DS804 只计桥墩横向水平位移，但考虑荷载作用比较全面。

一般梁体本身由于横向受力变形产生的梁端转角较小，而且梁体的横向变形与墩台间横向水平相对位移产生的线路不平顺波长是不一样的，两者分开考虑更明确一些，因此相邻结构物轴线间的水平折角仅考虑桥墩的横向变形。我国现行桥规的限值为 $\Delta \leqslant 5\sqrt{L}$（$L \leqslant 24$ m），如果转换为折角，按两等跨考虑则有 $\theta = 2\times 5\sqrt{L}$ /1000L，当 $L \leqslant 100$ 时，θ=1‰ ~ 2.04‰，跨度越大折角限值越小；而德国 DS804 的限值为 1‰，德国 DS804 的标准更严一些。

从上述分析来看，德国控制最严，中国和欧盟规范次之，日本最松。但从日本的桥墩试验资料来看，其桥墩设计的自振频率并不低，也许日本结构设计在水平向是按抗震控制。在目前对这一问题缺乏系统理论和试验研究的条件下，由于德国 DS804 的标准最严，而且在德国客车 200 km/h 及货车 120 km/h 的铁路共线已经运营了 10 多年，因此在桥墩横向位移限值问题上采用德国 DS804 的规定为好。

5.2.2 中南大学

中南大学曾庆元研究团队，经过多年对列车脱轨分析的理论和应用研究，提出了基于弹性系统动力学总势能不变原理的列车脱轨分析理论，并简述如下：

1. 列车-轨道（桥梁）时变系统运动方程的建立方法

基于弹性系统动力学总势能不变值原理及形成系统矩阵的“对号入座”法则，将列车、轨道（或桥梁）视为一个整体系统来建立此系统的空间振动方程组，考虑了车轮与钢轨的竖、横向位移衔接条件及轮轨接触作用（包含了轮轨相对位移），求解后，得出轮轨相对位移，再考虑游间，即求出轮轨接触状态（轮缘是否冲撞钢轨，是否爬轨与跳轨等）。以此建立的方程组满足轮轨衔接条件及此系统的边界条件（它的轨道或桥梁的边界条件），可用于列车脱轨和不脱轨全过程的此系统空间振动分析。

2. 列车脱轨的力学原理

若车轮轮缘始终在两根钢轨之间运动，则车轮不能脱轨掉道；从运动形态来看，车轮轮缘始终在两轨之间的运动形态是稳定的。轮缘爬升钢轨顶部或冲出钢轨而脱轨掉道，这种运动形态是车轮轮缘横向运动丧失稳定的结果。轮缘横向运动丧失稳定即是与车轮连接的车辆横向振动丧失稳定。既然列车中各车辆相互作用，列车与轨道（桥梁）也相互作用，那么列车中的某个车辆的横向振动丧失了稳定，就是列车-轨道（桥梁）组成的系统其横向振动不稳定。故列车脱轨的力学机理是列车-轨道（桥梁）系统横向振动丧失稳定。鉴别列车走行的安全性，就是鉴别车轨（桥）系统横向振动的稳定性，学术关键在于如何识别此系统横向振动的稳定性。

3. 列车脱轨全过程计算分析

20 世纪 80 年代，曾庆元等创立了一套车桥（轮轨）时变系统横向振动能量随机分析理论，并确定了机车车辆构架蛇行波为此系统横向振动的激励源，它反映了引起此系统横向振动所有因素的影响。车辆构架蛇行波标准差是 σ_p，此为系统横向振动的输入能量，根据 σ_p 随机模拟车辆构架人工蛇行波，作为此系统横向振动激振源，就可以计算此系统的振动响应。

铁道科学研究院在滚动试验台上测出了单轨对车轮轮缘爬轨过程曲线，发现车轮悬浮量 Z_{max} =25 mm 即脱轨。从试验采用的车轮踏面和钢轨头顶面外形可知，轮轨顶点爬行至钢轨顶部中心时，轮对相对钢轨的横向水平位移值 y_{max} =54 mm，此时轮对另一车轮必落入轨道，发生真正脱轨。根据 Z_{max} 和 y_{max} 及我国车轮轮缘和钢轨轨头外形，得出脱轨几何准则：车轮悬浮量 $Z = Z_{max}$ =25 mm，车辆相对横向位移 $y = y_{max}$ =54 mm 时，即真正脱轨。

列车从正常行车状态至车轮轮缘顶端爬上钢轨顶部中点时的此系统空间振动时程分析，称为列车脱轨全过程计算。这个计算过程只能依据车轮脱轨几何准则，用试算法完成，即假定比正常行车更大的构架蛇行波标准差 σ_p，随机模拟出构架人工蛇行波，作为此系统横向振动的激励源（其竖向振动激振源仍为轨道竖向不平顺），计算此系统空间振动响应。检查车轮最大悬浮量及其相对于钢轨的横向水平位移是否达到车轮脱轨几何准则要求的数值，如达到了，即认定为脱轨，如未达到，则再假定更大的 σ_p，重复计算；直至车轮最大悬浮量及其相对钢轨的横向水平位移均达到脱轨时的值为止，即完成列车脱轨全过程计算。此时，该系统空间振动响应（振动位移、加速度、轮对横向力及侧倾力、脱轨系数、轮重减载率等）的时程曲线反映列车脱轨全过程。使车轮轮缘顶端爬上钢轨顶部中点时的构架人工蛇行波标准差，就是实际列车发生脱轨事故时的构架蛇行波标准差，记为 σ_c。根据 σ_c，随机模拟车辆构架人工蛇行波，作为此系统横向振动的激振源，求解此系统振动方程，最后得到列车脱轨时的此系统空间振动响应。

4. 评判列车是否脱轨的能量增量准则

根据物理概念及弹性动力系统稳定性的总势能判别准则，评判列车是否脱轨的关键在计算此系统横向振动的输入能量增量及抗力作功增量。曾庆元的研究团队确定了车辆构架蛇行波是此系统横向振动的激振源及具有 99%概率的车辆构架实测蛇行波标准差 σ_p 是此系统的随机输入能量，它是车速 v 的函数。车速 v 的变化，引起此系统输入能量增量 $\Delta\sigma_p$。

前述车轮脱轨时构架人工蛇行波标准差 σ_c 是激起轮缘爬上钢轨顶部时的构架人工蛇行波的标准差 σ_p。若 $\sigma_p < \sigma_c$，则构架蛇行波不可能激起轮缘爬上钢轨顶部，类似于压杆压力 P 小于其欧拉临界力 P_c 时，不会使压杆失稳的作用，σ_p、σ_c 对此系统的作用相当于 P、P_c 对压杆的作用，P_{cr} 是失稳时压杆发挥的最大抗力，σ_c 是脱轨时此系统发挥的最大抗力作功。对一定的此系统，σ_c 也是车速 v 的函数，则其抗力作功增量为相邻车速 v_0、v_r 的此系统抗力作功 σ_{cr} 与 σ_{c0} 之差，即 $\Delta\sigma_{cr} = \sigma_{cr} - \sigma_{c0}$，最后得到的评判列车是否脱轨的能量增量准则为

$$\Delta\sigma_{cr} \geqslant \Delta\sigma_{pr} \quad \text{不脱轨} \tag{5.2.5}$$

$$\Delta\sigma_{cr} < \Delta\sigma_{pr} \quad \text{脱　轨} \tag{5.2.6}$$

5.2.3 同济大学

1. 对车桥相互作用下轮对的横向运动规律研究

列车-桥梁相互动力作用下轮对横向运动的规律是车桥动力相互作用分析的基础性课题，轮对横向运动特征基本决定了车辆和桥梁的动力响应。李奇、吴定俊等基于蠕滑理论，研究了单个轮对在轨道方向不平顺激励下简化的轮对横向力和轮对横向运动微分方程，并得到了轮对横向运动的解析解。

1）平直轨道下自由轮对横向运动

根据几何学原理推导的自由轮对蛇行运动方程为

$$y = A\sin(\omega t + \varphi) \tag{5.2.7}$$

其中，轮对蛇行运动角频率为

$$\omega = v\sqrt{\frac{\lambda}{br_0}} \tag{5.2.8}$$

波长为

$$l = 2\pi\sqrt{\frac{br_0}{\lambda}} \tag{5.2.9}$$

式中：A 为轮对蛇行运动的幅值；φ 为相位角；v 为车速；r_0 为轮对滚动圆半径；λ 为车轮踏面锥度；$2b$ 为左右车轮滚动圆跨距。

由上述各式可知，自由轮对蛇行运动轨迹是最初研究车桥横向振动的理论基础。据此计算得到的桥梁横向振动响应均为简单正弦波，而现场实测桥梁振动波形特征是随机波，就为进一步修正该模型提出了依据。

2）不平顺作用下单轮对横向运动

轨道对轮对的横向激振力与车速、轮轨接触、车辆动力性能以及轨道位移和轨道运动速度有关，影响因素复杂。为便于从理论上定性分析，对激振力作了如下简化处理：忽略与踏面锥度、旋转蠕滑系数、轨道摇头角相关的小量；当车速较低时，略去轮对惯性力。简化得到单个轮对运动微分方程为

$$\begin{cases} \ddot{y}_w + \dfrac{v^2\lambda}{br_0} y_w = \ddot{y}_r + \dfrac{v^2\lambda}{br_0} y_r \\ \psi_w + \dfrac{v^2\lambda}{br_0} \psi_w = 0 \end{cases} \tag{5.2.10}$$

式中：y_w、ψ_w 分别为轮对横移和摇头位移；y_r 为轨道运动的横向位移。

当轨道处于理想平顺状态时，y_r 恒为 0，式（5.2.10）退化成自由轮对在理想平直轨道下的自由振动方程，其对应的齐次解的频率和波长分别为式（5.2.8）和式（5.2.9）。

当考虑轨道不平顺时，式（5.2.10）是一个受迫振动微分方程，该微分方程的特解为

$$y_w = y_r \tag{5.2.11}$$

由于振动不可避免地存在阻尼，根据振动理论，齐次解将很快地衰减，而特解即为振动方程的稳态解。式（5.2.11）表明轮对横向运动轨迹与轨道方向不平顺的趋势一致。

以上分析是在略去轮对惯性力和其他小量后的近似结果，其成立的条件为轮对横向振动加速度要很小，车速不能过高。

3）整车状态下轮对横向运动

由上述分析可知，自由轮对蛇行运动与按蠕滑理论分析得到的单个轮对横向运动的关系基本是同一微分方程齐次解和特解的关系，或者说是瞬态振动和稳态响应的关系。

（1）轨道不平顺对轮对横向运动的影响。

考虑蠕滑力作用的轮对横向运动轨迹是一个随机的多频率曲线。轮对横向运动频率基本上随着车速提高而呈线性提高，波长基本上不随车速变化；波幅不是一个常数，车速对幅值大小有影响；同一车辆不同轮对的横向运动轨迹基本相同。可见，轮对横向运动受车体、转向架以及相邻

轮对运动的影响不大，主要受轨道不平顺和车速的控制，如图 5.2.11 所示。

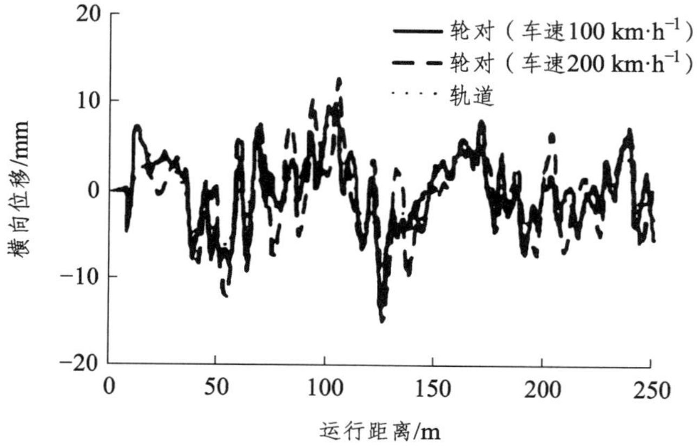

图 5.2.11 轮对横向运动位移和轨道方向不平顺比较

经进一步分析研究，如图 5.2.12 所示，轮对蛇行波运动的波长基本不随车速变化而变化，这亦体现了蛇行波理论和蠕滑理论的统一性；但蛇行波的波幅及其频谱特性不但与轮对和车辆本身的特性有关，也与轨道不平顺和车速有关，且不是均匀分布的随机变量。

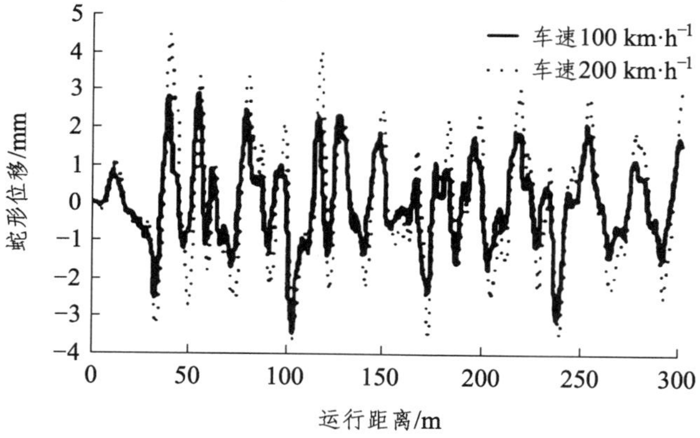

（a）位移时程

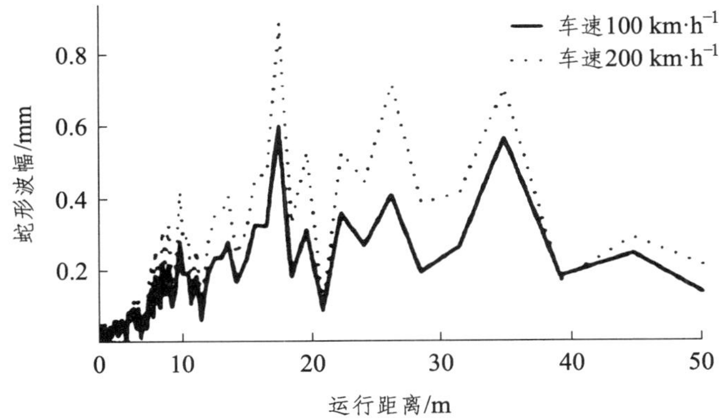

（b）幅值谱

图 5.2.12　轮对蛇行运动位移和幅值谱曲线

由上述分析可知，轮对的横向运动轨迹与轨道方向不平顺具有基本相同的频率成分，轨道不平顺的走向在总体上确定了轮对横向运动的走向。这种轮对横向运动的规律可以从力学概念上予以阐述：轨道不平顺是施加于车辆振动体系的边界位移，边界位移随时间变化相当于施加变化的激振力，当边界位移按某一波形变化时，所产生的激振作用力也按类似波形变化，结构响应也将反映这一波形特征，这是强迫振动的特性。式（5.2.7）~式（5.2.9）中按几何学推导的自由轮对蛇行运动轨迹认为，踏面锥度大小将影响蛇行波的波长，这与整车条件下按蠕滑理论得到的轮对蛇行运动规律是吻合的。然而，蛇行波经过随机化处理后，其蛇行波波长与波幅一概用模糊的概率取值来代替，不能反映出车辆参数、轨道不平顺及车速变化的定量关系，难以进行车桥振动机理分析，这是将轮对蛇行波作为车桥振动激振源的不足之处。若有足够的统计资料确定蛇行波波长和波幅的随机分布特性，采用蛇行波作为车桥振动激振源进行桥梁横向振动分析将会更符合实际情况。

（2）桥梁振动对轮对横向运动位移的影响。

列车行进时，轮对横向运动位移除了受轨道不平顺的影响外，桥梁的横向振动位移也将对其产生影响。分析表明，正常情况下桥梁振动的影响相对于轨道不平顺的影响是微不足道的。特别是对于横向刚度较大的混凝土桥梁，桥梁横向振幅非常小。如 DF_{11} 机车第 3 轮对轮轨接触处轨道方向不平顺与相应轨顶处桥梁横向位移的比较如图 5.2.13 所示。可以看出，桥梁的横向位移与轨道不平顺相比可以略而不计。研究表明，桥梁的横向速度与车速和轨道不平顺耦合产生的轨道速度相比更小。这种现象不但对横向刚度较大的混凝土梁而言是适用的，对横向刚度相对较弱的中小跨度钢板梁桥也是适用的。

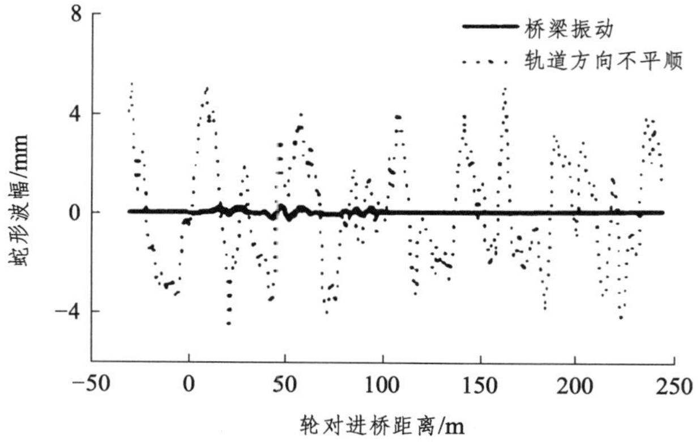

图 5.2.13 桥梁横向位移和轨道不平顺比较

（3）蠕滑系数对轮对横向运动的影响。

按 1.0 倍蠕滑系数和 0.5 倍蠕滑系数计算得到的机车第 1 轮对过桥时的横向运动位移如图 5.2.14 所示。由图可以看出，两种蠕滑系数情况下的轮对横向运动轨迹接近，基本上都与轨道不平顺的趋势一致，表明蠕滑系数变化对轮对横向运动轨迹影响较小。

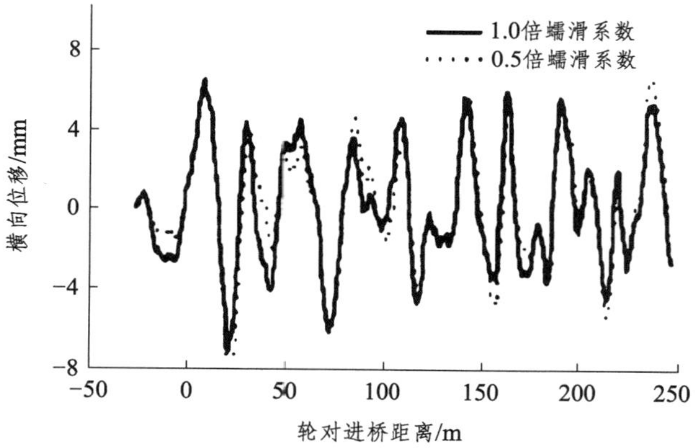

图 5.2.14 不同蠕滑系数下轮对横向运动位移对比

4）轮对横向力分析

轮对横向运动轨迹与轮对横向力密切相关。轮对横向力可表示为轮对运动状态和轨道运动状态的函数。如下分析轮对横向力的影响因素。

（1）轨道不平顺和车速对轮对横向力的影响。

轮对横向运动轨迹与轨道方向不平顺的趋势基本一致，因而轨道不平顺对轮对横向力影响较大。下面具体分析车速对轮对横向力的影响。由准高速客车车辆的第 2 轮对横向作用力时程所得到的功率谱密度曲线如图 5.2.15 所示，它表明车速越高，轮对横向力幅值和频率通常也越大。

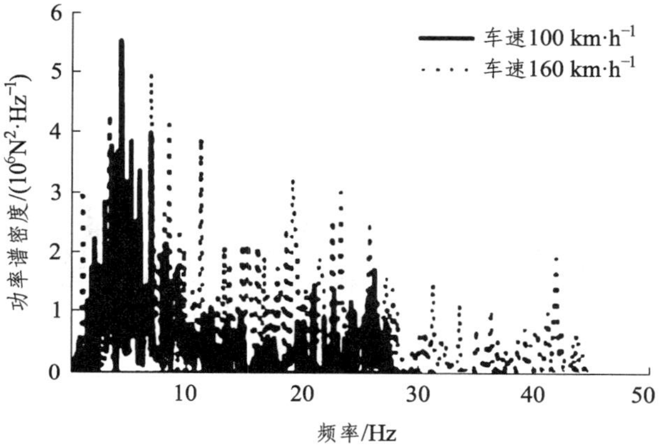

图 5.2.15　不同蠕滑系数下轮对横向运动位移对比

（2）桥梁振动对轮对横向运动位移的影响。

轮对对轨道的横向作用力（蠕滑力）主要与轮对和轨道的横向运动速度差有关。相关研究表明：轨道的速度包括由桥梁振动部分和由轨道不平顺与车速耦合产生的轨道横向速度部分。一般情况下，轨道不平顺的速度要比桥梁振动引起的轨道速度大得多，因此轮轨之间相互作用的蠕滑力主要由轨道不平顺速度所产生。尽管各轮对下桥梁横向振动速度有大有小，但与轨道不平顺速度相比，其量值均较小。这一方面说明了具有一定横向刚度的桥梁，在正常车速下车桥耦合振动主要来自车辆与轨道之间的耦合作用，桥梁参与的耦合作用较小；另一方面也揭示了车辆与桥梁耦合振动的强弱在时间上存在随机性。改变桥梁横向刚度得到的轮对横向作用力功率谱密度曲线如图 5.2.16 所示，图中两条曲线基本重合，说明桥梁的横向刚度对轮对横向力影响较小。

大量现场测试数据也表明桥梁横向刚度与轮轨横向力没有明显的相关性。1998 年，原上海铁道大学在沪宁线 121#桥（半穿式桁梁桥）轨道横向力测试中，在跨中和 1/4 跨处均布置了轮对横向力测点，测试数据表明两处测点所测得的轮对横向力与测点位置无关。在浙赣绕行线疏解桥 16 m 跨度混凝土梁跨结构的跨中与梁端支座处，实测轮对横向力数据如图 5.2.17 所示，图中同样说明了桥梁刚度对轮对横向力的影响不明显。

必须指出的是：尽管桥梁刚度与轮对横向力耦合关系较弱，但这并不意味桥梁设计刚度可以有所降低，具有相同等级不平顺的线路，若刚度不同，其桥梁动力响应差别很大。另外，当桥梁墩体较高较柔时，桥梁横向振动明显增大，使得对轮对的横向运动的影响也将增大。

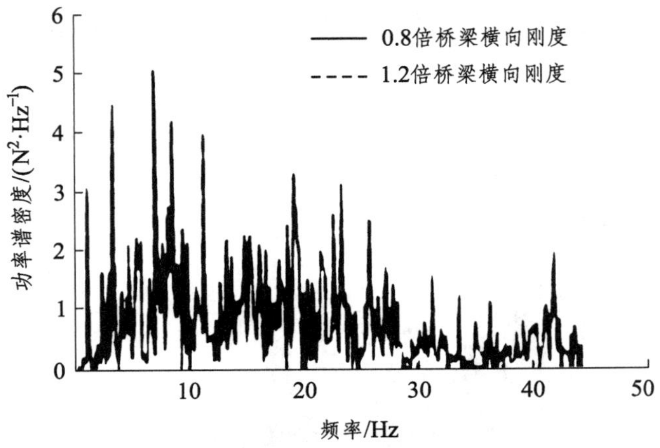

图 5.2.16 改变桥梁横向刚度的轮对横向力功率谱密度曲线

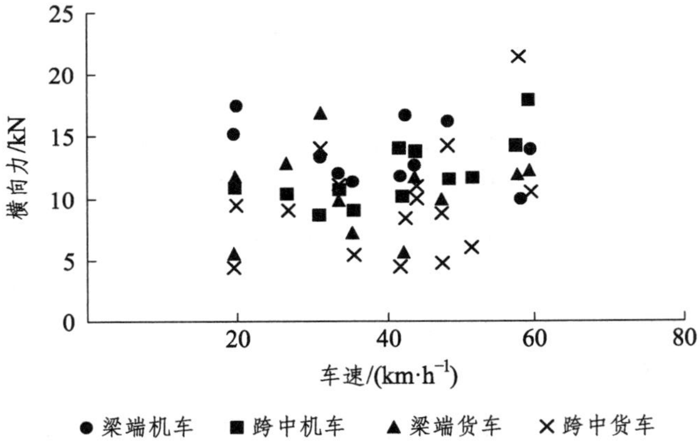

图 5.2.17 疏解桥实测轮对横向力最大值散点图

2. 对混编货车通过中小跨度桥梁时车桥振动的研究

通常情况下，货物列车过桥引起桥梁的振动要比旅客列车过桥更加剧烈。试验研究表明，列车提速以后，即同样是货物列车过桥，轻重混编列车过桥引起的桥梁振动往往反而比全部重车编组列车过桥更加剧烈，而且提速运营后的几次列车过桥脱轨事故，基本也都是在轻重混编列车过桥时轻车车辆上发生的。其原因一是当混编货车或空载货车通过桥梁时，中小跨度混凝土简支梁的迫振频率为 2.0 ~ 3.0 Hz.，上述频率与车辆横向蛇行运动频率（车速为 60 ~ 70 km/h）相近，因而极易引起激烈的横向共振现象；二是货车与客车相比主要不同之处为货车是一系悬挂，而不是二系悬挂，目前常用的货车车身较短，轴重较大，上桥激励的过程较客车显著，脱轨风险更高。

李奇、吴定俊和李俊等通过利用车桥耦合振动理论编制的计算软件，对轻重混编列车、重车编组列车、轻车编组列车过桥车桥动力响应进行了仿真对比计算，计算结果反映了混编列车过桥时车桥动力响应特征；并根据车桥相互作用的观点，采用时域和频域相结合的分析方法，从理论上对轻重混编列车过桥振动特性的机理进行了分析和说明。

1）动力方程和耦合计算原理

该项研究的计算原理是将车桥分成两个动力系统，分别建立动力平衡方程，假定轮轨竖向始终密贴接触，通过迭代计算实现轮对与轨道相互作用力和位移的协调，采用变蠕滑系数计算轮轨之间的横向作用力，同时考虑了大蠕滑情形时非线性蠕滑的修正。

典型的车桥振动微分方程为

$$M_b\ddot{\delta}_b + C_b\dot{\delta}_b + K_b\delta_b = F_{bv}(\ddot{\delta}_b,\dot{\delta}_b,\delta_b,\ddot{\delta}_v,\dot{\delta}_v,\delta_v) + F_{b\varepsilon}(\ddot{\delta}_\varepsilon,\dot{\delta}_\varepsilon,\delta_\varepsilon) \tag{5.2.12}$$

$$M_v\ddot{\delta}_v + C_v\dot{\delta}_v + K_v\delta_v = F_{vb}(\ddot{\delta}_b,\dot{\delta}_b,\delta_b) + F_{v\varepsilon}(\ddot{\delta}_\varepsilon,\dot{\delta}_\varepsilon,\delta_\varepsilon) \tag{5.2.13}$$

式中：M_b、C_b、K_b 分别表示桥梁子系统的质量矩阵、阻尼矩阵和刚度矩阵；F_{bv} 表示由于车桥振动引起的桥梁振动方程激振荷载；$F_{b\varepsilon}$ 表示由于轨道不平顺引起的桥梁振动方程激振荷载；F_{vb} 表示桥梁振动引起的车辆振动方程激振荷载；M_v、C_v、K_v 分别表示车辆系统的质量矩阵、阻尼矩阵和刚度矩阵。

2）计算模型、参数及列车编组

以铁路单线标准设计 3 孔 32 m 预应力混凝土简支 T 梁为桥梁计算模型；采用美国 6 级轨道不平顺样本作为输入激振源；机车采用 DF_4，为 6 轮对 27 个自由度空间模型；货车采用 C_{62} 型，为 4 轮对 23 个自由度空间模型；重车轴重为 204.5 kN，轻车轴重为 54.0 kN，车体长度为 13.44 m。

根据以下三种不同形式的列车编组进行对比计算和分析（车速均为 60 km/h）：

（1）轻车编组：DF_4 机车+10 节 C_{62} 轻车。

（2）重车编组：DF_4 机车+10 节 C_{62} 重车。

（3）轻重混编：DF_4 机车+10 节轻、重交替 C_{62} 货车。

3）车桥动力响应机理分析

（1）竖向动力响应分析。

图 5.2.18 为三种不同编组列车过桥时桥梁跨中竖向静力和动力位移时程曲线，图 5.2.19 为相应的动力位移的功率谱密度曲线。由图可知，轻重混编列车过桥时，桥梁跨中位移最大值虽然均比重车编组小，但动力位移振幅均明显要比轻车编组和重车编组时大，其峰-峰

值最大可达 6 mm，差不多为重车编组下的 2 倍。由此可见，轻重混编列车过桥振动更加剧烈，产生这种现象的原因可以从振动曲线所组成的主要频率成分来分析。桥梁动力时程响应曲线主要含有三种振动频率成分：

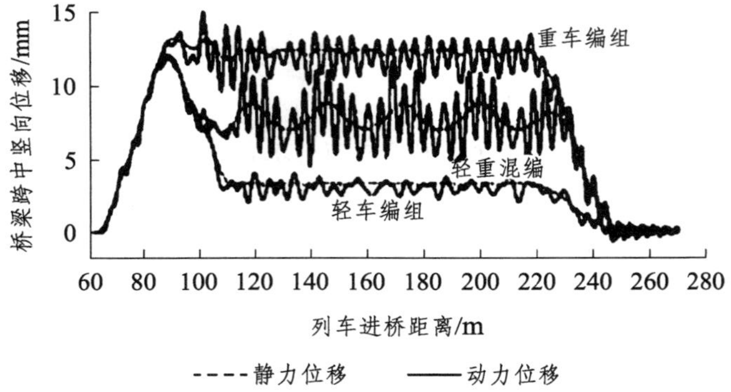

图 5.2.18　三种车辆编组条件下桥梁跨中竖向位移时程曲线

一是频率较高的桥梁竖向一阶自振频率 f_1，由图 5.2.19 中可大致估计得到 f_1=3.8 Hz 左右。

二是列车系列荷载周期性变化产生的强迫振动频率，重车或轻车编组的周期性荷载的周期为列车通过一个车身长度的距离所需要的时间，相应的频率为

$$f_2 = \frac{v}{l} = 1.24\ \text{Hz} \tag{5.2.14}$$

式中：v 为车速，取 16.67 m/s；l 为车身长度，取 13.44 m。

而轻重混编列车周期性荷载的周期增加到列车通过两个车身长度的距离所需要的时间，其相应的频率约为 0.5 f_2（0.62 Hz）。由图 5.2.19 可知：轻重混编情况下功率谱密度曲线刚好存在 0.6 Hz 左右的峰值；而重车编组和轻车编组情况下存在 1.24 Hz 左右的峰值，但能量极小。

三是由静力条件决定的桥梁低频的平均挠曲成分（频率为 0 ~ 0.4 Hz）对桥梁的绝对位移起主要作用，但对车桥振动贡献影响较小。

轻重混编下桥梁位移响应时程曲线处于波峰时的车辆加载如图 5.2.20（a）所示，处于波谷时的加载如图 5.2.20（b）所示。由于轻重混编列车中重车与轻车轴重相差较大，所以其系列静力荷载所产生的桥梁位移时程曲线变化幅值大。上述三种频率的振动成分合成后形成的桥梁动力位移曲线仍具有较大变化幅值，而重车编组或轻车编组中的各轴静轴重相等，其静力荷载所产生的跨中位移时程曲线基本上接近一条直线，因而对动力位移曲线的变化幅

值几乎没有贡献。.

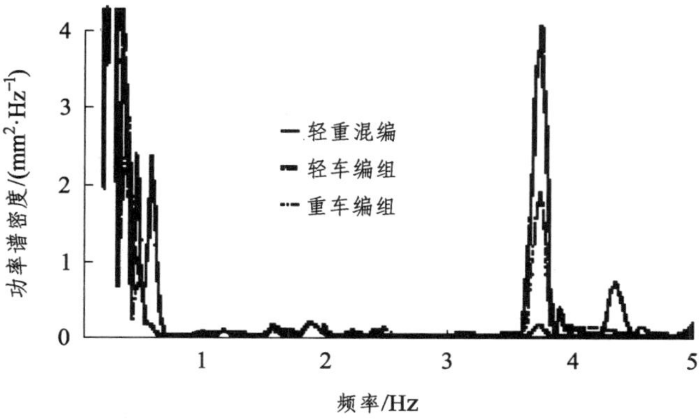

图 5.2.19　三种车辆编组条件下桥梁跨中竖向位移功率谱密度曲线

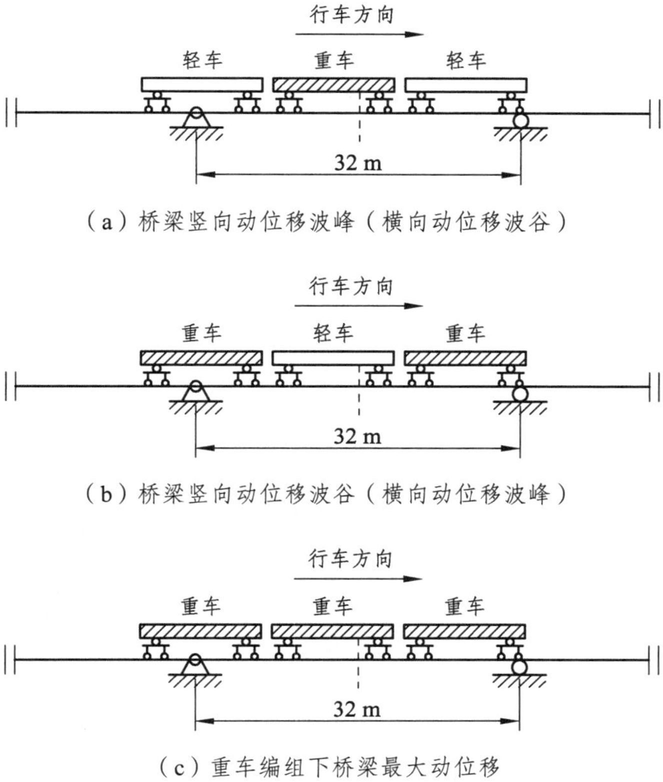

图 5.2.20　桥梁位移峰值时车辆加载位置示意图

图 5.2.21 为轻重混编列车与轻、重车编组列车通过桥梁时，对应的轻车车辆轮重减载率时程曲线对比。从图中可知：与轻车编组相比，轻重混编列车中轻车的轮重减载率明显要大得多；与重车编组相比，轻重混编列车中重车轮重减载率反而较小。出现这种现象的原因是：车桥振动是耦合振动，桥梁的竖向振动必然影响车辆的竖向振动。对于轻重混编列车，当前面的重车经过桥梁时，桥梁变形较大，产生较大的动力响应，桥梁的振动对随后上桥的轻车产生很大的反弹力。由于轻车质量较小，将产生较大的动力响应，主要反映为轮重减载率大幅度增加，而轻车的轮重减载率急剧增大是导致轻车脱轨的主要原因。对

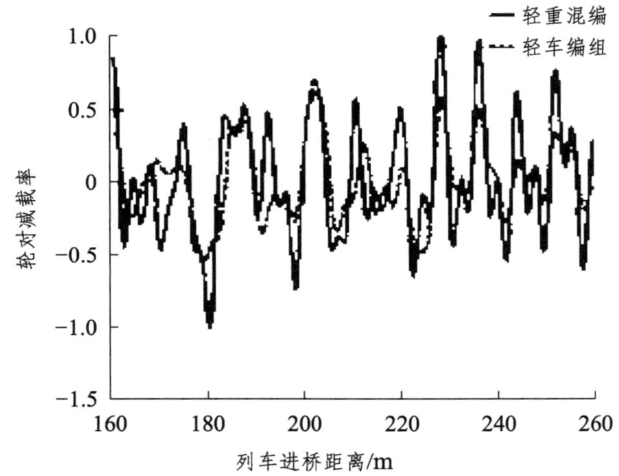

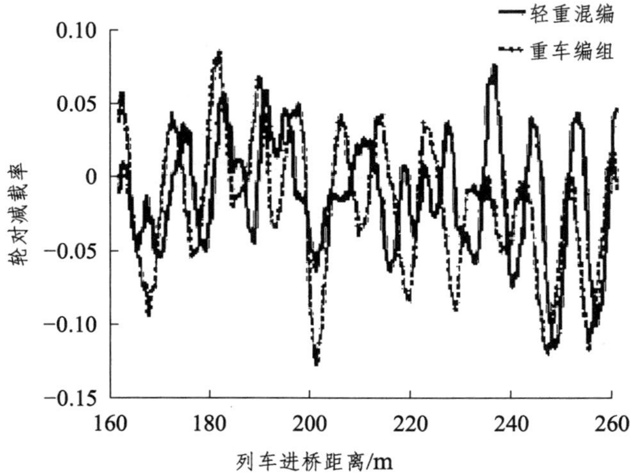

图 5.2.21　轻重混编列车中的轻、重车轮重减载率比较

于重车车辆，由于前面走的是轻车，而轻车的激振力要小得多，桥梁的动力响应相对要小一些，因此随后重车车辆动力响应也相应会小一些。

（2）向动力响应分析。

图 5.2.22 表示三种不同编组列车通过桥梁时桥梁跨中横向动力位移时程曲线图，图 5.2.23 表示相应的横向位移的功率谱密度曲线。

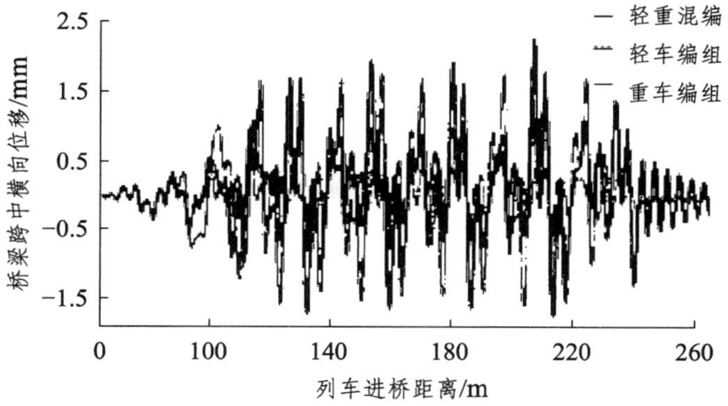

图 5.2.22　三种车辆编组下桥梁的横向位移时程曲线

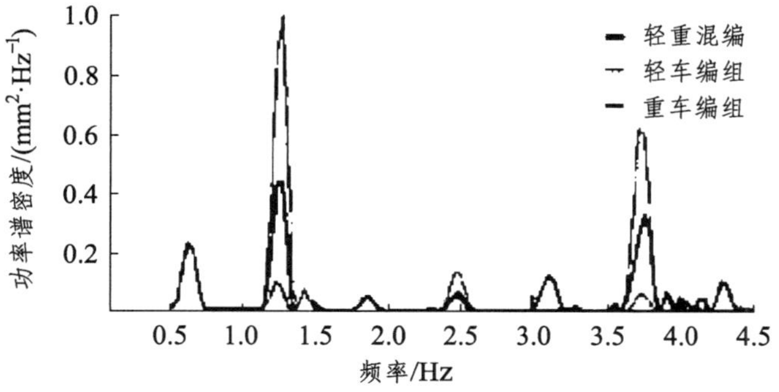

图 5.2.23　三种车辆编组下跨中横向位移功率谱密度曲线

由图 5.2.22 可以看出，轻重混编列车通过时桥梁横向振幅最大，重车编组次之，轻车编组最小。由时程曲线结合频谱分析可知，三种编组下桥梁的横向基频（3.7 Hz）所对应的振动能量都比较大。除此之外，列车系列荷载的周期性作用产生的强迫振动频率 f_2（1.24 Hz）所占的能量成分也很可观，而轻重混编情况下还存在着频率为 $0.5f_2$（0.62 Hz）

的能量峰值。

对于重车编组和轻车编组，桥梁位移达到峰值时车辆位置大致如图 5.2.20（c）所示，对于轻重混编，桥梁横向位移最大峰值出现时车辆位置如图 5.2.20（b）所示，而小峰值出现时车辆位置大致如图 5.2.20（a）所示。即：竖向位移达到最大峰值时，横向位移刚好达到小峰值；而横向位移达到最大峰值时，竖向位移刚好达到小峰值。

分析表明，对桥梁横向振动而言，其横向激振力由重车车辆轮对力起控制作用，无论哪一种编组情况都是重车轮对横向力较大，而且不同编组中的重车轮对横向作用力的作用规律和量值基本相同。轻重混编情况下桥梁横向位移较大并不是轮对横向激振力有什么较大变化引起的，而是与产生最大位移时各车辆的加载位置密切相关。对于 32 m 跨度的简支梁，重车编组和轻车编组列车通过时，桥梁横向最大位移一般发生在前节车辆后转向架和后节车辆前转向架刚过跨中的时候。此时，前节车辆已将桥梁激振起来，后节车辆的作用正在发挥，所以，此时桥梁达到最大位移。而对于轻重混编情况，前节重车对桥梁产生较大激振作用力，后节轻车通过时桥梁的带载质量较重车过桥时小，因此桥梁产生横向位移就较大；而当前面先通过轻车时，由于轻车轮对横向激励力不大，后节重车尚未发挥最大作用，而且此时桥梁带载质量较大，故出现较小位移峰值。

与分析车辆竖向动力响应一样，图 5.2.24 给出了轻重混编列车与轻车编组列车通过桥梁时，对应的轻车车辆脱轨系数时程曲线对比。

由图 5.2.24 可知，轻重混编列车中的轻车与轻车编组中的轻车相比，脱轨系数有明显增大。尽管轻重混编列车中的轻车的轮对横向力要比重车小，但由于其减载率大，因此脱轨系

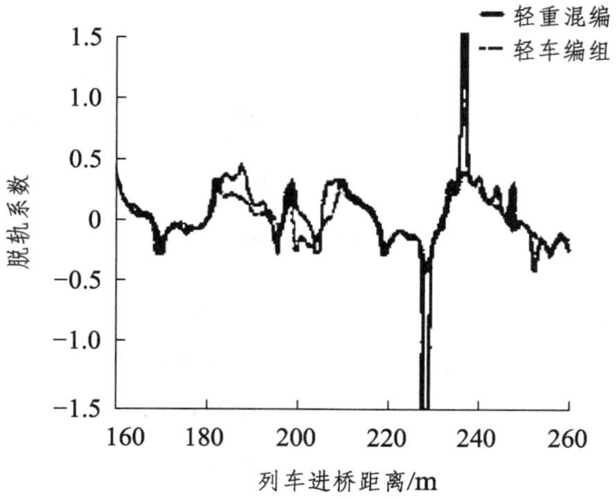

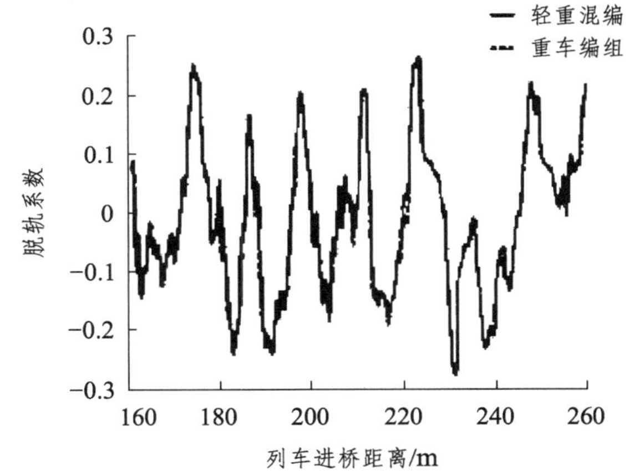

图 5.2.24　不同编组的轻、重车脱轨系数比较

数反而比重车大很多，特别是当轮对减载率接近 1 时，相应的轮对脱轨系数计算值要远大于 1。轻重混编中，轻车的横竖向动力响应显著增大是轻车脱轨的主要原因之一。而轻重混编货车中的重车与重车编组中的重车的脱轨系数几乎没有显著差别。

5.2.4　石家庄铁道大学

由结构动力学原理可知，结构的振动响应主要与其所受的外荷载和结构本身的自振特性有关。在车-桥系统中，桥梁的竖向振动响应则主要与列车对桥梁的竖向作用力（即轮对对钢轨的竖向作用力，包括列车重力和列车振动时簧上质量、簧下质量引起的惯性力等）和列车过桥时桥梁的有载自振特性有关。试验研究结果表明：当列车以速度 v 过桥时，长度（L_v）相同的多辆车的车辆轴重荷载对梁体的动力作用相当于一个基频为 v/L_v 的周期性荷载，如果车辆轴重荷载频率的整数倍与桥梁竖向一阶有载自振频率相等（即 $j_v/L_v=f_{1y}$），这时桥梁将出现竖向共振现象。

1. 对铁路简支梁桥竖向有载频率的研究

苏木标、李建中等通过研究提速客车 160 km/h 工况下不同跨度下承式钢板梁的有载频率，分析了该类型简支梁竖向有载频率的特性。

1）建立计算模型和运动方程

研究的第一步是建立了车-桥统计模型及其振动微分方程，由于高速通过中小跨度梁，因此在计算中忽略了机车的影响。根据达朗贝尔原理推导出的每一车辆的运动方程为

$$\begin{cases} m_v\ddot{z}_v(t)+c_v\sum_{j=1}^{4}\dot{u}_j+k_v\sum_{j=1}^{4}\dot{u}_j=0 \\ J_v\ddot{\varphi}(t)+c_v\sum_{j=1}^{4}\dot{u}_j(\pm l_j)+k_v\sum_{j=1}^{4}u_j(\pm l_j)=0 \end{cases} \tag{5.2.15}$$

式中：u_j 为车辆第 j 轴悬挂弹簧的变形；z_v 和 φ_v 分别为车体的竖向位移和点头位移；c_v 和 k_v 分别为车辆每一轴悬挂弹簧的阻尼系统和刚度系数；m_v 和 J_v 分别为车体的质量和点头惯性矩；l_j 表示不同轮至车辆中心的距离。

建立的桥梁运动方程为

$$\begin{aligned} & EI\frac{\partial^4 z_b}{\partial x^4}+m_b\frac{\partial^2 z_b}{\partial t^2}+c_b\frac{\partial z_b}{\partial t} \\ & =\sum_{i=K}^{M}\delta\left[x-(vt-a_i)\left(P_i-m_s\frac{\partial^2 z_b}{\partial t^2}+c_v\dot{u}_i+k_v u_i\right)\right] \end{aligned} \tag{5.2.16}$$

式中：EI、m_b 和 c_b 分别为桥梁的抗弯刚度、单位长度质量和阻尼系数；$z_b(x,t)$ 为桥梁的竖向位移；k_v 和 c_v 分别为列车第 i 轮对悬挂弹簧的刚度系数和阻尼系数；m_s 为列车第 i 轮对的簧下质量；P_i 为列车第 i 轮对的静轴重；a_i 为列车第 i 轮对距第 1 轮对的水平距离；u_i 为列车第 i 轮对悬挂弹簧的变形；v 为列车运行速度。

2）桥梁竖向有载频率的分析

由于列车在桥上的位置是随时间而变化的，即列车各轮对对桥梁（钢轨）作用点位置是随时间而变化的，因而车-桥系统竖向振动微分方程的系数是随时间变化的。即应每间隔一定的时间步长求解一次该系统的自振频率。在对车-桥系统进行频率分析的过程中，考虑 10 辆车（桥上满载工况）过桥，按照提速客车的基本参数进行计算，分析不同跨度简支梁桥的竖向有载自振频率随时间变化的情况。计算结果表明：桥梁无载自振频率的数值是确定的，而桥梁有载自振频率值在列车过桥全过程中是随时变化的。当全跨满布车辆时，桥梁的有载自振频率值在一定范围内变化。一般来说，提速客车过桥时，桥梁的有载自振频率值均小于相应的无载自振频率，而且有载自振频率偏离无载自振频率的差值 W 随桥梁跨度和单位长度质量的增大而减小，桥梁跨度越大（或者单位长度质量越大）则这个差值就越小；有载自振频率最大值与最小值之差也随桥梁跨度的增大而减小，桥梁跨度越大则有载自振频率的最大值与最小值之差越小。也就是说，列车过桥时，桥梁有载自振频率值的变化主要与桥梁本身的刚度和质量分布（包括桥梁跨度的大小和单位长度质量的大小）有关；桥梁有载自振频率偏离无载自振频率的差值 W 及有载自振频率本身最大值与最小值之差随桥梁跨度的增大而减小，实质上是随梁体单位长度质量的增大而减小，因为桥梁跨度越大梁体单位长度的质量越大。当梁体单位长度的质量较大（如≥10 t/m）时，桥梁有载自振频率偏离无载自振频率的差值 W 很小（≤2%），有载自振频率本身最大值与最小值之差≤0.1 Hz。

3）桥梁有载自振频率计算公式

假设不计阻尼（包括车辆和桥梁的阻尼）影响，根据桥梁有载自振频率计算公式可得

$$\left[\frac{m_b L_b}{2}+m\sum_{i=k}^{M}O_j^2(vt-a_i)\right]\ddot{q}_j(t)+\left[\frac{EI}{2}\left(\frac{j\pi}{L_b}\right)^4 L_b+k_y\sum_{i=K}^{M}O_j^2(vt-a_i)\right]q(t)=f_j(t) \tag{5.2.17}$$

式中：$j=1, 2, \cdots, L$；$O_j(vt-a_i)=\sin[j\pi(vt-a)/L_b]$ 为第 j 阶振型对应于第 i 轮对处的数值；$f(t)$ 为广义荷载。如上可得桥梁第 j 阶有载频率计算公式可表示为

$$f_{jy}=\frac{1}{2\pi}\sqrt{\frac{\dfrac{1}{2}EI\left(\dfrac{j\pi}{L_b}\right)^4 L_b+k_y\sum\limits_{i=K}^{M}O_j^2(vt-a_i)}{\dfrac{1}{2}m_b L_b+m_s\sum\limits_{i=K}^{M}O_j^2(vt-a_i)}} \tag{5.2.18}$$

式中：$j=1, 2, \cdots, L$。

4）分析结论

（1）列车过桥时，桥梁的有载自振频率值是周期性变化的，变化的周期是 $T=L_v/v_0$。

（2）桥梁有载自振频率值变化主要与桥梁本身的刚度和质量分布（包括跨度大小或单位长度质量大小）有关。提速客车过桥时，桥梁有载自振频率值均小于相应的无载自振频率，而且有载自振频率偏离无载自振频率的差值随桥梁跨度（单位长度质量）增大而减小，跨度越大（或者单位长度质量越大）这个差值就越小；有载自振频率最大值与最小值之差也随桥梁跨度的增大而减小，跨度越大有载自振频率最大值与最小值之差越小。

（3）桥梁有载自振频率值随车辆簧下质量增加而减小，随车辆悬挂弹簧刚度提高而提高。有载自振频率值并非任何情况下均小于相应的无载自振频率。列车过桥时，车辆簧下质量变化会使桥梁的等效质量发生变化，簧下质量越大，桥梁的有载自振频率越低。车辆悬挂弹簧刚度变化也会使桥梁的等效刚度受到影响，而且车辆悬挂弹簧的刚度越大，桥梁有载自振频率越高，甚至可以比相应的无载自振频率还高。

（4）桥梁有载自振频率最大值与最小值之差随车辆定距 L_c 的减小而减小，即桥梁有载自振频率的最大值 f_{1ymax} 随车辆定距 L_c 减小而降低，而最小值 f_{1ymin} 则基本保持不变。

（5）桥梁有载自振频率极值及其变化规律不随列车速度变化而变化，也与车体质量大小无关。

2. 对铁路连续梁桥竖向有载频率的研究

任剑莹、苏木标等通过采用车-桥系统相互作用的计算模型，对不同类型连续梁有载竖向自振频率进行了推导计算和特性研究。

建立车辆模型与运动方程的步骤同上，工况为 20 辆提速客车满布全桥，对车-桥耦合系统进行频率分析。如下给出了不同样本桥的计算分析结果。

1）3×64 m 单线下承式连续钢桁梁

该样本梁设计图号为"（72）0123"，桁高 11.0 m，主桁中心距 5.75 m，节间 8.0 m。主桁每一个杆件为一个单元，单元之间的连接采用铰接，全桥共计 93 个杆单元。桥梁模型如图 5.2.25。

图 5.2.25　3×64 m 单线下承式钢桁梁计算模型

当 20 辆相同的提速客车以 160 km/h 的速度通过 3×64 m 单线下承式钢桁梁时，从列车的第 1 轮对上桥开始计时，计算得到桥梁的第 1、2、3、4、5 阶竖向有载自振频率随时间变化情况，如图 5.2.26 ~ 图 5.2.30 所示。

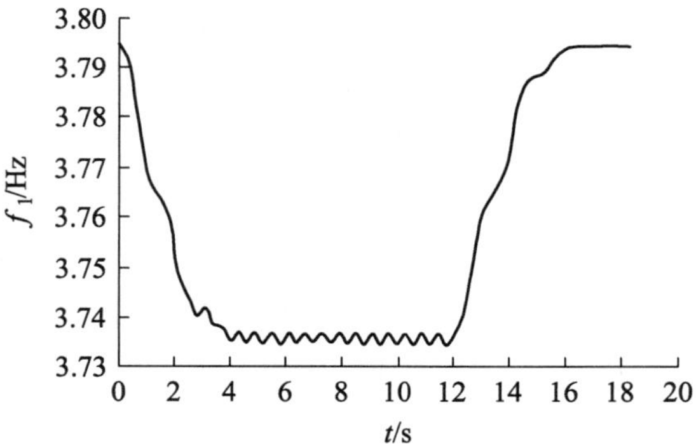

图 5.2.26　第 1 阶竖向有载自振频率变化曲线

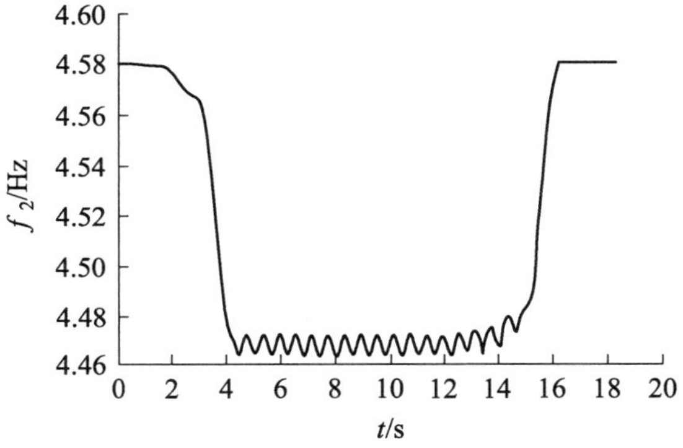

图 5.2.27　第 2 阶竖向有载自振频率变化曲线

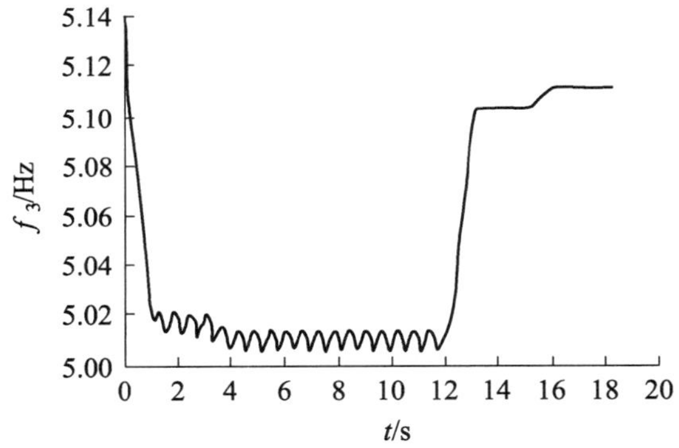

图 5.2.28　第 3 阶竖向有载自振频率变化曲线

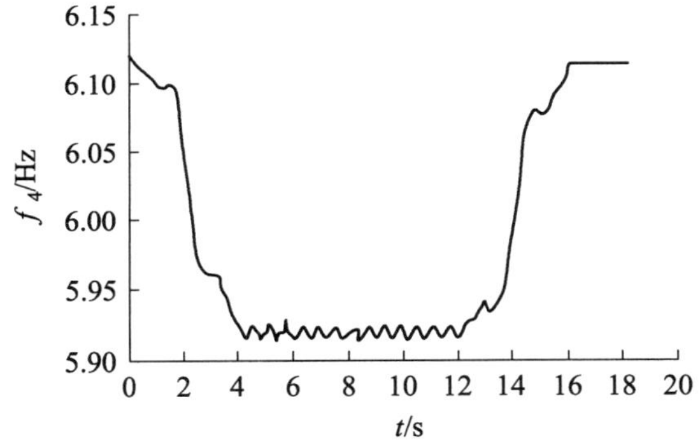

图 5.2.29　第 4 阶竖向有载自振频率变化曲线

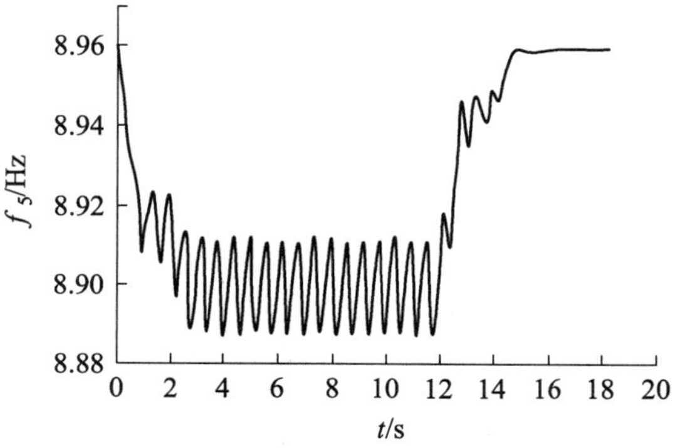

图 5.2.30　第 5 阶竖向有载自振频率变化曲线

2）3×40 m 单线下承式连续钢板梁（模拟梁）

该桥主梁中心距为 2 m，主梁高 3.28 m，上下翼缘板宽为 450 mm，腹板厚 12 mm，为一铆接钢板梁。全桥腹板和翼缘每 2 m 划分一个单元，并将上下翼缘在与腹板连接的地方进行划分，共计 300 个板单元，如图 5.2.31 所示。

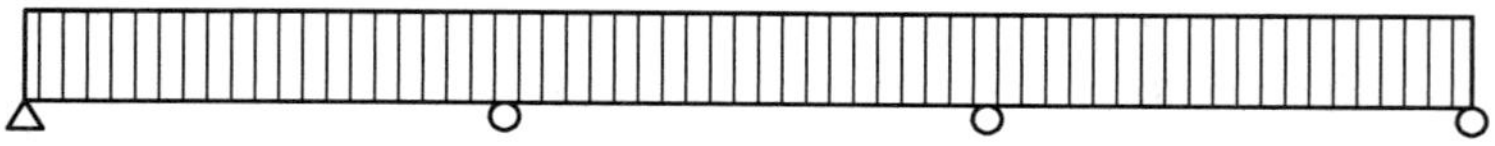

图 5.2.31　3×40 m 单线上承式钢板梁计算模型

与单线下承式连续钢桁梁相似，得到当 20 辆相同的提速客车以 160 km/h 的速度过桥时，该梁各阶（前 5 阶）竖向有载自振频率。第 1 阶竖向有载自振频率如图 5.2.32 所示，以下略同。

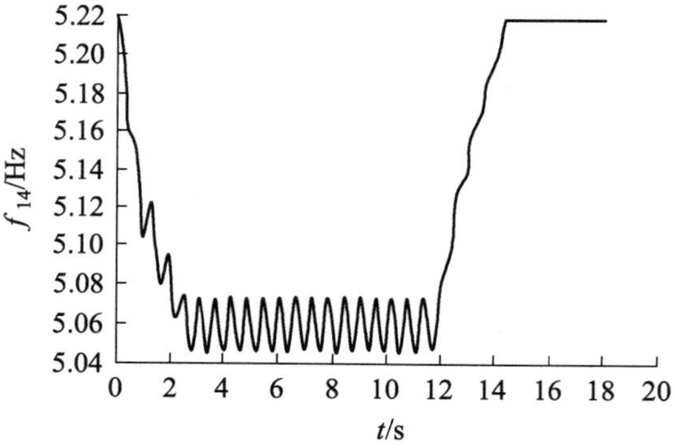

图 5.2.32　第 1 阶竖向有载自振频率变化曲线

3）40 m+4×72 m+40 m 双线预应力混凝土连续梁

该桥主梁为变截面连续梁，固定支座设在连续梁桥的中间墩处。在端支点及跨中处梁高 2.6 m，中间支点处梁高 4.8 m。横截面为单箱单室。把变截面的连续梁视作截面阶梯变化的连续梁，将桥沿纵向划分为 128 个梁单元。单元的具体划分情况如图 5.2.33 所示（半边结构）。

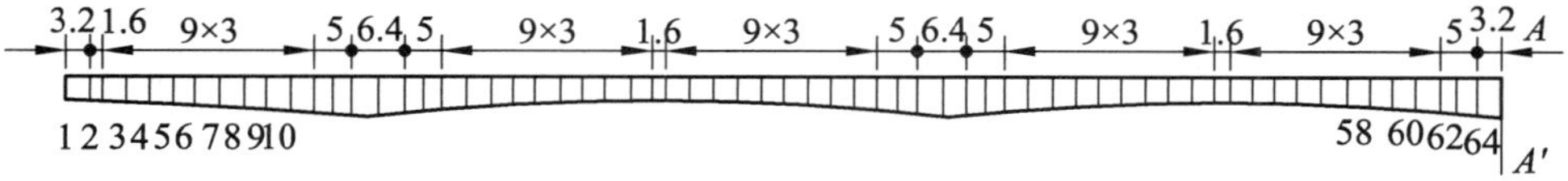

图 5.2.33　预应力混凝土连续梁计算模型

与上承式连续钢板梁相似，得到当 20 辆相同的提速客车以 160 km/h 的速度过桥时，该梁前 5 阶竖向有载自振频率。第 1 阶竖向有载自振频率如图 5.2.34 所示，以下略同。

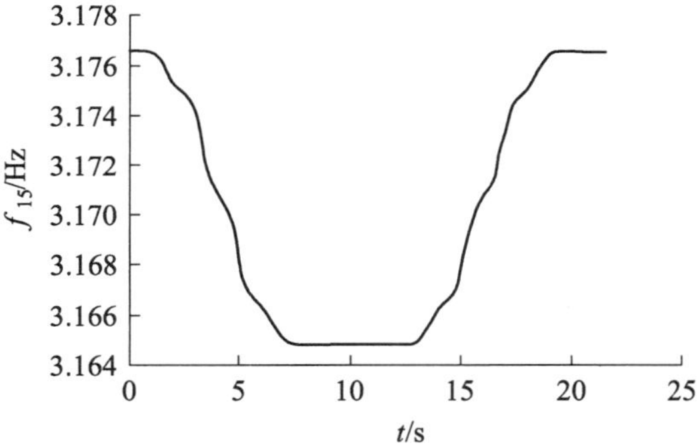

图 5.2.34　第 1 阶竖向有载自振频率变化曲线

4）分析结论

（1）通过对以上 3 座桥的分析表明：列车一上桥，桥梁的竖向有载自振频率就开始逐渐减小；当桥上满布车辆时，桥梁的竖向有载自振频率开始呈周期性变化；当列车下桥（由车辆满布全桥到车辆逐步出桥）时，桥梁的竖向有载自振频率开始逐渐增大，直至列车全部离开桥梁，桥梁的有载自振频率逐渐恢复到无载自振频率。

（2）计算结果还表明，桥梁竖向无载自振频率的数值是确定的，而桥梁竖向有载自振频率值在列车过桥全过程中是随时间而变化的。当全桥满布车辆（车头进桥后不久和车尾出桥前不久车辆未布满全跨的情况除外）时，桥梁的竖向有载自振频率值在一定范围内变化。

（3）3×64 m 铁路下承式连续钢桁梁桥的竖向有载自振频率变化范围比较小，最大差值为 0.022 5 Hz<0.1 Hz。该桥的竖向有载自振频率偏离竖向无载自振频率的差值很小，最大偏差率为 3.2649%。3×40 m 铁路上承式连续钢板梁桥的前 4 个竖向有载自振频率变化范围也较小，最大差值为 0.065 0 Hz<0.1 Hz，第 5 个频率变化稍大为 0.279 Hz。该桥的竖向有载自振频率偏离竖向无载自振频率的差值很小，最大偏差率为 4.215%。40 m+4×72 m+40 m 部分预应力混凝土连续箱形梁桥的竖向有载自振频率变化范围很小，最大差值仅为 0.000 62 Hz<0.1 Hz；且其竖向有载自振频率偏离竖向无载自振频率的差值 δ 也很小，最大为 0.5462%。

5.2.5 其他单位

北京铁路局的陈新等通过采用锤击法，对跨度 24 m 预应力混凝土梁进行了模态试验分析。该法是对余振法和环境激励法测试桥梁刚度特性的重要补充，尤其是较好地验证了“强梁弱墩”工况下，采用锤击法是获取梁体刚度特性的优先方案。上海铁路局的顾建新等对比研究了跨度 32 m 分片式预应力混凝土 T 梁的横向刚度问题，通过大量现场试验，对梁体横向振幅超限的原因进行了分析，其中有梁的问题，有转向架的问题，有车速的问题，并通过完成有针对性的加固方案和事后检测，给出了在处理该跨度梁体刚度不足时的建议和刚度改善的手段。郑州铁路局的许光宏等通过完成对宁西线桥梁振动异常的测试和整治分析，给出了不同图号梁横向振幅超限的惯性原因，并结合防振及限振措施，对于不同问题桥梁给出了清单式加固办法，从协同整治梁和墩的角度，提高了处理问题的针对性。成都铁路局的刘艳会等通过对比分析襄渝线部分梁体加固前后的动力表现，提出了针对梁体、石砌墩台、片石混凝土桥墩提速改造的加固建议。上海交通大学的赵如等分析了横隔板对铁路预应力混凝土 T 梁横向动力性能的影响，通过试验和计算，验证了横隔板厚度及横隔板位置对 T 梁的横向动力性能影响较大，尤其是梁端横隔板的状态良好与否，对梁体的动力性能起控制性作用。

5.3 铁路混凝土梁动力性能评价指标

5.3.1 梁体自振频率

国内外对桥梁自振频率的规定通常都考虑了列车运行速度的因素。对于普速铁路而言，在客车运行速度小于 160 km/h、货车运行速度小于 80 km/h 的范围内，日本铁道综合技术研究所给出的桥梁横向自振频率限值（Hz）为

$$f_h \geqslant 110/L \sim 120/L \tag{5.3.1}$$

欧洲规范规定，桥梁的竖向自振频率不得低于下式的限值（Hz）

$$f_l = \begin{cases} 80/L & (4\ \text{m} \leqslant L \leqslant 20\ \text{m}) \\ 23.58L^{-0.592} & (20\ \text{m} < L \leqslant 100\ \text{m}) \end{cases} \tag{5.3.2}$$

对于跨度不超过 100 m 的桥梁，其竖向自振频率的下限由式（5.3.2）确定，上限值由下式确定，即

$$f_u = 94.76L^{-0.748} \tag{5.3.3}$$

考虑桥梁的设计车速时，梁的自振频率应满足下式的规定，即

$$\frac{V_{\max}}{f_0} \leqslant \left[\frac{V}{f_0}\right]_{\lim} \tag{5.3.4}$$

式中：$[V/f_0]_{\lim}$ 是最高车速和梁的自振频率应满足的标准限值，如表 5.3.1 和表 5.3.2 所示。

表 5.3.1　$[v/f_0]_{\lim}$ 许用值（适用于允许梁体横向振动加速度 $a<0.35g$ 简支梁或板）

桥梁跨度 L/m	桥梁单位长度质量 $\overline{m}$/（t/m）							
	$10\leqslant\overline{m}<13$	$13\leqslant\overline{m}<15$	$15\leqslant\overline{m}<18$	$18\leqslant\overline{m}<20$	$20\leqslant\overline{m}<25$	$25\leqslant\overline{m}<30$	$30\leqslant\overline{m}<40$	$\overline{m}\geqslant40$
$15.0\leqslant L<17.5$	5.33	6.33	6.33	6.50	6.50	6.50	7.80	7.80
$17.5\leqslant L<20.0$	6.33	6.50	6.50	7.17	7.17	10.67	12.80	12.80
$20.0\leqslant L<25.0$	7.08	7.50	7.50	13.54	13.54	13.96	14.17	14.38
$25.0\leqslant L<30.0$	10.21	10.21	10.21	10.63	10.63	12.75	12.75	12.75
$30.0\leqslant L<40.0$	10.56	18.33	18.33	18.61	18.61	18.89	19.17	19.17
$L\geqslant40.0$	14.73	15.00	15.56	15.56	15.83	18.33	18.33	18.33

表 5.3.2 $[v/f_0]_{lim}$ 许用值（适用于允许梁体竖向振动加速度 $a<0.50g$ 简支梁或板）

桥梁跨度 L/m	桥梁单位长度质量 $\bar{m}$ /（t/m）					
	$10\leqslant\bar{m}<13$	$13\leqslant\bar{m}<15$	$15\leqslant\bar{m}<18$	$18\leqslant\bar{m}<20$	$20\leqslant\bar{m}<25$	$\bar{m}\geqslant25$
$15.0\leqslant L<17.5$	5.33	6.50	6.50	6.50	7.80	7.80
$17.5\leqslant L<20.0$	6.50	7.17	10.67	7.17	12.80	12.80
$20.0\leqslant L<25.0$	7.50	13.54	13.75	13.96	14.17	14.38
$25.0\leqslant L<30.0$	10.42	10.63	10.63	12.75	12.75	12.75
$30.0\leqslant L<40.0$	18.33	18.61	18.89	18.89	19.17	19.17
$L\geqslant40.0$	15.00	15.56	15.83	18.33	18.33	18.33

我国的《铁路桥涵设计规范》（TB 10002—2017）针对设计时速 200 km 及以上的简支梁，规定了其竖向自振频率不应低于表 5.3.3 所列的限值要求，跨度 16 m 简支梁竖向自振频率不应低于 6.25 Hz。

表 5.3.3 简支梁竖向自振频率限值

跨度/m	限值/Hz
$L\leqslant20$	$80/L$
$20<L\leqslant128$	$23.58L^{-0.592}$

我国《铁路桥涵设计规范（极限状态法）》（Q/CR 9300—2018）规定，为保证列车过桥的安全性、舒适性、平顺性，不同桥跨结构类型桥梁横向自振频率应满足表 5.3.4 中限值要求。

表 5.3.4 不同桥跨结构类型桥梁横向自振频率限值

结构类型	跨度 L/m	限值/Hz
上承式钢板梁	24 ~ 40	$\geqslant60/L^{0.8}$
下承式钢板梁	24 ~ 32	$\geqslant55/L^{0.8}$（$60/L^{0.8}$）
半穿式钢桁梁	40 ~ 48	$\geqslant60/L^{0.8}$
下穿式钢桁梁	48 ~ 80	$\geqslant65/L^{0.8}$
预应力混凝土梁	24 ~ 40	$\geqslant55/L^{0.8}$（$60/L^{0.8}$）

注：① 表中括号内限值仅适用于时速 200 km 客货共线铁路。
② 时速 200 km 客货共线铁路跨度 L 可适用于 64 m 及以下简支混凝土梁、下承式钢桁和钢板梁。

我国的《铁路桥梁检定规范》（铁运函〔2004〕120 号）针对各类简支桥跨结构的不同工况，也给出了横向最低自振频率的通常值，如表 5.3.5 所示；同时还规定了保证空载货车（或混编货车）通过时车轮抗脱轨的安全度。适应不同车速条件下的桥跨结构横向自振频率最小值如表 5.3.6 所示。

表 5.3.5　桥跨结构实测横向最低自振频率的通常值

桥梁类别	钢梁				预应力混凝土梁
	无桥面系的板梁、桁梁		有桥面系的板梁、桁梁		
	普通桥梁钢	低合金钢	普通桥梁钢	低合金钢	
横向最低自振频率/Hz	$f \geqslant 100/L$	$f \geqslant 90/L$	$f \geqslant 100/L$	$f \geqslant 90/L$	$f \geqslant 90/L$

注：L 为跨度（m）。

表 5.3.6　适应不同车速条件的桥跨结构横向自振频率 f 值

<table>
<tr><th rowspan="2">类别</th><th colspan="4" rowspan="2">结构类型</th><th colspan="3">桥跨结构横向自振频率 f/Hz</th></tr>
<tr><th>v≤60 km/h</th><th>v≤70 km/h</th><th>v≤80 km/h</th></tr>
<tr><td rowspan="7">钢梁</td><td colspan="4">无桥面系的板梁</td><td>50 / L^0.8</td><td>55 / L^0.8</td><td>60 / L^0.8</td></tr>
<tr><td rowspan="6">有桥面系</td><td colspan="3">板梁</td><td>45 / L^0.8</td><td>52 / L^0.8</td><td>55 / L^0.8</td></tr>
<tr><td rowspan="4">桁梁</td><td rowspan="2">上承</td><td>H/L=1/6</td><td>70 / L^0.8</td><td>75 / L^0.8</td><td>80 / L^0.8</td></tr>
<tr><td>H/L=1/8</td><td>65 / L^0.8</td><td>70 / L^0.8</td><td>75 / L^0.8</td></tr>
<tr><td colspan="2">半穿</td><td>48 / L^0.8</td><td>55 / L^0.8</td><td>60 / L^0.8</td></tr>
<tr><td colspan="2">穿式</td><td>50 / L^0.8</td><td>60 / L^0.8</td><td>65 / L^0.8</td></tr>
<tr><td colspan="5">预应力混凝土梁</td><td>40 / L^0.8</td><td>50 / L^0.8</td><td>55 / L^0.8</td></tr>
</table>

注：L 为跨度（m）。

5.3.2　梁体竖向挠度

UIC 根据车辆乘客舒适度的“合格”和“优秀”标准，分别制定了桥梁竖向挠跨比的限值，如表 5.3.7 所示。

表 5.3.7　UIC 关于桥梁竖向挠跨比的限值

速度/（km/h）	单跨				多跨			
	$L \geqslant 20$ m		$L \geqslant 25$ m		$L \geqslant 20$ m		$L \geqslant 25$ m	
	合格	优秀	合格	优秀	合格	优秀	合格	优秀
$v \leqslant 120$	1/350	1/400	1/350	1/400	1/450	1/500	1/800	1/900
$120 < v \leqslant 120$	1/450	1/500	1/600	1/800	1/700	1/100	1/2 000	1/2 200

德国在 1993 年修订的《铁路桥梁及其工程结构物规范（VEI）》（DS 804）中，对桥梁竖向挠跨比的限值作出了规定，如表 5.3.8 所示。该规范规定活载应计入冲击系数，并对跨度 65 m 以内、活载作用下桥上轨道的不平顺作了规定；在行车速度大于 160 km/h 的情况下，结构任意部位的正切角应不大于 1.5‰。

表 5.3.8 UIC 关于桥梁竖向挠跨比的限值

桥梁跨度	≤2				≥3			
速度/（km/h）	$160<v\leqslant200$		$v>200$		$160<v\leqslant200$		$v>200$	
限值等级	合格	优秀	合格	优秀	合格	优秀	合格	优秀
限值	1/350	1/400	1/350	1/400	1/450	1/500	1/800	1/900
	1/450	1/500	1/600	1/800	1/700	1/100	1/2 000	1/2 200

日本在《铁路结构设计标准——混凝土结构》中规定，列车活载作用下桥梁的挠度，一般可取单线列车活载并视必要考虑冲击力来计算。挠度的限值如表 5.3.9 所示。

表 5.3.9 日本《铁路结构设计标准》规定的桥梁竖向挠度限值

机车荷载	跨度/m		$0<L<50$		$L\geqslant50$
	竖向挠度限值/m		$L/800$		$L/700$
电动车及内燃动车荷载	跨度/m		$0<L\leqslant20$	$20<L<50$	$L\geqslant50$
	单跨	$v\leqslant100$	$L/700$	$L/700$	$L/700$
		$100<v\leqslant130$	$L/800$	$L/800$	$L/700$
		$130<v\leqslant160$	$L/1\ 100$	$L/1\ 100$	$L/900$
	多跨	$v\leqslant100$	$L/800$	$L/850$	$L/700$
		$100<v\leqslant130$	$L/1\ 000$	$L/1\ 100$	$L/900$
		$130<v\leqslant160$	$L/1\ 300$	$L/1\ 400$	$L/1\ 200$

注：v 的单位为 km/h。

我国的《铁路桥涵设计规范》（TB 10002—2017）针对梁体的竖向变形，给出的限值要求如表 5.3.10 所示。

表 5.3.10 梁体竖向挠度容许值

铁路设计标准	设计速度/（km/h）	跨度范围/m		
		$L\leqslant40$	$40<L\leqslant80$	$L>50$
城际铁路	200	$L/1\ 750$	$L/1\ 600$	$L/1\ 200$
	160	$L/1\ 600$	$L/1\ 350$	$L/1\ 100$
	120	$L/1\ 350$	$L/1\ 100$	$L/1\ 100$
客货共线铁路	200	$L/1\ 200$	$L/1\ 000$	$L/900$
	160	$L/100$	$L/900$	$L/800$
重载铁路	120 及以下	$L/900$	$L/800$	$L/700$

我国的《铁路桥涵极限状态法设计暂行规范》（Q/CR 9300—2014）规定，正常使用极限状态设计时，梁体的竖向变形、变位应符合表 5.3.11、表 5.3.12 的规定。

表 5.3.11　设计时速 160 km < v≤200 km 梁体竖向挠度限值

跨度/m		限值
L≤20	单跨	L/1 000
	多跨	L/1 400
20<L≤48	单跨	L/1 000
	多跨	L/1 200
48<L≤80	单跨	L/900
	多跨	L/100
80<L≤96	单跨	L/900
	多跨	L/900

表 5.3.12　设计时速 v≤160 km 梁体竖向挠度限值

结构类型		限值
简支钢桁梁		L/900
连续钢桁梁	边跨	L/900
	中跨	L/750
简支钢板梁		L/900
简支钢筋混凝土梁预应力混凝土梁		L/800
连续钢筋混凝土和预应力混凝土梁	边跨	L/800
	中跨	L/700

注：L 为跨度（m）。

我国的《铁路桥梁检定规范》（铁运函〔2004〕120 号）规定，在列车静活载（换算至中—活载）作用下，实测桥梁跨中竖向挠跨比通常值如表 5.3.13 所示。

表 5.3.13　《桥检规》挠跨比通常值

梁别	结构类型		竖向挠跨比
钢梁	板梁	普通桥梁钢	1/1 200
		低合金钢	1/950
	桁梁	普通桥梁钢	1/1 500
		低合金钢	1/1 250
钢筋混凝土梁	普通高度（h/L=1/7~1/9）		1/4 000
	低高度（h/L=1/13~1/15）		1/1 900
型钢混凝土梁			1/1 250
预应力混凝土梁	普通高度（h/L=1/11~1/13）		1/1 800
	低高度（h/L=1/14~1/16）		1/1 300

注：h/L 为高跨比。

5.3.3 梁体横向振幅

桥梁横向振幅是指在列车运行荷载作用下，桥梁结构的几何特征、物理特性以及动力特性在桥梁横向刚度上的综合反映。为保证行车安全和旅客乘车舒适性，需对桥梁横向振幅规定限制值。

日本铁道综合技术研究所针对客、货列车不同行车速度的要求，规定桥梁的最大横向振幅应符合表 5.3.14 的要求。

表 5.3.14 日本铁路有关桥梁横向振幅的限值

列车类型	客车	货车
列车速度 v/（km/h）	$v \leqslant 160$	$v \leqslant 80$
最大振幅 A_{max}/（mm）	$A_{max}=0.001\,67L^2 \sim 0.001\,97L^2$	$A_{max}=0.001\,71L^2 \sim 0.002\,03L^2$

注：L 为跨度（m）。

我国的《铁路桥梁检定规范》（铁运函〔2004〕120 号）中，对各类简支桥跨结构在荷载平面处的跨中横向振幅行车安全值$[A_{max}]_{5\%}$及其通常值$[A_{max}]_{5\%}$作了规定，如表 5.3.15、表 5.3.16 所示。

表 5.3.15 桥梁跨中横向振幅的行车安全限值$[A_{max}]_{5\%}$

桥梁类型	结构类型			横向振幅限值$[A_{max}]_{5\%}$
钢梁	无桥面系的板梁或桁梁			$L/5\,500$
	有桥面系	板梁		$L/6\,000$
		桁梁	$L \leqslant 40$ m	$L/6\,500$
			40 m $< L \leqslant 96$ m	$L/(75L+3\,500)$
钢筋混凝土梁、预应力钢筋混凝土梁				$L/9\,000$

表 5.3.16 桥梁跨中最大横向振幅的通常值$[A_{max}]_{5\%}$

类别	结构类别		客车				货车
			$v \leqslant 120$ km/h		$120 < v \leqslant 160$ km/h	$160 < v \leqslant 200$ km/h	$v \leqslant 80$ km/h
			有缝线路	无缝线路			
钢梁	无桥面系的板梁、桁梁	普通桥梁钢	$\leqslant L/9.9B$	$\leqslant L/11.4B$	$\leqslant L/9.4B$	$\leqslant L/8.0B$	$\leqslant L/3.8B$
		低合金钢	$\leqslant L/8.3B$	$\leqslant L/9.6B$	$\leqslant L/7.9B$	$\leqslant L/6.7B$	$\leqslant L/3.2B$
	有桥面系的板梁、桁梁	普通桥梁钢	$\leqslant L/6.8B$	$\leqslant L/7.8B$	$\leqslant L/6.4B$	$\leqslant L/5.4B$	$\leqslant L/2.6B$
		低合金钢	$\leqslant L/5.7B$	$\leqslant L/6.6B$	$\leqslant L/5.4B$	$\leqslant L/4.6B$	$\leqslant L/2.2B$
预应力混凝土梁			$\leqslant L/18.2B$	$\leqslant L/20.9B$	$\leqslant L/17.2B$	$\leqslant L/14.7B$	$\leqslant L/7.0B$

注：表中幅值单位为 mm；B 为主梁中心距（m）；L 为跨度（m）。

5.3.4　梁体加速度

对于有砟桥面，过大的桥面板振动加速度将使道砟之间失去正常的啮合作用，导致道砟蹦移和破碎粉化、轨枕悬空、轨道几何状态保持不良，影响行车安全。对于无砟桥面，桥梁跨中过大的振动将在无砟轨道上产生较大的附加负弯矩，影响结构的强度和使用寿命。因此，应对桥梁振动加速度加以限制。

欧洲规范 EUROCODE 规定，计算桥梁振动加速度时至少应考虑结构的三阶振型，频率考虑至 $f_{\lim} = \max[30, \lambda f_0]$，$f_0$ 是桥梁结构的一阶自振频率，$\lambda = 1 \sim 2$。桥梁竖向振动加速度的极限为

$$[a_{\mathrm{v}}]_{\max} = \begin{cases} 0.35g & (\text{有砟轨道桥梁}) \\ 0.50g & (\text{无砟轨道或明桥面}) \end{cases} \tag{5.3.5}$$

我国的《铁路桥涵设计规范》（TB 10002—2017）规定，设计时速 200 km 客货共线、重载铁路桥面板在 20Hz 及以下的竖向振动加速度限值，有砟桥面时不应大于 3.5 m/s^2，无砟桥面时不应大于 5.0 m/s^2（半峰值）。

对于横向振动，根据日本铁道综合技术研究所的试验研究结果，当桥梁的横向振动加速度达到 $0.1g \sim 0.2g$ 时，运行于桥上的列车容易脱轨，故不应超过此范围。

我国的《铁路桥梁检定规范》（铁运函〔2004〕120 号）规定，当列车通过桥梁时，桥跨结构在荷载平面的横向振动加速度不应超过 1.4 m/s^2。

5.3.5　桥梁冲击系数

冲击系数是列车过桥时竖向振动响应的主要指标之一，它是桥梁变形或内力的动态响应与静态响应之比，其数值取决于列车活载、桥梁结构以及线路状态等三方面的特性，在设计规范中会给出冲击系数计算式，但其并不是冲击系数的限值。不同规范对不同类型桥梁的冲击系数计算公式各不相同，它们多是根据大量的试验及一定的理论分析方法得到的，属于半经验半理论的公式。冲击系数总的来说有随桥梁跨度的增大而减小的趋势。确切地说，一座桥梁中各种变形及各种内力的冲击系数都是不同的，它们的值具体可通试验计算得到。分析和试验都证明，内力的冲击系数一般大于挠度的冲击系数。

我国的《铁路桥涵设计规范》（TB 10002—2017）针对客货共线、重载铁路桥梁动力系数给出如下计算公式。

（1）简支或连续梁的钢桥跨结构和钢墩台动系数按下式计算：

$$1+\mu=1+\frac{28}{40+L} \tag{5.3.6}$$

（2）钢与钢筋混凝土板的结合梁动力系数按下式计算：

$$1+\mu=1+\frac{22}{40+L} \tag{5.3.7}$$

（3）钢筋混凝土、素混凝土、石砌的桥跨结构及涵洞、刚架桥，其顶上填土厚度 h 大于等于 3 m（从轨底算起）时不计列车竖向动力作用；当 h 大于 3 m 时，动力系数按下式计算：

$$1+\mu=1+\alpha\left(\frac{6}{30+L}\right) \tag{5.3.8}$$

式中：$\alpha=0.32\times(3-h)^2$，$h<0.5$ m 时 h 取 0.5 m。式（5.3.7）、式（5.3.8）中的 L 以 m 计，除承受局部活载杆件为影响线加载长度外，其余均为桥梁跨度。

（4）空腹式钢筋混凝土拱桥的拱圈和拱肋动力系数按下式计算：

$$1+\mu=1+\frac{15}{100\lambda}\left(1+\frac{0.4L}{f}\right) \tag{5.3.9}$$

式中：L 为拱桥跨度（m）；当计算桥跨结构主要杆件时，λ 为计算跨度（m），对于承受局部活载的杆件，λ 为按其计算图式为一个或数个节间的长度（m）；f 为拱的矢高（m）。

（5）支座的动力系数计算公式与相应的桥跨结构计算公式相同。

我国的《铁路桥涵极限状态法设计暂行规范》（Q/CR 9300—2014）给出了列车标准活载动力系数标准值的如下计算公式

① 混凝土梁：

当 $l_b \leqslant 8$ m 时，

$$(1+\mu)_k=1.277+\frac{0.146}{\sqrt{l_b}-0.2} \tag{5.3.10}$$

当 $l_b>8$ m 时，

$$(1+\mu)_k=1.014+\frac{0.920}{\sqrt{l_b}-0.2} \tag{5.3.11}$$

式中：l_b 为桥梁计算跨度。

② 钢板梁及钢桁梁：

$$(1+\mu)_k = 1.0 + \frac{1.176}{\sqrt{l_b} - 0.2} \tag{5.3.12}$$

式中：当为钢桁梁的弦杆、斜杆及钢板梁时，l_b 为桥梁计算跨度（m）；当为钢桁梁的吊杆、纵梁和横梁时，l_b 为加载影响线长度（m）。

③ 钢与钢筋混凝土板的结构梁：

$$(1+\mu)_k = 1.0 + \frac{22}{40 + l_b} \tag{5.3.13}$$

④ 实腹钢筋混凝土拱和石拱桥拱顶填土厚度 $h \geqslant 1$ m（从轨底算起）时，可不计动力效应。当 $h < 1$ m 时，按下式计算：

$$(1+\mu)_k = 1 + \alpha \frac{6}{30 + l_b} \tag{5.3.14}$$

$$\alpha = 4(1-h) \leqslant 2 \tag{5.3.15}$$

⑤ 空腹拱桥：

一是空腹无铰拱桥和系杆拱桥

$$(1+\mu)_k = 1 + \frac{15}{100 + l_1}(1 + 0.4 l_b / f) \tag{5.3.16}$$

二是有铰拱桥

$$(1+\mu)_k = 1 + \frac{20}{100 + l_1}(1 + 0.4 l_b / f) \tag{5.3.17}$$

式中：l_b 为计算跨度（m）；当计算空腹拱桥的拱肋时，l_1 为拱桥的跨度（m）；当计算承受局部活载的杆件时，l_1 为加载长度（m）；f 为拱的矢高（m）。

（6）涵洞及结构顶面有填土的承重结构，当顶面填土厚度 $h \geqslant 1$ m（从轨底算起）时，不计列车动力作用。当 $h < 1$ m 时，按下式计算：

$$(1+\mu)_k = 1 + \alpha \frac{6}{30 + l_b} \tag{5.3.18}$$

$$\alpha = 4(1-h) \leqslant 2 \tag{5.3.19}$$

式中：l_b 为涵洞跨度或加载影响线长度（m）。

（7）计算实体墩台、基础和土压力时，不计动力作用系数。

（8）支座动力系数的计算公式应采用相应的桥跨结构动力系数 $(1+\mu)_k$ 的计算公式。

我国的《铁路桥梁检定规范》（铁运函〔2004〕120 号）中规定，列车竖向活载包括列车竖向动力作用时，该列车竖向活载等于列车竖向静活载乘以动力系数 $(1+\mu)$，其动力系数应按下列式计算。

① 钢梁和钢塔架墩台：

$$1+\mu=1+\frac{28}{40+L} \tag{5.3.20}$$

② 钢与钢筋混凝土板的结合梁：

$$1+\mu=1+\frac{22}{40+L} \tag{5.3.21}$$

③ 钢筋混凝土、预应力混凝土、混凝土及砌体的桥跨结构及涵洞、刚架桥，其顶上填土厚度（自轨底算起）$h \geqslant 1$ m 时，可不计动力效应；当 $h<1$ m 时，按下式计算：

$$1+\mu=1+\alpha\frac{6}{30+L} \tag{5.3.22}$$

式中：$\alpha=4(1-h)\leqslant 2$。

式（5.3.20）~式（5.3.22）中的 L 以 m 计，除承受局部活载的杆件为影响线加载长度外，其余均为桥梁跨度。

④ 空腹式钢筋混凝土拱桥的拱圈和拱肋：

$$1+\mu=1+\frac{15}{100\lambda}\left(1+\frac{0.4L}{f}\right) \tag{5.3.23}$$

式中：L 为拱桥跨度（m）；当计算桥跨结构主要杆件时，λ 为计算跨度（m），对于承受局部活载的杆件，λ 为按其计算图式为一个或数个节间的长度（m）；f 为拱的矢高（m）。

⑤ 支座的动力系数应按相应桥跨结构的动力系数计算公式取值。

⑥ 实体墩台不计活载动力系数；空心墩台的顶帽、轻型墩台的帽梁及基桩排架墩（台）应按相应桥跨的动力系数取值。

⑦ 当实测列车的动力系数大于所列上述式的计算值时，应采用实测值。

5.4　铁路混凝土梁刚度特性调查与评价

如前所述，全路尚在服役的钢筋混凝土梁及预应力混凝土梁存量巨大，其刚度特性表现如何，服役规律是否清楚，运营条件能否进一步满足未来铁路运输发展要求等诸多挑战，无不要求我们对其开展进一步的再调查、再认识和再研究工作。

结合研究团队实际工作，通过对近十年来所收集到的样本的分析整理，共选取了“大-103”“大-138”“大 65-138”“贰桥 2002”“丰 70-1”“叁标桥 1023”“叁标桥 2019”“叁桥 2005”“通桥 2101”“专桥 2051”“专桥 1009”“专桥 1010”“专桥 1015”“专桥 1023”及“通桥 2101”等 15 类标准图号梁、6 种跨度、94 座桥、192 孔混凝土梁作为研究对象，本节按照不同的图号、跨度，对比分析了不同类型梁的横、竖向一阶自振频率分布规律及其与各类规范间的关系，并得到如下试验研究结论。

5.4.1　梁体刚度特性评价指标

如下摘选部分现行铁路规范对普速铁路混凝土梁横、竖向一阶自振频率的评价指标。

（1）我国《铁路桥涵设计规范》（TB 10002—2017）针对设计时速 200 km 及以上的简支梁，规定了其竖向自振频率不应低于表 5.4.1 所列的限值要求，跨度 16 m 简支梁竖向自振频率不应低于 6.25 Hz。

表 5.4.1　简支梁竖向自振频率限值

跨度/m	限值/Hz
$L \leqslant 20$	$80/L$
$20 < L \leqslant 128$	$23.58L^{-0.592}$

（2）我国《铁路桥涵极限状态法设计暂行规范》（Q/CR 9300—2014）规定，为保证列车过桥的安全性、舒适性和平顺性，不同桥跨结构梁的横向自振频率应满足表 5.4.2 限值要求。

表 5.4.2　不同桥跨结构类型桥梁横向自振频率限值

结构类型	跨度 L/m	限值/Hz
预应力钢筋混凝土梁	24～40	$\geqslant 55/L^{0.8}$（$60/L^{0.8}$）

注：① 表中括号内限值仅适用于时速 200 km 客货共线铁路。

② 时速 200 km 客货共线铁路跨度 L 可适用于 64 m 及以下简支混凝土梁、下承式钢桁和钢板梁。

（3）我国《铁路桥梁检定规范》（铁运函〔2004〕120 号）针对预应力混凝土梁给出了

横向最低自振频率的通常值，如表 5.4.3 所示；同时还规定了保证空载货车（或混编货车）通过时车轮抗脱轨的安全度。适应不同车速条件下的桥跨结构横向自振频率最小值，如表 5.4.4 所示。

表 5.4.3　桥跨结构实测横向最低自振频率的通常值

桥梁类型	预应力混凝土梁
横向最低自振频率/Hz	$\geqslant 90/L$

注：L 为跨度（m）。

表 5.4.4　适应不同车速条件的桥跨结构横向自振频率

结构类型	桥跨结构横向自振频率/Hz		
	$v\leqslant$60 km/h	$v\leqslant$70 km/h	$v\leqslant$80 km/h
预应力钢筋混凝土梁	$\geqslant 40/L^{0.8}$	$\geqslant 50/L^{0.8}$	$\geqslant 55/L^{0.8}$

注：L 为跨度（m）。

（4）对于普速铁路简支混凝土梁、预应力混凝土梁的横、竖向一阶自振频率，在《铁路桥隧建筑物修理规则条文说明》(铁运〔2010〕38 号)(以下称《条文说明》) 中给出了不同标准图号简支梁的横、竖向一阶自振频率实测值及计算值，如表 5.4.5 ~ 表 5.4.9 所示。

表 5.4.5　简支梁横向一阶自振频率限值

跨度/m	6	8	10	12	16	20	24	32
频率/Hz	14.31	11.37	9.51	8.22	6.53	5.46	4.72	3.75

表 5.4.6　部分图号简支梁横向一阶自振频率计算值

图号	专桥 1023			专桥 1024			专桥 2001		专桥 2011	
跨度/m	10	12	16	10	12	16	12	16	12	16
频率/Hz	19.8	14.5	9.3	18.9	13.3	7.2	13.2	9.4	12.2	9.6
图号	大-138		专桥 2019		专桥 2051		专桥 9753		通桥 2201	
跨度/m	23.8	31.7	24	32	24	32	24	32	24	32
频率/Hz	5.0	3.1	5.2	3.4	5.8	3.8	7.5	4.9	8.4	5.2

表 5.4.7　实测混凝土梁最低横向一阶自振频率

跨度/m	8	10	12	16	20	24	32
频率/Hz	23	17	9.5	7.0	5.8	4.75	2.8

表 5.4.8　简支梁竖向一阶自振频率限值

跨度/m	6	8	10	12	16	20	24
频率/Hz	13.3	10.0	8.0	6.67	5.00	4.00	3.59
跨度/m	32	40	44	48	56	64	72
频率/Hz	3.03	2.66	2.51	2.38	2.18	2.01	1.88

表 5.4.9　部分图号简支梁竖向一阶自振频率计算值

图号	专桥 1023			专桥 1024			专桥 2001		专桥 2011	
跨度/m	10	12	16	10	12	16	12	16	12	16
频率/Hz	18.2	14.4	10.3	8.9	7.9	6.3	13.3	10.3	8.2	6.9
图号	大-138		专桥 2019		专桥 2051		专桥 9753		通桥 2201	
跨度/m	23.8	31.7	24	32	24	32	24	32	24	32
频率/Hz	5.7	3.8	5.4	3.6	5.9	4.3	5.7	3.9	5.3	4.0

5.4.2　相同图号梁刚度特性调查

1. 大-103

图号“大-103”梁，设计荷载“中—26 级”，跨度 16 m，主梁中心距 1.8 m，弧形钢支座。

试验样本 9 孔，实测横向自振频率 6.8 ~ 7.1 Hz，竖向自振频率 9.1 ~ 10.5 Hz，如图 5.4.1、图 5.4.2 所示。

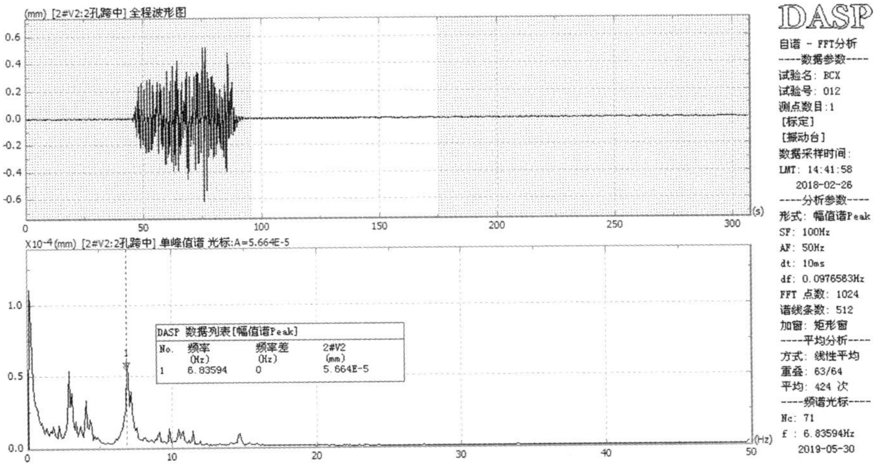

图 5.4.1　图号为“大-103”的混凝土梁横向一阶自振频率功率谱图

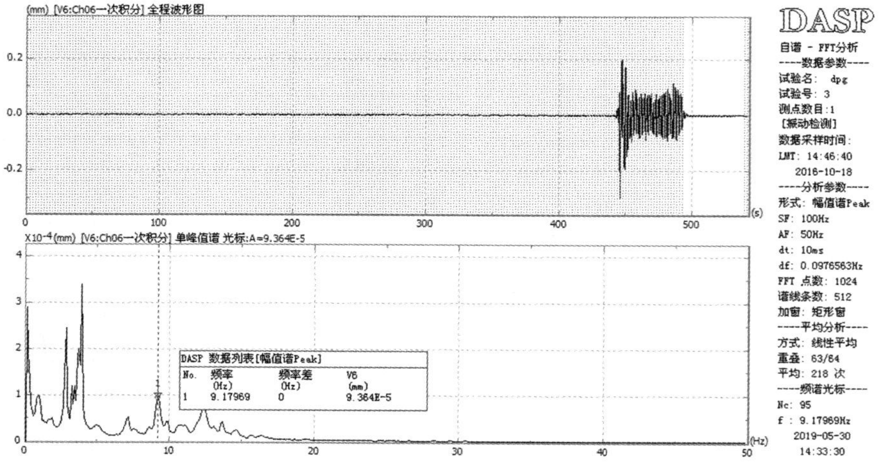

图 5.4.2　图号为“大-103”的普通混凝土梁竖向一阶自振频率功率谱图

2. 大-138

图号“大-138”梁，设计荷载“中—26 级”，跨度 27.7 m，主梁中心距 1.8 m，摇轴钢支座。

1）加固前

试验样本 3 孔，实测横向自振频率 4.6 ~ 4.9 Hz，竖向自振频率 5.4 ~ 6.3 Hz，如图 5.4.3、图 5.4.4 所示。

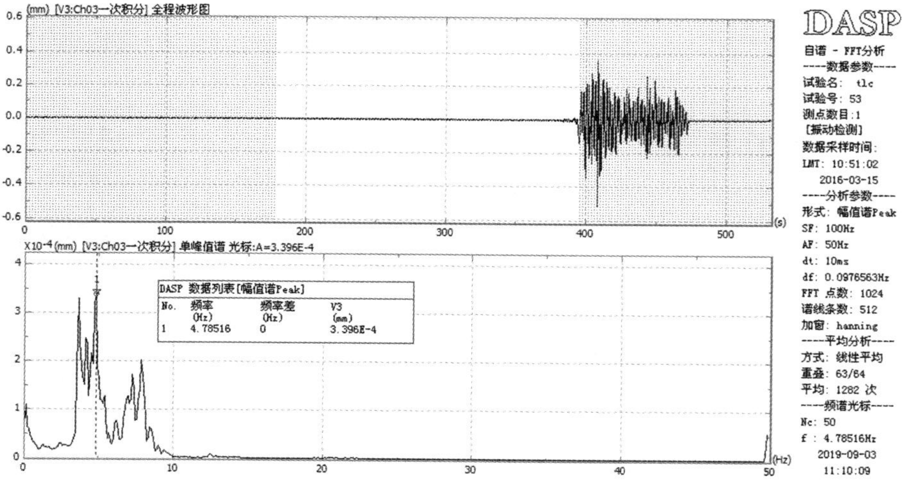

图 5.4.3　图号为“大-138”的混凝土梁横向一阶自振频率功率谱图（加固前）

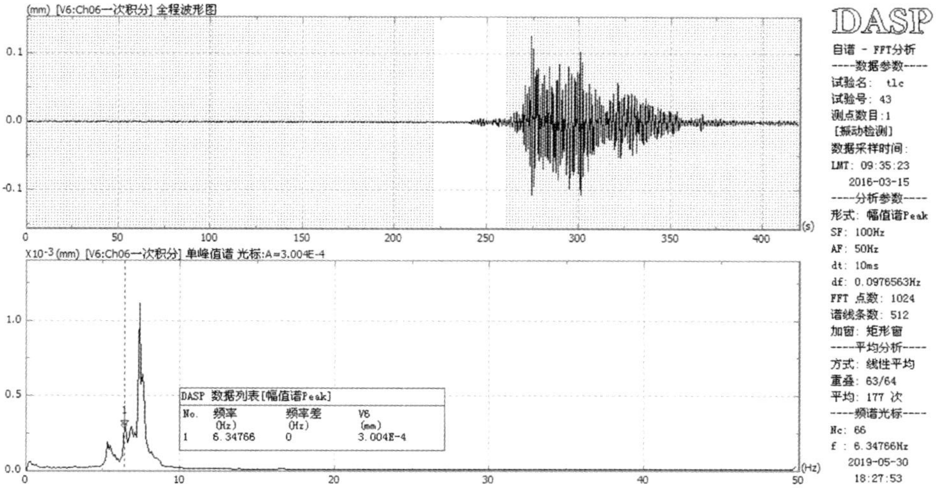

图 5.4.4　图号为“大-138”的混凝土梁竖向一阶自振频率功率谱图（加固前）

2）加固后

试验样本 3 孔，实测横向自振频率 6.1 ~ 6.3 Hz，如图 5.4.5 所示。

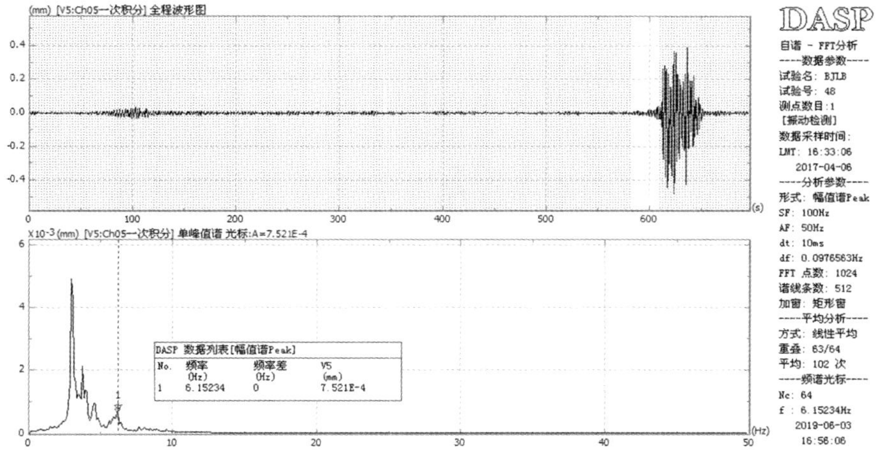

图 5.4.5　图号为“大-138”的混凝土梁横向一阶自振频率功率谱图（加固后）

3. 大 65-138

图号“大 65-138”梁，设计荷载“中—22 级”，跨度 23.8 m、31.7 m，主梁中心距 1.8 m，摇轴钢支座。

1）加固前

（1）跨度 23.8 m。

试验样本 9 孔，实测横向自振频率 4.5 ~ 4.7 Hz，竖向自振频率 6.7 ~ 6.9 Hz，如图 5.4.6、图 5.4.7 所示。

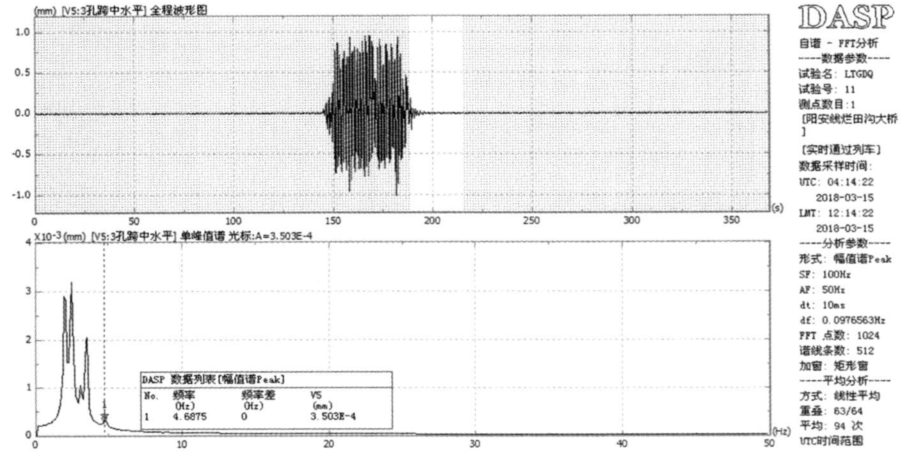

图 5.4.6　图号为“大 65-138”的混凝土梁横向一阶自振频率功率谱图（加固前）

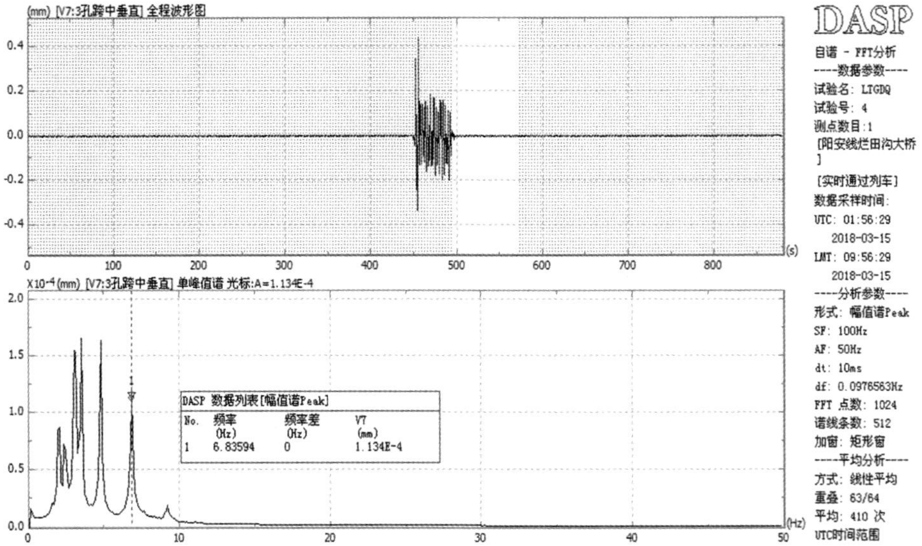

图 5.4.7　图号为“大 65-138”的混凝土梁竖向一阶自振频率功率谱图（加固前）

（2）跨度 31.7 m。

试验样本 13 孔，实测横向自振频率 3.3 ~ 3.5 Hz，竖向自振频率 4.6 ~ 4.8 Hz，如图 5.4.8、图 5.4.9 所示。

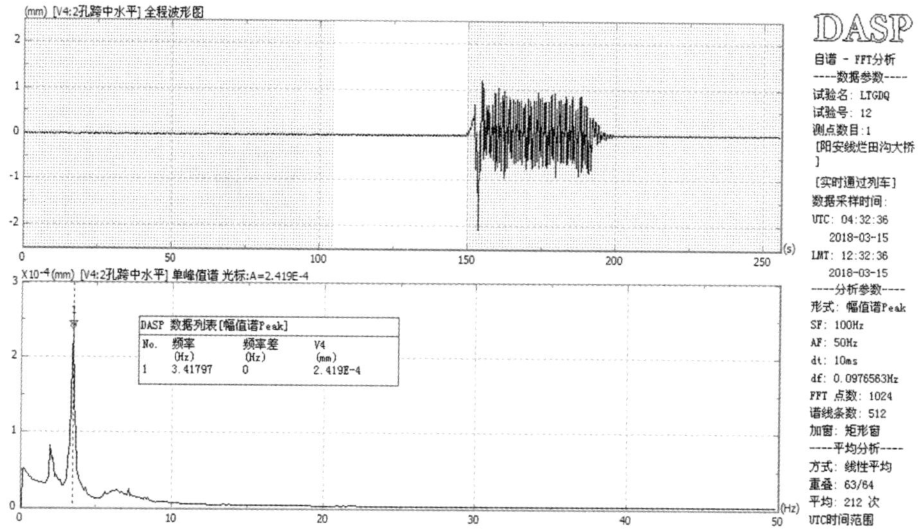

图 5.4.8　图号为“大 65-138”的混凝土梁横向一阶自振频率功率谱图（加固前）

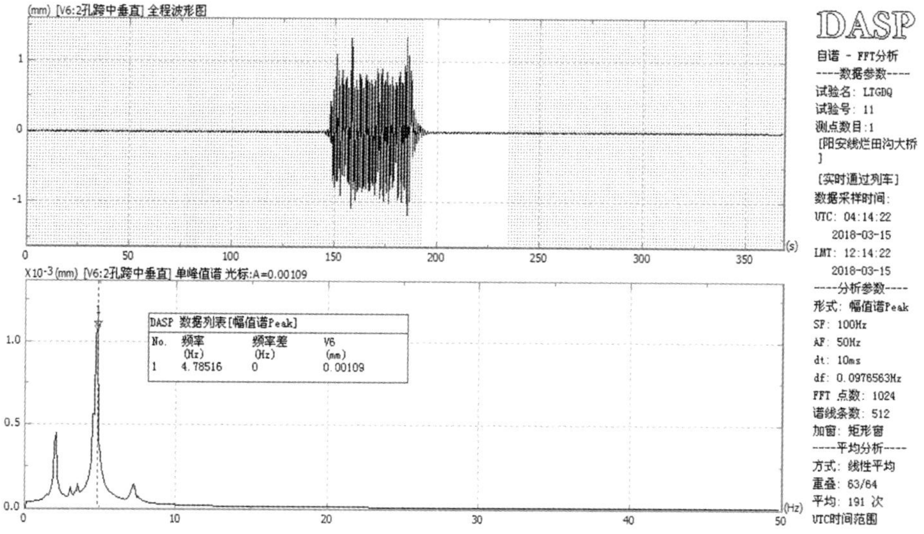

图 5.4.9　图号为“大 65-138”的混凝土梁竖向一阶自振频率功率谱图（加固前）

2）加固后

（1）跨度 23.8 m。

试验样本 4 孔，实测横向自振频率 5.9 ~ 6.1 Hz，竖向自振频率 6.4 ~ 6.6 Hz，如图 5.4.10、图 5.4.11 所示。

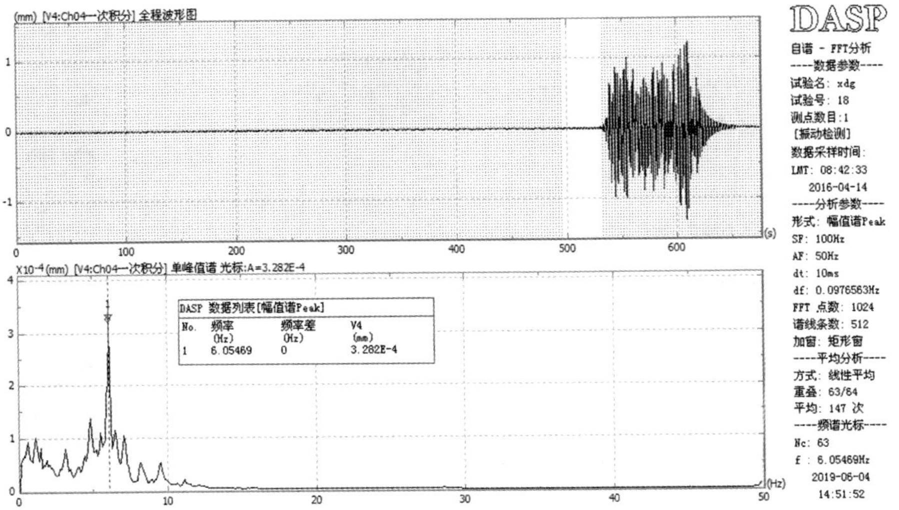

图 5.4.10　图号为“大 65-138”的混凝土梁横向一阶自振频率功率谱图（加固后）

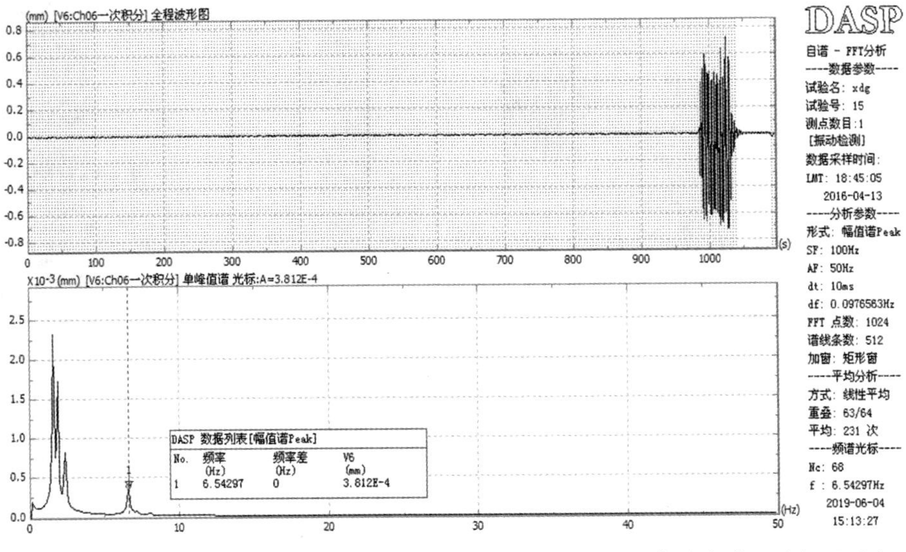

图 5.4.11　图号为“大 65-138”的混凝土梁竖向一阶自振频率功率谱图（加固后）

（2）跨度 31.7 m。

试验样本 16 孔，实测横向自振频率 4.1 ~ 4.3 Hz，竖向自振频率 4.7 ~ 4.9 Hz，如图 5.4.12、图 5.4.13 所示。

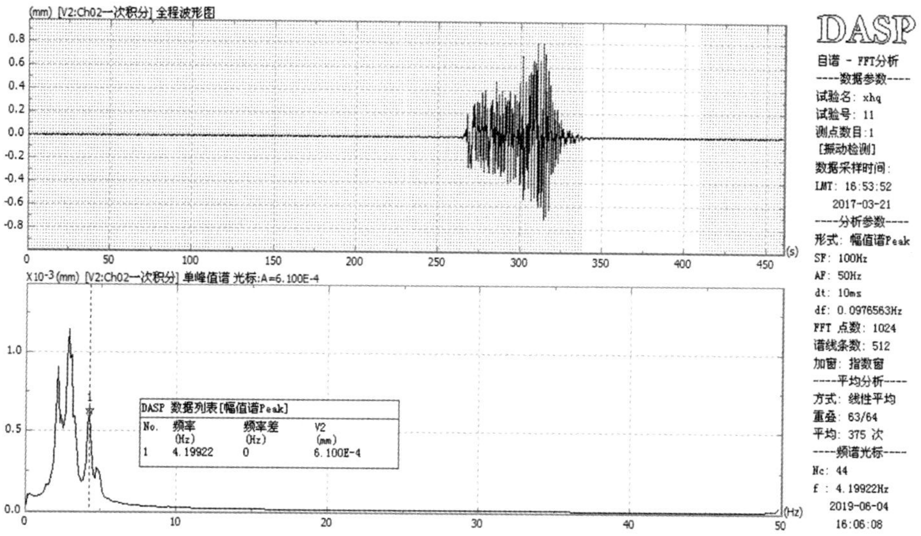

图 5.4.12　图号为“大 65-138”的混凝土梁横向一阶自振频率功率谱图（加固后）

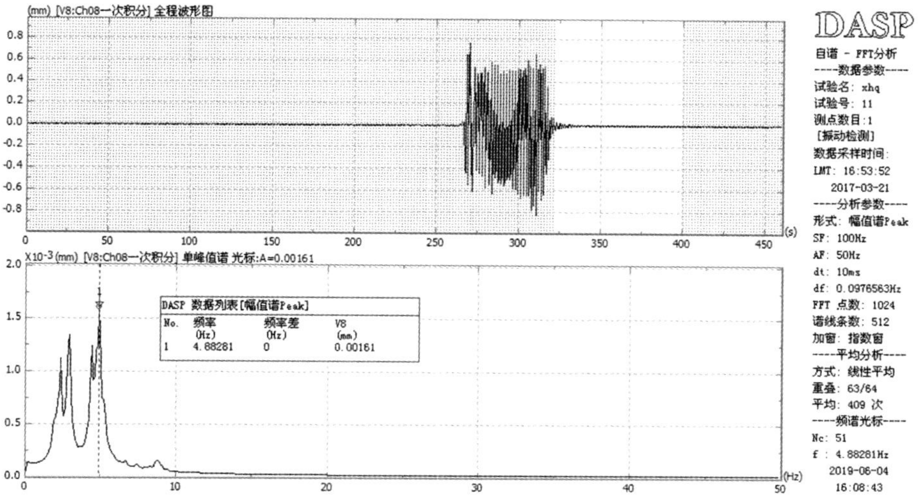

图 5.4.13　图号为“大 65-138”的混凝土梁竖向一阶自振频率功率谱图（加固后）

4. 贰桥 2002

图号“贰桥 2002”梁，设计荷载“中—22 级”，跨度 23.8 m，主梁中心距 1.6 m，摇轴钢支座。

试验样本 2 孔，实测横向自振频率 4.3 ~ 4.5 Hz，竖向自振频率 4.8 ~ 5.0 Hz，如图 5.4.14、图 5.4.15 所示。

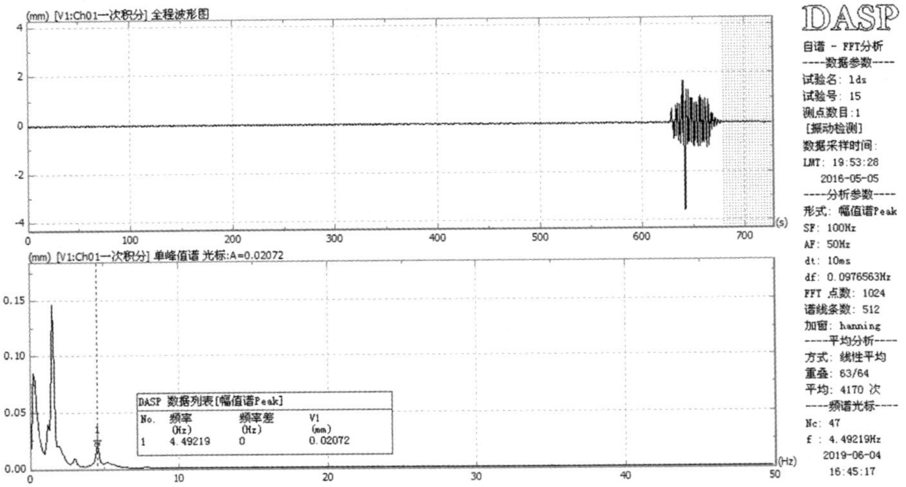

图 5.4.14　图号为“贰桥 2002”的混凝土梁横向一阶自振频率功率谱图

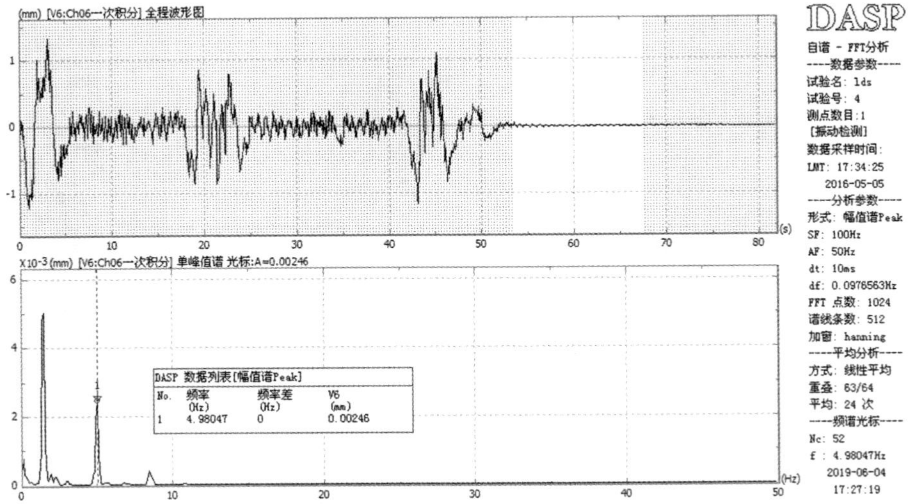

图 5.4.15　图号为“贰桥 2002”的混凝土梁竖向一阶自振频率功率谱图

5. 丰 70-1

图号“丰 70-1”梁，设计荷载“中—22 级”，跨度 31.7 m，主梁中心距 1.8 m，摇轴钢支座。试验样本 3 孔，实测横向自振频率 4.0 ~ 4.2 Hz，竖向自振频率 4.6 ~ 4.8 Hz，如图 5.4.16、图 5.4.17 所示。

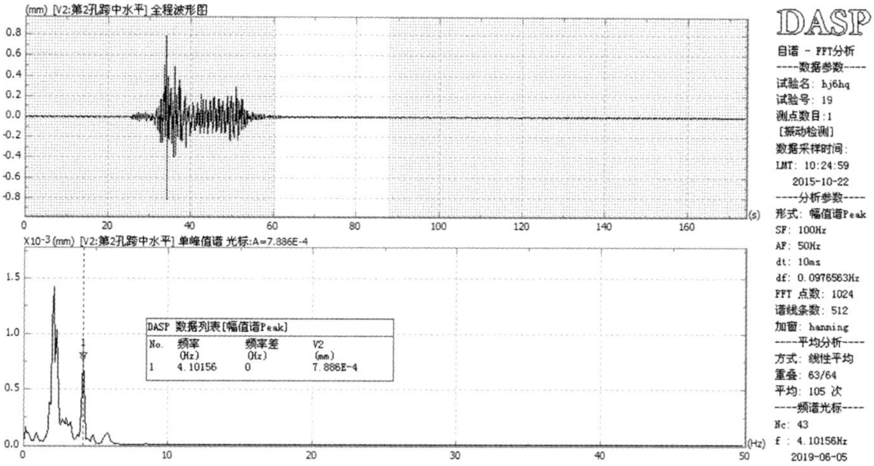

图 5.4.16　图号为“丰 70-1”的混凝土梁横向一阶自振频率功率谱图

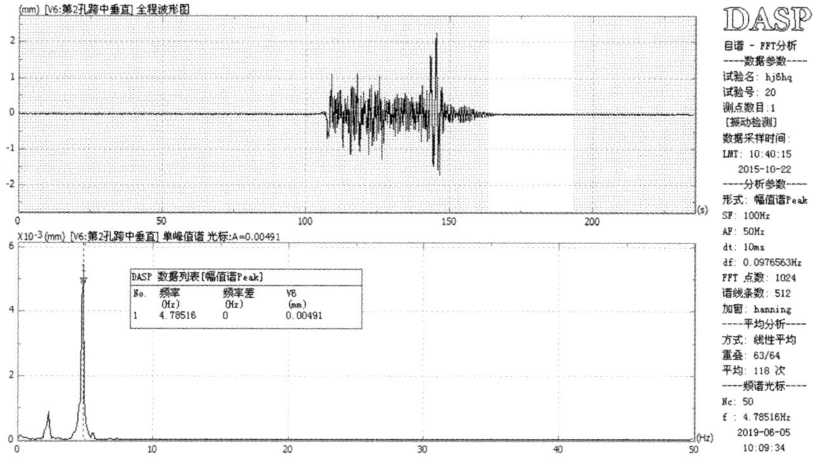

图 5.4.17　图号为“丰 70-1”的混凝土梁竖向一阶自振频率功率谱图

6. 叁标桥 1023

图号“叁标桥 1023”梁，设计荷载“中—活”，跨度 16 m，主梁中心距 1.8 m，弧形钢支座。

试验样本 11 孔，实测横向自振频率 6.4 ~ 6.6 Hz，如图 5.4.18 所示。

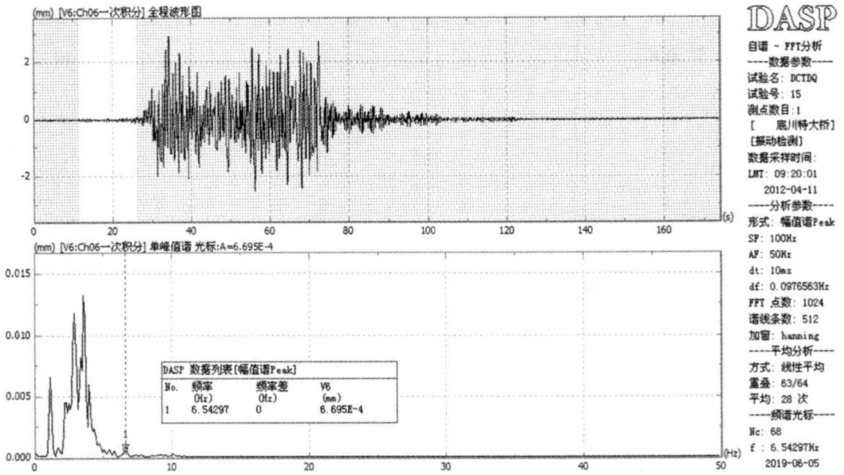

图 5.4.18 图号为“叁标桥 1023”的混凝土梁横向一阶自振频率功率谱图

7. 叁标桥 2019

图号“叁标桥 2019”梁，设计荷载“中—活”，跨度 32 m，主梁中心距 1.8 m，摇轴钢支座。试验样本 5 孔，实测横向自振频率 3.2 ~ 3.4 Hz，如图 5.4.19 所示。

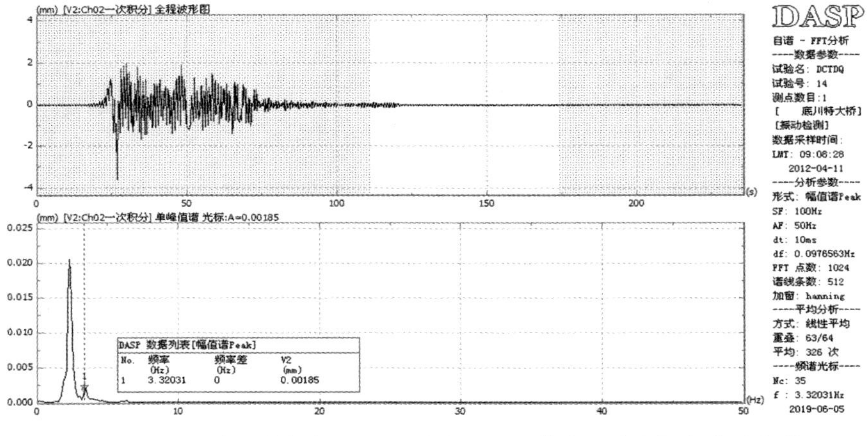

图 5.4.19 图号为“叁标桥 1023”的混凝土梁横向一阶自振频率功率谱图

8. 叁桥 2005

图号“叁桥 2005”梁，设计荷载“中—活”，跨度 24 m，主梁中心距 1.8 m，摇轴钢支座。

试验样本 1 孔，实测横向自振频率 5.1 ~ 5.4 Hz，如图 5.4.20 所示。

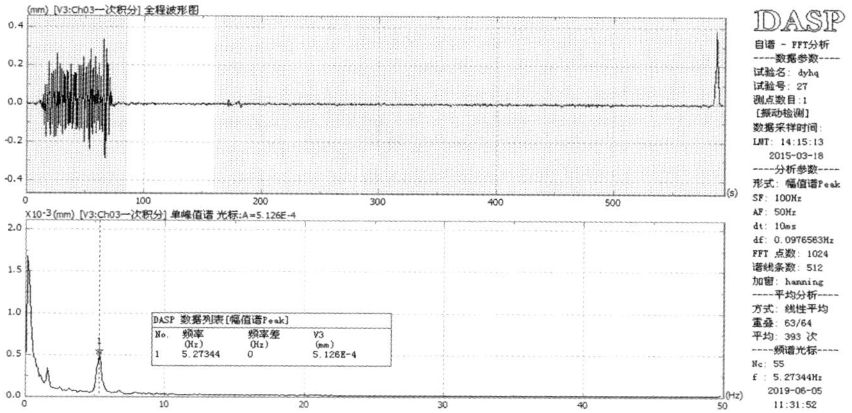

图 5.4.20　图号为“叁桥 2005”的混凝土梁横向一阶自振频率功率谱图

9. 通桥 2101

图号“通桥 2101”梁，设计荷载“中—活”，跨度 32 m，主梁中心距 2.2 m，盆式橡胶支座。试验样本 9 孔，实测横向自振频率 4.5 ~ 4.7 Hz，如图 5.4.21 所示。

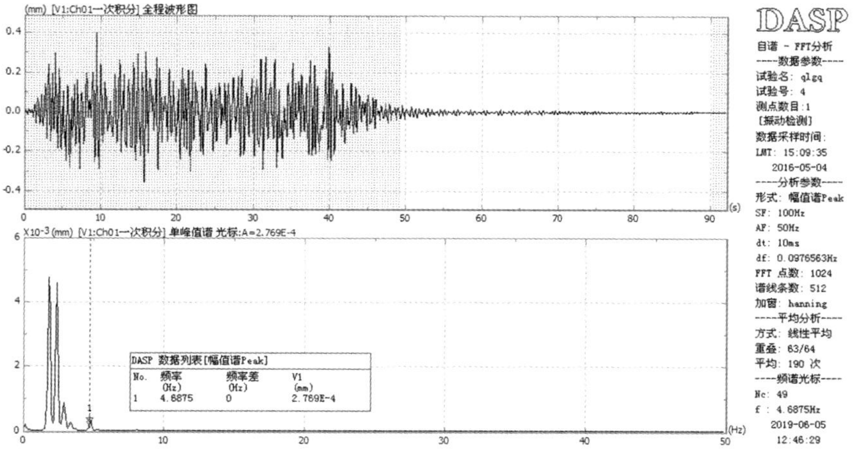

图 5.4.21　图号为“通桥 2101”的混凝土梁横向一阶自振频率功率谱图

10. 专桥 2051

图号“专桥 2051”梁，设计荷载“中—活”，跨度 32 m，主梁中心距 2.0 m，摇轴钢支座。试验样本 16 孔，实测横向自振频率 3.9 ~ 4.1 Hz，竖向自振频率 4.4 ~ 4.7 Hz，如图 5.4.22、

图 5.4.23 所示。

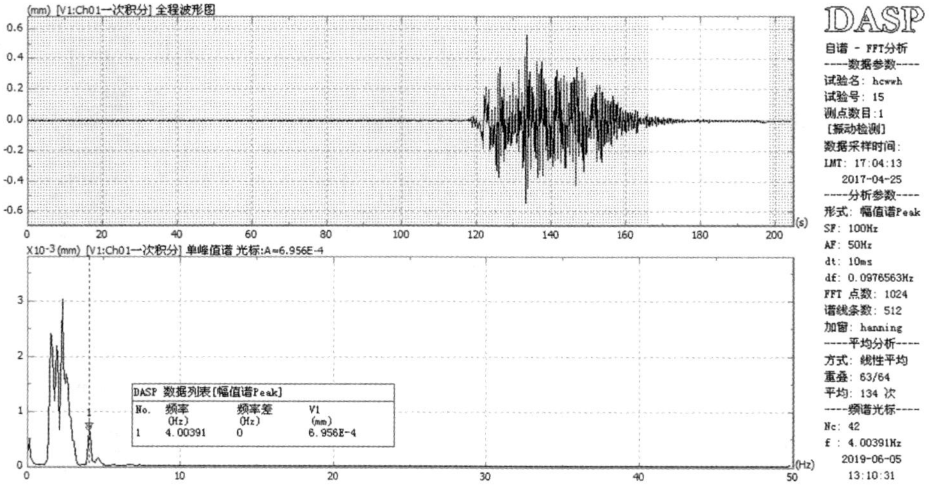

图 5.4.22 图号为“专桥 2051”的混凝土梁横向一阶自振频率功率谱图

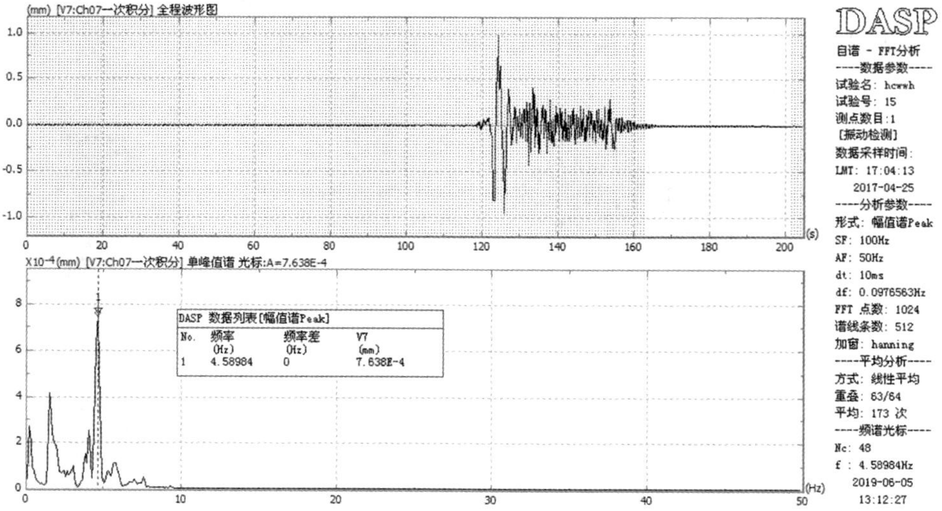

图 5.4.23 图号为“专桥 2051”的混凝土梁竖向一阶自振频率功率谱图

11. 专桥 1009

图号“专桥 1009”梁，设计荷载“中—22 级”，跨度 16 m，主梁中心距 1.8 m，弧形钢支座。

试验样本 6 孔，实测横向自振频率 7.2 ~ 7.4 Hz，竖向自振频率 5.9 ~ 6.1 Hz，如图 5.4.24、图 5.4.25 所示。

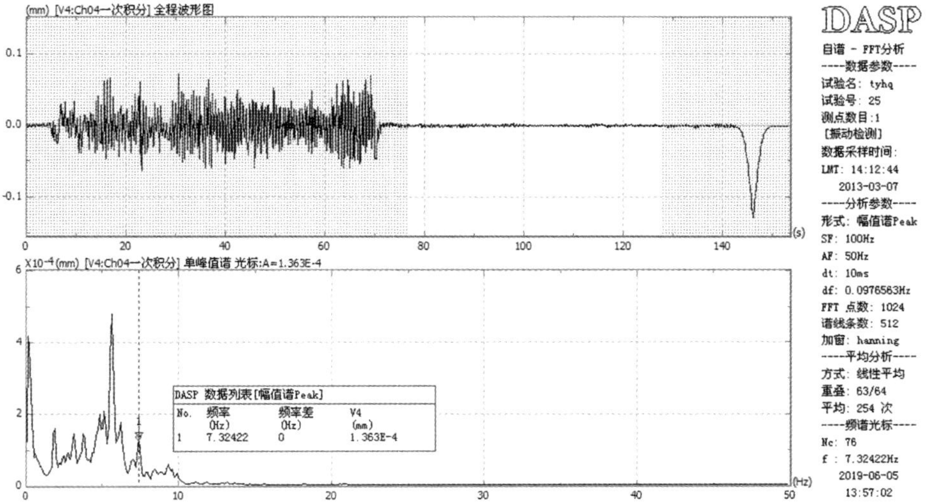

图 5.4.24　图号为“专桥 1009”的混凝土梁横向一阶自振频率功率谱图

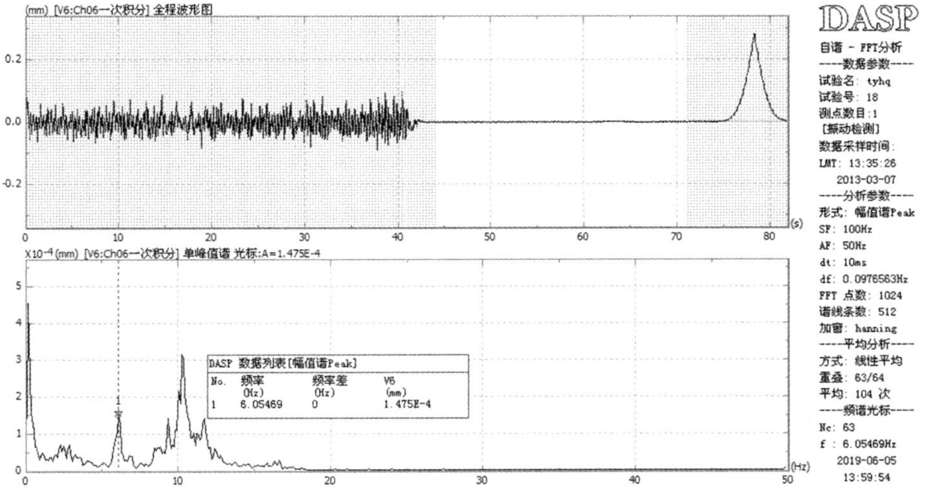

图 5.4.25　图号为“专桥 1009”的混凝土梁竖向一阶自振频率功率谱图

12. 专桥 1010

图号“专桥 1010”梁，设计荷载“中—22 级”，跨度 16 m，主梁中心距 1.8 m，弧形钢支座。

试验样本 4 孔，实测横向自振频率 7.6 ~ 7.8 Hz，竖向自振频率 7.9 ~ 8.1 Hz，如图 5.4.26、图 5.4.27 所示。

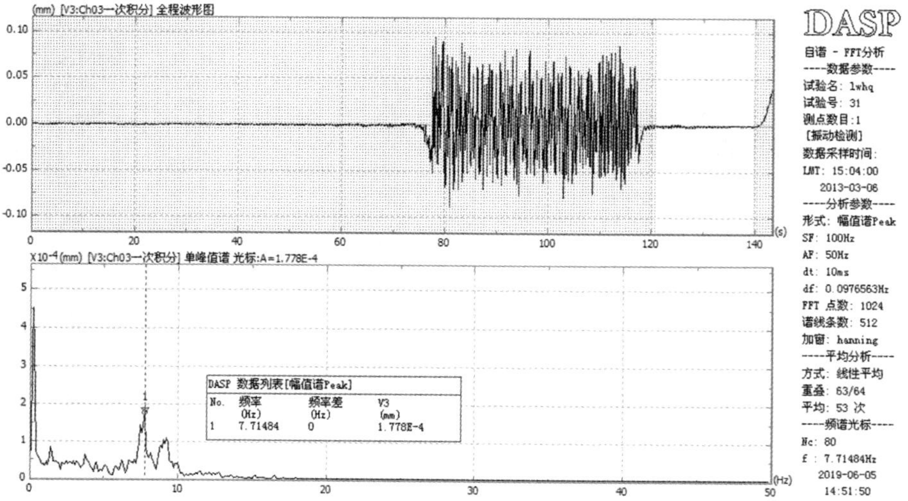

图 5.4.26 图号为“专桥 1010”的混凝土梁横向一阶自振频率功率谱图

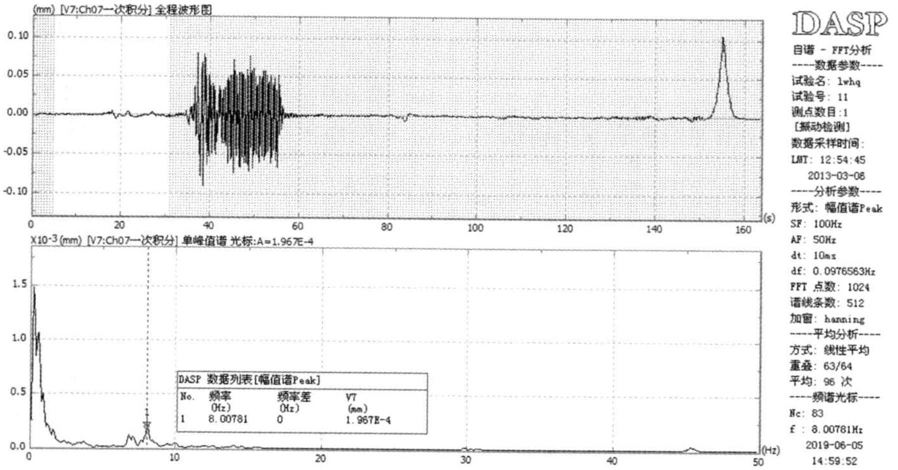

图 5.4.27 图号为“专桥 1010”的混凝土梁竖向一阶自振频率功率谱图

13. 专桥 1015

图号“专桥 1015”梁，设计荷载“中—22 级”，跨度 16 m，主梁中心距 1.8 m，弧形钢支座。试验样本 6 孔，实测横向自振频率 6.6 ~ 6.8 Hz，竖向自振频率 7.0 ~ 7.2 Hz，如图 5.4.28、

图 5.4.29 所示。

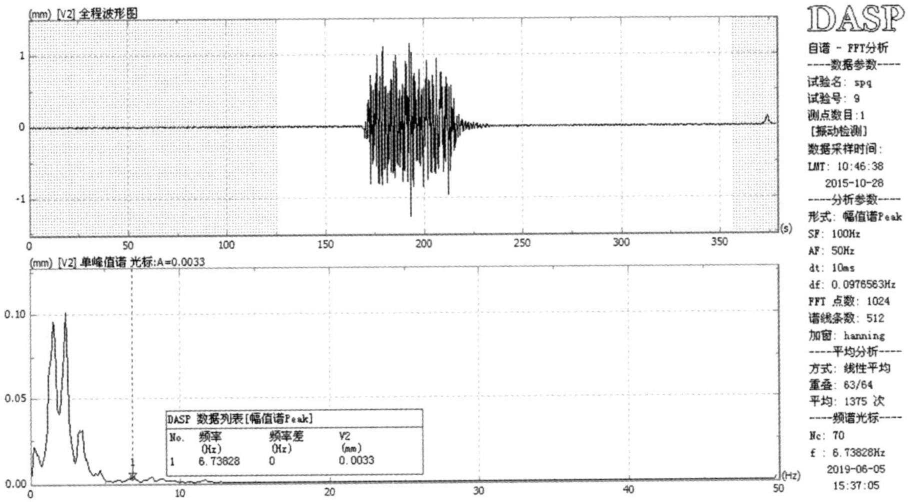

图 5.4.28　图号为“专桥 1015”的混凝土梁横向一阶自振频率功率谱图

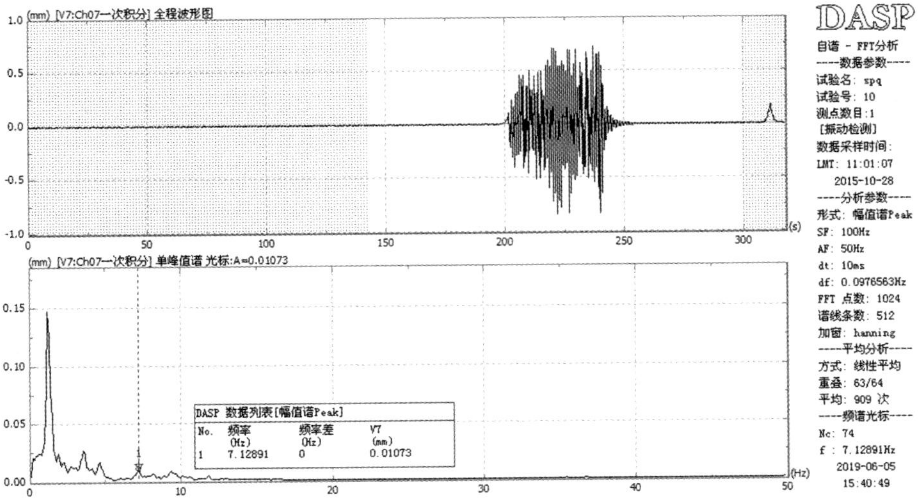

图 5.4.29　图号为“专桥 1015”的混凝土梁竖向一阶自振频率功率谱图

14. 专桥 1023

图号“专桥 1023”梁，设计荷载“中—活”，跨度 16 m、24 m，主梁中心距 1.8 m，弧形钢支座、摇轴钢支座。

1）跨度 16 m

试验样本 5 孔，实测横向自振频率 10.2 ~ 10.4 Hz，如图 5.4.30 所示。

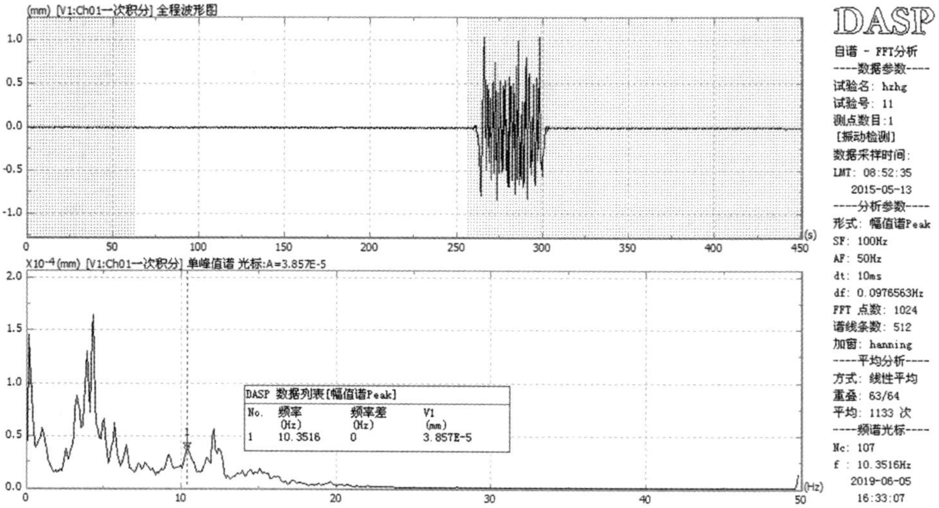

图 5.4.30　图号为“专桥 1023”的混凝土梁横向一阶自振频率功率谱图

2）跨度 24 m

试验样本 2 孔，实测横向自振频率 5.5 ~ 5.7 Hz，竖向自振频率 9.3 ~ 9.5 Hz，如图 5.4.31、图 5.4.32 所示。

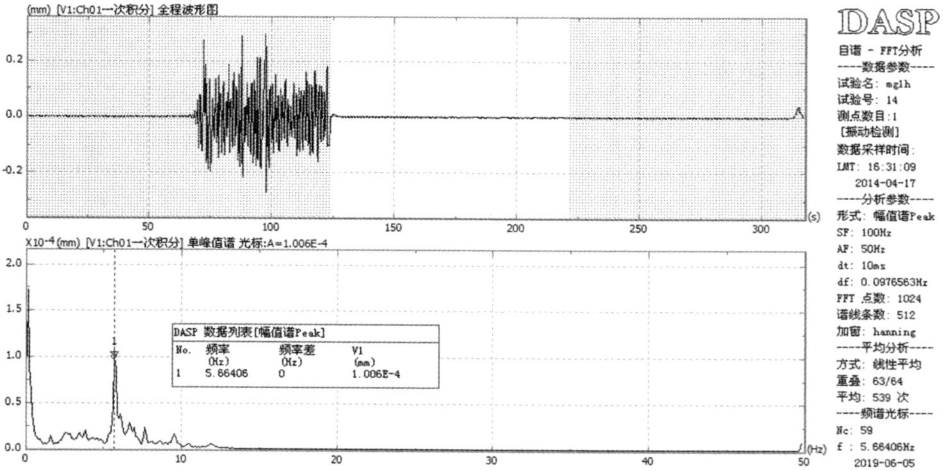

图 5.4.31　图号为“专桥 1023”的混凝土梁横向一阶自振频率功率谱图

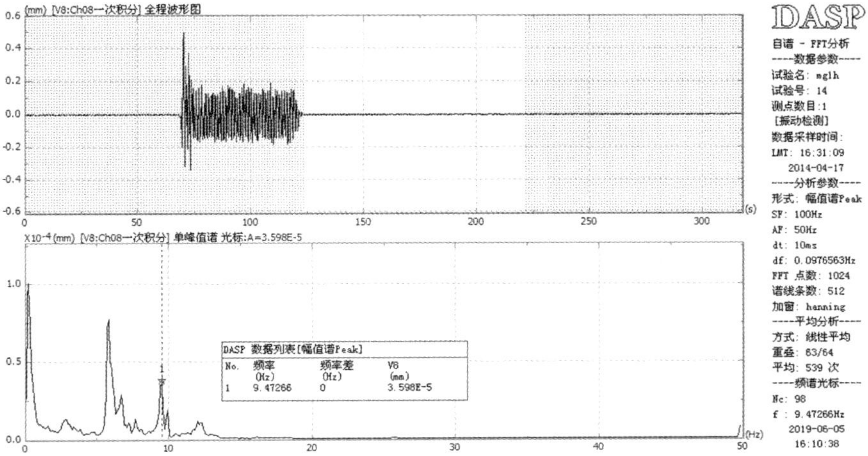

图 5.4.32　图号为“专桥 1023”的混凝土梁竖向一阶自振频率功率谱图

15. 专桥 2059

图号“专桥 1023”梁，设计荷载“中—活”，跨度 24 m、32 m，主梁中心距 1.8 m，摇轴钢支座。

1）加固前

（1）跨度 24 m。

试验样本 5 孔，实测横向自振频率 5.0 ~ 5.3 Hz，竖向自振频率 5.6 ~ 5.7 Hz，如图 5.4.33、图 5.4.34 所示。

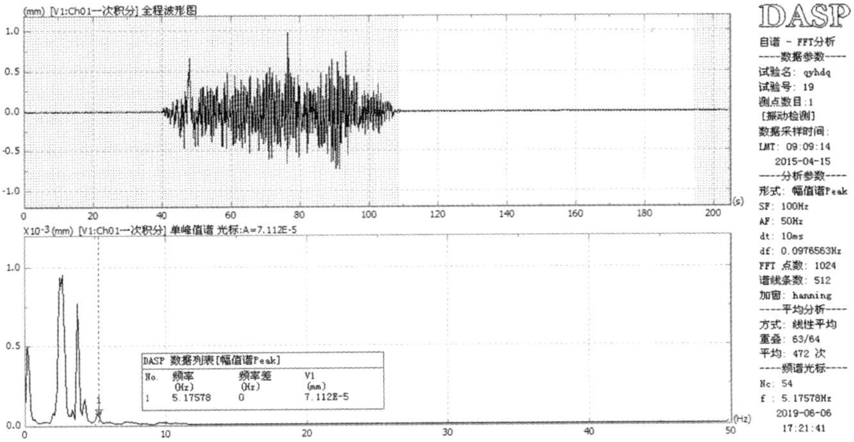

图 5.4.33　图号为“专桥 2059”的混凝土梁横向一阶自振频率功率谱图

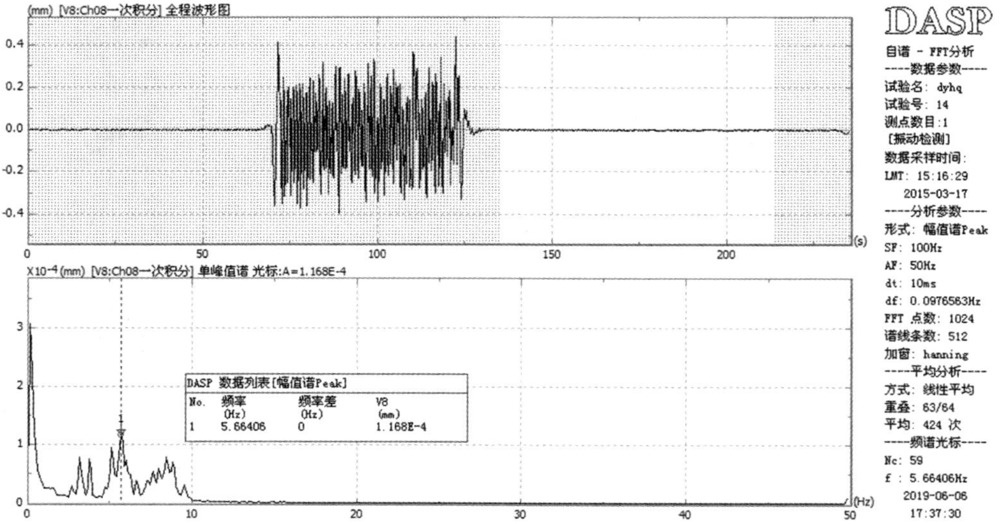

图 5.4.34　图号为“专桥 2059”的混凝土梁竖向一阶自振频率功率谱图

（2）跨度 32 m。

试验样本 20 孔，实测横向自振频率 2.4 ~ 2.6 Hz，竖向自振频率 4.7 ~ 4.9 Hz，如图 5.4.35、图 5.4.36 所示。

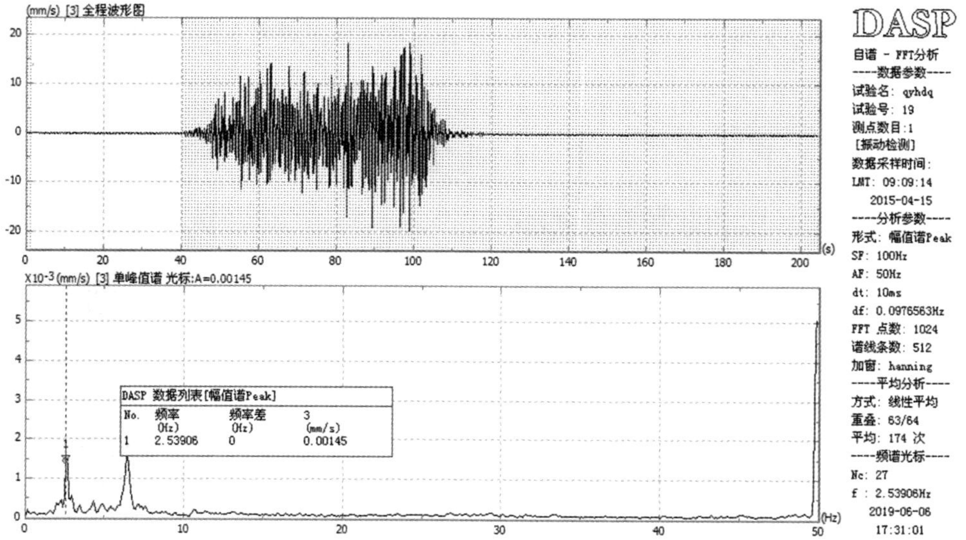

图 5.4.35　图号为“专桥 2059”的混凝土梁横向一阶自振频率功率谱图

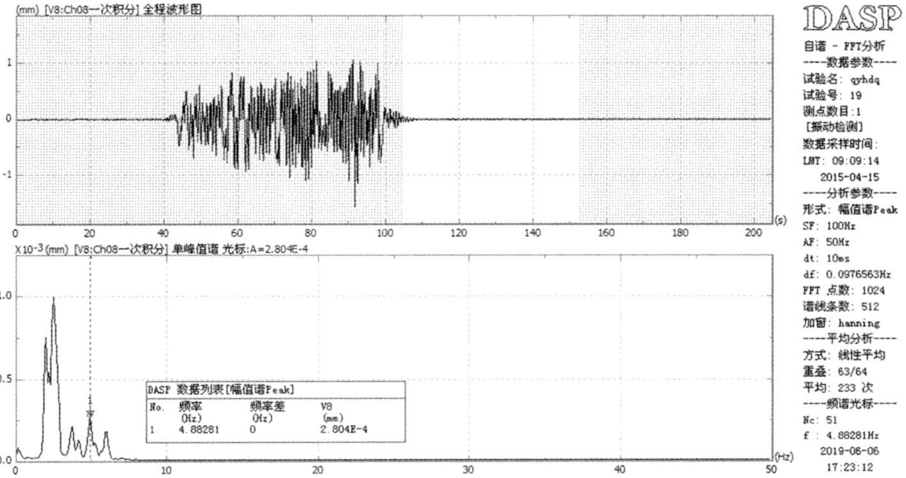

图 5.4.36　图号为“专桥 2059”的混凝土梁竖向一阶自振频率功率谱图

2）加固后

（1）跨度 24 m。

试验样本 2 孔，实测横向自振频率 5.7 ~ 5.9 Hz，竖向自振频率 7.3 ~ 7.5 Hz，如图 5.4.37、图 5.4.38 所示。

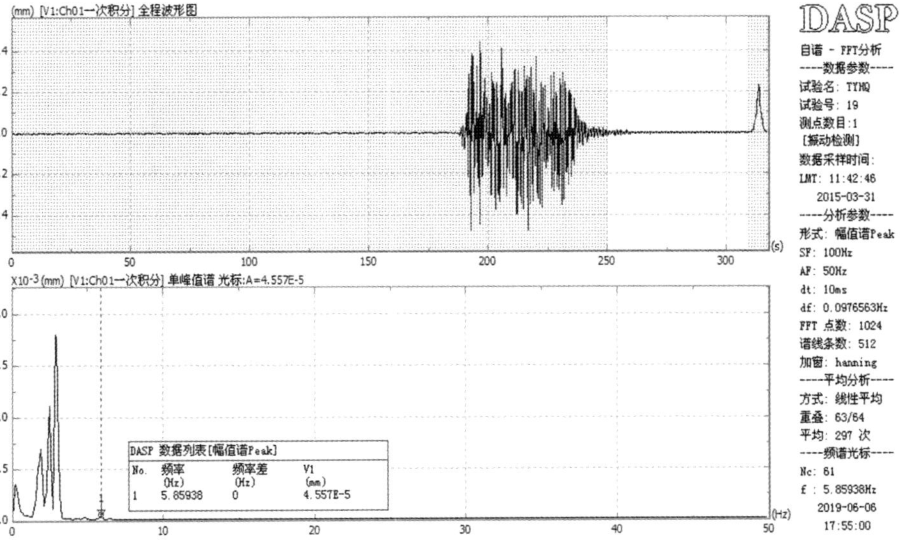

图 5.4.37　图号为“专桥 2059”的混凝土梁横向一阶自振频率功率谱图

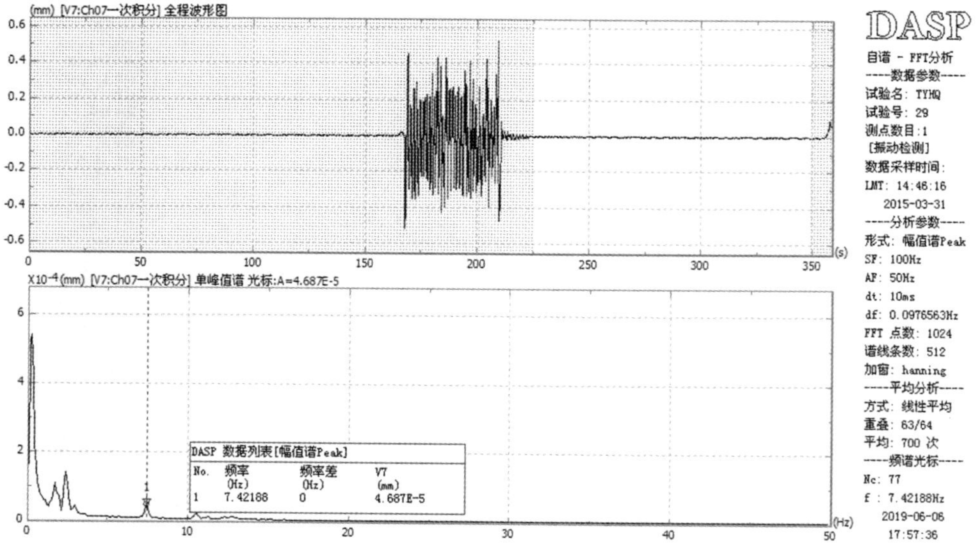

图 5.4.38 图号为“专桥 2059”的混凝土梁竖向一阶自振频率功率谱图

（2）跨度 32 m。

试验样本 47 孔，实测横向自振频率 4.4 ~ 4.6 Hz，竖向自振频率 4.7 ~ 4.9 Hz，如图 5.4.39、图 5.4.40 所示。

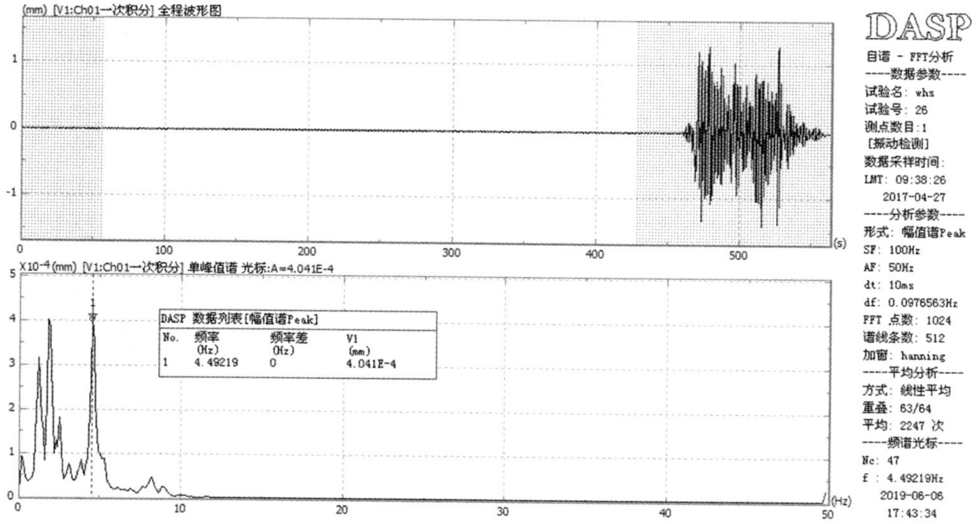

图 5.4.39 图号为“专桥 2059”的混凝土梁横向一阶自振频率功率谱图

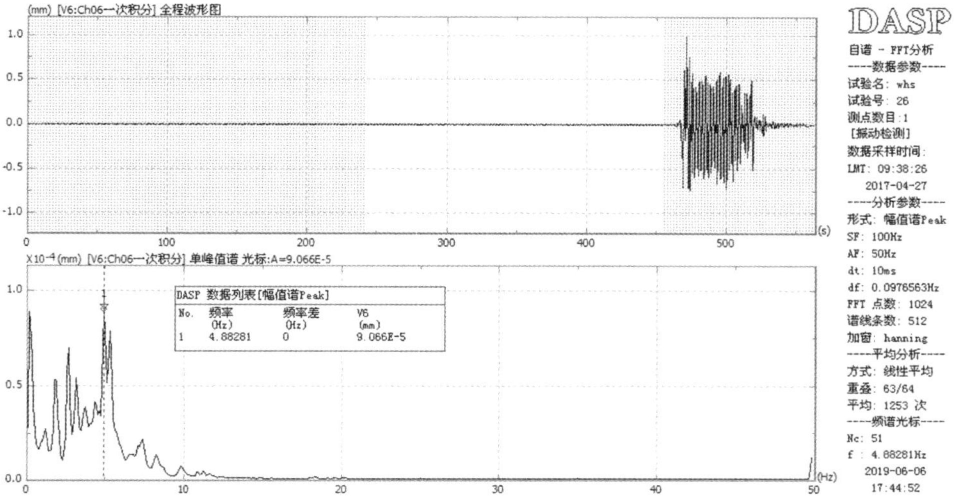

图 5.4.40　图号为“专桥 2059”的混凝土梁竖向一阶自振频率功率谱图

5.4.3　相同跨度梁刚度特性调查

1. 跨度 16 m

1）横向一阶自振频率

对于跨度 16 m 的混凝土简支梁横向一阶自振频率而言，样本中有“大-103”“叁标桥 1023”“专桥 1009”“专桥 1010”“专桥 1015”和“专桥 1023”等 6 种标准图号梁。从现场实测值可知，“专桥 1023”的横向一阶自振频率最高，为 10.2 ~ 10.4Hz，接近并大于《条文说明》中该类图号标准梁计算值，也满足《条文说明》中该跨度简支梁横向一阶自振频率限值及实测最低值的要求。该图号梁体典型样本桥如图 5.4.41 所示。

图 5.4.41　图号“专桥 1023”混凝土梁典型样本桥

实测图号“大-103”“叁标桥 1023”和“专桥 1015”等标准图号梁，横向一阶自振频率在均在（6.5±0.6）Hz 间分布，满足《条文说明》中的限值要求，但不完全满足实测最低值的要求。各图号梁体典型样本桥如图 5.4.42～图 5.4.44 示。

图 5.4.42　图号“大-103”混凝土梁典型样本桥

图 5.4.43　图号“叁标桥 1023”混凝土梁典型样本桥

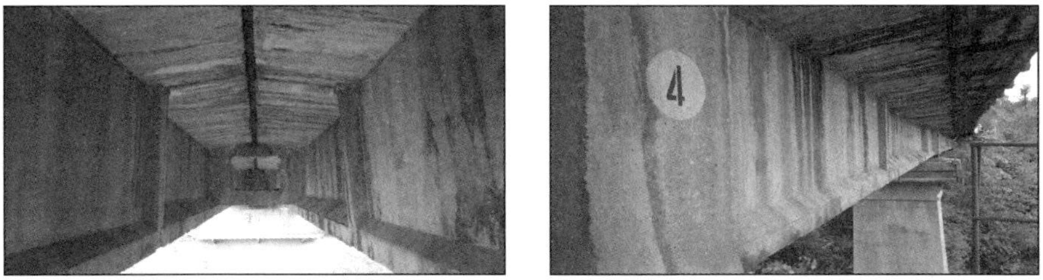

图 5.4.44　图号“专桥 1015”梁典型样本桥

实测图号“专桥 1009”和“专桥 1010”的横向一阶自振频率为（7.5±0.3）Hz，满足《条文说明》中的限值、实测最低值要求。典型样本桥如图 5.4.45～图 5.4.46 示。

2）竖向一阶自振频率

对于跨度 16 m 的混凝土简支梁竖向一阶自振频率而言，样本中有“大-103”“专桥 1009”“专桥 1010”和“专桥 1015”等 4 种标准图号梁。从现场实测值可知：“大-103”的竖向一阶自振频率最高，为 9.2 ~ 10.5Hz，满足《条文说明》中该跨度简支混凝土梁的限值要求；“专桥 1009”“专桥 1010”和“专桥 1015”等标准图号梁亦满足《条文说明》中的限值要求。

图 5.4.45　图号“专桥 1009”梁典型样本桥

图 5.4.46　图号“专桥 1010”梁典型样本桥

2. 跨度 24 m

1）横向一阶自振频率

对于跨度 24 m 的混凝土简支梁横向一阶自振频率而言，样本中有“专桥 2059”“叁桥 2005”和“专桥 1023”等 3 种标准图号梁。从现场实测值可知，上述标准图号梁的横向一阶自振频率均在（5.5 ± 0.5）Hz 间分布，彼此间差异不大，且均满足《条文说明》中限值及实测最低值的要求。各图号梁体典型样本桥如图 5.4.47 ~ 图 5.4.49 所示。

图 5.4.47　图号“专桥 2059”梁典型样本桥

图 5.4.48　图号“叁桥 2005”梁典型样本桥

图 5.4.49　图号“专桥 1023”梁典型样本桥

2）竖向一阶自振频率

对于跨度 24 m 的混凝土简支梁竖向一阶自振频率而言，样本中有“专桥 2059”和“专桥 1023”等 2 种标准图号梁，从现场实测值可知，“专桥 1023”的竖向一阶自振频率为 9.3 ~ 9.5 Hz，“专桥 2059”在加固前为 5.6 ~ 5.7 Hz，加固后为 7.3 ~ 7.5 Hz，实施横向加固前后的差异性较为显著。

3. 跨度 32 m

1）横向一阶自振频率

对于跨度 32 m 的混凝土简支梁横向一阶自振频率而言，样本中有“专桥 2059”“通桥 2101”“叁标桥 2019”和“专桥 2051”等 4 中标准图号梁，从现场实测值可知，“专桥 2059”加固前的横向一阶自振频率最低，仅为 2.4 ~ 2.6 Hz，不满足《条文说明》中限值及实测最低值的要求；“专桥 2059”加固后实测横向一阶频率为 4.4 ~ 4.6 Hz，“通桥 2101”和“专桥 2051”的横向一阶自振频率在 4.3 ± 0.4 间分布，且均满足《条文说明》中限值及实测最低值的要求；“叁标桥 2005”的实测值为 3.2 ~ 3.4 Hz，其满足《条文说明》中实测最低值的要求，但不满足限值要求。各图号梁体典型样本桥如图 5.4.50 ~ 图 5.4.53 所示。

图 5.4.50　图号“专桥 2059”梁典型样本桥

图 5.4.51　图号“通桥 2101”梁典型样本桥

图 5.4.52　图号“叁标桥 2019”梁典型样本桥

图 5.4.53 图号“专桥 2015”梁典型样本桥

2）竖向一阶自振频率

对于跨度 32 m 的混凝土简支梁竖向一阶自振频率而言，样本中有“专桥 2059”和“专桥 2051”等 2 种标准图号梁。从现场实测值可知：“专桥 2059”梁加固前后的竖向一阶自振频率无显著变化，均为 4.7 ~ 4.9 Hz；“专桥 2051”的竖向一阶自振频率为 4.4 ~ 4.7 Hz；且 2 种图号梁竖向一阶自振频率均满足《条文说明》中的限值要求。

4. 其他跨度

1）横向一阶自振频率

图号“大-138”标准梁跨度为 27.7 m。加固前，实测其横向一阶自振频率为 4.6 ~ 4.9 Hz；加固后，实测其横向一阶自振频率为 6.1 ~ 6.3 Hz。无论加固前后，该图号标准梁均满足《条文说明》中相近跨度梁的限值及实测最低值要求。图号“大 65-138”标准梁跨度分为 23.8 m、31.7 m，实施横向加固前后，23.8 m 跨度简支梁的横向一阶自振频率由 4.5 ~ 4.7 Hz 提升至 5.9 ~ 6.1 Hz，31.7 m 跨度简支梁的横向一阶自振频率由 3.3 ~ 3.5 Hz 提升至 4.1 ~ 4.3 Hz。由此可见，加固后的该图号梁体横向一阶自振频率满足《条文说明》中相近跨度梁的限值及实测最低值要求。图号“丰 70-1”标准梁跨度为 31.7 m，实测其横向一阶自振频率为 4.0 ~ 4.2 Hz，满足《条文说明》中相近跨度梁的限值及实测最低值要求。图号“贰桥 2002”简支混凝土梁跨度为 23.8 m，实测其横向一阶自振频率 4.3 ~ 4.5 Hz，不满足《条文说明》中的限值及实测最低值要求，如图 5.4.54 所示。该图号梁体属于 20 世纪 70 年代特殊设计，为鱼腹式变截面梁，主梁中心距仅为 1.6 m，横向刚度偏低。上述其他 3 种标准图号梁体典型样本桥如图 5.4.55 ~ 图 5.4.57 所示。

图 5.4.54　图号“贰桥 2002”混凝土梁典型样本桥

图 5.4.55　图号“大-138”梁典型样本桥

图 5.4.56　图号“大 65-138”梁典型样本桥

图 5.4.57　图号“丰 70-1”梁典型样本桥

2）竖向一阶自振频率

对于 27.7 m 的图号为“大-138”的标准梁而言，实测其竖向一阶自振频率为 5.4 ~ 6.3Hz，满足《条文说明》中相近跨度梁的限值要求；对于跨度 23.8 m、31.7 m 的图号为“大 65-138”的标准梁而言，无论是否进行了横向刚度加固，对竖向一阶自振频率的影响均不大，23.8 m 跨度的实测值为（6.6 ± 0.5）Hz，31.7 m 跨度的实测值为（4.7 ± 0.2）Hz，且均满足《条文说明》中相近跨度梁的限值要求；对于 31.7 m 的图号为“丰 70-1”的标准梁而言，实测其竖向一阶自振频率为 4.6 ~ 4.8 Hz，满足《条文说明》中相近跨度梁的限值要求；对于跨度 23.8 m 的图号为“贰桥 2002”的标准梁而言，实测其竖向一阶自振频率为 4.8 ~ 5.0 Hz，满足《条文说明》中的限值要求。

5.4.4 不同类型梁体刚度特性评价

根据上述试验分析结果，整理汇总得到在不同设计荷载、不同梁形、不同梁梗中心距、不同跨度条件下的不同标准图号梁体的横、竖向一阶自振频率对比值，如表 5.4.10 所示。

表 5.4.10 不同工况条件下混凝土简支梁横竖向一阶自振频率对比表

设计荷载	标准图号	梁形	梁梗中心距/m	跨度/m	自振频率/Hz	
					横向一阶	竖向一阶
中—22	专桥 1009	Π 形	1.8	16	7.2~7.4	5.9~6.1
	专桥 1010	Π 形	1.8	16	7.5~7.8	7.9~8.1
	专桥 1015	T 形	1.8	16	6.5~6.8	7.0~7.2
	贰桥 2002	鱼腹式	1.6	23.8	4.3~4.5	4.8~5.0
	大 65-138	T 形	1.8	23.8	4.5~4.7（加固前） 5.9~6.1（加固后）	6.7~6.9（加固前） 6.4~6.6（加固后）
中—22	大 65-138	T 形	1.8	23.8	3.3~3.5（加固前） 4.1~4.3（加固后）	4.5~4.8（加固前） 4.7~4.9（加固后）
	丰 70-1	T 形	1.8	31.7	4.0~4.2	4.5~4.8
中—活	叁标桥 1023	T 形	1.8	16	6.4~6.6	—
	专桥 1023	T 形	1.8	16	10.2~10.4	—
				24	5.5~5.7	9.3~9.5
	叁标桥 2019	T 形	1.8	24	3.2~3.4	—
	叁桥 2005	T 形	1.8	24	5.1~5.4	—
	专桥 2059	T 形	1.8	24	5.0~5.3（加固前） 5.7~5.9（加固后）	5.5~5.7（加固前） 7.3~7.5（加固后）
				32	2.4~2.6（加固前） 4.4~4.6（加固后）	4.7~4.9（加固前） 4.7~4.9（加固后）

续表

设计荷载	标准图号	梁形	梁梗中心距/m	跨度/m	自振频率/Hz	
					横向一阶	竖向一阶
中—活	专桥 2051	T 形	2.0	32	3.9~4.1	4.4~4.7
	通桥 2101	T 形	2.2	32	4.5~4.7	—
中—26	大-103	Π 形	1.8	16	6.8~7.1	9.2~10.5
	大-138	T 形	1.8	27.7	4.6~4.9（加固前） 6.1~6.3（加固后）	5.4~6.3（加固后）

由表 5.4.10 所列，可以分析得到如下几点结论：

（1）在相同荷载标准等级条件下，实测相同跨度梁体的横向一阶自振频率随主梁中心距的增长而增加，如在“中—活”条件下，梁体跨度为 32 m 时，“通桥 2101”（4.5 ~ 4.7 Hz）>“专桥 2051”（3.9 ~ 4.1Hz）>“专桥 2059”（2.4 ~ 2.6 Hz）。

（2）在相同跨度条件下，实测不同荷载等级的 Π 形梁横向一阶自振频率普遍大于 T 形梁，如梁体跨度为 16 m 时，“专桥 1009”（7.2 ~ 7.4 Hz）、“专桥 1010”（7.6 ~ 7.8 Hz）和“大-103”（6.8 ~ 7.1）等大于“专桥 1015”（6.6 ~ 6.8 Hz）、“叁标桥 1023”（6.4 ~ 6.6），但也不排除如“专桥 1023”（10.2 ~ 10.4 Hz）等它例。

（3）在相同跨度条件下，实测不同图号梁体的竖向一阶自振频率间无显著规律，如跨度为 16 m 时，“专桥 1009”（5.9 ~ 6.1 Hz）、“专桥 1010”（7.9 ~ 8.1 Hz）、“专桥 1015”（7.0 ~ 7.2 Hz）、“贰桥 2002”（4.8 ~ 5.0 Hz）及“大-103”（9.2 ~ 10.5）等离散性较为显著。

（4）对于实施了横向刚度加固的梁体，在不同图号的相同跨度条件下，横向一阶自振频率提升显著，如跨度为 32 m 的“专桥 2059”（由加固前的 2.4 ~ 2.6 Hz 提高至加固后的 4.4 ~ 4.6 Hz）、跨度为 23.8 m 的“大 65-138”（由加固前的 4.5 ~ 4.7 Hz 提高至加固后的 5.9 ~ 6.1 Hz）及跨度为 27.7 m 的“大-138”（由加固前的 4.6 ~ 4.9 Hz 提高至加固后的 6.1 ~ 6.3 Hz）等。

（5）对于实施了横向刚度加固的梁体，在不同图号的相同跨度条件下，竖向一阶自振频率的变化不显著，如跨度为 31.7 m 的“大 65-138”（由加固前的 4.6 ~ 4.8 Hz 变化至加固后的 4.7 ~ 4.9 Hz）及跨度为 32 m 的“专桥 2059”（加固前后均为 4.7 ~ 4.9 Hz）等。

5.5　铁路混凝土梁服役安全性调查与评价

结合研究团队实际工作，通过对近十年来所收集到的样本的分析整理，共选取了“大-103”“大-138”“大 65-138”“贰桥 2002”“丰 70-1”“叁标桥 1023”“叁标桥 2019”“叁桥 2005”“通桥 2101”“专桥 2051”“专桥 1009”“专桥 1010”“专桥 1015”“专桥 1023”及“通桥 2101”等 15 类标准图号梁、6 种跨度、94 座桥、226 孔混凝土梁作为研究对象，本节按照不同的图号、跨度，对比分析了不同类型梁的横、竖向振动幅值分布规律及其与各类规范间的关系，并得到如下试验研究结论。

5.5.1 梁体服役安全性评价指标

桥梁横向振幅是指在列车运行荷载作用下，桥梁结构的几何特征、物理特性以及动力特性在桥梁横向刚度上的综合反映。为保证行车安全和旅客乘车舒适性，需对桥梁横向振幅规定限制值。

（1）日本铁道综合技术研究所针对客、货列车不同行车速度的要求，规定桥梁的最大横向振幅应符合表 5.5.1 的要求。

表 5.5.1 日本铁路有关桥梁横向振幅的限值$[A_{max}]_{5\%}$

列车类型	客车	货车
列车速度 v/（km/h）	$v \leqslant 160$	$v \leqslant 80$
最大振幅$[A_{max}]_{5\%}$/mm	$A_{max}=0.001\,67L^2 \sim 0.001\,97L^2$	$A_{max}=0.001\,71L^2 \sim 0.002\,03L^2$

注：L 为跨度（m）。

（2）我国的《铁路桥梁检定规范》（铁运函〔2004〕120 号）中，对各类简支桥跨结构在荷载平面处的跨中横向振幅行车安全值$[A_{max}]_{5\%}$及其通常值$[A_{max}]_{5\%}$作了较为详细的规定，如表 5.5.2、表 5.5.3 所示。

表 5.5.2 桥梁跨中横向振幅的行车安全限值

结构类型	横向振幅限值$[A_{max}]_{5\%}$
钢筋混凝土梁、预应力钢筋混凝土梁	$L/9000$

注：L 为跨度（m），幅值单位为 mm。

表 5.5.3 桥跨结构横向振幅的通常值

结构类型	实测桥跨结构横向振幅最大值/mm				
	客车				货车 $v \leqslant 80$ km/h
	$v \leqslant 120$ km/h		$120 < v \leqslant 160$ km/h	$160 < v \leqslant 200$ km/h	
	有缝线路	无缝线路			
预应力钢筋混凝土梁	$\leqslant L/18.2B$	$\leqslant L/20.9B$	$\leqslant L/17.2B$	$\leqslant L/14.7B$	$\leqslant L/7.0B$

注：B 为主梁中心距（m）；L 为跨度（m）。

5.5.2　相同图号梁服役安全性调查

1. 大-103

试验分析样本共选取了 3 座桥、9 孔梁，跨度 16 m。分析的主要关系有：跨中横向振幅最大值-《桥检规》行车安全值、跨中横向振动加速度最大值-《桥检规》限值、同孔梁跨中横-竖向振幅实测值、同孔梁跨中横-竖向振动加速度实测值等关系，如图 5.5.1 ~ 图 5.5.4 所示。

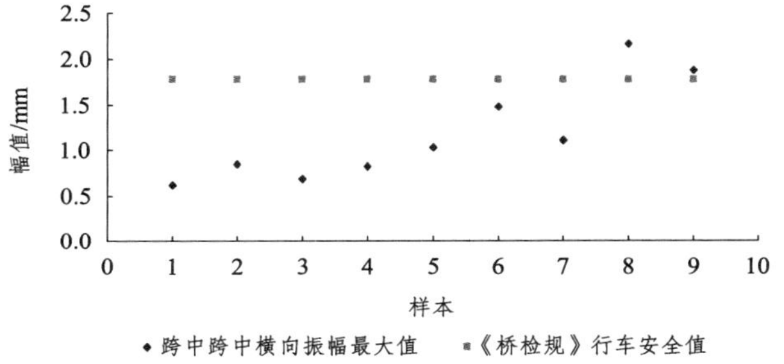

图 5.5.1　跨中横向振幅最大值-《桥检规》行车安全值关系图

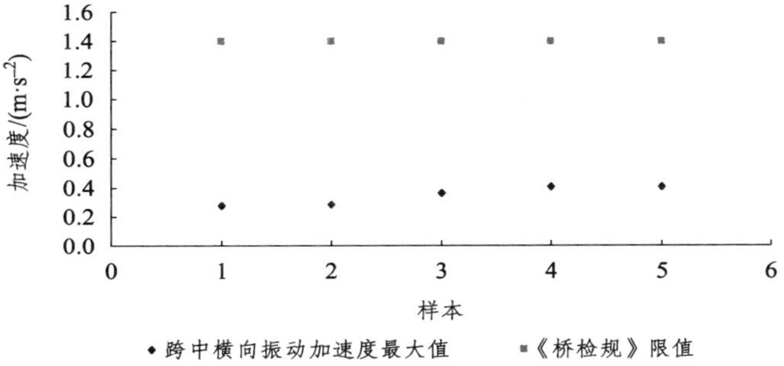

图 5.5.2　跨中横向振动加速度最大值-《桥检规》限值关系图

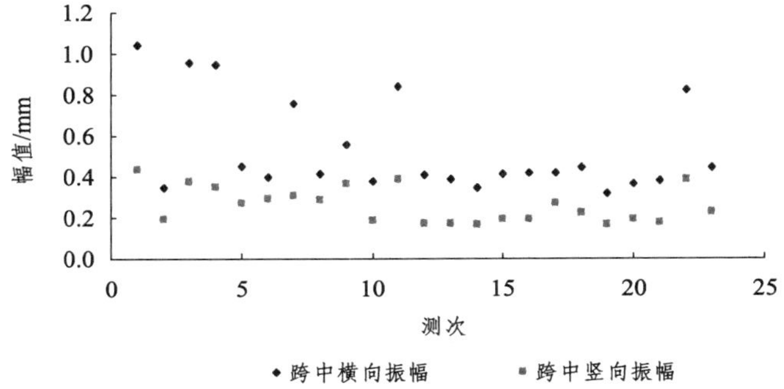

图 5.5.3　同孔混凝土简支梁跨中横-竖向振幅对比关系图

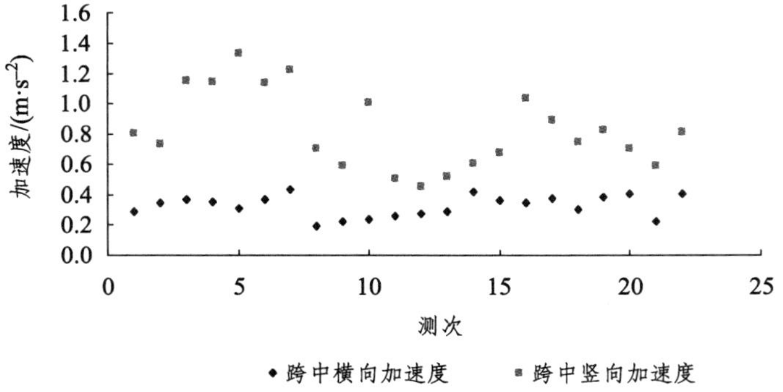

图 5.5.4 同孔混凝土简支梁跨中横-竖向振动加速度对比关系图

2. 大-138

试验分析样本共选取了 2 座桥、6 孔梁，跨度 27.7 m。加固前 3 孔，加固后 3 孔。分析的主要关系有：跨中横向振幅最大值-《桥检规》行车安全值、跨中横向振动加速度最大值-《桥检规》限值、同孔梁跨中横向-竖向振幅实测值、同孔梁跨中横向-竖向振动加速度实测值等关系，如图 5.5.5 ~ 图 5.5.10 所示。

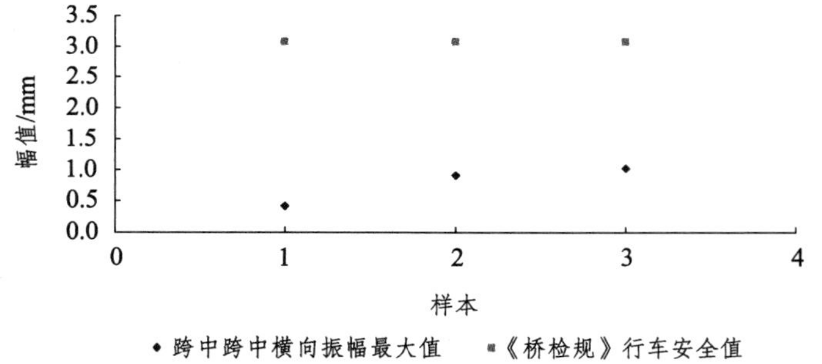

图 5.5.5 跨中横向振幅最大值-《桥检规》行车安全值关系图（加固前）

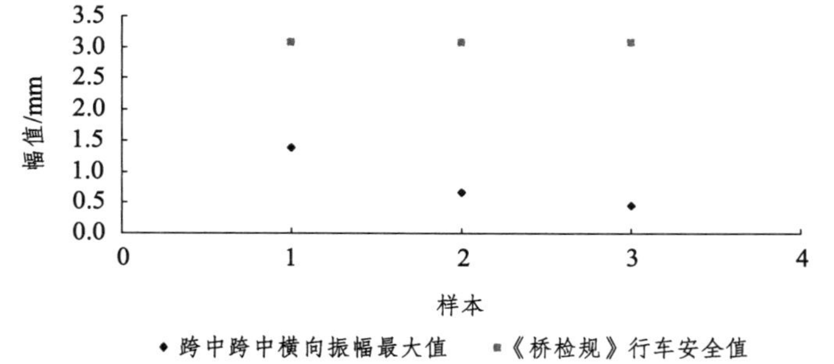

图 5.5.6 跨中横向振幅最大值-《桥检规》行车安全值关系图（加固后）

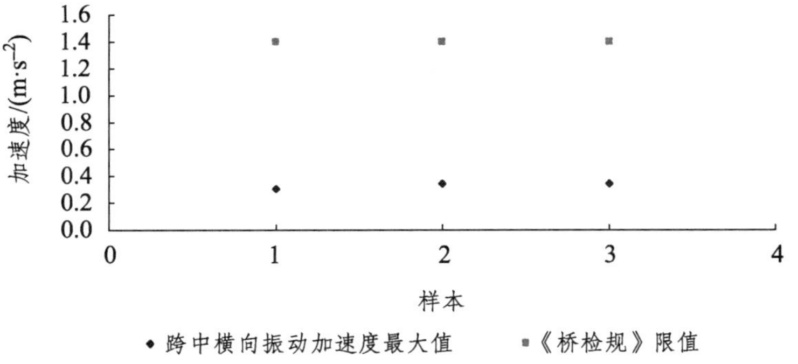

图 5.5.7　跨中横向振动加速度最大值-《桥检规》限值关系图（加固前）

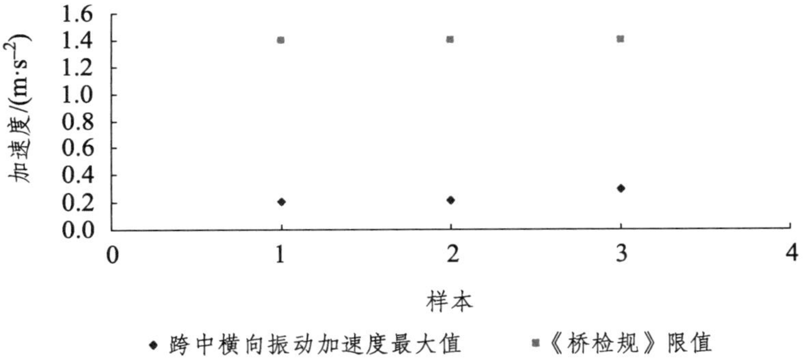

图 5.5.8　跨中横向振动加速度最大值-《桥检规》限值关系图（加固后）

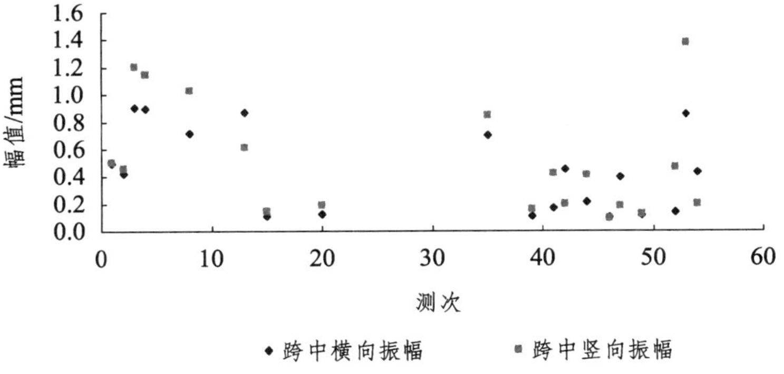

图 5.5.9　同孔混凝土简支梁跨中横-竖向振幅对比关系图

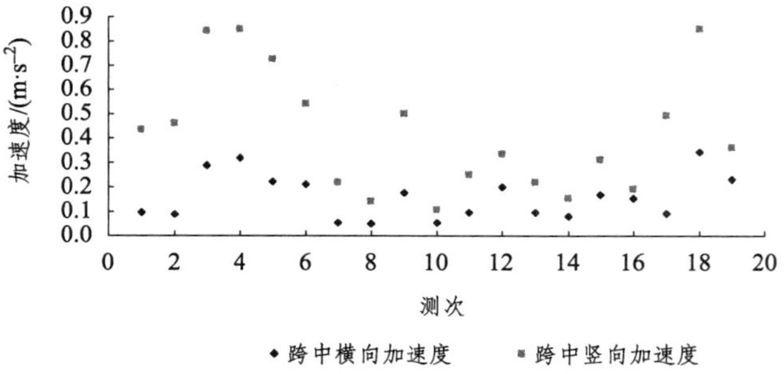

图 5.5.10　同孔混凝土简支梁跨中横-竖向振动加速度对比关系图

3. 大 65-138

1）跨度 23.8 m

加固前，试验分析样本共计选取了 4 座桥、9 孔梁；加固后，试验分析样本共计选取了 2 座桥、4 孔梁。分析的主要关系有：跨中横向振幅最大值-《桥检规》行车安全值、跨中横向振动加速度最大值-《桥检规》限值、同孔梁跨中横向-竖向振幅实测值、同孔梁跨中横向-竖向振动加速度实测值等关系，如图 5.5.11 ~ 图 5.5.18 所示。

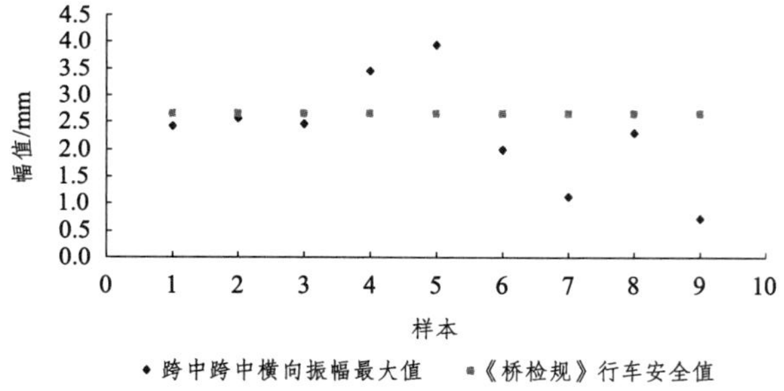

图 5.5.11　跨中横向振幅最大值-《桥检规》行车安全值关系图（加固前）

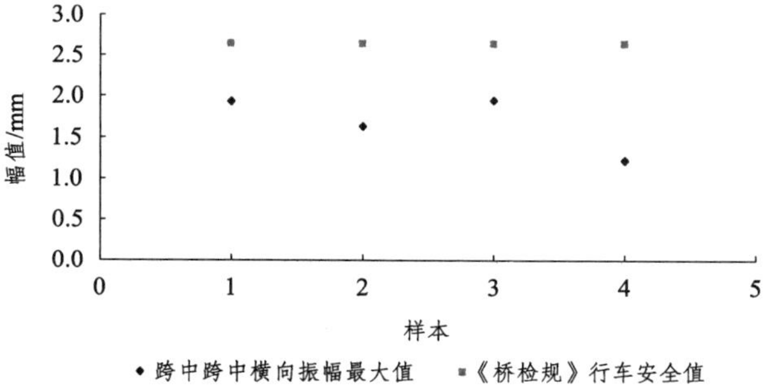

图 5.5.12　跨中横向振幅最大值-《桥检规》行车安全值关系图（加固后）

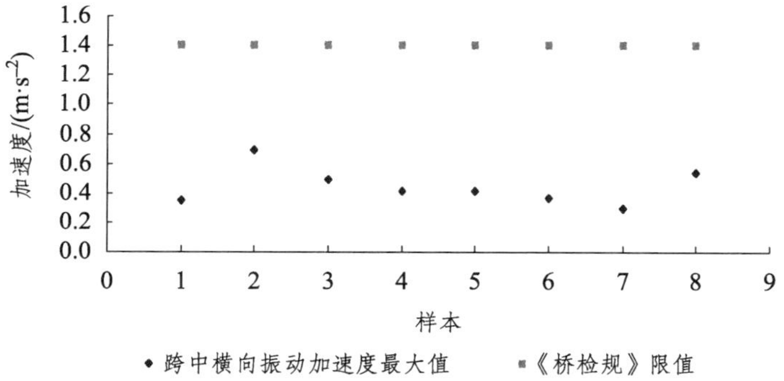

图 5.5.13　跨中横向振动加速度最大值-《桥检规》限值关系图（加固前）

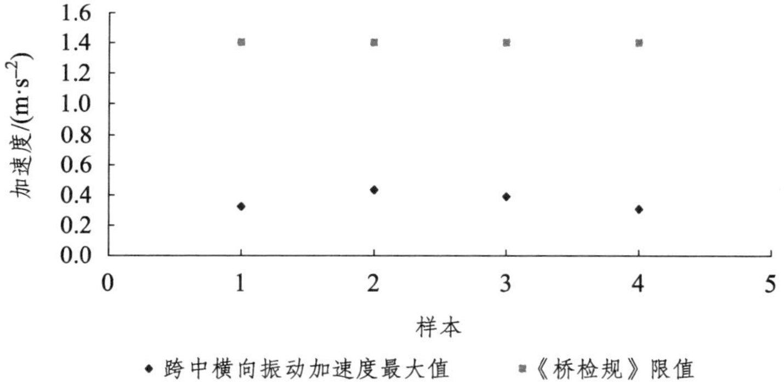

图 5.5.14　跨中横向振动加速度最大值-《桥检规》限值关系图（加固后）

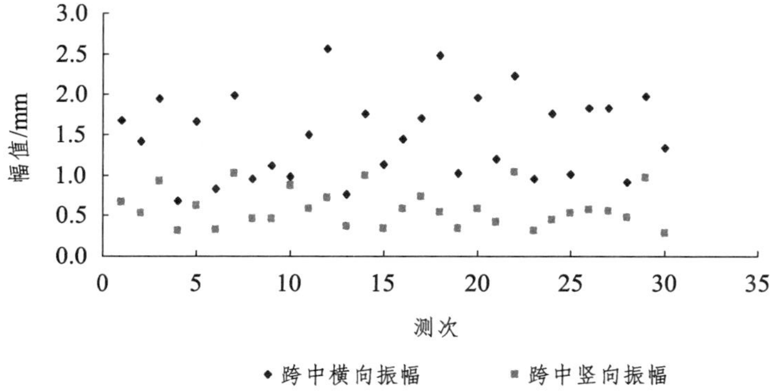

图 5.5.15　同孔混凝土简支梁跨中横-竖向振幅对比关系图（加固前）

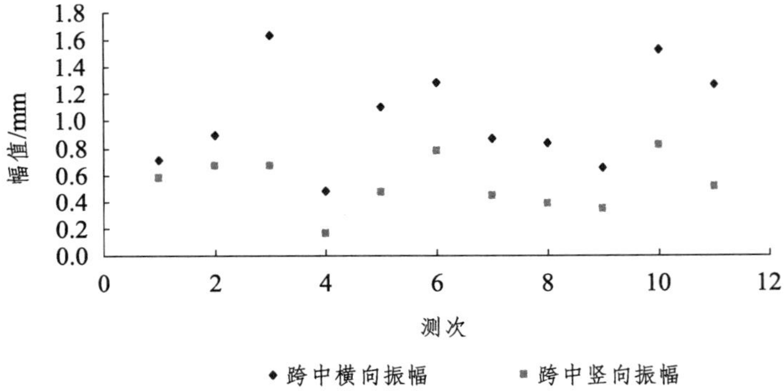

图 5.5.16　同孔混凝土简支梁跨中横-竖向振幅对比关系图（加固后）

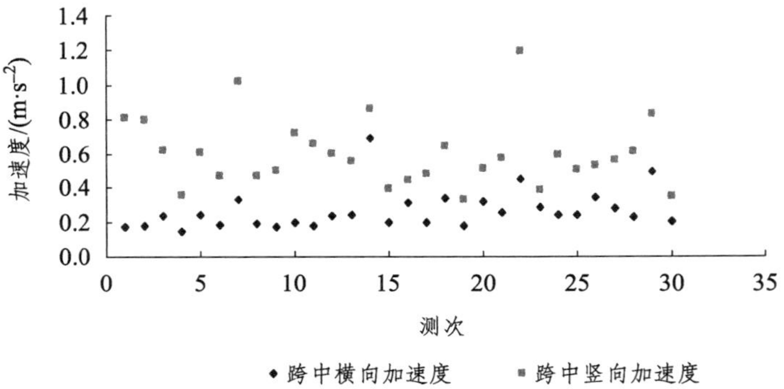

图 5.5.17　同孔混凝土简支梁跨中横-竖向振动加速度对比关系图（加固前）

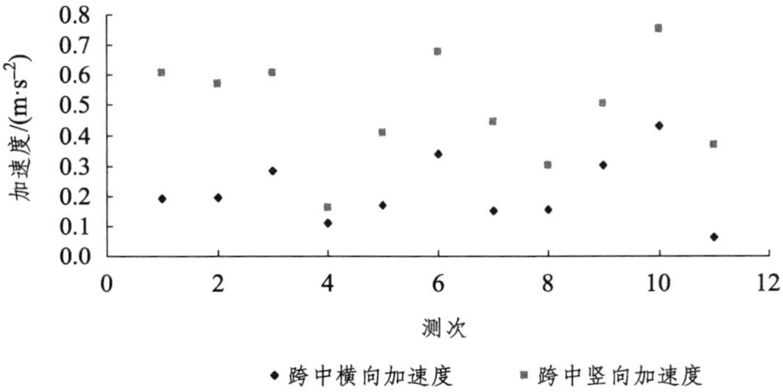

图 5.5.18　同孔混凝土简支梁跨中横-竖向振动加速度对比关系图（加固后）

2）跨度 31.7 m

加固前，试验分析样本共计选取了 8 座桥、15 孔梁；加固后，试验分析样本共计选取了 6 座桥 16 孔梁。分析的主要关系有：跨中横向振幅最大值-《桥检规》行车安全值、跨中横向振动加速度最大值-《桥检规》限值、不同样本跨中横向-竖向振幅最大值、同孔梁及不同样本跨中横向-竖向振动加速度最大值等关系，如图 5.5.19 ~ 图 5.5.26 所示。

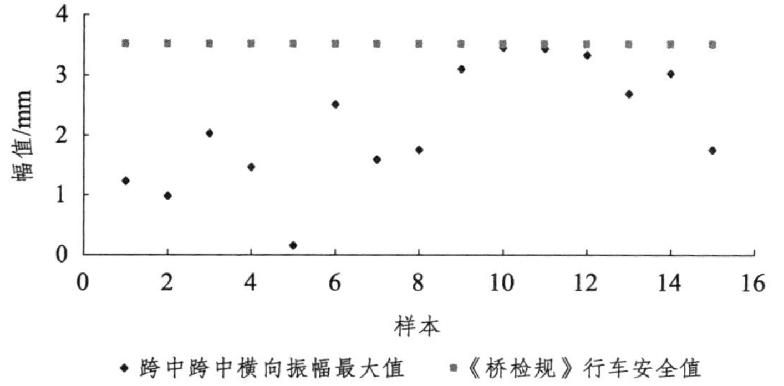

图 5.5.19　跨中横向振幅最大值-《桥检规》行车安全值关系图（加固前）

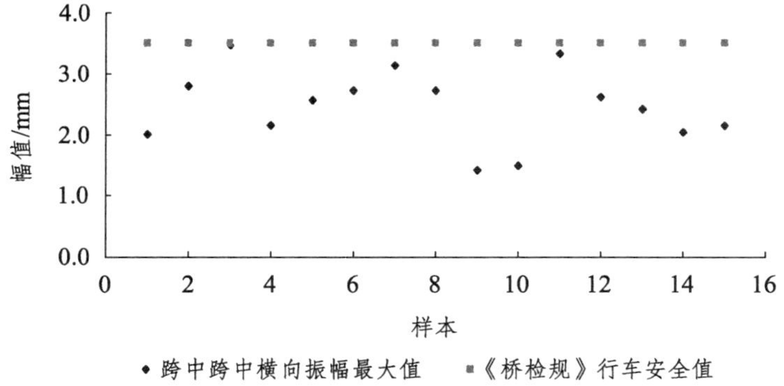

图 5.5.20　跨中横向振幅最大值-《桥检规》行车安全值关系图（加固后）

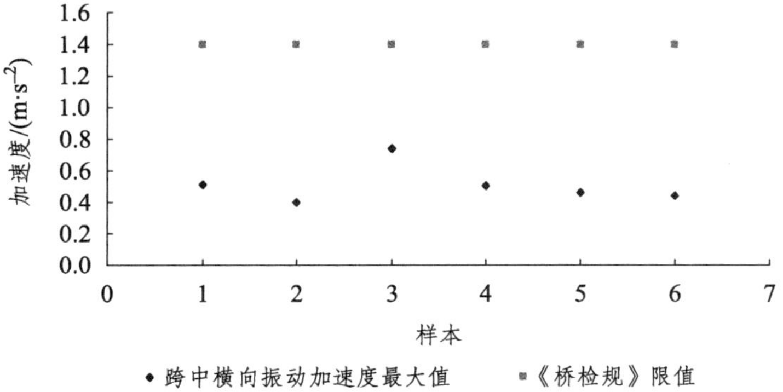

图 5.5.21　跨中横向振动加速度最大值-《桥检规》限值关系图（加固前）

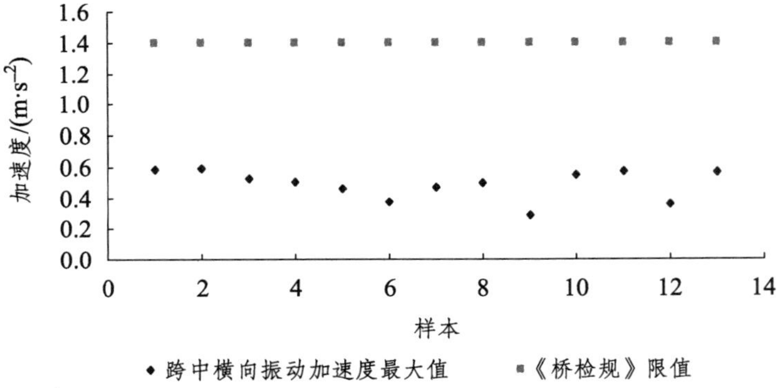

图 5.5.22 跨中横向振动加速度最大值-《桥检规》限值关系图（加固后）

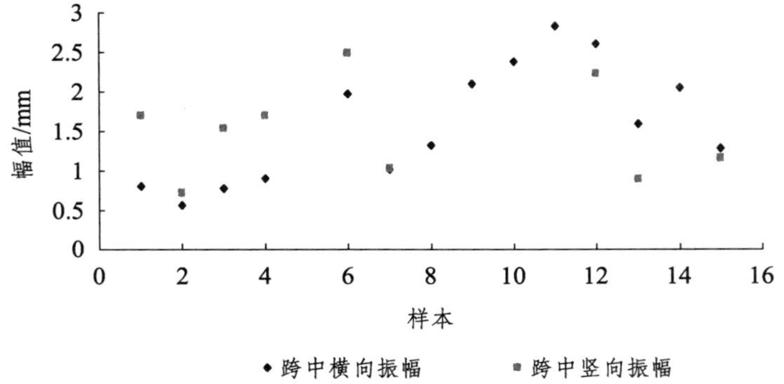

图 5.5.23 不同样本跨中横-竖向振幅最大值对比关系图（加固前）

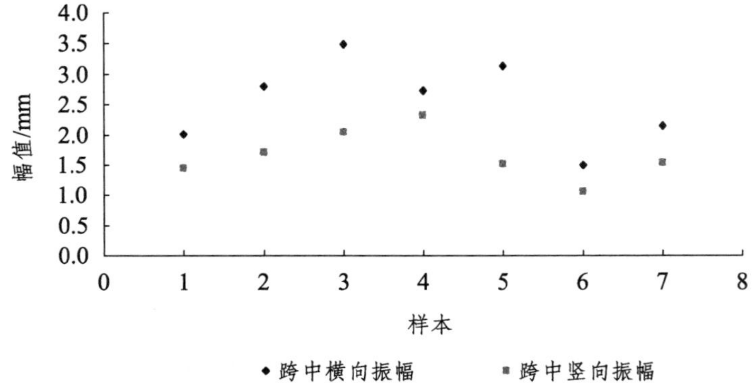

图 5.5.24 不同样本跨中横-竖向振幅最大值对比关系图（加固后）

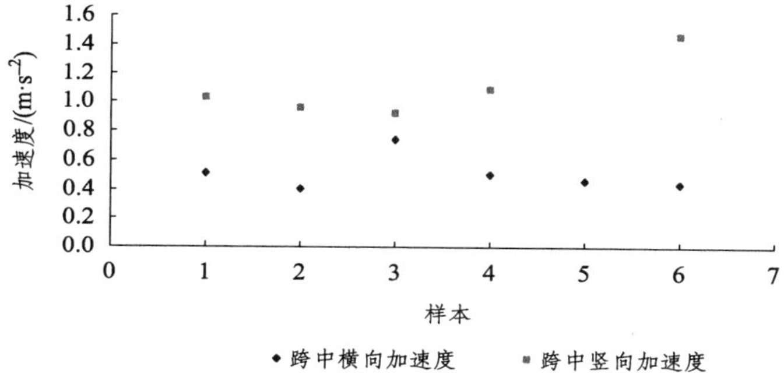

图 5.5.25　不同样本梁跨中横向-竖向振动加速度最大值对比图（加固前）

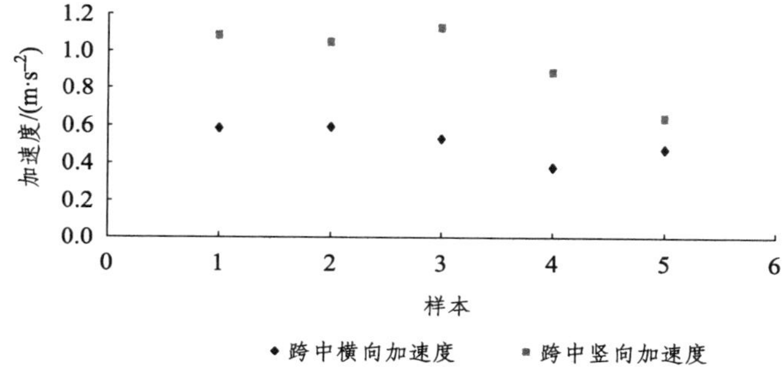

图 5.5.26　不同样本梁跨中横向-竖向振动加速度最大值对比图（加固后）

4. 贰桥 2002

试验分析样本共计选取了 1 座桥、2 孔梁，跨度 23.8 m。分析的主要关系有：跨中横向振幅最大值-《桥检规》行车安全值、跨中横向振动加速度最大值-《桥检规》限值、同孔梁跨中横向-竖向振幅实测值、同孔梁跨中横向-竖向振动加速度实测值等关系，如图 5.5.27～图 5.5.30 所示。

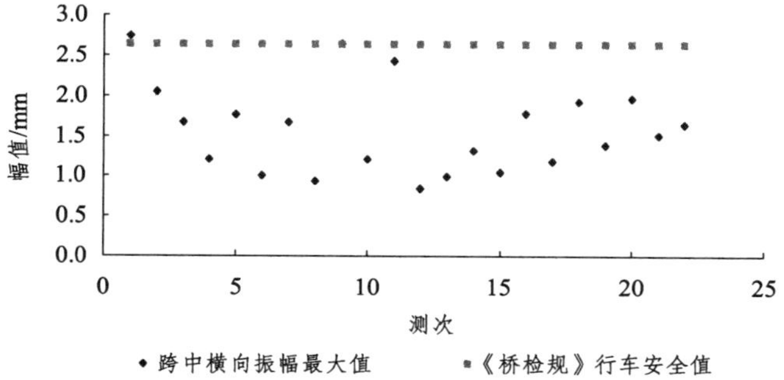

图 5.5.27　跨中横向振幅最大值-《桥检规》行车安全值关系图

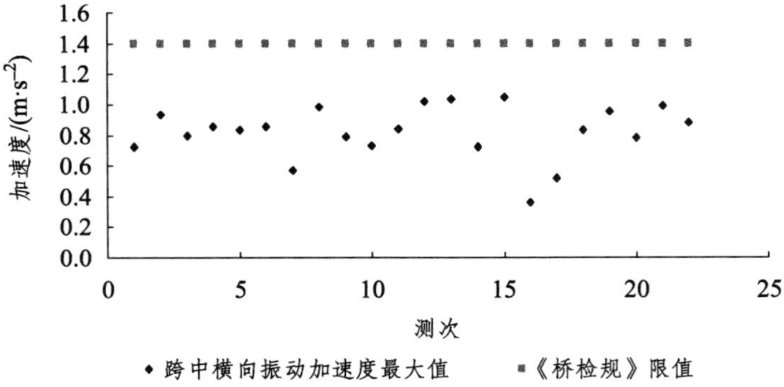

图 5.5.28　跨中横向振动加速度最大值-《桥检规》限值关系图

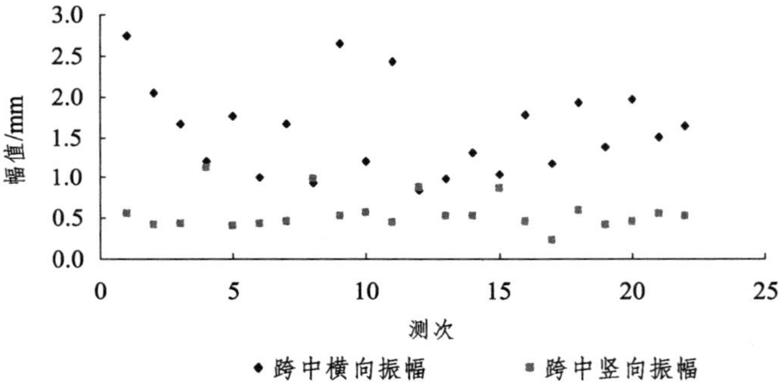

图 5.5.29　同孔混凝土简支梁跨中横-竖向振幅实测值对比关系图

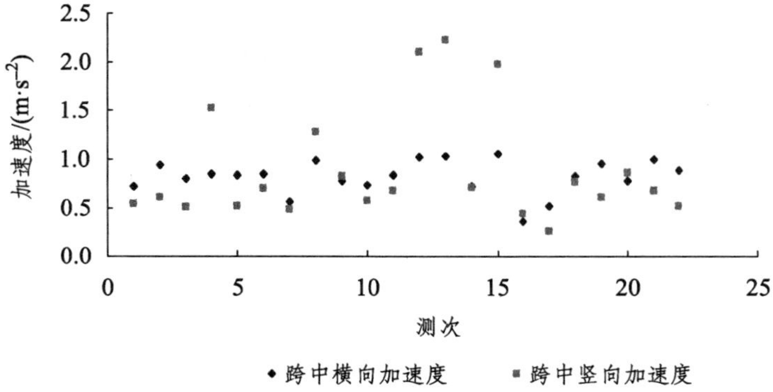

图 5.5.30　同孔混凝土简支梁跨中横-竖向加速度实测值对比关系图

5. 丰 70-1

试验分析样本共计选取了 1 座桥、3 孔梁，跨度 31.7 m。分析的主要关系有：跨中横向振幅最大值-《桥检规》行车安全值、跨中横向振动加速度最大值-《桥检规》限值、不同样本跨中横向-竖向振幅最大值、同孔梁跨中横向-竖向振动加速度最大值等关系，如图 5.5.31～图 5.5.34 所示。

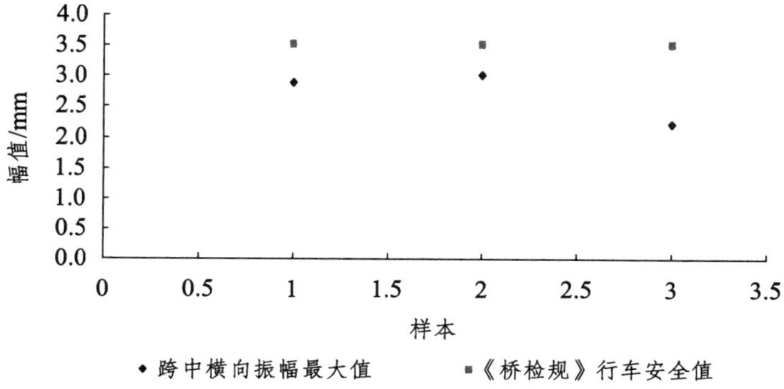

图 5.5.31　跨中横向振幅最大值-《桥检规》行车安全值关系图

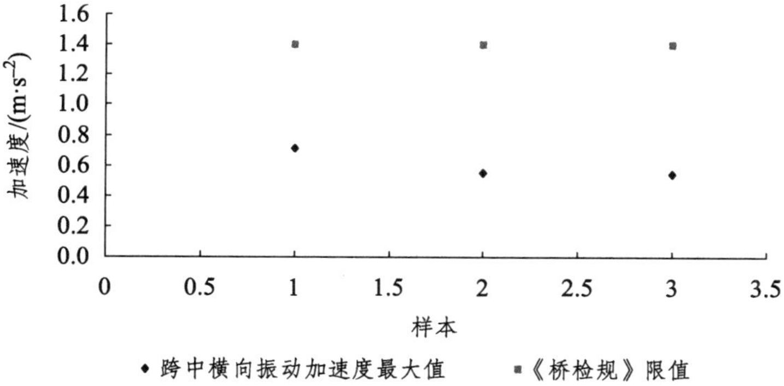

图 5.5.32　跨中横向振动加速度最大值-《桥检规》限值关系图

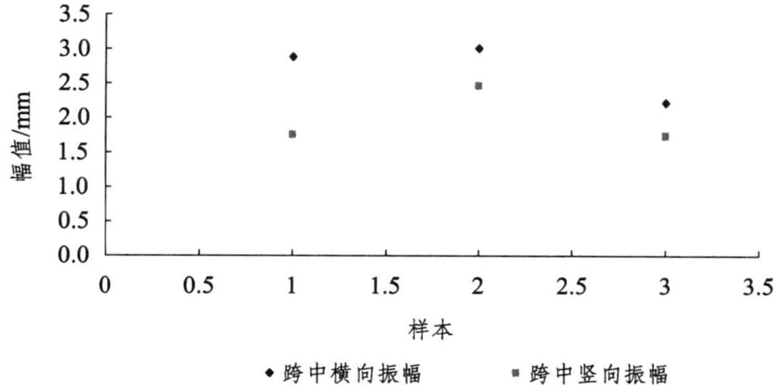

图 5.5.33　同孔梁跨中横-竖向振幅最大值对比关系图

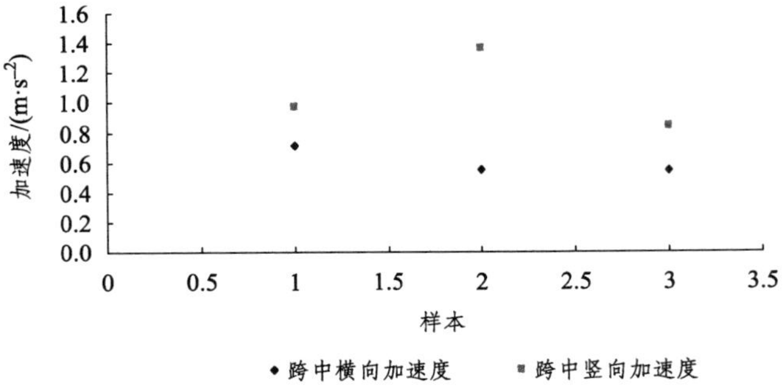

图 5.5.34 同孔梁跨中横-竖向振动加速度最大值对比关系图

6. 专桥 2059

1）跨度 24 m

加固前，试验分析样本共计选取了 3 座桥、5 孔梁；加固后，试验分析样本共计选取了 1 座桥、4 孔梁。分析的主要关系有：跨中横向振幅最大值-《桥检规》行车安全值、跨中横向振动加速度最大值-《桥检规》限值、同孔梁及不同样本跨中横向-竖向振幅实测值等关系，如图 5.5.35 ~ 图 5.5.40 所示。

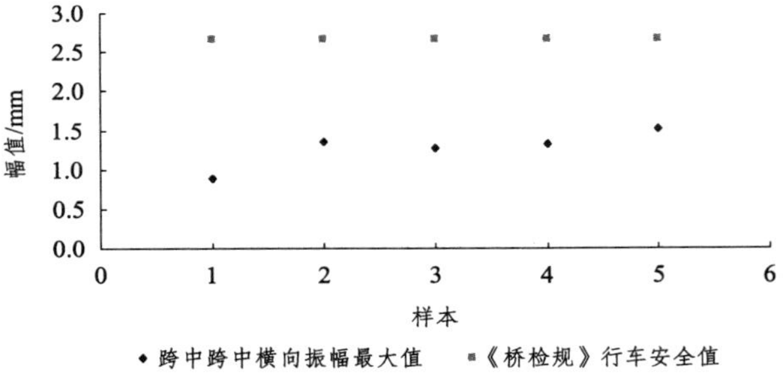

图 5.5.35 跨中横向振幅最大值-《桥检规》行车安全值关系图（加固前）

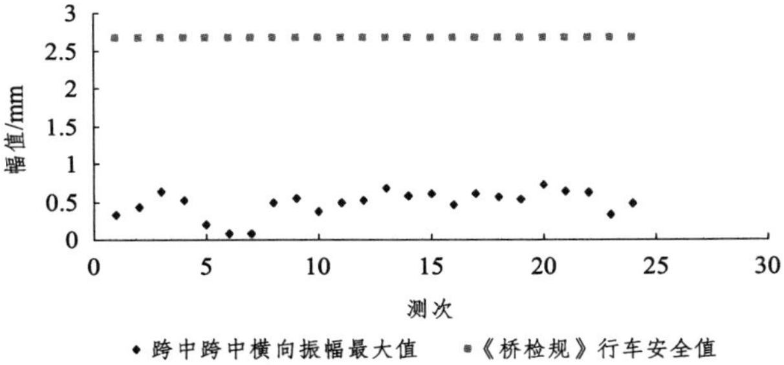

图 5.5.36 跨中横向振幅最大值-《桥检规》行车安全值关系图（加固后）

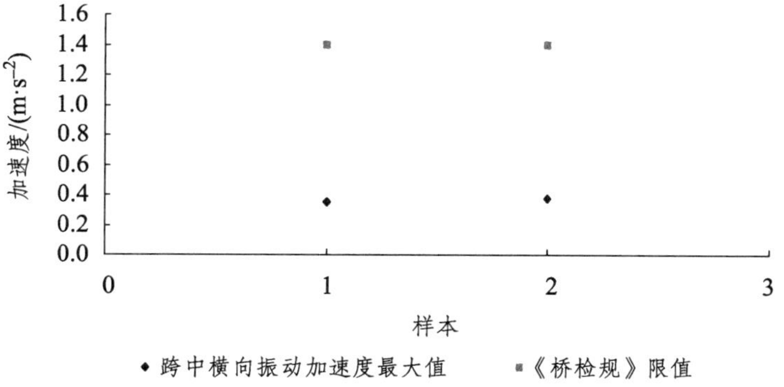

图 5.5.37　跨中横向振动加速度最大值-《桥检规》限值关系图（加固前）

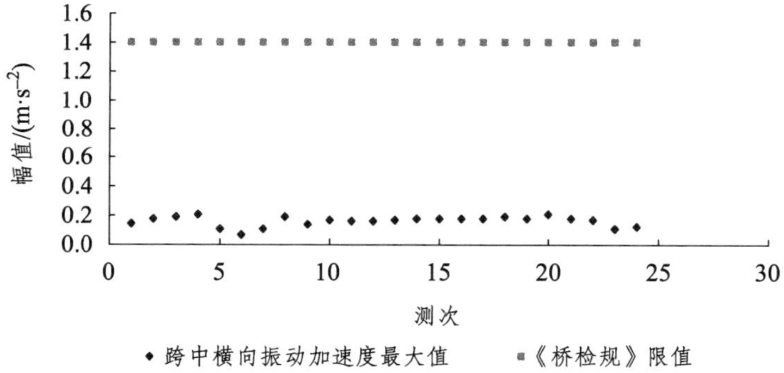

图 5.5.38　跨中横向振动加速度最大值-《桥检规》限值关系图（加固后）

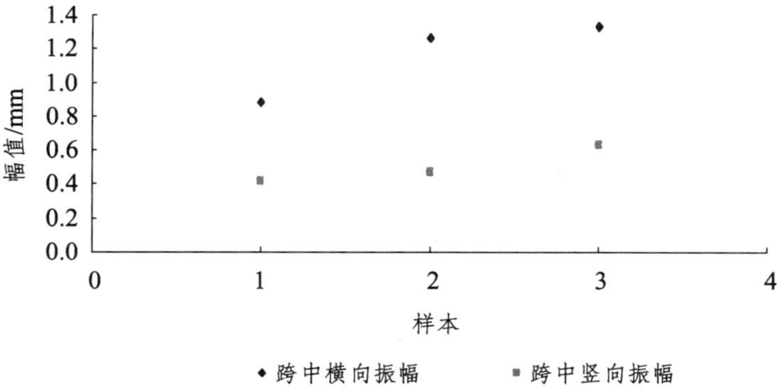

图 5.5.39　同孔梁跨中横-竖向振幅最大值对比关系图（加固前）

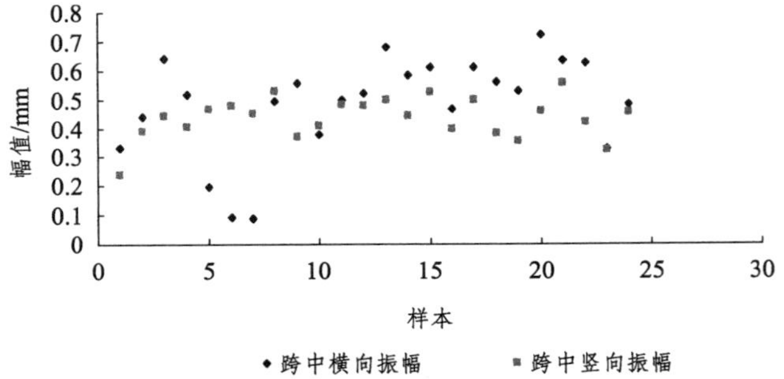

图 5.5.40 同孔梁跨中横-竖向振幅最大值对比关系图（加固后）

2）跨度 32 m

加固前，试验分析样本共计选取了 8 座桥、20 孔梁；加固后，试验分析样本共计选取了 19 座桥 47 孔梁。分析的主要关系有：跨中横向振幅最大值-《桥检规》行车安全值、跨中横向振动加速度最大值-《桥检规》限值、不同样本跨中横-竖向振幅最大值等关系，如图 5.5.41 ~ 图 5.5.46 所示。

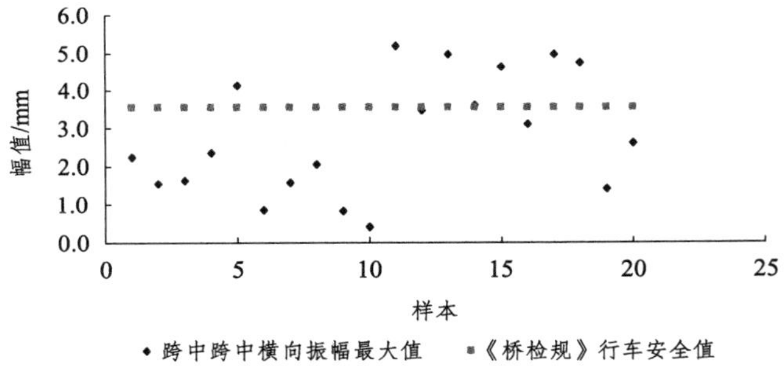

图 5.5.41 跨中横向振幅最大值-《桥检规》行车安全值关系图（加固前）

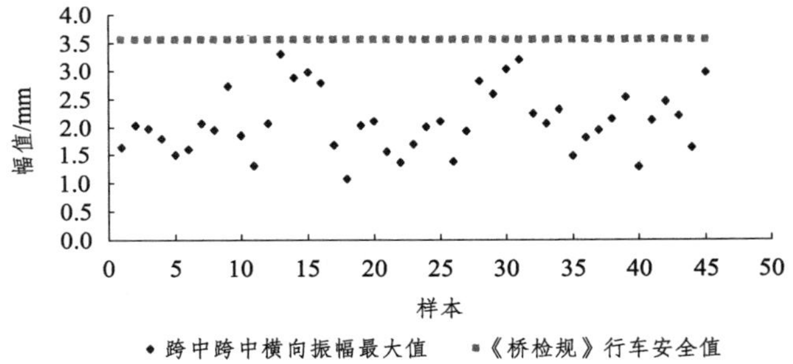

图 5.5.42 跨中横向振幅最大值-《桥检规》行车安全值关系图（加固后）

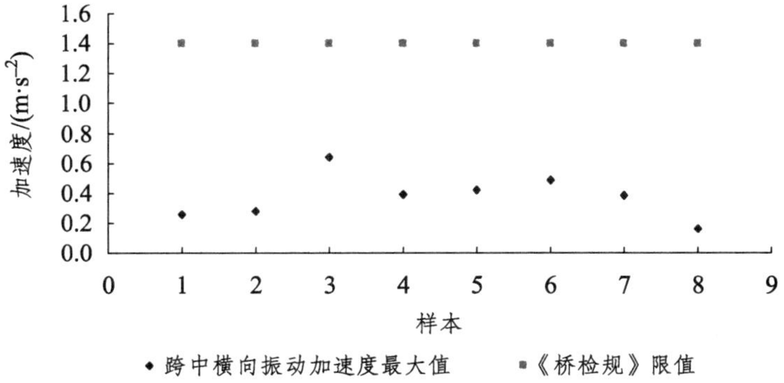

图 5.5.43　跨中横向振动加速度-《桥检规》限值关系图（加固前）

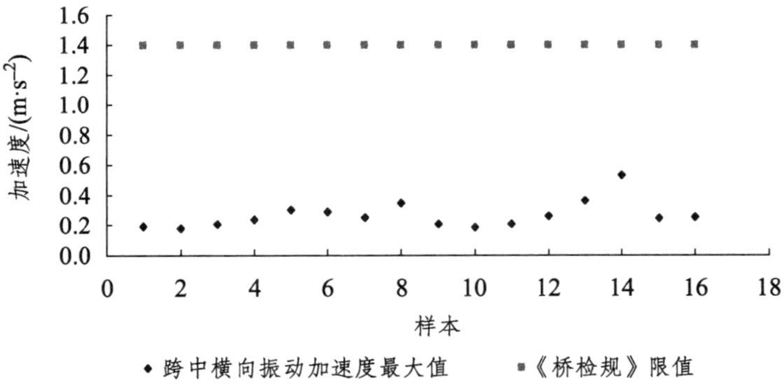

图 5.5.44　跨中横向振动加速度-《桥检规》限值关系图（加固后）

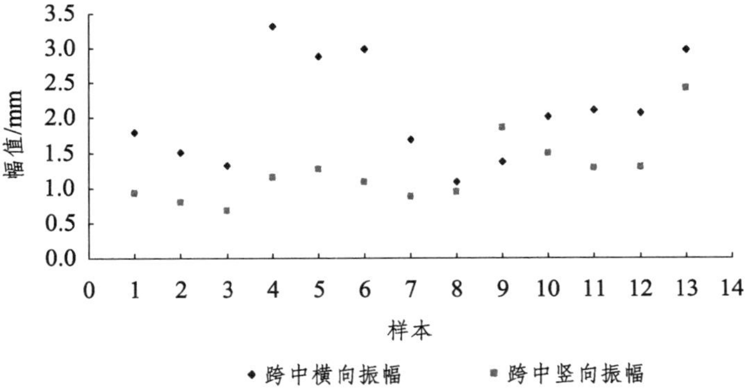

图 5.5.45　不同样本跨中横-竖向振幅最大值对比关系图（加固后）

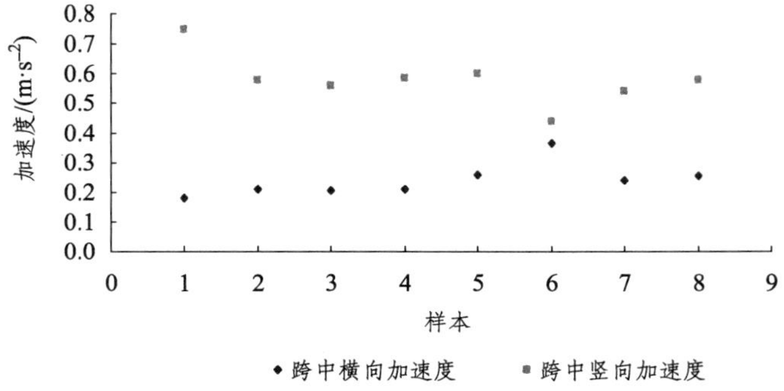

图 5.5.46　不同样本跨中横-竖向振动加速度最大值对比关系图（加固后）

7. 叁标桥 1023

试验分析样本共选取了 6 座桥、11 孔梁，跨度 16 m。分析的主要关系有：跨中横向振幅最大值-《桥检规》行车安全值、跨中横向振动加速度最大值-《桥检规》限值、同孔梁跨中横-竖向振幅实测值等关系，如图 5.5.47 ~ 图 5.5.49 所示。

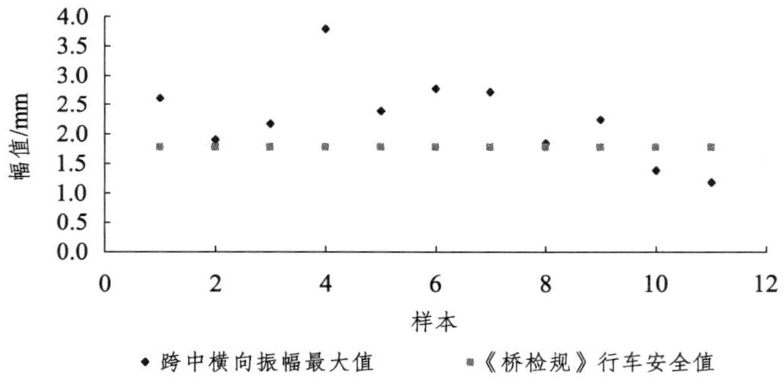

图 5.5.47　跨中横向振幅最大值-《桥检规》行车安全值关系图

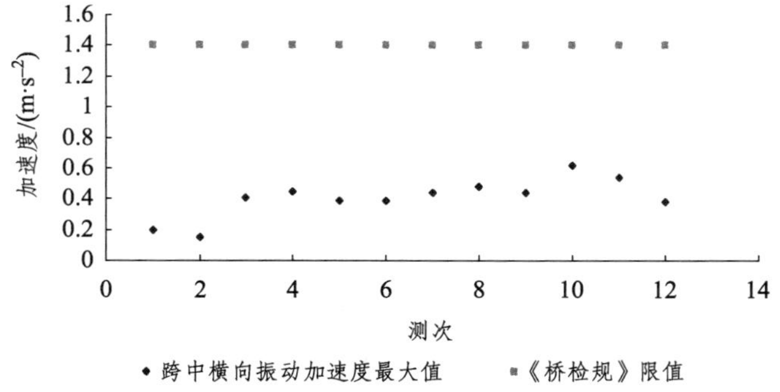

图 5.5.48　跨中横向振动加速度最大值-《桥检规》限值关系图

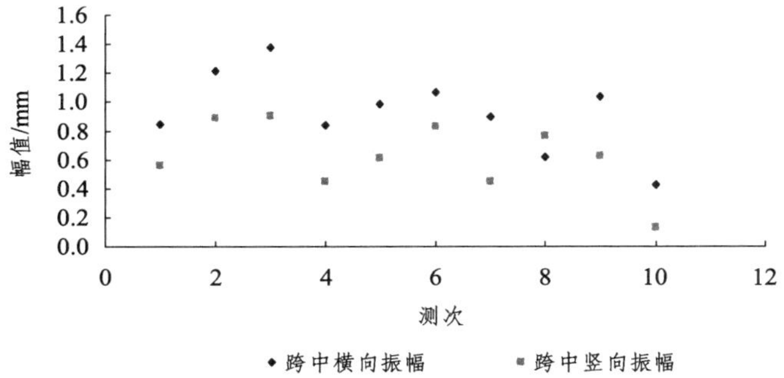

图 5.5.49　同孔梁跨中横-竖向振幅最大值对比关系图

8. 参标桥 2019

1）跨度 16 m

试验分析样本共选取了 6 座桥、11 孔梁。分析的主要关系有：跨中横向振幅最大值-《桥检规》行车安全值、跨中横向-竖向振幅实测值等关系，如图 5.5.50～图 5.5.51 所示。

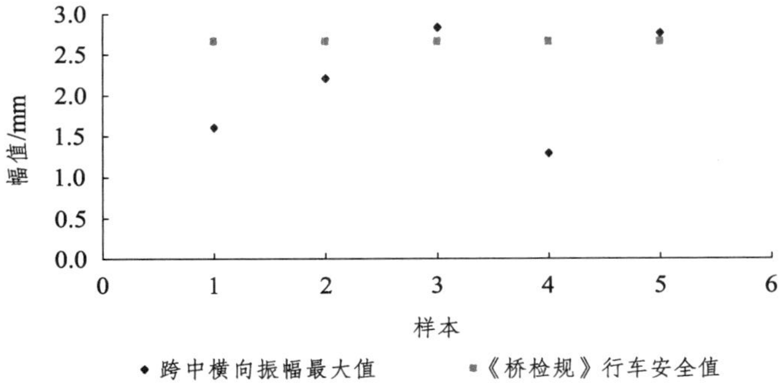

图 5.5.50　跨中横向振幅最大值-《桥检规》行车安全值关系图

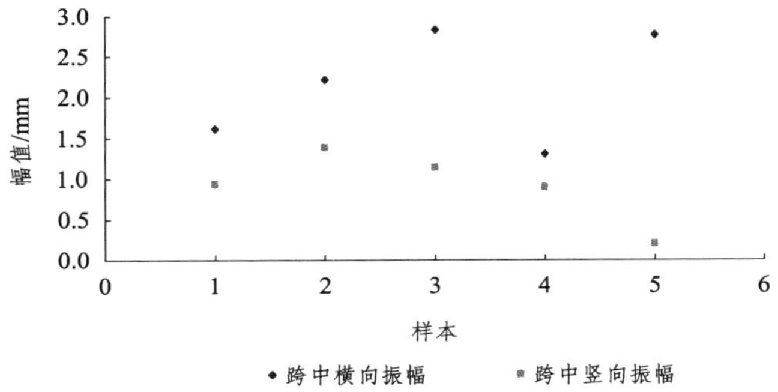

图 5.5.51　跨中横-竖向振幅最大值对比关系图

2）跨度 32 m

试验分析样本共选取了 2 座桥、5 孔梁。分析的主要关系有：跨中横向振幅最大值-《桥检规》行车安全值、跨中横向振动加速度最大值-《桥检规》限值等关系，如图 5.5.52～图 5.5.53 所示。

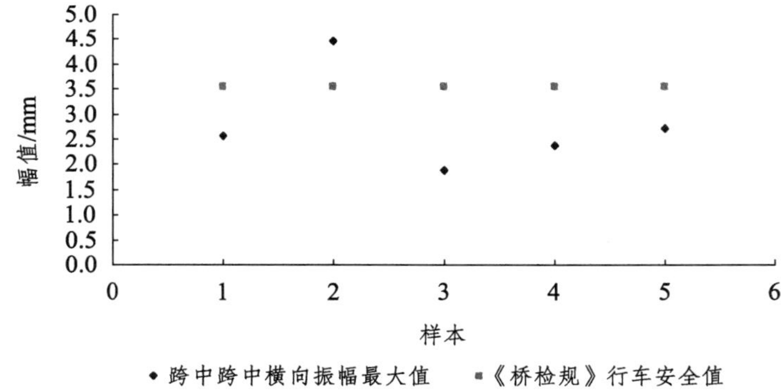

图 5.5.52　跨中横向振幅最大值-《桥检规》行车安全值关系图

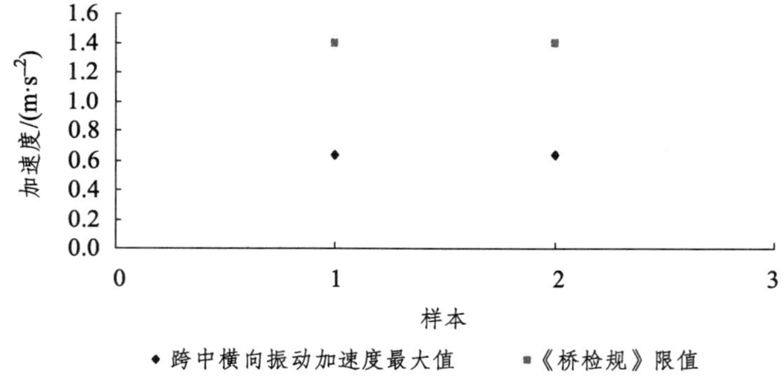

图 5.5.53　跨中横向振动加速度最大值-《桥检规》限值关系图

9. 叁桥 2005

试验分析样本共选取了 1 座桥、1 孔梁，跨度 24 m。分析的主要关系有：跨中横向振幅最大值-《桥检规》行车安全值、跨中横向振动加速度最大值-《桥检规》限值、同孔梁跨中横向-竖向振幅实测值等关系，如图 5.5.54～图 5.5.56 所示。

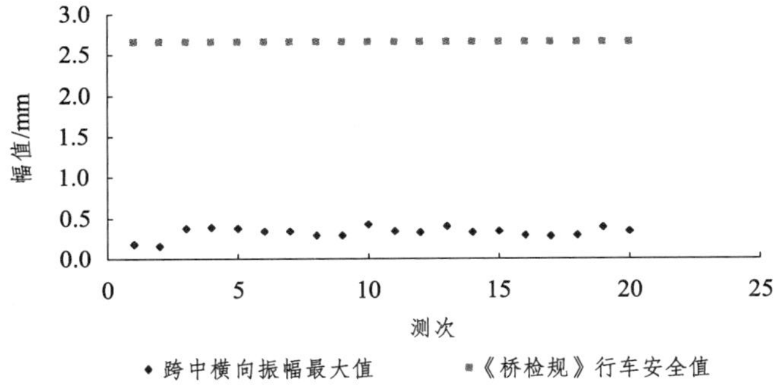

图 5.5.54　同孔梁跨中横向振幅最大值-《桥检规》行车安全值关系图

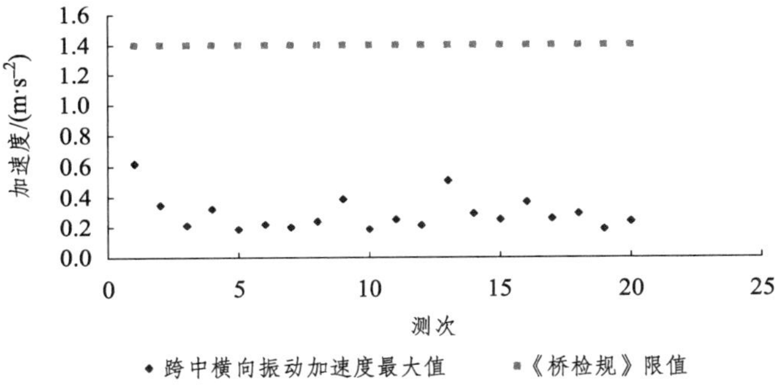

图 5.5.55　同孔梁跨中横向振动加速度最大值-《桥检规》限值关系图

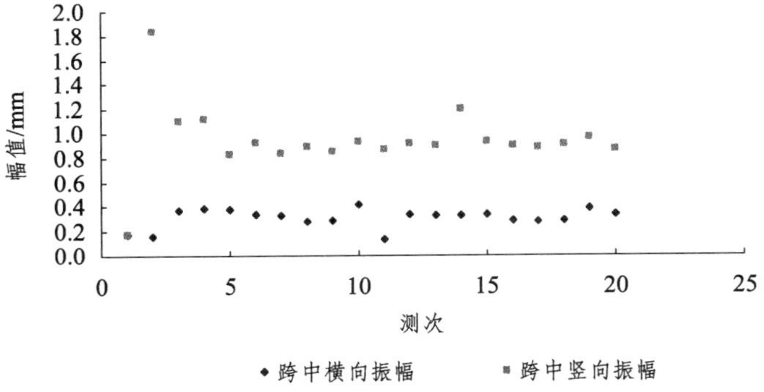

图 5.5.56　同孔梁跨中横-竖向振幅最大值对比关系图

10. 通桥 2101

试验分析样本共选取了 3 座桥、9 孔梁，跨度 32 m。分析的主要关系有：跨中横向振幅最大值-《桥检规》行车安全值、跨中横向振动加速度最大值-《桥检规》限值等关系，如图 5.5.57 ~ 图 5.5.58 所示。

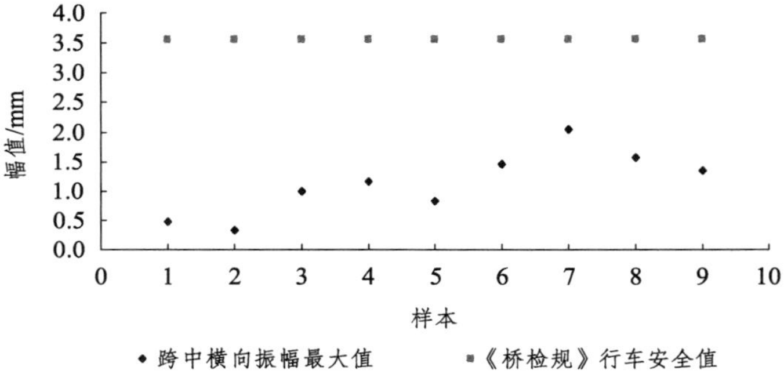

图 5.5.57 跨中横向振幅最大值-《桥检规》行车安全值关系图

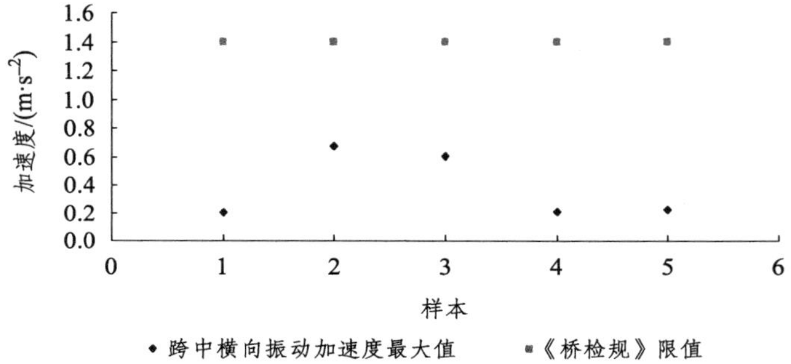

图 5.5.58 跨中横向振动加速度最大值-《桥检规》限值关系图

11. 通桥 2051

试验分析样本共选取了 7 座桥、16 孔梁，跨度 32 m。分析的主要关系有：跨中横向振幅最大值-《桥检规》行车安全值、跨中横向振动加速度最大值-《桥检规》限值、不同样本跨中横向-竖向振幅最大值、不同样本跨中横-竖向振动加速度最大值等关系，如图 5.5.59 ~ 图 5.5.62 所示。

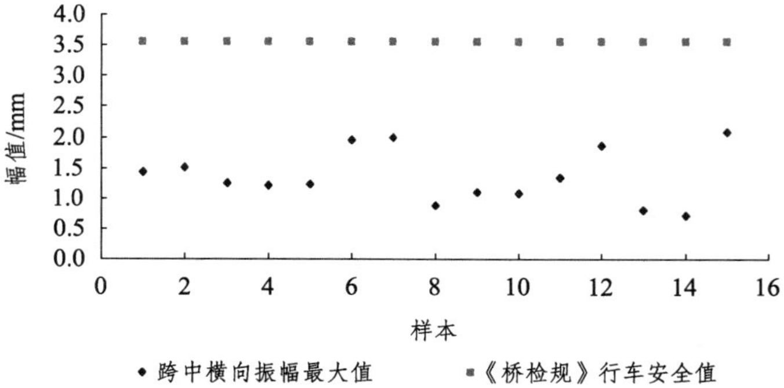

图 5.5.59 跨中横向振幅最大值-《桥检规》行车安全值关系图

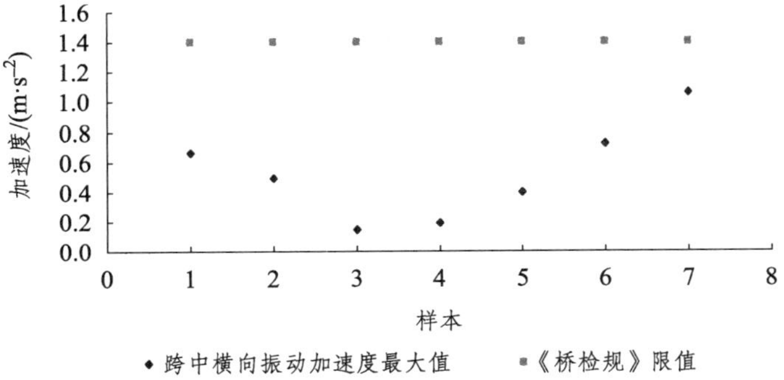

图 5.5.60　跨中横向振动加速度-《桥检规》限值关系图

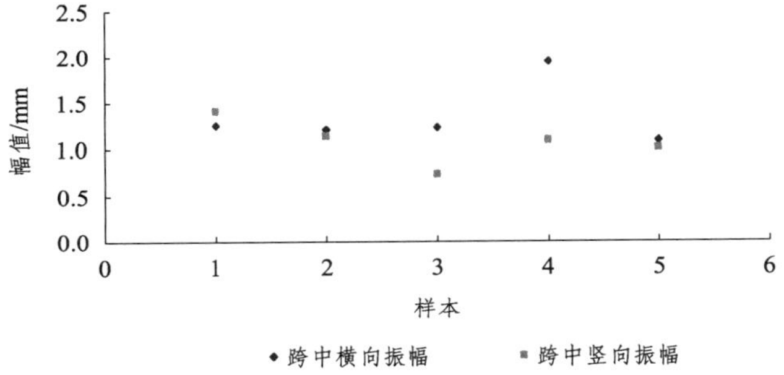

图 5.5.61　不同样本跨中横-竖向振幅最大值对比关系图

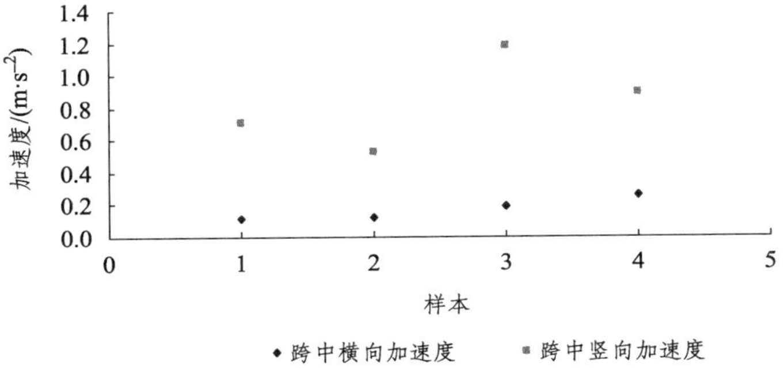

图 5.5.62　不同样本跨中横-竖向振动加速度最大值对比关系图

12. 专桥 1009

试验分析样本共选取了 3 座桥、6 孔梁，跨度 16 m。分析的主要关系有：跨中横向振幅最大值-《桥检规》行车安全值、跨中横向振动加速度最大值-《桥检规》限值等关系，如图 5.5.63 ~ 图 5.5.64 所示。

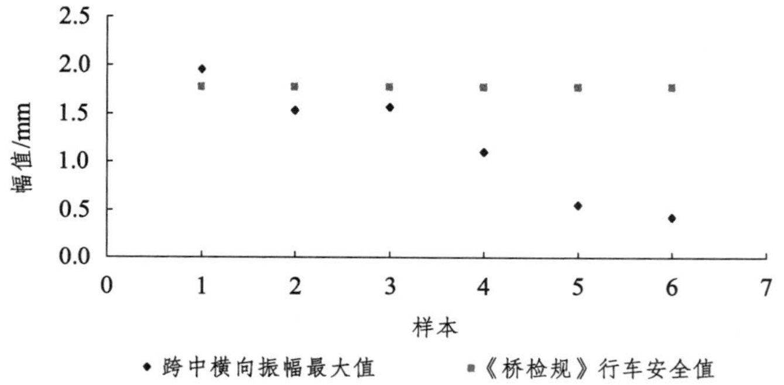

图 5.5.63　跨中横向振幅最大值-《桥检规》行车安全值关系图

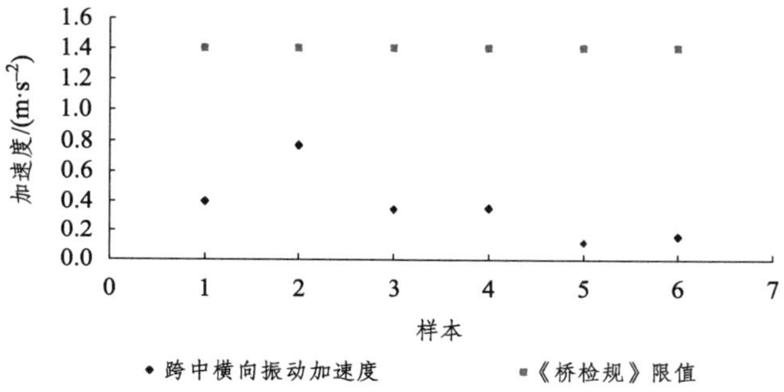

图 5.5.64　跨中横向振动加速度-《桥检规》限值关系图

13. 专桥 1010

试验分析样本共选取了 2 座桥、4 孔梁，跨度 16 m。分析的主要关系有：跨中横向振幅最大值-《桥检规》行车安全值、跨中横向振动加速度最大值-《桥检规》限值、同孔梁跨中横向-竖向振幅最大值、同孔梁跨中横向-竖向振动加速度最大值等关系，如图 5.5.65 ~ 图 5.5.68 所示。

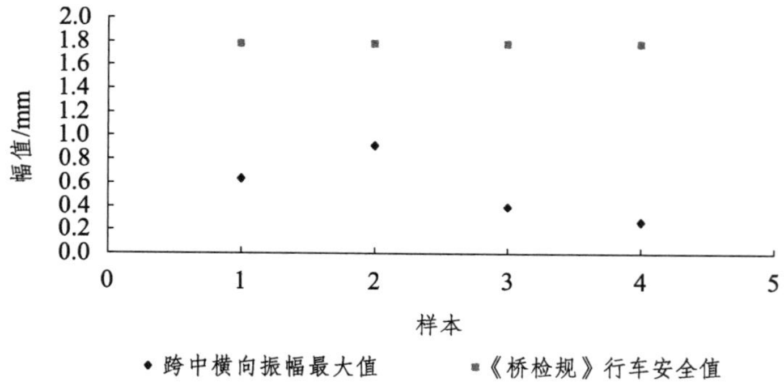

图 5.5.65　跨中横向振幅最大值-《桥检规》行车安全值关系图

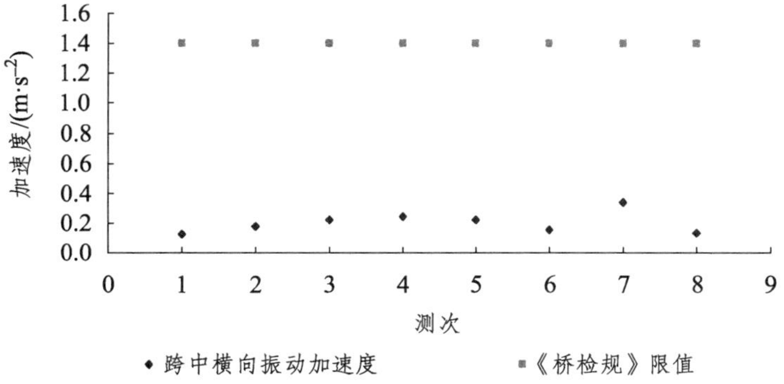

图 5.5.66　同孔梁跨中横向振动加速度-《桥检规》限值对比关系图

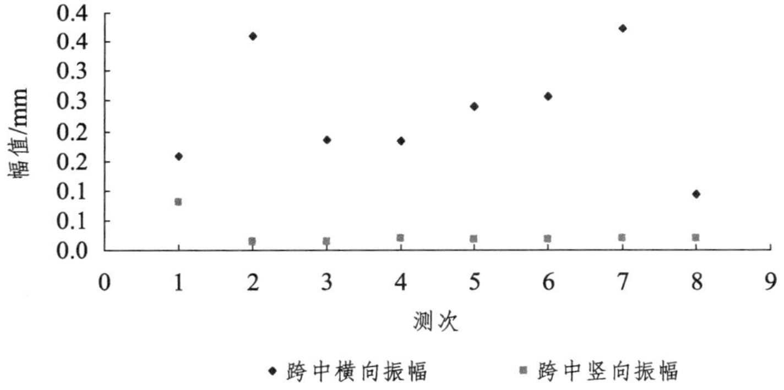

图 5.5.67　同孔梁跨中横-竖向振幅对比关系图

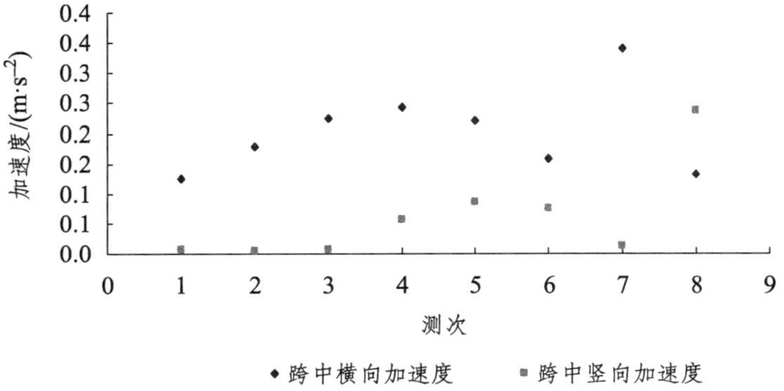

图 5.5.68　同孔梁跨中横-竖向振动加速度对比关系图

14. 专桥 1015

试验分析样本共选取了 3 座桥、6 孔梁，跨度 16 m。分析的主要关系有：跨中横向振幅最大值-《桥检规》行车安全值、跨中横向振动加速度最大值-《桥检规》限值、同孔梁跨中横向-竖向振幅最大值、同孔梁跨中横向-竖向振动加速度最大值等关系，如图 5.5.69 ~ 图 5.5.72 所示。

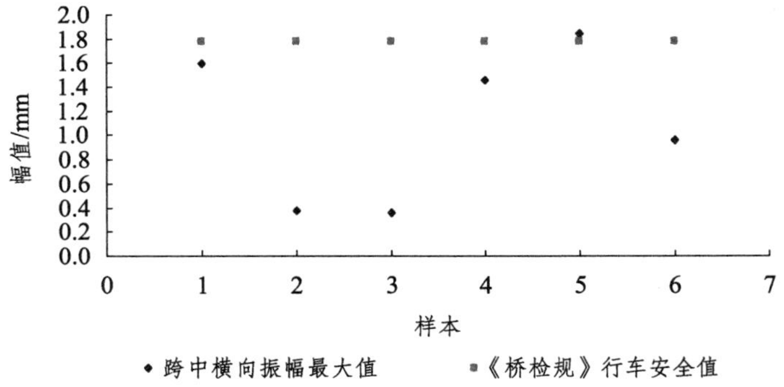

图 5.5.69 跨中横向振幅最大值-《桥检规》行车安全值关系图

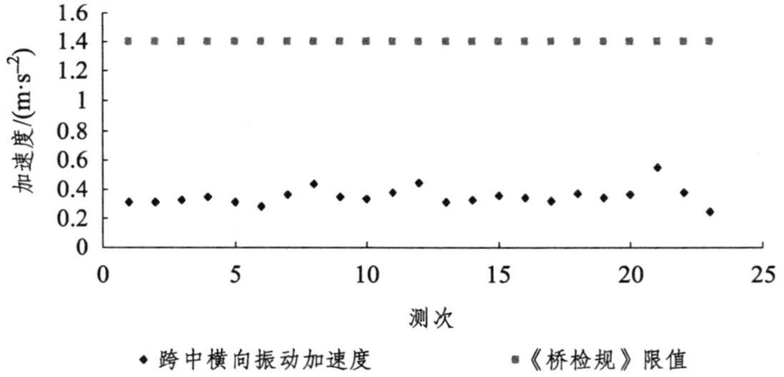

图 5.5.70 同孔梁跨中横向振幅最大值-《桥检规》行车安全值关系图

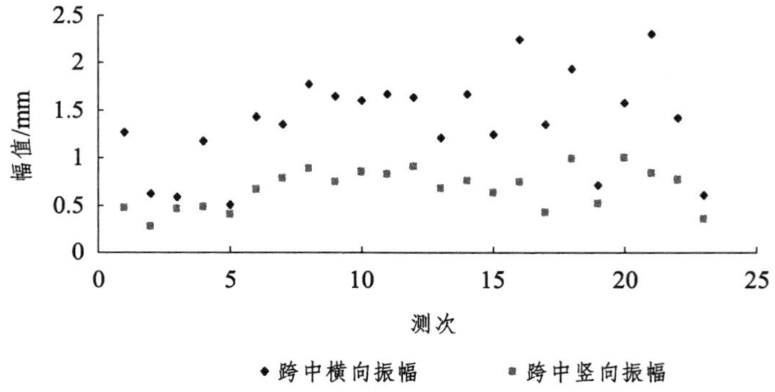

图 5.5.71 同孔梁跨中横-竖向振动加速度对比关系图

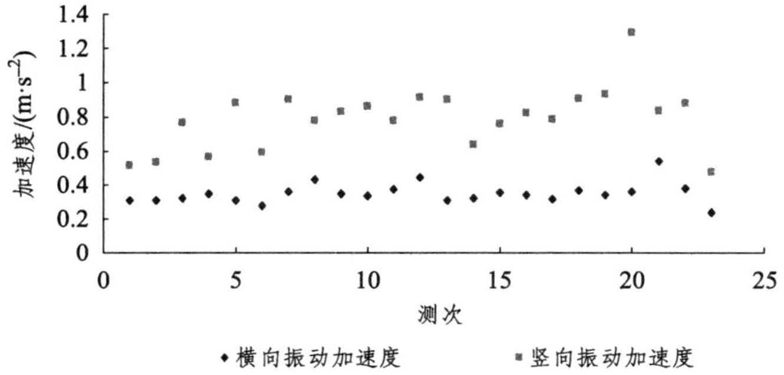

图 5.5.72　同孔梁跨中横-竖向振动加速度对比关系图

15. 专桥 1023

试验分析样本共选取了 3 座桥、7 孔梁，跨度 16 m。分析的主要关系有：跨中横向振幅最大值-《桥检规》行车安全值、跨中横向振动加速度最大值-《桥检规》限值、跨中横向-竖向振幅最大值等关系，如图 5.5.73 ~ 图 5.5.75 所示。

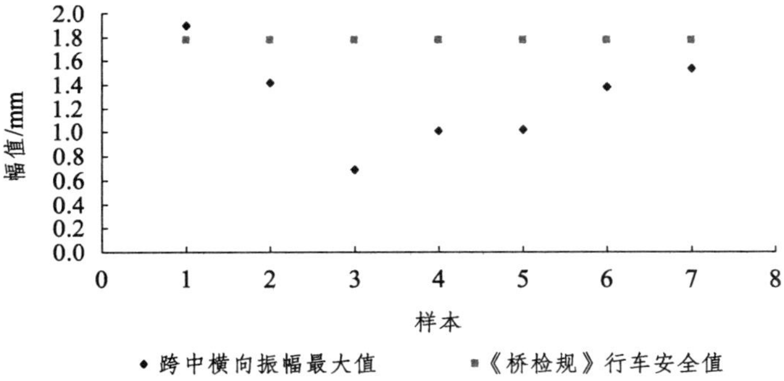

图 5.5.73　跨中横向振幅最大值-《桥检规》行车安全值关系图

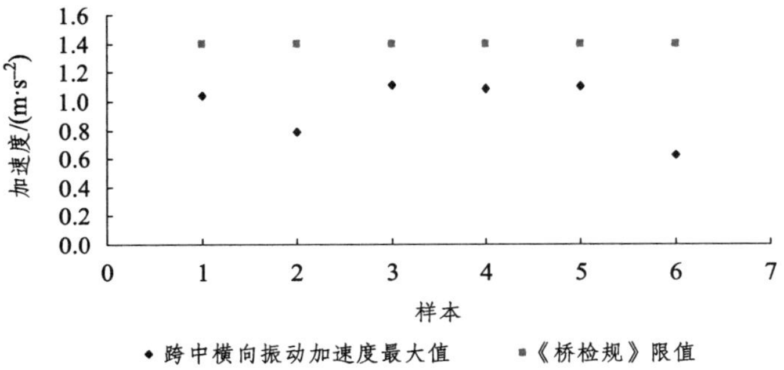

图 5.5.74　跨中横向振动加速度-《桥检规》限值关系图

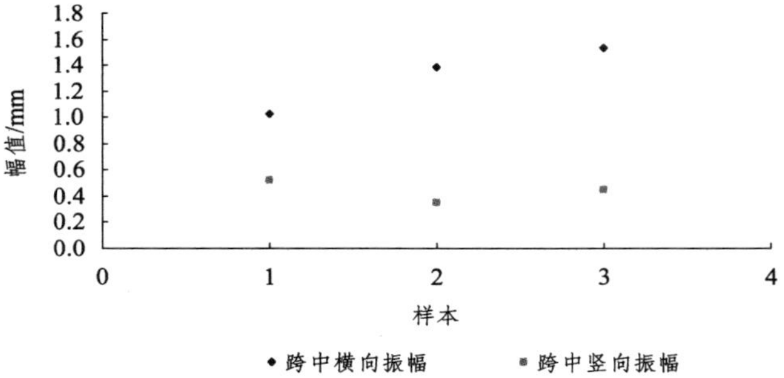

图 5.5.75 跨中横-竖向振幅最大值对比关系图

5.5.3 相同跨度梁服役安全性调查

1. 跨度 16 m 梁

跨度 16 m 简支梁的样本包括“大-103”“叁标桥 1023”“专桥 1009”“专桥 1010”“专桥 1015”及“专桥 1023”等 6 类图号梁。其梁体跨中横向振幅及横向振动加速度对比关系如图 5.5.76、图 5.5.77 所示。

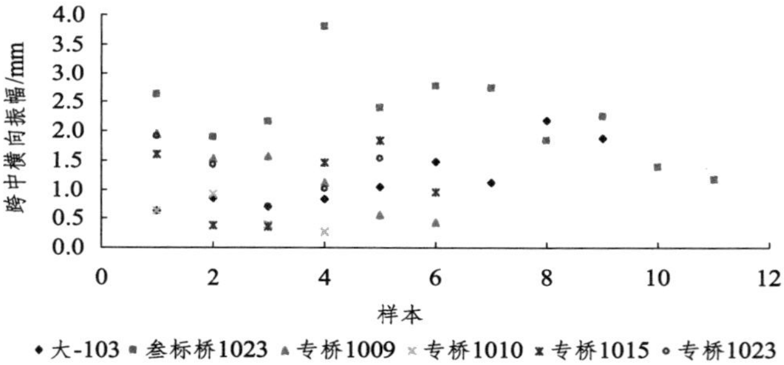

图 5.5.76 跨度 16 m 梁跨中横向振幅分布图

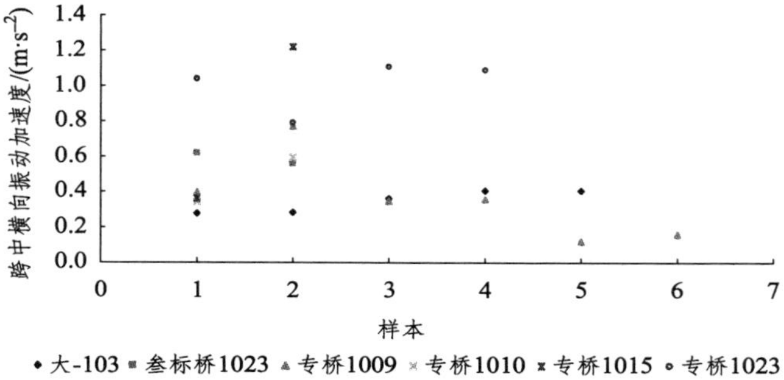

图 5.5.77 跨度 16 m 梁跨中横向振动加速度分布图

2. 跨度 24 m 梁

跨度 24 m 简支梁的样本包括“叁标桥 2019”“专桥 2059”“专桥 1023”及“专桥 2005”等 4 类图号梁。其梁体跨中横向振幅及横向振动加速度对比关系如图 5.5.78、图 5.5.79 所示。

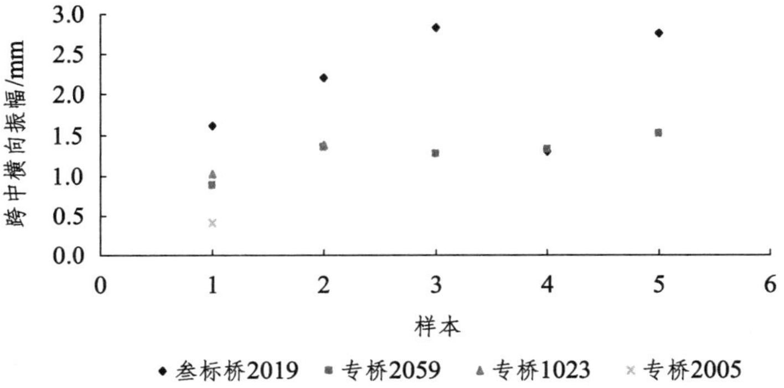

图 5.5.78　跨度 24 m 梁跨中横向振幅分布图

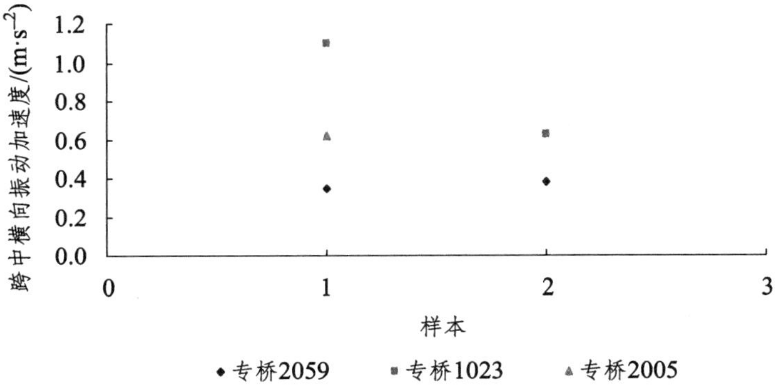

图 5.5.79　跨度 24 m 梁跨中横向振动加速度分布图

3. 跨度 31.7 m 梁

跨度 31.7 m 简支梁的样本包括“大 65-138”加固前、“大 65-138”加固后及“丰 70-1”加固后等 3 类图号梁。其梁体跨中横、竖向振幅及横、竖向振动加速度对比关系如图 5.5.80 ~ 图 5.5.83 所示。

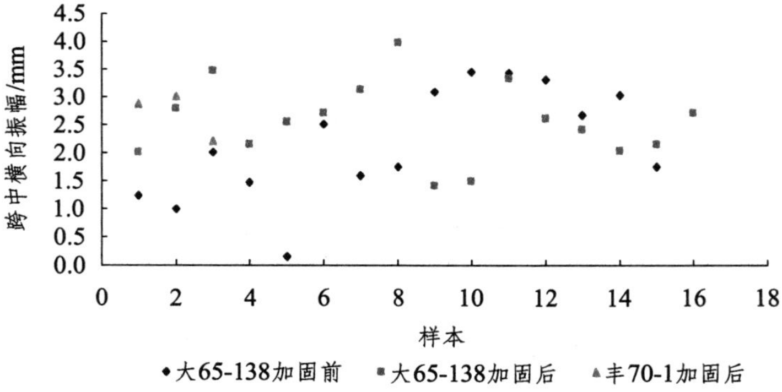

图 5.5.80 跨度 31.7 m 梁跨中横向振幅分布图

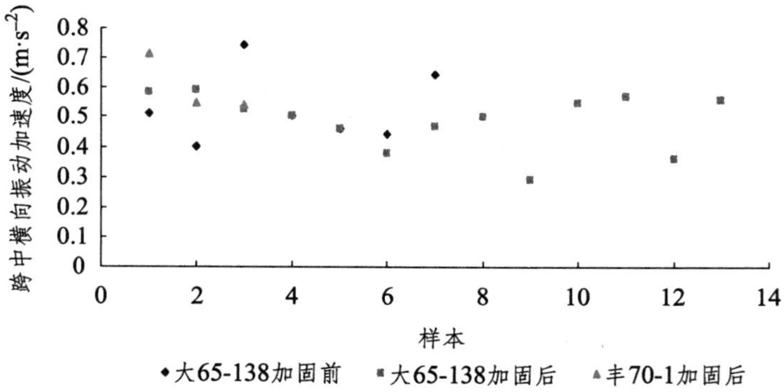

图 5.5.81 跨度 31.7 m 梁跨中横向振动加速度分布图

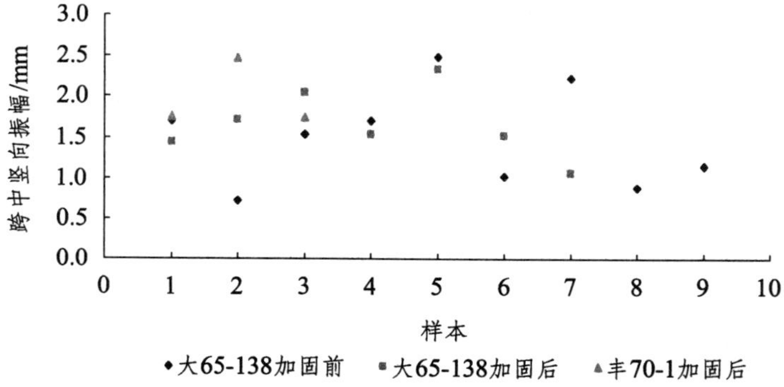

图 5.5.82 跨度 31.7 m 梁跨中竖向振幅分布图

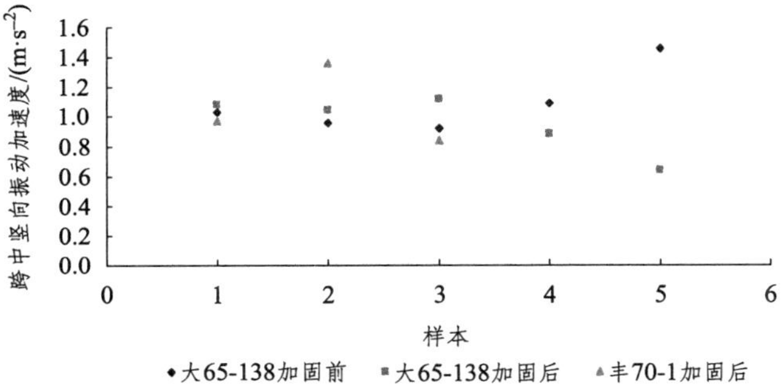

图 5.5.83　跨度 31.7 m 梁跨中竖向振动加速度分布图

4. 跨度 32 m 梁

跨度 32 m 简支梁的样本包括“叁标桥 2019”“通桥 2101”“通桥 2051”“专桥 2059”加固前及“专桥 2059”加固后等 5 类图号梁。其梁体跨中横、竖向振幅及横、竖向振动加速度对比关系如图 5.5.84～图 5.5.87 所示。

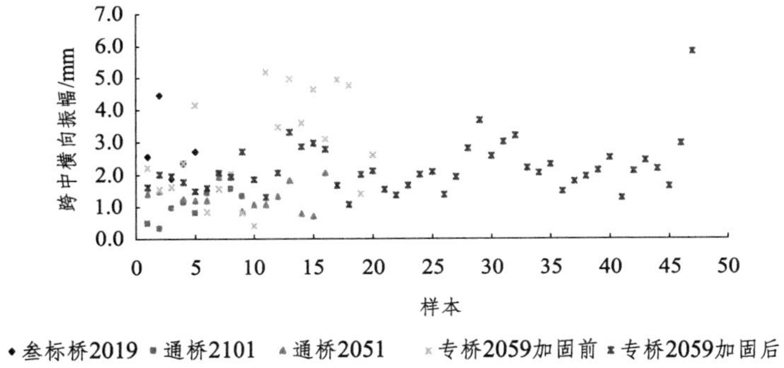

图 5.5.84　跨度 32 m 梁跨中横向振幅分布图

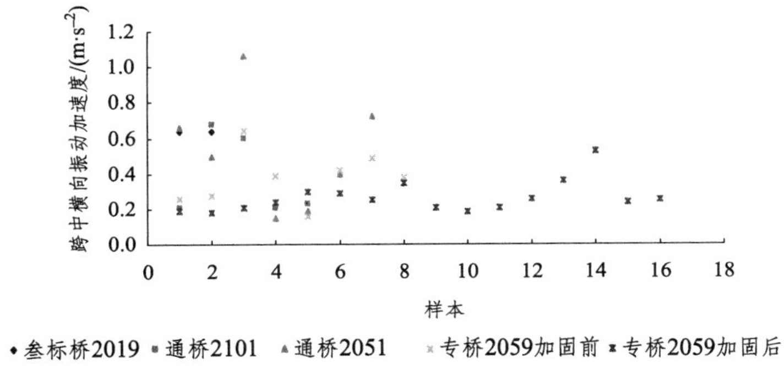

图 5.5.85　跨度 32 m 梁跨中横向振动加速度分布图

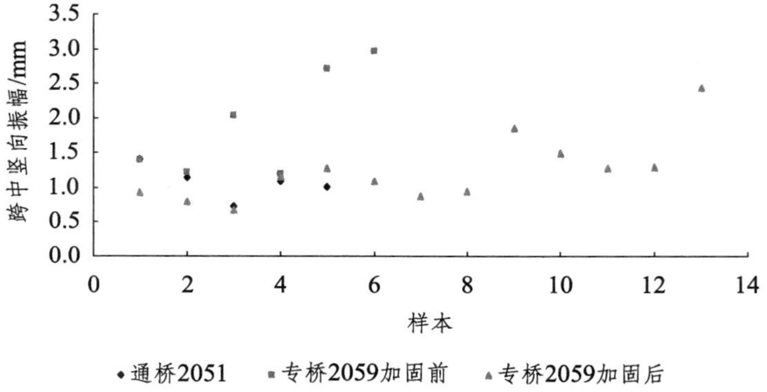

图 5.5.86 跨度 32 m 梁跨中竖向振幅分布图

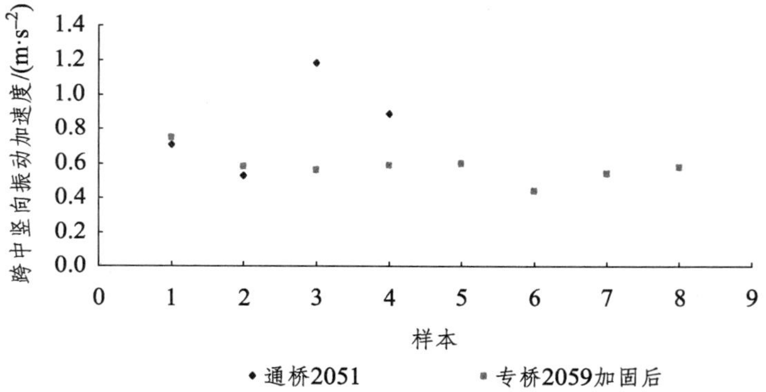

图 5.5.87 跨度 32 m 梁跨中竖向振动加速度分布图

5.5.4 不同类型梁体服役安全性评价

1. 对于相同图号梁而言

本节主要针对 15 种图号梁的跨中横、竖振幅及横、竖向振动加速度进行了数据统计和分析，可以得到如下结论：

（1）图号“大-103”梁样本为 3 座桥、9 孔梁、16 m 跨度。有个别样本梁跨中横向振幅出现超《桥检规》行车安全值现象，其他梁幅值多分布在 0.5 ~ 1.5 mm 间；各孔梁横向振动加速度没有出现超《桥检规》限值现象，幅值多分布在 0.2 ~ 0.4 m/s^2 间；同孔梁跨中竖向振幅多分布在 0.2 ~ 0.5 mm 间，竖向振动加速度多分布在 0.6 ~ 1.4 m/s^2 间。在样本简支梁中，跨中横向振幅均显著大于竖向振幅，竖向振动加速度显著大于横向振动加速度。

（2）图号“大-138”梁样本为 2 座桥、6 孔梁、27.7 m 跨度。所有样本梁跨中横向振幅、横向振动加速度均没有出现超《桥检规》行车安全值及限值现象，振幅值多分布在 0.5 ~ 1.5 mm 间，加速度值多分布在 0.2 ~ 0.4 m/s^2 间；加固前后跨中横向振幅及横向振动加速度值没有呈现显著降低的趋势；同孔梁跨中竖向振幅多分布在 0.2 ~ 1.2 mm 间，竖向振动加速度多分布在 0.2 ~ 0.9 m/s^2 间。从对同孔梁的跨中横竖向振幅及横竖向加速度来看，竖向振幅和竖向振动加速度多大于横向振幅及横向振动加速度，且该特性在加速度幅值对比中显著。

（3）图号“大 65-138”各孔样本梁在加固前后跨中横向振幅减小显著，跨中横向振动加速度均满足《桥检规》限值要求，幅值多分布在 0.2 ~ 0.9 m/s^2 间。试验调查的 12 座桥、24 孔梁、23.8 m 和 31.7 m 两种跨度的样本简支梁中，跨中横向振幅多大于竖向振幅，竖向振动加速度多分布在 0.2 ~ 1.0 mm 间，竖向振动加速度显著大于横向振动加速度，竖向振动加速度多分布在 0.4 ~ 1.0 m/s^2 间。

（4）图号“贰桥 2002”梁的样本仅为 1 座桥、2 孔梁、跨度 23.8 m，其跨中横向振幅及横向振动加速度均满足《桥检规》行车安全值及限值的要求。横向振幅值多分布在 1.0 ~ 2.0 mm 间，横向振动加速度多分布在 0.5 ~ 1.0 m/s^2 间；从同孔梁的跨中横竖向振幅及横竖向振动加速度来看，横向振幅显著大于竖向振幅，横竖向振动加速度的大小分布相当。

（5）图号“丰 70-1”梁样本为 1 座桥、3 孔梁。其跨中横向振幅、横向振动加速度均满足《桥检规》行车安全值及限值要求，横向振幅值分布在 2.0 ~ 3.0 mm 间，横向振动加速度多分布在 0.5 ~ 0.8 m/s^2 间；横向振幅大于竖向振幅，竖向振动加速度大于横向振动加速度。

（6）图号“专桥 2059”梁样本为 11 座桥、25 孔梁、24 m 和 32 m 两种跨度。加固前，24 m 梁的跨中横向振幅均小于《桥检规》行车安全值要求，幅值多分布在 1.0 ~ 1.5 mm 间，而 32 m 梁存在超安全值的情况，幅值多分布在 2.0 ~ 5.0 mm 间；跨中横向振动加速度均满足《桥检规》限值要求，横向振动加速度多分布在 0.2 ~ 0.6 m/s^2 间；加固后，32 m 梁的跨中横向振幅显著减小，且均满足《桥检规》行车安全值要求，振幅值多分布在 1.0 ~ 3.0 mm 间；加固前后的竖向振幅及横竖向振动加速度无显著变化，均表现为横向振幅大于竖向振幅，竖向振动加速度大于横向振动加速度，不同的是数值均有所降低

（7）图号“叁标桥 1023”梁的样本为 6 座桥、11 孔梁、16 m 跨度。其跨中横向振幅超《桥检规》行车安全限值的情况比较普遍，振幅值多分布在 2.0 ~ 4.0 mm 间；横向振动加速度满足《桥检规》限值要求，加速度多分布在 0.2 ~ 0.6 m/s^2 间；同孔梁跨中横向振幅较竖向振幅大。

（8）图号“叁标桥 2019”梁的样本为 6 座桥、11 孔梁、16 m 和 32 m 两种跨度。其跨中横向振幅有个别孔超《桥检规》行车安全值的现象，振幅值多分布在 1.0 ~ 3.0 mm 间，横向振动加速度值多分布在 0.4 ~ 0.6 m/s^2 间；跨中横向振幅大于竖向振幅，竖向振动加速度大于横向振动加速度。

（9）图号“叁桥 2005”梁的样本梁仅有 1 孔、跨度 24 m。从该孔梁试验检测结果来看，其跨中横向振幅多分布在 0.2 ~ 0.5 mm 间，横向振动加速度多分布在 0.2 ~ 0.6 m/s^2 间，两项指标均显著小于《桥检规》行车安全值及限值的要求，而跨中断面处的竖向振幅显著大于横向振幅。

（10）图号“通桥 2101”梁的样本为 3 座桥、9 孔梁、32 m 跨度。其跨中横向振幅及横向振动加速度均显著小于《桥检规》行车安全值及限值的要求，振幅值多分布在 0.5 ~ 2.0 mm 间，加速度值多分布在 0.2 ~ 0.6 m/s^2 间，数值显著小于其他同跨度图号梁，此与其主梁中心距为 2.2 m 关系密切。

（11）图号“通桥 2051”梁的样本为 7 座桥、16 孔梁、32 m 跨度。其跨中横向振幅及横向振动加速度均显著小于《桥检规》行车安全值及限值的要求，振幅值多分布在 0.5 ~ 2.0 mm 间，加速度值多分布在 0.2 ~ 0.8 m/s^2 间，数值显著小于其他同跨度图号梁，此与其主梁中心距为 2.0 m 关系密切；跨中横竖向振幅大小相近，竖向振动加速度显著大于横向振动加速度。

（12）图号“专桥 1009”梁的样本为 7 座桥、6 孔梁、16 m 跨度。其跨中横向振幅有个别孔出现超《桥检规》行车安全值要求的现象，振幅值多分布在 0.4 ~ 2.0 mm 间；跨中横向振动加速度没有出现超《桥检规》限值要求的现象，加速度值多分布在 0.2 ~ 0.8 m/s^2 间。

（13）图号“专桥 1010”梁的样本为 2 座桥、4 孔梁、16 m 跨度。其跨中横向振幅及横向振动加速度均显著小于《桥检规》行车安全值及限值的要求，振幅值多分布在 0.4 ~ 1.0 mm 间，加速度值多分布在 0.1 ~ 0.4 m/s^2 间；同孔梁跨中横向振幅及横向振动加速度均大于竖向振幅和竖向振动加速度。

（14）图号“专桥 1015”梁的样本为 3 座桥、6 孔梁、16 m 跨度。其跨中横向振幅有个别孔出现超《桥检规》行车安全值要求的现象，振幅值多分布在 0.4 ~ 1.8 mm 间，跨中横向振动加速度没有出现超《桥检规》限值要求，加速度值多分布在 0.2 ~ 0.6 m/s^2 间。同孔梁跨中横向振幅大于竖向振幅，竖向振动加速度大于横向振动加速度。

（15）图号“专桥 1023”梁的样本为 3 座桥、7 孔梁、16 m 跨度。其跨中横向振幅及横向振动加速度均显著小于《桥检规》行车安全值及限值的要求，振幅值多分布在 0.6 ~ 1.8 mm

间，加速度值多分布在 0.6 ~ 1.2 m/s^2 间，跨中横向振幅均大于竖向振幅。

2. 对于相同跨度梁而言

本节主要针对 4 种跨度下不同图号梁的横向振幅、横向振动加速度进行了统计和分析，可以得到如下结论：

（1）对于跨度 16 m 梁而言，除图号“叁标桥 1023”梁存在超《桥检规》行车安全值的情况外，其他图号梁的跨中横向振幅均满足《桥检规》行车安全值要求，幅值多分布在 0.3 ~ 2.1 mm 间；各图号梁跨中横向振动加速度均未出现超《桥检规》限值的情况，幅值多分布在 0.2 ~ 1.3 m/s^2 间。

（2）对于跨度 24 m 梁而言，除图号“叁标桥 2019”梁的个别样本存在超《桥检规》行车安全值的情况外，其他图号梁的跨中横向振幅均满足《桥检规》行车安全值要求，幅值多分布在 0.5 ~ 1.5 mm 间；各图号梁跨中横向振动加速度均未出现超《桥检规》限值的情况，幅值多分布在 0.2 ~ 1.2 m/s^2 间。

（3）对于跨度 31.7 m 梁而言，各图号梁的跨中横向振幅均满足《桥检规》行车安全值要求，幅值多分布在 1.0 ~ 3.5 mm 间；各图号梁跨中横向振动加速度均未出现超《桥检规》限值的情况，幅值多分布在 0.4 ~ 0.8 m/s^2 间；各图号梁跨中竖振幅大小相近，幅值多分布在 1.0 ~ 2.5 mm 间；

各图号梁跨中竖向振动加速度幅值大小相近，幅值多分布在 0.8 ~ 1.4 m/s^2 间。

（4）对于跨度 32 m 梁而言，除部分加固前图号“专桥 2059”梁存在超《桥检规》行车安全值的情况外，其他图号梁的跨中横向振幅均满足《桥检规》行车安全值要求，幅值多分布在 0.5 ~ 3.5 mm 间。其中：“通桥 2101”和“通桥 2051”图号梁的跨中横向振幅显著小于其他图号梁，幅值多分布在 1.0 ~ 2.0 mm 间；各图号梁跨中横向振动加速度均未出现超《桥检规》限值的情况；“专桥 2059”梁加固前后的竖向振幅区别显著，幅值多分布在 1.0 ~ 3.0 mm 间，各图号梁跨中竖向振动加速度幅值大小相近，幅值多分布在 0.5 ~ 1.0 m/s^2 间。

根据上述试验分析结果，整理汇总得到在不同荷载标准、不同梁形、不同主梁中心距、不同跨度条件下的不同标准图号梁体的横、竖向振动幅值对比值，如表 5.5.4 所示。

表 5.5.4　不同工况条件下混凝土简支梁横竖向振动幅值对比

荷载标准	标准图号	梁形	主梁中心距/m	跨度/m	实测振动幅值/mm	
					横向振幅	竖向振幅
中—22	专桥 1009	Π 形	1.8	16	0.4~2.0	—
	专桥 1010	Π 形	1.8	16	0.4~1.0	0.05~0.1

续表

荷载标准	标准图号	梁形	主梁中心距/m	跨度/m	实测振动幅值/mm	
中—22	专桥 1015	T 形	1.8	16	0.4~1.8	0.3~1.0
	贰桥 2002	鱼腹式	1.6	23.8	1.0~2.0	0.3~1.2
	大 65-138	T 形	1.8	23.8	1.0~4.0（加固前） 1.4~2.0（加固后）	0.2~1.2（加固前） 0.2~1.0（加固后）
				31.7	1.0~3.5（加固前） 1.3~3.0（加固后）	0.5~2.5（加固前） 1.0~2.0（加固后）
	丰 70-1	T 形	1.8	31.7	2.0~3.0	1.5~2.5
					横向振幅	竖向振幅
中—活	叁标桥 1023	T 形	1.8	16	1.0~4.0	0.4~1.0
	专桥 1023	T 形	1.8	16	0.5~2.0	0.2~0.6
	叁标桥 2019	T 形	1.8	24	1.0~3.0	0.2~1.5
	叁桥 2005	T 形	1.8	24	0.2~0.4	0.2~0.6
	专桥 2059	T 形	1.8	24	1.0~1.5（加固前） 0.3~1.0（加固后）	0.4~0.6（加固前） 0.3~0.6（加固后）
				32	1.0~5.0（加固前） 1.0~3.5（加固后）	0.5~1.5（加固前） 0.5~2.5（加固后）
	专桥 2051	T 形	2.0	32	0.8~2.2	0.5~1.5
	通桥 2101	T 形	2.2	32	0.3~2.0	—
中—26	大-103	Π 形	1.8	16	0.5~1.5	0.2~0.5
	大-138	T 形	1.8	27.7	0.5~1.5	0.2~1.2

通过如上分析及表 5.5.4 可以看到，现役铁路中小跨度混凝土梁跨中横向振幅超《桥检规》行车安全值的情况在大多数图号梁上表现不明显，除部分如“专桥 2059”梁、“叁标桥 1023”梁外，其他图号梁的振动响应均能较好地适应当下列车的运营条件，尤其是“通桥 2101”“通桥 2051”等双片式梁不仅主梁中心距有所增加，并且还增加了梁间的横向预应力联结设计，使得具有该特点的相似类型图号梁的横向振动响应显著减低，为列车的过桥安全性提供了充足的保证。对于同图号或同跨度混凝土梁而言，除“叁桥 2005”等低高度梁的竖向振幅大于横向振幅外，其他图号梁的竖向振幅大多均小于同工况条件下的横向振幅。从实施过横向加固的梁来看，加固作用对梁体跨中竖向振幅的影响不大。

参考文献

[1] 项海帆，潘洪萱，张圣城，等. 中国桥梁史纲[M]. 上海：同济大学出版社，2009.
[2] 胡人礼. 桥梁力学[M]. 北京：中国铁道出版社，1999.
[3] 肖如诚. 桥梁结构体系[M]. 北京：人民交通出版社，2013.
[4] 夏禾，张楠，郭薇薇，等. 车桥耦合振动工程[M]. 北京：科学出版社，2014.
[5] LADISLAV FRYBA. 铁路桥梁动力学[M]. 齐法琳，孙宁，等，译. 北京：科学出版社，2007.
[6] 李国豪. 桥梁结构稳定与振动[M]. 北京：中国铁道出版社，2003.
[7] 曾庆元，郭向荣. 列车桥梁时变系统振动分析理论与应用[M]. 北京：中国铁道出版社，1999.
[8] 曾庆元，向俊，周智辉，等. 列车脱轨分析理论与应用[M]. 长沙：中南大学出版社，2006.
[9] 潘家英，高芒芒. 铁路车-线-桥系统动力分析[M]. 北京：中国铁道出版社，2008.
[10] 翟婉明，夏禾. 列车-轨道-桥梁动力相互作用理论与工程应用[M]. 北京：科学出版社，2011.
[11] 克拉夫 R，彭津 J. 结构动力学[M]. 2 版. 北京：高等教育出版社，2006.
[12] 张相庭，王志培，黄本才，等. 结构振动力学[M]. 上海：同济大学出版社，2005.
[13] COLEMAN ROBERT E，ALLEMANG RANDALL J. 试验结构动力学[M]. 北京：清华大学出版社，2012.
[14] 刘礼华，欧珠光. 动力学试验[M]. 2 版. 武汉：武汉大学出版社，2006.
[15] 李东海. 频谱估计理论与应用[M]. 西安：西安电子科技大学出版社，2014.
[16] 常建平，李海林. 随机信号分析[M]. 北京：科学出版社，2006.
[17] 李德葆，陆秋海. 工程振动试验分析[M]. 北京：清华大学出版社，2004.
[18] 陆秋海，李德葆. 工程振动试验分析[M]. 2 版. 北京：清华大学出版社，2015.
[19] 中国铁路设计集团有限公司. 铁路桥涵设计规范（极限状态法）：Q/CR 9300—2018[S]. 北京：中国铁道出版社有限公司，2019.
[20] 中国铁路设计集团有限公司. 铁路桥涵设计规范：TB 10002—2017[S]. 北京：中国铁

道出版社，2017.
[21] 铁道部第四勘测设计院. 桥梁墩台[M]. 北京：中国铁道出版社，1999.
[22] 杨继生. 西安铁路局桥梁史稿[R]. 西安：西安铁路局档案室，2006.
[23] 孙国藩. 对桥墩振动特性参考限值的探讨[J]. 铁道建筑，1982（6）：9-12.
[24] 夏禾，陈英俊. 车-梁-墩体系动力相互作用分析[J]. 土木工程学报，1992（4）：3-12.
[25] 吴定俊，李守龙，项海帆. 墩体设计对梁跨结构振动的影响[J]. 铁道学报，2002（12）：73-77.
[26] 凌知民，曹雪琴，项海帆. 铁路高墩连续梁桥车桥耦合振动响应分析[J]. 铁道学报，2002（10）：98-102.
[27] 李运生，阎贵平，王元清，等. 铁路桥梁墩梁体系墩顶横向振幅的参数影响分析[J]. 铁道建筑，2007（3）：21-24.
[28] 李运生，阎贵平，钟铁毅，等. 铁路实体桥墩横向振动规律[J]. 北京交通大学学报，2009（1）：77-81.
[29] 张文学，李建中，苏木标. 轻型铁路桥墩横向振动问题研究[J]. 工程力学，2006（8）：122-127.
[30] 柯在田，盛黎明，张煅. 铁路桥梁设计应注意梁-墩横向刚度的合理选择[J]. 铁道标准设计，2001（3）：5-6.
[31] 刘保东，刘汉夫. 既有桥墩动力特性分析及其状态评估[J]. 公路交通科技，2006（6）：95-97.
[32] 孙树礼，周四思，杜宝军，等. 桥墩墩顶横向水平位移限值的研究[J]. 铁道标准设计，2005（6）：60-62.
[33] 魏树林，许光宏，罗锦章. 新菏线跨京广特大桥振动异常的检定[J].铁道建筑，2010（4）：31-34.
[34] 弓季宗. 提高重力式桥墩动力性能的加固机理与实践[J]. 铁道标准设计，2006（11）：32-36.
[35] 李杰. 关于提高混凝土简支梁桥中、高桥墩横向刚度的探讨[J]. 铁道建筑，2004（8）：27-30.
[36] 同济大学. 铁路桥梁检定规范：铁运函〔2004〕120 号[S]. 北京：中国铁道出版社，2004.
[37] 铁道第三勘察设计院. 铁路桥涵设计基本规范：TB 10002.1—2005[S]. 北京：中国铁道出版社，2005.
[38] 中国铁路设计集团有限公司. 铁路桥涵设计基本规范：TB 10002—2017[S]. 北京：中国铁道出版社，2017.
[39] 铁道第三勘察设计院. 铁路桥涵地基和基础设计规范：TB 10002.5—2005[S]. 北京：

中国铁道出版社，2005.

[40] 铁路工程抗震设计规范：GB 50111—2006[S]. 北京：中国计划出版社，2009.

[41] 新建时速 200 公里客货共线铁路设计暂行规定：铁建设函〔2005〕285 号[S]. 北京：中国铁道出版社，2005.

[42] 既有线提速 200 km/h 技术条件（试行）：铁科技函〔2006〕747 号[S]. 北京：中国铁道出版社，2006.

[43] 普速铁路桥隧建筑物修理规则：铁总工电〔2018〕125 号[S]. 北京：中国铁道出版社，2018.

[44] 朱晞. 桥墩抗震计算[M]. 北京：中国铁道出版社，1982.

[45] 李国豪. 桥梁结构稳定与振动[M]. 北京：中国铁道出版社，2003.

[46] 许慰平. 大跨度铁路桥梁车桥空间耦合振动研究[D]. 北京：中国铁道科学研究院，2001.

[47] 王贵春. 大跨度铁路斜拉桥车激空间振动线性及非线性分析[D]. 北京：中国铁道科学研究院，1981.

[48] 杨岳民. 大跨度铁路桥梁车桥动力响应理论分析与试验研究[D]. 北京：中国铁道科学研究院，1995.

[49] 张锻，柯在田. 既有线提速至 160 km/h 桥梁评估的研究[J]. 中国铁道科学，1996（1）：9-20.

[50] 高芒芒. 高速铁路列车-线路-桥梁耦合振动及列车走行性研究[D]. 北京：中国铁道科学研究院，2001.

[51] 沈锐利. 高速铁路桥梁与车辆耦合振动研究[D]. 成都：西南交通大学，1998.

[52] 李小珍. 高速铁路列车-桥梁系统耦合振动理论及应用研究[D]. 成都：西南交通大学，2000.

[53] 袁向荣. 考虑约束扭转效应时桥梁的振动分析[D]. 成都：西南交通大学，1992.

[54] 夏禾，阎贵平，陈英俊. 列车-斜拉桥系统在风载作用下的动力响应[J]. 北方交通大学学报，1995（2）：131-136.

[55] 朱汉华. 列车-桥梁时变系统的横向振动分析[J]. 铁道学报，1991（2）：38-46.

[56] 王艾辉，郭向荣. 高速列车-钢桁梁桥系统空间振动随机分析[J]. 铁道学报，1996（1）：90-95.

[57] 曹雪琴. 钢桁梁横向振动[M]. 北京：中国铁道出版社，1991.

[58] 曹雪琴，刘必胜，吴鹏贤. 桥梁结构动力分析[M]. 北京：中国铁道出版社，1997.

[59] 陈魁. 应用概率统计[M]. 北京：清华大学出版社，2000.

[60] 时立文. SPSS19.0 统计分析从入门到精通[M]. 北京：清华大学出版社，2012.

[61] 刘楠. 普速铁路桥梁检定评估实践与研究[M]. 北京：中国铁道出版社，2015.

[62] 刘楠，王娟玲，孙军平，等. 西安铁路局桥梁检定评估报告[R]. 西安：西安铁路局工务检测所，2006—2018.
[63] 刘楠，王娟玲，孙军平，等. 西安局集团公司桥梁检定评估报告[R]. 西安：西安局集团公司工电检测所，2019.
[64] 中国铁道科学研究院. 铁路桥梁预应力碳纤维板抗弯加固技术[M]. 北京：中国铁道出版社，2017.
[65] 裘伯永，盛兴旺，乔建东. 桥梁工程[M]. 北京：中国铁道出版社，2005.
[66] 铁道部专业设计院. 混凝土桥[M]. 北京：中国铁道出版社，1998.
[67] 刘汉夫，张煅. 铁路桥梁自振频率测试与分析方法的探讨[J]. 铁道标准设计，2005（12）：41-44.
[68] 刘汉夫. 铁路桥梁横向振动位移信号基于小波分析的数字滤波[J]. 钢结构，2007（5）：87-91.
[69] 刘汉夫. 铁路桥梁横向振动加速度测试与分析中的技术问题[J]. 世界桥梁，2005（4）：65-67.
[70] 柯在田，张煅. 铁路桥梁横向变形限值标准问题的研究[J]. 铁道标准设计，2007（7）：129-133.
[71] 李奇，吴定俊. 列车-桥梁相互动力作用下轮对横向运动规律[J]. 中国铁道科学，2008（8）：70-75.
[72] 李奇，吴定俊，李俊. 混编货车通过中小跨度桥梁时车桥振动分析[J]. 同济大学学报，2007（2）：171-175.
[73] 苏木标，李建中，梁志广，等. 铁路简支梁桥竖向有载频率研究[J]. 铁道学报，2001（4）：76-80.
[74] 任建莹，苏木标，李文平，等. 铁路连续梁桥竖向有载自振频率研究[J]. 铁道学报，2005（10）：111-116.
[75] 陈新. 采用锤击法对 24 m 预应力混凝土梁的模态试验分析[J]. 铁道标准设计，2008（6）：58-59.
[76] 顾建新. 跨度 32 m 分片式预应力混凝土 T 型梁横向刚度研究与控制[J]. 铁道标准设计，2000（4）：24-29.
[77] 许光宏. 宁西线桥梁横向振动异常与整治[J]. 铁道建筑，2008（12）：34-36.
[78] 刘艳会. 襄渝线下行段提速桥梁安全评估与加固措施[J]. 铁道建筑，2012（1）：31-34.
[79] 赵如. 横隔板对铁路预应力混凝土 T 梁横向动力性能的影响[J]. 铁道标准设计，2005（3）：45-47.